钓鱼岛问题文献集 主编张 生

美国外交关系文件

奚庆庆 张 生 编

南京大学出版社

"十二五"国家重点图书出版规划项目
国家社科基金2015年度重大项目"《钓鱼岛问题文献集》及钓鱼岛问题研究"
中国南海研究协同创新中心
南京大学人文基金
江苏省2013年度哲学社会科学研究重大项目"钓鱼岛问题文献集"

钓鱼岛问题文献集

徐一鸣　南京大学博士生

陈海懿　南京大学博士生

蔡志鹏　南京大学硕士生

刘　宁　南京大学硕士生

张梓晗　南京大学硕士生

顾　晓　南京大学硕士生

仇梦影　南京大学硕士生

殷昭鲁　鲁东大学讲师

王卫星　江苏省社会科学院研究员

罗萃萃　南京航空航天大学副教授

董为民　江苏省社会科学院助理研究员

奚庆庆　安徽师范大学副教授

郭昭昭　江苏科技大学副教授

屈胜飞　浙江工业大学讲师

窦玉玉　安徽师范大学讲师

张丽华　安徽师范大学讲师

张玲玲　央广幸福购物（北京）有限公司

"东亚地中海"视野中的钓鱼岛问题的产生 (代序)

　　所谓"地中海",通常是指北非和欧洲、西亚之间的那一片海洋。在古代世界历史中,曾经是埃及、希腊、波斯、马其顿、罗马、迦太基等群雄逐鹿的舞台;近代以来,海权愈形重要,尼德兰、西班牙、英国、法国、奥斯曼土耳其帝国、意大利、德国乃至俄罗斯,围绕地中海的控制权,演出了世界近代史的一幕幕大剧。

　　虽然,法国历史学家布罗代尔(Fernand Braudel)引用前人的话说"新大陆至今没有发现一个内海,堪与紧靠欧、亚、非三洲的地中海相媲美"①,但考"mediterranean"的原意,是"几乎被陆地包围的(海洋)"之意。欧亚非之间的地中海,固然符合此意;其他被陆地包围的海洋,虽然早被命为他名,却也符合地中海的基本定义。围绕此种海洋的历史斗争,比之欧亚非之间的地中海,其实突破了西哲的视野,堪称不遑多让。典型的有美洲的加勒比海,以及东亚主要由东海、黄海构成的一片海洋。

　　本文之意,正是要将东海和黄海,及其附属各海峡通道和边缘内海,称为"东亚地中海",以此来观照钓鱼岛问题的产生。

一

　　古代东亚的世界,由于中国文明的早熟和宏大,其霸权的争夺,主要在广袤的大陆及其深处进行。但东吴对东南沿海的征伐和管制,以及远征辽东的

---

　　① 费尔南・布罗代尔著,唐家龙等译:《地中海与菲利普二世时代的地中海世界》第1卷,商务印书馆2014年版,扉页。

设想①,说明华夏文明并非自隔于海洋。只不过,由于周边各文明尚处于发轫状态,来自古中国的船舰畅行无忌,相互之间尚未就海洋的控制产生激烈的冲突。

唐朝崛起以后,屡征高句丽不果,产生了从朝鲜半岛南侧开辟第二战场的实际需要。新罗统一朝鲜半岛的雄心与之产生了交集,乃有唐军从山东出海,与新罗击溃百济之举。百济残余势力向日本求援,日军横渡大海,与百济残余联手,于是演出唐——新罗联军对日本——百济联军的四国大战。

东亚地中海第一次沸腾。论战争的形态,中日两国均是跨海两栖作战;论战争的规模和惨烈程度,比之同时期欧亚非之间的地中海,有过之无不及。公元 663 年 8 月,白江口会战发生,操控较大战船的唐军水师将数量远超自身的日军围歼。② 会战胜利后,唐军南北对进,倾覆立国 700 余年的高句丽,势力伸展至朝鲜半岛北部、中部。

但就东亚地中海而言,其意义更为深远:大尺度地看,此后数百年间,虽程度有别,东亚国际关系的主导权被中国各政权掌握,中日韩之间以贸易和文化交流为主要诉求,并与朝贡、藩属制度结合,演进出漫长的东亚地中海和平时代。"遣唐使"和鉴真东渡可以作为这一和平时期的标志。

蒙古崛起后,两次对日本用兵。1274 年其进军线路为朝鲜——对马岛——壹歧岛——九州,1281 年其进军路线为朝鲜——九州、宁波——九州。战争以日本胜利告终,日本虽无力反攻至东亚大陆,但已部分修正了西强东弱的守势。朱明鼎革以后,朱元璋曾有远征日本的打算而归于悻悻,倭寇却自东而西骚扰中国沿海百多年。《筹海图编》正是在此背景下将钓鱼屿、赤屿、黄毛山等首次列入边防镇山。③

明朝初年郑和远洋舰队的绝对优势,没有用来进行东亚地中海秩序的"再确立";明朝末年,两件大事的发生,却改写了东亚地中海由中国主导的格局。一是万历朝的援朝战争。1591 年、1597 年,日本动员十万以上规模的军队两

---

① [晋]陈寿撰,[宋]裴松之注,《三国志》第 47 卷《吴书二·吴主传第二》,中华书局 1959 年版。

② 参见韩昇:《白江之战前唐朝与新罗、日本关系的演变》,《中国史研究》2005 年第 1 期,第 43—66 页。

③ [明]胡宗宪撰:《筹海图编》第 1 卷《沿海山沙图·福七、福八》,影印《文渊阁四库全书》第 584 册,台北:台湾商务印书馆 1986 年版,第 14 页。

次侵入朝鲜,明朝虽已至其末年,仍果断介入,战争虽以保住朝鲜结局,而日本立于主动进攻的态势已经显然。二是1609年的萨摩藩侵入琉球,逼迫已经在明初向中国朝贡的琉球国同时向其朝贡。日本在北路、南路同时挑战东亚地中海秩序,是白江口会战确立东亚前民族国家时代国际关系框架以来,真正的千年变局。

二

琉球自明初在中国可信典籍中出现①,这样,东亚地中海的东南西北四面均有了政权。中日朝琉四国势力范围犬牙交错,而中国在清初统一台湾(西班牙、荷兰已先后短期试图殖民之)和日本对琉球的隐形控制,使得两大国在东亚地中海南路发生冲突的几率大增。

对于地中海(此处泛指)控制权的争夺,大体上有两种模式。一是欧亚非之间地中海模式,强权之间零和博弈,用战争的方式,以彻底战胜对方为目标,古代世界的罗马、近代的英国,均采此种路径。二是加勒比海模式,19世纪下半叶,英国本与奉行"门罗主义"的美国"利益始终不可调和",在加勒比海"直接对抗",但感于加勒比海是美国利益的"关键因素",乃改而默许美国海军占据优势②,这是近代意义上的绥靖。

1874年,日本借口琉球难民被害事件出兵台湾,实际上是采取了上述第一种模式解决东亚地中海问题的肇端。琉球被吞并,乃至废藩置县,改变了东亚地中海南路的相对平衡格局,钓鱼岛群岛已被逼近——但在此前后,钓鱼岛

---

① 成书于明永乐元年(1403年)《顺风相送》载:"太武放洋,用甲寅针七更船取乌坵。用甲寅并甲卯针正南东墙开洋。用乙辰取小琉球头。又用乙辰取木山。北风东涌开洋,用甲卯取彭家山。用甲卯及单卯取钓鱼屿。南风东涌放洋,用乙辰针取小琉球头,至彭家花瓶屿在内。正南风梅花开洋,用乙辰取小琉球。用单乙取钓鱼屿南边。用卯针取赤坎屿。用艮针取枯美山。南风用单辰四更,看好风单甲十一更取古巴山,即马齿山,是麻山赤屿。用甲卯针取琉球国为妙"。这是目前所见最早记载钓鱼屿、赤屿等钓鱼岛群岛名称的史籍,也是中琉交往的见证。本处《顺风相送》使用牛津大学波德林图书馆(Bodleian Library)所藏版本,南京大学何志明博士搜集。句读见向达《两种海道针经》,中华书局1982年版。

② 艾尔弗雷德·塞耶·马汉著,李少彦等译:《海权对历史的影响:1660—1783年:附亚洲问题》,海洋出版社2013年版,第529—530页。

均被日本政府视为日本之外——1873年4月13日,日本外务省发给琉球藩国旗,要求"高悬于久米、宫古、石垣、入表、与那国五岛官署",以防"外国卒取之虞"。其中明确了琉球与外国的界线。① 在中日关于琉球的交涉中,日本驻清国公使馆向中方提交了关于冲绳西南边界宫古群岛、八重山群岛的所有岛屿名称,其中并无钓鱼岛群岛任何一个岛屿。② 1880年,美国前总统格兰特(Ulysses Grant)调停中日"球案"争端后,"三分琉球"未成定议,中日在东亚地中海南路进入暴风雨前的宁静状态。日本采取低调、隐瞒的办法,对钓鱼岛进行窥伺,寻机吞并。

1885年10月30日,冲绳县官员石泽兵吾等登上钓鱼岛进行考察。③ 同年11月24日,冲绳县令西村舍三致函内务卿山县有朋等,提出在钓鱼岛设立国家标志"未必与清国全无关系"。④ 12月5日,山县有朋向太政大臣三条实美提出内部报告,决定"目前勿要设置国家标志"。⑤ 这一官方认识,到1894年4月14日,日本内务省县治局回复冲绳知事关于在久场岛、鱼钓岛设置管辖标桩的请示报告时,仍在坚持。⑥ 1894年12月27,内务大臣野村靖鉴于"今昔情况不同",乃向外务卿陆奥宗光提出重新审议冲绳县关于在久场岛、鱼钓岛设置管辖标桩的请示。⑦ 随后,钓鱼岛群岛被裹挟在台湾"附属各岛屿"

① 村田忠禧著,韦平和等译:《日中领土争端的起源——从历史档案看钓鱼岛问题》,社会科学文献出版社2013年版,第162页。

② 《宫古、八重山二岛考》(光緒六年九月四日,1880年10月7日),台北,"中研院"近代史研究所档案馆藏,外交部门档案·总理各国事务衙门,01/34/009/01/009

③ 「魚釣嶋他二嶋巡視調査の概略」(明治18年11月4日)、JACAR(アジア歴史資料センター)Ref. B03041152300(第18画像目から)、帝国版図関係雑件(外務省外交史料館)

④ 村田忠禧:《日中领土争端的起源——从历史档案看钓鱼岛问题》,第171页。

⑤ 「秘第一二八号ノ内」(明治18年12月5日)、JACAR(アジア歴史資料センター)Ref. A03022910000(第2画像目から)、公文別録・内務省・明治十五年~明治十八年 第四巻(国立公文書館)

⑥ 「甲69号 内務省秘別第34号」(明治27年4月14日)、JACAR(アジア歴史資料センター)Ref. B03041152300(第47画像目から)、帝国版図関係雑件(外務省外交史料館)

⑦ 「秘別133号 久場島魚釣島へ所轄標杭建設之義上申」(明治27年12月15日)、JACAR(アジア歴史資料センター)Ref. B03041152300(第44画像目から)、帝国版図関係雑件(外務省外交史料館)

中,被日本逐步"窃取"。

野村靖所谓"今昔情况不同",指的是甲午战争的发生和中国在东亚地中海北侧朝鲜、东北战场上的溃败之势。通过战争,日本不仅将中国从中日共同强力影响下的朝鲜驱逐出去,且占据台湾、澎湖,势力伸展至清朝"龙兴之地"的辽东。白江口会战形成的东亚地中海秩序余绪已经荡然无存,东亚地中海四面四国相对平衡的局面,简化为中国仅在西侧保留残缺不全的主权——德国强占胶州湾后,列强掀起在中国划分势力范围的狂潮;庚子事变和日俄战争的结果,更使得日本沿东亚地中海北侧,部署其陆海军力量至中国首都。"在地中海的范围内,陆路和海路必然相依为命"。[1] 陆路和海路连续战胜中国,使得日本在东亚地中海形成对中国的绝对优势。

1300 年,东亚地中海秩序逆转,钓鱼岛从无主到有主的内涵也发生了逆转。马汉所谓"海权包括凭借海洋或者通过海洋能够使一个民族成为伟大民族的一切东西"[2],在这里得到很好的诠释。

三

格兰特调停中日"球案"时曾指出:姑且先不论中日之是非,中日之争,实不可须臾忘记环伺在侧的欧洲列强[3]。那时的美国,刚刚从南北内战的硝烟中走来,尚未自省亦为列强之一。但富有启发的是,中日争夺东亚地中海主导权前后,列强就已经是东亚地中海的既存因素。东亚地中海的秩序因此不单单是中日的双边博弈。而在博弈模型中,多边博弈总是不稳定的。

马戛尔尼(George Macartney)使华只是序曲,英国在 19 世纪初成为东亚海洋的主角之一,并曾就小笠原群岛等东亚众多岛屿的归属,与日、美产生交涉。英国海图对钓鱼岛群岛的定位,后来被日本详加考证。[4]

---

① 费尔南·布罗代尔:《地中海与菲利普二世时代的地中海世界》第 2 卷,第 931 页。
② 艾尔弗雷德·塞耶·马汉:《海权对历史的影响:1660—1783 年:附亚洲问题》,《出版说明》。
③ 《七续纪论辨琉球事》,《申报》,光绪六年三月十八日,1880 年 4 月 26 日,第 4 版。
④ 「久米赤島・久場島・魚釣島の三島取調書」(明治 18 年 9 月 21 日)、JACAR(アジア歴史資料センター)Ref. B03041152300(第 8 画像目から)、帝国版図関係雑件(外務省外交史料館)

美国佩里（Matthew Perry）"黑舰队"在 19 世纪 50 年代打开日本幕府大门之前，对《中山传信录》等进行了详细研究，钓鱼岛群岛固在其记述中，而且使用了中国福建话发音的命名。顺便应当提及的是，佩里日本签约的同时，也与琉球国单独签约（签署日期用公元和咸丰纪年），说明他把琉球国当成一个独立的国家。

俄罗斯、法国也在 19 世纪 50 年代前后不同程度地活跃于东亚地中海。

甲午战争，日本"以国运相赌"，其意在与中国争夺东亚主导权，客观结果却是几乎所有欧美强国以前所未有的强度进入东亚地中海世界。日本虽赢得了对中国的优势，却更深地被列强所牵制。其中，俄罗斯、英国、美国的影响最大。

大尺度地看，在对马海峡击败沙皇俄国海军，是日本清理东亚地中海北侧威胁的重大胜利，库页岛南部和南千岛群岛落入日本控制。但俄罗斯并未远遁，其在勘察加半岛、库页岛北部、滨海省和中国东北北部的存在，始终让日本主导的东亚地中海秩序如芒刺在背，通过出兵西伯利亚、扶植伪满洲国、在诺门坎和张鼓峰挑起争端，以及一系列的双边条约，日本也只能做到局势粗安。而东亚地中海的内涵隐隐有向北扩展至日本海、乃至鄂霍次克海的态势。因为"俄国从北扩张的对立面将主要表现在向位于北纬 30°和 40°之间宽广的分界地带以南的扩张中"。① 事实上，二战结束前后，美国预筹战后东亚海洋安排时，就将以上海域和库页岛、千岛群岛等岛屿视为苏联的势力范围，并将其与自己准备占据小笠原群岛、琉球群岛关联起来，显然认为其中的内在逻辑一致。②

在日本主张大东群岛、小笠原群岛等东亚洋中岛屿主权的过程中，英国采取了许可或默认态度。日本占据台湾，视福建为其势力范围，直接面对香港、上海等英国具有重大利益的据点，也未被视为重大威胁。其与日本 1902 年结成的英日同盟，是日本战胜俄罗斯波罗的海舰队的重要因素。但是，一战后日本获得德属太平洋诸岛，这与英国在西太平洋的利益产生重叠，成为英日之间

---

① 艾尔弗雷德·塞耶·马汉：《海权对历史的影响：1660—1783 年：附亚洲问题》，第466 页。

② *Liuchiu Islands*（*Ryukyu*），(14 April 1943)，沖縄県公文書館蔵，米国收集文書·Liuchius (Ryukyus) (Japan)，059/00673/00011/002。

产生矛盾与冲突的根源。1922年《九国公约》取代英日同盟,使得日本失去了维护其东亚地中海秩序的得力盟友。九一八事变后,日本对英国远东利益的排挤更呈现出由北向南渐次推进的规律。攻占香港、马来亚、新加坡,是日本对英国长期积累的西太平洋海权的终结,并使得东亚地中海的内涵扩张至南海一线。

虽然由于后来的历史和今天的现实,美国在中国往往被视为列强的一员,实际上在佩里时代,英美的竞争性甚强。格兰特的提醒,毋宁说是一种有别于欧洲老牌殖民帝国的"善意";他甚至颇具眼光地提出:日本占据琉球,如扼中国贸易之咽喉①——这与战后美国对琉球群岛战略位置的看法一致②——深具战略意义。

美西战争,使得"重返亚洲"的美国在东亚地中海南侧得到菲律宾这个立足点,被马汉(Alfred Thayer Mahan)誉为"美国在空间范围上跨度最广的一次扩张"③,但美国在东亚地中海的西侧,要求的是延续门罗主义的"门户开放"和"机会均等"。早有论者指出,美国的这一政策,客观上使得中国在19世纪末免于被列强瓜分。④ 而对日本来说,美国逐步扩大的存在和影响,使其在战胜中国后仍不能完全掌控东亚地中海。马汉指出:"为确保在最大程度上施行门户开放政策,我们需要明显的实力,不仅要保持在中国本土的实力,而且要保持海上交通线的实力,尤其是最短航线的实力"。⑤ 美国对西太平洋海权的坚持,决定了美日双方矛盾的持久存在。日本起初对美国兼并夏威夷就有意见,而在20世纪30年代英国不断后撤其东亚防御线之后,美国成为日本东亚地中海制海权的主要威胁,日本对美国因素的排拒,演成太平洋战争,并使得钓鱼岛问题的"制造"权最终落入美国手中。

---

① 《七续纪论辨琉球事》,《申报》,光绪六年三月十八日,1880年4月26日,第4版。

② U. S. Policy toward Japan, Top Secret, National Security Council Report, May 17, 1951, *Digital National Security Archive*(以下简称 DNSA), PD00141.

③ 艾尔弗雷德·塞耶·马汉:《海权对历史的影响:1660—1783年:附亚洲问题》,第460页。

④ 张玉法:《中华民国史稿》修订版,台北:联经出版事业有限公司2010年版,第33页。

⑤ 艾尔弗雷德·塞耶·马汉:《海权对历史的影响:1660—1783年:附亚洲问题》,第527页。

四

本来,开罗会议期间,美国总统罗斯福曾询问蒋介石中国是否想要琉球,但蒋介石提议"可由国际机构委托中美共管",理由是"一安美国之心,二以琉球在甲午以前已属日本,三以此区由美国共管比归我专有为妥也"。①

德黑兰会议期间,美苏就东亚地中海及其周边的处置,曾有预案,并涉及到琉球:

> ……罗斯福总统回忆道,斯大林熟知琉球群岛的历史,完全同意琉球群岛的主权属于中国,因此应当归还给中国……②

宋子文、孙科、钱端升③以及王正廷、王宠惠④等人对琉球态度与蒋不一,当时《中央日报》、《申报》等媒体亦认为中国应领有琉球,但蒋的意见在当时决定了琉球不为中国所有的事实。蒋介石的考虑不能说没有现实因素的作用,但海权在其知识结构中显然非常欠缺,东亚地中海的战略重要性不为蒋介石所认知,是美国得以制造钓鱼岛问题的重要背景。

在所有的地中海世界中,对立者的可能行动方向是考虑战略安排的主要因素,东亚地中海亦然。战争结束以后,美国在给中国战场美军司令的电文中重申了《波茨坦宣言》的第八条:"开罗宣言的条款必须执行,日本的主权必须

---

① 高素兰编注:《蒋中正"总统"档案:事略稿本》(55),台北:"国史馆"2011年版,第472页。

② Minutes of a Meeting of the Pacific War Council, *Foreign Relations of the United States*(以下简称 *FRUS*),Diplomatic Papers, The Conferences at Cairo and Tehran, 1943, United States Government Printing Office, Washington:1961. pp. 868 - 870.

③ *Chinese opinion*,(8 December 1943),冲绳县公文书馆藏,米国收集文书·Territorial Problem-Japan: Government Saghalien, Kuriles, Bonins, Liuchius, Formosa, Mandates,059/00673/00011/001.

④ 《王正廷谈话盟国应长期管束日本至消灭侵略意念为止》,《申报》,1947年6月5日,第2版;《王宠惠谈对日和约 侵略状态应消除 对外贸易不能纵其倾销》,《申报》,1947年8月15日,第1版。

仅限于本州、北海道、九州、四国及由我们所决定的一些小岛屿。"①但苏联在东亚地中海的存在和影响成为美国东亚政策的主要针对因素,对日处理,已不是四大国共同决定。美国认为,"中国、苏联、英国和琉球人强烈反对将琉球群岛交还日本",也认知到"对苏联而言,可以选择的是琉球独立或是将琉球交予共产党领导的中国。苏联更倾向于后者"。但美国自身的战略地位是最重要的考量因素。

> 承认中国的领土要求包含着巨大的风险。中国控制琉球群岛可能会拒绝美国继续使用基地,并且共产党最终打败国民党可能会给予苏联进入琉球群岛的机会。这样的发展不仅会给日本带来苏联入侵的威胁,而且会限制美国在太平洋地区的战略军事地位。②

1948 年,美国国家安全委员会向美国总统、国务卿等提出"对日政策建议":"美国欲长期保留冲绳岛屿上的设施,以及位于北纬 29 度以南的琉球群岛、南鸟岛和孀妇岩以南的南方诸岛上的参谋长联席会议视为必要的其他设施。"③麦克阿瑟指出:"该群岛对我国西太平洋边界的防御至关重要,其控制权必须掌握在美国手中。……我认为如果美国不能控制此处,日后可能给美军带来毁灭性打击。"④1950 年 10 月 4 日,参谋长联席会议未等与国务院协商一致,直接批准了给远东美军的命令,决定由美国政府负责北纬 29 度以南琉球群岛的民政管理。"该地区的美国政府称作'琉球群岛美国民政府'"。命令美军远东司令为琉球群岛总督,"总督保留以下权力:a. 有权否决、禁止或搁置执行上述政府(指琉球群岛的中央、省和市级政府——引者)制定的任何法律、法令或法规;b. 有权命令上述政府执行任何其本人认为恰当的法律、法令

① Memorandum by the State-War-Navy Coordinating Subcommittee for the Far East, *FRUS*, 1946, Vol. VIII, The Far East, United States Government Printing Office, Washington:1971. pp. 174 - 176.

② *The Ryukyu Islands and Their Significance*,(24 May 1948),沖縄県公文書館蔵,米国収集文書・Central Intelligence Agency,319/00082A/00023/002。

③ Report,NSC 13/2, to the President Oct. 7, 1948, *Declassified Documents Reference System*(以下简称 *DDRS*),CK3100347865.

④ General of the Army Douglas MacArthur to the Secretary of State, *FRUS*, 1947, Vol. VI, The Far East, United States Government Printing Office, Washington:1972. pp. 512 - 515.

或法规;c. 总督下达的命令未得到执行,或因安全所需时,有权在全岛或部分范围内恢复最高权力"。① 美国虽在战时反复宣称没有领土野心,但出于冷战的战略需要,在东亚地中海中深深地扎下根来。

根据 1951 年 9 月 8 日签订的《旧金山和平条约》(中华人民共和国中央人民政府公开宣言不予承认),美国琉球民政府副总督奥格登(David A. D. Ogden)1953 年 12 月 25 日发布了题为《琉球群岛地理边界》(Geographic Boundaries of the Ryukyu Islands)的"民政府第 27 号令",确定琉球地理边界为下列各点连线:

北纬 28 度,东经 124.4 度;

北纬 24 度,东经 122 度;

北纬 24 度,东经 133 度;

北纬 27 度,东经 131.5 度;

北纬 27 度,东经 128.18 度;

北纬 28 度,东经 128.18 度。②

上述各点的内涵,把钓鱼岛划进了琉球群岛的范围。正如基辛格 1971 年与美国驻日大使商量对钓鱼岛问题口径的电话记录所显示的,美国明知钓鱼岛主权争议是中日两国之事,美国对其没有主权,但"1951 年我们从日本手中接过冲绳主权时,把这些岛屿作为冲绳领土的一部分也纳入其中了"。③ 钓鱼岛被裹挟到"琉球"这个概念中,被美日私相授受,是美国"制造"出钓鱼岛问题的真相。

在美国对琉球愈发加紧控制的同时,随着朝鲜战争的爆发和冷战愈演愈烈,美国眼中的日本角色迅速发生转变,其重要性日益突出。1951 年美国国家安全委员会的《对日政策声明》(1960 年再次讨论)称,"从整体战略的角度

---

① Memorandum Approved by the Joint Chiefs of Staff, *FRUS*, 1950, Vol. VI, East Asia and The Pacific, United States Government Printing Office, Washington: 1976. pp. 1313 - 1319.

② *Civil Administration Proclamation NO.* 27, (25 December 1953),沖繩県公文書館蔵,米国収集文書 • Ryukyus, Command, Proclamations, Nos. 1 - 35, 059/03069/00004/002。

③ Ryukyu Islands, Classification Unknown, Memorandum of Telephone Conversation, June 07, 1971, *DNSA*, KA05887.

而言,日本是世界四大工业大国之一,如果日本的工业实力被共产主义国家所利用,则全球的力量对比将发生重大改变"。① 1961 年,《美国对日政策纲领》进一步宣示了美国对日政策基调为:

1. 重新将日本建成亚洲的主要大国。

2. 使日本与美国结成大致同盟,并使日本势力和影响的发挥大致符合美国和自由世界的利益。②

这使得以美国总统、国务院为代表的力量顶着美国军方的异议③,对日本"归还"琉球(日方更倾向于使用"冲绳"这一割断历史的名词,而"冲绳县"和被日本强行废藩置县的古琉球国,以及美国战后设定的"琉球群岛美国民政府"的管辖范围并不一致)的呼声给予了积极回应。④ 扶持日本作为抵制共产主义的桥头堡,成为美国远东政策的基石,"归还"琉球,既是美国对日政策的自然发展,也是其对日本长期追随"自由世界"的犒赏。

值得注意的是,旧金山和约签订之后,在日本渲染的所谓左派和共产党利用琉球问题,可能对"自由世界"不利的压力下,美国承认日本对于琉球有所谓"剩余主权"。⑤ 但美国在琉球的所谓"民政府"有行政、立法、司法权,剥除了行政、立法、司法权的"剩余主权"实际上只是言辞上的温慰。1951 年 6 月美国国务卿杜勒斯(John Dulles)的顾问在备忘录中坦率地表示,美国事实上获

———————

① U. S. Policy toward Japan, Top Secret, National Security Council Report, May 17, 1951, *DNSA*, PD00141.

② Guidelines of U. S. Policy toward Japan, Secret, Policy Paper, c. May 3, 1961, *DNSA*, JU00098.

③ 美国军方异议见 Memorandum by the Secretary of State to the Ambassador at Large (Jessup), *FRUS*, 1950, Vol. VI, East Asia and The Pacific, United States Government Printing Office, Washington:1976. pp. 1278 - 1282.

④ Reversion of the Bonin and Ryukyu Islands Issue, Secret, Memorandum, c. October 1967, *DNSA*, JU00766.

⑤ Background information and recommendations with respect to Japanese demands that the U. S. return administrative control of the Ryukyu Islands over to them. Dec 30, 1968, *DDRS*, CK3100681400.

得了琉球群岛的主权。① 美国宣称对中国固有领土拥有"主权"自属无稽,但这也说明日本在 20 多年中对琉球的"主权"并不是"毫无争议"的。等到 1972年"归还"时,美方又用了"管辖权""行政权"等不同的名词,而不是"主权",说明美国注意到了琉球问题的复杂性。

由于海峡两岸坚决反对将钓鱼岛及其附属岛屿裹挟在琉球群岛中"归还"日本,美国在"制造"钓鱼岛问题时,发明了一段似是而非、玩弄文字的说法:"我们坚持,将这些岛屿的管辖权归还日本,既不增加亦不减少此岛屿为美国接管前日本所拥有的对该岛的合法权利,亦不减少其他所有权要求国所拥有的业已存在的权利,因为这些权利早于我们与琉球群岛之关系"。② "国务院发言人布瑞(Charles Bray)在一篇声明中指出,美国只是把对琉球的行政权交还给日本,因之,有关钓鱼台的主权问题,乃是有待中华民国与日本来谋求解决的事"。③ 美国言说的对象和内容是错误的,但钓鱼岛及其附属群岛的主权存在争议,却是其反复明确的事实。

余 论

在早期的中、日、琉球、英、美各种文献中,钓鱼岛及其附属岛屿都是"边缘性的存在"。在中日主权争议的今天,它却成为东亚地中海的"中心"——不仅牵动美、中、日这三个国民生产总值占据世界前三的国家,也牵动整个东亚乃至世界局势。妥善处理钓鱼岛问题,具有世界性意义。

马汉曾经设定:"可能为了人类的福祉,中国人和中国的领土,在实现种族大团结之前应当经历一段时间的政治分裂,如同法国大革命之前的德国一

---

① Memorandum by The Consultant to the Secretary (Dulles), *FRUS*, 1951, Vol. VI, Asia and The Pacific(in two parts) Part1, General Editor: Fredrick Aandahl, United States Government Printing Office, Washington:1977. pp. 1152 - 1153.

② Briefing Papers for Mr. Kissinger's Trip to Japan, Includes Papers Entitled "Removal of U. S. Aircraft from Naha Air Base" and "Senkakus", Secret, Memorandum, April 6, 1972, *DNSA*, JU01523.

③ 《美国务院声明指出 对钓鱼台主权 有待中日解决》,台北《中央日报》,1971 年 6月 19 日,第 1 版。

样。"①马汉的设定没有任何学理支撑,但确实,台海两岸的政治分裂给了所有居间利用钓鱼岛问题的势力,特别是美国以机会。1971 年 4 月 12 日,美日私相授受琉球甚嚣尘上之际,台湾当局"外交部长"周书楷前往华盛顿拜会美国总统尼克松,提出钓鱼岛问题会在海外华人间产生重大影响,可能造成运动。尼克松顾左右而言他,将话题转移到联合国问题的重要性上,尼克松说:"只要我在这里,您便在白宫中有一位朋友,而您不该做任何使他难堪的事。中国人应该看看其中微妙。你们帮助我们,我们也会帮助你们。"②其时,台湾当局正为联合国席位问题焦虑,尼克松"点中"其软肋,使其话语权急剧削弱。果然,在随后与基辛格的会谈中,周书楷主动提出第二年的联合国大会问题,而且他"希望'另一边'(即中国共产党)能被排除在大会之外"。③ 事实上,中华人民共和国中央人民政府对钓鱼岛及其附属岛屿主张主权和行动,一直遭到台湾当局掣肘。钓鱼岛问题,因此必然与台湾问题的处理联系在一起,这极大地增加了解决钓鱼岛问题的复杂性和难度。这是其一。

其二,被人为故意作为琉球一部分而"归还"的钓鱼岛及其附属岛屿的主权归属问题,在美国有意识、有目的的操弄下,几乎在中日争议的第一天起就进入复杂状态。中国固有领土被私自转让,自然必须反对。1971 年 12 月 30 日,中华人民共和国外交部严正声明:"绝对不能容忍""美、日两国政府公然把钓鱼岛等岛屿划入'归还区域'"。同时,善意提示日方勿被居间利用:"中国政府和中国人民一贯支持日本人民为粉碎'归还'冲绳的骗局,要求无条件地、全面地收复冲绳而进行的英勇斗争,并强烈反对美、日反动派拿中国领土钓鱼岛等岛屿作交易和借此挑拨中、日两国人民的友好关系。"④可以说,态度十分具有建设性。

---

① 艾尔弗雷德·塞耶·马汉:《海权对历史的影响:1660－1783 年:附亚洲问题》,第482 页。

② Memorandum of Conversation, *Foreign Relations of the United States*, 1969－1976, Volume XVII, China, 1969－1972, Document 113, p. 292. 下文所引 20 世纪 70 年代以后的美国外交关系文件(*FRUS*),来源与来自威斯康辛大学的上文不同,文件来源是http://history. state. gov/. 特此说明。

③ Memorandum of Conversation, *Foreign Relations of the United States*, 1969－1976, Volume XVII, China, 1969－1972, Document 114, p. 294

④ 《中华人民共和国外交部声明》(1971 年 12 月 30 日),《人民日报》,1971 年 12 月31 日,第 1 版。

日本自居与美国是盟友关系,可以在钓鱼岛问题上得到美方的充分背书。但其实,没有得到完全的满足——虽然日本一直希望援引美方的表态主张权利,将其设定为"没有争议",但1972年8月,美国政府内部指示,对日本应当清楚表示:"尽管美国政府的媒体指导已进行了部分修改以符合日本政府的要求,这丝毫不意味着我们改变了美国在尖阁诸岛争端问题上保持中立的基本立场。"①更有甚者,1974年1月,已任美国国务卿的基辛格在讨论南沙群岛问题时,为"教会日本人敬畏",讨论了将中华人民共和国"引导"到钓鱼岛问题的可能性。② 这样看,实际上是"系铃人"角色的美国,并不准备担当"解铃人"的作用——促使中日两国长期在东亚地中海保持内在紧张,更符合美国作为"渔翁"的利益。

对美国利用钓鱼岛问题牵制中日,中国洞若观火,其长期坚持的"搁置争议,共同开发"这一创新国际法的、充满善意的政策,目的就是使钓鱼岛这一东亚地中海热点冷却下来、走上政治解决的轨道。但其善意,为日本政府所轻忽。日本政府如何为了日本人民的长远福祉而改弦更张、放弃短视思维,不沉溺于被操纵利用的饮鸩止渴,对钓鱼岛问题的政治解决至关重要。

其三,马汉还说,"富强起来的中国对我们和它自己都会带来更严重的危险"。③ 这一断言充斥着"文明冲突论"的火药味和深深的种族歧视,他论证说,"因为我们届时必须拱手相送的物质财富会使中国富强起来,但是中国对这些物质财富的利用毫无控制,因为它对这种在很大程度上支配了我们的政治和社会行为的思想道德力量缺乏清楚的理解,更不用说完全接受。"马汉以美国价值观作为美国接受中国复兴的前提条件,是今天美国操纵钓鱼岛问题深远的运思基础。

但是,正如布罗代尔总结欧亚非地中海历史所指出的:"历史的普遍的、强

---

① Issues and Talking Points：Bilateral Issues，Secret，Briefing Paper，August 1972，*DNSA*，JU01582.

② Minutes of the Secretary of State's Staff Meeting，*Foreign Relations of the United States*，1969 - 1976，Volume E - 12，Documents On East and Southeast Asia，1973 - 1976，Document 327，p. 3.

③ 艾尔弗雷德·塞耶·马汉:《海权对历史的影响:1660—1783年:附亚洲问题》,第522页。

大的、敌对的潮流比环境、人、谋算和计划等更为重要、更有影响"。① 中国的复兴是操盘者无法"谋算"的历史潮流和趋势,然而,这一潮流并不是"敌对的",2012 年,习近平更指出:"太平洋够大,足以容下中美两国(The vast Pacific Ocean has ample space for China and the United States")"②,充满前瞻性和想象张力的说法,相比于那些把钓鱼岛作为"遏制"中国的东亚地中海前哨阵地的"敌对的"计划,更着眼于"人类的福祉"。中国所主张的"新型大国关系",摈弃了传统的地中海模式,扬弃了加勒比海模式,内含了一种可能导向和平之海、繁荣之海的新地中海模式,值得东亚地中海所有当事者深思。

张生

2016 年 5 月

---

① 费尔南·布罗代尔:《地中海与菲利普二世时代的地中海世界》第 2 卷,第 955 页。

② 来自人民网,http://www.people.com.cn/GB/32306/33232/17111739.html,2012 年 02 月 14 日。

出版凡例

一、本文献集按文献来源分为中文之部、日文之部、西文之部三个大的序列。每个序列中按专题分册出版，一个专题一册或多册。

二、文献集所选资料，原文中的人名、地名、别字、错字及不规范用字，为尊重历史和文献原貌，均原文照录。因此而影响读者判断、引用之处，用"译者按"或"编者按"在原文后标出。因原文献漫漶不清而缺字处，用"□"标识。

三、日文原文献中用明治、大正、昭和等天皇年号的，不改为公元纪年。台湾方面文献在原文中涉及政治人物头衔和机构名称的，按相关规定处理；其资料原文用民国纪年的，不加改动。

四、所选史料均在起始处说明来源，或在文后标注其档案号、文件号。

五、日本人名从西文文献译出者，保留其西文拼法，以便核对；其余外国人名，均在某专题或文件中第一次出现时标注其西文拼法。

六、西文文献经过前人编辑而加注释者，用"原编辑者注"保留在页下。

七、原资料中有对中国人民或中国政府横加诬蔑之处，或基于立场表达其看法之处，为存资料之真，不加改动或特别说明，请读者加以鉴别。

本册说明

钓鱼岛是中国固有领土,但由于美日私相授受,及日本不断挑战战后西太平洋地区国际秩序,中日间关于钓鱼岛的领土主权之争愈演愈烈;外加美国在《美日安保条约》框架下对钓鱼岛争端的进一步介入,钓鱼岛问题愈益复杂化。从美方档案的记载中厘清中日钓鱼岛争端的产生、变化和发展趋势,以及美国因素在中日钓鱼岛之争中所起的作用,对于说明钓鱼岛问题被人为"制造"出来、确认钓鱼岛主权的真正归属有着十分重要的作用。本册主要收录了自1943 年 11 月 22 日至 26 日,中、美、英三国政府首脑于埃及首都开罗举行盟国会议,并于会议结束后发表《开罗宣言》(Cairo Declaration),至 1971 年 6 月美日签订《关于琉球诸岛及大东诸岛的日美协议》(简称《归还冲绳协定》)(Agreement between Japan and the United States of America Concerning the Ryukyu Islands and the Daito Islands)前美国外交关系文件(Foreign Relations of the United States)中有关钓鱼岛问题的文献。

根据时段不同,本册文献可分为三大部分:

第一部分是战时文献。该部分主要收录了二战期间盟国为战胜德意日法西斯以及讨论战后国际秩序重建问题,而召开的诸会议及其相关成果。所收文献多处涉及日本的领土范围问题。盟国一致要求"坚决剥夺日本自 1914 年一战以来所夺取或占领的太平洋地区的一切岛屿,并且日本从中国所窃取的一切领土,例如满洲、台湾和澎湖列岛必须归还中华民国"。不承认"日本通过暴力和贪婪所获取的其他一切领土"。"日本的主权范围只限于本州、北海道、九州、四国及由我们所决定的一些其他小岛屿。"这些文献或直接或间接地涉及钓鱼岛主权的真正归属,它是我们今天研究钓鱼岛主权问题不可或缺的重要资料。

第二部分是旧金山和会及其相关文献。该部分主要收录了日本战败后,为解决日本的战后地位问题,以及厘清战争责任所衍生的国际法律问题,美英等国于 1951 年 9 月 8 日在美国旧金山与日本签订和平条约前后的相关文献。所收文献含有美国政府各部门间为召开旧金山会议所作的互动讨论及其态度,旧金山和会的三大"条约成果",即《对日和约》《日美安全条约》以及《日美协定》的系列条文如何形成的动态过程以及条约的最终文本等。文献中多处内容涉及冷战开始后,美国在亚太地区的战略目标及安排以及伴随而来的美国对日态度的转变,其中重要的一点是《对日和约》中所规定的"北纬 29 度以南之南西诸岛等交由联合国托管"中之"南西诸岛"则被美军和美国琉球民政府非法设定为包括钓鱼岛在内,这为日后中日间产生钓鱼岛主权之争埋下了伏笔。中华人民共和国中央人民政府不承认旧金山和约,但旧金山和会期间的原始文献是研究钓鱼岛问题之所以被"制造"出来的重要资料之一。

第三部分是有关琉球群岛的美国政府文献。该部分收录了自 1945 年美军登录占领冲绳后,在琉球列岛设立占领政府至 1972 年冲绳回归日本期间的文献资料。其中内容包括战后美国设置琉球民政府的主要考虑因素、所设主要机构及其相关职能、美国在该地区所设定的权利以及如何维护美国在琉球地区的基本利益,等等。这些文献也真实地再现了美国如何有意将钓鱼岛及其附属岛屿裹挟到"南西群岛"和琉球"归还"问题之中,使本不是问题的钓鱼岛主权归属成为一大问题。

从上述材料可以看出,第二次世界大战前日本从制造琉球问题到觊觎、窃取钓鱼岛,与战后琉球、钓鱼岛问题的产生,既有历史的联系,也有很大的区隔。战后,美国认为,"一旦发生世界大战,如果美国能够掌握日本的军事潜能,将对美国策略至关重要,并有可能最后引导战争走向胜利。与此同时,要严防日本的军事潜能为苏联及其盟国所用"。出于冷战需要,美国故作"糊涂"、将钓鱼岛及其附属岛屿"施政权"归并到琉球"归还"问题中与日本私相授受,是当今认识钓鱼岛问题产生原因的要点;而日本有意识地利用战后东亚形势、反制美国,索要其仅拥有所谓"剩余主权"的各处岛屿的种种策略,亦可从美国档案中看出。可以说,钓鱼岛问题的产生有着复杂的国际关系背景。

编者

2016 年 5 月

目　录

一、战时文献①

1. 联合公报美国草案

罗斯福文件

附总统特别助理霍普金斯(Hopkins)的修订版②

罗斯福总统,蒋介石委员长,丘吉尔首相,以及他们各自的军事领导,在北非召开了会议。美、英、中军事代表团一致同意将会从中国和东南亚对日本采取军事行动。尽管无法披露会议细节,但所达成的决议足够对日本构成有力威胁。三大同盟国表示,他们将决心从海陆空三方面给予他们残酷的敌人以无情的压力。同盟国已经开始施压,并将继续对日本施压。尽管同盟国现在无法就抗击的具体时间、地点以及范围做出详细说明,但日本将无疑体验到来自同盟国共同的抵抗力量。

三大同盟国将坚决剥夺日本自 1914 年一战以来所夺取或占领的太平洋地区的一切岛屿,其中包括日本违背誓言而建立的军事基地,并且日

---

① 编者注:*Foreign Relations of the United States*(简称 FRUS),来自 http://digi-coll. library. wisc. edu/cgi-bin/FRUS/FRUS-idx? type ＝ browse&scope ＝ FRUS. FRUS1.该部分文件来源均同此,原文件中的各种标志,均加保留,以存其真,不再另加说明。译者注和编者注单独显示。

② 原编辑者注:该草案打印版以附加页的形式,用三个段落增加了与会人员名单,此外,该版本与递交给罗斯福总统的版本相同。霍普金斯手写的修正版早于 1943 年 11 月 25 日的修订版。

本从中国①所窃取的②一切领土③,例如满洲、台湾,必须归还"中华民国"。上述三大盟国并没有忘记朝鲜人民所遭受的奴役,同盟国战胜日本后,朝鲜将及早获得自由与独立。

鉴于这些目标,三大盟国将会和那些正在与日本作战的所有国家和衷共济,继续对日本实施严厉而持久的行动,直至日本无条件投降。蒋介石委员长携妻子宋美龄夫人参加了此次会议。

美方与会人员有:上将威廉·D.李斯;将军乔治·C.马歇尔;上将厄内斯特·J.金;将军 H. H. 阿诺德;陆军中将 B. B. 索莫维尔;少将埃德温·M. 华生;海军少将威尔逊·布朗;海军少将罗斯·麦克因特;哈利·霍普金斯先生;大使 W. 艾夫里尔·哈里曼;大使 J. G. 威南特④;L. 道格拉斯先生;J. J. 麦克罗伊。

与会英国代表:将军艾伦·布鲁克爵士;空军上将查尔斯·波多尔;上将A. 卡宁汉爵士;雷瑟斯勋爵;陆军中将海斯汀·伊斯麦爵士。

中方与会人员⑤:商震将军;王宠惠博士;杨宣诚;陆军中将周至柔。

(American Draft of the Communique, With Amendments by President's Special Assistant(Hopkins), *FRUS*, Diplomatic Papers, The Conferences at Cairo and Tehran, *1943*, United States Government Printing Office, Washington:1961, pp. 401 - 402.)

---

① 原编者注:此处添加"荷兰人以及",但无法确认是谁的字迹。
② 原编者注:原文件中靠近"所窃取的一切领土"处,霍普金斯在纸张空白处写下"所有被征服的"以及"暴力与贪婪",可能与"所窃取的一切领土"相关。
③ 原编者注:霍普金斯在此处添加了"被占领土属于荷兰"。
④ 原编者注:霍普斯金在此处添加"斯坦因海德"这一名字。
⑤ 原编者注:霍普斯金在此处添加"及其他"字样。

2. 联合公报美国草案修订版①

罗斯福文件

联合公报美国草案修订版

公报草案

罗斯福总统,蒋介石委员长,丘吉尔首相,以及他们各自的军事首领,在北非召开了会议,并发布了以下联合宣言:

美、英、中军事代表团一致同意将会从中国和东南亚对日本采取军事行动。尽管无法披露会议细节,但达成决议将对日本构成有力威胁。三大同盟国表示,他们将决心从海陆空三方面,给予他们残酷的敌人以无情的压力。同盟国已经开始施压,并将继续对日本施压。日本无疑将体验到来自同盟国共同的抵抗力量。

三大同盟国将坚决永久剥夺日本占领的太平洋地区的一切岛屿,尽管日本曾经承诺不在这些岛屿上建立军事基地,但一些岛屿仍然被军事化了。

日本从中国所窃取的一切领土,例如满洲、台湾,自然必须归还给"中华民国"。所有被占领土地将从日本贪婪的、暴力的爪牙中得到解放。

上述三大盟国并没有忘记朝鲜人民所遭受的奴役,日本战败后,朝鲜将在最恰当的时刻获得自由与独立。

鉴于这些目标,三大盟国将会和那些正在和日本作战的所有国家和衷共济,继续对日本实施严厉而持久的行动,直至日本无条件投降。

蒋介石委员长携妻子宋美龄女士参加了此次会议。

美方与会人员有:上将威廉·D. 李斯;将军乔治·C. 马歇尔;上将厄内斯特·J. 金;将军 H. H. 阿诺德;陆军中将 B. B. 索莫维尔;少将埃德温·M. 华生;海军少将威尔逊·布朗;海军少将罗斯·麦克因特;哈利·霍普金斯先生;

---

① 原编辑者注:该草案修订版于 1943 年 11 月 25 日,由霍普斯金口述,考内刘斯准尉记录(见阿尔伯特·M. 考内刘斯致国家历史办公室的信件,023.1/3 - 257)。该草案的复本之一上打印着"11/25/43 版"。

大使 W. 艾夫里尔·哈里曼；大使 J. G. 威南特；大使斯坦因海德；L. 道格拉斯先生；J·J·麦克罗伊。

　　与会英国代表：将军艾伦·布鲁克爵士；空军上将查尔斯·波多尔；上将 A. 卡宁汉爵士；雷瑟斯勋爵；陆军中将海斯汀·伊斯麦爵士。

　　中方与会人员：商震将军；王宠惠博士；杨宣诚；陆军中将周至柔。

（Revised American Draft of the Communique，*FRUS*，Diplomatic Papers，The Conferences at Cairo and Tehran，1943，United States Government Printing Office，Washington：1961，pp. 402 – 403.）

3. 联合公报英国草案修订版①

罗斯福文件
联合公报英国草案
新闻公报

　　罗斯福总统，蒋介石委员长，丘吉尔首相，以及他们各自的军事和外交顾问，在北非召开会议，并发布以下联合宣言：

　　　　美、英、中军事代表团一致同意将会对日本采取军事行动。三大同盟国表示，将从海陆空三方面坚决给予他们残酷的敌人以无情的压力。同盟国将继续对日本施压。

　　　　三大同盟国将坚决剥夺所有日本自 1914 年一战以来所夺取或占领的太平洋地区的岛屿。日本从中国所窃取的一切领土，尤其指②例如满洲和台湾③，自然必须归还给"中华民国"。其他被日本暴力和贪婪占领的土地也将得到解放。上述三大同盟国并没有忘记朝鲜人民所遭受的奴役，日本战败后，朝鲜将适时获得自由与独立。

---

　　①　原编辑者注：手写部分疑为丘吉尔笔迹。文件未表示日期与作者，然而修订后的文本与最终付印版本极为相似，见第 448 页。
　　②　原编辑者注："尤其指"手写修改为"例如"。
　　③　原编辑者注：此处手写添加"澎湖列岛"。

鉴于这些目标，三大盟国将会和①联合国其他成员国②和衷共济，继续对日本实施严厉而持久的行动，直至日本无条件投降。

(British Draft of the Communique, *FRUS*, Diplomatic Papers, The Conferences at Cairo and Tehran, 1943, United States Government Printing Office, Washington: 1961, p. 404.)

4. 联合公报及其公布③

开罗高层会议记录
联合公报最终版④
联合公报新闻公告

罗斯福总统，蒋介石委员长，丘吉尔首相，以及他们各自的军事和外交顾问，在北非召开会议，并发布以下联合宣言：

美、英、中军事代表团一致同意将会对日本采取军事行动。三大同盟国表示，将从海陆空三方面坚决给予他们残酷的敌人以无情的压力。同

---

① 原编辑者注：此处手写添加"与日本作战的"。

② 原编辑者注："其他"手写改为"那些"。

③ 编者注：中方版本为，"三国军事方面人员，关于今后对日作战计划，已获得一致意见。我三大盟国决心以不松弛之压力，从海陆空方面加诸残暴的敌人，此项压力已经在增长之中。

我三大盟国此次进行战争之目的，在于制止及惩罚日本之侵略。三国决不为自己图利，亦无拓展领土之意。三国之宗旨在剥夺日本自一九一四年第一次世界大战开始以后在太平洋所夺得或占领之一切岛屿，在使日本所窃取于中国之领土，例如满洲、台湾、澎湖群岛等，归还"中华民国"。日本亦将被逐出于其以武力或贪欲攫取之土地，我三大盟国轸念朝鲜人民所受之奴役待遇，决定在相当期间，使朝鲜自由独立。

我三大盟国抱定上述之各项目标并与其他对日作战之联合国家目标一致，将坚持进行为获得日本无条件投降所必要之重大的长期作战"。参见世界知识出版社编：《国际条约集(1934—1944)》，北京：世界知识出版社，1961年，第407页。

④ 原编辑者注：1943年11月26日下午，霍普金斯将达成一致的文本交给柯克，参见柯克备忘录，详见下文。本书亦收录联合公告更早的草案，请参见第399—404页。1949年12月1日，白宫公布联合公报，并刊印于国务院在1943年12月4日发行的《公告》第十卷，第393页。

盟国将继续对日本施压。

三大同盟国将会坚持战斗以制止并惩罚日本的侵略。他们自身别无所求,也从未考虑过进行领土扩张。他们的目的是要剥夺日本自 1914 年一战以来所夺取或占领的太平洋地区的一切岛屿。并且日本从中国所窃取的一切领土,例如满洲、台湾和澎湖列岛必须归还给"中华民国"。日本也将会被驱逐出通过暴力和贪婪所获取的其他一切领土。上述三大盟国,并没有忘记朝鲜人民所遭受的奴役,决心在不久的将来让朝鲜取得自由和独立。

鉴于这些目标,三大盟国,将会和那些正在与日本作战的所有国家和衷共济,继续对日本实施严厉而持久的行动,直至日本无条件投降。

(Final Text of the Communique, *FRUS*, Diplomatic Papers, The Conferences at Cairo and Tehran, 1943, United States Government Printing Office, Washington:1961, pp. 448 - 449.)

5. 太平洋战争委员会会议纪要

罗斯福文件

太平洋战场委员会-会议纪要①

秘密文件　1944 年 1 月 12 日于华盛顿

会议记录

1944 年 1 月 12 日,星期三下午 12:30,太平洋战场委员会第 36 次会议在华盛顿白宫行政办公室内阁厅举行。

出席人员有:

总统。

荷兰大使,A·卢顿(A. Loudon)博士。

中国大使,魏道明博士

加拿大大使,雷顿·麦卡锡阁下。

---

① 原编辑者注:太平洋战争委员会由奋战在太平洋战场并签署《宣言》的国家的代表构成。因需不时在华盛顿召开会议,由罗斯福担任主席。

　　菲律宾副总统赛尔吉欧·奥斯梅纳,代表菲律宾共和国总统曼努埃尔·奎松阁下出席。

　　新西兰公使,沃尔特·纳什博士。

　　澳大利亚公使,欧文·迪克逊爵士。

　　英国 EE、下院议员罗纳德·坎贝尔爵士,代表英国大使哈利法克斯子爵。

　　……罗斯福总统表明,与蒋介石委员长、斯大林元帅的讨论非常鼓舞人心——三方一致同意剥夺日本占领的岛屿①,赤道北部岛屿由联合国②接管并负责民事管理,西太平洋的警卫部署、必要的空军与海军基地,也应由具有军事实力并能有效实施军事管理的国家接管③。斯大林元帅特别强调,满洲、台湾以及澎湖列岛应当归还中国④;朝鲜人民暂不具备成立并维持独立政府的能力,因此需要 40 年的监管⑤;此外,俄罗斯在西伯利亚没有不冻港,因此俄方渴望借用一个不冻港,斯大林元帅期望设大连为自由港,面向世界,西伯利亚可以通过满洲里铁路,经大连港开展进出口贸易⑥。斯大林元帅承认满洲里铁路隶属于中国政府。⑦ 他希望萨哈林岛完全归还俄国,并将千岛群岛

---

　　①　原编辑者注:1943 年 12 月 1 日发表的《开罗宣言》中,罗斯福、丘吉尔、蒋介石声明:"剥夺日本自 1914 年一战以来所夺取或占领的太平洋地区的一切岛屿",请参见第 448 页。斯大林元帅亦在《开罗宣言》中声明赞同上述表述,请参见本书第 556 页。

　　②　原编辑者注:斯大林表示同意对日本周边岛屿严加控制,日本掌控下的"要地"应交由同盟国管理,莫洛托夫声明德、日控制下的"要地"可由大不列颠、美国管理,或者由两国共同管理,分别参见本书第 532 页,第 554 页,第 570 页。

　　③　原编辑者注:关于控制战略要地的策略,可能由拥有足够实力的军事强国承担,也可能成立一个世界性组织,旨在维护和平,参见本书第 510—511 页,第 533 页。

　　④　原编辑者注:参见《开罗宣言》以及内附斯大林同意的声明。

　　⑤　原编辑者注:《开罗宣言》中,罗斯福总统、蒋介石委员长以及斯大林元帅代表三国,决心使"朝鲜迟早获得独立,赢得自由"。开罗或者德黑兰的其他文件中并无朝鲜"需要 40 年的监管"的记录。

　　⑥　原编辑者注:参见本书第 567 页,以及第 378—379 页,第 768 页,参见《外交关系》马耳他—雅尔塔会议。

　　⑦　原编辑者注:德黑兰其他文件中并无"满洲里铁路隶属于中国政府"的记录。彼得罗巴夫洛斯克铁路线断裂的问题,请参见本书第 567 页。据《中美外交关系》第 113 页脚注 1 记载,有关苏联使用满洲里铁路的问题在德黑兰会议外以非正式的方式进行讨论。这一说法的权威性并未得到确认。

移交给俄国,以便控制通往西伯利亚的海峡。[1]

罗斯福总统称,在太平洋战场的重大问题上,他与蒋介石委员长、斯大林元帅"看法完全一致",为此感到非常满意,一旦完全战胜日本,要就太平洋地区管制问题达成一致意见毫无困难。

罗斯福总统说道,他认为要解决太平洋战场面临的问题,需预先仔细研究战争策略,这一策略应由太平洋战场委员会制定,因为除俄国外,各方利益国在委员会中均有代表,且鉴于罗斯福总统与斯大林的谈话,俄国也将鲜有异议。

罗斯福总统回忆道,斯大林熟知琉球群岛的历史,完全同意琉球群岛的主权属于中国,因此应当归还给中国[2],且认为日本控制下的岛屿,一切行政权力都需移交联合国,由于要维持一些重要地点的和平,军事管制是必须的,这一点前文已提及,在此不作赘述。罗斯福总统称,他认为大家一致赞同太平洋地区岛屿的管理是一种责任,应以人民的利益为宗旨[3],管理者不可从中谋利,而应努力为之付出[4]。

威尔逊·布朗
美国海军,海军少将

(Minutes of a Meeting of the Pacific War Council, *FRUS*, Diplomatic Papers, The Conferences at Cairo and Tehran, 1943, United States Government Printing Office, Washington:1961, pp. 868–870.)

6. 国家元首宣言

美国陆军部档案
战争部部长致总统

---

[1] 原编辑者注:斯大林在德黑兰会议上的这些想法,他处并无详细记录。有关日本附近岛屿以及通往海参崴的海峡的控制权问题,参见本书第532页,第567页。亦可参见《外交关系》1945年马耳他—雅尔塔会议,第378—379页。

[2] 原编辑者注:德黑兰会议上斯大林关于琉球群岛的表述并无其他记录。

[3] 原编辑者注:德黑兰会议中有关独立国家人民的福祉问题的讨论,参见本书第485页,第486页,以及第554页。

[4] 原编辑者注:可能托付管理的国家的管理经费请参见本书第554页。

绝密

日本

[附件 2^①]

美国—英国—苏联^②—中国

[如果苏联未参战,请删除括号内内容]

(1)我方,即美国总统、英国首相、[苏联元帅]以及中国主席,各代表其国家成千上万的人民,共同商讨并一致决定,若日本接受下述条件,则接受日本投降。

(2)美国、英国以及中国庞大的陆海空军事力量,以及多次给予我方帮助的西方军队与舰队,[如今苏联强大的军事力量也已加入]已经做好了给予日本最后一击的准备。这股军事力量来源于打击日本的决心,不致日本无条件投降绝不退缩。

(3)这股力量曾经将德国毫无意义的抵抗付之一炬,日本应从中吸取教训。这股力量曾经破坏德国的土地,摧毁其工业,重创德国人民的生活。现在汇集于日本的军事力量远远不止于此。我方决心竭尽所有军事实力,坚决摧毁日本的军事力量,即使这意味着彻底毁灭日本本土。

(4)日本具有军国主义倾向的顾问们极端不理智,正愚昧地带领着日本帝国走向灭亡,难道日本国民真的失去理智,要继续执迷不悟地盲从他们的领导吗? 是时候决定是继续盲从走向灭亡,还是听从理智走出困境了。

(5)以下为我方条件:我方绝不背离这些条件,日本可以接受或拒绝,但没有其他选择,我方将毫不迟疑。

(6)运用欺诈手段、使自己的国家迈向侵略世界的道路的人,必须剥夺其权利,肃清其影响。因为我方坚信,只有扫除世界上不负责任的军国主义,才能建立崭新的、和平、安全、公正的世界秩序。

(7)在这种崭新的世界秩序建立之前,必须对日本领土实施占领,行使我

---

① 　原编辑者注:该附件的文本于 7 月 2 日送往美国国务院、国防部。7 月 3 日,国务院通过电话向战争指挥部办公室助理秘书传达以下建议,建议将第 12 段第 2 句话修改为(文件号 740.00119 PW/7 - 245):"这可能包括在当今王朝基础上建立起君主立宪制政府,前提是这一王朝能够完全说服那些热爱和平的国家,其所执行政策能够保证杜绝日本的军国主义气焰。"

② 　原编辑者注:该文件中所有的括号均在原文件中出现。

方的权力,直到有确凿的证据表明日本制造战争的力量已经彻底瓦解。

(8)《开罗宣言》①的条款必须得到执行,且依决定日本的主权范围只限于本州、北海道、九州、四国,及与其毗邻的小岛屿。

(9)彻底解除日本军事力量,使军人回归家园,重拾安静祥和的生活,从事生产活动。

(10)日本作为一个民族不受奴役,作为一个国家确保领土主权,但其所有战犯以及在战争中残忍对待战俘的人应受到严厉惩处。日本人民中具有民主倾向的人[原文如此]将得到支持与增强。确保日本享有言论自由,宗教及思想自由,尊重其基本人权。

(11)日本只能保留维持其经济持续增长的工业,不可具有重新武装自己侵略他国的力量。为此,禁止日本控制原材料,但允许其得到供应。最终允许日本参与世界贸易。

(12)一旦实现占领目的,新成立的日本政府确实热衷和平,负有责任,真正能够代表日本人民的利益,同盟国力量即撤离日本。这可能包括在当今王朝基础上建立起君主立宪制政府,前提是这一王朝能够向世界证明今后绝不企图侵略他国。

(13)我方号召日本当权力量代表日本政府以及最高统帅宣布日本军队无条件投降,并真诚地提供相应保障确保此举的权威性。

(Proclamation by the Heads of State, *FRUS*, Diplomatic Papers, The Conferences of Berlin (the Potsdam Conference), 1945, Vol. Ⅰ, United States Government Printing Office, Washington:1960, pp. 893 – 894.)

7. 美国代表团暂定文件

NO. 594

740. 00119 Control(Japan) /7 – 945

---

① 原编辑者注:1943 年 12 月 1 日发布。有关文本请参见国务院《公告》第 9 卷,第 393 页。

美国代表团暂定文件①

高级机密［日期无］

美国元首《宣言》草案

美国—英国—［苏联］②—中国

［若苏联未参战，请删除括号内内容］

该草案获得国防部部长、海军部部长以及美国代理国务卿许可。

（1）我方，即美国总统、英国首相、［苏联元帅］以及中国主席，各代表其国家成千上万的人民，共同商讨并一致决定，若日本接受下述条件，则接受日本投降。

（2）美国、英国以及中国庞大的陆海空军事力量，以及多次给予我方帮助的西方军队与舰队，［如今苏联强大的军事力量也已加入］已经做好了给予日本最后一击的准备。这股军事力量来源于打击日本的决心，不致日本无条件投降绝不退缩。

（3）这股力量曾经将德国毫无意义的抵抗付之一炬，日本应从中吸取教训。这股力量曾经破坏德国的土地，摧毁其工业，重创德国人民的生活。现在汇集于日本的军事力量远远不止于此。我方决心竭尽所有军事实力，将③坚决摧毁日本的军事力量，即使这意味着彻底毁灭日本本土。

（4）日本具有军国主义倾向的顾问们极端不理智，正愚昧地带领着日本

①　原编辑者注：并无确凿证据表明这一草案即是7月6日交给贝尔纳斯的版本（见第595号文件）。但该草案是7月2日史汀森交给杜鲁门的版本的修改版，且该草案附于海科沃斯7月9日的备忘（见第596号文件）。

　　一个与该草案相似的版本（除第11段不同外）变异文本曾被错当作1945年5月国务院起草的版本。请参见格鲁《动乱的时代》，第二卷，第1431页；《太平洋关系协会，小组委员会关于国内安全法案级及其他国内安全法在司法部门的实施的审讯，美国议会第82届国会第一次会议》第二部分（华盛顿，政府印刷部，1951—1953），第729页—第734页。1945年5月国务院起草的版本（见文件740.0011 EW/5-3145）大为不同，本书收录的该宣言草案显然来源于7月2日史汀森交给杜鲁门的版本（请参见第592号文件附件2），史汀森交给杜鲁门的版本是建立在6月26日交给三人委员会的基础上的（见第591号文件）。

②　原编辑者注：该文件中所有的括号均在原文件中出现。

③　原编辑者注：该文件中斜体文字在原文件中用下划线强调，显然此举是为标明与较早版本的不同之处（见第592号文件附件2），这种强调方式亦出现在稍晚的版本以及最终文件中，应是无心为之。参照本书第二卷中第1244号、第1249号及第1382号文件。

帝国走向灭亡,难道日本人民真的失去理智,要继续执迷不悟地盲从他们的领导吗? *广大日本人民*,是时候决定是继续盲从走向灭亡,还是听从理智走出困境了。

(5)以下为我方条件。我方绝不背离这些条件。日本可以接受或拒绝。但没有其他选择。我方不允许任何拖延。

(6)运用欺诈手段、使自己的国家迈向侵略世界道路的人,必须剥夺其权利,肃清其影响。因为我方坚信,只有扫除世界上不负责任的军国主义,才能建立崭新的、和平、安全、公正的世界秩序。

(7)在这种崭新的世界秩序建立,并且有确凿的证据表明日本制造战争的力量已经彻底瓦解之前,必须对日本领土实施占领,以保障我方在此设定的基本目标得以实现。

(8)《开罗宣言》的条款必须得到执行,且依决定日本的主权范围只限于本州、北海道、九州、四国,及与其毗邻的小岛屿。

(9)彻底解除日本军事力量,使军人回归家园,重拾安静祥和的生活,从事生产活动。

(10)日本作为一个民族不受奴役,作为一个国家确保领土主权,但其所有战犯以及在战争中残忍对待战俘的人应受到严厉惩处。日本人民中具有民主倾向的人[原文如此]将得到支持与增强。确保日本享有言论自由,宗教及思想自由,尊重其基本人权。

(11)日本只能保留维持其经济持续增长的工业,不可具有重新武装自己侵略他国的力量。为此,禁止日本控制原材料,但允许其得到供应。最终允许日本参与世界贸易。

(12)一旦实现占领目的,新成立的日本政府确实热衷和平,负有责任,真正能够代表日本人民的利益,同盟国力量即撤离日本。这可能包括在当今王朝基础上建立起君主立宪制政府,前提是这一王朝能够完全说服那些热爱和平的国家,其所执行政策能够保证杜绝日本的军国主义气焰。

(13)我方号召日本当权力量代表日本政府以及最高统帅宣布日本军队无条件投降,并真诚地提供相应保障确保此举的权威性。否则将立即遭到彻底毁灭。

(United States Delegation Working Paper, *FRUS*, Diplomatic Papers, The Conferences of Berlin (the Potsdam Conference), 1945, Vol. I, United States

Government Printing Office，Washington：1960，pp. 897 - 899.）

8. 苏联支持《开罗宣言》

No. 606

740. 00119(Potsdam)/5 - 2446

记事概要

高级机密［日期无］

I. 《开罗宣言》要旨

《开罗宣言》(见附录)①罗斯福总统、蒋介石特级上将及丘吉尔首相于
1943 年 12 月 1 日发表。斯大林元帅当时并不在场。宣言包含如下领土
承诺：

满洲、台湾和澎湖列岛必须归还中国；

朝鲜届时将会独立；

剥夺日本自 1914 年一战开始以来所夺取或占领的太平洋上的一切岛屿
(即受日本托管的岛屿以及南沙群岛)，并且也将会将日本"逐出其通过武力和
贪婪所侵占的所有领土"。

II. 苏联支持《宣言》的重要性

苏联支持《开罗宣言》将会加强美国的远东政策，也会使苏联和发表宣言
的三大盟国形成更紧密的合作。

1. 满洲：苏联承诺支持满洲归还中国非常重要，因为它可以阻止苏联对
满洲提出任何领土要求，但是就其本身来说，它却无法阻止苏联试图在满洲建
立一个"友好"政府，就像苏联在东欧的行为一样。

2. 台湾和澎湖列岛：我们假定苏联政府在台湾和澎湖列岛并没有直接的
利益。所以，苏联并不会反对将这些地区归还给中国。

3. 朝鲜：苏联不会反对朝鲜届时将会独立的承诺，但是苏联也会试图在

---

① 原编辑者注：此处未收录。详细内容请参见国务院《公告》第 9 卷第 393 页。

朝鲜建立一个"友好"政府。

4. 受日本托管的领土及南沙群岛：苏联政府将会同意剥夺日本的这些岛屿。宣言并没有规定怎么处置这些岛屿。

5. 另外一些经武力和贪婪所获得的领土：苏联政府将会支持宣言所作的承诺，它可解释成日本有责任将南库页岛归还给苏联。

通过以上分析可知，如果美国获得了苏联对《开罗宣言》的支持，这将会是苏联的一项重要承诺，即苏联不会对满洲有领土要求。但是，苏联支持《开罗宣言》就其本身来说，并不代表苏联将会试图在满洲和朝鲜建立"友好"政府。

IV. 结论

苏联承诺支持《开罗宣言》，在一些细节性的理解上还需进一步的补充，如苏联和美国政府在远东和太平洋上应采取的行动路线。这种理解对于防止苏联企图在满洲，极有可能是整个中国，建立和苏联"友好"的政府很有必要。

(Briefing Book Paper，*FRUS*，Diplomatic Papers，The Conferences of Berlin（the Potsdam Conference），1945，Vol. Ⅰ，United States Government Printing Office，Washington：1960，pp. 926 - 927.)

9. 日本无条件投降及对远东解放区的政策

No. 607

740. 00119(Potsdam)/5 - 2446

记事概要①

［节选②］

高级机密

---

① 原编辑者注：第 177 号文件附加文件附录 3。

② 原编辑者注：该文件的其他摘录请参见第 574 号文件与第 589 号文件。

II. 苏联对《开罗宣言》的支持①

A. 最低目标：1. 获得苏联对《开罗宣言》的支持；2. 三大国代表在即将召开的会议上预先相互并和中国磋商，并就宣言下如何处置领土达成协议。

苏联支持《开罗宣言》将表示苏联政府支持《开罗宣言》中的一项重要规定，即满洲和台湾将会归还中国，朝鲜届时将会自由并独立。

该协议也会阻止三大国中的任何一方采取单边行动在所考虑的任一领土上建立"友好"政府。

B. 最高目标：在中国的参与合作下，三大国达成一致，他们将联合支持任何措施，以最有利于将朝鲜发展成一个强大、民主而独立的国家。

华盛顿，1945 年 6 月 29 日

（Briefing Book Paper，*FRUS*，Diplomatic Papers，The Conferences of Berlin（the Potsdam Conference），1945，Vol. Ⅰ，United States Government Printing Office，Washington：1960，pp. 928 - 929.）

10. 美国代表团提案

日本

贝尔纳斯文件

---

① 原编辑注：美国国务院保存着该文件的另一版本（亦无日期，文件编号为 740. 00119 议会/6 - 3045），整个该部分替换成以下文字：

苏联继续支持《开罗宣言》以及据此进行的磋商。

请苏联在恰当的时间公开宣称支持《开罗宣言》。苏联对《开罗宣言》的支持将加强三大同盟国在《宣言》中做出的承诺，也将拉近同盟国与苏联的合作，有利于共同解决战胜日本后产生的相关领土问题。苏联公开支持《开罗宣言》，尤其有利于《宣言》中有关归还满洲和台湾给中国以及朝鲜届时将会自由并独立的条款。

三大国一致表示，在实施《开罗宣言》中一切有关处理领土的条款时，实现相互协商并与中国协商。达成这一协议对成功处理战后朝鲜问题具有重要意义。三大国以及中国的在朝利益，朝鲜人民在获得独立后可能没有能力自己建立一个令人满意的政府的事实，以及《开罗宣言》中对朝鲜的承诺，均表明在实施具体措施前互相协商对各国都有利处，这些措施可能包括在韩国成立过渡政府，在朝鲜人民建立自由而独立的政府的初期给予其帮助等。

No. 1244

美国代表团提案①

日期不详

国家元首宣言草案

美国—英国—苏联—中国②

（14）我方，即美国总统③、英国首相、苏联元帅以及中国主席，各代表其国家成千上万的人民，共同商讨并一致决定，若日本接受下述条件，则接受日本投降。

（15）美国、英国和中国庞大的陆海空军事力量，以及多次给予我方帮助的西方军队与舰队，如今苏联强大的军事力量也已加入，已经做好了给予日本最后一击的准备。这股军事力量来源于打击日本的决心，不致日本无条件投降绝不退缩④。

（16）这股力量曾经将德国毫无意义的抵抗付之一炬，日本应从中吸取教训。这股力量曾经破坏德国的土地，摧毁其工业，重创德国人民的生活。现在汇集于日本的军事力量远远不止于此。我方决心竭尽所有军事实力，将⑤坚决摧毁日本的军事力量，即使这意味着彻底毁灭日本本土。

（17）日本具有军国主义倾向的顾问们极端不理智，正愚昧地带领着日本帝国走向灭亡，难道日本人民真的失去理智，要继续执迷不悟地盲从他们的领导吗？广大日本人民，是时候决定是继续盲从走向灭亡，还是听从理智走出困

---

① 原编辑者注：该文件上有手书字样如下："由美国国务卿交给英国首相。"该草稿并未转达给苏联代表团。杜鲁门（《决策的年代》，第 387 页）称："7 月 24 日参谋长联席会议就军事策略达成一致意见后，我把《宣言》草案给了他（丘吉尔）。"大约在英国提交修改意见（请参见第 1245 号文件）后，这份文件交还给美国代表团，贝尔纳斯的私人助理凯西·康纳在上面用速记符号写到："接受英方提出的所有意见。"显然，脚注 3、4 中提及的变化是在该草稿交还给贝尔纳斯之后做出的。与此同时，第 1、2、4、7、10，以及 13 条中添加了手写的括号，尽管括号中并未填写内容。

② 原编辑者注：原文标点符号如此。

③ 原编辑者注：贝尔纳斯在此处手写添加"和"。后来该条中"苏联元帅以及中国主席"字样被从草稿中删除。

④ 原编辑者注：该句中最后两个单词被从草稿中删除，取而代之的是贝尔纳斯手写的"日本停止反抗"。请参照第 1241 号文件。

⑤ 原编辑者注：请参见第 1382 号文件脚注 3。

境了。

（18）以下为我方条件。我方绝不背离这些条件。日本可以接受或拒绝。但没有其他选择。我方绝不姑息任何拖延。

（19）运用欺诈手段、使自己的国家迈向侵略世界道路的人，必须剥夺其权利，肃清其影响。因为我方坚信，只有扫除世界上的不负责任的军国主义，才能建立崭新的、和平、安全、公正的世界秩序。

（20）在这种崭新的世界秩序建立，*并且*有确凿的证据表明日本制造战争的力量已经彻底瓦解之前，必须对日本领土实施占领，以保障我方在此设定的基本目标得以实现。

（21）《开罗宣言》的条款必须得到执行，且依决定日本的主权范围只限于本州、北海道、九州、四国及与其毗邻的小岛屿。

（22）彻底解除日本军事力量，使军人回归家园，重拾安静祥和的生活，从事生产活动。

（23）日本作为一个民族不受奴役，作为一个国家确保领土主权，但其所有战犯以及在战争中残忍对待战俘的人应受到严厉惩处。日本政府应铲除一切阻碍人民民主思想复兴的障碍。确保日本享有言论自由，宗教及思想自由，尊重其基本人权。

（24）日本只能保留维持其经济持续增长的工业，不可具有那些重新武装自己侵略他国的力量。为此，日本将得到原材料供应而不受控制。最终允许日本参与世界贸易。

（25）一旦实现占领目的，应日本国民之所想，新成立的日本政府确实热衷和平，负有责任，真正能够代表日本人民的利益，同盟国力量即撤离日本。这可能包括在当今王朝基础上建立起君主立宪制政府，前提是这一王朝能够完全说服那些热爱和平的国家，其所执行政策能够保证杜绝日本的军国主义气焰。

（26）我方号召日本当权力量代表日本政府以及最高统帅宣布日本军队无条件投降，并真诚地提供相应保障确保此举的权威性。否则将立即遭受彻底毁灭。

(Proposal by the United States Delegation, *FRUS*, Diplomatic Papers, The Conferences of Berlin (the Potsdam Conference)，1945，Vol. Ⅱ, United States Government Printing Office, Washington:1960，pp. 1275 - 1276.)

11. 丘吉尔首相致杜鲁门总统

No. 1249

740.00119 PW/7‐2545

最高机密 白厅(巴布尔斯堡),1945 年 7 月 25 日

总统先生您好,您 7 月 25 日的来信已收到①……

现将我于昨日收到的《美英中三国首脑对日宣言》交还与您。我谨代表我国政府愿意签署该宣言,希望您如同提议中所言,择日尽早发表该宣言。

但我在此有一个小的建议,第十一条中"那些力量"处是否可以改为"那些工业力量",因为"那些力量"可能被误以为是指赔款。②

会议文件及附加文件

[附件]

(1) 我方,即美国总统、英国首相、苏联元帅以及中国主席,各代表其国家成千上万的人民,共同商讨并一致决定,若日本接受下述条件,则接受日本投降。

(2) 美国、英国和中国庞大的陆海空军事力量,以及多次给予我方帮助的西方军队与舰队,如今苏联强大的军事力量也已加入,已经做好了给予日本最后一击的准备。这股军事力量来源于打击日本的决心,不致日本无条件投降绝不退缩。

(3) 这股力量曾经将德国毫无意义的抵抗付之一炬,日本应从中吸取教训。这股力量曾经破坏德国的土地,摧毁其工业,重创德国人民的生活。现在汇集于日本的军事力量远远不止于此。我方决心竭尽所有军事实力,将坚决摧毁日本的军事力量,即使这意味着彻底毁灭日本本土。

(4) 日本具有军国主义倾向的顾问们极端不理智,正愚昧地带领着日本帝国走向灭亡,难道日本人民真的失去理智,要继续执迷不悟地盲从他们的领

---

① 原编辑者注:请参见第 1248 页。该处省略文字请参见第 1184 号文件。

② 原编辑者注:该信件上方空白处有手写"同意"字样。

导吗？广大日本人民，是时候决定是继续盲从走向灭亡，还是听从理智走出困境了。

（5）以下为我方条件。我方绝不背离这些条件。日本可以接受或拒绝。但没有其他选择。我方绝不姑息任何拖延。

（6）运用欺诈手段、使自己的国家迈向侵略世界的道路的人，必须剥夺其权利，肃清其影响。因为我方坚信，只有扫除世界上不负责任的军国主义，才能建立崭新的、和平、安全、公正的世界秩序。

（7）在这种崭新的世界秩序建立，并且有确凿的证据表明日本制造战争的力量已经彻底瓦解之前，必须对日本领土实施据点占领，以保障我方在此设定的基本目标得以实现。

（8）《开罗宣言》的条款必须得到执行，且依决定日本的主权范围只限于本州、北海道、九州、四国及与其毗邻的小岛屿。

（9）彻底解除日本军事力量，使军人回归家园，重拾安静祥和的生活，从事生产活动。

（10）日本作为一个民族不受奴役，作为一个国家确保领土主权，但其所有战犯以及在战争中残忍对待战俘的人应受到严厉惩处。日本政府应铲除一切阻碍人民民主思想复兴的障碍。确保日本享有言论自由，宗教及思想自由，尊重其基本人权。

（11）日本只能保留维持其经济持续增长的工业，不可具有那些重新武装自己侵略他国的①力量。为此，禁止日本控制原材料，但允许其得到供应。最终允许日本参与世界贸易。

（12）一旦实现占领目的，应日本国民之所想，新成立的日本政府确实热衷和平，负有责任，真正能够代表日本人民的利益，同盟国力量即撤离日本。这可能包括在当今王朝基础上建立起君主立宪制政府，前提是这一王朝能够完全说服那些热爱和平的国家，其所执行政策能够保证杜绝日本的军国主义气焰。

（13）我方号召日本当权力量代表日本政府以及最高统帅宣布日本军队无条件投降，并真诚地提供相应保障确保此举的权威性。否则将立即遭受彻底毁灭。

----

① 原编辑者注：丘吉尔在此处添加"工业"。

(Prime Minister Churchill to President Truman, *FRUS*, Diplomatic Papers, The Conferences of Berlin (the Potsdam Conference), 1945, Vol. Ⅱ, United States Government Printing Office, Washington：1960, pp. 1279 – 1281.)

12.　美国国务院备忘录

No. 1254

会议文件及附属文件

美国国务院备忘录①

［日期不详］

1945 年 7 月 26 日宣言和美国国务院政策比较

Ⅰ. 问题——在多大程度上，1945 年 7 月 26 日宣言②和美国国务院政策相一致？

Ⅱ. 讨论——

1. 宣言中各条款的陈述对象是日本（见第 1 段）以及日本政府（见第 13 段），如果日本接受宣言，那么宣言就构成了国际协定，受国际法惯例的约束。依照国际法，国际协定中的模糊表述一向被阐释为有利于接受方。国际协定的拟定方应明确陈述意图。（见《哈佛研究：条约起草惯例》，《美国国际法杂志补遗》，1935 年，第 28 卷，第 941 页，该文中引用了多个仲裁裁决作为证明。）

国务院政策将无条件投降理解为无任何契约因素的单边投降。

2. 宣言中所指的投降具有契约性质，以及其第 13 段中提到的"真诚地"，共同表明执行宣言中各条款时，应相信日本政府的真诚，一定程度上交由日本政府处理。

---

①　原编辑者注：该备忘录由远东事务办公室准备，供 7 月 30 日国务卿参谋委员会第 152 次会议讨论。该备忘录附于国务卿参谋委员会第 151 次会议纪要。

②　原编辑者注：见第 1382 号文件。

国务院执行政策时，认为第一阶段所有的要求都应由同盟国执行，不相信日本政府能够真诚地执行。

3. 宣言表明，无条件投降的对象在于"日本全体武装力量"。

国务院执行政策时，无条件投降的对象为整个日本，不只包括日本军队，还包括天皇、政府和人民。所有同盟国认为合理的决策，上述日本各方只能默许。

4. 上述宣言第 2、3 段提及的考虑以及第 10、13 段中提到的"日本政府"表明，如果接受宣言的日本政府能够真诚地遵守协议，可以考虑继续沿用当时的政府。然而这种表述具有不确定性，因为宣言提议清除"具有军国主义倾向的顾问"（见第 4 段）以及"不负责任的军国主义"（见第 5[6]段）。这些话可能指的就是当时的日本政府。此外，宣言第 13[12]段要求，直到"应日本国民之所想，新成立的日本政府确实热衷和平，负有责任，真正能够代表日本人民的利益"，仍需对日本一些地方实施占领。这里表示可理解为，接受宣言的日本政府应立即解散，由占领军队管理日本，直到实现占领目的，通过选举的方式建立起"热衷和平，负有责任"的政府。该处也可以理解为日本天皇仍可行使职权，但应立即结束其军事顾问，实现日本民主制宪，筹备选举并依据选举结果任命新的政府，并命令新的政府执行宣言中的条款。

国务院执行政策时，认为直到实现占领目的为止，同盟国完全拥有日本政府权力。

5. 无条件投降将对日本军队实施限制（第 13 段），显然新的政府也需继续负责执行宣言中所述条款（第 10[9]、第 13 段），这表明日本领土的占领地点应由同盟国决定（第 7 段），这样做是为向日本政府施压，使之不再妄想在日本大范围地恢复军国统治。然而并非一定如此理解。如上述所示，宣言第 4 段诚然表明，在新的、可靠的政府建立之前需要临时废除日本政府。对占领地点的数量限制没有明确说明。如果占领地点的数量足够多，可能导致对整个日本的事实占领，甚至使对整个日本的军事占领成为可能。此外，宣言中的一些条款，如完全解散日本军队（第 9 段），逮捕战犯（第 10 段），增强日本民主倾向以及民主制度（第 10、12 段），确立言论自由、宗教信仰以及思想自由，尊重人权（第 10 段），以非金钱方式索求赔款（第 11 段），削弱日本重工业（第 11 段），严防日本控制原材料（第 11 段）等，只有在同盟军完全占领日本的条件下才能实现。

国务院在执行政策时,采取直接监管的方式,而非间接影响日本政府。

6. 上述宣言中第5[7]段所用术语表明,不管实施占领的对象是有限的占领地还是整个日本,都只是战争法意义上的占领。然而并非一定如此理解。这种意义上的占领仅具有有限目标,即维持秩序,保证占领军队安全,在被占领土地现行法律框架内规范敌方政府的政治行为。宣言第5[7]段中陈述的目的远远不止于此。因此只有两种解释成为可能,即实施占领方应向新成立的日本政府施压使之实现其目标,或赋予实施占领方比常规军事占领更大的权力。

国务院执行政策时,认为无条件投降即意味着赋予同盟国所有原属于日本政府的权力,导致占领方拥有比战争法规定的常规军事占领更多的权力。

7. 宣言声明,日本的主权仅限于日本的四大主要岛屿,以及"由我们所确定的一些次要岛屿"(见第8段)。该声明并非表示,因为琉球和千岛群岛是"次要岛屿"而消除日本对他们的的主权。更合理的解释是,它是旨在消除日本对并非"次要岛屿"的南库页岛的主权,南库页岛并不算"次要"。

国务院的政策是不赞成消除日本对三大地区中任一地区的主权。

8. 宣言称"战犯以及在战争中残忍对待战俘的人应受到严厉惩处"。这里的"战犯"可能指的是触犯战争法的人,但考虑到当时"战犯"一词使用范围更广,并且宣言中用了"所有"这样的字眼,这一解释并不合理。况且原文的措辞并未指明具体某一种战犯,而是指一类战犯,这是要向美国大众保证,所有被指证的战犯都将得到惩罚。

国务院执行政策时,宽泛地认为战犯即指鼓动侵略战争的人。

9. 在去军事化、再教育、赔款以及军事政策方面,国务院的政策执行与宣言条款基本一致。尽管执行过程中显然需要些微调整,但要在日本开始或者实施这些政策并不困难,因此不管是同盟军还是日本政府都遵从这些政策。

III. 结论——

1. 如果日本接受宣言中的条件,国务院执行政策时需要对宣言中的一些阐述进行修正,尤其是有关无条件投降的阐释与实施。

2. 宣言中的一些条款阐述不明,如果日本接受宣言中的条件,日后可能会引起争议。

《开罗宣言》的条款必须得到执行,日本的主权必须仅限于本州、北海道、九州、四国以及我们所规定的一些次要岛屿。

(Department of State Memorandum，*FRUS*，Diplomatic Papers，The Conferences of Berlin（the Potsdam Conference），1945，Vol. Ⅱ，United States Government Printing Office，Washington：1960，pp. 1284－1287.)

13. 美中英三国促令日本投降宣言

No. 1382

740. 00119 波茨坦/7－2645

宣言①

美中英②三国元首共同签署

（1）我方，即美国总统、中国主席，以及英国首相，各代表其国家成千上万的人民，共同商讨并一致决定，若日本接受下述条件，则接受日本投降。

---

① 原编辑者注：1945 年 8 月 10 日，哈里曼致电（No. 2841）贝尔纳斯（见莫斯科大使馆档案—711.9 日本投降），以下是英文译文："以下声明由莫洛托夫递交给日本大使，并发表于苏联媒体：

希特勒统帅下的德国战败投降后，日本成为唯一一拖延战争的大国。

1945 年 7 月 26 日美英中三国联合促令日本军队无条件投降，但遭拒绝。因此，日本政府递交给苏联有关调解远东地区战争的文件（见本书前页，第 1262—1264 页）不具任何效力。

鉴于日本拒绝投降，同盟国向苏联递交了一份提案（见第 1282 号文件），要求苏联加入反抗日本侵略的战争，以期缩短战事，减少战争受害者，共同构建众所期待的世界和平。

苏联政府将信守对同盟国的承诺，接受同盟国的提案，遵守同盟国于 1945 年 7 月 26 日发表的宣言。

苏联政府认为，只有这样才能加速世界和平的到来，停止牺牲，使人民免受折磨，才能使日本人民不至于像德国拒不接受无条件投降后那样，遭遇种种危机与破坏。

考虑到先前所述，苏联政府宣布，明天即 8 月 9 日，苏联正式向日本宣战。

法国对三国 7 月 26 日宣言的支持请参见第 1412 号文件。

② 原编辑者注：一份更早的杜鲁门文件中，标题处有"美国，英国，以及中国"字样。其开头也是"（1）我方，即美国总统、英国首相，以及蒋介石特级上将"。最后一个名字被删除，由杜鲁门手写改为"以及中国主席"。该文件结尾处，杜鲁门手书"更改第一段中领导人顺序为美国总统，中国主席，以及英国首相"。请参见第 1251 号文件、第 1252 号文件。

（2）美国、英国以及中国庞大的陆海空军事力量，以及多次给予我方帮助的西方军队与舰队，如今苏联强大的军事力量也已加入，已经做好了给予日本最后一击的准备。这股军事力量来源于打击日本的决心，不致日本无条件投降绝不退缩。

（3）这股力量曾经将德国毫无意义的抵抗付之一炬，日本应从中吸取教训。这股力量曾经破坏德国的土地，摧毁其工业，重创德国人民的生活。现在汇集于日本的军事力量远远不止于此。我方决心竭尽所有军事实力，将①坚决摧毁日本的军事力量，即使这意味着彻底毁灭日本本土。

（4）日本具有军国主义倾向的顾问们极端不理智，正愚昧地带领着日本帝国走向灭亡，难道日本人民真的失去理智，要继续执迷不悟地盲从他们的领导吗？是时候由日本决定是继续盲从走向灭亡，还是听从理智走出困境了。

（5）以下为我方条件。我方绝不背离这些条件。日本可以接受或拒绝。但没有其他选择。我方绝不姑息任何拖延。

（6）运用欺诈手段，使自己的国家迈向侵略世界道路的人，必须剥夺其权利，肃清其影响。因为我方坚信，只有扫除世界上不负责任的军国主义，才能建立崭新的、和平、安全、公正的世界秩序。

（7）在这种崭新的世界秩序建立，并且有确凿的证据表明日本制造战争的力量已经彻底瓦解之前，必须对日本领土实施据点占领，以保障我方在此设定的基本目标得以实现。

（8）《开罗宣言》②的条款必须得到执行，且依决定日本的主权范围只限于本州、北海道、九州、四国及与其毗邻的小岛屿。

（9）彻底解除日本军事力量，使军人回归家园，重拾安静祥和的生活，从事生产活动。

（10）日本作为一个民族不受奴役，作为一个国家确保领土主权，但其所有战犯以及在战争中残忍对待战俘的人应受到严厉惩处。日本政府应铲除一切阻碍人民民主思想复兴的障碍。确保日本享有言论自由，宗教及思想自由，

---

① 原编辑者注：该文件中斜体文字在第 594 号（见本书第一卷）文件中用下划线强调，显然此举是为标明与较早版本的不同之处（见第 592 号文件附件 2），这种强调方式亦出现在稍晚的版本以及最终文件中，应是无心之失。参照本书第二卷中第 1244 号、第1249 号文件。

② 原编辑者注：文本内容见国务院《公告》，第 9 卷，第 393 页。

尊重其基本人权。

（11）日本只能保留维持其经济持续增长的工业，不可具有那些重新武装自己侵略他国的力量。为此，日本将得到原材料供应而不受控制。最终允许日本参与世界贸易。

（12）一旦实现占领目的，应日本国民之所想，新成立的日本政府确实热衷和平，负有责任，真正能够代表日本人民的利益，同盟国力量即撤离日本。这可能包括在当今王朝基础上建立起君主立宪制政府，前提是这一王朝能够完全说服那些热爱和平的国家，其所执行政策能够保证杜绝日本的军国主义气焰。

（13）我方号召日本当权力量代表日本政府以及最高统帅宣布日本军队无条件投降，并真诚地提供相应保障确保此举的权威性。否则将立即遭受彻底毁灭。

1945 年 7 月 26 日，波茨坦

哈里·S. 杜鲁门

温斯顿·丘吉尔（H. S. T 代签）

中国主席（通过电报）①

（Proclamation，*FRUS*，Diplomatic Papers，The Conferences of Berlin（the Potsdam Conference），1945，Vol. Ⅱ，United States Government Printing Office，Washington：1960，pp. 1474 - 1476.）

14. 关于日本及日控区战后政策规划

740. 00119 PW/12 - 2844

乔治·Ⅴ·阿姆斯特朗少将代表参谋长联席会议战后联合委员会给副国务卿（格鲁）（Grew）的备忘录

1944 年 12 月 28 日，华盛顿

---

① 原编辑者注：最后两个签名实为杜鲁门代签。本书前面脚注 2 所指文件中，也有杜鲁门手书的签名，第二个签名为"温斯顿·丘吉尔，授权 H. S. T 代签"。这份文件没有注明日期和地点。丘吉尔的授权请参见第 1249 号文件。蒋介石的授权，请参见第 1251 号文件。

主题：日本投降条件

1. 现附上处理日本无条件投降的文件两份。第一份文件较长，包含从整体上对投降后的日本的基本要求。第二份文件较短但与第一份文件作用相同，由一份声明、三个综合命令组成，我个人更倾向于第二份文件。

2. 两份草案由战后联合委员会自发准备。两份草案均未递交给参谋长联席会议，相信也只有国务院同意后这样做才合适。我们认为处理这一问题需要从各个角度深思熟虑，以便在需要时给出文件，使它不仅能够代表我国政府各方面利益，更能实现我国在远东的利益最大化。

3. 如果有任何地方需要委员会，我们随时效劳。

乔治·V. 斯特朗

[附件 1]

参谋长联席会议战后联合委员会拟定的草案

详版 1944 年 12 月 27 日，华盛顿

日本无条件投降书

日本政府以及日本天皇承认日本军队彻底战败，在此向联合国武装部队最高统帅无条件投降。日本政府与日本天皇承诺，即刻起停止日本军队在世界各地的战斗，并遵从联合国武装部队（United Nations Armed Forces）最高统帅的一切要求。

第一章

兹令日本政府与日本天皇：

（a）即刻解散世界各地的日本军队以及伪军，在指定的时间和地点保存武器及设备完好并准备交接，具体事宜由联合国武装部队最高统帅决定。

（b）如上（a）段所述的各地军事力量驻扎原地（无论他们在何地），等待联合国武装部队最高统帅的指令。

（c）从以下国家和地区撤出其军事人员与辅助性民事机构：

（1）中国被占领地区（包括满洲与关东租界）

（2）桦太（库页岛南部）

（3）朝鲜（选择）

（4）千岛群岛

（5）北海道

（6）台湾以及澎湖列岛

（7）法属印度支那

（8）泰国

（9）缅甸

（10）英属马来西亚

（11）荷属东印度

（12）菲律宾群岛

（13）马里亚纳群岛、马绍尔群岛、加罗林群岛，以及北纬 30 度以南上述未提及岛屿以及海域

（d）开始处理日本军队的撤退工作，撤退方式、优先顺序以及日程由联合国武装部队最高统帅决定。

（e）在所有领土禁止并预防出现该文中列出的以下内容：

（1）输出非日籍居民，

（2）伤害当地居民，破坏居民财产，

（3）带走动物、存储的食物、饲料、原料或其他必需品以及商品，

（4）任何形式的伤害、掠夺、抢劫或破坏。

（f）日本军队回到日本境内后立即遣散，具体时限由联合国武装部队最高统帅决定。允许保留配备军刀及小型武器的警备力量，但严格限制其规模。

（g）依联合国武装部队最高统帅决定要求，从（c）段陈述的领土中撤出日本居民。

第二章

兹令日本政府以及日本天皇保证所有日本飞机，无论军用、海用或者民用，均保留在原地、原海域或战舰上，等候进一步通知。日本天皇需在签署这些条款后 48 小时内向联合国武装部队最高统帅报告这些飞机的详细数据，包括其数量、型号、状况以及位置。

第三章

兹令日本政府以及日本天皇：

（a）除非得到联合国武装部队最高统帅的命令或明确允许，禁止所有军舰移位。

（b）签订该文件后 48 小时内，所有海上日本战舰携带的鱼雷、炸弹、深水

炸弹以及其他爆炸性物品即刻丢入大海，并保证不会造成伤害，如有停靠海岸的船只，在同一时限内卸下所有上述物品，在海岸上集中保管。

（c）该文件签署 48 小时后，向联合国武装部队最高统帅汇报所有日本战舰的地理位置、船只状况以及运行情况，包括在用战舰、已退役或在修战舰以及在造战舰。保证在用战舰随时准备好进入指定港口或到达指定地点，具体日程及方式由联合国武装部队最高统帅决定。按照指定要求废弃在造或在修理船只，具体要求不日发出。

（d）归还日本夺得的、原属于联合国任一国家的军舰，保证军舰安全抵达联合国指定港口，确保军舰处于良好状态。

（e）该文件签署 48 小时后，所有使用中、已退役或在修以及在造的商船，吨位超过 100 吨的，需向联合国武装部队最高统帅汇报其地理位置、船只状况以及运行情况，包括日本夺得的、原属于联合国任一国家的商船。确保上述所有商船待命，在指定日期到达指定港口，具体细节由联合国武装部队最高统帅决定。

（f）保障该文件中所述战舰与商船免遭破坏，保护港口设施与物资。

（g）撤出第一章文件中所述各岛屿、国家和地区时，放弃所有港口与陆地水道物资，包括拖船和驳船，并保障其完好无损。

第四章

（a）兹令日本天皇保证在十四天内移除所有日设地雷和雷区，清除海陆空各方障碍。清除障碍期间，标示所有安全道路并保障所有安全道路畅通无阻。即刻起重设所有航标。

（b）为保障实现（a）段中所述任务，配备非武装军事、民事人员以及相关设备，随时待命。

第五章

兹令日本政府与日本天皇：

（a）保证以下物品完好无损，等待联合国武装部队最高统帅进一步指令：

（1）一切武器、军火、炸弹、军事设备、仓储与供给，以及其他任何形式的的战争设备与战争用品（第三章明确指出的物品除外）。

（2）一切海陆空交通、通信设施设备。

（3）一切军事设施与基地，包括飞机场、海上飞机基地、防空堡垒、港口及海军基地、补给站、永久或临时性陆地及海岸防御工事、碉堡以及其他设防地区,并同时递交上述所有防御工事、设施以及基地的建造计划及草图。

　　(4) 一切以生产、辅助生产,或使用如上第(1)、(2)、(3)子段落中提及的武器、材料以及设备,或延续战争的工厂、商店、研究机构、实验室、试验站、技术数据、专利、计划、草图以及发明。

　　(b) 签订该文件十四天内,向联合国武装部队最高统帅递交(a)段中所述一切物品的数量、型号以及位置的详细列表,一式两份。

　　(c) 按照联合国武装部队最高统帅要求递交:

　　(1) 维持该章(a)段所提及任一范畴运行的劳动力、服务以及设备;以及,

　　(2) 与之相关的任何有用信息与记录。

　　(d) 即刻停止武器、弹药、战争设备的制造以及进出口。

　　(e) 保持日本控制下的所有道路、铁路、航道、桥梁、电话、电报系统以及其他通信设施运营良好。维持上述设施运行的民事及军事人员原地待命,等待联合国武装部队最高统帅进一步通知。

　　(f) 依照联合国武装部队最高统帅指示,拆毁该章(a)(3)中所述设施设备,具体顺序及方式由联合国武装部队最高统帅决定。

　　第六章

　　兹令日本政府及日本天皇:

　　(a) 释放并遣返所有日本在押及监管的战俘、拘留犯、人质以及政治犯,具体程序不日由联合国武装部队最高统帅指定。

　　(b) 遣送日本控制下的被迫背井离乡的联合国公民以及被日占领国家的公民回国,具体细节及时间不日由联合国武装部队最高统帅指定。

　　(c)按照联合国武装部队最高统帅要求,向其递交陈述(a)、(b)段中公民当下位置的详细列表。

　　(d) (a)、(b)段中居民等待被释期间,保护其人身、财产安全,依照其等级及官位提供足够的食物、衣物、居所、医疗以及金钱。

　　(e) 在不损害该章上述条款的前提下,上述人员拘留所的管理权移交联合国武装部队最高统帅指定的军事人员管理,移交方式及时间由联合国武装部队最高统帅决定。

　　第七章

　　兹令日本政府及日本最高统帅:

　　(a) 辅助并支持联合国武装部队占领日本的地点、地区、区域以及地域,

具体事宜由联合国武装部队最高统帅指示任命。

（b）在联合国武装部队占领区域，上缴居民持有武器，交付给联合国武装部队指定指挥官。

（c）支付占领日本所需费用，包括由之引起的其他相关费用。

第八章

兹令日本政府及日本天皇，在日本军队撤离地区，禁止日本公民进行、代表日本居民执行或应日本公民指示进行以下形式的业务：

（a）上述地区内部银行机构任何形式的转账；上述地区银行机构与外地银行机构间的转账；

（b）上述地区银行机构付款、存款；

（c）所有外汇转账；

（d）以任何方式输出、提取或撤离黄金、白银、硬币以及货币；

（e）以任何形式转移、提取、输出或以其他方式处理负债证据以及资产所有权证明；

（f）攫取、转让、移交或以其他方式处理任何股票、债券、证券，以及相关证明、利息；

（g）以任何交易方式逃避上述条款禁止事项。

第九章

触犯联合国以及联合国公民、臣民的日本公民以及日本控制下的人员，由日本政府及日本天皇负责逮捕并移交至指定地点，等候调查、庭审以及其他方式处置。

第十章

兹令日本政府及日本天皇：

（a）依照联合国武装部队最高统帅要求，协助进行新闻及通信审查。

（b）签署该文件后，即刻停止日本控制下的任何电子通信信号传输，仅在联合国武装部队最高统帅允许并发布相关特殊规定后投入使用，完善占领军必需的电子通讯设施。

（c）即刻向联合国武装部队最高统帅递交日本政府和日本军队使用的陆军、海军、外交以及其他密码、代码以及密码系统和设备。

（d）制定实现该文件各条款所需指南，语言务必简单明了，出版后立刻向联合国武装部队最高统帅递交所有指南的复印件。

第十一章

兹令日本政府及日本天皇禁止毁坏、消除、隐藏、转移或破坏任何政府或私人实体的记录、文件，确保所有记录与文件按联合国武装部队最高统帅的指示处理。

第十二章

兹令日本政府及日本天皇：

（a）召回所有外交、领事及其他官员，召回国外海陆空军事人员。

（b）凡 1931 年 9 月 18 日以后日本颁布或加入的所有宣言、命令、条约、协议以及规约，影响日本与被占领国家、地区关系的，全部无效。

第十三章

兹告诫日本政府及日本天皇，联合国武装部队最高统帅将额外发布政治、行政、经济、财政、军事及其他命令，届时亦将任命多名代表，以实现上述额外命令、落实该文件条款为目的，代表联合国武装部队最高统帅颁布公告、命令、法令以及指令。日本天皇及日本政府必须无条件地执行联合国武装部队最高统帅的要求，遵从其所有公告、命令、法令及指令。

第十四章

兹告诫日本政府及日本天皇，若发生以下情况立刻予以严厉惩处：

（a）未按时或未顺利执行该文件任一条款；

（b）未按时或顺利执行联合国武装部队最高统帅日后可能颁发的任一额外命令；

（c）由联合国武装部队最高统帅认定、其行为触犯联合国或任一联合国成员国利益。

第十五章

该文件由英、中、日三种语言书写，以英语为原文。关于该文件任何条款有疑议的，最终解释权归联合国武装部队最高统帅。

［附件 2］

参谋长联席会议战后联合委员会拟定草案

简版

兹令日本无条件投降

日本政府以及日本天皇承认日本军队彻底战败，在此向联合国武装部队最高统帅无条件投降。

日本政府与日本天皇承诺,即刻起停止日本军队在世界各地的战斗,并遵从联合国家武装部队最高统帅的一切要求。

194__年__时__月__日,由日本政府及日本天皇指定文件签署人签署、盖章并寄出。

_____

姓名　　　头衔

日本政府代表

_____

姓名　　　头衔

日本天皇代表

_____

联合国武装部队最高统帅
接受上述无条件投降条款。

［子附件 1］

参谋长联席会议战后联合委员会拟定草案
最终版
第 1 号宣言
告日本人民书:

日本政府及日本天皇已承认日本海陆空军彻底战败,并已向联合国武装部队最高统帅无条件投降。

因此本人,受命为联合国武装部队最高统帅,在此宣布:

1. 本人享有日本最高立法权、司法权以及行政权。

2. 所有日本当局、日本国民以及居住在日本的人需遵从以本人名义颁布,或即将颁布的一切公告、命令及其他指令。

3. 所有日本市政官员、公共设施与服务设施工作人员留在原岗位继续执行工作,本人另作通知除外。特别注明,日本民警继续从事其日常职责,并负责协助本人维护法律秩序。禁止日本民警以任何方式干涉占领军。

4. 日本人民继续从事原有职业及生计,必要时服从指挥。

5. 禁止日本当局及国民从事损害联合国利益、扰乱公共秩序及有序管理、危害联合国军队与机构安全福利的行为。

6. 任何言行上拒不与联合国军事当局全力合作、未遵从上述条款中提及的公告、命令及其他指令的组织或个人，立刻严厉惩处。

日期＿＿＿＿＿＿＿＿＿　地点＿＿＿＿＿＿＿＿＿

时间＿＿＿＿＿＿＿＿＿（区时）

签署人：＿＿＿＿＿＿＿

姓名　　　头衔

联合国武装部队最高统帅

[子附件 2]

参谋长联席会议战后联合委员会拟定草案

最终稿

总第 1 号命令

陆军与海军

根据日本政府及日本天皇签订的无条件投降书，本人，即联合国武装部队最高统帅，现命令：

Ⅰ. 即刻解散世界各地的日本军队以及傀儡军，在指定的时间和地点保存武器及设备完好并准备交接，具体事宜由联合国武装部队最高统帅决定。兹令日本天皇军命令世界各地的日本军队原地驻扎，等候联合国武装部队最高统帅的进一步指令。

Ⅱ. 兹令日本政府及日本天皇接受该命令 48 小时内，向联合国武装部队最高统帅报告以下内容的全部信息：

（a）所有陆军、空军以及防空部队，报告其所在位置及军官战士情况。

（b）所有飞机，包括战斗机、海上飞机及民用飞机，详尽报告其数量、型号、所在位置及使用状况。

（c）所有日本及日本控制下在用、弃用或在修的军舰，包括海上战舰、潜水艇及辅助性海事船只，报告其所在位置、使用状况以及运行情况。

（d）所有日本及日本控制下的吨位超过 100 吨商船，无论在用、弃用或在修以及在造，报告其所在位置、使用状况、运行情况，包括日本夺得的、原属联合国任一成员国的商船。

（e）所有地雷、雷区以及其他海陆空各方面障碍，报告其详尽信息，并绘制地图详细展示其位置与布局,并标示与之相应的安全通道。

（f）所有军事设施与基地,包括飞机场、海上飞机基地、防控堡垒、港口及海军基地、补给站、永久或临时性陆地及海岸防御工事、碉堡以及其他设防地区,同时递交上述所有防御工事、设施以及基地的建造计划及草图。

（g）凡工厂、商店、研究机构、实验室、试验站、技术数据、专利、计划、草图以及发明,以生产、辅助生产、使用或被用于从事军事、准军事机构任务的,报告其地理位置与详细说明。

Ⅲ. 兹令日本政府及日本天皇:

（a）从以下国家和地区撤出其军事人员与辅助性民事机构:

（1）中国被占领地区（包括满洲与关东租界）

（2）桦太（库页岛南部）

（3）朝鲜（选择）

（4）千岛群岛

（5）北海道

（6）台湾以及澎湖列岛

（7）法属印度支那

（8）泰国

（9）缅甸

（10）英属马来西亚

（11）荷属东印度

（12）菲律宾群岛

（13）马里亚纳群岛、马绍尔群岛、加罗林群岛,以及北纬 30 度以南上述未提及岛屿以及海域

（b）开始处理日本军队的撤退工作,撤退方式、优先顺序以及日程由联合国武装部队最高统帅决定。

（c）在所有领土禁止并预防出现该文中列出的以下内容:

（1）撤离非日籍居民,

（2）伤害当地居民,破坏居民财产,

（3）带走动物、存储的食物、饲料、原料或其他必需品以及商品,

（4）任何形式的伤害、掠夺、抢劫或破坏。

（d）日本军队回到日本境内后立即遣散,具体时限由联合国武装部队最

高统帅决定。允许保留配备军刀及小型武器的警备力量,但严格限制其规模。

（e）依联合国武装部队最高统帅决定要求,从（a）段陈述的领土中撤出日本居民。

Ⅳ．兹令日本政府以及日本天皇保证一切日本飞机,无论军用、海用或者民用,均保留在原地、原海域或战舰上,等候进一步通知。

Ⅴ．兹令日本政府及日本天皇确保以下事项:

（a）除非得到联合国武装部队最高统帅的命令或明确允许,禁止所有军舰移位。

（b）接受该命令后 48 小时内,所有海上日本战舰携带的鱼雷、炸弹、深水炸弹以及其他爆炸性物品即刻丢入大海,并保证不会造成伤害。如有停靠海岸的船只,在同一时限内卸下所有上述物品,在海岸上集中保管。

（c）保证在用战舰随时准备好进入指定港口或到达指定地点,具体日程及方式由联合国武装部队最高统帅决定。按照指定要求废弃在造或在修理船只,具体要求不日发出。

（d）归还日本夺得的、原属于联合国任一国家的军舰,保证军舰安全抵达联合国指定港口,确保军舰处于良好状态。

（e）所有使用中、已退役或在修以及在造的吨位超过 100 吨的商船,包括日本夺得的、原属于联合国任一国家的商船,确保上述所有商船待命,在指定日期到达指定港口,具体细节由联合国武装部队最高统帅决定。

（f）保障该文件中所述战舰与商船免遭破坏,保护港口设施与物资。

（g）撤出第一章［Ⅲ（a）段］文件中所述各岛屿、国家和地区时,放弃所有港口与陆地水道物资,包括拖船和驳船,保障其完好无损。

Ⅵ．兹令日本天皇保证在十四天内移除所有日设地雷和雷区,清除海陆空各方障碍。清除障碍期间,标示所有安全道路并保障所有安全道路畅通无阻。即刻起重设所有航标。为保障实现该部分所述任务,配备非武装军事、民事人员以及相关设备,随时待命。

Ⅶ．兹令日本政府与日本天皇:

（a）保证以下物品完好无损,等待联合国武装部队进一步指令:

（1）一切武器、军火、炸弹、军事设备、仓储与供给,以及其他任何形式的战争设备与战争用品（第三章明确指出的物品除外）。

（2）一切海陆空交通、通信设施设备。

(3) 一切军事设施与基地,包括飞机场、海上飞机基地、防控堡垒、港口及海军基地、补给站、永久或临时性陆地及海岸防御工事、碉堡以及其他设防地区,并同时递交上述所有防御工事、设施以及基地的建造计划及草图。

(4) 一切以生产、辅助生产、或使用如上第(1)、(2)、(3)子段落中提及的武器、材料以及设备,或延续战争的工厂、商店、研究机构、实验室、试验站、技术数据、专利、计划、草图以及发明。

(b) 接受该命令十四天内,向联合国武装部队最高统帅递交(a)段中所述一切物品的数量、型号以及位置的详细列表,一式两份。

(c) 按照联合国武装部队最高统帅要求递交:

(1) 维持该部分(a)段所提及任一范畴运行的劳动力、服务以及设备;以及,

(2) 与之相关的任何有用信息与记录。

(d) 即刻停止武器、弹药、战争设备的制造以及进出口。

(e) 依照联合国武装部队最高统帅指示,拆毁该章(a)(3)中所述设施设备,具体顺序及方式由联合国武装部队最高统帅决定。

Ⅷ. 兹令日本政府及日本天皇:

(a) 释放并遣返所有日本在押及监管的战俘、拘留犯、人质以及政治犯,具体程序不日由联合国武装部队最高统帅指定。

(b) 遣送日本控制下、被迫背井离乡的联合国公民以及被日占领国家的公民回国,具体细节及时间不日由联合国武装部队最高统帅指定。

(c) 按照联合国武装部队最高统帅要求,向其递交该部分(a)、(b)段中公民当下位置的详细列表。

(d) (a)、(b)段中居民等待被释期间,保护其人身、财产安全,依照其等级及官位提供足够的食物、衣物、居所、医疗以及金钱。

(e) 在不损害该章上述条款的前提下,上述人员拘留所的管理权移交联合国武装部队最高统帅指定的军事人员管理,移交方式及时间由联合国武装部队最高统帅决定。

Ⅸ. 兹令日本政府及日本最高统帅:

(a) 辅助并支持联合国武装部队占领日本的地点、地区、区域以及地域,具体事宜由联合国武装部队最高统帅指示任命。

（b）在联合国武装部队占领区域，上缴居民持有武器，交付给联合国武装部队指定指挥官。

Ⅹ. 兹告诫日本政府及日本天皇，若发生以下情况立刻予以严厉惩处：

（a）未按时或未顺利执行该文件任一条款；

（b）未按时或顺利执行联合国武装部队最高统帅日后可能颁发的任一额外命令；

（c）由联合国武装部队最高统帅认定、其行为触犯联合国或任一联合国成员国利益

194＿年＿时＿月＿日

————————————————

联合国武装部队最高统帅

（Memorandum by Major General George Ⅴ. Strong，Joint Post-War Committee of the Joint Chiefs of Staff，to the Under Secretary of State （Grew），*FRUS*，Diplomatic Papers，1945，Vol. Ⅶ，The British Commonwealth，The Far East，United States Government Printing Office，Washington：1969，pp. 498－512.）

15. 国家—战争—海军协同作战分委会太平洋及远东小组会议报告

SWNCC 21 系列

国家—战争—海军协同作战分委会太平洋及远东小组会议报告①

SWNCC 21　1945 年 2 月 7 日，华盛顿

日本无条件投降

问题：

1. 决定日本无条件投降的条件。

相关事实

---

① 原编辑者注：括号中内容为依据 2 月 13 日小组会议修改内容。

2. 海军部长特助①已向国家—战争—海军协同作战分委会(SWNCC)递交一份报告,概述美国在太平洋地区可能遇到的政治军事问题,以供国家—战争—海军协同作战分委会考虑(见 SWNCC 附件 16②)。

3. 国家—战争—海军协同作战分委会同时将该报告递交给太平洋及远东小组会议(PFESC),供其研究参考(SWNCC 16/1/D③)。附件 A 第 4 条(SWNCC 16)涉及日本投降条件。

4. 鉴于该问题的军事特性,太平洋及远东小组会议已拟定并采用以下文件,阐明军事政策及如何初步实施:

附录 A(B)告日本无条件投降书

附录 B(A)日本天皇公告书

附录 C 第 1 号公告(联合国武装部队最高统帅发布)

附录 D 第 1 号总命令—陆军及海军

附录 E 总命令(未编号)

无条件投降书较为简洁,附录 B(A)、C、D、E 用来予以支撑。总之,其中仅包含最高统帅在日本投降后亟待处理的相关军事问题。太平洋及远东小组会议将及时起草政治、经济、财政及军事等政府问题的文件,作为实施基本投降书的补充。

建议:

5. 关于日本无条件投降的附录,建议国家—战争—海军协同作战分委会转交给陆军部、海军部以及参谋长联席会议,寻求其意见与建议。

(Report by the State-War-Navy Coordinating Committee's Subcommittee for the Pacific and Far East, *FRUS*, Diplomatic Papers, 1945, Vol. Ⅵ, The British Commonwealth, The Far East, United States Government Printing Office, Washington:1969, pp. 521 - 522.)

---

① 原编辑者注:R. 基斯·凯恩。

② 原编辑者注:此处未收录。

③ 原编辑者注:此处未收录。

16. 总命令

[附录5]
附录 E

总命令

I. 兹令日本天皇及相关日本官员：

（a）按照同盟军（美国）最高司令部要求的方式、顺序及进度，从以下国家和地区撤出其所有军事人员及辅助公民：

（1）中国被占领地区（包括满洲与关东租界）

（2）桦太（库页岛南部）

（3）朝鲜（选择）

（4）千岛群岛

（5）北海道

（6）台湾以及澎湖列岛

（7）香港

（8）法属印度支那

（9）泰国

（10）缅甸

（11）英属马来西亚

（12）荷属东印度

（13）菲律宾群岛

（14）马里亚纳群岛、马绍尔群岛、加罗林群岛，以及北纬 30 度以南上述未提及岛屿以及海域

（b）在所有领土禁止并预防出现该文中列出的以下内容：

（1）撤离非日籍居民，

（2）伤害当地居民，破坏居民财产，

（3）带走动物、存储的食物、饲料、燃料或其他必需品以及商品，

（4）禁止任何形式的掠夺、抢劫或未经允许的破坏。

（c）日本军队回到日本境内后立即遣散，条款 I(a)中所述地区除外，具体

时限由联合国武装部队最高统帅决定。

(d) 从上述岛屿、领土和地区撤出时,放弃所有港口物资及内陆航道物资,包括拖船和驳船,并保障其完好无损。

194…年…月…日…时…(地方时)制。

联合国武装部队最高统帅

(General Order, *FRUS*, Diplomatic Papers, 1945, Vol. Ⅵ, The British Commonwealth, The Far East, United States Government Printing Office, Washington:1969, pp. 528 – 529.)

17. 海军作战部部长备忘录

740. 00119 PW/5 – 145

1945 年 5 月 1 日,华盛顿

为国家—战争—海军协同作战分委会会长准备的有关远东问题的备忘录

主题:1945 年 4 月 15 日,日本战败后美国对日初始政策总结

以下意见和建议来自海军作战部部长办公室中央分局军事政府支部。该部分意见和建议主要涉及 4 月 19 日的文件(陆战部民事事务部及国务院已修改的 C 段经济部分除外)。关于 C 段经济部分,所提意见亦适用于 4 月 24 日第 12 号文件 A。

1. A. Ⅰ. 2. 变更后内容如下:

"2. 剥夺除北海道、本州、四国、九州四座主要岛屿以外的日本领土,包括经联合国同意的北纬 30 度以内的远海岛屿。"

这种表述更清晰明确地阐释了美国政策。此处并未就被剥夺的日本领土作出说明,且无此必要。

2. A. Ⅱ. 变更后内容如下:

"Ⅱ. 鉴于日本彻底战败无条件投降,占领部队指挥官或最高统帅作为战胜方代表联合国,享有日本至高行政及外交权力。与此同时终止日本天皇的制宪权。暂停所有参与国家政策制定或协商的部门,由军政府接替。"

日后"联合国家武装部队"可能会解散。拥有最高权力的占领军最高统帅将极有可能是美国人,至少占领前期如此。最高统帅代表联合国行使权力。德国占领即如此——除非有多个最高统帅。考虑到类似情况建议使用"指挥官或最高统帅"。例如,部分日本地区可能由苏联管辖而不受命于美国最高统帅。获得最高权力的不会是联合国或联合国的某几个国家,而是负责日本工作、接管日本的某个指挥官或多个指挥官。该指挥官或多个指挥官们既代表联合国,也代表自己的政府。

至于暂停"各部门"职能,此时我们无法预先设定暂停多久。

3. B. Ⅰ. 建议省略最后一段。它多是对前面段落的重复。该段内容似乎主要关于"三个时期"及"占领"时期的日本人,内容不明确。此外,仅由日本人的行为决定其处理方式有些牵强。

4. B. Ⅱ. 省略第一段中"以及灵活"字样。使用"严格"二字即可。后期执行对日条款时可能更需要"严格"而非"灵活"。

5. B. Ⅲ. 1. 建议第一小句改为以下内容:

"兹命令陆军及海军解除装备并解散,彻底杜绝复活或重组的可能性;"

着重强调此处所指解除装备及遣散军队并非一时之计而是长久有效。

6. B. Ⅲ. 2. 变更为以下内容:

"2. 军事政府的性质

军政府制定政策时应做到公正,但必须严格。"

这里无需说明其制定政策是否"有效",侧重强调其"严格"性。

7. B. Ⅲ. 3. 最后一句话变更为以下内容:

"好战民族分子及鼓吹侵略者,军事政府在任何情况下绝不允许其担任任何公共职位,亦禁止其在任何公共或私人机构中扮演任何重要角色。日本行政事务管理应以扶持地方责任感为方向。"

强烈建议从日本一切重要职位中杜绝雇用"好战的民族分子及鼓吹侵略者",而非仅从公共事业中驱逐。我们相信有必要扶持地方责任感。如果日本能在某种程度上去中央集权化,日本将来造成困扰的可能性就缩小了。

692－141－69－35

8. B. Ⅲ. 4(5). 变更为以下内容:

"教育体系

为消除日本的军国主义、极端民族主义及准军事训练,为民主思想的发展提供土壤,必须对日本教育体系实施管理与控制。"

学校正常运作有利于维护和平维持秩序,然而是否维持其开课状态并非政策性问题,因而交由起草军政府政策及负责教育的指挥处理。

9. B. Ⅲ. 4(7). 变更为以下内容:

"(7)日本领导、战犯及其他危险人物

逮捕一切战犯、授权或参与计划并实施导致残忍暴行以及战争犯罪的人,接受审判和惩罚。逮捕并拘留好战民族分子者及鼓吹侵略者以及敌视军事政府的目标者。"

有关战俘的语言与德国战败后命令 IPCOG1① 以及简版德国文件②中相同。有些人身为"好战民族分子及鼓吹侵略者"而并非战俘,考虑到现有草案中并未说明如何处置这些人,这里增加第二句。显然美国指定政策时即便不加惩处,也决不可允许其逍遥法外。

10. B. Ⅲ. 4(8). 该段并未明确说明此处所指财产是否具有认证。C 段经济部分提及无法认证的财产。如果这里指的是无法认证的财产,岂不是和 C 段经济部分重复了?

11. C. Ⅱ. 建议在该部分末尾加上以下段落:

"在制定和维持经济制度时,最大限度地要求日本当局宣布对经济监管享有执行权。这样可向日本人民传达这样的信息,即经济监管执行中的责任与故障是日本人民及日本当局自身的职责。"

该条款出自德国简版文件且实施良好,所述原则亦适用于日本。我们相信这一原则值得遵守。

另附三份该备忘录附件,供起草文件小组成员使用。亦向斯特朗少将、布鲁克斯少将及费黑(Fahey)少校递交该备忘录复印件。

L. S. 萨宾(Sabin)

(Memorandum by the Office of the Chief of Naval Operations, *FRUS*, Diplomatic Papers, 1945, Vol. Ⅵ, The British Commonwealth, The Far East, United States Government Printing Office, Washington:1969, pp. 536 – 539.)

---

① 原编辑者注:参见对德指令草案第Ⅲ部分第五段,1945 年 3 月 10 日,第Ⅲ卷,第 434 页。

② 原编辑者注:同上,1945 年 4 月 26 日,第 484 页。

18. 总第一号令修改稿

SWNCC 21 系列

SWNCC 21/5　1945 年 8 月 11 日，华盛顿

陆军与海军

Ⅰ. 鉴于日本天皇所有军队已向同盟国最高统帅无条件投降，帝国大本营受命于天皇，现命令，日本国内国外所有司令官即刻命令其下属日本军队及傀儡军停止战争，放下武器，原地待命，向代表美国、"中华民国"、英帝国和苏维埃社会主义共和国的司令官无条件投降。日本司令官或者他们所委任的代表将会立即联系上述司令官，他们的指示也将会即刻得到全部执行。

a. 在中国（满洲除外）、台湾以及北纬 16 度以北的法属印度支那的日本最高司令官以及所有陆海空及其附属武装必须向蒋介石特级上将投降。

b. 在满洲、北纬 38 度以北的朝鲜和库页岛的日本最高司令官以及所有陆海空及其附属武装必须向远东的苏联武装总指挥投降。

c. 在泰国、缅甸、马来亚、北纬 16 度以南的法属印度支那、苏门答腊、爪哇、安达曼群岛、尼科巴群岛、婆罗洲和小巽他群岛的日本最高司令官以及所有陆海空及其附属武装必须向东南亚统帅部盟国最高司令官投降。

d. 在西里伯斯群岛、哈马黑拉岛、新几内亚岛、班达海岛、俾斯麦群岛和所罗门群岛的日本最高司令官必须向澳大利亚帝国武装总司令投降。

e. 在日本委任统治的群岛、小笠原群岛和其他太平洋群岛的日本最高司令官以及所有陆海空及其附属武装必须向美国太平洋舰队最高司令官投降。

f. 在北纬 38 度以南朝鲜的日本最高司令官以及所有日本海陆空及其附属武装必须向在朝鲜的美国远征军总司令投降。

g. 在日本主要群岛及与其毗邻的小岛屿、琉球群岛和菲律宾群岛的日本帝国最高司令部及其最高指挥官，以及所有陆海空及其附属武装必须向在太平洋的美国陆军总司令投降。

Ⅱ. 兹命令日本帝国大本营接受该命令后（时限）内，向盟军最高统帅报告日本及日本控制地区的以下全部信息：

a. 所有陆军、空军以及防空部队,报告其所在位置及官兵情况。

b. 所有飞机,包括战斗机、海上飞机及民用飞机,详尽报告其数量、型号、所在位置及使用状况。

c. 所有日本及日本控制下在用、弃用或在修的军舰,包括海上战舰、潜水艇及辅助性海事船只,报告其所在位置、使用状况以及运行情况。

d. 所有日本及日本控制下的吨位超过 100 吨的商船,无论在用、弃用或在修以及在造,报告其所在位置、使用状况以及运行情况,包括日本夺得的、原属联合国任一成员国的商船。

e. 所有地雷、雷区以及其他海陆空各方面障碍,报告其详尽信息,并绘制地图详细展示其位置与布局,并标示与之相应的安全通道。

f. 所有军事设施与基地,包括飞机场、海上飞机基地、防控堡垒、港口及海军基地、补给站、永久或临时性陆地及海岸防御工事、碉堡以及其他设防地区,报告其地理位置与详细描述。

g. 所有拘留联合国国家战俘及居民的俘虏营或其他安置地点,报告其地理位置。

Ⅲ. 兹命令军队及民航当局确保所有日本飞机,无论军用、海用或者民用,均保留在原地、原海域或战舰上,等候进一步通知。

Ⅳ. 兹命令保护所有日本及日本控制的各种船只完好无损,无论军用或商用船只均需原地待命,等候联合国最高统帅的进一步通知。海上船只携带的各种爆炸性物品即刻丢入大海,并保证不会造成伤害。停靠海岸的船只即刻卸下所有爆炸性物品,在海岸上集中保管。

Ⅴ. 兹命令日本相关军队、日伪军以及行政官员确保以下条款实施:

a. 兹令日本天皇保证在十四天内移除所有日设地雷和雷区,清除海陆空各方障碍,具体指示由同盟军最高统帅决定。

b. 即刻起重设所有航标。

c. 实现(a)段中所述任务期间,标示所有安全道路并保障所有安全道路畅通无阻。

Ⅵ. 兹命令日本相关军事及行政官员保存下列物品完好无损,等候同盟军最高统帅进一步通知:

a. 一切武器、军火、炸弹、军事设备、仓储与供给,以及其他任何形式的战争设备与战争用品(第Ⅳ部分明确指出的物品除外)。

b. 一切海陆空交通、通信设施设备。

c. 一切军事设施与基地，包括飞机场、海上飞机基地、防控堡垒、港口及海军基地、补给站、永久或临时性陆地及海岸防御工事、碉堡以及其他设防地区，并同时递交上述所有防御工事、设施以及基地的建造计划及草图。

d. 凡工厂、商店、研究机构、实验室、试验站、技术数据、专利、计划、草图以及发明，一切用于生产、辅助生产、或使用的战争用品，亦或用于军事或辅助性军事组织运营的。

Ⅶ. 兹命令日本帝国总指挥部在接受该命令（时限）内，向联合国武装部队最高统帅递交报告第Ⅵ部分 a、b、d 段中所述一切物品的数量、型号以及位置。

Ⅷ. 即刻停止制造或分配任何武器、弹药以及战争设备。

Ⅸ. 关于日本及日本控制人员关押的战俘及公民：

a. 严格保障联合国各国战俘及被关押公民的安全与福祉，命令行政部门及物资供应部门为其提供基本的饮食、居所、服装以及医疗设施，等候盟军最高统帅接管。

b. 所有关押战俘及居民的俘虏营及其他关押地点，包括该地设备、仓储、记录、武器和弹药，一并立即移交给高级军官或指定的战俘及被关押居民的代表处理。

c. 按照盟军最高统帅指示，运送所有战俘及被关押公民到指定的安全地带，等候同盟军官员接收。

d. 兹命令日本帝国大本营在（时限）内，向盟军最高统帅报告所有联合国战俘及被关押公民的位置。

Ⅹ. 为盟国军队完成对日本及日本控制地区的占领，兹命令所有日本及日本控制的军事与行政人员予以协助。

Ⅺ. 兹命令日本帝国大本营及相关机构做好准备，依照各盟军指挥官要求收缴日本民间持有的武器。

Ⅻ. 兹命令日本及日本控制的军事、民事官员及个人严格服从该文件中的所有命令，以及日后由盟军最高指挥官及其他盟军当局颁发的后续要求，绝不可怠慢。若延迟或无法服从该文件或后续命令，或从事盟军最高指挥官确认有损盟国利益的，由盟军当局及日本政府当场予以严厉惩处。

(Revision of General Order No. 1, *FRUS*, Diplomatic Papers, 1945,

Vol. Ⅵ, The British Commonwealth, The Far East, United States Government Printing Office, Washington: 1969, pp. 635 - 639.)

19. 参谋长联席会议备忘录

SWNCC 21 系列

参谋长联席会议备忘录①

SM - 2866　1945 年 8 月 14 日,华盛顿

为国家—战争—海军协同作战分委会准备的备忘录

主题:日本投降的条件

参谋长联席会议已阅读总第一号令计划书(见 SWNCC 21/5 附件 B②),并提出修改建议请参见附件 A③。所做修改并非立刻即能彰显区别,如此修改的原因如下:

a. 删除了日本军队向澳大利亚皇家军队投降的条款,澳大利亚地区的日本军队由蒙巴顿将军负责,因为英国参谋长表示愿意在日本投降后即刻负责菲律宾以南的西南太平洋事务。

b. 删除了有关日本对朝鲜投降的段落,美国对朝鲜事务交由美国陆军太平洋区总指挥负责,因为参谋长联席会议已经将该地区事务交由美国陆军太平洋区总指挥负责。总指挥负责该地区事务,该地区向总指挥投降,然而该总指挥可能并非接受这一地区投降的指挥官的上级,考虑到并无条款处理这一内容,参谋长联席会议已发布指令以做应对。

为防止苏联占领首尔④及大连,已命令为美国军队进入上述地区做好准备。由于投降事务极有可能交由负责日本帝国大本营的最高总指挥,执行事务时由该最高总指挥当场颁发详细命令,因此此举以及美国军队抢占中国北部沿海关键地区时,执行中可能遭遇种种问题。在黄海周边地区以及千岛群

---

①　原编辑者注:该文件为方便传阅编号为 8 月 14 日 SWNCC 21/7;修改后的第一号总命令得到杜鲁门总统的许可,编号为 8 月 17 日 SWNCC 21/8。

②　原编辑者注:8 月 11 日,参见第 635 页。

③　原编辑者注:此处收录为该备忘录附件 1。

④　译者注:原文为日本称今首尔为汉城。

岛问题上避免与苏联产生误会。为此应由总统向盟军传达我方意图。

此处附有短笺一封(附件 B)仅供参考,参谋长联席会议将在恰当的时机交给总统。

至于千岛群岛问题,美国与苏联参谋长已达成协议,以温祢古丹海峡为界分区占领。基于目前这种情况,参谋长联席会议建议命令尼米兹将军做好接受该边界线以南千岛群岛投降的准备。参谋长联席会议亦建议适时通知苏联该举措,且除非苏联请求帮助,接受幌筵岛及占守岛岛屿投降及解散该地区日本军队的事务,参谋联席会议希望由苏联处理。

在朝鲜选取北纬 38 度作为分界线,首尔的港口区和通信区可为美国军队提供便利,且最终如果出现四国分治的情况,美国所占区域有足够大的空间分割给中国和英国。有关日本投降后朝鲜行政及政府的详细安排,参谋长联席会议毫不知情,在此敦促相关政府人员即刻告知,以引导负责韩国占领的美国指挥官。

日本投降有诸多不确定因素,此时无法全部知晓。随着麦克阿瑟将军日渐完成对日本天皇及日本帝国大本营的事务部署,这种情况将得到改观。因此应把第一号总命令递交给最高总指挥,并附加一条,述明该总命令可能因参谋长联席会议的进一步指示而有所改动,此外,最高指挥官有权利根据具体执行情况灵活处理执行细节。

给参谋长联席会议

> A. J. 麦克法伦
>
> 美国陆战队准将
>
> 秘书

附件 A

总第一号令

陆军和海军

1. 按照日本天皇的指示,天皇辖下的所有日本武装力量必须向盟国最高统帅投降,日本帝国大本营命令日本国内外的所有司令官要求他们所统帅的日本武装力量或者受日本控制的武装力量立即停止战争,放下武器,原地待命,并向代表美国、"中华民国"、英帝国和苏维埃社会主义共和国的司令官无条件投降。盟军最高统帅随后将会做出进一步指示。如果盟军最高统帅部的指示有任何细微变化，将会立即联系日本司令官或者他们所委任的代表，他们的指示也将会即刻得到全部执行。

a. 在中国（满洲除外）、台湾以及北纬 16 度以北的法属印度支那的日本最高司令官以及所有陆海空及其附属武装必须向蒋介石特级上将投降。

b. 在满洲、北纬 38 度以北的朝鲜和库页岛的日本最高司令官以及所有陆海空及其附属武装必须向远东的苏联武装总指挥投降。

c. 在安达曼群岛、尼科巴群岛、缅甸、泰国、北纬 16 度以南的法属印度支、马来亚、婆罗洲、荷属印度、新几内亚岛、俾斯麦群岛和所罗门群岛的日本最高司令官以及所有陆海空及其附属武装必须向东南亚统帅部盟国最高司令官投降。

d. 在日本委任统治的群岛、琉球群岛、小笠原群岛和其他太平洋群岛的日本最高司令官以及所有陆海空及其附属武装必须向美国太平洋舰队最高司令官投降。

e. 在日本主要群岛及与其毗邻的小岛屿、北纬 38 度以南的朝鲜和菲律宾群岛的日本帝国总指挥及其最高指挥官，以及所有陆海空及其附属武装必须向在太平洋的美国陆军总司令投降。

日本帝国总指挥部进一步命令日本国内外的司令官，要求一切地方的日本武装力量或者受日本控制的一切武装力量完全解除武装，在盟军司令所规定的时间和地方完好无损地上缴他们所有的武器和装备。（在盟军发出进一步指示前，日本主要岛屿内的警察机关免受缴械之规定。警察机关必须呆在原位，以维持法律和秩序。警察机关的人数和武器将会受限。）

（第一号总命令其余部分无需变更，保留 SWNCC 21/5 中原述。）

（Memorandum by the Joint Chiefs of Staff，*FRUS*，Diplomatic Papers，1945，Vol. Ⅵ，The British Commonwealth，The Far East，United States Government Printing Office，Washington：1969，pp. 657－659. ）

二、旧金山和会及相关文献

20. 远东国家战争海军协同作战分委会备忘录

SWNCC 272 系列

华盛顿,1946 年 3 月 11 日

台湾主权

远东国家战争海军协同作战分委会考虑了中国战场美军总司令的电报,编号为 SWNCC 272/D①,建议采取以下行动:

a. 一旦国家战争海军协同作战分委会批准了附件中的电报方案,该电报必须寄送至参谋长联席会议,并传送给中国战场美军总司令,供他们从军事角度予以讨论;

b. 一旦参谋长联席会议获悉附件中的电报已经被派送给中国战场美军总司令,该电报必须由国家—海军—战争协同作战分委会寄往美国国务院,并采取相应行动。

附录

寄往中国上海的中国战场美军总司令信息草案

秘密文件

(参考,cfbx 23362②)

1. a. 1943 年 12 月 1 日《开罗宣言》规定,"台湾必须归还给中华民国"。

---

① 原编辑者注:1946 年 3 月 5 日,此处未收录。
② 原编辑者注:1946 年 2 月 16 日,此处未收录。

b. 1945 年 7 月 26 日的《波茨坦宣言》在第八段中规定：

"《开罗宣言》的条款必须执行，日本的主权必须仅限于本州、北海道、九州、四国及由我们所决定的一些小岛屿。"

c. 1945 年 9 月 2 日日本投降文书的第一段写道：

"我们按照并依据日本天皇、日本政府以及日本帝国大本营的命令行事，接受由美国、中国和英国政府元首于 1945 年 7 月 26 日在波茨坦所发表宣言的一切条款，该宣言随后也得到苏联社会主义共和国的遵守，由此以后，四大国即所谓的盟国。"

d. 鉴于以上所述，日本已经失去了对台湾的主权。

e. 由于中华民国在台湾的政府机关遵循并依据《开罗宣言》以及中日政府代表的签字行事，美国国务院认为，台湾已经归还给中华民国，但是最终的权力移交有待在合适的时间签订正式的条约。

2. 关于日本曾经占领的中国领土上的日本财产问题，1945 年 9 月 25 日，发往美国驻重庆大使馆的电报①反应了美国的态度。电报表示，假定中国政府在日本公民等候遣返期间维持其基本生计，从上述财产中支出与遣返日本公民和其他日本国民直接相关的开销，对于部分因与联合国利益交叉而未被没收的日本财产，美国政府不反对中国公民代表中国政府没收日本在华私有及公共财产，日本侵占得来的财产应当归还给中国所有；电报亦表示，商定日本赔款的最后阶段，美国认为，中国政府没收的日本财产从中国所求赔偿金总额中扣除；电报还表示，考虑到这一点，中国政府没收财产时应清算资产总额。

3. 由于第 1 段所述司法意见，第 2 段所述美国立场不仅适用于台湾，也适用于其他日本占领的、现已归还中国的中国领土。

4. 以上内容仅供参考。中国如何处置日本在台财产及台湾居民的国籍身份（该问题不同于遣返日本公民），这一问题属于政治问题，最好通过常规外交渠道解决。因此该文件仅由国务院递交美国驻重庆大使馆，与您商议后再作安排。

5. 第 2 段所述遣返程序您在 CFBX 23362 中表示同意。

(Memorandum by the State-War-Navy Coordinating Subcommittee for

---

① 原编辑者注：第 1543 号电报，此处未收录。

the Far East，*FRUS*，1946，Vol. Ⅷ，The Far East，United States Government-ment Printing Office，Washington：1971，pp. 174 - 176.）

21. 日本政策顾问艾奇逊致国务卿

740.0011 P. W.（Peace）/7 - 2847：Telegram
绝密文件　1947 年 7 月 28 日，东京

202. C - 54398. 仅供国务卿与助理国务卿希尔德林（Hilldring）阅读。艾瓦特（Evatt）分别与麦克阿瑟将军和我谈话，对和平解决提出以下观点：

1.（a）应尽快推进和平协议进程。

（b）推进和平协议的国家共有十一个，苏联起初虽有可能拒绝但迟早会加入和平协议，想必苏联不愿在过渡管制政府中失去发言权。

（c）德国与日本两国的和平协议互不相关，没有理由因为德国的问题延迟日本和平协议进程。

（d）事先召开的会议不应由议员与专家构成，而应由具有决策能力、能够制定切实可行的政策并推动协议前进的政府代表组成。

（e）艾瓦特本人表示盼望能够出席这样的会议，且认为总体来说与会者应为外长而非议员，会议结束后外长们需处理相应的工作，因此更有可能跟进会议进展，促进达成协议。

2. 大体来说，临时管制应设置一个常务组，由大概（或不超过）四名同盟国代表组成。已计划拟定为期 25 年的四国协定，打算设置临时管制委员会，该常务组可与之并行（倘若的确有此打算，拟定协定方应多于四国）。另设大使委员会，由十一个同盟国的大使组成，假定大使委员会每三个月召开一次会议，作为常务组的上级机构。大使委员会向其政府报告，各政府依据地区安全协定在联合国宪章框架内进行磋商。大使委员会主席应为美国人。考虑到和平协议的缔约方可能在一定条件下支持日本政府加入联合国，必须清楚日本最终将成为地区安全部署的一份子。部署地区安全时不可针对日本或任一国家。

3. 因此艾瓦特认为有些国家，例如法国（原话如此），没有资格参与制定和平协议或加入临时管制政府，但为推进并落实和平进程大可接受这一事实。

至于投票程序,艾瓦特认为三分之二体系可能无法实行,认为全体通过体系更佳。艾瓦特表示,首要任务是制定彻底的民主程序,但表述略欠具体。

4. 艾瓦特指出他个人认为琉球群岛(冲绳)不需集体托管,应单独由美国托管。

5. 谈话中艾瓦特态度谦和友好。他就日本在南极捕鲸的问题表达了明确观点,认为日本的第二次南极捕鲸行为已了结,就此问题不再多说。艾瓦特认为美国和英联邦的基本政策一致,就和平协议的核心内容达成一致意见绝非难事,对此极为乐观。

艾奇逊

(The Political Adviser in Japan(Acheson) to the Secretary of State, *FRUS*, 1947, Vol. Ⅵ, The Far East, United States Government Printing Office, Washington:1972, pp. 475 – 476.)

22. 陆军上将道格拉斯·麦克阿瑟致国务卿

740. 0011 PW(Peace)/9 – 147:Telegram
秘密文件 1947 年 9 月 1 日,东京

C55205. 凯德斯(Kades)上校送来的《对日和平条约》草案我已仔细阅读。该草案代表美国政府观点,正式公开发表之前仍需大幅修改,对此本人十分赞同。从文中得知该草案并非定稿,华盛顿那边很有可能对草案的格式及文本脉络(内容?)做出大幅修改,在此仅就以下存在明显问题的条款提出意见:

1. 根据草案,日本可以保留琉球群岛。该群岛对我国西太平洋边界的防御至关重要,其控制权必须掌握在美国手中。琉球群岛居民与日本本土居民不属同族,对日本经济利益贡献微乎其微,且日本人并不指望可以保留该群岛。此处多为从战略角度考量该岛的价值,但我认为如果美国不能控制此处,日后可能给美军带来毁灭性打击。

2. 其中一条款规定,占领军实施条约时应经过美国大使,一个行政官员,这一规定不够专业,其背后原则可能招致一系列严重后果。当前情况下,草案条款视整个军事行动为撤退行动,考虑到这一行动的军事性与外国势力的介入,应由陆军部而非国务院负责,加以其他相关国家的政府,正如其他军事行动一样。撤退期间一旦发生紧急情况,需要从其他军事项目中抽调军队时,应由最高层面的政府机构统筹安排。

3. 条约签订后,关于占领军撤出日本后在日盟军使用的条款,给苏联或其他反美势力日后在日本夺得一席军事根据地提供了便利,最终不仅威胁着我国占领期间所有既得利益,更有损我军在西太平洋的战略地位。果真需要如此使用盟军力量,恐怕条约已崩坏,只能重新实施占领。

4. 文件中称条约签订后赋予盟军在日行政权,并通过建立大使委员会贯彻实施,这一条款恐怕存在缺陷。这一做法就是延续盟军最高统帅的管理,只是换了个名字,这种做法违背了条约的首要目的,即占领结束后帮助日本成为自立、自主、民主的国家。大使委员会的主要职能应为严格监督条约各条款执行情况(盟军最高统帅为进一步执行盟国政策发布指令时,条约应制定条款保障其贯彻实施,条约条款中明确修改的除外),凡有严重违反条约的情况,应在其职责内向联合国或联合国成员国报告。

5. 文件中称为解除日本武装、实现日本去军事化,由十一个同盟国额外签订为期 25 年的条约,制定这一措施恐怕是对日本当下的情况有失了解,且没有看到彼时日本重建武装力量的可能性。这样做将导致美国军事结盟不明确,这不仅不利于当下情况,日后也可能造成政治话柄,置军事防备于不利地位。若要日本在条约所规定的 25 年内重建武装力量,且不论其完全不具备相应的经济与物质基础,倘若有任何违背承诺违反条约、企图或尝试重建武装力量的行为,比起笼罩在日本的盟军的威胁,某一有声望的政府人员以及世界舆论的道德力量更加行之有效。

6. 文件中建议成立检查小组、仲裁法庭等,不仅造成占领机构臃肿,实为不必要,且将致使未来在日外交官员数量庞大,导致内部逻辑混乱,大量外交官员滥用职权,使日本经历前所未有的"旅行包式"侵略。如果条约约束不严,提议成立的大使委员会可能拥有组建执行职能时所必须的技术性或其他援助的权力。

7. 条约签订后,文件中建议先后成立大使委员会以及更多机构,这一想法也是有问题的,因为没有提供有效解决问题的方法,这种做法不仅具有不确定性,且难以操作,模棱两可使人困惑。

8. 文件赋予同盟国单边修改条约内容的权力,条约内容经各国包括日本认可,同盟国自行决断即可更改条约内容的做法十分不妥。处理该问题所表现的不确定性,本质上有违由战争过渡到和平的自由思想,使盟军给人留下犹豫不决、摇摆不定的印象,定会在日本滋生惶惑与不安,彼时将迫切需要通过建立信任与安定来消解混乱。盟军拥有的大量信息曾指导其胜利,现在需要利用这些信息为恢复和平创造先决条件,应做到大刀阔斧、清晰明了。陈述这些先决条件时,应尽一切努力使用简单的语言,避免误会,防止占领时出现独裁和压迫,不可阻碍一个民主、和平、经济上自给自足的日本的形成。

9. 现在的日本平静而稳定,和平条约生效后立即废除占领期间同盟军颁布或被任命的所有命令与指示,将构成巨大危害。日本投降后远东委员会及盟军最高指挥曾经过慎重考虑而采取行动,这样做则取消了先前行动的效果,且将影响两大国际实体的信誉,威胁着两者通过在各自领域执行权力而取得的所有进步。政治、经济及社会改革的框架立于这些政策与决策之上,很多只有长期施行才看得到效果,况且一旦得到实施,所有政策与决策将自然失去效力。

10. 条约签订后扶持日本经济需要数亿美元,条约中规定由美国承担这笔费用,这一做法极不可取。随着日本逐渐恢复和平,经费问题应由日本人协商处理,通常做法是寻求国际资助。此外,条约规定美国承担经济复苏费用,未来多届美国国会很有可能不通过立法规范就挪用这笔资金。

11. 条约中设定的经济水平极为不当,不仅不切实际,而且有违我们恢复日本和平的根本目的,赔偿方案各条款亦有此嫌疑。经济水平与国家稳定程度相关,很多变数现在根本无法判断,条约以强制方式硬性规定经济最高限度,不可能不危害日本经济发展至今取得的成果,且可能在大幅增加美国纳税人的负担。

如前文所述,这里仅就一些明显存在疑问的地方做出评论。当然该条约并非最终版本,我很荣幸能在此时详述自己的观点,如果任何时候任何问题需要这样的建议,我将义不容辞。制定条约需谨记,和平条约最终需接受来自对日各国的认可,这一点想必毋庸赘述。为避免出现任一国家(比如苏联)退出和平谈判或拒不签订和平协约的情况,制定条约时需各方面综合考虑,对占领军的撤退问题尤其要慎重,换个角度思考问题,可能导致完全不一样的结果。

麦克阿瑟

(General of the Army Douglas MacArthur to the Secretary of State,

FRUS，1947，Vol. Ⅵ，The Far East，United States Government Printing Office，Washington：1972，pp. 512 – 515. ）

23. 政策设计办公室主任(凯南)准备的备忘录

740. 0011 PW(Peace)/10 - 2947

政策设计办公室主任(凯南(kennen))准备的备忘录①

绝密文件　1947 年 10 月 14 日，华盛顿

过去八周里，政策设计办公室花了大量时间探讨《对日和平条约》的相关问题。探讨过程中，不仅咨询了潘菲尔德(Panfield)与巴特沃斯(Butterworth)等远东司官员，还请教了陆军部与海军部代表，且与格鲁(Grew)等外围专家进行磋商。②

讨论的结果是，我们认为就一些极其重要的问题而言，目前位于华盛顿的我们手头掌握的情况不够充实，无法就这些极其重要的问题做出肯定而合理的判断。大体而言，要得到其他必要信息，只能前往日本，咨询盟军总司令。此外，我认为有必要事先通知麦克阿瑟将军，务必使其与我们的观点保持一致。

有鉴于此，我决定此时暂不递交和平条约的最终版本。与此同时，我认为必须先派一些国务院高级官员到日本，就相关问题与麦克阿瑟将军及其助理详细磋商。

于此附上备忘录一份，简述我们达成的结论，但鉴于当下掌握的事实不完整，不免有疏漏。同上所述，这里并不建议国务院采纳这些决定；但我认为可作为与盟军总司令商讨的出发点，且商讨时间越早越好。

如果阁下对该程序无异议，请即刻派出一名与该政策相关的国务院高级

---

① 原编辑者注：该文件递交给国务卿与助理国务卿。
② 译者注：约瑟夫·C. 格鲁，前驻日本大使、助理国务卿。

官员前往日本,以期与麦克阿瑟将军商讨该问题的所有要点。①

乔治·F. 凯南

[附件]

政策设计办公室主任(凯南)准备的备忘录
绝密文件　1947 年 10 月 14 日,华盛顿
PPS/10

政策设计办公室就日本和平协议相关问题达成的讨论结果

1. 和平协议的时间

政策设计办公室认为过早从日本撤出盟军可能存在过多隐患。放松管制并由日本政府自由决策后,日本是否可以维持政治经济稳定并无保证。如若和平条约签订后无法保证日本政治经济稳定,共产主义渗透可能趁虚而入。

尽管如此,我们意识到军事占领各个方面已逐步走上结束的进程。此外,我们决意推进和平谈判,且已向其他国家发出谈判邀请。

政策设计办公室认为,于此时终止谈判并不合理。另外,我们不能强制改变谈判进程,但可以保证谈判以探测性为主,保持谈判结果的开放性,为进一步推迟达成最终结果留有空间,直至我们能够准确判断一些基本问题。于是,有关实质内容的谈判最早应不早于 1 月 1 日,谈判最早应在明年 6 月之后结束。

2. 投票程序问题

可能的话邀请苏联加入谈判。如果苏联拒绝加入,最好是因为在日本问题上看似有些条款有损苏联利益,而不是因为诸如投票安排之类的程序问题。

其他参与起草和平条约的国家否决(或支持)远东委员会规定时,美国应勉强同意。否则,假设三分之二体系中没有通过,我们必须保证整个讨论持续到明年春天,那时才可开始推进工作。

---

① 原编辑者注:10 月 19 日的备忘录中,有一篇是国务卿办公室行政秘书处处长卡莱尔·H. 休梅森写的,备忘录中告知索普、阿尔穆、萨尔兹曼、凯南以及巴特沃斯,国务卿大体上同意附件中《对日和平条约》的相关问题,至于具体派谁去日本,应由洛维特、阿尔穆和凯南决定。同一日给阿尔穆的备忘录中,休梅森建议阿尔穆与凯南商讨决定该任务的具体人选。(740.0011 PW(和平)/10‑2947)

3. 策略问题

和平条约需满足我国最低利益要求,要此时获得各国同意恐怕有些困难。万一无法达成一致意见,仍可通过占领军逐步修正的方式,单方面引入虚拟和平状态。换言之,即便没有通过任何条约,我们也可以实现某种类似常规和平的状态。

这也是谈判中我们最重要的武器。如果使用得当,不久我们就能朝这个方向影响占领政策。这样一来不管发生什么我们都能有所准备;其他国家也能说服自己,相信我们的选择是事实所迫。

4. 领土问题

最后一个需要推进的问题是日本的领土范围,特此附上地图以清晰展示。依据该图:

A. 日本保留千岛群岛最南端的岛屿。

B. 剥夺小笠原群岛、火山岛以及马尔库斯岛,由美国实施托管。

C. 暂时无法决定如何处理北纬 29 度以南的琉球群岛,等候国家—战争—海军协同作战分委会的指示,主要由两种可能:

(a) 美国战略托管,

(b) 名义上仍归属日本,由其他国家长期租用根据地。

5. 美国安全问题

如上所述,坚持由美国对小笠原群岛、火山岛以及马尔库斯岛实施战略托管。

此外,我方将要求在冲绳设立军事基地,并依此为谈判的前提条件。

至于如何处理北纬 29° 以南的琉球群岛,如何保留美国在冲绳设立军事基地的权力,政策设计办公室人员认为应由国家—战争—海军协同作战分委会着重考虑,如果由美国政府管辖上述地区,务必考虑到管理这些地区产生的相关费用以及行政负担。[拉维特(Lovett)将军就此问题拟定特别建议。]

至于是否在日本本土四岛设立军事基地,政策设计办公室人员此时所持信息不足,无法做出判断。暂无证据表明在日本驻扎陆军或空军有何用处。这样一来问题就缩小了,即是否在横须贺设立具备空中援助设施的海军基地。制定这一决策需做长远考虑,不仅与日本国内政治相关,也涉及国际政治。

从美国安全的角度考虑,此时并不适合就此问题达成最终定论。我们认为最好延迟至明年春天。

6. 日本国防问题

该问题关系到日后日本本土的防卫。在日本我们一直致力于去军事化。建议放弃四国协同废除日本军备的想法,但条约应规定彻底废除日本军备,仅允许日本保留民警,包括警察以及海岸巡逻队,兵力由盟军最高统帅决定。组建大使委员会,负责后期管制去军事化进程。

诚然,如此一来面临外国侵略时日本就无法自卫了。我们认为这是无法避免的。未来日本军事安全必须依靠临近的美军力量(极端情况下甚至需驻扎日本本土),美国国防政策也应以在太平洋地区保留充足军备为原则,表明我国防止其他国家在日本建立军事力量的决心。

7. 日本政治及经济防卫问题

不建议条约执行后由盟国对日本政治进行监管控制。我们认为条约对日本的心理影响是其最大的价值之一。如果保留形式上的政治控制,就会失去这种价值。如一定要实施管制,倒不如不签订条约。

也就是说美国占领军撤出后,日本将实现政治独立。毫无疑问,以莫斯科为中心的共产主义势力势必集中力量,试图影响日本政治,力图使共产主义占上风。届时日本的命运将主要取决于内部政治稳定与否。而其内部政治的稳定性主要由两方面决定,一即占领政府继承下来的政治制度是否牢固,二即日本政治心理是否已适应此种政治制度,习惯了在这种制度下生存。当然,届时起作用的不只是政治稳定情况,很大程度上亦取决于经济能否适度复原,日本是否仍相信经济将继续好转。如果经济萧条不定,共产主义势力势必乘虚而入。

日本经济发展缺乏必要的经济条件,市场大量缺失,原材料受苏联占领区控制,且中国、印度尼西亚、印度支那以及印度经济形势不稳定,亦不确定能否恢复对美元区出口,日本经济发展面临着极其严峻的形势。现有信息不足以判断具体严峻程度。然而国务院如能进一步调查研究,将在一定程度上缓解这一问题,且有消息称国务院确实加强了对经济运营能力的管制。当然我们不可能做到百分之百的确定。不管采用哪种方式,难免存在风险。

就目前情况而言,我们现在掌握的信息表明,如果放松对日本的管制、实现日本政治独立,日本可能无法承担随之而来的政治压力。

如果通过进一步调查、与盟军总司令谈话,得知在初始阶段接受美国帮助后,日本经济仍旧无法恢复,这就可能要求我们调整策略,甚至放弃于此时签订和平协议的想法。

然而如果通过调查、与盟军总司令谈话,认定日本完全有可能实现经济好转,那么在占领结束之前,应努力为日本经济独立发展创造良好的环境。

无论发生哪一种情况,现在的任务是保证盟军总司令颁布命令时,应最大限度地促进经济好转,以便日本恢复经济独立时能够承担相应的压力。这一点上我们听到了不同的声音,这些声音并非闲言碎语,而具有可靠来源。反对方认为,现阶段在日本实行整肃尤其是反垄断政策,不利于实现日本经济稳定与腾飞。盟军总司令坚决反对这一观点。由于所持相关事实有限,我们无法从二者之间找到中立点,建议与盟军总司令再次进行磋商。

8. 赔款问题

应尽早确定赔款计划。日本已承诺的赔款为赔款底线,应尽快确立,且该部分赔款不可从现阶段生产成果中支出。战后赔款监督应由大使委员会负责。

9. 经济制裁问题

为防止日本重建工业战争力量,美国曾宣布对日本实施经济制裁,但仅应禁止日本制造武器或飞机,对工业生产的制裁应尽量压缩。要防止日本发起经济战争,通过限定日本指定战略性原材料的存储即可实现。允许日本保留民航及空运、商务海运,但禁止日本生产飞机。定义商务运输时应首先考虑海军部的意见。

10. 和平条约的日后修订问题

强烈建议条约为日后修订保留足够空间。假如和平条约试图无限期压制某一力量,且建立在世界静止不变的基础上,势必招致单边违约。

(Memorandum by the Director of the Policy Planning Staff(Kennan), *FRUS*, 1947, Vol. Ⅵ, The Far East, United States Government Printing Office, Washington:1972, pp. 536 – 543.)

24. 国家安全委员会执行秘书索尔斯致委员会

执行秘书处文件

国家安全委员会执行秘书(Executive Secretary)索尔斯(Souers)致委员会

NSC(国家安全委员会)37 号文件　1948 年 12 月 1 日,华盛顿

台湾的战略意义

中国的新政府可能为以克里姆林宫为代表的共产主义所利用,特应代理国务卿①请求,评估台湾及澎湖列岛在内的附近岛屿对美国国防安全的影响。参谋长联席会议就此发表如下观点,特此附上以供国家安全委员会参考。

西德尼・W. 索尔斯

[附件]

参谋长联席会议致国防部部长备忘录

弗莱斯托(Forrestal)

1948 年 11 月 24 日,华盛顿

主题:台湾的战略意义

1948 年 11 月 8 日国家安全委员会执行秘书寄来的备忘录写到,如果中国的新政府为克里姆林宫为代表的共产主义所利用,其台湾及澎湖列岛在内的附近岛屿对美国国防安全有何影响,特邀请参谋长联席会议进行评估。

参谋长联席会议认为,假如发生上述情况,将极大程度地影响美国国防安全。

鉴于中国成为共产主义国家似乎已成定势,中国的新政府很有可能沦为共产主义政府,那么发生战争时,中国的空军基地、港口以及沿海铁路线等重要军事基地对美国来说意义甚微。这就凸显了利用台湾作为我军战时军事基地的重要性,我军可以在台湾设立军队、执行空中作战,控制附近海域航线。

假如新的中国政府管理台湾及其邻近岛屿时敌视美国,对我国国防安全所产生的影响更为严重。台湾控制着日本与马来地区之间的航线,除非台湾拒绝为共产主义所用,否则一旦发生战争,新中国政府可以控制该航线,或占领琉球群岛与菲律宾群岛,无论发生哪种情况,都将极大地威胁我国国防安全。关于后一点,新中国政府很有可能敌视我国,利用台湾削弱我国军力,参谋长联席会议建议琉球群岛继续由美国控制。

---

　①　原编辑者注:罗伯特・A. 洛维特。

此外,台湾还可成为日本食品及其他原料的主要供应者,万一台湾为共产主义阵营控制,上述想法即成为泡影,这从另一个角度阐明了台湾的重要性。这一点决定着战争时日本能否为美国所用,否则日本只会在战争中拖累我军。

综上所述,我们认为,尽管现实情况表明中国很有可能倒向共产主义阵营,我们需运用外交及经济手段防止台湾受共产主义控制,以保障台湾行政当局对美国政府持友好态度,唯有这样才能保障我国的国防安全。

供参谋长联席会议使用:

威廉·D. 李海(William D. Leahy)

美国海军五星上将

武装部队总指挥参谋长

(Note by the Executive Secretary of The National Security Council (Souers) to the Council, *FRUS*, 1949, Vol. Ⅸ, The Far East: China, United States Government Printing Office, Washington:1974, pp. 261 - 262.)

25. 驻菲律宾公使弗莱克索尔会谈备忘录

894A. 00/1 - 649

驻菲律宾公使弗莱克索尔(Flexer①)会谈备忘录②

1948 年 12 月 7 日,东京

1948 年 12 月 6 日晚,即我抵达日本当日,塞巴德③与麦克阿瑟将军④私下交流,塞巴德得以亲自将凯南⑤的私人来信⑥交给麦克阿瑟将军。麦克阿瑟将军当着塞巴德的面读了来信,但并未向后者透露信件内容,只说我突然造

---

① 原编辑者注:法耶特·J. 弗莱克索尔,驻菲律宾公使,届时由菲律宾前往美国接受国务院任务。

② 原编辑者注:1949 年 1 月 6 日,远东事务部部长(巴特沃斯)将该信复印后转递给助理国务卿。

③ 原编辑者注:威廉·J. 塞巴德日本代理政治顾问。

④ 原编辑者注:在日盟军最高总指挥,美国驻远东总司令(CINCFE).

⑤ 原编辑者注:乔治·F. 凯南,政策设计办公室主任。

⑥ 原编辑者注:该信件在国务院文件中并无存档。

访日本,不知是为何事。翌日即 12 月 7 日早晨,有人接待了我。塞巴德于约定的时间带我到总部,简单的介绍之后即离开,于是只剩下我和麦克阿瑟将军两人。

麦克阿瑟将军得知,一些制定政策的高级官员希望他开诚布公,就我国西太平洋地区国防问题畅谈所想。如今,中国北部对抗共军的战争已停止,台湾很有可能交由共产主义政府管理,也有可能由亲共产主义者接管。为使麦克阿瑟将军熟悉背景,我简要陈述了台湾当时的政治情况,都是出发前往日本之前匆忙中收集的。至于是否由魏道明①(或孙立人②)宣布台湾独立或在蒋介石③倒台后寻求联合国保护,由于这些只是初步设想,并未向将军提起。

显然无需催促麦克阿瑟将军。这一问题萦绕其心,他已思考良久。

麦克阿瑟将军很激动,说从战略角度考虑,允许敌对势力入驻台湾无异于向我国远东地区战略防线开炮。作为我军前沿的冲绳将时刻面临直接威胁,变得很难防守且不再可靠。④

麦克阿瑟将军简要描述了我们的战略防线:荷兰港—琉球群岛(冲绳)—马里亚纳群岛(关岛—塞班岛),以及菲律宾群岛[克拉克菲尔德—斯多特森堡(clark field-fort stotsenberg)]做辅助军事基地。由于苏联最东边的军火工厂位于乌拉尔地区,且依靠跨西伯利亚单轨道铁路运输,仅靠苏联领土内的港口,苏联至少 50 年内无法在这一防线开展两栖战争。

然而形势变得对美国不利,满洲已落入共产党手中,更糟的是共产党逐步沿海岸向南部中国推进,整个防线的"左侧"面临着威胁。

如果冲绳基地设施完善,拥有充足的装备和士兵,在东亚,从海参崴到上海,无论在何地设立空军基地,都无法与冲绳基地抗衡,冲绳仅靠空军力量就可以实现这一任务,且足够摧毁从东亚沿海地带发起的所有两栖战争。但是麦克阿瑟将军强调,冲绳基地远未得到充分发展,尽管他本人一再反对,战机被抽调他处,而陆军力量微乎其微。假如共产党南下到扬子江,或控制了中国

---

① 原编辑者注:台湾的行政主管。
② 原编辑者注:台湾新兵训练总部总指挥。
③ 原编辑者注:"中华民国"总统。
④ 原编辑者注:位于中国大陆的浙江省东北部比台湾距离冲绳和琉球群岛稍远,亦可能对冲绳和琉球群岛造成空中威胁。台湾有约 50 个飞机跑道,最大的四个宽达 5000 英尺。台湾西南部的高雄设有港口和海军基地,据说多次轻而易举地击退了日本军舰。

南部(包括台湾),我们所拥有的优势将被颠覆,形势会变得对我们不利。

麦克阿瑟将军强调,如果美国政府不打算牢牢守住冲绳,加强冲绳基地建设,现在根本不用担心台湾的去向,说到这里,麦克阿瑟将军的口气略带埋怨。他已就太平洋战场的形势多次向五角大楼强烈进谏,但都无疾而终。由于华盛顿并没有给予财政拨款,修建基本的机场设施,他甚至动用了一些日本材料和资源;军人家属居住条件实在简陋不堪,军队中弥漫着一股不满的情绪。远东地区的海军力量也被大幅削减;在这种时候,要从冲绳调出一个轰炸机群到欧洲服役,关岛也有一个战斗机群被遣往巴拿马运河区;总体说来,太平洋战场的战斗力量甚至比珍珠港时期还不如。

麦克阿瑟将军一边谴责五角大楼的外交眼光局限在了欧洲,一边认为国务院也难辞其咎,称国务院迟迟不能决定冲绳的政治地位,导致该岛军事建设缺乏经费(我想麦克阿瑟将军之所以这样认为,主要是由于一份胶印文件,这份文件比国务院 1948 年 10 月的文件稍晚,可能是参谋长联席会议的文件①)。

值得注意的是,麦克阿瑟将军并未表示希望在台湾设立美军基地。与国务院相同,他关注的是严防苏联(以及所有中国之外的其他外国势力)在台湾站稳脚跟,决不可使之利用该岛的任何设施。

此外,我们都假设共产党政府执政的中国势必邀请苏联在中国领土上设立军事基地。事情一定会朝在这个方向发展吗?

F. J. F(法耶特·J. 弗莱克索尔的缩写)

(Memorandum of Conversation, by the Counselor of Embassy in Philippines (Flexer), *FRUS*, 1949, Vol. Ⅸ, The Far East: China, United States Government Printing Office, Washington:1974, pp. 263 - 265.)

26. 参谋长联席会议给国防部长的备忘录

执行秘书档案

参谋长联席会议给国防部长弗莱斯托(Forrestal)的备忘录

1949 年 2 月 10 日,华盛顿

---

① 原编辑者注:NCS(国家安全委员会)13/2,1948 年 10 月 7 日,有关美国对日政策的文件,《外交关系》1948 年第 6 卷,第 858 页。

主题：台湾的战略意义

1949 年 2 月 7 日寄来的备忘录中提到，参谋长联席会议已仔细研究过国家安全委员会 1949 年 2 月 3 日递交的文件（第 179b 号文件）。该文件称如果防止共产党统治台湾的外交及经济政策失败，请参谋长联席会议就此对美国国防造成的影响进行评估，并提供参考意见以备不时之需。

我们认为，假如发生上述情况，将极大程度地影响美国国防安全。参谋长联席会议就共产主义统治台湾的影响的评估非常正确，附在 1948 年 11 月 24 日给您的备忘录①中。其中观点概括为以下几条：

a. 我们已经失去了一些中国的战略要地，且将失去更多，这就凸显了利用台湾作为我军战时军事基地的重要性，我军可通过台湾执行空中作战，控制附近海域航线。

b. 假如新的中国政府管理台湾及其邻近岛屿时敌视美国，对我国国防安全所产生的影响更为严重。台湾控制着日本与马来地区之间的航线，新的中国政府可以控制该航线，或占领琉球群岛与菲律宾群岛。此外，

c. 台湾本可成为日本食物及其他原料的主要供应者，假如新的政府敌视美国，上述想法即成为泡影，这从另一个角度阐明了台湾的重要性，这一点决定着战争时日本能否为美国所用，否则日本只会在战争中拖累我军。

总之，现在十分明显，美国政府正面临着在亚洲失去战略优势的局面，我们在西太平洋的军事力量只能依靠控制海上航线，并依靠可靠的岛屿维持空军力量。对台湾实行经济制裁不仅将削弱我军力量，还将有利于敌军。

1948 年 11 月 24 日递交的评估文件中，参谋长联席会议达成一致意见，认为最好通过适当的外交及经济手段防止台湾受共产主义控制，唯有这样才能保障我国的国防安全。同样应尽量避免采取军事措施。

参谋长联席会议坚持认为此时任何对台湾的军事承诺都是不明智的。尽管台湾对我国国防有着重要的战略意义，但现阶段美国的军事实力与国际任务并不成正比，此时并不适合承诺在台湾组建军队，因为这样做需要耗费巨大的精力，且外交及经济手段已经失败，届时美国便再无余力处理其他地区的紧急情况。在这一层面上，台湾问题与冰岛的情况不同，为防止共产主义扩张至

---

① 原编辑者注：见本书第 261 页。

冰岛,必要时将采取直接军事行动,因为冰岛与我国国防安全直接相关,而台湾虽然重要,但与冰岛不可同日而语。

话虽如此,参谋长联席会议认为台湾对美国国防具有重要战略意义。因此,NSC(国家安全委员会)37/2①中批准的政治和经济措施多受诟病,参谋长联席会议建议给予台湾一定形式的军事援助,支援台湾建设非共产主义政府。但不应承诺一定出兵援助,而应主要依靠派遣适当数量的舰队驻守某个或多个重要港口,并提供相关海岸援助,如维护港口设施,提供空中通信,以及为士兵提供娱乐设施等。

参谋长联席会议在1948年12月20日的文件中称,同意不在台湾海岸设立海军基地的决定。但他们认为,这样做并未考虑到将来的情况,如果情况发生变化,应修订这一决定。至于彼时是否增强机动舰队,当前提议应仅允许必要的小范围修订。

参谋长联席会议认识到,这种借助军事力量影响台湾政治的做法可能对我国外交产生不利影响。同时,要在台湾海域安排舰队作为我军基地困难重重。然而共产主义一旦控制台湾,势必威胁美国国防安全,因此应尽一切努力,万不可使台湾沦入敌国手中,哪怕要面临一些政治风险。

因此,参谋长联席会议建议国防部考虑上述措施并尽快安排落实计划,派遣适当数量的舰队驻守某个或多个重要港口,并提供相关海岸援助,如维护港口设施,提供空中通信,以及为士兵提供娱乐设施,这些措施作为政治经济措施的辅助手段,目的在于通过武力威慑保障台湾稳定,而并非一定出兵援助。

代表参谋长联席会议

路易斯·丹菲尔德

(Louis Denfield)

美国海军上将

(Memorandum by the Joint Chiefs of Staff to The Secretary of Defense (Forrestal), *FRUS*, 1949, Vol. Ⅸ, The Far East: China, United States Government Printing Office, Washington:1974, pp. 284 - 286.)

---

① 原编辑者注:12月3日,第281页。

27. 国务卿特助(霍华德)准备的会谈备忘录

694.001/4-750

绝密文件　1950 年 4 月 7 日,纽约①

主题:日本和平协议

有关人员:约翰·福斯特·杜勒斯

　　　　　W·沃尔顿·巴特沃斯,S/J

　　　　　约翰·B·霍华德,S

Ⅰ. 背景概述

杜勒斯要求专人向其简述日本和平协议相关问题,巴特沃斯及霍华德特此前往纽约,三人进行了约 4 小时的会谈。

(此处为二人所做简述,这里省略。)

Ⅲ. 杜勒斯的观点

杜勒斯称不赞成沃尔特·李普曼提议的中立协定,尽管对日本所知有限,但他认为在日本施行中立协定似乎同样对日本缺乏认识。对苏联来说,中立协定毫无意义。

谈到军事基地,对于参谋长联席会议建议在日本重要地点以及冲绳建立军事基地,杜勒斯似乎并不知晓。杜勒斯称,自己比较怀疑散落世界各地的军事基地将来能否切实为我军所用。在他看来,空军力量将逐渐依赖诸如北美洲等位于大洲上的军事基地。当然,在英国等多处设立军事基地也是必要的。在日本重要地点设置军事基地显然是大有裨益的。然而,在敌国设置军事基地毫无用处,且正与英国的情况一样,日本将很乐意请求美国在其领土设立基地。杜勒斯本人似乎并未过分强调设立军事基地的必要性,而认为这是军事技术层面的问题。不管是否在日本设立军事基地,他都做好了准备。杜勒斯对于琉球群岛的看法与国防部一致,即认为对琉球群岛实施普通托管即可,不

---

① 原编辑者注:进行会谈的日期。该备忘录实际上是 4 月 11 日于华盛顿准备的。

需要进行战略托管。

杜勒斯对在太平洋地区签订公约深表怀疑。与国防部的担忧一致,他认为大西洋公约①已对美国造成负担,在太平洋及远东地区推进一个类似的公约,无疑将加重美国的负担。他清楚记得签订大西洋公约时,被剔除在公约外的国家对美国多番刁难,最后签订公约时不得不扩大签约国数量。他认为既然美国打算拉拢这些国家而剔除另一些国家,推进公约时就必然困难重重。谈到这一问题时,杜勒斯顺便提到如果苏联直接入侵世界上任何一个国家,比如伊朗,美国都将不可避免地卷入战争。然而鉴于苏联并未直接入侵任何国家,且迄今为止这一措施颇有成效,他认为苏联直接入侵他国的可能性不大。

为进一步表达对在太平洋地区签订公约的怀疑,杜勒斯回忆起签订大西洋公约时,在布莱尔宅邸与马歇尔将军、拉维特以及范登堡初次会面的场景。② 那时,他不建议签订大西洋公约,而主张效仿发布门罗主义,由美国颁布一个政策宣言。尽管如此,出于忠诚,他在参议院讨论时依然给大西洋公约投了赞成票。至于军事援助计划,杜勒斯称,他相信军事援助计划是否行之有效完全取决于美国内部安全。他认为,大西洋公约其他成员国的外部安全取决于美国的军事实力。

对于通过寻求多国支持在日本建立军事基地,杜勒斯先生并不特别积极,和我们一样,他认为此种协议弊端颇多。

谈到有关盟军最高统帅的公约以及有限的政治经济条约,杜勒斯认为梅塞思(Messrs)、沃西斯(Voorhees)以及多尔(Dorr)夸大了司法困难,国防部不应为此劳神。杜勒斯称,多尔在巴黎并不受欢迎,总是计较技术层面的问题,耗费了很多时间。杜勒斯暗示道,即使部署了上述计划,当前也可能无法满足日本和盟军的要求。

有建议与日本等国签订协议,签约国依据这一协议帮助日本抵御侵略,而签约国受到日本侵略时互相帮助,得知这一建议时,杜勒斯表示欣然同意。他

---

① 原编辑者注:北大西洋公约于 1949 年 4 月 4 日签订,公约内容见国务院《公约及其他国际文件汇编(条约及国际法汇编)》,第 1964 号文件,或第 63 卷(第二部分),2241。

② 原编辑者注:这里指的可能是 1948 年 4 月 27 日举行的会晤。拉维特为此次会晤准备了备忘录,见《外交关系》1948 年第 3 卷,第 104 页。乔治·C. 马歇尔当时为国务卿。罗伯特·A. 拉维特时任副国务卿。密歇根亚瑟·H. 范登堡时任参议院外交关系委员会主席,杜勒斯当时为美国驻联合国大会代表。

问我们是否随身携带着协议草案。我们把协议草案给他后,杜勒斯仔细研读了协议。就协议内容进行交流后,杜勒斯给出了详细的建议,可见他大体上同意协议内容,交流结束后,杜勒斯称我们的"方向是对的"。杜勒斯多次询问和平协议的时间问题,我们告之这一点主要取决于 5 月 8 日国务卿能否在外长会议①上为美国争取一席之地,至于国家安全委员会何时行动,主要取决于国家军事部门尤其是参谋长初步商谈的时长。杜勒斯本人即将前往加拿大休假两周,该处交通及通信较为不便,所以他认为尽管我们的"方向是对的",杜勒斯并不希望我们在其不在期间敲定协议。因此如果有必要,他愿意提前结束休假,但必须提前通知他,因为通讯和路上要花个几天的时间。杜勒斯说可通过他在纽约的办公室联系到他。

杜勒斯就有关日本安全公约草案的意见

给杜勒斯的草案较为粗略②,共包括四章。第一章表示各国相互尊重领土完整与政治独立,如遇纠纷和平解决。第二章表示日本安全受到任何威胁时,各缔约国通过会议共同磋商。第三章表示,任何武装入侵日本的行为即是入侵各缔约国,缔约国将协助日本抵御侵略,必要时动用武力。这一章还规定,为实现上述目的,日本与其他通过盟军最高统帅武装日本的缔约国需就日本设施的使用问题达成一致协议。第四章中,缔约国表示相信日本已成为热爱和平的国家,但如果日本侵略任何缔约国,将被视为对所有其他缔约国的入侵,其他缔约国有义务协助被侵略的国家抵御日本入侵。我们向杜勒斯解释说这份草案非常粗糙,与其说是份协约草案,不如说更像是一份罗列了基本原则与缔约国责任的大纲。

一开始,杜勒斯称,我们用类似大西洋公约那样的方法保卫日本,在我们的盟友看来这种做法可能有些异常,很多盟友希望得到类似的援助,而我们却给日本提供了这样的便利,要知道日本过去是我们的敌国。他说,在参议院,一般认为大西洋公约"人人为我,我为人人"的原则只适用于关系非常亲密的国家之间。依据他在参议院签订大西洋公约时的经验,他认为参议院可能不太愿意美国与日本建立这种极为亲密的军事关系。

---

① 1950 年 5 月 11 日至 13 日,法英美三国外长会议于伦敦举行,相关文件将在本书第三卷公布。

② 国务院档案中未找到该草案。

　　他比较了大西洋公约与里约公约①规定责任的异同，指出相比较而言，里约公约没有直接要求武力援助，而更强调缔约国之间举行会议共同磋商。由于这一区别，参议院认为依据大西洋公约，任何缔约国受到侵略时，美国有责任派出武装援助，而里约公约就没有强制要求美国在他国危难时出兵援助。杜勒斯建议，第三章规定日本受到侵略时其他国家给予武力援助时，措辞应尽量避免这种强制性的义务。

　　杜勒斯称，要参议院同意无限期地帮助保卫日本，似乎不太可能。我们告诉他，的确考虑过给条约设定一个期限，但并未仔细探讨这一期限的具体性质。

　　杜勒斯建议，缔约国相互协助抵御日本侵略的条款应该在前面，而缔约国承诺协助日本抵御侵略的条款应该放在后面。他认为尽管现在的顺序显然很容易为日本接受，但因为参议院对条约内容的修订至关重要，条约首先要经过美国国会的许可，之后再寻求同盟国和日本的意见。

　　杜勒斯建议，提议协助日本抵御侵略时，可指出日本宪法规定日本不得发动战争，这将有利于敲定该提议。霍华德指出，可在尚未撰写的序文中指出这一点，这一点同样证明在对日本进行军事占领期间，占领军在维护日本安全方面具有重要作用，可促成日本与其他通过盟军最高统帅武装日本的缔约国就在日本设立基地这一问题达成一致协议。杜勒斯称这两点可促进其他缔约国接受我们拟定的协议。

　　此外第三章中"日本与其他通过盟军最高统帅武装日本的缔约国需就日本设施的使用问题达成一致协议"一句，杜勒斯建议其中"需"字改为"将"。

　　杜勒斯同样赞成拟定协议前，听取国家安全委员会意见的同时，征求麦克阿瑟将军的意见。但他建议给麦克阿瑟将军看的提案与我们心中所想的协议应略有不同，比起我们心中所想的协议，要稍微不那么容易让日本接受。他提到自己和克劳将军交涉的经历，克劳将军评价每一个协议时都会考虑德国人的想法，因此猜想麦克阿瑟将军在处理日本问题时可能会有类似的倾向。杜勒斯称，马歇尔将军在战争年代担任参谋长时也遇到过类似的问题，马歇尔称之为"地方化"。

---

　　①　1947 年 9 月 2 日，《美洲国家间互助条约》在里约热内卢签订。见《条约及国际法汇编》第 1838 号文件，或第 62 卷（第二部分），1681。

至于由多少国家加入这一协议,较之局限于远东事务委员会国家和日本,杜勒斯倾向于欢迎任何愿意加入的国家。他不认为参谋长联席会议会反对扩大签约范围,这样反而可以更好的抵御日本侵略。

巴特沃斯指出了签订此种协议的另一优势,即在签订这一协议的情况下,和平条约中可以省略有关继续对日本实行去军事化措施的条款。担心日本侵犯的太平洋盟友们大可放心,因为无论是否对日本去军事化解禁,条约都会承诺将由美国保护任何受到日本侵略的国家。

(Memorandum of Conversation, by the Special Assistant to the Secretary (Howard), *FRUS*, 1950, Vol. Ⅵ, East Asia and The Pacific, United States Government Printing Office, Washington:1976, pp. 1161 - 1166.)

28. 国务卿顾问(杜勒斯)给助理国务卿(索普) 有关经济问题的备忘录

694.001/8 - 950

国务卿顾问(杜勒斯)给助理国务卿(索普)有关经济问题的备忘录①

秘密文件　1950 年 8 月 9 日,华盛顿

由于情况变化,需要签订相对简单的协议以期尽快实现日本和平,我和阿利森拟定了一份草案,用以替代过去一直传阅的长文版②,希望得到您的意见和指导,特此附上。

J. F. D.(约翰·福斯特·杜勒斯)

[附件]

草案 2　1950 年 8 月 7 日

序言

---

① 　原编辑者注:8 月 7 日,该草案复印本已同时递交给了凯南、腊斯克(Rusk)、尼采、费希尔以及汉密尔顿。

② 　原编辑者注:发展至 1950 年 7 月 18 日至 8 月 3 日的长版草案,以及大量备忘录及评论,编号为 694.001/7 - 1850。长文版草案共有 44 章,8 个附件,但没有安全条款。

美国、_____ 以及 _____（下文称同盟国家（the allied and associated powers））以及日本为主权平等的国家，此刻起四国建立友好的合作关系，促进共同利益，维护国际和平与安全。

特此签订条约。

第一章　和平

1. 缔约国同意并声明即刻停止相互之间的战争。

第二章　主权

2. 依据该条约及所有相关规定，同盟国家承认日本人民对日本及其领海享有主权，有选举自己代表的权利。

第三章　联合国

3. 日本人民热爱和平，准备好了接受联合国宪章规定的各项义务，不日将向联合国递交申请，请求加入联合国，同盟国家作为联合国成员将予以支持。

第四章　领土

4. 日本承认朝鲜独立，以 1948 年 12 月____日联合国会议通过的决议为基础，发展日朝关系。

5. 台湾、澎湖列岛以及北纬 50 度以南的库页岛的所属权由美、英、中、苏、法五国决定，日本必须同意。如果日本在一年内拒绝同意上述决定，缔约国依照联合国大会的裁决处理。

6. 日本同意其托管岛屿的托管权由 1947 年 2 月　　日(?)①联合国安全理事会决定。同时，日本同意联合国决定，将托管范围扩展至整个或部分琉球群岛、小笠原群岛。

第五章　安全

（此处为该草案的安全条款。除脚注 1、2、3 中备注的内容外，这些条款实质上与 7 月 25 日拟定的安全章节相同，只是顺序略有调整。杜勒斯给国务卿的备忘录中，以此部分内容作为附件，但其中的"注释"并未出现在该草案中。）

第六章　政治条款

———————————

①　原编辑者注:稍晚的版本中更改为 1947 年 4 月 2 日。当天联合国安全理事会就日本托管岛屿的托管协议进行商讨，相关文件见《外交关系》，1947 年第 1 卷，第 204—219 页。

11. 无论日本是不是此类条约的缔约国,日本都将遵守条约规定,禁止滥用麻醉药品,保护鱼类与野生动物,制止买卖妇女儿童,为世界大家庭的福祉贡献力量。

12. 战前签订双边协议的缔约国可继续遵守相关协议,也可修改协议内容,条件是一方至少提前六个月通知另一方。但此类双边协议必须遵从联合国宪章第 102、103 章内容,且必须服从本条约规定。

13. 日本放弃在中国的一切特殊权利和利益。

14. 日本尊重同盟国家军事法庭对在日监禁人员的判决。日本仅在同盟国家同意后有权就某一案件判处宽大处理、减刑、假释以及赦免。至于远东国际军事法庭的判决,只有获得远东国际军事法庭各国政府多数同意后,日本才能执行上述权力。

第七章　战时声明

15. 由于战争已结束,除本章规定的情况,同盟国家与日本相互取消战时声明。

16. 除(a)外交即领事财产(b)宗教、慈善、文化教育机构财产及其他非政治性机构外,各同盟国家成员国在其领土内 1941 年 12 月 7 日至 1945 年 9 月 2 日的财产及利益,归同盟国家各成员国所有,同盟国家成员国有权进行处理。

17. 同盟国家成员国在日本的财产及公民,由于战争导致财产丢失或受到损害的,由日本给予相应赔偿。以支付赔偿时(a)购买类似的财产、或(b)恢复其 1941 年 12 月 7 日状态所需资金为支付总额,赔偿金额为支付总额的____％,赔偿金以日元计。

18. 日本声明愿意与同盟国家各成员国重建稳定友好的商务、贸易及商标关系,愿意通过协商与之签订协议。日本应保证与各国之间贸易平等,绝不厚此薄彼。签订各条约期间,日本给予同盟国家成员国最惠国待遇,包括公民及财产、经济与贸易,保证不差别对待或予以没收。

第八章　纠纷裁决

19. 同盟国家与日本政府阐释或执行该条约出现任何纠纷时,应通过外交渠道、混合索赔委员会或其他方式解决,上述方式不能解决的,交由国际法庭处理。

第九章　效力

20. 获得日本与各同盟国家批准后，该条约立即生效。

21. 除第 13 条所述外，该条约不赋予任何未执行、依附或批准该条约的国家权力。

(Memorandum by the Consultant to the Secretary(Dulles) to the Assistant Secretary of State for Economic Affairs (Thorp)，*FRUS*，1950，Vol. Ⅵ，East Asia and The Pacific，United States Government Printing Office，Washington：1976，pp. 1267 – 1270.)

29. 凯南给杜勒斯的备忘录

694.001/3 – 2150

国务院顾问（凯南）给国务卿顾问（杜勒斯）的备忘录

机密文件　1950 年 8 月 21 日，华盛顿

您在 8 月 15 日给我的备忘录①中附上了您起草的简版《对日和平条约》，我认为有必要在这里详细阐述我的观点。

1. 我想我不是完全了解政府拟定该草案依据怎样的决议与假设的框架。如果问题在于我是否大体上支持此类协议，同意以之作为与远东国家外交的基本政策，我想我对您所说问题的看法与您想的大有不同。相反，如果问题在于我是否同意美国必须与日本签订条约，保障美国军队继续驻扎日本，且只要美国总指挥允许，军队可自由移动并随意使用日本设施，这些条件必须挂靠在和平条约下，虽然我不确定这样的政策方向能否成功，但认为条约中有关军队驻扎日本的关键条款，我也无法表述得更好，对此我没有其他建议。

2. 从第二点来说，我对第 5 段有关台湾、澎湖列岛、南库页岛以及千岛群岛未来所属权的问题仍有疑问。依据草案所述，该条约实行一年后，如何处理

---

①　原编辑者注：该备忘录中，杜勒斯写道："说道我 1950 年 8 月 7 日关于简版《对日和平条约》的备忘录，我想您已口头表达了您的意见，大体上赞同条约内容。"(694.00/8 – 2150)杜勒斯这里所指备忘录中附上了 8 月 7 日的和平条约草案(见本书 1267 页)，本书并未收录该备忘录。

这些领土势必会在联合国大会引起争论,且除非大多数国家反对苏联,否则不可能就这些领土的所属权达成任何一致意见。当今这种局势下,我并不赞同利用联合国大会左右世界权力关系,因此也并不赞成这种做法。我更倾向于换一种方式,仅要求日本重申"日本领土主权仅限于本州、北海道、九州、四国及其他由同盟国家认可的其他次要岛屿",以之作为和平条约的内容之一。

这样一来日本就不再拥有这些偏远岛屿归属权的决定权,这对我们来说大有裨益。

3. 至于财产权利问题,我个人对同盟军在日财产的现状并不了解。但1948 年 5 月 26 日,我曾向国务卿提交以下建议:

"应建议盟军最高统帅催促联合国成员国及其公民收回或处理各自财产,尽量在 1949 年 7 月 1 日前大体完成。美国政府应当尽快处理相关问题,最好在和平条约签订之前就早已解决,防止这一问题阻碍和平条约的签订。"①

我坚持认为应指示麦克阿瑟将军在和平条约生效之前清算所有财产问题,和平条约中仅需指出在日财产已清算这一既定事实即可。

4. 除此之外,我非常认可该简版条约。较之更长更细化的条约版本,我更倾向于该简版条约。

(Memorandum by Counselor of the Department (Kennan) to the Consultant to the Secretary (Dulles), *FRUS*, 1950, Vol. Ⅵ, East Asia and The Pacific, United States Government Printing Office, Washington: 1976, pp. 1276 - 1278.)

30. 国务卿致杰赛普

694. 001/8 - 2250

国务卿给无任所大使(杰赛普(Jessup))

绝密文件　1950 年 8 月 22 日,(华盛顿)

杰赛普先生:国防部长交给我一份参谋长联席会议备忘录,此处附上。他

---

①　原编辑者注:引自《外交关系》1984 年,第 6 卷,第 775 页,P/PS 28/2,第 4 部分第 7 段。

也将这份文件交给了总统。

他认为,这份备忘录与麦克阿瑟将军的第二份备忘录完全一致,也就是杜勒斯带回来的那份。如有不同,他愿意与我们商讨,但称做好了说服我们的准备。请尽快阅读这份备忘录,明早与我商讨。我暂时还没有时间细读这份文件。

D. A.(迪恩·艾奇逊)

[附件]

1950 年 8 月 22 日,华盛顿
主题:《对日和平条约》提案

1. 1950 年 8 月 8 日寄来的备忘录中附上了有关"国际和平与安全"条款的草案①,参谋长联席会议已仔细阅读该草案,并就《对日和平条约》与该草案提出以下意见。

2. 有关《对日和平条约》与未来日本的地位问题,参谋长联席会议认为必须严防苏联控制日本,这对美国安全至关重要,因此,美国此时应担当起保障日本安全的责任。但必须认识到,将来日本不可避免地要恢复独立自主,有能力且愿意积极行使国家权利,承担国家职责。当今世界局势下,必须承认其中必然包括由日本自己捍卫国家领土。当今情况下,世界和平局势极不稳定,世界上任何一个主权国家都不可能逃避职责,怎能永远依靠他国的善意守疆卫土。

3. 一个国家不可能长久存在军事真空状态。日本本来为中立国,没有武装力量,但不管是通过联合国的庇佑还是单边行动,美国都不可能永远做到既满足自身全部安全条件,又能填补日本军事的真空状态。相反,一旦发生世界大战,如果美国能够掌握日本的军事潜能,将对美国策略至关重要,并有可能最后引导战争走向胜利。与此同时,要严防日本的军事潜能为苏联及其盟国所用。

---

① 原编辑者注:此处未收录该备忘录。此处所指安全条款附于 8 月 1 日艾奇逊给约翰逊的信件中,概述为收录;见 8 月 3 日杜勒斯的备忘录脚注 1,本书第 1264 页(相关信息来自国防部)。

4. 鉴于以上 2、3 两段各因素，参谋长联席会议认为：

a. 日本终将重新武装自己以具备自卫能力，必须面对这一事实；

b. 美国所有对日措施都应为恢复日本军事力量以及建立美日友好关系做铺垫；此外

c. 一旦发生世界大战，保证日本的军事潜能为美国所用。

5. 参谋长联席会议认识到，由于占领军队锐减，已低于安全界限，这威胁着日本当下局势的安全。近日来朝鲜发生的事件使日本人民对其自身安全忧心忡忡。日本人民很清楚，日本正受到来自共产主义的威胁；然而，他们显然期待早日签订和平条约。在这一层面上，少数日本领导人曾公开表达过意见，认为日本至少应有一个自卫的方案。大体而言，远东局势并不稳定，如果近期内由苏联提出愿就日本和平问题进行磋商，或在西方世界措手不及时另行签订和平条约，西方世界颜面何存。

6. 过去两个月里发生的巨大变化，远东地区和联合国尤其如此，且美国在远东地区的军事安全地位已被动摇，在这种情况下，参谋长联席会议撤回其反对意见，同意在没有苏联和中国共产主义政府参与的情况下与日本签订和平条约。苏联与中华人民共和国中央人民政府签订条约①，1950 年 2 月 15 日公布条约内容，双方同意"共同尽力采取一切必要的措施，以期制止日本及其他直接或间接的侵略行为……及与日本相勾结的任何国家之重新侵略与破坏和平……"②。这里需要指出，如果在没有苏联和中国共产主义政府参与的情况下签订了《对日和平条约》，中苏两国可能援引该条款从法律层面声讨美国。另一方面，苏联表示制定这些决策时要考虑政治需要与军事实力。苏联过去并没能证明自己能够遵守约定，寻求法律辩护时通常是为苏联谋求利益。苏联与中华人民共和国签订条约可能会给我们带来风险，但参谋长联席会议认为，如果能够较好的解决美国军队在朝鲜的问题，届时再签订对日条约可大大降低这种风险。

7. 关于时间问题，参谋长联席会议认为应当如下看待日本的发展：

a. 长远考虑。世界局势的长远发展变化并不明朗。要实现世界和平，必

---

① 原编辑者注：1950 年 2 月 14 日，中国与苏联在莫斯科签订《中苏友好同盟互助条约》，条约内容见 226《中苏条约汇编（UNTS）》12。

② 原编辑者注：原文标点如此。

须先处理好当下美国与苏联的矛盾。尽管要处理好这一矛盾最好可以遵从自由世界的原则,联合国似乎并不具备在世界范围内具有足够影响力的潜质。事实上,以联合国现有结构来说,成立联合国的目的并不是在危难时刻拯救世界和平维护世界安全。在这种情况下,日本的安全也将受到威胁,正如同上文所指出的那样,美国无法做到永远保障日本安全。因此长远来看,必须允许日本成为独立的主权国家,享有包括自卫权在内的权利和义务。

　　b. 中期考虑。如《波茨坦公告》中所称,日本在战时作为"不负责任的军国主义"国家,可能会威胁世界"和平、安定与正义",和平条约在可预见的中期内应对其有所保留。从美国安全的考虑出发,这就要求初期阶段日本由美国允许的军事力量驻守,并接受美军指挥。要防止苏联利用日本,这样的军事驻扎是必要的。随着日本政府逐渐行使自主权,日本政府将认为对日本安全和国防负有全部责任,届时日本的武装力量将愈发壮大,设备也将逐步完善。随着日本武装力量的逐步壮大,驻守军队应依据当时的具体条件逐步撤出。如果在可预见的中期内爆发世界大战,必须保障日本的军事潜能为美国所用。

　　c. 短期考虑。鉴于当下远东局势,参谋长联席会议认为必须延续军事占领,继续设立盟军最高统帅(SCAP),并由盟军最高统帅实行管理,至少短期内如此。如果为政治考虑所迫,从军事角度来说,盟军最高统帅应接受并促进达成《对日和平条约》进行的初步磋商,前提条件是直到条约失效前保留盟军最高统帅及其权利,且在较好的解决美国军队在朝鲜问题之前,未就和平条约达成一致意见。无论如何,如果在可预见的期间内爆发世界大战,必须保障日本的军事潜能为美国所用。

　　8. 参谋长联席会议认为,从军事角度考虑,美国安全要求与日本签订和平条约时必须做到以下几点:

　　a. 在较好地解决美国军队在朝鲜的问题之前,和平条约不可生效。

　　b. 必须严防日本的军事潜能为苏联所用。

　　c. 必须规定初期阶段日本由美国允许的军事力量驻守,并接受美军指挥。

　　d. 必须规定未经美国允许,任何外国势力不得入驻库页岛和千岛群岛以南的日本岛屿。

　　e. 必须规定美国最终将撤出其驻守军队,撤出的具体方式方法待定,具体依据为美国对日本和平与安全受到威胁的程度和性质的判断,以及日本是否能够在面临威胁时承担起自我防卫的任务。

f. 保障日本拥有自卫权,在遭遇入侵时可以有效行使该权利自卫,现在或将来决不可直接或间接否定这项不可剥夺的权利。

g. 条约条款必须保障驻守军队不受军事基地限制,驻守军队人员在日本享有自由通行的权利,遵守美国法律法规。在这一点上,签订条约后日本应完全负责其内部事务,不应由日本支付守军费用。

h. 该条约不影响美国对马里亚纳群岛、卡罗莱纳群岛以及马绍尔群岛的战略托管。此外,

i. 该条约必须保障美国对北纬 29 度以南的琉球群岛、马尔库斯岛、孀妇岩以南的南方诸岛(Nanpo Shoto south of Sofu Gan)享有独家战略管制权。

9. 您在备忘录中亦转达了国务院起草的"国际和平与安全"条款,此处特作评论:

a. 参谋长联席会议认为,该条款并未很好地保卫美国安全利益。在这一点上,该条款草案甚至没有达到上述第 8 段中所述的最低安全要求。

b. 参谋长联席会议认为,一切仅依靠联合国保障美国安全利益的做法都有失稳妥。联合国已延续至今,美国对联合国大力支持,参谋长联席会议完全支持其目标目的,尽管如此,参谋长联席会议强烈建议,无论当下还是在可预见的未来内,都不能将联合国作为维护美国安全利益的唯一工具。

基于上述原因,参谋长联席会议拒绝接受国务院拟定的"国际和平与安全"条款。

10. 参谋长联席会议建议您告知国务卿,与日本签订条约时,该备忘录所述内容应作为保障美国安全的最低条件。

参谋长联席会议:

奥马尔·N. 布拉德利

参谋长联席会议主席

(Memorandum by the Secretary of State to the Ambassador at Large (Jessup), *FRUS*, 1950, Vol. Ⅵ, East Asia and The Pacific, United States Government Printing Office, Washington:1976, pp. 1278 - 1282.)

31. 阿利森致国务卿备忘录

Lot 56D424

东北亚事务办公室主任(阿利森)[①]给国务卿的备忘录

绝密文件　1950 年 8 月 24 日,华盛顿

　　参谋长联席会议的备忘录主要关于《对日和平条约》,这里附上对该备忘录修改后的意见。

　　我已将该备忘录复印一份,原件供您阅读,您可将复印件交给国防部部长。此外,附上 8 月 18 日草案[②]复印件一份,可供参谋长联席会议参考。这里给您的草案并不是最终版本,并未得到国务院的许可。话虽如此,这份草案集齐了国务院各相关部门的意见,大体上表达了各部门的一致意见。对于该草案第五章,各部门并未达成一致意见,日后可能进行某些调整。第五章论述如何处理台湾和千岛群岛。[③] 以后可能再增加一个条款,规定建立混合索赔委员会或军事法庭,用以解决因条约产生的纠纷。我部门正与法律顾问探讨此事。

　　您可能会注意到,备忘录第 3 页第 3 段 g 小段"签订条约后日本应完全负责其内部事务"未做任何改动,我们和参谋长联席会议均认可这一说法。我认为,有必要使军队认可这一原则,我看很难在协议中详细定义这段内容,或者明确日本内部发生严重动乱时应如何处置。通常,希望类似的动荡可交由日本警察处理,但如果他们无力处理,就需要美国进行干预了。因此万一发生此种情况,务必保持其开放性,以特殊事件处理。可以预见,日本政府对美国态度友好,且相信我们的驻日大使和军队头脑清醒,因此就这一点达成一致意见应该并不困难。我认为,最好暂不向约翰逊部长提及这一问题。

---

　　① 　原编辑者注:8 月 17 日给国务卿的备忘录中,杜勒斯提及自己即将休假 2 周。该备忘录中,杜勒斯提到当天他与总统聊天时,涉及了一些重要问题,称总统暗示"……应制定一项政治决定以防对日本失去影响力"。(694.001/8‑1750)

　　② 　原编辑者注:此处未收录。

　　③ 　原编辑者注:该章文字与 8 月 7 日草案第 5 段中文字大体相同,见本书第 1268 页。

　　你可能还会注意到,参谋长联席会议的备忘录中有两处表述,我们期望得到详细的解释。第一处在我的备忘录的第 2 段,即"应保证日本的军事潜能为美国所用"这一句。我认为在这样的多边和平条约中,显然不能包含上述条款。尽管如此,鉴于美军现驻扎日本,且依据 1950 年 8 月 11 日总参谋部情报局关于"苏维埃及共产主义在远东的实力"的调查报告①,万一世界大战爆发,苏联将进攻日本,因此实际上日本的军事潜能的确可为美国所用。国务院现在起草的条约当然不能阻止这一事实。

　　我的备忘录第 3 页第 3 段 g 小段中,我们期待就以下表述得到详细解释,即规定驻守军队人员在日本享有自由通行的权利,遵守美国法律法规。我不建议此时就此问题进行长期谈判,但如果国防部希望美国军队在后条约时期在日本享有完全治外法权,相信国务院显然无法同意。在有关驻澳大利亚和朝鲜军队权利的多次讨论中,国防部显然期望任何美国士兵在驻守地都不应因个人事件被当地民事法庭起诉。由于军队本身不具备司法权,这样做无疑使这些士兵不受任何法律约束,如果国防部坚持要求军队人员享有治外法权,日后可能导致摩擦不断,使美国政府蒙羞,进而影响与日本的关系。

　　此问题虽小,但也请您考虑在内。写完我的备忘录后,我得到了您于 8 月 1 日向约翰逊部长递交的《对日和平条约》草案的附函②,我注意到,这封附函中并未指明我在备忘录第 3 段 a 小段中提出的条约生效时间问题。然而,向国家安全理事会③递交和平条约安全一章④时指明了这一点,由于我这份备忘录是以国务院的名义寄出的,我认为第 3 段 a 小段的表述大体是正确的。

　　该备忘录同时寄给梅塞思(Messrs)、马休(Matthews)、杰索普(Jessup)、杜勒斯以及腊斯克。

约翰・M. 阿利森

---

　　①　原编辑者注:国务院档案中并未找到该报告。

　　②　原编辑者注:国务院档案中,并未找到 8 月 1 日国务卿向约翰逊部长传达条约全文的备忘录。艾奇逊 8 月 1 日的确给约翰逊写信,但附件中只有有关安全一章的草案(显然是 7 月 28 日对 7 月 25 日草案的修改稿,见本书第 1260 页),该信件此处未收录。

　　③　原编辑者注:该备忘录于 8 月 16 日交由国家安全委员会,此处未收录。可参见 8 月 14 日未署名备忘录第 6b 段以及脚注 4,其中包含对该备忘录部分内容的总结。

　　④　原编辑者注:与脚注 19 中提到的备忘录条款相比并无变动,但不包括其中的"注释"。

[附件]

1950 年 8 月 23 日

备忘录

1. 1950 年 8 月 20 日参谋长联席会议寄给国务卿的备忘录中附上了有关"国际和平与安全"条款的草案①，国务院已仔细阅读该草案，并就《对日和平条约》与该草案提出以下意见。

2. 国务院大体同意参谋长联席会议第 2 至 8 段的内容。国务院认为，这些段落中有些地方仍需进一步说明，但大多是些小问题。最重要的一点在于，"必须保障日本的军事潜能为美国所用"，这一表述在文中多次出现。

3. 参谋长联席会议在备忘录第 9 段 a 小段中写道，"该条款草案甚至没有达到上述第 8 段中所述的（最低）安全要求"，国务院对此不敢苟同。国务院认为，国务卿递交给国防部长有关安全一章的草案，字里字外都达到了参谋长联席会议的要求。下面详细阐述国务院持上述观点的原因，为便于参谋长联席会议备忘录做比较，编号与其中第 8 段子段落一致：

a. 国务院同意在较好地解决美国军队在朝鲜问题之前，和平条约不可生效。国务卿在附函中表明，和平条约生效的时间应由美国通过批准程序控制，并在谈判期间辅以外交手腕。无论如何，谈判开始后至少一年之内条约不会生效。显然，条约中不可能出现这样的内容，但参谋长联席会议可以放心，从美国自身利益出发，和平条约只有在美国政府决定使之生效时才会生效。保险起见，国务院 1950 年 8 月 18 日第 4 号草案全文②（而不是只有安全一章）这样做了。该草案之前并未递交给参谋长联席会议，此处附上。

b. 任何条约都无法完全严防日本的军事潜能为苏联所用，但就目前情况看来，国务院拟定的草案做到了这一点；该草案规定，签订和平条约后，由美国

①　原编辑者注：此处未收录该备忘录。此处所指安全条款附于 8 月 1 日艾奇逊给约翰逊的信件中，概述为收录；见 8 月 3 日杜勒斯的备忘录脚注 1，本书第 1264 页（相关信息来自国防部）。

②　原编辑者注：国务院档案中只找到一份该草案的复印件，此章内容如下："当前条约仅在日本及同盟国家批准后生效，同时必须由＿＿＿＿代表＿＿＿＿批准。"（694. 001/8 - 1850）

军队驻守日本,且除非"得到美国认可",或"遵循联合国宪章第 43 章内容……"①,其他任何国家都不可使用日本设施(第 8 章)②,在后一种情况下,美国具有否决权,可防止恶意情况发生。国务院认为,由美国与其盟友自动提出签订和平条约,使日本有机会平等地与世界他国交往,本质上就推动了日本向西方世界靠拢。在上述条件的保障下,国务院拟定的和平条约已从所有人力能控制的方面严防日本军事潜能为苏联所用。

c. b 段所述似乎已证明了这一点。如有需要此处重申,日本军队将受美国总司令控制,如果条约上必须加上这一点,加上去也很容易。然而不建议条约中阐明这一点,防止日本和世界认为美国是在攫取权力。

d. 如上所述,国务院草案第 8、9 章保障,未经美国允许,任何外国势力不得使用日本设施或干预日本权力。

e. 和 f. 国防部认为,就美军最终撤军问题,其起草条约中第 10 章③的措辞恰到好处,不可过于明了。该章保障美国享有判断安全部署何时完成的权利。如下文 g 小段所述,签订和平条约时,考虑同时与日本签订双边协议,就安全部署的实施细节达成共识。无论美国军队以何种方式撤出日本,都可在该条约中做出详细规定。我们认为,此时条约中出现任何暗示恢复日本武装力量的语言都是不恰当的,因为从政治角度来看,这样做无疑会使我们的盟友在签订协议时与我们意见相左。另外,国务院拟定的条款绝对没有否定日本拥有自卫权。国务院同意参谋长联席会议备忘录 e、f 段中的表述,将与之合作以期达成其所述目的。然而国务院认为,没有必要在和平条约中加上该条款,这样做也并不合适。只要条约不禁止日本重建国防力量,国务院相信,参谋长联席会议所期待的结果终将实现,且实现方式与美国政治利益并行不悖。

g. 我们认为,国务院草案第 8 章充分保证了美国可在任何地点驻守任意数量的军队。正如安全一章草案备注中指出,国务院打算在签订《对日和平条约》的同时,由美国和日本单独签订协议,就参谋长联席会议认为的必要问题作出详细规定。和平条约本身为该特殊协议提供了大的框架和基础,不会在

---

① 原编辑者注:8 月 18 日草案第 8、9、10 章与脚注 22 中所指安全章节第 Ⅱ、Ⅲ、Ⅳ 章内容相同。

② 译者注:此处为原文省略。

③ 原编辑者注:8 月 18 日草案第 8、9、10 章与脚注 22 中所指安全章节第 Ⅱ、Ⅲ、Ⅳ 章内容相同。

任何方面限制美国权利。国务院希望就以下内容得到更详细的阐释,即"驻守军队人员在日本享有自由通行的权利,遵守美国法律法规"。国务院同意参谋长联席会议就"签订条约后日本应完全负责其内部事务"的表述。至于"守军费用",一开始日本最好能支付部分费用,但这一点应在附属的美日双边协定中作出规定,不需在和平条约中再做赘述。

h. 和 i. 国务院 8 月 18 日草案第 6 章①中规定,日本承认美国对马里亚纳群岛、卡罗莱纳群岛以及马绍尔群岛的战略托管,由美国管制"北纬 29 度以南的琉球群岛、小笠原群岛,包括罗萨里奥岛、火山岛、帆形岛以及马尔库斯岛"。参谋长联席会议方便的时候,国务院欢迎与之就此问题进行商榷。

4. 关于参谋长联席会议第 9 段 b 小段,国务院认为当今情况下,仅依靠联合国保障美国安全利益的做法有失稳妥。国务院起草的安全一章并未这样做。该章援引联合国宪章的语言,框架基本与联合国宪章类似,如果联合国运行良好,该章自然站得住脚,无论如何,最终要做些什么、如何做怎么做,决定权保留在美国手中。条约草案第十章规定,仅"依据第 8 章规定提供武力的缔约方"拥有移交安全问题至联合国的权利。而第 8 章则保证了这里所谓缔约方即为美国以及得到美国允许的国家。

5. 综上所述,国务院认为,其递交给国防部的和平条约草案达到了参谋长联席会议所提的所有重要标准。

6. 鉴于国务院基本上完全同意参谋长联席会议在备忘录中阐述的观点,也赞同和平条约应该达到其所述目的,建议尽快与远东委员会友好国家开始秘密会谈,判断这些国家是否愿意支持美国想要的这种条约,并参考他们的意见。鉴于大家对美国的目的意见一致,条约的具体内容应由国务院负责起草。

(Memorandum by the Director of the Office of Northeast Asian Affairs (Allison) to the Secretary of State, *FRUS*, 1950, Vol. Ⅵ, East Asia and The Pacific, United States Government Printing Office, Washington:1976, pp. 1282 - 1288.)

----

① 原编辑者注:该章内容如下:"日本接受 1947 年 4 月 2 日联合国安理会扩展托管体系的决议,同意由美国担任管理者,托管先前由日本托管的太平洋岛屿。同时,美国将向联合国递交申请,请求由美国担任管理者,托管北纬 29 度以南的整个或部分琉球群岛,小笠原群岛,包括罗萨里奥岛(Rosario Island)、火山岛、帆形岛以及马尔库斯岛等。等候联合国许可期间,日本同意美国对上述岛屿享有全部行政、立法及司法权。"

32. 阿利森致国务卿备忘录

694.001/9-450

东北亚事务办公室主任(阿利森)给国务卿的备忘录

绝密文件 1950年9月4日,华盛顿

主题:《对日和平条约》

正如我在9月28日给国务卿的备忘录中提到的,马克格鲁德(Magruder)将军同意于9月1日就《对日和平条约》问题进行详谈。9月1日的这次讨论①后,基本达成了一个完整的协议,决定由我代表国务卿和国防部部长起草一份备忘录,交给总统,说明两人均同意就和平条约展开会谈,概述条约应包括内容,并阐明其他关于一般问题的条约要点。

随信附上此备忘录的草案一份。给总统的备忘录草案中,有些部分直接引自1950年9月22日参谋长联席会议就《对日和平条约》问题给国防部长的备忘录,这些部分为第2段第c小段、d小段、f小段、h小段、i小段。A篇对条约进行了大致描述,主要基于8月18日杜勒斯就《对日和平条约》问题给杰索普的备忘录②,并依据谈话中马克格鲁德的建议添加了部分内容。A篇第3段中增加"或其他适当安排",以允许美国在日本国防力量适当成型后撤出军队。第3段最后一句也为添加内容,以使该段更符合国务院标准。A篇第6段"因其他适当安排导致的情况除外"以及最后一句为后来添加内容,以符合马克格鲁德将军所提意见。

相信该备忘录将得到参谋长联席会议的认可,希望国务院也能尽快批准,这样可尽快将该备忘录正式递交给国防部。考虑到国务院还未批准该草案,我额外复印了一份该草案,交给马克格鲁德将军,以便可用以加快国防部批准速度。

---

① 原编辑者注:国务院档案中未找到此次谈话的全文或摘要。

② 原编辑者注:此处未收录。附函中,杜勒斯写道:"午餐时,我们认为可以先与英联邦国家先作笔头谈判,与此同时给予其他国家较少的信息。我已起草了一份文件,可交给其他国家,随信附上。"

9月1日,我与马克格鲁德将军谈话,斯坦顿·巴布科克(Stanton Bab-cock)上校也一同前来。巴布科克上校刚从日本回国,时常被认为与麦克阿瑟将军总部制定的条约相关。附件备忘录中计划召开初步谈判,马克格鲁德将军希望巴布科克上校可以参加。我强烈建议邀请巴布科克上校参加初步谈判。巴布科克思路开阔,二战前后在日本居之甚久,经验丰富。我和他已有十年交情,完全可以保证此人不仅颇有能力,而且具有合作精神。相信如果初步谈判中邀请巴布科克,不仅对国务院大有裨益,更能加速解决两个部门之间的各种疑问。

马克格鲁德将军就附件备忘录之外的问题提了一个建议,认为拟定和平条约时不能废除占领区治理和救济项目(GARIOA)责任①。我和巴布科克均指出,在和平条约中增加这一条款并不合适,因为如果在条约中明确要求偿还占领区治理和救济项目的开销,很难说服其他国家同意不再向日本索取赔款。国务院认为,至少在初期不要求日本预付各项支出,但日本应至少支付部分驻守费用,相信国务院可以接受这一提议,这笔费用还可抵消部分占领区治理和救济项目的开销。我相信此时就附件中备忘录达成一致决议并不困难,再有延迟可能会造成不好的结果。

(下文为国务卿与国防部共同起草的备忘录,9月4日递交给总统。此次起草的备忘录仅一处与本书1293页9月7日的草案不同。该备忘录中,第4段第二句话为:"谈判中,国务院将使用表A中对和平条约的总述作为指导。")

表A

美国建议与日本签订和平条约,结束战争状态,恢复日本主权,日本人民回归自由世界,成为其中平等的一员。条约将涉及以下问题:

1. 联合国。考虑接纳日本加入联合国。

2. 领土。日本(a)承认朝鲜独立;(b)承认马里亚纳群岛、卡罗林岛及马绍尔群岛由美国实施战略托管;(c)接受美国对以下岛屿的管制:北纬29度以南的琉球群岛、小笠原群岛,包括罗萨里奥、火山岛、帆形岛以及马尔库斯岛;(d)声明放弃索取台湾、澎湖列岛、南库页岛以及千岛群岛,同意上述岛屿

---

① 原编辑者注:指日本有义务支付部分"占领区治理和救济项目"名下的款项。

由其他签约国或联合国处置；(e) 声明放弃一切在华权力和利益。

3. 安全。条约认为，等候联合国评估责任或其他恰当安排期间，应日本要求，继续由日本设施和美国军队合力保卫日本领土安全，维护国际和平与安全。其他缔约国军队亦可加入，但必须得到美国允许。

4. 政治条款。日本将遵守多边条约规定，禁止滥用麻醉药品，保护鱼类，双边条约允许多边认同。制定新的贸易条约期间，日本将给予同盟国成员国最惠国待遇，保证不差别对待。

5. 声明。所有缔约国宣布取消战时声明，以下情况除外：(a) 同盟国保留各自领土内的日本财产，(b) 由日本恢复同盟国成员国财产，无法恢复的，由日本给予相应赔偿。依规定的百分比支付赔偿，赔偿金以日元计。

6. 争端。除安全部署之外，任何与条约有关的争端，通过国际法庭解决。索赔问题由专门法庭处理。安全部署相关的争端，由日本及维护日本军队的缔约国通过外交途径解决。

(Memorandum by the Director of the Office of Northeast Asian Affairs (Allison) to the Secretary of State, *FRUS*, 1950, Vol. Ⅶ, East Asia and The Pacific, United States Government Printing Office, Washington：1976, pp. 1290 - 1293.)

33. 国务卿致国防部长

694.001/9 - 750

国务卿致国防部部长（约翰逊）①

绝密文件　1950 年 9 月 7 日，华盛顿

---

①　原编辑者注：9 月 5 日，阿利森给杜勒斯的备忘录中简要描述了杜勒斯不在期间《对日和平条约》发生的变化。此处未收录。阿利森在备忘录中并没有提到杜勒斯离开与返回的确切时间，但简要描述了期间发生的事件，并附上 8 月 22 日至 9 月 4 日期间的所有文件。(694.001/9 - 550)

9 月 6 日巴特尔(battle)的备忘录中提到："今天早上，杜勒斯打电话给我，问我国防部长是否签署了给总统的备忘录。杜勒斯称仅有一两处表达发生了变化，删掉了 A 篇……我向国防部部长转告了杜勒斯的话，说远东部（原文如此）和国务院那边马修与杜勒斯已基本肯定了该备忘录，问他是否认可该备忘录草案。部长说他同意……"(694.001/9 - 650)

部长先生您好，

您是否记得，8月28日，我们在电话中讨论了《对日和平条约》，您建议首先由马克格鲁德和阿利森首先进行详谈，我当时表示同意。二人已进行会谈，咨询马克格鲁德后，制成备忘录一份，随信附上，就如何推进条约给总统建议。我已在该备忘录上签名，如果您对该备忘录无异议，请签名后尽快转交给总统。下个礼拜，我将会见外交部长贝文和舒曼，我急切盼望在那之前就能知道总统的决定。请告知何时将转交该备忘录给总统，非常感谢。

诚挚的，

迪恩·艾奇逊

［附件］

给总统的备忘录

国务卿与国防部已就《对日和平条约》达成以下共识：

1. 美国先启动《对日和平条约》的初步谈判。

2. 谈判过程中，下列安全要求至关重要，且任何条约必须考虑到下述各点：

a. 条约仅在下述条件下生效，即美国利益需要如此，且美军在朝鲜形势已得到较好的处理。

b. 条约必须保障日本的自然、工业以及人力资源不被苏联利用。

c. 条约必须规定，初始阶段由军队驻守日本，驻守军需经美国同意，听命于美国军事指挥。

d. 条约必须规定，除非经美国允许，任何国家军队不得进入库页岛及千岛群岛以南的日本岛屿。

e. 条约必须规定，未征得美国同意时美国军队不可被强制撤出日本，但应留有足够的空间，一旦制定的其他安全部署策略符合要求，美国军队可随时撤出日本。

f. 遭受入侵时日本享有自卫权且不可剥夺，并应具备执行该权利所需的条件，无论现在或将来，条约中绝不可直接或间接禁止日本享有该权利。

g. 条约必须保障美国军队继续驻扎日本，地点、时间及范围由美国依据需要决定。美国与日本额外签订双边条约，讨论美国驻军与日本政府的关系、由日本支付部分维持驻守军队的费用等其他相关安全部署细节问题，《对日和平条约》同时生效。该协议各条款由国务院与国防部共同讨论制定。

　　h. 条约不可影响美国对马里亚纳群岛、卡罗林岛以及马绍尔群岛的托管。

　　i. 条约必须保障美国对北纬 29 度以南的琉球群岛、马尔库斯岛以及孀妇岩以南的南方诸岛享有独家战略托管权。

　　j. 条约不可禁止美国应日本政府请求,派驻守军队镇压严重内乱。

　　3. 国务院与国防部均同意,应尽早准备以使日本自身承担一部分自卫任务,此外,两院将从美国政治利益大局出发,为实现所期目标相互磋商,达成一致行动意见。

　　4. 两院一致认为,国务院应通过政治渠道与远东委员会①亲美国家举行秘密会谈,判断这些国家是否愿意支持美国想要的这种条约,并参考他们的意见②。会谈中,国务院将以上述第 2 段所述的安全需求为指导。国务院与亲美国家会谈时,倘若发现有必要交出条约的事实草案或条约的一部分,需澄清该草案只具有提议性质,美国政府不对草案的详细内容和语言负责。

　　5. 与亲美国家进行初步会谈后,国务卿征询国防部部长意见后敲定一个时间,选派一名美国政治代表前往日本,就条约可能包含的内容与麦克阿瑟将军秘密会谈,然后通过麦克阿瑟将军的安排,共同与日本政府进行商谈,并尝试邀请日本加入和平条约的谈判,以保证日本各大非共产主义团体代表能够真心接受条约内容。

　　6. 与远东委员会亲美国家举行会谈的过程中,参议院外交委员会与军事

---

　　①　原编辑者注:有一份 9 月 22 日未署名的文件,内容与日本相关,是为国务院高级官员准备的简报,其中写道:"尽管我们可能最先与远东事务委员会的亲美国家举行谈判,如果苏联愿意,我们倾向于在大会(GA)上与苏联(就日本和平条约)举行谈判。"(《政治记录指南》,611.00/9－2250 Bulky)

　　②　原编辑者注:杜鲁门于 9 月 14 日发表声明,宣布美国愿意与相关国家举行会谈,见国务院《公告》,1950 年 9 月 25 日,第 513 页。有关 14 日新闻发布会的具体内容,请参见《美国总统公开文件集:哈里·杜鲁门》,1950 年,(华盛顿:政府印书馆,1965 年)第 637—640 页。

委员会①成员应以非正式形式进行讨论。

7. 初步会谈结束后,国务院与国防部将再次磋商并制定详细计划,供总统及国家安全委员会参考。

8. 国务院将择时发表宣言,声明美国政府有必要进一步推进条约,且已通过外交渠道展开谈判。该宣言的内容需经国防部同意。

恳盼总统批准上述内容,国务卿即可尽快采取措施执行上述建议。②

迪恩·艾奇逊

国务卿

路易斯·约翰逊

国防部长

（The Secretary of State to the Secretary of Defense（Johnson），*FRUS*，1950，Vol. Ⅵ，East Asia and The Pacific，United States Government Printing Office，Washington：1976，pp. 1293 - 1296.）

---

① 原编辑者注：9 月 13 日,迈钱特（Merchant）与杜勒斯、国会关系助理国务卿杰克·K. 麦克法尔（Mcfall）三人,与德克萨斯州参议员汤姆·康纳利、佐治亚州参议员沃尔特·乔治、威斯康星州参议员亚历山大·威力（康纳利同时任参议院外交关系委员会主席,乔治与威力为该委员会委员）举行会谈。迈钱特在该次会谈备忘录中写道,杜勒斯简要介绍了条约,陈述了相关安全问题,并提出美国计划与远东事务委员会成员国进行磋商,之后,三位议员均表示赞成条约的总体思路与程序。"此时,杜勒斯指出,日本认为我们只是'西方国家集团',有必要使日本改变这一看法,相信自己也是其中重要的一员。在这一点上,杜勒斯强调需要修改我国的移民法,消除对日本移民的歧视,使之具有和印度人与中国人一样的地位。"（694.001/9 - 1350）

② 原编辑者注：以下空白处有手写笔记："批准 1950 年 9 月 8 日哈里·S. 杜鲁门"。
根据国家安全委员会行政助理詹姆士·S. 赖伊（小）9 月 8 日给国家安全委员会的备忘录,该联合备忘录（现编号为 NSC 60/1）得到国家安全委员会其他成员以及代理财政部部长同意后,总统批准了该联合备忘录。此外,总统命国务卿尽快采取相应措施以落实其内容。（Lot 63D35：文件夹"NSC 60 备忘录"）

34. 国务院备忘录

694.001/9 - 1150

国务院准备的备忘录(未署名)①

机密文件　1950 年 9 月 11 日,华盛顿

　　要结束日本的战争状态,以下就美国政府认为的恰当方式进行概述。这里必须强调,该声明仅供参考,内容相对灵活,并不代表美国政府在未来条约详细内容以及语言上的观点。日后有机会详细研究概述时,将进行一系列非正式磋商,使相关问题精细化,澄清模糊的表述。

　　美国提议与日本签订条约,结束战争状态,恢复日本主权,使日本人民成为自由世界平等的一份子。涉及到具体内容,条约应反映以下原则:

　　1. 签约国。曾经与日本作战的、愿意与日本讲和的国家,以及经过同意的国家。

　　2. 联合国。联合国考虑接纳日本为成员国。

　　3. 领土。日本将(a)承认朝鲜独立;(b)同意由联合国托管琉球群岛及小笠原群岛,由美国担任管理者;(c)接受日后英国、苏联、中国以及美国对台湾、澎湖列岛、南库页岛以及千岛群岛所属权的处置。如果条约签订一年后未就上述岛屿所属权达成决议,由联合国大会决定。日本放弃在中国的特权和利益。

　　4. 安全。在无其他更好的安全部署方法出现之前,条约预计继续实施美国及其他国家军队与日本设施的合作,以维持国际和平,维系日本地区安全。

　　5. 政治与商务协定。日本将遵守多边条约规定,禁止滥用麻醉药品,保护鱼类。经双方同意后可修改战前双边协定。签订新的贸易条约之前,日本将给予签约国最惠国待遇,绝不厚此薄彼。

---

　　① 原编辑者注:1950 年秋,美国就日本和平条约与远东事务委员会成员国举行一系列双边谈判,这些谈判多在纽约举行,该备忘录则是为各个与会代表准备的。11 月 24 日,国务院公开发表了该备忘录。

6. 声明。各签约国取消 1945 年 9 月 2 日前因战争发出的声明,但(a)同盟国保留其领土内日本财产的所属权,且(b)由日本负责复原其领土内的财产,无法复原的,由日本依据损失金额的拟定比例进行赔偿,赔偿金额以日元计。

7. 纠纷。出现索赔纠纷时,由国际法庭特别设立的中立法院解决。其他纠纷通过外交途径或国际法庭解决。

(Unsigned Memorandum Prepared in the Department of State, *FRUS*, 1950, Vol. Ⅵ, East Asia and The Pacific, United States Government Printing Office, Washington: 1976, pp. 1296 – 1297.)

35.《对日和平条约》草案

东京邮政档案:320.1 和平条约

《对日和平条约》草案

机密文件　1950 年 9 月 11 日,华盛顿

序言

_____,下文称同盟国家,与日本共同决定,此刻起双方互相承认主权独立,友好协作,促进共同利益,维护国际和平与安全。

特此签订条约。

第一章　和平

1. 缔约国同意并声明即刻停止相互之间的战争。

第二章　主权

2. 依据该条约及所有相关规定,同盟国家承认日本人民对日本及其领海享有主权,有选举自己代表的权利。

第三章　联合国

3. 日本将申请加入联合国,同盟国家中的联合国成员国将予以支持。

第四章　领土

4. 日本承认朝鲜独立,以 1948 年 12 月____日联合国会议通过的决议为基础,发展日朝关系。

5. 台湾、澎湖列岛以及北纬 50 度以南的库页岛,所属权由英、苏、中、美

四国决定,日本必须同意。如果日本在一年内拒绝同意上述决定,由缔约国依照联合国大会的裁决处理。

6. 日本接受 1947 年 4 月 2 日联合国安理会扩展托管体系的决议,同意由美国担任管理者,托管先前由日本委任统治的太平洋岛屿。同时,美国将向联合国递交申请,申请由美国担任管理者,托管北纬 29 度以南的整个或部分琉球群岛,小笠原群岛,包括罗萨里奥岛、火山岛、帆形岛以及马尔库斯岛等。等候联合国许可期间,日本同意美国对上述岛屿享有全部行政、立法及司法权。

第五章　安全

7. 作为联合国潜在成员国,日本提前依照联合国宪章第二章的原则要求自己,维护国际和平与安全,相应的,其他缔约国为联合国成员国的,亦以该原则为指导处理与日本关系。

8. 要促进国际和平与安全,必须稳定并维护日本地区秩序,这与联合国宪章原则一致,且考虑到世界上仍存在不负责任的军国主义,日本的责任将交由联合国,且有可能发生第 10 条预见的情况,日本请求美国并得到美国同意,由美国代表各缔约国为日本提供武装军队,日本政府提供相关设施和帮助,如在需要时给予军队通行权,具体事宜由美国咨询日本政府后决定。如果其他缔约国愿意协助实现上述目标,经过美国允许后可派驻军队。驻守的美国或其他缔约国军队无责任且无权利干涉日本内政,除非应日本政府请求或处于自卫,否则不可干涉日本内政。

9. 该章生效期间,除该章规定内容外,日本绝不允许其他任何国家使用日本军事设施。

10. 该章效力持续存在,直至联合国落实相关协定,能够维护日本地区国际和平与安全,或出现第 8 条所述驻守军队国家认可的其他行之有效的协定。

11. 日本政府与任何驻守军队政府之间出现有关该章的纠纷时,由相关政府通过外交途径解决。

第六章　政治与经济条款

12. 日本声明,凡在日本司法管辖权内的所有人,无论种族、性别、语言、宗教,一律享有人权与自由,包括言论自由、出版自由、宗教自由、政治思想自由以及公共集会自由。

13. 无论日本是否是此类条约的缔约国,日本都将遵守条约规定,禁止滥用麻醉药品,保护鱼类。

14. 战前签订双边协议的缔约国可继续遵守相关协议,也可修改协议内容,条件是一方至少提前六个月通知另一方。

15. 日本放弃在中国的一切特殊权利和利益。

16. 由同盟国家军事法庭判刑并监禁于日本的人员,日本与裁决国家共同讨论后,可就某一案件判处宽大处理、减刑、假释以及赦免。至于远东国际军事法庭的判决,只有获得远东国际军事法庭各国政府多数同意后,日本才能执行上述权利。

17. (a) 日本宣布迫切希望与同盟国家签订协议,建立稳定友好的商务贸易关系。该条约生效后三年内,日本政府将给予各缔约国最惠国待遇,其中涉及关税、费用以及所有进出口货物相关规定,对缔约国在日船只、公民、公司及其财产、利益以及经济活动,给予公民待遇和最惠国待遇,以最佳待遇为准。受商务协议中特例的限制,日本政府可保留比给予同盟国家更加优惠的待遇。

(b) 尽管该章 a)条款如此规定,日本政府有权依据国际收支平衡或基本安全利益需要采取措施,有权保留商务协议中的常规特例。

第七章　战争声明

18. 除条约特别规定外,同盟国家与日本相互取消 1945 年 9 月 2 日前因战争发出的声明。日本声明盼望与其他与日断交的国家恢复外交关系。

19. 在该条约生效前,因同盟国家军队或当局驻扎、执行任务和行动产生的声明,由日本声明取消。

20. 日本在同盟国家的财产、权利与利益,凡在 1941 年 12 月 7 日至该条约生效期间的,由同盟国家保留,以下情况除外:(1) 经同盟国家允许在其领土内居住的日本公民的财产,1945 年 9 月 2 日另作处理的情况除外;(2) 外交及领事财产中的有形财产,以及相关维护的净值;(3) 非政治性的宗教财产、慈善财产、文化及教育机构财产;(4) 日本境内的财产,无论其他地方是否有文件或其他证据证明其所属权、名号以及利益,无论是否存在欠款;(5) 证明产品出自日本的商标。

21. (a) 该条约生效日期起 6 个月内,日本应要求恢复同盟国及其公民在日本有形无形财产、任何形式的权利以及利益,财产所有者不受胁迫与欺诈,自由处理财产的情况除外。无论是否由日本政府指示,赔偿金额应为因战争遭受损害的金额,支付赔偿时(1) 购买类似的财产、或(2) 恢复其 1941 年 12

月 7 日状态所需资金为支付总额,赔偿金额为支付总额的____％,赔偿金以日元计。不需赔偿不受战时日本特殊限制的同盟国家公民。该条约生效 18 个月内,由同盟国家政府代表各自国家及其公民,向日本递交索赔声明。

(b)索赔声明递出后 6 个月内没有得到解决的,双方政府任何一方可将该声明移交给第 22 条所述仲裁庭。

(c)特此声明,此处所指财产应包括以下法律实体,其虽非同盟国家公民,但在日财产因战争受到严重损害。此类受损财产的赔偿金额与(a)小段公司或团体公民的赔偿比率相同。

22.(a)同盟国家因该章条款出现纠纷时,经外交途径或其他方式未得到解决的,由双方任一政府交由仲裁庭判定。条约生效日起 3 个月内,由国际法庭主席应委托国家请求,任命陪审员三名,组成仲裁庭。任命的陪审员应从二战中立国中选派。仲裁庭席位空缺时,由国际法庭主席应委托国请求任命。仲裁庭依据投票进行多数裁决,裁决为最终判决,不得违抗。

(b)仲裁庭成员的工资由国际法庭主席与日本政府磋商后决定。法庭的诉讼程序开支,以及其成员与员工的工资,由日本政府支出,但不包括其他国家准备或进行诉讼时所产生的费用。

(c)该条约签订十年后,仲裁庭及其成员的权利即终止。日本与多数同盟国家同意延长或缩短这一期限除外。

第八章 纠纷裁决

23.(a)同盟国家政府与日本政府就该条约阐释和执行发生纠纷时,经外交途径未得到解决的,在未签订特别协议的情况下,可应纠纷双方中一方请求,移交国际法庭裁决,条约另作规定情况除外。

(b)日本及其他同盟国家,如非国际法庭的一员,在签订该条约当天,在国际法庭登记处留下宣言,表明愿接受仲裁庭对该段(a)条款所述纠纷的判决,无需特别签订协议。

第九章 有效性

24. 该条约在日本与同盟国家____批准并____留存后生效。

25. 该条约生效后,其他曾与日本交战或与日本处于敌对状态的国家可通过____签署文件的方式加入并依附该条约,且该国将成为同盟国家成员国之一。

26. 除第 15、18 条所述外,该条约不赋予任何未执行、依附或批准该条约的国家权利。

(Draft of a Peace Treaty With Japan, *FRUS*, 1950, Vol. Ⅵ, East Asia and The Pacific, United States Government Printing Office, Washington: 1976, pp. 1297 - 1303.)

36. 参谋长联席会议批准的备忘录

794C. 00/10 - 450①

机密文件　1950 年 10 月 4 日,华盛顿

JCS 1231/14 给琉球群岛美国民政府的命令②

序言

由于日本无条件投降,根据国际法占领军权利和义务原则,由美国政府负责北纬 29 度以南琉球群岛的民政管理。

该命令不影响美国作为占领军国家的权利和义务,直至该部分群岛的国际地位得到最终解决。

由于琉球群岛对美国安全的重要性,美国将对琉球群岛长期实施管制,在该群岛建设并维护军事设施,处理民政事务,增强该岛居民经济与社会福利,以期实现必要的军事安全。

A. 责任。

1. 由美国政府负责北纬 29 度以南琉球群岛的民政管理。美国将依据该命令及美国政府其他指令执行该任务。该地区的美国政府称作"琉球群岛美

---

①　原编辑者注:该文件来自国防部,附有附件备忘录一份,该书未收录。该备忘录的复印件亦以该编号归档。

②　原编辑者注:最初的草案由陆军部起草,旨在保证当时琉球群岛军事政府的命令与 NSC 13/3 第 5 段保持一致(《外交关系》,1949 年,第 7 卷,第二段,第 731 页)。1950 年 9 月 9 日,该备忘录转交给参谋长联席会议,国务院非正式地同意了该备忘录中的命令,但该备忘录并未纳入国务院的两点建议。其中一条建议避免使用"军事总督"的字眼,1950 年 10 月 4 日参谋长联席会议批准该命令前,在修订稿中采纳了这一点。1950 年 10 月 11 日,文件 JSC 1231/14 被转交给远东司令(麦克阿瑟)。

国民政府"。

2. 现将该任务交给远东司令代理,命令其为琉球群岛总督,并授权琉球群岛总督选任一名副手,担任琉球群岛副总督。琉球群岛副总督可从军队中挑选,亦可担任琉球群岛总司令(RYCOM)。总督(远东司令)依据该命令以及其他相关命令向副总督发布指令,有权委任副总督执行其权力,但副总督不可代替总督任命最高上诉法院法官。

B. 目标。

3. 应美国军事安全需要,琉球群岛美国民政府将:

a. 在占领区治理和救济委员会(GARIOA)资金允许的范围内,恢复琉球群岛的生活水平至战前水平。然而要琉球群岛的生活水平超越战前水平,琉球群岛居民不应借助美国拨款,而需要自食其力。目前该岛的健康水平已超过战前水平,这对在琉球群岛驻守的美国人员的健康非常重要,且因占领区治理和救济委员会资金保障了一些必需物资的进口。

b. 在1952年财政年结束前,建立一个健全的政府财政结构,包括财政预算体系和纳税体系。不排除1953年可能仍需占领区治理和救济委员会资金帮助,以填补国际收支平衡中的漏洞。

c. 遵循民主原则,通过立法、行政及司法机构建立自立的政府,总督享有最高监控权。

d. 发展文化与教育,同时考虑该群岛居民现有的文化。

C. 民事管理。

4. 尽早制定规定,遵循民主途径,由琉球群岛居民建立政府机构,受美国民政府管制,包括以下内容:

a. 建立起负责任的市级政府。

b. 如果有需要,建立起负责任的省级政府。

c. 建立起负责任的中央政府。建立中央政府期间,可成立琉球人民咨询议会,在相关问题上为美国民政府提供意见建议。

5. 依据第3、4段所述建立法院时,必须包括民事与刑事法院与上诉法院,清晰界定各法院的司法权与程序。上述法院的司法权应包括裁决不动产所属权纠纷以及问责程序的权力。依照总督可能颁布的法规,上述法院对琉球群岛所有人享有民事司法权,对琉球群岛美国公民外的居民享有刑事司法权。经总督同意,刑事司法权可扩展至美国占领军、占领军服务人员及其家属。

6. 此外,由总督成立最高上诉法院,负责审阅上述法庭的裁决。最高上诉法院的法官及其任期由总督决定。由总督预先给出基本的程序原则。上述法院达成的裁决、审判以及量刑,总督有权修改或搁置,审阅、批准、发回重审、终止、减刑或宽恕。总督拥有赦免权。

7. 在与军事占领一致的前提下,琉球群岛人民享有民主国家基本的权利,包括言论自由、机会自由、请愿自由、宗教自由以及出版自由;有权未经法律判决不受无理搜查、逮捕,享有人身权、自由以及财产不受剥夺的权利。

8. 总督保留以下权力。

a. 有权否决、禁止或搁置执行上述政府制定的任何法律、法令或法规;

b. 有权命令上述政府执行任何其本人认为恰当的法律、法令或法规;

c. 总督下达的命令未得到执行,或因安全所需时,有权在全岛或部分范围内恢复最高权力。

总督仅在不得已情况下使用上述权力。

D. 给总督的补充说明:

9. 建立琉球群岛中央政府期间,由总督立即着手审阅琉球群岛日本政府及军事政府先行法律,编纂法典,根据该命令所述目标,修订、修改、或废止相关法令。

10. 建立琉球群岛中央政府期间,总督优先处理土地所有权注册与裁决事宜,建立必要的司法机构以解决相关纠纷。

11. 兹命令总督制定并启动长期经济计划。制定经济计划时,需最大限度地保证琉球群岛人民参加,以实现该命令第 3 段 a 小段所述的生活水平为最初目的,实现自给自足。该经济计划应包括以下内容:

a. 建立自由、竞争机制,鼓励琉球群岛人民以正当方式参与农业、渔业、工业以及商业。

b. 制定健全的政策,利用并保护琉球群岛的自然资源,其中包括开垦土地,改善土壤。

c. 制定长远计划,发展出口工业,减少进口需求。

d. 由美国军队提供适当赔偿;琉球群岛为其他美国政府部门提供了人力、不动产在内的经济资源,应予以支援;

e. 发展对外贸易,最初从国家层面进行合作,最终恢复私人贸易活力。

f. 构思措施稳定经济财政结构,如拟定充分合理的税收体系,支援琉球政府开支而不出现财政赤字;构建完备的银行及货币体系,最初进行对外贸易时使用统一的汇率,最终实现汇率自由。

g. 建立相应基金,储存销售占领区治理和救济项目物资得来的资金。由总督掌管该基金。这笔基金可能用于购买美国政府永久需要的土地,见下述第16段,该基金用于以下目的:

(1) 建立起充分的税收制度之前,可提供最低限额的资金保障中央政府运行,但1952年3月31日后不可再作此用途。

(2) 可用于支出美国信息与教育项目在当地的消费。

(3) 用于振兴经济,其中包括为农业与私人企业提供长期贷款,增加国内生产,促进经济自立。

(4) 用于支付1950年7月1日前美国租用私人用地的租金。具体支付时间与数额由总督决定。

尽管美国政府资助预防疾病与动乱,支援政府建设与经济恢复(如占领区治理和救济拨款),但美国并不要求琉球群岛人民偿还。

12. 兹命令总督允许因军事安全产生的往来琉球群岛的交通、通信,保障设施完备,鼓励移民。

13. 兹命令总督鼓励建设以下各项内容:

a. 完善教育设施,尤其侧重人员及物质设备。

b. 建设扩散公共信息的设备。

c. 拟定计划,培养人才,积极参与履行民主公民责任。

14. 由总督在需要时按照要求,准确估算琉球群岛美国民政府所需经费,以及恢复琉球群岛经济所需费用,准备材料并发送给陆军部。经费得到批准后,总督依照特定程序负责经费的使用。

15. 琉球群岛上原属日本政府所有的地产,仍归属日本政府,直至签订和平条约,或以其他方式解除美国与日本之间的战争状态。在彼时,美国打算代表联合国托管琉球群岛。而此时美国仅为占领军,依照国际法行事。作为占领军,除自治区外,美国有权利减少并使用被占领地区前任政府持有的公共财产，而无需提供赔偿。因此，除自治区外，总督应依照美国政府要求，减少原属于日本政府或琉球群岛政府机构的公共财产，而无需提供赔偿。如此得来的财产将用于相应的美国机构。签订和平条约或以其他方式解除美国与日本之间的战争状态后，总督依照和平条约或解除美国与日本之间的战争状态的文件，采取措施，保障以上财产归属美国名下。届时被分配到财产的机构，由总督颁发永久所属权。

16. 美国政府额外购得，或通过刑罚得来的不动产与设施，无论来自琉球群岛居民、日本国民或其他国家公民，总督均需保障其所属权为美国所有。可能的情况下，通过双方谈判，购得上述财产。如果购买条件不合理，或者卖主拒绝谈判，可启用刑罚手段。① 由于占领区治理和救济资金遭到削减，陆军部、空军部、海军部等相关美国部门将申请拨款，购买上述土地。如果拨款未得到批复，由占领区治理和救济相应基金支付购买上述土地所需费用——这一做法符合现行法律。除 1951—1952 财政年中央政府运行经费，以及信息与教育项目关键部分的日元消费外，与 11 段 g 小段其他各条款相比，优先支付该项费用。

17. 美国政府临时要求或购买上述 16 段所述土地以前，总督可征用或租用上述财产。1950 年 7 月 1 日起（含 7 月 1 日当天），使用上述财产的美国部门需要支付租赁费，由财政拨款支出。

18. 所有美国政府未作出要求的日本政府不动产，由总督没收。总督可依据琉球政府需要，归还部分财产给琉球政府机构，无需作出赔偿。如果美国政府保留了移交所属权的法律权利，由美国总督将所属权移交给琉球政府或相关机构。余下部分主要租给琉球人，存储所得租金，由政府决定用于某一行政事务。为鼓励承租人改善租赁条件，建议总督下达以下规定，即如果美国政府保留了移交所属权的法律权利，承租人可依据租赁时确定的价格与条件购买租赁的财产。

19. 财产归日本居民或机构所有但美国政府不需要的，可继续保留该财

---

① 原编辑者注：7 月 29 日约翰逊与保罗·卡伦少校举行会谈，此次会谈备忘录中记载道，约翰逊暗示道，相较于直接买下这些土地，远东司令部（CINCFE）与国务院均更倾向于长期租赁（794C.0221/7 - 2950）。然而 1950 年 794C.0221 的其他文件表明，在命令草案该部分此问题上，国务院并不持不赞成态度。

产,但必须在一定程度上有利于琉球经济发展。如果上述财产所有者拒绝其财产用以发展琉球经济,由总督启动刑罚程序,所属权确定后,出售相关财产给适合的购买者。

20. 日本国民在琉球群岛的私人财产,美国政府不需要的,总督鼓励其出售给琉球群岛当地人。

21. 总督与盟军最高总指挥商议,保障用来购买日本私有不动产的琉球币可在任何对盟军最高统帅有利的目的下兑换为日元,由同盟军最高总指挥规定相应程序,最终支付日元给卖家。

22. 与上述指令相冲突的条款,均视作需做出相应修改。

(Memorandum Approved by the Joint Chiefs of Staff, *FRUS*, 1950, Vol. Ⅵ, East Asia and The Pacific, United States Government Printing Office, Washington:1976, pp. 1313 – 1319.)

37. 罗伯特·V. 费耶里的备忘录

694. 001/10 – 2650

东北亚事务部罗伯特·V. 费耶里的备忘录,日期不详①

就美国政府对日条约原则答澳大利亚政府②问

1. "缔约国。"③

(a)"中华民国"是否签订条约?

美国正与"中华民国政府"就条约问题进行初步谈判。也就是说,"中华民国政府"是美国承认的政府,继续代表中国参与远东委员会以及盟国对日理事会。至于是否邀请"国民政府"或共产主义政府代表中国签订条约,美国愿与

---

① 原编辑者注:该文件日期不详,但为 10 月 26 日费耶里给阿利森备忘(694.001/10 – 2650)的附件,此处未收录该备忘录。

② 原编辑者注:无法知道这些问题是何时递交给美国政府的。这些问题的复印件曾出现在费耶里的会谈备忘录中,见本书第 1323 页,此处未收录该复印件。至于此份文件于何时发给澳大利亚代表,亦未在国务院档案中找到证据。

③ 原编辑者注:这些问题与 9 月 11 日 7 点备忘录一致,见本书第 1296 页,所有引文亦出自该备忘录。

澳大利亚政府及其他相关政府开展讨论。

（b）如果苏联拒绝加入，美国是否打算推进条约进程？

达成最终意见前，美国政府愿就此事听取其他国家意见。暂无迹象表明苏联质疑条约签订程序，导致条约先前所作的准备付诸东流，美国将努力推进《对日和平条约》，这一点不言而喻，但即使苏联拒绝加入，如果其他国家一致赞同，美国也做好了推进条约进程的准备。

（c）和平会议的程序是怎样的？

此次在纽约的非正式会谈结束前，不打算提出确定的程序计划。可以想象，有关条约的谈判将大体通过外交谈判进行。美国并未考虑举行和平会议，也未考虑举行和平会议的时间和地点。

2."联合国。"

（a）"考虑接纳日本为成员国"这一原则，是否要求同盟国家倡议并支持日本加入联合国？

美国的想法是，依据条约，日本立刻申请加入联合国，同盟国家中有作为联合国成员国的，应支持日本的申请。

3."领土。"

（a）关于如何处置原先属于日本的岛屿，如西沙群岛、火山岛、马尔库斯岛以及伊豆诸岛，请给出更详细的信息。

濑户内海诸岛、冲岛列岛（Oki Retto）、佐渡岛（Sado）、Okujiri①礼文岛、瑞什瑞岛、对马岛、竹岛、五岛群岛、琉球群岛最北端以及伊豆诸岛，历来被认作日本岛屿，由日本保留所属权。琉球群岛中部以及南部，小笠原群岛，包括罗萨里奥岛、火山岛、帕里西维拉以及马尔库斯岛，由美国代表联合国实行托管，执行行政事务。考虑到琉球群岛居民较多，且苏联可能反对美国对琉球群岛进行战略托管，美国将考虑对琉球群岛实施普通托管。日本需同意1947年4月2日联合国扩大托管范围至原属日本岛屿的决议。条约中不可提及东沙群岛，该群岛于1947年正式回归中国，亦不可提及西沙群岛与南沙群岛，法国与中国正在争夺这两处群岛的所属权。尽管日本也声称南沙群岛战前归日本所有，但该群岛无人居住，我们认为没有必要在条约中提及。日本政府从未声称拥有南极任何领土。我们不认为需要在条约中做出规定，要求日本放弃探

---

① 译者注：原文拼错，应为 Okushiri，奥尻岛。

索南极时占领的土地。

4. "安全。"

(a) 如在条约中出现该原则,岂不是要求所有缔约国保障日本安全?

不要求任何缔约国保障日本安全。如果需要保护日本,将由美国及在日本派驻军队的国家依据自身能力,采取相应措施。

(b) 写进条约的安全原则到底有多精确? 例如,是否包含如何"由日本设施和美国军队合力保卫日本地区安全"(原文如此)的细节?

和平条约为美国与盟军合力保卫日本地区和平与安全提供框架。至于安全部队与日本政府的关系、如何共同支付经费等类似实施细节问题,由美国与日本额外签订双边条约,就相关细节做出规定,与和平条约同时生效。

(c) 文中"其他国家"指那些国家?①

"其他国家"特指愿意向日本派驻军队的友好远东事务委员会国家。所有军队接受美国军队调遣。

(d) 条约规定维护"日本地区"的国际和平与安全,但鉴于日本曾经侵略他国,是否有条款保障太平洋地区的国际和平与安全?

美国认为,日本已被剥夺支配权,在可预见的未来内,造成严重军事威胁的国家将是苏联,而非日本。我们认为,制定日本安全目标的首要目的,在于严防日本自愿、迫于苏联压力或由于遭到侵略而落入苏联的掌控,严防苏联利用日本的工业力量、训练有素的士兵入侵他国。当然,日本本身也构成了侵略威胁,条约签订后,美国军队继续驻留日本,将限制这一威胁。除非联合国提出其他行之有效的安全部署,或出现其他方式既能保障日本安全又能防止日本侵略他国,美国军队不会撤出日本。此外,澳大利亚、新西兰、菲律宾等其他太平洋国家的安全对美国安全至关重要,一旦任何太平洋国家受到日本入侵

---

① 原编辑者注:脚注 41 中引用的备忘录中,费耶里写道:

澳大利亚政府所提问题中,第 4(c)个问题"文中'其他国家'指哪些国家?"最为棘手,这一点可能澳大利亚政府自己都没有意识到。我的理解是,这里所谓的"其他国家"包括日本,出现"行之有效的安全部署"方式,允许美国军队撤出日本,可能包括建立足够强大的日本自卫队。除"联合国提出有效措施"外,如果澳大利亚问及何为"行之有效的安全部署",我们可能需要如实相告。事实上,我认为我建议的答案准确且完整,用了"特指",但不涉及是否包括日本军队。当然,您和杜勒斯先生可能愿意告知澳大利亚我们的所有想法,说明美国撤出后,任何保卫日本安全的军事力量隶属于联合国,或像当初解决德国问题时那样,综合其他太平洋国家的力量。

的威胁,美国将立即提供支援。

5. "政治与经济协定。"

(a) 最惠国待遇是否为双边政策?

是的。受商务协定中特例的限制,日本政府可保留比给予同盟国家更加优惠的待遇。

6. "索赔。"

(a) 6(a)中写到"大体",哪些日本财产同盟国家不可保留?

同盟国家不可保留的财产,实质上为对意大利条约①第 79 条第 6 段免除的财产。例如,外交与领事财产、宗教财产、慈善财产、文化及教育机构财产,以及经同盟国家允许在其领土内居住的日本公民的财产。

7. "纠纷。"

(a) 交由国际法庭依外交途径解决的"其他纠纷"具体指哪些?

同盟国家与日本发生纠纷时,除安全与赔款问题产生的纠纷外,通过外交途径未得到解决的,均可交由国际法庭裁决。设立仲裁庭,由国际法庭主席任命其成员,处理赔款纠纷。同盟国家驻守军队政府与日本政府在阐释或执行该条约出现任何纠纷时,由相关政府通过外交渠道解决。

附加问题

(a) 美国如何看待远东事务委员会与对日理事会对日本的处置?

显然,条约生效后,远东事务委员会、盟军最高统帅以及对日理事会终止效力。最好的结果是,得到包括美、英、苏、中在内的大部分远东事务委员会国家同意,终止远东事务委员会,解除最高统帅,解散盟国对日理事会。如果上述四个拥有否决权的国家加入条约,要达成一致意见并不困难。如果上述国家无法达成一致决议,签约国签订条约后,远东事务委员会、同盟军最高统帅以及对日理事会可自行解散。

(b) 条约中引入了人权条款,美国如何看待此事?

美国倾向于引入人权条款,以《意大利及轴心国卫星国条约》人权条款为模板。然而,美国认为该条款应作为声明,而不具有强制性约束力。

---

① 原编辑者注:《与意大利和平条约》的细节,请参见《条约及国际法汇编》1648 或第 61 卷(第 2 部分),1245.

（c）美国如何看待日本宪法第 9 条（拒不发动战争）？

该条款表达了日本人民的愿望，在日本基本法中得到体现，美国尊重这一条款。关于如何解读日本无故遭到入侵时有权进行自卫并积蓄自卫力量，应由日本依据宪法规定的程序处理。至于日本议会多数与日本人民是否认为需要修改这一条款，应由日本决定。

（d）远东事务委员会发布的政策决议、最高统帅代表同盟国下达的指示与命令，美国是否认为日本应继续执行？

和平条约生效后，成为唯一表达同盟国家对日态度的工具。凡远东事务委员会发布的政策决议、最高统帅代表同盟国下达的指示，其中具有长远意义但和平条约未做规定的，尽管我们希望日本继续遵从，但决定权在于日本。

（Undated Memorandum by Mr. Robert A. Fearey of the Office of Northeast Asian Affairs, *FRUS*, 1950, Vol. Ⅶ, East Asia and The Pacific, United States Government Printing Office, Washington:1976, pp. 1327 -1331. ）

38. 巴布科克谈话备忘录

694.001/10 - 2750
国防部斯坦顿·巴布科克(Stanton Babcock)上校的谈话①备忘录
机密文件　1950 年 10 月 26 日—27 日,纽约②
主题:《对日和平条约》
与会者:
马立克,安全理事会苏联代表
托雅诺夫斯基,苏联翻译
杜勒斯
阿利森
巴布科克上校

———————————

① 原编辑者注:10 月 17 日,杜勒斯与马利克举行会谈,杜勒斯在会谈备忘录中写道:"马利克称,苏联愿就《对日和平条约》问题与美国谈判,希望由美国牵头开始谈判。我告诉马利克,在约两周内,我们很乐意与马利克或维经斯基(Vishinsky)进行简短的谈判。"(694.001/10 - 1750)
② 原编辑者注:会谈从上午 10:30 持续到上午 12:30。

1. 会谈首先由杜勒斯发言,杜勒斯解释道,美国建议与日本签订和平条约,认为要保障日本遵循和平且服从国际行为准则,最佳的方式即与日本签订非限制性的自由和平条约。杜勒斯称,在美国看来,当今面临两大选择:制定更加严苛的条约,但长期来看可能事与愿违,或者签订和平条约。当然,美国也认识到,签订和平条约也无法完全保证实现上述目的,但成功的概率要高于其他途径。之后,杜勒斯交给马立克(Malik)一份《对日和平条约》的备忘录①,这份备忘录也已交给远东事务委员会的其他国家。

2. 杜勒斯指出,假设苏联同意加入条约,日本可在条约中[条约第3(c)段涉及领土问题]同意割让南库页岛以及千岛群岛给苏联。至于台湾与澎湖列岛,美国认为应由联合国决定,《开罗宣言》的目的与《联合国宪章》第73条所述义务是否保持一致,或如何使二者保持一致,迄今为止,这一义务一直由反对日本的同盟国承担。四大国在如何处理意大利殖民地问题上无法达成一致意见,最终将该问题移交给联合国②,在这一问题上,美国的建议与上述情况相同。

3. 马立克回复道,苏联反对美国处置台湾的方式,台湾所属权在开罗时已得到解决,波茨坦会议上再次确定了台湾的所属权,因此,台湾问题应为中国内政。马利克称,美国把台湾问题与意大利殖民地问题对等的做法并不合适,因为四大国已正式就台湾问题达成一致意见,而在意大利殖民地问题上并非如此。

4. 马立克随后指出,备忘录中规定,如果四国无法在一年内就台湾问题达成一致意见,台湾问题移交联合国处理,但美国并没有等到建议时间结束,就已经把台湾问题交给联合国处理了。

5. 杜勒斯说,先前处理意大利殖民地的经验告诉我们,要等到联合国达成决议,可能费时良久。杜勒斯解释说,马立克手中的备忘录是在9月11日之前制定的,事发台湾问题提上联合国议程之前,如果在这之后制定备忘录,表述将有所不同,但远东事务委员会其他国家拿到的都是这份备忘录,我们认为苏联也应该拿到同样的版本。

---

① 原编辑者注:9月11日的备忘录,第1296页。
② 原编辑者注:法、英、美、苏四国有关《对意大利和平条约》附件11的决议,详细文件请见《外交关系》,1948年,第3卷,第891页起。

6. 随后，马立克要求详细解释备忘录第 4 段，这一段主要为安全问题。杜勒斯解释道，当今世界局势不定，日本宪法禁止日本恢复武装军队，在这种情况下，美国认为完全置日本于防守缺失的状态是不当的，因为这可能不利于太平洋地区的和平与稳定。因此，美国认为，日本应保留足够的维稳力量。杜勒斯强调，美国并没有足够的实力威胁苏联或其他亚洲国家的安全。

7. 作为回答，马立克仅称美国的提议与现存状况并无二致，签订条约后美国军队仍驻守日本，这与美国占领军驻守日本的效果是一样的。①

8. 之后，马立克回到领土问题。马立克称，日本投降条件中明确指出，同盟军曾经决定，日本主要四岛以及"其他次要岛屿"仍归日本所有，他无法理解为何美国能够建议托管琉球群岛与小笠原群岛，因为二者均属于"其他次要岛屿"。需要从日本分离出去的岛屿另有规定，即千岛群岛、澎湖列岛以及台湾。杜勒斯答曰，我们的建议一如备忘录中所列。

9. 杜勒斯说，我们希望远东事务委员会国家都能在《对日和平条约》上签字，但如果任何国家拒绝加入，只要日本愿意签订不一样的和平条约，我们不会停止推进和平条约。

10. 马立克显然误解了杜勒斯的话，问到是否由日本决定同盟国将采用何种程序。杜勒斯否定了这一说法，但称如果日本不愿签订没有得到远东事务委员会所有国家认可的条约，美国不会强迫日本这么做。杜勒斯称暂时没有决定签订和平协议的程序，首先需获得其他国家对我方提议的反应，可能在那之后拟定相关程序。

11. 马立克询问我们是否收到了其他国家对我方提议的意见，被告知没有后，马利克称自己也将再次考虑我方提议，之后给出意见。

12. 之后，杜勒斯称，美国非常希望苏联和美国共同签署和平条约，如果苏联真的愿意缓解两国间的紧张状态，考虑条约内容时应更加实际一些。过去，由于四大国均害怕失去各自掌握的地位，我们无法就德国与奥地利条约达成一致意见。在日本问题上，苏联签订和平条约并不损害苏联的任何

---

① 原编辑者注：在一份未注明日期的增补文件中，杜勒斯多处引用了该次会谈的原话。其中一处写道："马立克：（关于冲绳与美国在日本驻守军队的问题）'看来美国提议的这份《对日和平条约》，并没有改变美国在日本及日本岛屿的地位。'
杜勒斯：'是的，的确如此，至少在初期没有改变。'"（694.001/10 - 2650）

利益,如果实际一点来看,这样的话,不用牺牲任何重要利益就可缓解两国紧张局势。

13. 马立克回答道,他理解杜勒斯所说的话,但认为苏美双方都应持实际的态度。二战结束后,一些国家在政治与军事上处于真空状态,美国军队趁机大举进入,直至美国军事基地包围了苏联。美国在冲绳设立了军事基地,但苏联并未在加勒比海设立军事基地。美国的宣传使美国人民把苏联当作永久的威胁,而事实上,苏联绝无进攻美国的打算,只希望能够和平友好地相处。在国际关系上,美国向来信奉"利益系统",美国得到的利益越来越多,但似乎永不满足。

14. 杜勒斯说到美国的军事基地,海军与空军战斗力的计算方式与陆军不同。杜勒斯指出,如果两国实力自然扩张导致两国对峙,两国近日的军事实力旗鼓相当,可望稳定当今局势。

15. 杜勒斯随后说希望再明确一点。他认为美国之所以惧怕苏联,原因之一在于苏联动用其庞大的国家力量,支持世界范围的革命,为此通过武力与其他方式干涉了其他国家的内政。但苏联与美国作为两个独立的国家,并不存在严重问题,任何一国都不需惧怕另一国。但苏联支持国际革命运动给美国造成了恐惧,他表示可以理解。

16. 马立克不遗余力地指出苏联一心向往和平,声明共产主义并不是拿来出口的,而是仅供内部消化的信条。这时,杜勒斯引用了斯大林《列宁主义的问题》中的多篇文章,证明与马立克所述相左,马立克试图解释。马立克称苏联与其"友国"的关系完全建立在平等的基础上,而美国却为武装自己也武装世界,加重了世界各国的税收负担。

17. 随后,马立克询问道,"美国寡头"是否愿意在"恰当利益"而非"过度利益"的基础上与苏联交易。杜勒斯回答说,"愿意"。马立克重申了这个问题,说道:"这一点非常重要。"

18. 谈话结束时,马立克总结道,他希望重申,只有两国均本着"实际"的态度,才能达成美国想要的结果。

(Memorandum of Conversation, by Colonel Stanton Babcock of the Department of Defense, *FRUS*, 1950, Vol. Ⅵ, East Asia and The Pacific, United States Government Printing Office, Washington:1976, pp. 1332 - 1336.)

39. 费耶里给约翰逊备忘录

694.001/10 - 2650

东北亚事务办公室罗伯特·A. 费耶里(Fearey)给该办公室副主任(约翰逊)的备忘录

秘密文件　1950 年 11 月 14 日,华盛顿

主题:《对日和平条约》的领土条款

　　政治顾问寄来的文件①与其他来源的信息一致,日本公众尤其关注条约如何处置琉球群岛和千岛群岛,对小笠原群岛和火山岛的重视程度较低。社会党与民主党公开表示,反对任何割让"历史上与民族上"属于日本领土的条约。自由党知道自由党政府可能被召签订条约,其中即包含了耻辱的领土条款,因而更加谨慎。然而自由党政府发言人在多个场合声明,日本将保留对琉球群岛和千岛群岛的所有权。

　　政治顾问认为,这种情怀愈演愈烈实在是自然情感的抒发,冲绳回归日本协会以及小笠原群岛被遣送人员复原联盟等组织加剧了这一情感。另外一个可能的原因是,日本国民被迫只能居住在主要岛屿上,本能上不愿再失去任何领土,哪怕这一领土已然人口泛滥(如琉球群岛),或基本无任何价值(次要的千岛群岛除外)。也可能归咎于日本之前大多通过和平方式获得了这些岛屿,如今这些岛屿无故被用"武力"夺走,使日本人民耿耿于怀。政治顾问甚至写道:

　　　　尽管有些人认为,(如果自由党接受割让土地的条约)最终执政的将是自由党,自由党至少可以成为主要执政党派之一,仍有另一些人认为,这样做最终将导致自由党的政治实力名存实亡……其他试图接替自由党的党派,可能利用主张收复国土者的感情,无论该党派对美国持何种态度,采纳具有明显反美论调的政策。由于美国对日本的军事占领迟迟不能结束,再加上即将签订耻辱条约,日本人民心中隐藏的反美情绪在这种

---

　　① 原编者注:第 628 号文件,1950 年 10 月 26 日,此处未收录(694.001/10 - 2650)。

情况下得到助长,对日本与美国建立友好关系极为不利。

这种条件下,政治顾问认为处理条约中的领土问题时应格外谨慎。政治顾问特别指出,同盟国家应"尝试其他可行策略,既能保证美国对这些地区的控制,满足安全需要,又不必赤裸裸地割裂日本领土主权,否则可能导致主张收复国土主义泛滥,造成危险局势"。提出这一建议时,他似乎在考虑一位外交官员对代表团一名成员所说的话,那位官员说,尽管自由党更愿意看到琉球群岛回归日本,美国保留战略管制权,继续在琉球群岛和日本本土设立军事基地,但如果美国承认日本的领土主权,规定托管权可临时取代领土主权,自由党愿意承担最低限度的风险签订条约。

如您所知,杜勒斯开始负责条约时,曾对从日本处剥离琉球群岛这一条款表示怀疑,说将与军队确认这样做的必要性。事后,杜勒斯称未改变前述条款,且9月8日总统签署了国务院与国防部联名起草的备忘录①,不仅确认剥离琉球群岛,还加入了小笠原群岛与火山岛。曾向军队建议,继续在琉球群岛和日本本土设立军事基地,但军队答复说必须保证永久保留冲绳基地。即便考虑到这一点,迄今为止也没有解释为何一定要永久控制北纬29度以内的所有领土。即便考虑到需要在本土之外设立雷达基地等设施,为何要控制之间的领土与人民呢?此外,我们在上述岛屿内享有广泛的军事权力,为何在没有考虑是否有必要接管当地政府的情况下要求更多的权力?如果上述需要均属实,即便军队指责我们企图重新商讨总统已经决定的事实,我们也必须要求军队提供合理依据,说明为何不能(1)继续在琉球群岛和日本本土设立军事基地,琉球群岛的基地具有永久属性,或者(2)尝试租用琉球群岛部分地区99年,其他地区所属权及行政权归属日本。

如果您有时间,我建议您阅读该急件第二封附件到最后一封附件中标出的文章,附件中是在日本的琉球群岛居民写的请愿书,目的明确,推论合理,最

---

①　原编辑者注:见9月7日给总统的备忘录,见本书第1293页。

后一封附件是原小笠原群岛居民的请愿书,内容甚为感人。①

(Memorandum by Mr. Robert A. Feary of the Office of Northeast Asian Affairs to the Deputy Director of that Office(Johnson), *FRUS*, 1950, Vol. Ⅵ, East Asia and The Pacific, United States Government Printing Office, Washington:1976, pp. 1346 - 1348.)

40. 杜勒斯致麦克阿瑟

Lot. 56D527

国务卿顾问(杜勒斯)致联合国军总司令(麦克阿瑟)

秘密文件　　1950 年 11 月 15 日,华盛顿

私人文件,请勿阅读

麦克阿瑟将军您好,

相信您已经得到了最近事情进展的官方报告,但在这种关键时刻,我想一些私人意见可能有所帮助。

在联合国大会上,我们已与所有远东事务委员会国家私下谈判。澳大利亚、新西兰、菲律宾以及缅甸均要求条约中应有军事限制条款。尽管如此,我认为如果可以保证其在受到侵略时由美国保护,澳大利亚和新西兰将做出让步。斯彭德(Spender)回来以前我们讨论过这一问题。② 国务院正在研究这一问题,我想可以找到一种美、澳、新三国均同意的方式,为签署你我共同期盼

---

① 原编辑者注:两份请愿书均未收录。

约翰逊将该备忘录及其急件第 628 号,连同 7 月 17 日自己的备忘录,一并交给了腊斯克,约翰逊在备忘录中写道:

"如您所知,尽管国务卿已通过新闻俱乐部发表声明,且总统已批准了'条约备忘录',我强烈建议不可认为琉球群岛托管问题已盖棺定论,但与日本签订双边军事协议后,询问五角大楼,托管权扩展至琉球群岛后能否满足其所有需要。尽管大部分日本人支持美国,双边军事条约对日本来说将是一个严重的打击,再加上琉球群岛被剥夺,在很大程度上不利于美日关系。"(694. 001/10 - 2650)

② 原编辑者注:10 月 30 日,斯彭德、腊斯克、杜勒斯在纽约市广场饭店举行会谈,这里所指的可能就是这次会谈。国务院档案中未找到该次会谈的备忘录。至于斯彭德所做的描述,请参见《外交运动》,第 63—67 页。

的条约铺平道路。

菲律宾、中国、缅甸、澳大利亚以及新西兰均就赔款提出了问题。这些国家显然期望得到某种程度的赔偿。但我认为他们应该已经意识到这几乎不可能。在这一点上我们打算利用我们占领区治理和救济委员会的责任讨价还价,但认为此时还没有必要提出这一点。

英国对我们的建议没有提出任何意见,但据我们判断,英国最关心的是签订条约后日本商业竞争的影响。

我与(苏联)雅各布•马立克(Jacob Malik)的谈话非常有趣。他于晚上造访我家,我们谈了好几个小时。你可能已经收到了巴布科克上校对那场谈话的备忘录①,当时巴布科克上校与我在一起。他保留了对条约草案的意见,但坚决反对条约中出现任何质疑苏联对南库页岛、千岛群岛所有权的字眼,反对质疑中国对台湾的所有权。另外,他质疑美国是否有权为自身利益"托管"琉球群岛,称雅尔塔协议明确规定了如何处置千岛群岛,但未就琉球群岛作出任何说明。我们曾规定日本"次要群岛"归属日本,他认为琉球群岛为"次要岛屿"之一。此外,马立克称如果美国军队继续在冲绳设立军事基地,仍有权驻守日本,那么"美国的提议与现存状况并无二致"。毋庸置疑,共产主义在日本宣传时,势必强调苏联期望琉球群岛归日本所有。

我不清楚苏联是否将就条约问题与我们进一步谈判。那个相关程序问题已反映给莫斯科。据我猜测,哪怕只是为了得到相关信息,一段时间内苏联将与我们保持联系。如果我们召开初步和平会议,苏联甚至有可能来参加会议。话虽如此,我不认为苏联会同意我们的条约。

我们自己此时也不确定签订条约的程序。相较于举行和平会议,我更倾向于进一步开展双边谈判,防止盟友们因利益问题产生分化,到底由共产主义中国与"中华民国"哪方参与条约也将导致分歧,如此一来苏联可趁机加剧这

---

① 原编辑者注:10 月 26—27 日,见本书第 1332 页。

一不和。我认为通过进一步的双边谈判①，可使多数国家基本同意我们的条约。

但有件事我认为应尽快去做，即由我前往日本与您进行详谈。随着新的朝鲜以及中国政府的发展变化，我们是否应该稳步推进《对日和平条约》，我认为首先应听取您的意见。如果应继续推进和平条约，我想应尽快确保日本政府在中立的基础上接受我们的条约，这主要靠您从中斡旋。如果可以确保签订美国—日本协约，采取刚柔并济的手段，允许一些形式上而非实质上的修改，除苏联和共产主义中国外的其他国家将站在我们这边。

此外，我认为有必要组建一个中立的国会小组，关注对日条约问题，与谈判人员保持密切联系，可保证国会内部意见一致。

上周日我乘飞机抵达大急流城，与亚瑟·范登堡进行长谈。范登堡身体仍十分虚弱，但在我看来要比他离开华盛顿时好了许多。我们在谈话中多次提到了您，也谈及了很多远东局势问题。由于国会内部权力转向共和党，我希望您在表达意见时更加小心才是。然而最近有一帮聒噪的新闻团体，他们支持共和党人，反对美国卷入亚洲大陆的战争，旁敲侧击地称这种决定不负责任。您在朝鲜创造了奇迹，我想您可能没有想到，这证明我们可以把亚洲大陆作为检验自由世界与共产主义世界实力的试验场。我认为在远东地区我们必须依靠海军与空军力量，以我对您的了解，我想您也会同意我的观点。

您粉碎北朝鲜军队后，北朝鲜局势发生变化，想必给您造成了新的负担，我们对此深表关切。但我们有信心向你保证，无论您认为该如何解决这一新的问题，我们都做好了准备。

无论您何时有空，希望您能告知于我您就和平条约等问题的看法，对我将有莫大的帮助。

我与珍妮衷心问候麦克阿瑟夫人，

诚挚的，

---

① 原编辑者注：11 月 16 日，国务卿与总统谈话，国务卿在此次谈话的备忘录中写道：

"这时，杜勒斯加入了总统和我。他以纽约有关《对日和平条约》的谈判为主题，向总统做了 20 分钟的报告。总统经过仔细的倾听，对杜勒斯的做法表示认可，此外，总统命令我们，各国代表接到各自国家的指令后继续谈判，然后在 11 月份的某个时候再到总统这里来，详细讨论下一步计划并制定一系列决议。"

约翰·福斯特·杜勒斯

(The Consultant to the Secretary (Dulles) to the Commander in Chief of the United Nations Forces (MacArthur)，*FRUS*，1950，Vol. Ⅵ，East Asia and The Pacific，United States Government Printing Office，Washington：1976，pp. 1349 – 1352.)

41. 国务卿顾问(杜勒斯)给国务卿的备忘录

694.001/12 – 850

秘密文件　1950 年 12 月 8 日，华盛顿

此处附上有关日本的备忘录，该备忘录亦得到阿利森与巴布科克上校的同意。

约翰·福斯特·杜勒斯

［附件］

秘密文件　1950 年 12 月 8 日，华盛顿

日本

苏联为给其侵略性政策增加助力，势必寻求利用日本与德国两大力量。为此应尽可能避免苏联利用两国。然而，最近朝鲜局势发生变化，使我们怀疑日本能否作为非共产主义世界一部分的可靠力量。想办法使之成为非共产主义世界的坚实后盾，对我们至关重要。

上述情况的前提下，建议采取以下行动：

1. 即刻采取措施，确保日本在精神上与政治上为自由世界的事业奋斗。在这一点上，时间是关键。美国在日本仍然享有声望，朝鲜战败的政治及军事意义还不明显。此时此刻动员日本公共舆论，寻求日本承诺，要比一两个月后更有效。任何拖延与不作为都将对我们严重不利。

2. 现在无法估计达到上述结果的最佳行动模式。只有现场调查后才能决定。

调查可能会表明成功的可能性不大。如果事实的确如此，越早知道这一点越好,因为这对我们制定政策以及在别处的决策有着重要影响。

如果日本同意加入我们的事业,但提出了一些条件,我们应评估这些条件,确定这些条件是否可行,是否值得这么做。

日本做出承诺,应可能需要美国维持并保卫日本、琉球群岛、台湾以及菲律宾这一海岛链条,且需向日本提供海军与空军援助;通过签订和平条约或发布和平声明,保障日本经济发展,恢复日本领土主权。

至于日本是愿意与美国单独签订和平条约,还是坚持其他同盟国成员国加入,需要进一步确认,如果日本要求其他同盟国成员国加入,具体指哪些国家,此外,应确认他们对共产主义政府加入的态度。

可能有必要签订一个太平洋公约,最初缔约国为日本、澳大利亚、新西兰、菲律宾、美国甚至印度尼西亚。

3. 我们在此处无法决定何种协定对我们最为有利,也不太可能在与日本交涉前得到各相关部门认可,这些部门包括国务院、国防部、首席检察官、商务部、财政部,等等。最可行的办法可能是派代表团前往日本,心中铭记美国的实力与法律、经济、军事目标,确定是否存在可行的临时决议。

代表团前往日本之前,应尽可能实现与其他国家代表交流意见,代表团前往美国时可铭记在心。但是,正如美国各部门之间不可能达成一致意见,要实现与盟友达成一致意见也是不可能的。

4. 这支代表团应享有广泛的总统权力,如果代表团认为有可接受的临时决议,可与麦克阿瑟将军合作,洽谈暂定协定的大致内容。代表团成员应熟悉政府各部门尤其是国务院与国防部观点,洽谈时必须考虑各部门意见,同时熟悉盟友的观点,以便最终达成协定时能为各方接受。

(Memorandum by the Consultant to the Secretary (Dulles) to the Secretary of State,*FRUS*,1950,Vol. Ⅵ,East Asia and The Pacific,United States Government Printing Office,Washington:1976,pp. 1359 - 1360.)

42. 国务卿致国防部长

694.001/12 - 1350

国务卿致国防部长(马歇尔)

机密文件　1950 年 12 月 13 日,华盛顿

部长先生您好,

考虑到日本情况的紧急性,随信附上备忘录一份,罗列国务院认为应该采取的步骤。

大体说来,附件备忘录中列出的政策,是对 1950 年 9 月 7 日我与约翰逊部长共同签名的联合备忘录的延伸,总统批准了其中的政策。然而与那份备忘录相比,此备忘录有四处出入,或者说添加了四条,希望参考国防部的意见。从军事角度考虑,是否反对:(1)在朝鲜问题得到有利于美国的解决之前提前签订和平协议? (2)以美国将大力保卫日本在内的岛屿链为前提展开谈判? (3)规定琉球群岛与小笠原群岛为日本所有? 与此同时,二者均受制于即将与日本签订的军事安全协议,该协议将就冲绳的地位做出特别规定。(4)依照附件备忘录中第 4 段原则,试图签订太平洋公约?

由于国务院有义务听取国防部的意见,国务院考虑建议总统任命约翰·福斯特·杜勒斯为总统代表团领导,于近期出发执行任务,我们认为国防部也应派出一名代表一同前往。① 附件中的备忘录将作为代表团的总指导供其参考。代表团自身不具有代表美国政府进行许诺的权力。

如果您认为有必要,杜勒斯将十分乐意与您、参谋长联席会议或其他您指派的代表商讨附件中的备忘录。

诚挚的,

迪恩·艾奇逊

---

①　原编辑者注:12 月 20 日写给麦克阿瑟将军的信中,杜勒斯提到自己打算去日本,随后评论了上述第(2)、(4)条提议,称希望在出发之前能够就上述提议拥有"总统对此较为确切的理解……"至于建议签订太平洋公约,杜勒斯写道:"太平洋公约将提供一个框架,在这个框架内,如果日本(694.001/12 - 2850)军队得到发展,日本军队将不止享有国家地位,而将享有国际地位,这一点可以缓和与日本宪法的冲突。"

[备忘录]

日本

　　近期亚洲局势尤其是朝鲜局势发生变化,表明苏联、中国共产主义政府以及北朝鲜政府正试图主导亚洲;在这一点上,上述政府做好了使用武力的准备,愿意冒爆发全面战争的危险,且至少在陆地上,拥有美国政府无法抗衡的实力。其目标很有可能是日本,日本的工业及人力资源多年来一直在亚洲占有重要地位,如果苏联在现有资源之外额外获得日本的资源,将极大地改变世界权力平衡的状态,对美国及其盟友不利。在这种条件下,防止日本落入共产主义影响的圈套显得愈发重要,我们必须意识到,除非可以向日本保证,从军事与经济角度而言,日本可通过自身力量以及通过与美国的合作,保卫自身安全,实现经济独立,否则日本可能不愿加入自由世界。为应对上述情况,建议执行以下项目:

　　1. 美国应拟定战略决议,承诺美国将为日本在内的岛屿链大力提供海军与空军保护。在谈判的某一阶段,可能需要向日本详细展示我们在这一问题上的军事意图。

　　要保卫这些岛屿不受大陆侵略,开展颠覆大陆共产主义政府的行动至关重要。但这一问题不需要与日本讨论,亦不需要日本参加这样的行动。

　　2. 美国应拟定一个经济决议,保证日本在不依靠共产主义中国大陆地区的条件下,实现日本经济发展。这样日本需要获得食品、原材料以及用以支付的外汇。为此,美国应做好准备,我们在日本的驻守军队应量入为出,可能还需要依据共同防御援助协定(MDAP)向日本开出大量的军事设备订单。这一点在谈判中也需要进一步精确。

　　3. 如果批准前述决议,应立即派一个总统代表团前往日本,总统代表团与麦克阿瑟将军合作,有权试探并确定日本同意加入自由世界的条件。总统代表团有权与日本商讨并拟定暂时协定,协定应包含以下内容:

　　(a) 尽快恢复日本和平状态,可通过签订简化的和平协议,也可通过美国国会与日本议会合作,前一种情况下,和平协议需涵盖附件A中所述各点,而后一种情况下,需要美国国会与日本议会交换备忘录,并由日本发表声明,声

明中需涵盖附件 A 中所述各点。无论采取何种行动,应尽可能与我们在对日
战争中的盟友协调行动。

　　(b) 美国政府与日本政府签订双边协议,就美国在日本境内及日本周边
的驻守军队做出规定,此处所述日本周边包括琉球群岛与小笠原群岛。协议
条款应与国务院和国防部共同起草的协议草案一致,在保证日本签署协议、保
证美国能够接受的前提下,允许适当修改。要使日本政府与其他友国政府更
容易接受协议,可援引联合国宪章以及《共同维护和平决议》中构想的联合国
机制。

　　4. 美国政府表示愿意与太平洋国家签订互助协定,其中包括澳大利亚、
新西兰、菲律宾、日本、美国甚至印度尼西亚,不仅规定成员国共同抵御外敌,
还包括共同抵御某一成员国的侵略行为,例如,日本有可能再次侵略其他
国家。

　　为加速达成上述协定,尽早获得最大的心理优势,签订互助协定时应按两
步走。第一步,首先尽快召开相关国家外交部长会议,会议上宣布计划与日本
讲和,讨论共同安全利益。第二步,安排一个更加正式的协定,亦邀请日本加
入,与《对日和平条约》同时发布。相关国家明确表示同意附件 A 中所列的对
日条约关键内容后,美国方可同意上述行动。

　　5. 如果同意上述步骤,应尽快召开秘密会谈,通知在华盛顿的远东事务
委员会各友国代表,也需与外交关系及外交事务委员会成员进行密谈。

　　6. 从公共关系角度考虑,代表团前往日本这一行为应视作常规访问,是
1950 年 9 月总统声明的自然结果。如此一来,联合国举行《对日和平条约》相
关谈判后,我们的代表团前往日本谈判就理所当然了。所有对外宣传都应强
调,此次代表团前往日本,主要目的是与麦克阿瑟将军会谈,并通过将军本人
与日本领导人进行非正式会谈,并不打算与日本政府进行正式谈判。这样我
们此时派代表团前往日本就不会使旁人觉察到新的决议动向,不会造成恐慌
情绪。

［附件 A］

　　美国提议与日本签订条约,结束战争状态,恢复日本主权,使日本人民成
为自由世界平等的一份子。涉及到具体内容,条约应反映以下原则:

　　1. 签约国。曾经与日本作战的、愿意与日本讲和的国家,以现拟定的或

各方同意的原则为基础。

2. 联合国。联合国考虑接纳日本为成员国。

3. 领土。日本将(a) 承认朝鲜独立;(b) 琉球群岛及小笠原群岛回归日本,前提是在日本本土实施的任何军事安全协议亦适用于上述两地;(c) 通过法律方式实现台湾地区和平稳定发展前,承认台湾的事实状态。

4. 安全。在无其他更好的安全部署方法出现之前,条约预计继续实施美国及其他国家军队与日本设施的合作,以维持国际和平,维护日本地区安全。日本参与部分仅限于行使单独或集体防卫(见联合国宪章,第 51 条)。(这一点可在单独条约或协议中出现,不需所有签约国认可。)

(此处省略第 5、6、7 段,与 9 月 11 日 7 点备忘录中的内容一致。)

(The Secretary of State to the Secretary of Defense (Marshall), *FRUS*, 1950, Vol. Ⅵ, East Asia and The Pacific, United States Government Printing Office, Washington:1976, pp. 1363 - 1367.)

43. 阿利森会谈备忘录

694. 001/12 - 2150

东北亚事务办公室主任(阿利森)准备的会谈备忘录

秘密文件   1950 年 12 月 21 日

主题:《对日和平条约》

与会者:

潘迪特女士(Madame Pandit),印度大使

Vaidyanathan,印度大使馆随员

约翰・福斯特・杜勒斯

约翰・M. 阿利森

潘迪特来访,就印度对美国对日条约备忘录给出了印度的初步意见。潘迪特依照其大使馆准备的备忘录发表谈话,并递交复印件一份,随信一并附上。

与印度谈判的难点主要如下,这些都可预见:(1) 安全条款,(2) 领土问题(例如台湾),(3) 此外,印度政府希望起草《对日和平条约》时,苏联与共产

主义中国均应为主要缔约国。印度政府同意美国备忘录中其他大多数条款;
例如,印度政府赞同日本应成为联合国的一员,赞同日本应遵守多边协定,禁
止滥用麻醉药品,保护鱼类,赞同通过与《对日和平条约》缔约国签订双边条
约,规范与日贸易关系。此外,印度也认为不可从日本工业设施中索求赔款,
但问到赔款是否可使用日本的黄金储备,同时询问是否可利用中立国家与泰
国的日本资产。

对于对日条约缔约国问题,杜勒斯回答说,一些国家希望共产主义中国参
与所有的和平谈判,正式考虑到这一程序问题,美国才采用双边谈判的政治渠
道举行磋商。杜勒斯称,事实上,继续采取双边谈判的方式可能是最好的,最
后我们可能签订多个类似的双边条约,任何有意向的国家都可成为缔约国。
杜勒斯澄清道,美国并非严格要求这样做,如果印度政府能够给出建议,解决
这一难题,美国将十分感激。潘迪特亦提到了投票程序,杜勒斯说美国期望通
过外交谈判大体达成一致意见,这样的话,如果举行和平会议,可在会上全体
通过协议而不必纠结于传统的投票程序。此外,杜勒斯指出,鉴于美国起草并
派发《对日和平条约》备忘录以来,世界局势发生了重大变化,可能有必要制定
更加迅速的程序,以便在最短的时间内,促成日本与世界上其他国家建立和平
关系。

潘迪特明确表示,印度政府相信台湾及澎湖列岛应归还给中国,归还给共
产主义中国。杜勒斯称可在条约中要求日本放弃争夺台湾与澎湖列岛的主
权,至于二者的最终地位暂时不做定论。谈到南库页岛与千岛群岛,印度倾向
于依据雅尔塔协议,将二者归还给苏联,杜勒斯指出,他与马立克会谈时涉及
了这一点,杜勒斯表明如果苏联有意与其他国家一同签订《对日和平条约》,条
约中将重申南库页岛与千岛群岛归苏联所有,如果苏联无意加入条约,美国认
为没有必要要求日本将库页岛与千岛群岛交给不愿遵循条约规定的国家。依
据印度备忘录中的表述,尽管印度显然同意由美国代表联合国托管琉球群岛
与小笠原群岛行使行政权力,但印度认为应在和平会议上讨论这一问题,并问
道是否将二者归还与日本。二人一致同意可在任何会议上讨论这一问题。

印度最关心的就是安全问题,大体说来,印度认为日本应去军事化,由联
合国保障其安全。潘迪特就这一问题表达了个人看法,她认为在当前局势下,
由联合国保障日本安全虽不一定值得,但可以很好地抚慰人心。印度认为,任
何允许日本重整军备的决议都可能刺激苏联与共产主义中国,相信澳大利亚

与菲律宾也不会同意。此外,印度认为,如果为保卫上述岛屿维持在日军事基地,事实上构成了军事占领,将限制日本自由行使主权;印度还指出日本人民自身并非热切盼望重整军备。杜勒斯也认为安全问题是最棘手的问题之一,如果需要重建日本军事力量,其军队只可用于自卫,并通过某种方式与联合国或地区安全部署结合,最终有利于维护地区和平与秩序。杜勒斯还建议道,重建后的日本军事力量可与近期联合国《共同维护和平决议》①相结合,该决议规定联合国成员国维持特定军队,维护共同利益。然而该决议现在只对联合国成员国有效,可以考虑将来某个时间修改该决议,扩大效益至非联合国成员国国家,这样如果日本短期内无法加入联合国,日本也可遵守这一决议。潘迪特本人似乎不是特别赞同印度政府在安全问题上的看法,她似乎更认可杜勒斯的说法,认为应当本着务实的态度,既可使日本有能力维护自身安全,又可防止日本的越轨行为,建立任何与国际安全部署无关的军事力量。

如上所述,在其他问题上印度大致同意美国的看法,但印度明显希望限制或禁止日本工业直接从事武器与战争物资的生产。两人均同意就如何处置日本海外财产以及黄金储备问题给出更详细的说法。潘迪特被告知美国十分愿意讨论这一问题,但现阶段美国认为日本的黄金储备仍归日本所有。

潘迪特说,印度只是谨慎地提出上述初步意见,仅供美国参考。

杜勒斯告诉潘迪特,有必要了解日本人对朝鲜局势的看法,为此,他和阿利森以及其他人员将在短期内前往日本。此次前往日本将重新评估日本的态度,日后可能需要与盟友们再次谈判,讨论该如何继续走下去。

[附件]

印度对美国《对日和平条约》备忘录的初步意见

Ⅰ. 缔约国。

1) 印度政府希望起草《对日和平条约》时,所有远东事务委员会成员国均应为主要缔约国,其中包括苏联与共产主义中国。

2) 印度支持印度尼西亚与锡兰成为重要缔约国。

3) 至于投票程序问题,印度认为制定重要决议时,实质上应采用三分之

---

① 原编辑者注:1950 年 11 月 3 日联合国大会决议 377(Ⅴ)的详细内容,请参见联合国《第五届联合国大会官方记录,增补第 20 条(A/1775)》,第 10—12 页。

二多数,程序上应采用简单多数程序。

Ⅱ.联合国成员国。

印度将支持日本加入联合国。

Ⅲ.领土处置问题。

1)依据1943年12月的《开罗宣言》,印度认为台湾与澎湖列岛应归还给中国。但印度认为,不应等到签订和平条约后再处理台湾与澎湖列岛的所属权。

2)关于是否归还南库页岛与千岛群岛给苏联,印度认为既然雅尔塔会议将南库页岛与千岛群岛划分给苏联,且此时正为苏联占领,没有必要在条约中讨论将来如何处置南库页岛与千岛群岛。

3)印度显然同意由美国代表联合国托管琉球群岛与小笠原群岛,行使行政权力,但印度认为应在和平会议上讨论是否将二者归还与日本。

Ⅳ.安全问题。

1)印度认为,任何允许日本重整军备的决议都可能刺激苏联与共产主义中国,相信澳大利亚与菲律宾也不会同意。印度认为日本应去军事化,由联合国保障其安全。

2)此外,印度认为如果为保卫上述岛屿维持在日军事基地,事实上构成了军事占领,将限制日本自由行使主权。这还可能使日本暴露于敌对势力预防性或攻击性的进攻。

3)日本人民自身并非热切盼望重整军备。

4)印度认为除为维持内部安全保留小部分日本军队外,日本应去军事化,由联合国保障其安全。

Ⅴ.政治与经济协定。

1)印度政府赞同日本应遵守多边协定,禁止滥用麻醉药品,保护鱼类。

2)印度认为应限制或禁止日本工业直接从事武器与战争物资的生产,其他工业则不受此约束。

3)印度认为,日本应完全遵守日本同意的商务、经济及财政公约。

4)印度认为,通过和平条约各缔约国与日本签订双边协议,可更好地规范国际公约各条款规定的贸易关系。

Ⅵ.索赔。

1)印度已自愿放弃从日本国内工业设施中寻求赔款,因此同意美国的提议。

2)印度希望美国澄清态度,如何处置日本海外资产,包括在中立国家与泰国的资产。

3）赔款是否可使用日本的黄金储备。

Ⅶ. 纠纷。

印度同意美国观点。

（Memorandum of Conversation, by the Director of the Office of North-east Asian Affairs（Allison）, *FRUS*, 1950, Vol. Ⅵ, East Asia and The Pacific, United States Government Printing Office, Washington: 1976, pp. 1379 - 1383.）

44. 麦克阿瑟致陆军部

国防部档案

远东总司令（麦克阿瑟）致陆军部

绝密文件　1950 年 12 月 28 日,东京

　　给参谋长联席会议的私人信件

　　C52202。答复您 1950 年 12 月 18 日 JCS 第 99159 号文件。① 我对第 1 至第 9 个问题的看法如下：

---

　　① 原编辑者注:这份电报中,参谋长联席会议逐字转发了 12 月 13 日艾奇逊给马歇尔部长的信件（见前页,第 1363 页）,电报中继续写道:"您对国务卿信中第 2 段 4 个问题的看法,希望在下述基础上得到您的意见,(1) 大力扩充您军队的力量,(2) 不能增加您军队的物资力量。"参谋长联席会议总结道:

　　"除希望得到您对上述问题的看法外,参谋长联席会议还希望您就下述问题做出回复,我们在准备此问题上的观点时,可能需要回答这些问题:

　　问题 5. 如果不确定远东事务委员会国家是否参加和平条约,或者没有他们的支持的情况下,美国是否单边寻求早日签订《对日和平条约》?

　　问题 6. 没有您的领导,日本是否愿意重建武装力量?

　　问题 7. 如果苏联拒不加入条约,考虑到有关同盟军管制日本的休战条款,远东司令部（CINCFE）是否能够或应否保留盟军最高统帅的职权,防止苏联采取行动承担上述职权?

　　问题 8. 如果能够很快签订和平条约,在您看来,要保护日本免遭苏联入侵,需要采取哪些长期和短期的军事措施?

　　问题 9. 从军事角度考虑,您现在对《对日和平条约》是否有其他建议?"（国防部档案）

（1）相反，现在一切证据均表明，我们应立即就与日和平问题召开和平会议。我们承诺了这样去做，日本也值得得到和平条约，如果我们不这样做，我们将在日本甚至整个亚洲丧失操守与领导权。

（2）同意。

（3）从军事角度考虑，暂且不可归还琉球群岛与小笠原群岛给日本。作为发动战争的惩罚，日本已接受失去两地的事实。琉球群岛与小笠原群岛构成了我国边防防线的重要部分，我们对两地的控制已正式确立且得到了国际认可。现在要牺牲美国利益，放弃控制两地，使我国对两地的使用权受日本政府对条约安排的限制，这简直无法想象。这无异于变我军强势为弱势，且这样做毫无道德或法律原因。

（4）同意（派驻此处的军队是否能够获得更多的物资，上述观点这里同样适用）。

（5）无论是否有太平洋其他国家的赞同，美国都应承担其道德与法律义务，维护日本和平。

（6）对于重新武装日本，我们无法预测这将对日本的未来产生什么影响。但美国以及任何美国代表在这一问题上的影响，将在很大程度上取决于未来美国的亚洲政策，尤其是我们如何处理现在在朝鲜遭遇的危机。

（7）我认为，除非完全恢复日本主权，否则日本不太可能接受和平条约。如果在签订条约后保留盟军最高统帅现有的权力，在日本人民看来，这样的条约绝对无法接受且毫无意义。

（8）通常情况下，在没有迫近的敌对势力时，一支有着四个师以及由其他组建的完备军队，再加上海军与空军小分队，以及相应的海军及空军补充，就足够保卫日本安全了。但这只能满足基本的需要，任何时候国际局势进一步紧张化并导致日本可能受到迫近的威胁时，需要立刻加强军事力量。如果发生上述情况，应在全球范围内研究敌人分布的密度，得出其性质，并从中探讨敌人行动的潜力，进而以之为指导，决定到底增加多少军事力量。迫近的威胁平息后，再恢复到基本军事力量。显然，要长期保障日本军事安全，需要依靠联合国的力量与日本政府和日本人民的合作，日本应建立并维护本土力量，保证国内局势安全，协助抵御入侵。

（9）我对《对日和平条约》的观点全都记录在案，此时再无其他有利意见。

麦克阿瑟

(The Commander in Chief，Far East (MacArthur) to the Department of the Army，*FRUS*，1950，Vol. Ⅵ，East Asia and The Pacific，United States Government Printing Office，Washington：1976，pp. 1383－1385.）

45. 联合战略调查委员会给参谋长联席会议的报告

麦克阿瑟纪念图书馆与档案：记录第 5 组
联合战略调查委员会给参谋长联席会议的报告
绝密文件　1950 年 12 月 28 日，华盛顿
JCS2180/2
参考：

a. JCS 1380/90①

b. JCS 2180

c. JSC 2180/1

问题：

1. 1950 年 12 月 15 日国防部长的备忘录（JCS 2180 附件）中，附上了 1950 年 12 月 13 日国务卿的信件（JCS 2180 附录），以及 1950 年 12 月 13 日国防部的备忘录（JCS 2180 附件），两份备忘录均与上述主题相关，要求参谋长联席会议就上述两封备忘录表达意见和建议，特此优先处理这一事宜。

2. 国防部长办公室代理行政秘书 1950 年 12 月 20 日准备的备忘录（JSC 2180/1 附录），其中附有表 A、表 B（JSC 2180/1 附录 A、附录 B），均关于 JSC 2180 备忘录附件（annex）第 3 段（b）小段中所述的双边条约问题，联合战略调查委员会就其报告相关问题检阅了上述文件。

3. 制定报告期间，委员会还考虑了 1950 年 12 月 28 日远东司令部（CINCFE）的急件 C52202（CM IN 4736），卡特·B. 马克格鲁德少将的备忘录，马克格鲁德少将是国防部长《对日和平条约》问题的特别助理，两份文件均关于上述主题。

---

①　原编辑者注：JCS 1380/90 是国防部给文件的编号，本文件汇编中收录为 9 月 7 日国务卿给国防部部长信件的附件，见本书第 1293 页。见前页，第 1363 页。

建议：

4. 建议将附件中的备忘录转交给国防部长。

［附件］

给国防部部长的备忘录草案

1. 依据您在 1950 年 12 月 15 日备忘录中的要求，针对国务卿提议给总统代表团的参考条款，参谋长联席会议达成了以下意见。

2. 1950 年 9 月 8 日，总统批准了 NSC 60/1①，其中规定"现在美国应开始《对日和平条约》的初步谈判"。参谋长联席会议意识到，现在我们面临的局势与当时相比发生了巨大变化。

3. 1950 年 9 月 8 日，在朝鲜与联合国军对抗的力量只有北朝鲜军队。尽管联合国军当时位于釜山据点之内，联合国军总指挥的种种军事行动表明，我们将很快在朝鲜取得全面胜利。当时共产主义中国并未确定参与这场冲突，苏联似乎也不鼓励中国介入。大体看来，除中国外，美国在亚洲的地位仿佛可以保证达成满意的结果，尽管我国在日本军队实力较弱，之前在朝鲜战场也少有胜利，但美国有信心消除上述两点可能对亚洲友好国家造成的不利影响。

4. 1950 年 9 月 8 日，美国在欧洲的地位还算理想。尽管苏联军事力量不断增加，但有证据表明西欧国家间的凝聚力增强、决心大增。那时美国并没有建议重建西德军事力量。

5. 在过去的两个半月里，美国在世界尤其是远东的军事地位急剧恶化。在亚洲遭遇的颠覆尤其严重。美国在朝鲜的军事行动能否取得成功很成问题。共产主义正在加强进犯印度支那。在联合国，美国在亚洲的政策多受诟病。一些友国对朝鲜、中国、日本以及台湾的看法对我们不利，如果希望这些友国改变态度，美国需要对其大力施压。

6. 现在美国既没有作战部队可用以加强对日本的军事占领管制，如果苏联武力入侵日本，美国也没有作战部队可以抵御苏联入侵，朝鲜问题得到解决之前，没有任何作战部队可供美国调用。此外，美国在远东所有的海军及空军力量都忙于应对朝鲜问题。在这一点上，麦克阿瑟将军向我们发出了紧急请求，要求立刻大力增援其陆军力量，提供合理防卫，防止苏联趁我军被朝鲜牵

---

① 　原编辑者注：JCS 1380/90。（原文脚注如此）

制的情况下突袭日本。① 尽管日本法律与秩序由其国内安全力量维持,但完全不足以抗衡任何苏联入侵,日本国内存在着各种共产主义活动,这一力量可能甚至不足以维系日本国内安全。因此,实际上日本军事处于真空状态。

7. 从军事角度来看,参谋长联席会议认为,现在进行《对日和平条约》的初步谈判,美国的优势微乎其微。从进一步维护美国安全利益的角度来考虑,这些优势都具有不确定性。尽管如此,从日本角度来看,此时进行和平谈判对日本人民却是有利的。因此,美国可利用这一愿望,进一步拉拢日本靠近西方世界。另外,签订有利于美国的双边条约成为可能。尽管签订和平条约后,美国将要求在日本设立军事基地等权力,如果美国可在日本免遭帝国主义控诉,我们就能在宣传上赢得一些优势。假设日本愿意与美国签订双边条约,应立刻着手制定美国在日本的长远军事计划,立场需坚定。此外,我们已就《对日和平条约》开展初步谈判,为同时签订《对德和平条约》奠定了基础。

8. 另外,如果现在启动《对日和平条约》的谈判,参谋长联席会议也看到很多不利因素。不可避免地,启动谈判时,美国在日本势力极其微弱,且美国并不充足的军事力量陷于朝鲜及别处。这种情况下,美国可能需要向日本做出很多军事及其他方面的让步,而换个时局,可能根本不需要在这些方面做出让步。在这一点上,最终谈判时美国可能要做出进一步的让步。

9. 鉴于日本当下及短期内的安全形势,有必要在谈判开始前准备好增加日本安全力量。尽管此次倡导的谈判仅具有预备谈判的性质,但谈判一旦启动,一段时间内将达成和平条约。如果任何性质的谈判后,不能在合理的时间内签订条约,只能说明美国在世界上的信誉不佳,一切可能从谈判中得到的好处将付之东流。

10. 从军事角度来看,参谋长联席会议认为,在朝鲜问题得到解决之前,决不可诱发一系列事件致使日本独立,否则美国很可能失去在朝作战的重要基地,亦即日本。现在朝鲜问题将在何时解决并不可知,也无法预知朝鲜局势的走向。但美国与共产主义中国在朝鲜的对峙可能扩大为两国间的公开战争。此外,爆发世界大战的可能性大幅增加。无论是与共产主义中国作战,还是应对世界大战,参谋长联席会议都无法认可失去日本这一重要的战略根据

---

① 原编辑者注:1950 年 9 月 18 日联合国部队总司令(CINCUNC)给参谋长联席会议的信件 C51559,CM IN 1671,文件保存在参谋长联席会议秘书处。

地。鉴于上述风险,包括日本面临的风险,且我军可能在朝鲜战争中失利,现在不适合开展《对日和平条约》谈判。

11. 据参谋长联席会议的了解,美国拟定的《对日和平条约》中,有一些条款我们在远东事务委员会的盟友无法接受。这些国家反对的,是具有重要意义的军事与经济目标,尽管一旦发生战争,美国从军事角度考虑,若要防止苏联利用日本,必须要求实现上述目标。假如美国不顾盟友国家的反对意见,单边推进和平条约,将在西方国家间造成严重不合。此外,日本仅有"一纸"和平条约,并无军事力量,日本无法保证将来的日本政府能否继续遵从条约。无论如何,如果日本安全力量不够充分,得不到西方国家的支持,我们的权力将遭到来自民族主义和共产主义颠覆行为的破坏。

12. 我们公开主张重建日本军事力量,如果西德也重整军备,将大大激怒苏联。参谋长联席会议认为,从苏联角度考虑,阻止西德与日本建立有效军队对苏联大有裨益。此外,苏联可能在日本具有一定的军事实力之前,尤其是在日本重整军备之前美国就撤出军队的情况下,发动世界大战。

13. 参谋长联席会议认为,美国应尽早逐步增强日本维护内部安全与抵御入侵的力量,这将大大有利于美国的军事利益。为实现这一目的,日本方面需要修改宪法。因此,参谋长联席会议认为,日本宪法作出上述修改之前,切不可开展《对日和平条约》谈判。

14. 1950年12月1日,北平政府电台宣布"中国人民绝不接受任何排除中国与苏联的单边《对日和平条约》……",尽管这一声明并非我们的首要关注对象——美国政府应考虑到这一点。此外,苏联就重建西德军事力量问题上向东方国家发出通告,发表了类似的声明。在这种情况下,如果美国一定要加入关键的军事条款,我们可能失去盟友的支持。在这一点上,参谋长联席会议认为,决不可因美国单独与共产主义中国间的冲突导致战争,其军事后果无法接受。

15. 参谋长联席会议认为,美国在日本的目标应包括但不止于以下内容:

a. 保证日本以西方国家为导向;

b. 无论战时或和平时,拒绝日本为苏联所利用;

c. 为保证实现 b 中的目标,日本应具备足够的力量为自身安全做贡献;

d. 爆发战争时,日本军事基地可为美国军事行动所用;

e. 日本的战争潜力为美国所用。

16. 参谋长联席会议认为,即便不签订《对日和平条约》,也可实现上述所有目标,但其中一些目标只有在盟军最高统帅的领导下才能实现,可能需要盟军最高统帅私下里实行。相反地,参谋长联席会议严重怀疑现在借助和平条约实现上述目标的可行性,何况我们的友国对实现以上目标并不热忱。

17. 有关这一点,盟军最高统帅代表美国对日本实施的军事占领,可与苏联管制委员会对西德的军事占领相比较。苏联管委会公开与隐蔽手段兼用,调整对东德的控制以期实现苏联的目标,与此同时,苏联向东德提供的和平条约可能给予东德大量便利。东德在很大程度上拥有所谓的自主权;东德的自主权包裹着独立的外衣,在外交关系上尤其如此;东德签订了一些条约性质的国际协定;建立了强大的军事力量;此外,东德自主与其他国家签订了不错的贸易协定。参谋长联席会议认为,可在日本施行类似的措施而无需采用强迫的手段,既能满足日本人民,又不会无端扩大战争的风险,还可继续在日本保留美国的军事基地。

18. 鉴于上述内容,关于国务卿在基本的备忘录中向国防部长提出的 4 个详细问题,参谋长联席会议的观点如下:

疑问:从军事角度考虑,是否反对:

(1)在朝鲜问题得到有利于美国的解决之前提前签订和平协议?

答:参谋长联席会议强烈建议停止所有《对日和平条约》的谈判,在朝鲜问题得到解决后方可开展谈判。由于美国在远东地区的军事局势极不稳定,且美国军队并未做好卷入世界大战的准备,参谋长联席会议认为,前述建议应具有最高优先权。

(2)以美国将大力保卫日本在内的岛链为前提展开谈判?

答:诚然,保障美国在亚洲近海岛链的安全地位,对美国(以及西欧)安全大有帮助,但如果爆发世界大战,单独依靠美国力量不可能有效保护这一岛链。此外,如果美国依照提议中承诺的做法,可能导致日本缺乏动机,不愿维护自身安全。由于有爆发世界大战的风险,参谋长联席会议认为,美国不可正式承诺将承担武力守卫日本安全的义务。因此,现在或短期内,美国不可同意向日本在内的岛链提供大力保护。

(3)规定琉球群岛与小笠原群岛为日本所有? 与此同时,二者均受制于即将与日本签订的军事安全协议,该协议将就冲绳的地位做出特别规定。

答:参谋长联席会议强烈反对美国放松对上述岛屿控制的政策。参谋长联席会议不明白为何要做出无端让步。相反地,美国应继续对上述岛屿实施战略托管,以保证无论战时或和平时期,都可在太平洋地区执行我们的承诺、政策以及军事计划。在这一点上,与日本签订永久军事安全协定与日本领土主权背道而驰。为此,建议的让步完全无法接受,参谋长联席会议认为 NSC 60/1 中认可的政策颇为中肯,坚持应达到其中所述的最低要求:

"该条约必须保障美国对北纬 29 度以南的琉球群岛、马尔库斯岛,孀妇岩以南的南方诸岛(Nanpo Shoto south of Sofu Gan)享有独家战略管制权。"

(4) 依照附件备忘录中第 4 段原则,试图签订太平洋协定?

答:尽管这种行为与和平条约谈判直接相关(如上所述),参谋长联席会议认为此时试图建立太平洋协定,无论通过建议的方式还是通过一系列有效的地区协定,都将遭到强烈的军事反对。

19. 对于题名"日本"的最初信件的附件,参谋长联席会议持保留意见,这是因为与日本就和平条约举行任何谈判时,都应依据 NSC 60/1 中批准的美国政策。

20. 1950 年 12 月 20 日国务卿办公室寄来备忘录,其中附件列出了几点有关双边安全协定第 3 号草案的建议,鉴于上述原因,参谋长联席会议亦保留意见。①

(Report by the Joint Strategic Survey Committee to the Joint Chiefs of Staff, *FRUS*, 1950, Vol. Ⅵ, East Asia and The Pacific, United States Government Printing Office, Washington:1976, pp. 1385 - 1392.)

---

① 原编辑者注:1951 年 1 月 9 日文件 JCS 2180/3 中,参谋长联席会议秘书威廉·G·莱勒(William G. Lalor)海军上将(退役)与联合秘书处 L. K. 拉杜(Ladue)给参谋长联席会议的便条中,据称,1951 年 1 月 8 日,参谋长联席会议与(以艾奇逊为首的)国务院代表进行谈话,JCS 2180/2 文件被用作谈话的基础。这次会议的相关文件被安排发表在《外交文件》,1951 年,第 6 卷。(麦克阿瑟档案,RG 5)

46. 赖伊给国家安全委员会的报告

S/S 档案:Lot 63D351①;NSC 48/5

执行秘书(赖伊(Lay))给国家安全委员会的报告

绝密文件　1951 年 5 月 17 日,华盛顿

NSC(国家安全委员会)48/5

美国在亚洲目标、政策以及行动方案

参考文献:

A. NSC 48 系列②

B. NSC 行动第 471 号文件③

C. 1951 年 5 月 14 日至 15 日行政助理给 NSC 的相同主题的备忘录④

D. NSC 13 系列⑤

E. NSC 22 系列⑥

---

①　原编辑者注:国家安全委员会文件母档案,1947—1961,由国务院行政秘书处整理。

②　原编辑者注:NSC 48/2,报告题为《美国在亚洲的立场》,1949 年 12 月 30 日。发表于《国际关系》,1949 年,第 7 卷,第二部分,第 1215 页。

③　原编辑者注:NSC 行动第 471 号文件,5 月 16 日国家安全委员会第 91 次会议文件,记录 NSC 采用了这份报告。其中还特别指出,如果总统批准了这一报告,NSC 应建议总统用该报告代替下文第三段中提到的其他 NSC 系列文件。

④　原编辑者注:此处均未收录。

⑤　原编辑者注:NSC 13/1,报告题为《有关美国对日政策的建议》,1948 年 9 月 2 日,以及 NSC 13/2,报告名称同上,1948 年 10 月 7 日。两份报告分别发表于《外交关系》,1948 年、1949 年第 6 卷,第 853、857 页。NSC 13/3,报告名称同上,1949 年 5 月 6 日。同上,1949 年,第 7 卷,第二部分,第 730 页。

⑥　原编辑者注:NSC 22,报告题为《中国紧张局势下美国可采取的行动》,1948 年 7 月 26 日,以及 NSC 22/1,1948 年 8 月 6 日,报告名称同上,发表杂志同上,1948 年第 8 卷,第 118、131 页。NSC 22/2,《美国对中国援助的当前立场》,1948 年 12 月 15 日,发表杂志同上,第 231 页。NSC 22/3,报告名称同上,1949 年 2 月 2 日,发表杂志同上,第 9 卷,第 279 页。

F. NSC 34 系列①

G. NSC37 系列②

H. NSC 60/1③

I. NSC 81 系列④

J. NSC101 系列⑤

　　国家安全委员会第 91 次会议文件(NSC 行动第 471 号文件)对 NSC 48/4 号文件⑥做出了修改,总统今日已批准了该文件中的政策声明,兹命令美国所有相关部门与行政机关,服从国务卿与国防部长的安排,落实该声明。

　　特此附上上述政策,以供各部门传阅并采取相应措施。国家安全委员会研究并修订了 NSC 48/3 号文件⑦中的问题,随信一并附上。

　　此外,总统批准了国家安全委员会 NSC 行动 741－c 文件,如此 NSC 48/2、NSC 13 系列、NSC 22 系列、NSC37 系列、NSC 81 系列均被取代;停止继续执行 NSC 101 系列文件,但不取代 NSC 60/1 号文件。

詹姆斯・S. 赖伊(小)

---

　　① 原编辑者注:NSC 34,报告草案,题为《美国对中国政策》,1948 年 10 月 13 日,发表杂志同上,1948 年第 8 卷,第 146 页。NSC 34/1,报告名称同上,1949 年 1 月 11 日,NSC34/2,报告名称同上,1949 年 2 月 28 日,发表杂志同上,1949 年,第 9 卷,分别见第 474、491 页。

　　② 原编辑者注:NSC 37—37/9,题为《美国对台湾政策》,发表杂志同上,第 261 页起。NSC 37/10,发表杂志同上,主题同上,1950 年 8 月 3 日,发表杂志同上,1950 年第 6 卷,第 413 页。

　　③ 原编辑者注:NSC 60/1,报告题为《对日和平条约》,1950 年 9 月 8 日,发表杂志同上,1293 页。

　　④ 原编辑者注:NSC 81,报告题为《美国对朝鲜问题的行动方案》,1950 年 9 月 1 日;NSC 81/1,报告名称同上,1950 年 9 月 9 日;NSC 81/2,报告名称同上,1950 年 11 月 4 日,发表杂志同上,第 7 卷,分别见 685、712、1150 页。

　　⑤ 原编辑者注:NSC 101,报告题为《对共产主义中国以及朝鲜的行动方案》,1 月 12 日,NSC101/1,《美国反共产主义中国侵略的行动方案》,1 月 15 日,预计在第 7 卷中出版。

　　⑥ 原编辑者注:NSC 48/5 对 5 月 4 日的同名文件进行了小幅修改,此处未收录。

　　⑦ 原编辑者注:4 月 26 日文件 NSC 48/3 为 NSC 48/4、、NSC 48/5 的较早版本,此处未收录。NSC 48/5 文件中国家安全委员会的调查报告,在 4 月 24 日文件 NSC 48/3 附件的基础上稍做修改,此处未收录。

[附件 1]

亚洲策略声明

综述

1. 美国在制定亚洲政策、目标以及行动措施时，以对抗苏联、推动自由世界为导向，兼顾美国的实力与美国对世界各国的承诺。然而，共产主义在亚洲使用武力，在亚洲地区明显对美国安全造成威胁，美国在制定政策时必须认清这一点。

2. 苏联政府企图利用共产主义中国政府控制东亚大陆，最终控制日本及其他太平洋主要近海岛屿。如果苏联在东亚大陆达成上述目标，可保障苏联东翼安全，使苏联可集中军事力量攻击其他地区，尤其是欧洲，这样将极大地增强苏联的势力，威胁美国安全。如果苏联控制了包括日本在内的西太平洋近海岛屿，势必严重威胁美国安全。

3. 当前情况下，美国及其盟友正着手打造军事及辅助力量，以抵御苏联进一步的侵略行为，万一全面战争不可避免，足以支撑美国及其盟友应对全面战争。为此，美国应在不牺牲美国关键利益的前提下，尽量避免突然与苏联作战，必要时需要牺牲部分利益，以保全美国国防安全的大局。

4. 美国应贯彻落实集体安全原则，通过联合国，团结重要盟友，继续与其他友国合作，仅在必要时采取单边行动。

长远目标

5. 美国在亚洲地区的长远目标如下：

a. 通过自助与互助，在亚洲建立非共产主义政府，亲善美国，遵守联合国宪章，愿意且有能力维护内部安全，抵制苏联影响，抵御入侵。

b. 消除苏联在亚洲的压倒性优势及影响，或适当削弱，使苏联不再有力量对美国及其盟友的安全造成威胁，不危害亚洲国家和平、独立与安定。

c. 发展与亚洲国家关系，防止该地区任何国家或联盟威胁美国安全。

d. 在尽可能的情况下，通过互惠合作，保障美国及其他自由世界国家可使用亚洲地区资源，防止为共产主义世界所用。

6. 苏联入侵亚洲国家的行为严重威胁了美国安全，美国将实行以下策略：

a. 隔绝作为苏联盟友的中国，支持建立抵御侵略的"中国政府"。

　　b. 维护日本—琉球群岛—菲律宾—澳大利亚—新西兰的近海防线。否认与共产主义相关或共产主义控制的中国政府拥有台湾,加速建设台湾的自卫能力,采取一切可能措施阻止苏联入侵南亚、东南亚。

　　c. 协助日本建设成为自给自足的国家,保证日本亲善美国,有能力维护其国内安全,抵御外敌入侵,促进维护远东地区和平与稳定。

　　d. 通过自助与互助,发展亚洲自由国家与美国在内的太平洋地区的安全与经济关系,并由美国提供适当的帮助。

　　e. 继续通过政治手段而非军事手段解决朝鲜问题,以建立统一、独立、民主的朝鲜为最终目标。通过联合国,在美国能接受的前提下寻找解决当前朝鲜问题的方式,至少满足以下几点:(1) 适当休战,终止敌对状态;(2) 建立韩国,树立其在北部边界以南的整个朝鲜的权威,可最大限度地协助行政与军事防卫,而非只是在三八线以南;(3) 规定非朝鲜部队分阶段撤出朝鲜;(4)允许韩国建立军队,抵御北朝鲜再次侵犯。直到实现上述目标为止,绝不停止反抗,绝不姑息侵略者。

　　f. 与上述 e 段一致,保护美国安全与联合国军队,尽量避免在朝鲜与苏联的对峙演变成为全面战争,防止与苏联的对峙扩展到朝鲜以外的共产主义中国,尤其在缺乏我方盟友支持的情况下。

　　g. 帮助南亚以及东南亚国家,使其愿意且有能力从内到外抵御共产主义入侵,促进建立自由世界。

　　h. 依据第 5 条 d 点所述,采取所有可能措施,通过互惠与合作,最大限度地促进美国及自由世界利用亚洲物质资源,并严防这些资源被共产主义世界利用。

　　7. 综上所述,美国在亚洲相关地区应采取以下段落所述措施。

　　8. 继续承认"中华民国"政府为中国的合法政府,对于共产主义政府,美国应:

　　a. 继续通过联合国重创其在朝军队,削弱共产主义政府的政治及军事力量。

　　b. 运用所有可行方式扩大并增强非共产主义政府,影响中国领导人与人民反对北平政府,重新定位或建立新政府。

　　c. 扶持中国内外反共势力,发展扩大反抗北平政府的力量,在中国南部尤其如此。

d. 挑拨北平与莫斯科政府的关系,运用一切手段离间北平政府。

e. 美国继续对中国实行经济制裁,抵制共产主义国家加入联合国,加大力度说服他国在联合国抵制中国共产主义政府,推进联合国与朝鲜相关的政治、经济制裁。

f. 为防止中国入侵朝鲜以外的其他国家和地区,保护联合国安全和美国军队,保证在联合国被迫撤出朝鲜时采取适当的军事行动,在适当的情况下采取以下措施:

(1) 通过海军空军力量封锁中国海岸线。

(2) 共产主义中国入侵朝鲜以外的地区时,采取相应的军事行动。

(3) 由"中华民国"政府的军事力量采取防御或进攻性措施,必要时给予协助。

g. 如果美国出兵朝鲜以外的国家和地区,继续影响盟友站在美国这边,保证美国采取 f 点所述行为时得到盟友的支持。

9. 至于朝鲜问题,美国政府应:

a. 寻求恰当的政治途径解决朝鲜问题,不影响美国在苏联以及台湾问题上的立场,不可同意共产主义中国加入联合国。

b. 由于暂未找到上述途径,且暂无其他可选条件,在这种情况下,继续在朝鲜的军事行动,不承诺武力实现朝鲜统一,但必须:

(1) 给敌人最大的打击。

(2) 通过军事行动防止韩国遭到入侵。

(3) 限制共产主义势力,防止其再侵略亚洲其他地区。

c. 继续努力影响美国盟友,加大对联合国在朝行动的支持力度。

d. 尽快在韩国成立可靠的军队,使其拥有足够的力量,最终代替联合国军队承担在朝任务。

e. 如果苏联继续增加在朝"志愿军"数量,威胁联合国在朝军队安全,即刻考虑从朝鲜撤出联合国军队,保障美国以最佳状态应对全面战争。

f. 如果苏联突然发动全面战争,应尽快从朝鲜撤出联合国军队,在其他地区部署美国军队。

g. 通过美国在联合国活动以及联合国自身,尽可能支持韩国政府建设、强化民主制度,继续通过联合国推动韩国及其他脱离共产主义控制地区的经济复苏。

10. 关于日本，美国应：

a. 尽快推进与日本签订和平条约进程，以总统决定的立场为基础，尽可能争取更多的对日作战国家加入。

b. 尽快与日本签订双边协定，以总统决定的立场为基础，与和平条约同时签订。

c. 扶持日本在经济上实现自给自足，生产美国需要的产品和服务，维持亚洲非共产主义国家经济稳定。

d. 与日本签订和平条约期间，继续采取以下措施：

（1）采取相应措施协助日本从军事占领状态恢复到主权自由状态。

（2）协助日本组织、训练国家警备以及海上安全巡逻队，为其提供所需设备，帮助日本建立有效的军队。

e. 签订和平协议后，

（1）协助日本建立适当的军队。

（2）协助日本大量生产低成本的军用物资，供日本和亚洲其他非共产主义国家使用。

（3）采取一切可行性措施，争取联合国接纳日本为成员国，允许日本参与地区安全部署。

（4）设计合适的心理计划，进一步引导日本以自由世界为导向，远离共产主义世界。

11. 关于台湾，美国应采取以下措施：

a. 应美国安全利益需要，第 7 舰队继续执行其任务。

b. 支持国民党内政治变化，提高国民党政权的声望，增强其在中国国内的影响力。

c. 为台湾军队提供军事和经济援助，以保卫台湾，或用于实现上述第 8 条第 f 点的计划。

12. 在菲律宾群岛，美国应继续执行 NSC 84/2 号文件①。

---

① 原编辑者注：NSC 84/2 号文件，报告题为《美国在菲律宾的立场》，1950 年 11 月 9 日，见《外交关系》，1950 年，第 6 卷，第 1515 页。

13. 在南亚,美国应继续执行 NSC 98/1 号文件①。

14. 美国将在南亚执行以下政策:

a. 继续支持在南亚的相关项目,增强南亚国家抵制共产主义入侵的意愿和能力,尽可能加大共产主义势力在南亚军事行动的耗费,为美国及其盟友建立近海防御链争取时间。

b. 继续推进东南亚国家信息与教育交流项目。

c. 鼓励东南亚国家恢复并扩大相互贸易,刺激该地区原材料流向自由世界国家,在适当的监管下,帮助东南亚某些国家建立小型武器生产厂。

d. 在印度尼西亚:

(1)加强法国军队有效性,扩大当地武装军队,改进设备,及时提供适当的军事援助,但不可动摇法国的基本军事义务,不承诺一定向印度尼西亚提供武力援助。

(2)鼓励印度尼西亚实现国内自主独立,逐步推进社会经济改革。

(3)继续促进国际社会对三大盟国(the Three Associated States)的帮助。

e. 鼓励印度尼西亚政府朝非共产主义方向发展,扶持印尼经济发展,促使印度尼西亚加入保卫该地区安全的事业,紧密团结印度尼西亚加入自由世界。

15. 关于地区安全协议,美国应做到:

a. 依据第 10 条 b 点所述,签订和平条约后与日本签订安全协议。

b. 依据第 12 条所述,维持与菲律宾的安全关系。

c. 与澳大利亚、新西兰签订安全协议。

d. 考虑与亚洲其他国家签订双边或多边条约。

e. 依据第 6 条 d 点所述,鼓励并支持与亚洲国家以及亚洲国家间的进一步经济政治合作。

---

① 原编辑者注:NSC 98/1 号文件,报告题为《美国在南亚的立场》,1951 年 1 月 22 日,见后续(post),第 1650 页。

[附件2]

美国国家安全委员会对美国在亚洲的目的、政策以及行动措施①

问题

1. 确定美国在亚洲国家的目的、政策以及行动措施

美国在亚洲的长远目标

2. 美国在亚洲的长远安全目标如下：

a. 通过自助与互助,在亚洲建立非共产主义政府,亲善美国,遵守联合国宪章,愿意且有能力维护内部安全,抵制苏联影响,抵御入侵。

b. 消除苏联在亚洲的压倒性优势及影响,或适当削弱,使苏联不再有力量对美国及其盟友的安全造成威胁,不危害亚洲国家和平、独立与安定。

c. 发展与亚洲国家关系,防止该地区任何国家或联盟威胁美国安全。

d. 在尽可能的情况下,通过互惠合作,保障美国及其他自由世界国家可使用亚洲地区资源,防止为共产主义世界所用。

局势分析

3. 美国在制定亚洲政策、目标以及行动措施时,以对抗苏联、推动自由世界为导向,兼顾美国的势力与美国对世界各国的承诺。然而,共产主义在亚洲使用武力,在亚洲地区明显对美国安全造成威胁,美国在制定政策时必须认清这一点。

4. 苏联政府企图利用共产主义中国政府控制东亚大陆,最终控制日本及其他太平洋主要近海岛屿。如果苏联在东亚大陆达成上述目标,可保障苏联东翼安全,使苏联可集中军事力量攻击其他地区,尤其是欧洲,这样将极大的增强苏联的势力,威胁美国安全。如果苏联控制了包括日本在内的西太平洋近海岛屿,势必严重威胁美国安全。

5. 亚洲对美国具有重要的战略意义。

a. 亚洲对美国的战略意义来源于其巨大的资源、地理、政治以及军事潜力。该地区共有12亿5千万人口,北朝鲜以及中国军队展现的军事实力说明,有必要重新估价亚洲大众落入苏联共产主义控制后将对自由世界形成怎

---

① 原编辑者注:本报告中,"亚洲"界定为苏联以南、伊朗以东的亚洲大陆,包括主要近海岛屿——日本、琉球群岛、台湾、菲律宾、印度尼西亚、锡兰、澳大利亚以及新西兰。

样的威胁。

b. 亚洲的资源对美国安全具有重要意义,亚洲为美国提供了关键资源,如果战争中亚洲可继续向美国提供上述资源,将大大有助于美国。至少在达到储备要求以前,对美国来说该地区持续具有重要意义。此外,由于事态发展,可能导致上述储备枯竭,更强调了获得这一地区资源供应的重要性。该地区几乎负责着全世界天然橡胶的生产、5%的石油、60%的锡,在热带产品以及锰、黄麻纤维、核原料等资源出口中地位重要。日本的重工业潜力仅为苏联现有生产力的50%。因此,从美国安全利益角度考虑,美国的军事及经济协助项目应在最大程度上保障美国及自由世界从亚洲地区获得原材料。

c. 如果敌人控制了亚洲地区,我们将无法使用澳大利亚与中东、美国与印度之间的直接海航、空航线路,在中东边界地区造成极大的道德与心理影响,并对西欧造成关键影响。

6. 在苏联与共产主义势力入侵亚洲的大环境下,美国必须采取以下措施:

a. 中国问题是美国在亚洲面临的核心问题。通过改变整个的执政政府来解决这一问题,可促进实现美国在亚洲的目标。因此,美国在亚洲执行何种政策和措施,主要取决于中国这一核心问题的处理情况。

b. 共产主义入侵朝鲜,使远东成为战争威胁。现在还无法知道克里姆林宫与北平政府是否会将敌对状态扩大至亚洲其他地区,也无法知晓两国是否会入侵亚洲其他地区。美国必须做好两种情况都将发生的准备。无论如何,美国在不危害我国其他地区目标的前提下,使用手头资源,防止共产主义势力在朝鲜取得胜利,在亚洲地区抵制共产主义渗透。

c. 我们能否达成在亚洲国家的目标,将取决于美国的军事实力以及美国在世界各地的责任和义务,也取决于我们的敌人愿意且能够运用多大力量,为此,必须时刻仔细审查目标与措施,以之为基础,以不牺牲近期安全利益为前提制定政策与措施,最终引导我们实现最高目标。

7. 在面临着苏联侵略威胁的情况下,美国外交政策应以《联合国宪章》为基础,旨在建立一个共同维护安全的体系。为此,美国在制定政策时,不得不考虑其是否影响自由世界团结,以之为基础再维护国际安全,抵制苏联入侵。

8. 为实现上述目标,美国执行政策时必将遇到重重阻碍,具体如下:

a. 苏联的政策及行动措施。

（1）历史上苏联一直将亚洲国家作为其重要目标；布尔什维克主义强调的世界"殖民地和半殖民地"地区，主要指亚洲。共产主义在很大程度上推动了当地本土民族主义运动，这在一定程度上有助于苏联在亚洲政策的开展；克里姆林宫的目的即控制这些运动。

（2）克里姆林宫并未大范围的公开动用苏联军队，但北朝鲜与中国共产主义政府的入侵行径表明，苏联愿意冒比过去更大的险。

（3）克里姆林宫不仅为亚洲共产党提供指示和领导，建造颠覆、渗透以及革命中心，还为亚洲共产主义军队提供包括物资以及技术人员在内的军事援助。

（4）苏联在世界范围内构成威胁，阻碍了自由世界国家团结一致抵御共产主义入侵。苏联为亚洲共产主义势力提供政治、军事、技术以及宣传支持，对美国及其主要盟友造成了巨大威胁，极大地影响着世界权力关系。

b. 共产主义中国的策略及行动措施。

（1）共产主义中国已然入侵朝鲜，公开宣称企图占领台湾，可能进攻香港，加大对胡志明的支持力度，以利用在印度支那的中国军队。随着共产主义势力在这些方面取得成功，南亚其他国家也可能遭遇攻击，并进一步威胁日本近海岛屿链。鉴于这样的前景，共产主义势力惯常使用的渗透与颠覆政策将更加行之有效，导致很多亚洲国家现阶段继续保持观望态度。

（2）中国共产党成功征服中国，取得了巨大的声誉，对中国人民自身以及亚洲国家造成的影响不可低估。印度等其他国家使中国革命合法化为国民运动，与北平政府建立友好关系，可能是因为敬仰中国政府作为亚洲政府取得的成就，不仅具有革命性，且是敌视西方的力量。

（3）中国各重要的少数民族，由于历来与中国大陆关系密切，一贯倾向于支持得势的中国政府，可能会为中国共产主义势力所用。

c. 主要非共产主义国家在亚洲问题上缺乏统一性。

（1）美国在亚洲地区的政策时常因友国间缺乏统一性而受阻。这些国家虽然反对共产主义，但因利益冲突与美国或其他亚洲国家意见相左。例如，最近与英国、加拿大以及印度在某些远东问题上产生了分歧。可惜的是这些分歧很难消除，这是因为它们代表各自国家利益上的分歧，而公共意见很难消除。

（2）由于英国在欧洲与亚洲利益不同，其态度也不尽相同。与此同时，英国与印度对中国和台湾的政策建立在两国对台湾问题的看法以及对中国形势的估计的基础上,英国与印度在这两点上的看法均不同于美国。

　　d. 非共产主义亚洲国家缺乏统一性。

　　(1) 基于文化、语言以及宗教差异,亚洲国家之间存在着憎恶,因此亚洲国家间的区域行动与合作缺乏坚实的基础。尼赫鲁、蒋介石以及季里诺曾试图建立区域合作,但均以失败告终,足以证明在亚洲国家间建立合作的困难。由于英国占领印度时期实行印巴分治,印度与巴基斯坦相互敌视,严重困扰着东南亚地区合作。

　　(2) 由于亚洲国家彼此各不相同,我们的政策与项目必须根据具体国家进行修改以适应各国情况。但这不意味着我们应该放弃在亚洲国家间建立密切合作尤其是安全合作关系。例如,我们在解决印巴冲突,尤其是克什米尔冲突[①]时,做出了巨大努力,要赢得印度和巴基斯坦结盟,需要付出同样的努力,虽共产主义国家不太可能入侵南亚造成大的危机,除非重大冲突得以解决,否则印度与巴基斯坦不太可能进行政治或军事合作。

　　e. 缺乏非共产主义亚洲国家的支持。

　　(1) 亚洲人民对当前莫斯科—北平轴心国与自由世界谁能从当下冲突中胜出的判断,将极大的影响亚洲人民。一旦爆发全面战争,亚洲人民可能不太愿意加入任何一方,更不愿提前与可能输掉的一方结盟。因此,不能留下自由世界不可能或不愿意应对苏联入侵亚洲国家的印象,必要时使用武力,否则将削弱当地人民对共产主义入侵的有效抵制。

　　(2) 朝鲜冲突对参与者的军事和政治声望有着重要影响,很大程度上影响这亚洲国家将采取何种行动。

　　(3) 亚洲国家人民对政府缺乏信心,军事能力不足,且不具备建立守卫自己国家国防力量的意识与紧迫感,我们应扶持这种意识,激励亚洲国家主动行动。

　　f. 亚洲国家对西方持憎恨与怀疑的态度。

　　(1) 我们不能高估亚洲国家对美国的善意。共产主义势力以亚洲成员的身份出现在亚洲,宣扬民族主义,许诺在贫困地区建立乌托邦社会,而民主则经常与有特权的白人以及殖民剥削相提并论。共产主义成功利用了近代亚洲

---

① 原编辑者注:克什米尔冲突相关文件,见第 1699 页起。

史上的两大运动：反对西方列强的民族革命，以及解救人民于贫困的社会革命。

（2）尽管共产主义宣传伎俩用尽，亚洲本土制度以惊人的力量抵制着共产主义，迄今为止限制了共产主义控制某些可能为之提供强大军事力量的地区。然而抵制共产主义不代表亚洲国家愿意接受美国。美国面临着艰巨的任务，应在相互信任、互惠互利的基础上与亚洲国家建立关系，影响这股强烈的民族主义思潮与自由世界和谐一致。

（3）可能受英国影响，印度政府最近反对美国提出的一致对抗共产主义中国的信条。在很长一段时期内可能无法说服尼赫鲁，使其同意共产主义中国入侵朝鲜的行为是完全不当的，也无法使其同意拒绝共产主义中国收回台湾。南亚媒体——尤其是印度与巴基斯坦——认为美国政府对共产主义中国的态度是不当的，且大多数有政治意识的南亚人似乎认为，美国之所以称共产主义中国为侵略者，其实是其大棒政策使然。他们本能畏惧苏联与中国的势力，除非东南亚国家着实遭到入侵，他们不愿在政治或军事上公开敌对任何一方。

g. 非共产主义国家的领导及政治结构脆弱。

（1）亚洲国家新近面临着繁重的民族独立运动责任，大批革命势力迅速崛起，缺乏教育人员与教育设施，政治上缺乏训练有素的行政人员，经济上缺乏有经验的技术人员，且由于战争以及贸易格局的变化，经济结构严重失衡，对亚洲领导者提出了极其艰巨的任务。

（2）这种结构性的缺陷遍及整个亚洲，且将持续很长一段时间。美国需努力寻找培养并扶持亚洲国家领导人的方法。

（3）印度对整个南亚地区以及该地区其他国家的稳定起着决定性作用，必须着力稳定印度情况，大体来说，印度政府为亚洲地区最大的非共产主义政府，必须确保其地位稳固。也可在印度以及巴基斯坦实现无政府管理，或由极右、极左势力掌握印度政府。

h. 日本安全落实遭延迟。

（1）和平协议本可使日本恢复独立，建造基本的国防力量，但因苏联的政策干预而遭延迟。除非落实日本安全部署，苏联进攻的威胁不会消失。

（2）其他国家，尤其是澳大利亚与菲律宾，不愿同意恢复日本军事力量。美国制定政策时必须考虑这一因素。

i. 在亚美国人员存在问题。

（1）在亚洲国家生活工作的人员缺乏资质与经验，使制定并实现美国在亚洲政策面临重重阻碍。

（2）选派人员前往亚洲时，应仔细甄别，其人不仅应具备过硬的技术能力，还应适合在亚洲生活，且忠诚于美国政府。必须时刻谨记，我们的目标是因国而异的向各个国家提供援助，且避免在被帮助的国家留下不好的印象，以为美国要对该国"殖民化"或"美国化"。

9. 亚洲存在多种有利于达成我国目标的因素，可或多或少的减轻上述阻力，主要如下：

a. 我们的政策目标符合非亚洲国家的基本利益。

（1）亚洲非共产主义国家领导人以及人民正努力实现两大革命性任务，即实现民族独立、改善经济状况。其目标为夺回领土主权，实现国家稳定，提高人民生活水平，进行土地改革，增强军事实力，营造和平友好的国际关系。其任务目标与美国政策的目标与措施相匹配。

（2）历史上，美国与亚洲国家关系友好，我国亦宣布支持亚洲国家实现独立，并为其经济发展提供帮助，这在一定程度上增强了亚洲人民对我国政策动机和目标的信心。因此，尽管亚洲国家与我国的政策不尽相同，无法意识到现在面临着怎样的威胁，有时甚至可能会反对我们的行动，但我们不应忘记在亚洲仍握有一些基本筹码。

b. 亚洲国家惧怕并怀疑中国。

（1）当中国还处于由于内战而分裂的时候，亚洲的其他国家并不怎么关注中国。如今，中共领导下中国武装力量的崛起则引发了中国帝国主义的威胁，加剧了中国人民与包括菲律宾和印度尼西亚在内的东南亚各国人民之间的互相憎恶，也威胁着新兴独立的非共产主义国家。

（2）这种新的威胁最终可能会促使亚洲各国积极合作以共同抵制中国共产党。除了民族独立和经济改良运动以外，这种合作可能会构成刺激远东国家的第三因素。如果这一第三因素能够使亚洲各国为了共同安全紧密团结在一起，致力于为地区行动与合作打造一个更加稳固的基础，并最终能对中国产生影响，那么它对我们是有利的。这一第三因素潜力发展的可能性与英法美在亚洲地区所能抵抗的侵略力量成正比。

（3）尽管大多数具有强烈政治意识的南亚国家似乎反对我们对于苏联和

共产主义中国的政策,但是我们有理由相信他们中的多数,处在有责任位置的国家还是认识到了中苏入侵的危险,将会毫不犹豫的加入到抵制共产主义入侵的斗争中。尼赫鲁曾公开表示他的政府不会容忍来自尼泊尔的入侵。此外,现在还有迹象表明印度加强了在印缅边界的防御力量。

c. 共产主义中国的内部冲突

(1)共产党在中国实施集权主义的控制,这种做法造成了一种与中国传统不相容的情况,不利于中国人民的利益,也与中国特色相违背。这种情况下的内部冲突会在多大程度上影响中国人民对于中国这种政权的接受性,很大程度上取决于它改善经济状况和提供运转良好政府的能力,也就是要在整体上满足人们的经济和政治愿望。可以预料到的是,中国政府会充分利用舆论宣传和警备力量来达到他的目的。

(2)冲突产生于这种政权与苏联政府之间,产生于这种政权同人民之间,产生于这种政权和地区政府之间以及地区政府与这种政权自身之间。在中国,可能会削弱对这一政权支持度的因素包括:严厉控制的警察国家制度;缺少对个人和家庭权利的尊重;以及在人民普遍愿望是和平与工作而非战争与征兵的背景下,放弃改革与重建,专注于中国社会军事化和耗资巨大的国外军事投机活动;还有最基本的是,这一政权对于解决中国历史性经济困境的责任。如果这一政权无法给传统中国人民的不满提供具体的满足,那么这将非常不利于这一政权的基本稳定。

(3)衡量中国内部对这一政权的敌意程度是困难的,但毫无疑问的是,这种敌意是广泛存在,并可利用的。然而,对它的利用却受到众多因素和变化的影响,这些变化有的是因为重大事件,有的可能因为紧急情况。例如,尽管损失巨大,却依然未能将联合国军事力量从朝鲜驱逐出境的失败增加了强化冲突的机会。另一方面,在苏联的帮助下,在其他地区参与的军事冒险活动的成功又常常会缓和这些冲突,而伴随着这一成功而来的是统治党派进一步加强其控制力度和权力的刚性。

(4)中共政治局内部分歧的可能性是决不可以忽视的。尽管现在的北平政府明显是处在主张与莫斯科政府完全结盟的斯大林主义者的控制之下,我们还是有理由认为,中国共产党内部存在着一些个人或者团体,他们意识到或者不愿接受因为不懈地遵守一个卑躬屈膝地讨好莫斯科政府的政策而对未来中国历史地位产生的影响。

(5) 尽管期待或者预测北平政府会做出变革的政策是不明智的,但潜在的分歧还是必须要考虑的,并且要充分利用这样一种紧张的条件和局势:这一政权内部可能会发生冲突或者使得一个团体上台当权,尽管这一团体依然属于共产党,但可能会遵循一种对全球共产主义的目标并不是那么有利的道路,从而更利于美国的利益。这些分歧会在中国在其边界线以外的投机冒险活动的失败中发展壮大。

d. 中苏历史冲突

(1) 苏联一直对中国领土和国家利益进行着活跃的侵犯,为此中国人民已经与其进行了一个多世纪的斗争。中苏之间的斗争要比中国与其他任何国家之间的斗争都要频繁。俄国对中国的扩张是持续不断地,俄国政府声称永远反对中国政府对领土边界的划分。今天,苏联对于新疆、内蒙古、西藏和满洲的入侵,中苏两国在朝鲜控制性影响力的竞争以及两国在日本、东南亚和印度行动上的分歧,最后还有中国对苏联过度控制中国内务的反抗,等等。这些将使得两国之间的历史冲突再度爆发。与此同时,苏联政府也在担心,从长远的角度来看,中国在亚洲的扩张可能会危及俄国的安全。

e. 地理和物质资产

(1) 与苏联相比,美国有着更多和更具弹性的接近远东地区的方法。苏联的远东地区仅仅依靠西伯利亚铁路运送后勤物资,而且并不准备与中国以外其他任何国家接触。而美国对于亚洲沿海地区海空领域的控制则为其提供了无限的交流途径。

(2) 远东地区有接近三分之一的人口居住在具有防御优势的岛屿上。这三分之一的人口把日本的工厂与南太平洋广阔的沿海地区出产的原材料结合在一起形成了一个力量强大的体系。

(3) 日本的人口、工业生产能力、地理位置优势以及由于战后被美国占领带来的亲近关系使得它成为自由世界一项重要资产。

美国行动的政策导向

10. 从共产主义在亚洲的侵略给美国的安全利益带来的威胁的角度来看,美国应该采取以下政策:

a. 隔绝作为苏联盟友的中国,支持建立抵御侵略的中国政府。

b. 维护日本—琉球群岛—菲律宾—澳大利亚—新西兰的近海防线。否认与共产主义相关或共产主义控制的中国政府拥有台湾,加速建设台湾的自卫能力,采取一切可能措施阻止苏联入侵南亚、东南亚。

c. 协助日本建设成为自给自足的国家,保证日本亲善美国,有能力维护其国内安全,抵御外敌入侵,促进维护远东地区和平与稳定。

d. 通过自助与互助,发展亚洲自由国家与美国在内的太平洋地区的安全与经济关系,并由美国提供适当的帮助。

e. 继续通过政治手段而非军事手段解决朝鲜问题,以建立统一、独立、民主的朝鲜为最终目标。通过联合国,在美国能接受的前提下寻找解决当前朝鲜问题的方式,至少满足以下几点:(1)适当休战,终止敌对状态;(2)建立韩国,树立其在北部边界以南的整个朝鲜的权威,可最大限度地协助其进行行政与军事防卫,而非只是在三八线以南;(3)规定非朝鲜部队分阶段撤出朝鲜;(4)允许韩国建立军队,抵御北朝鲜再次侵犯。直到实现上述目标为止,绝不停止反抗,绝不姑息侵略者。

f. 与上述 e 段一致,保护美国与联合国军队安全,尽量避免在朝鲜境内与苏联的对峙演变成全面战争,防止与苏联的对峙扩展到朝鲜以外的共产主义中国,尤其在缺乏我方盟友支持的情况下。

g. 帮助南亚以及东南亚国家,使其愿意且有能力从内到外抵御共产主义入侵,促进建立自由世界。

h. 依据第 2 条 d 点所述,采取所有可能措施,通过互惠与合作,最大限度地促进美国及自由世界利用亚洲物质资源,并严防这些资源被共产主义世界利用。

主要行动方案

11. 在分析主要行动方案之下,详尽地阐述了美国为了向其在亚洲的目标靠近所应遵循的内容。这些内容是有必要以大纲的形式展示出来的,同时也反应出大部分的工作已处在进行之中。很明显,亚洲时下局势的不稳定性决定了需对可能的行动方案进行持续的审查与考虑。

共产主义中国的问题

12. 现在的北平政府在苏联支持下的挑衅行为与美国在亚洲的基本政策问题有着冲突。共产党控制着中国大陆,以及北平政权与苏联的亲密关系正在改变着全球力量的均衡,这对美国及其同盟国是非常不利的。如果这一同盟在没有障碍的情况下展开全面合作的话,中苏同盟的力量在亚洲地区的加强和扩大会严重危及美国的安全利益。

13. 中国共产党致力于提升中国和苏联的联合力量,建立中国共产党在亚洲地区的主导权。在苏联的援助和支持下,中国共产党致力于消除西方在整个远东地区,特别是在日本、一些主要的近海岛屿和东南亚地区的力量和影响。当前的北平政权与苏联已经建立起坚固的联盟关系,并且正在开展紧密的合作。在 1950 年签订的《中苏联盟条约》的影响下,北平和莫斯科的军事和政治轴心得到了迅速提升。这一联盟正在通过苏联的一个项目进行,该项目增加了苏联对中国的经济特别是军事援助。除此之外,这一联盟还通过扩大苏联对于中国共产主义的军事、政治与经济组织的指导网络而进行。与苏联发展其卫星力量最大化的整体政策相一致,有充分理由相信苏联正在试图建立一种装备精良、训练有素的中国共产党领导下的现代化陆军、空军和海军作战部队。

14. 中国内部正在发生着深刻的改变。在 1950 年初期,中国共产党的首要目标是重建计划,而目前中国共产党已经暂时放弃了这些计划。中国共产党已经采取强制措施使整个中国进入一种备战状态。中国的军事化包括通过秘密警察对人民实施压制控制,激烈的反美和反外国宣传,工业生产的转移和分散,防空设施的广泛分布,以及在新组建的军事训练机构中招募大学生和高中生入伍,在全国范围内迅速建立适宜喷气式飞机起降的机场和中国共产党领导的陆军、海军和空军队伍的不断壮大。

15. 下列存在于中国大陆地区当前形势下的实际的或潜在的矛盾有助于美国通过努力来促使一个独立中国的出现:

a. 越来越多的人们对生活水平的持续下降,暴力专制的政治控制,在朝鲜的军队的伤亡和对苏联的任意依赖感到不满。

b. 北平政权在朝鲜的军事行动导致军费开支负担沉重,主要原材料持续匮乏,损失了宝贵的人力和军备,更是削弱了维持内部控制的能力。

c. 由于苏联在中国控制的扩张引发的中国共产党和苏联当局之间逐渐加剧的紧张态势,苏联在朝鲜的直接干预的可能失败或者不能完全履行北平政府的军事协助请求以及双方共产党在日本和东南亚领导权的竞争。

16. 鉴于上述因素,打破或者弱化莫斯科和北平之间的联盟关系应当成为美国在亚洲地区的首要目标。如果发生以下任一事件,都将有利于这一目标的实现。

a. 当前的北平政权被取代。

b. 北平政权的性质和政策由与莫斯科联盟转为中立甚至是向自由世界"倾斜"。

c. 地方政权所追求的政策与中央政府的政策的冲突引起中国发生政治分裂。

17. 上述目标可以通过海军和空军行动以及海上封锁努力摧毁和破坏中国的经济、交通和通讯设施来实现。然而由于以下原因,在当前条件下,引发中国共产党的敌意看起来是不可取的和不可行的:

a. 鉴于1950年签订的中苏联盟条约的条款,在北亚地区对抗中国的军事行动可能会加速苏联在日本和朝鲜地区对我们的军事行动。

b. 在中国内部,美国空军和海军的行动可能会促使中国人民更加向当前的北平政权靠近,巩固莫斯科—北平联盟,从而使任何对我们有利的改变的希望都将不复存在。

c. 在远东的一些关键问题上是有可能达成一致行动的,但美国在亚洲乃至整个世界范围内对共产主义中国单方面的敌意可能会消除促进这种一致行动的任何可能,使我们的北约与英联邦的关系变得复杂,最终使我们在远东地区变得孤立无援。

d. 美国空军和海军可用力量向对抗中国大陆的军事行动的转移,除非采用大规模行动,很难看到效果。这一转移还有可能导致我军部署的不平衡,从而为苏联在世界舞台上的其他关键地区,特别是在欧洲地区的侵略提供便利。

18. 中国及远东形势日新月异,很难提前决定采取哪种措施实现我们的目标,我们继续承认"中华民国政府"为中国的合法政府,对于共产主义政府,美国现在应:

a. 继续通过联合国重创其在朝军队,削弱共产主义政府的政治及军事力量。

b. 运用所有可行方式扩大并增强非共产主义政府,影响中国领导人与人民反对北平政府,重新定位或建立新政府。

c. 扶持中国内外反共势力,发展、扩大反抗北平政府的力量,在中国南部尤其如此。

d. 挑拨北平与莫斯科政府的关系,运用一切手段离间北平政府。

e. 美国继续对中国实行经济制裁,抵制共产主义国家加入联合国,加大力度说服他国在联合国抵制中国共产主义政府,推进联合国与朝鲜相关的政治、经济制裁。

f. 为防止中国入侵朝鲜以外的其他国家和地区,保护联合国和美国军队安全,保证在联合国被迫撤出朝鲜时采取适当的军事行动,在适当的情况下采取以下措施:

(1) 通过海军空军力量封锁中国海岸线。

(2) 共产主义中国入侵朝鲜以外的地区时,采取相应的军事行动。

(3) 由"中华民国"政府的军事力量采取防御或进攻性措施,必要时给予协助。

g. 如果美国出兵朝鲜以外的国家和地区,继续影响盟友站在美国这边,保证美国在采取 f 点所述行为时得到盟友的支持。

19. 执行亚洲政策时,美国应尽量寻求亚洲国家和人民的支持。

如何解决朝鲜问题

20. 美国一直以建立统一、独立、民主的朝鲜为最终政治目标。北朝鲜入侵后,联合国、美国军队的军事目标变为抵御北朝鲜入侵,维护这一地区国际和平与安全。如今共产主义中国实施武装干预,极大地改变了朝鲜局势,通过政治渠道建立统一、独立、民主的朝鲜已不再成为可能。美国绝不放弃上述最终政治目标,但由于上述原因,现阶段的任务是解决朝鲜问题,至少保证三八线以南的朝鲜不落入共产主义控制,并在军事保障允许的条件下使非朝鲜军队撤出朝鲜。

21. 由于联合国与共产主义在朝鲜势均力敌,朝鲜局势很可能发展成以下局面:

a. 共产主义中国同意结束对峙,通过政治方式解决朝鲜问题。

b. 朝鲜局势陷入政治与军事僵局,但共产主义中国不提出也不接受任何解决建议。

c. 联合国军队向北方推进。

d. 共产主义大举进攻,可能得到苏联或其属国"志愿军"的空军与海军支持。

22. 鉴于以上几种可能性,有必要考虑以下几点:(a) 美国不接受任何将南朝鲜置于侵略者之手的协议;(b) 美国可能做到将侵略者驱逐出南朝鲜;(c) 联合国还可继续重创中国军队;(d) 中国军队撤出朝鲜后会作他用,从而结束中国军队在朝鲜遭受的损失;(e) 大部分联合国成员国现在反对再次越过三八线;(f)有必要最大限度地保持联合国对朝行动的一致性。除非苏联大力增援共产主义在朝军队,准备大举南进,否则应该可以停止对峙,实现暂时政治妥协。这种政治妥协要求非朝鲜军队撤出朝鲜。

23. 关于朝鲜局势,美国应:

a. 寻求恰当的政治途径解决朝鲜问题,不影响美国在苏联以及台湾问题上的立场,不可同意共产主义中国加入联合国。

b. 由于暂未找到上述途径,且暂无其他可选条件,在这种情况下,继续在朝鲜的军事行动,不承诺武力实现朝鲜统一,但必须:

(1)给敌人最大的打击。

(2)通过军事行动防止韩国遭到入侵。

(3)限制共产主义势力,防止其再侵略亚洲其他地区。

c. 继续努力影响美国盟友,加大对联合国在朝行动的支持力度。

d. 尽快在韩国成立可靠的军队,使其拥有足够的力量,最终代替联合国军队承担在朝任务。

e. 如果苏联继续增加在朝"志愿军"数量,威胁联合国在朝军队安全,即刻考虑从朝鲜撤出联合国军队,保障美国以最佳状态应对全面战争。

f. 如果苏联突然发动全面战争,尽快从朝鲜撤出联合国军队,在其他地区部署美国军队。

g. 通过美国在联合国活动以及联合国自身,尽可能加快支持韩国政府建设,强化民主制度,继续通过联合国推动韩国及其他脱离共产主义控制的地区的经济复苏。

24. 解决朝鲜问题的过程中,美国必须时刻注意促进韩国军队建设,(在僵持状态中)应对共产主义势力,防止日后韩国遭到入侵。尤其要注意训练韩国军官。要实现军事稳定,必须重建韩国在整个朝鲜南部地区的权威,提供与韩国经济吸收能力一致的经济和技术支持,以便在联合国军队撤出半岛后逐步发展稳定。美国与联合国军队撤出后,韩国有可能需要空军与海军支持。

日本的安全与稳定

25. 日本战败后,其军事防御处于真空状态,这对美国来说至关重要。克里姆林宫可能直接进攻日本或间接颠覆渗透日本,填补其真空状态。只要美国军队还驻扎在日本,一旦苏联进攻日本,势必与美国军队发生冲突,导致两国处于交战状态。因此除非苏联一心要挑起第三次世界大战,以日本作为其全球政策的一部分,否则苏联更有可能间接利用占领期结束后普遍存在于日本的政治军事弱势。

26. 出于以上考虑,后条约时期抵制苏联的最好办法应该是扶持日本迅速发展,使其实现经济、内部政治稳定,建立有能力抵御侵略的军事力量。

27. 美国制定政策时应使日本达到以上条件。在所有的远东国家中,日本拥有最先进的工业,具备大量的技术以及商业经验储备,且日本人民积极而勤勉。美国对日本军事实施占领时期的权力使美国有机会干预日本资源,使日本成为亚洲非共产主义国家的中坚力量。

28. 现在以及后条约时期对日本的政策应达到以下目的:

a. 最大限度地保留占领期间的积极成果。

b. 协助日本从内部对共产主义免疫。

c. 帮助日本发展经济。

d. 加速建设防御军事。

e. 发展有利于美国安全的长期美日关系。

f. 日本具有足够的能力后,与日本建立多边安全协议。

29. 关于日本,美国应:

a. 尽快推进《对日和平条约》签订进程,以总统决定的立场为基础,尽可能争取更多的对日作战国家加入。

b. 尽快与日本签订双边协定,以总统决定的立场为基础,与《对日和平条约》同时签订。

c. 扶持日本在经济上实现自给自足,生产美国需要的产品和服务,维持亚洲非共产主义国家经济稳定。

d. 与日本签订和平条约期间,继续采取以下措施:

(1)采取相应措施协助日本从军事占领状态恢复到主权自由状态。

(2)协助日本组织、训练国家警备以及海上安全巡逻队,为其提供所需设备,帮助日本建立有效的军队。

e. 签订和平协议后,

(1)协助日本建立适当的军队。

(2)协助日本大量生产低成本的军用物资,供日本和亚洲其他非共产主义国家使用。

(3)采取一切可行性措施,争取联合国接纳日本为成员国,允许日本参与地区安全部署。

（4）设计合适的心理计划,进一步引导日本以自由世界为导向,远离共产主义主义世界。

台湾问题

30. 如果台湾被克里姆林宫盟友或属国政府占有,势必将危及日本—琉球群岛—菲律宾—澳大利亚—新西兰这一近海防御链。如果爆发全面战争,台湾的人力、军事以及经济资源将有助于自由世界国家。与此同时,台湾的武器源于美国,如果被共产主义政府控制,将威胁我军在太平洋的地位。

31. 从军事角度考虑,如果不爆发全面战争,美国可用于防御台湾的海军以及空军力量足够挫败任何对该岛的攻击。然而,如果没有美国海军以及空军的参与,台湾的人力、军事以及经济资源不足以支撑进攻大陆,可能甚至都不足以防御该岛。此外,台湾原住民与国民党政府之间存在冲突,国民党政府军事及政治领导力量不足,因而削弱了台湾的自卫能力,更别说进攻了。参谋长联席会议最近的一份报告分析了台湾军事力量对大陆力量的有效性。[①]

32. 台湾是“中华民国”政府的所在地,这大大增加了拒绝台湾归北平政府所有这一问题的复杂性。一些国家可能同意台湾不归属共产主义中国,但出于安全原因考虑,不愿卷入也不愿美国插手北平政府与台湾政府争夺中国控制权的斗争。

33. 美国在台湾问题上陷于两难的境地,一方面要防止台湾被共产主义控制,另一方面又要赢取中国人民、友好的非共产主义国家,以及非共产主义亚洲人民的支持。只有北平或台北政权发生巨变,或者共产主义中国继续进攻,这种支持才能得以呈现。

34. 无论从道义或历史,还是从国际协定,尤其是《开罗宣言》与《波茨坦公告》[②]的角度考虑,台湾都应归属中国。因此,尽管美国愿意考虑所有相关因素,台湾问题的最终解决离不开中国。尽管如此,签订《开罗宣言》时,美国

---

① 原编辑者注:见行政秘书给国家安全委员会的备忘录,主题为《美国应对共产主义中国入侵的行动措施》,1951年3月21日。（原文脚注）

② 原编辑者注:1943年12月1日,白宫发布了《开罗宣言》,见《外交关系》,开罗德黑兰会议,1943年,第448页,或国务院《公告》,1943年12月4日,第393页。1945年7月26日《波茨坦公告》,见《外交关系》,柏林会议（波茨坦会议）,1945年,第2卷,第1474页,或国务院《公告》,1945年7月29日,第137页。

并未想到中国会与美国政府作对,更未想到苏联会通过中国这一卫星政权控制台湾。

35. 对美国有利的局势是出现一个同时控制着中国和台湾的非共产主义政府。第16点中所述的变化也可促进实现这一目的,或者台湾政治局面发生变化,影响力增强,吸引着大陆人民。大陆的发展与台湾的发展本质上不同,美国应适当支持大陆的颠覆活动,最终谁领导大陆抵抗运动由中国人民自己决定。

36. 为此,要防止台湾落入共产主义势力控制,同时为解决台湾问题创造最佳条件,美国应:

a. 应美国安全利益需要,第7舰队继续执行其任务。

b. 支持国民党内政治变化,提高国民党政权的声望,增强其在中国国内的影响力。

c. 为台湾军队提供军事和经济援助,以保卫台湾,或用于实现上述第18条b点的计划。

菲律宾安全与稳定

37. 美国希望菲律宾拥有有效的政府,经济上自给自足且发展稳定,且菲律宾军队有能力维持内部和平。现在菲律宾的问题在于消除胡克运动的影响,增强菲律宾内部对共产主义的免疫能力,加强抵御外部侵略的能力,使菲律宾发展成为美国强大而忠实的盟友。

38. 很长一段时间内,美国需要对菲律宾外部安全负责,为其提供军事和经济援助,采取适当措施促进政治、金融、经济以及农业改革,在总体上参与该国的国防和行政。如此持久地干涉一个独立国家的事务,自然有其不利的地方,但在当前世界局势下我们别无选择。

39. 我们的最终目标是实现菲律宾政府经济独立,因此在菲律宾的项目应着重培养菲律宾的主动性,培养领导能力,使其在不借助外力的情况下正常运作。

40. 为实现第37条所述近期目标,实现第39条所述最终目标,美国应依据 NSC 84/2 实行以下措施:

a. 运用适当手段,确保菲律宾政府实现政治、金融、经济以及农业改革,发展国家稳定。

b. 经与菲律宾磋商后,为其提供军事指导和协助。

c. 在美国的监管与控制下,依据菲律宾取得的进步扩大经济援助,为内部和平稳定创造必要条件。

d. 继续为菲律宾提供外部防御,必要时动用美国军队,防止共产主义控制菲律宾。

加强东南亚

41. 东南亚大陆国家不受共产主义控制,继续完善其内部环境,这一点对美国来说十分重要。这些国家之所以对美国来说意义重大,不仅在于其特殊的战略地位,还在于东南亚大陆丰富的自然资源,其中包括美国缺乏的战略资源,且这一地区人口众多。此外,如果这一地区得到充分发展,组织得当,可促进从日本到新西兰的近海岛屿链的经济发展,为其提供军事防御。如果共产主义势力同时控制了中国和东南亚,日本则将处于极端脆弱的位置,进而影响美国在太平洋地区的整体安全地位。如果大陆国家沦为共产主义所有,近海岛屿链将转而成为共产主义的前线。此外还将割裂各基地之间的联系,影响我们在这一地区的整体战略部署。共产主义势力控制东南亚后,将大大缓和中国的食物问题,并为苏联提供大量的重要战略物资。

42. 鉴于中国没有公开侵略东南亚国家,美国在这一地区面临的主要问题为:共产主义中国可能入侵并颠覆东南亚,非共产主义国家政治不稳定且领导能力薄弱,人民生活水平差,人力资源未得到充分挖掘,人民普遍反对殖民主义、西方"干预",且无法意识到共产主义帝国主义的危害。如果共产主义进一步入侵,相信东南亚国家会予以抵抗,但此时我们并没有看到这样的抵抗力量。

43. 因此,美国在东南亚国家的整体目标是:(a)帮助南亚以及东南亚国家,使其愿意且有能力从内到外抵御共产主义入侵;(b)帮助这一地区实现政治、经济以及社会发展。为实现上述目的,美国已制定了相应政策,增强这一地区政府的执政与军事能力,提高生活水平,促进其支持西方国家,抵御共产主义干预。

44. 如果共产主义中国通过武力与内部颠覆征服了印度尼西亚、泰国以及缅甸,将严重损害美国的关键安全利益。然而如果中国公然入侵东南亚国家,从整体安全利益考虑,美国无法承诺对任何国家提供武力援助。因此,美国无法保证东南亚不被共产主义势力控制。美国应继续现在的政策,帮助东南亚国家愿意且有能力抵御共产主义中国,尽量增加共产主义军事行动的耗费,为美国及其盟友营造近海防御链,为从源头削弱共产主义势力争取时间。

45. 美国在东南亚各国的扶持项目应做到,以有利于自由世界的方式鼓励利用资源,并考虑各个国家的吸收能力,考虑该国是否愿意将美国的帮助用到实处。如果有迹象显示任何国家正积极抵御共产主义的入侵与颠覆,美国应为增强这一政府的能力提供帮助,使其能够持久抵御共产主义的入侵和颠覆。

46. 东南亚安全问题总体上受到美国、英国以及法国军事人员的共同关注。

47. 继续在东南亚国家实施信息与教育交流项目,使国家政府以及海外人士意识到与美国共有的关键目标,使他们认识到苏联共产主义的激进行动威胁着这些目标的实现,并采取相应行动。

48. 现在美国在东南亚主要面临着以下问题:

a. 守卫印度支那。如果共产主义势力控制了印度支那,将进一步威胁东南亚大陆其他国家以及印度尼西亚。在共产主义中国强有力的干预下,越盟将征服印度尼西亚。因此应迅速增强反对越盟的国家的军事力量。如果反共产主义力量得以增加,其人力资源必须来自联盟国家(Associated States),尤其是越南。

b. 中国帝国主义。美国必须扩大并增强心理战,使东南亚国家意识到苏联与中国帝国主义的威胁不仅危害着各国民族独立,还不利于其经济发展,违背这一地区的传统理念。美国应设法削弱东南亚中国团体与北平政府的联系,使这些团体中支持共产主义的力量趋于中立,努力引导中国团体的政治力量以及经济财富以其居住国家为导向。

c. 新加坡与马来半岛在东南亚防御中的作用。如果印度支那以及泰国落入共产主义控制,马来半岛因其特殊的地理位置对印度尼西亚、澳大利亚以及新西兰至关重要。尽管新加坡与马来西亚的安全由英国负责,但在没有外力支持的情况下,马来半岛无法抵御来自北方的入侵。为此,美国应与英国就马来半岛及其周边地区的军事计划协调意见。

d. 与印度尼西亚结盟。印度尼西亚战略位置特殊,具有一定的经济实力并拥有石油储备,且是一个独立的非共产主义国家,因而对美国在太平洋地区的安全起着重要作用。因此,美国在这一地区的政策措施应保持印度尼西亚的非共产主义取向,促进当地经济健康与发展。现在,印度尼西亚政府采取中立政策。美国必须努力影响印度尼西亚,使其进一步参与维护地区安全,与自由世界团结一致。影响美国援助印度尼西亚的因素有:(1)美国应实现的国家利益,(2)印度尼西亚政府的态度,(3)印度尼西亚的需要,以及,(4)有效利用美国援助的能力。鉴于印度尼西亚严重缺乏领导能力以及受训人员,美国应着重予以技术支持。

49. 美国将在南亚执行以下政策:

a. 继续支持在南亚的相关项目,增强南亚国家抵制共产主义入侵的的意愿和能力,尽可能加大共产主义势力在南亚军事行动的耗费,为美国及其盟友建立近海防御链争取时间。

b. 继续推进东南亚国家信息与教育交流项目。

c. 鼓励东南亚国家恢复并扩大相互贸易,刺激该地区原材料流向自由世界国家,在适当的监管下,帮助东南亚某些国家建立小型武器生产厂。

d. 在印度尼西亚:

(1)加强法国军队有效性,扩大当地武装军队,改进设备,及时提供适当的军事援助,但不可动摇法国的基本军事义务,不承诺一定向印度尼西亚提供武力援助。

(2)鼓励印度尼西亚实现国内自主独立,逐步推进社会经济改革。

(3)继续促进国际社会对三大盟国(the Three Associated States)的帮助。

e. 鼓励印度尼西亚政府朝非共产主义方向发展,扶持印尼经济发展,促使印度尼西亚加入保卫该地区安全的事业,紧密团结印度尼西亚加入自由世界。

南亚安全与稳定

50. 南亚约有五亿人口,同时拥有锰、云母等重要的战略物资,是亚洲唯一不受共产主义管辖或控制的地区。如果共产主义中国与苏联分别或共同颠覆控制了这一地区,苏联及其属国将得到庞大的人力资源、自然资源以及战略基地,而非共产主义国家将无法获得上述种种优势。如果自由世界失去了南亚,实际上就等于失去了亚洲。

51. 美国在南亚的政策,即通过巩固当权的非共产主义政府独立来促进美国安全,并通过影响这些政府使其积极支持联合国在朝行动,支持美国对共产主义中国的政策。此外，如果爆发全面战争，应使这些国家保持善意的中立，或积极支持非共产主义世界。为达到上述目标，美国应：

a. 继续鼓励南亚参与解决与亚洲相关的国际问题，说服南亚人民相信西方国家并不打算主导亚洲。

b. 引导南亚人民的态度，使其帮助美国及其盟友，防止苏联从南亚国家获得任何帮助。

c. 创造条件，引导南亚国家为自由世界提供资源，拒绝这些资源为苏联集团所用。

52. 通过对话，美英两国在南亚地区的政策已然更加协调，在这期间，美国应依据 NSC 98/1 号文件中的原则，实行以下措施：

a. 进一步与亚州国家政府进行亲密磋商，尤其是印度与巴基斯坦。

b. 支持亚洲国家参与联合国组织。

c. 对南亚非共产主义国家间可能建立的区域合作表示赞同。

d. 扩大信息与教育交流项目。

e. 继续营造良好的经济环境，在与美国安全利益一致的前提下扩大贸易。

f. 提供经济援助，维护地区稳定，促进这一地区靠近西方世界，促使这一地区与国家安全相关的资源流向美国。

g. 在其他国家安全相关要求的框架下，向其提供军事补给、设备以及服务，以维持内部安全，进行自我防卫，并参与地区防御。

h. 依据政治环境以及国际军事发展情况，寻求在南亚获得必要的军事权力。

i. 在符合美国安全利益的前提下，防止苏联及其属国从南亚获得被美国切断的战略资源。

j. 继续促进印度—巴基斯坦以及阿富汗—巴基斯坦的相互关系。

区域关系

53. 鉴于日本将重新成为自由且独立的国家，太平洋局势可能出现以下问题，即是否能够永久保证日本安全，如何维护太平洋地区安全，以及一些亚洲与太平洋岛屿国家是否能够接受日本的新地位。如果日本人民愿意加入共同安全协议，而非仅在美国的督促下重整军备，恢复日本国防力量的工作将更加成功。与此同时，太平洋安全协议建立后，澳大利亚、新西兰以及菲律宾或许可以消除对日本重整军队的恐惧。

54. 至于美国的军事利益,太平洋地区任何国家都不能提供有效的军事资源。日本人力资源丰富,具备较好的工业生产能力、船运以及造船生产力,因而具有一定的军事潜力。但这可能需要多年后才能实现,短期内日本无法应对任何中苏侵略。菲律宾无法依靠自身资源自卫,需要美国提供武装部队以及军事支持。澳大利亚与新西兰武装军队数量较小,不具备自己的后勤支持,且在一定程度上受英联邦军事计划的限制。印度尼西亚最多能够建立起足够维持内部稳定的力量。

55. 由于参与国家间存在种种问题,且鉴于在亚洲大陆的效果以及担保的实质,推进太平洋协议时必须做到谨慎而灵活。

56. 太平洋地区共同安全协议的确立将给南亚以及东南亚非共产主义国家产生重大影响。推进太平洋地区共同安全协议的同时,美国应积极促进东南亚国家间紧密合作,并促进其参与更广泛的区域协议。

57. 关于地区安全协议,美国应做到:

a. 依据第 10 条 b 点所述,签订和平条约后与日本签订安全协议。

b. 依据第 12 条所述,维持与菲律宾的安全关系。

c. 与澳大利亚、新西兰签订安全协议。

d. 考虑与亚洲其他国家签订双边或多边条约。

e. 依据第 6 条 d 点所述,鼓励并支持与亚洲国家以及亚洲国家间的进一步经济政治合作。

(Report to the National Security Council by the Executive Secretary (Lay), *FRUS*, 1951, Vol. Ⅵ, Asia and The Pacific(in two parts)Part 1, General Editor: Fredrick Aandahl, United States Government Printing Office, Washington:1977, pp. 33 - 63.)

47. 呈赖伊备忘录

S/S Files: Lot 63D531:NSC 48 Series

［附录2］

呈国家安全委员会执行秘书詹姆斯·S. 赖伊(小)(James S. Lay, Jr.)

先生备忘录

主题：国家安全委员会(NSC)48/5 号文件第一次进度报告——《美国在亚行动目标、政策及路线》

1951 年 5 月 17 日总统先生批准通过 NSC48/5 号文件，指示该文件需由国务卿和国防部长协力监督执行，并且至少一个季度提交一次联合进度报告。同年，国务卿和国防部长在其备忘录中指明 NSC48/5 号文件联合执行中的相关责任归属。该进度报告秉承总统先生指令将该备忘录于 9 月 25 日呈送至国安会各成员传阅以供参考。

一、总体考量与长期目标

NSC48/5 号文件中第 1～4 段提出的相关要点与考量，今日之效力等同该政策执行之时。尽管共产党已签订休战协议，在需要夺取当地目标时，亚洲共产集团势力呈现出的采取武力措施的倾向仍有增无减。因此，美国在亚洲行动必须继续基于这样的共识：当前对美国安全最明显最直接的危险来自这个区域。在过去的四个月中，这些威胁甚至与日俱增：中国共产党与北朝鲜军事力量急速壮大，远东地区威胁日本安全的局势愈益紧张。同时，仍无任何迹象表明当前苏联意将东亚大陆及至日本和其他主要西太平洋海陆国家纳入其控制范围的策略意图有所改变。相反，所有迹象均显示，苏维埃社会主义共和国联盟将充分利用共产主义中国的资源以达到其目标。回顾战后局势，美国虽成功避免与苏联全面开战，但远东地区的局势发展减少了可操作性空间，而此可操作性空间的前提则是：若苏联决意通过军事途径在朝鲜强行通过一项决定，其能够不诉诸大范围的冲突。总之，在关乎美利坚合众国的利益问题上，需要有力执行集体安全准则，尽管我们的盟国因担忧存在的危险而在面对某些军事行动和经济制裁的提议时谨小慎微、犹疑不决，而不同于我们的果断大步前行。

至于第 5 段详述美国国家安全的长期目标，该报告中寥寥数言不足记录目标完成过程的实际进展。但是，对美国友好、能够维持国内安全的、稳定且独立的非共政府却有缓慢而稳固的发展。苏联在亚洲地区的大部分军事力量，尤其是与中共现代化规模的军队的联合部分，仍无任何明显程度的削减。但从积极方面看，《对日和平条约》会议上提出的全体亚洲及非亚国家联合的工作则有显著进展。美利坚合众国与其他自由世界会持续为亚洲地区提供物质资源,但却很难做到使这些资源完全不落入共产主义集团之手。

二、当前行动目标和路线的实施

NSC48/5 号文件已确认共产主义侵略对美国在亚洲地区的安全利益存在威胁。下文将概述美国在亚洲的行动目标与路线实施的重要细节,尤其是当前对美国国家安全产生重大影响的朝鲜局势。

Ⅰ.美国关于日本的政策

除正式批准程序外,美国在亚洲行动的实施工作已完成第 10a 段所述内容。在旧金山由 48 个国家签署的美英条约草案是亚洲局势的转折点,并且意味着亚洲国家格局将产生显著变化。此外,和平条约协商与和平会议的召开促进了第 6c 段内容的进展。该段指出要协助战后日本成为自主友邦,使其对内能够维持国家安全,对外可以抵御侵略,促进远东地区的安全与稳定。

该条约由巴基斯坦、印度尼西亚、锡兰、印度支那,联合菲律宾等国签署,促成日本与亚洲大部分非共国家建立关系。日本与印度和缅甸的双边关系也将建立。尽管日本与中国关系尚未破冰,也无意与共产主义中国建立关系,但仍将按既定程序在福摩萨(台湾)与"中华民国"政府商谈协定。

根据此条约,日本应能够与其他国家,尤其是亚洲国家建立贸易关系以促进实现"自立"之目标。其与美国继续保持的紧密联系(包括美国在日驻军和提高日本国防力量)必须在日本国内创造必要力量形势以维持太平洋地区和美国的安全。

对日本的经济援助(10c)

自朝鲜战争爆发以来,美国持续以每月 25000000 美元的水平从日本采购物资与劳务,作为朝鲜战场联合国军队的军需。以日本作为物资供应基地,极大提高了联合国军队战斗力的同时,更显著促进日本经济地位的提高。从 1950 年 7—9 月到 1951 年 4—7 月,日本商品出口额由原来每月 70000000 美元上升至 125000000 美元。尽管此期间由于国内实行的出口限制,日本对中国大陆的出口额急剧下降,但日本对亚洲非共产主义国家的出口额则增加了十多倍(21/2)。由于为朝鲜战场采购物资和美国占领军(成立于 1951 年 7 月 1 日)制定分装"现收现付"计划,再加上自身数额巨大的商业出口量,日本获得可观美元收入,这就使得对日经济扶持计划的终止成为可能。

占领地位转变[10d(1)]

1951 年 5 月 3 日,行宪纪念日当天,驻日盟军总司令(SCAP)授权日本政府审查根据占领指令制定或颁布的法律与条例,日本政府由此成立审查委员会,着手审查任务。虽然迄今为止采取的唯一积极行动只是赦免,但委员会正在研究各类法律和条例,以期在国会或施政等过程中提出新的立法或其他适当改变的建议。

自 1951 年 5 月 17 日起,日本相继被接纳成为国际劳动组织、联合国教科文组织、国际材料大会、国际棉花咨询委员会及国际小麦委员会等两个组织和三个委员会的成员国。日本政府还在华盛顿、渥太华和伦敦等地成立其他海外机构,其中 19 个已经投入工作。

1951 年 6 月 26 日至 9 月 7 日期间,驻日盟军总司令授权日本政府解除驱逐限令,释放约 135000 人,其中近 60000 人为前日本陆军军官和海军军官。在 57000 名被关押人员中,约 10000 人来自前海军部门,这其中又有3000 人为中将。1951 年 9 月 14 日,驻日盟军总司令委派日本外务省直接与外国使团交流任何议题,其前提条件是,该使团应被驻日盟军总司令认可,并且所有合同协议需事先得到最高司令官的批准。

军事编制的形成[10d(2)]

日本在防卫能力方面已取得进展:在美国的指导和协助下,日本成立国家警备队和海上巡逻队。1951 年 8 月 29 日,总统先生批准成立日本载人沿海安全部队,该部队将经过组织和装备用以巡逻常规海岸警备线,船只配有适当武器和航速,在驻日盟军总司令的操作控制下,在日本岛邻近水域作业。同年9 月 19 日,驻日盟军总司令经授权采取正式行动,组建这支部队。国务院与国防部正在就是否重新武装日本国家警备队和发展建立一个有效的日本军队编制的计划进行磋商。

心理与教育计划[10e(4)]

1951 年5—9 月,日本的 264 个国家领导人,其中 53 名国会成员,访问美国,商谈占领区政府与救济人员交流计划中的 55 个项目。此外还有 484 名学生在近期被批准参加该计划的学术工作。美日签署一项富布赖特协议,预想通过利用剩余资金于 1952 年秋季执行两国间正常的教育交流计划。1951 年9 月 3 日,美国之音(VOA)电台新增一个向日本播出的每日半小时日语节目。

政策评估：

尽管上述几条线的计划有明显稳定的进展，但美日关系可能会进入一个更为艰难的时期。驻日美军不确定的存在将会产生一个敏感且持久的问题：如何保证日本的主权和独立，同时保证其在抗衡苏联时的国家安全？其他因素也会使这一问题更加复杂，如：中国与"满洲"的经济前景，日本民族主义的复苏，以及对日本外交活动快速减少至零的愿望。这些政策问题需要特别研究。

Ⅱ．海岸防卫线安全政策和亚洲有效安全关系的发展

整体概况：

在过去的四个月中，我们在海岸防卫线（日本、琉球、菲律宾、澳大利亚和新西兰）的安全维护问题，亚洲及太平洋地区自由国家的有效安全以及这些国家之间的经济关系问题上，已经取得了进展。总统先生在旧金山的发言为美国在发展亚洲和太平洋国家的有效安全和经济关系上提供援助做了主要政策声明。

日本（10b）

关于日本问题，就与日本谈判和签署双边安全协议而言，NSC48/5 号文件第 10b 段内容已经完成实施。在紧接着的后条约时期内，于旧金山签署的《美日安保条约》完全符合美国的安全与行动要求，并且能够在日本防卫军队完备发展起来之前保证日本的安全。与日本的互换照会确保日本将持续为联合国在远东地区的行动提供援助。双边条约下的详细计划将被包含在一项与日本签订的行政协议中，此协议尚需与日本政府商谈并将在华盛顿完成签署。显然，日本政府、绝大多数日本民众和旧金山会议与会国家都意识到美国与日本之间制定安全协议的重要性，并都支持美日签订双边条约。关于日本的外部安全，苏联仍然并持续具有对日本发动海陆空攻击的能力。但是，本报告期间，并无迹象表明苏联此时有行使该能力的意图。

菲律宾（6b 和 15）

菲律宾强烈支持和接受《美菲共同安全条约》，这成为太平洋地区安全计划的一个重要部分。该条约公开确认了两国之间的亲密关系和美国在菲律宾面对外部攻击时保证其完整性的义务（NSC48/5，《美国关于菲律宾政策》）。该条约还在很大程度上缓解了菲律宾对日本侵略复苏的忧虑，成为促进菲律宾签署《对日和平条约》的重要因素。由于美国的援助及因此而增强的菲律宾

军队效率,我们在提升国内安全和降低班萨武装部队威胁上有稳步且满意的进展。

澳大利亚和新西兰(6b 和 15)

由美国、澳大利亚和新西兰签署的三方安全条约正式确立了三国间的共同防御计划,同时也缓和了澳大利亚和新西兰对日本复苏的忧虑。

印度尼西亚(6b)

印度尼西亚代表出席旧金山会议并且签署《对日和平条约》,这象征着印度尼西亚与自由世界及美国的联盟迈出了重要一步。旧金山会议的一项重要政治进展是印尼与日本重建友好关系,不难看出印尼非常渴望与日本发展亲密关系。如果印尼更进一步疏远印度的"中立"态度而靠近美国的立场,那么西太平洋海岸岛屿防御线的稳定性和安全性将因此进一步提高。

福摩萨(台湾)(6b 和 11)

第 7 舰队任务保持不变(11a)。中国共产党目前尚未侵犯福摩萨,同时也无证据显示其近期有此意图。

在经济和军事援助方面,7 月 20 日的一项备忘录要求"中华民国"政府制定和提出可行的程序,使岛上的军事和民用支出控制在计划内。美国援助计划是否能够有效实施取决于这些程序是否能够有效开展。尽管"中国政府"已经接受该备忘录的主要内容,但美中两国官员仍在进行讨论以期达成最终协定。对福摩萨中国国民党军队的军事援助已经开始提高其岛屿防卫能力,尽管其整体战斗效能仍然有限。在福摩萨的共同防御援助计划(MDAP)最重要的一项进展是军事援助顾问团获得蒋"委员长"的同意,重组中国国民党军队,使其在组织角度上战斗能力明显提高。具有美国师团一半规模的 31 步兵团将遵循美国师团的编制结构进行重组。军队重组有必要充分利用目前用的和即将送至的美国武器和装备。

在本报告期间,福摩萨军事援助顾问团已增长至 280 人的军队人事规模,同时可维持连续 30 天战斗的油料储备也已就绪。但是到位的其他计划物资仍然非常有限。

Ⅲ. 美国关于共产主义中国的政策(6a 和 8)

共产主义中国脱离苏联和中苏关系(6a、8b、8c 和 8d)

由于 NSC48/5 号文件批准后的四个月时间尚短,文件第 6a 段提出的当前美国目标的实施和第 8b、8c 和 8d 段提出的行动路线无法取得具体成果。

但是我们已经投入更多努力以确保行动路线有效。关于中苏关系的整体状态,尚未有外部迹象或可靠证据表明两国之间发生切实的有重大后果的摩擦行为。相反,所有迹象都表明,苏联和共产主义中国正增加协调和规划。9月2日斯大林和毛泽东的会谈则是对中苏团结最近的公开重申,并再次有力强调了1950年中苏同盟的军事意义。

朝鲜战争对共产主义中国的影响(8a)

联合国在5月下旬和6月间成功的军事行动令在韩中国军队遭到额外的严重损失,并有助于减弱当时中国共产党的政治和军事力量。这一行动无疑促成了6月底停战谈判的突然召开。总体看来,在朝鲜的战争对中国有利也有弊。就其国内局势而言,并不能在任何意义上断言,目前联合国的军事行动给中国共产党的政治和军事力量带来严重影响。中共常规军的整体实力实际上已从180万增至200万规模。许多迹象表明,苏联正在快速装备和训练一支含有装甲兵、炮兵和航空兵的现代化中共武装军队。为了对朝鲜进行干预,中共已在偏远省份并集中在满洲及朝鲜部署其最精良的部队。虽然朝鲜战场伤亡惨重,中国国内民众被迫承受持续增加的、痛苦的额外战争负担,中共仍然有能力维持其政权甚至增强其对中国的控制能力。尚无证据表明共产主义中国遭受因大规模战争或者由多数联合国成员国对其施加的经济制裁而带来的经济崩溃。中国基本的原始经济也未出现崩溃迹象。但是,据认为,在发动侵略战争能力和国内经济局势方面,经济制裁已经开始影响共产主义中国。但是,经济和政治局势没有对中共政权的稳定产生直接或严重的威胁。

另一方面,在朝鲜的战争已经在共产主义中国内部引发大规模不满,并可能导致大范围的异议。首先有明显迹象表明,共产党的政治控制越来越依靠政策的压制而不是公众的主动支持。在朝鲜的战争还大幅度加剧了共产主义中国对苏联经济和军事资源的依赖程度。这种依赖无疑已经导致苏联对其增加控制和影响,而这也会激化中国和俄罗斯民众间的潜在敌意。其次,中共对朝鲜的干预或已加剧北京和莫斯科在朝鲜的霸权竞争,虽然此竞争在短期内并不会危及共产党的基本目标。有报道指出中共党人与北朝鲜民众曾发生冲突。在朝鲜的战争已经推迟了中国干预东南亚和夺取福摩萨的计划,而这正是9a(3)中提及美国在朝鲜持续军事行动的一个目标。然而,共产主义中国的整体军事方向虽有所限制,但其对印度支那和缅甸的干扰能力并未因此大幅度减弱。再次,共产主义中国持续介入朝鲜局势却没有获得结果,这加剧了其孤立状态和削弱了其国际地位。

对共产主义中国经济封锁的作用(8e)

1951 年 5 月 8 日,联合国大会通过一项决议,建议各成员国对北朝鲜和共产主义中国禁运武器、弹药及其他战争器械,原子能材料、石油、有战略价值的运输材料,和能够用于制造武器、弹药及战争器械的物品。这项决议同样提醒各成员国防止其他成员国对此决议采取控制规避。该决议案设想的各国单边采取的行动,标志着我们向完全控制迈出了一大步,尽管这些行动较之1950 年 12 月美国政府采取的几乎全面终止与共产主义中国经济关系的立场显得相对狭窄。

多数联合国成员国和几个非成员国表示愿意遵守该决议。此外,很大程度上由于决议的实施,许多成员国近期采取的行动已超越对该协议一般的理解范围。例如,丹麦船主同意不向中国贸易人员包租船只;希腊推行一项法律,禁止包租用于运输该决议禁运物品的船只;洪都拉斯禁止所有悬挂国旗船只停靠中国港口及运输用于共产主义中国战争的物资;意大利禁止其公共船只(总船只数量的 85%~90%)装载运往共产主义中国的战略物资;利比亚禁止悬旗船只(持有书面批准的除外)装运决议案禁运货物至包括中国在内的苏联集团国家;挪威政府通报了为禁止挪威船只向共产主义中国运输禁运货物而采取的步骤措施;巴拿马共和国于 1951 年 8 月 18 日颁布法令,禁止任何悬旗船只停靠共产主义中国港口,并且在过去的一个月,巴拿马向共产主义中国的货运量已经大幅度下降。

有迹象显示,从自由世界到共产主义中国的水路货运总量有所下降。但是美国当局仍然意识到由登记转移和其他国家船只的继续贸易带来的一些漏洞,并且进一步研究在美国国内国外的适当的多边行动,以进一步加紧对友好国家的船运管制。苏联卫星国家,尤其是波兰的航运公司行动有所增加,这就令总供应量问题复杂化。

相当数量的货物正持续运往中国。这类贸易仍然包括一定数量的战略商品,但是很少量的直接战争物资。自 6 月份在香港实行更为严格的管制后,走私活动有所增加,其中包括在美国控制下的琉球的、已经报道的走私活动。美国将坚持不懈努力检查并引起责任当局对走私者违反条例行为和其他规避(对共产主义中国)贸易控制行为的关注。

Ⅳ．关于朝鲜的政策(6e 和 9)

美国目标(6e)

在过去的四个月中,总统先生和美国政府反复重申美国的终极目标——一个统一的、独立的和民主的朝鲜。在讨论远东局势的参议院听证会上该目标也被提出过。然而,由过去四个月发生的事件来看,这一目标近期内仍然无法实现。事实上,朝鲜境内共产党军队的集结(下文中将提到)显示共产党想要至少维持其在北朝鲜地区的控制能力。另一方面,在本报告期间,目前美国在朝鲜的目标(6e)已经在一定程度上实现。去年六月,美军成功反击了三八线北部的侵犯后,重创共产党军队、迫使他们寻求和解的政策已取得成效。

停战谈判(6e 和 9b)

1951 年 6 月 23 日,苏联外交部副部长马立克发表讲话,暗示就朝鲜问题可以进行和谈,并且,"苏联人民"相信作为签署"从三八线共同撤军"的停火和停战协议第一步的讨论应该启动。在这一朝鲜局势的转折点后的三个月内,双方进行了艰难而零星的谈判,两军军事冲突有所减少。但是仍然没有实质进展。

在就停战谈判的初期安排进行交流后,当联合国部队司令部(UNC)提供一艘医院船作为中立区时,共产党方面同意于 7 月 8 日在开城开启对话。此后将近三周时间,双方进行了持久的议程讨论。共产党方面明确表示要求重新将三八线作为军事分界线,并且撤出所有外国军队。议程中最困难的问题是,他们坚持撤军细节必须列入议程表。联合国代表团认为这是一个政治问题,无法提上军事停战议程,因此拒绝接受该条款。这一决定得到美国国务卿和国防部长的明确支持。7 月 26 日,联合国与共产党双方代表最终达成一致,同意将议程表的最后一项由"建议双方有关国家的政府"替代"撤出朝鲜境内所有外国武装军队"。尽管如此,UNC 明确表示这并不是对此议程提前做出任何具体的协议承诺。但有理由相信,涉及实质性问题的协议的达成将有所进展。

议程表的第一个议题——分界线问题的讨论于 7 月 27 日启动直至 8 月 23 日共产党暂停谈判。在这四周内,双方代表团就在何处划定分界线和建立非军事区持续提出相关提案。谈判过程中共产党方面粗鲁并执意坚持回到三八线,并将三八线南北 10 公里范围作为非军事区。共产党代表团拒绝考虑、讨论甚至研究其他任何提议。联合国代表团多次签署并切实重申其提案,即以当时两军交战接触区作为整体分界线,其南北约 20 公里区域作为非军事区。联合国代表团还表示愿意就此提案展开修改讨论。但是共产党方面无论是对联合国的提案还是对修改提案的提议都未表现出任何兴趣。7 月 28 日至 8 月 23 日期间,由于共产党武装军队擅自越过开城中立区,李奇微将军一度暂停对话。共产党方面承认此次对(非)军事区的侵犯,保证不再发生此类事件并同意实行更为严格的措施保证开城地区的中立状态。但是,这一地区仍然处于共产党的控制线内。

8 月 23 日,共产党方面暂停对话,称一架联合国飞机轰炸中立区,要求在其同意恢复对话前,联合国必须承认对其指控事件负有责任。此后近一个月时间,共产党方面上演了一系列虚假捏造的"事件",指控联合国部队司令部侵犯中立区。他们要求联合国部队司令部接受其每项指控,否则不愿恢复对话。同时,共产党的宣传针对美国逐渐具有敌意和好战情绪。经过联合国部队司令部对每项指控的调查,发现除了一项外其他指控联合国均无责任。9 月 10 日,一架联合国飞机确实误入中立区;经仔细调查,联合国部队司令部立即表示对该事件负责,李奇微将军也重申其恢复对话的愿望。9 月 19 日,共产党方面突然同意重启对话,但坚称其所有捏造的事件为事实。

军事行动的持续(9b)

由于未达成停战协议或者暂时和解,朝鲜境内的联合国部队司令部在攻击有限目标的基础上继续进行军事作战路线,同时维持和巩固其 6 月份在朝鲜取得的整体军事阵地,并继续实施对敌方供给线的封锁计划。7 月与 8 月期间,虽然冲突没有完全停止,但双方已最大限度减少地面军事行动。因此,在最近一次进攻失败后,共产党军队的伤亡有明显下降。联合国的军事行动已经在朝鲜境内成功建立一条强有力的防御线,这将令共产党军队想要侵占韩国的企图变得艰难。同时共产党在朝鲜的军事集结政策和持续的军事压力一定程度限制了其在亚洲其他地区的侵略能力。近期,朝鲜战场军事冲突明显增加。

当前朝鲜局势

中国共产党和北朝鲜军事集结:中国共产党已经利用过去三个月战争相对的平静期集结了优势部队,在规模和军力上胜于 1950 年 6 月爆发战争以来朝鲜战场上的任何联合部队。共产党方面现已具备在任何时间发动大规模持续攻击的能力。据认为,这样的攻击能够以 40～50 个师的规模持续进攻四周时间。共产党军事力量由去年6月受到联合国部队司令部极为剧烈的重创而明显落入低谷到此次快速集结兵力,其中有许多因素。在9月份的前两周内,有报道指出曾有大量战车被发现。在前线作战范围内,共产党军队力量的部署大大增加。一个共产党装甲师已经进入直接战斗区域,中共军队在当地的战争中也收到了直接的坦克援助。持续的迹象显示,苏联正向中共输送包括坦克、重型火炮和火箭发射器在内的重型装备和新型武器。在空战方面,中共在满洲的空军实力增强,其空袭行动正进一步向南延伸,并且其连续数天多架次飞行的能力有所提高。此次共产党军事集结也被利用于中苏的宣传中。

苏联志愿军(9e 和 9f)

如9e段所预测,苏联在朝技术人员持续增加的情况愈加明显。但这些人员很可能只是被分派操作雷达和防空等特殊装备或指导使用坦克和重型火炮。目前没有证据表明苏联其他非东方作战的大部队已经进入朝鲜直接参加战争。同样也无任何迹象显示有任何能够危及当地联合国军安全的大规模的苏联"志愿"军进入朝鲜。

联合国部队司令部在朝鲜的地位(9c)

截至初夏,联合国部队司令部已经完全控制三八线附近最可能的防御区。在战争平静期间,联合国同样增强了其军事能力。虽然联合国部队司令部有能力增强其火力和阵地防御能力,但是仍然受制于人力资源相对固定的弱点。在过去的四个月中,尽管我们响应联合国秘书长在1951年6月22日的呼吁(9c),不断努力影响盟国,促使其增加援助,但是联合国成员国对朝鲜战场的有效战斗部队的援助贡献没有实质增加。基于恢复士气目的重组和加强大韩民国武装军队的训练也已取得相当进展。在过去的四个月里,这些军队的战斗效能或有一定程度的提高。

我们主要盟国在朝鲜的地位(9c)

在近期与英法两国外交部长开展的会议中,国务卿介绍了目前在朝鲜的政策并概述了战争路线,此战争路线将作为停战协议不能达成或停战谈判破裂的后备计划。英法两国对基于停战对话破裂可能制定的战争路线表示理解,并且认可李奇微将军在军事行动中拥有一定自由度的必要性。英国明显急于避免介入与中国进行大陆战争,并担忧联合国更深程度介入远东局势带来的后果。外交大臣莫里森表示怀疑对共产主义封锁或"禁运"手段的效力。他还重申了英国的观点,即共产主义中国不是苏联的奴性卫星国,并且英国无意于采取会将共产主义中国推向苏联的措施。

相对能力问题

鉴于上述情况,中国共产党在去年春天连续进攻中暴露的大量劣势很可能现已或将减少。共产党空战能力的提高可能会挑战联合国现有的空中优势地位,并使他们在陆空和海空空袭行动中获得相对的自由度。此外,共产党空战能力的提高可能导致联合国地面军队在朝鲜战争中开始受制于持续的低空轰炸。共产党可以借军事集结的完成发动对联合国军队更具破坏性影响的大规模战争(尤其是在冬季战争中,此时共产党军队较之 1950 年时储备更加充足),或者提高他们在新的谈判中的筹码以迫使联合国接受其条款。此时,若联合国继续拒绝其条款,在共产党看来,恢复战争将有更加对等的基础。

停战谈判或破裂的准备

在过去的两个月中,国务院与国防部共同协商停战谈判明确终止时应采取的紧急作战路线。这些作战路线已经在 NSC48/5 号文件的政策目标的框架内有所发展。国务院与国防部已经起草附录 A 的相关文件。附录 B 中附有题为《美国在朝鲜的战争路线》的 1951 年 7 月 13 日的参谋首长联席会议备忘录,以供国安会参考。

Ⅴ. 东南亚军事实力的增强(6b,6g 和 14)

美国试图增强东南亚国家抵制共产主义侵略的意愿和能力的政策在这一地区并不是一致有效。但是,总体看来,过去四个月中,美国援助计划仍然取得有利成果。有关东南亚尤其是印度支那的政策实施报告和评估报告将于稍后提交。本进度报告不包括南亚国家的进展。关于东南亚,有以下要点:

在印度支那,除非有大量外部增援,否则中国共产党会保持其干预与侵占东京(越南)的能力。若中共不采取全面空袭,法国军队或许可以在海防堡垒坚持一个较短的时间。朝鲜停战协定可能会增加中共干预的可能性,同时也会大大提高中国的实力。就内部军事行动而言,法国和越南军队已经击退越盟占领东京(越南)的企图,并牢牢守住红河三角洲。但是,根据拉特尔(塔西尼)(Lattre de Tassigny)将军的观点,整体内部军事情况将持续陷入僵局,除非:(1) 共同防御援助计划(MDAP)的援助近期内切实到位;(2) 共同防御援助的计划援助增加至超过 1952 年财政年度计划。拉特尔将军还指出,在不考虑中共军事干预的情况下,如果这些措施完成,将会在 1~2 年内彻底清除越盟势力。共同防御援助的计划援助增加、法国派出的军事增援和新的越南部队建立,带来一定优势,但越盟军队的组织和训练的改善以及在中共的后勤支持下不断提升的实力消减了这一优势。1951 年 5 月 15 日至 18 日,三方军事会谈在新加坡召开;三国政府已经在考虑会谈的结论。9 月中旬,外长舒曼和拉特尔将军在华盛顿与我们进行讨论,讨论决定加强印度支那反共斗争中的美国援助。虽然美军援助计划中的许多军事问题的解决达到了美法双方政府的满意度,但是讨论仍然凸显出一些问题:在美国不增加支援的情况下,法国可能已经达到其在印度支那作战能力的极限;而美国可能很快需要决定是否承担比重逐渐增大的战争负担。

拉特尔将军的上任带来的士气恢复和对越盟运动本质逐渐清晰的认识令印支联邦国内政治局势有所改善。但是,保大政府仍然缺乏信心和广泛的公众支持。在国际事务上,印支联邦出席日本和平会议是他们第一次出席国际会议,这也显示了他们的国际地位的提升。

在印度尼西亚,政府和当局对逐渐强大的共产主义颠覆威胁表现出日益增加的担忧。鉴于近期逮捕了一系列印尼共产党人,印尼当局已经采取更加强硬的政策,以应对日益严峻的国内局势,并显示出对抗中国共产党的能力,诸如处理中共党人的签证或入境等问题。印尼政府做出了一项重大决定,即出席旧金山会议,尤其是签署和平条约。这一事件标志着印尼国际化倾向的一个显著发展阶段。

在缅甸,尽管首相和政府与美国的友好关系有增无减,并且尽其最大能力与我们合作,但其国内问题却日益严峻,来自公众的压力令他们谨慎行事。缅甸大部分地区仍然处于各种叛乱组织的控制之下,政府也无力阻止大规模走私和中国边境的非法越境行为。由于中国国民党军队曾在边境区域出现,以及他们近期入侵云南失败,缅甸民众愈加担心中共会予以报复和借此干预缅甸事务。总司令吴奈温中将和政府社会党首领之间存在分歧,同时克钦邦(军中最强战斗力部分)领导人之间存在争端,这令政府的军事潜力有所降低。缅甸境内至掸邦北部有明显的共产党叛乱运动,这可能表明,他们意图在缅甸北部建立一个独立的"人民共和国",用作共产主义进一步扩张的基地。由于内部压力,缅甸政府在"冷战"中维持中立政策。在印度支那和印度尼西亚国内,非共产党军队地位有某种程度提升,共产党势力在缅甸也取得进展,缅甸政府也逐渐意识到这一危险。

(Memorandum For Mr. James S. Lay, JR. , Executive Secretary,

National Security Council，*FRUS*，1951，Vol. Ⅵ，Asia and The Pacific(in two parts)Part 1，General Editor：Fredrick Aandahl，United States Government Printing Office，Washington：1977，pp. 81‑97.)

48. 中央情报局备忘录

INR 档案

中央情报局备忘录

秘密文件　1951 年 11 月 13 日，华盛顿

NIE‑43

国家情报评估①

远东对苏联的战略意义②

问题

评估远东对苏联的近期以及长期战略意义。

结论

1. 远东共产主义控制区为苏联提供了显著的军事与经济优势。亚洲大陆土地广袤，绵延不断，可在其进攻远东非共产主义地区时提供有力的军事基地，为进一步政治渗透提供了基础，更为苏联提供了防御纵深。此外，亚洲人口众多，且尽管多数地区未经开发，但蕴藏着大量的战略原材料。

2. 如果失去任何现在控制的地区，在苏联看来，都是对其声望的破坏，而失去满洲、中国北部以及朝鲜最北部，将威胁苏联安全。

————————

① 原编辑者注：国家情报评估的内容，见第 469 页，脚注 3。

② 原编辑者注：为评估目的，假设为一致反对西方，将中、苏两国看作对远东各地区战略评价存在不同。同时准备评估莫斯科与北平可能产生哪些分歧。

整份文件中多次使用"远东非共产主义地区"，用以指韩国、日本、琉球群岛、台湾以及东南亚(菲律宾群岛、印度支那、缅甸、泰国、马来半岛以及印度尼西亚)。"远东"除包含上述地区外，还包含共产主义中国、朝鲜以及苏联远东地区(贝加尔湖以东地区，包括贝加尔湖)。

3. 如果苏联能够控制整个朝鲜,苏联就得到了对抗日本最得天独厚的基地,而西方则失去了东北亚大陆上最后一块立足之地。

4. 如果台湾落入共产主义手中,反共产主义的"中国"不仅将失去最后一块领土,无处立足,而且还为中国大陆移除了可能来自台湾的军事威胁,此外,西方近海岛屿链将失去一个环节,共产主义攻击其他岛屿的能力得以增强。

5. 从军事上来说,共产主义势力渗透到东南亚大陆,其影响暂时有限。但长远来看,如果共产主义势力控制了东南亚大陆,甚至延伸至印度尼西亚以及菲律宾,将对苏联军事产生重要意义。

6. 从经济角度考虑,控制东南亚地区对苏联具有重要的战略意义,苏联可拒绝向印度以及日本输出食物,拒绝为日本以及西方工业国家提供战略原材料,从而进一步削弱西方力量,增强苏联实力。由于西方国家很难在这么短的时间内采取应对措施,即便不爆发全面战争,上述举措也将造成严重后果。如果爆发全面战争,开始阶段,西方国家遭到的打击可能小于二战时期;然而如果战争持续多年,很难判断其影响。

7. 苏联长期需要东南亚的橡胶供给。如果苏联失去这一橡胶基地,只能动用其橡胶储备。如果长期得不到橡胶供应,对苏联来说后果严重。此外,如果苏联打算维持长久战,就必须依靠东南亚源源不断的橡胶、锡、石油以及其他物资,这对远东共产主义国家工业扩张影响重大。

8. 还未落入共产主义的远东地区中,日本对苏联的战略意义最大。日本可能会构成共产主义远东军事利益最大的威胁,也是美国西太平洋防线的关键一环。此外,尽管日本食物及原材料匮乏,一旦加入共产主义势力,其实力将大大增强,这是由于日本是远东地区唯一拥有大量工厂的国家,日本也拥有远东地区数量最多的训练有素的工人以及行政人员。最后,日本加入后,可保证日后远东地区发展成为实力雄厚且自给自足的实力集团。①

9. 创造这样一个实力集团可能是苏联长期计划的一个重要部分。如果建立了这样的实力集团,战争时期,苏联更可在远东地区进行持久的大规模军事行动。此外,还将大幅增加苏联突破其余美国太平洋防线以及进攻美国与澳大利亚的能力。

---

① 原编辑者注:这里的"实力集团"指的是一个国家或多个紧密相连的国家,其政治、经济、军事实力总和强大到足以对世界权力局势产生重要影响。

10. 要发展成这样的实力集团,即便苏联控制了整个远东地区,也将遇到重大的经济以及政治问题,但并非不可逾越。在和平时期,发展这样实力集团至少要花十年时间;在战争时期,要发展这样的实力集团几乎举步维艰。

11. 因此,评估远东地区的战略意义时,苏联很可能是从短期考虑出发,而不是从长远利益出发。苏联在亚洲的任何局部扩张,包括共产主义势力日渐增强的物质能力,将对东西关系格局产生以下影响:(1)与西方国家相比拥有更强的国际地位;(2)威胁美国太平洋防线;(3)耗干西方资源;(4)削弱西方国家增强欧洲与中东势力的努力。

讨论

Ⅰ. 战略意义的地理因素

12. 远东地区远离苏联位于西部和中部的势力中心。欧洲俄国与大陆仅靠一条单线铁路相连,除此之外还有吨位不足的商船船队,以及涵盖广大范围的空中运输。因此两地之间通信状态较差,限制了相互之间的直接帮助。

13. 贝加尔湖以西的苏联势力中心,远东非共产主义势力不会轻易对其安全构成威胁。欧洲苏联不会受到来自东部大陆的攻击。远东最容易轰炸的苏联部分(贝加尔湖以东),其工业生产能力不到苏联的 15%(见地图Ⅲ)。①

Ⅱ. 苏联控制地区的战略意义

14. 克里姆林宫对远东地区的战略评估中,考虑最多的可能是如何维持并巩固当今共产主义在远东的地位。苏控地区给苏联提供了各种战略优势,除此之外,如果失去任何现在控制的地区,苏联将认为是对其声望的破坏,尤其是满洲、中国北部以及朝鲜最北部,将被认为威胁苏联安全。

苏联远东及中国

15. 苏控地区给克里姆林宫提供了大量的战略优势。苏联远东地区为苏联提供了空军以及海军基地,从这里苏联可攻击韩国、日本、阿拉斯加以及美国。共产主义中国不仅为苏联地区提供了防御纵深,还拥有多个空军基地,可保障远距离空袭日本、琉球群岛、台湾、菲律宾、马里亚纳群岛、东北亚大陆,以及最东端和最南端除外的印度尼西亚群岛(见地图Ⅱ②)。中国海岸线绵长,

---

① 原编辑者注:此处未收录。
② 原编辑者注:此处未收录。

可供发展海军基地,尤其是潜水艇基地,以扩大苏联海军在太平洋地区的行动范围。从防御角度来说,由于中国共产党海军力量单薄,中国的海岸线亦会给苏联造成不小的负担。中国陆军与空军力量庞大,装备完好,是苏联在远东势力的重要助手。一旦爆发全面战争,中国将为苏联提供强大的人力资源后盾,包括劳动力和士兵。然而,究竟多少人力资源会用在军事上,还要受中国经济发展要求的限制,也取决于中国与苏联武装军队的能力。

16. 苏联远东与共产主义中国均拥有丰富的自然资源,尽管大部分资源还未得到开发,但即便是现在,这些资源也对增强苏联在远东地区战争潜力起着重要作用。中国地区蕴藏着丰富的铁矿,苏联远东的确可能也是如此。中国已为苏联提供锡、钨、钼,苏联远东地区蕴含镍、铜。这一地区还有很多资源等待发掘。苏联远东地区与中国西北均蕴藏着石油。

朝鲜

17. 苏联认为必须至少控制朝鲜的大部分地区,这对苏联来说具有重要的战略意义。一方面,共产主义世界认为,如果失去朝鲜最北部地区,不仅威胁其安全,更极大地损害了苏联和共产主义中国的声望。另一方面,如果共产主义势力控制整个朝鲜,不仅能为进攻日本提供基地,还可为中国北部、满洲以及苏联远东地区提供防御纵深。

Ⅲ. 非共产主义地区的战略意义

台湾

18. 从政治角度考虑,台湾对北平具有特殊意义。尽管台湾也可增加共产主义世界的经济优势,但现在台湾的首要意义在于,台湾的军事基地威胁着中国大陆,且有可能袭击共产主义船运。如果台湾为共产主义世界控制,不仅消除了上述威胁,还将打破西方近海岛屿防卫链,增强共产主义世界实力,以应对冲绳、菲律宾等岛屿。

东南亚

19. 从军事角度考虑,短期内共产主义世界控制东南亚的意义有限。共产主义世界如果能够控制东南亚大陆,中国南部侧翼则有了防御纵深,但东南亚大陆海军与空军基地为数不多,而以中国现在的实力,即便要控制这些有限的基地也是有难度的。此外,这一地区内缺乏充足的陆上与海上通信设施,且极易受到西方的攻击。即便共产主义势力延伸到菲律宾与印度尼西亚,短期内也得不到多少军事优势,这是因为东南亚大陆与岛屿均缺乏训练有素的士兵,且军火生产力有限。东南亚战线过长,防卫起来极为困难,况且苏联海军实力与商船不足,而中国海军与商船微不足道,以中国和苏联远东现有的资源,要在东南亚建立强大的防卫力量困难重重。然而长久来看,上述很多不足均可克服,东南亚的通信设施将得以保护,也可建立先进的军事基地,以进犯南太平洋地区以及印度洋地区,从而为共产主义势力提供强大的军事优势。

20. 因而对苏联来说,在东南亚的短期目的并不是利用东南亚增强军事实力,而是防止西方获得这一地区。东南亚是西方国家天然橡胶、锡、椰子干的主要供应地,也是硬纤维、虫漆、铬以及石油的次要供应地。东南亚还为印度和日本提供了大量的食物。即便不爆发全面战争,如果东南亚的供给被切断,西方国家难以找到应急措施,将很难适应这一变化。同样地,失去马来半岛的收入将严重打击英国,也间接损害了美国利益。由此导致战略物资与北大西洋公约组织内部国际收支失衡,严重影响北大西洋公约组织重整军备的速度。如果爆发全面战争,假如西方无法得到东南亚的原材料,西方也将面临困难,但借助于原材料储备、新的储存技术、替代资源以及其他供应地,战争初期后果可能不如二战时严重。然而如果战争持续多年,很难判断其影响。

21. 尽管日本以西方为导向,但随着日本逐渐依赖东南亚的市场与原材料,共产主义势力如果能够控制亚洲地区,所获得的经济以及政治优势也就得以增强。共产主义势力还可能利用在东南亚的主导地位,在其他非共产主义地区问题上讨价还价。例如,通过控制东南亚过剩的食物以及原材料,拉近印度与共产主义世界的距离,借此缓和西方国家对其出口的控制。

22. 另外,与苏联远东和中国一样,东南亚生产原材料,进口资金,这一事实决定了短期内东南亚能对苏联和共产主义中国经济发展所做的贡献有限。尽管如此,苏联需要持续得到东南亚的橡胶供应。如果苏联失去这一来源,将被迫启用橡胶储备,长期后将对苏联造成重大影响。现在,除橡胶外,苏联与共产主义中国很少从东南亚获得其他资源。现在苏联锡的进口缺口,可由共产主义中国填补。此外,正常情况下,共产主义中国与苏联远东均不迫切需要进口东南亚过剩的稻米。然而橡胶、锡、石油,以及东南亚的其他物资,对苏联开展持久战意义重大,对共产主义远东的工业扩张尤其重要。

日本

23. 还未落入共产主义控制的远东地区中,日本对苏联的战略意义最大。日本可能会成为共产主义远东军事利益的威胁。日本是联合国进行朝鲜作战的主要基地。更重要的是,通过在日本的基地,反共势力可控制苏联远东与中国北部的联系,可从海空两方面攻击远东地区共产主义控制的重要工业与军事基地。只要日本为美国提供军事基地,苏联就不太可能从苏联远东袭击美国。相反地,如果日本落入共产主义势力控制之下,将极大地威胁美国在西太平洋的地位。

24. 除此之外,日本是远东地区唯一的工业国家,其训练有素的工人、技术人员以及行政人员的数量也是最多的。日本的钢铁生产能力约达苏联的25%,拥有大量的海军以及商船建造设备,假以时日,日本有能力建设强大的飞机与军火工业。与日本相比,苏联远东、满洲以及中国的工业实力有限,即便如此,这些也是远东地区除日本之外最重要的工业力量。

25. 如果日本沦为共产主义国家,不但将对共产主义中国经济发展起到重要作用,也将成为东南亚消费品与生产资料的消费国。然而,要利用日本的工业能力,需要从中国进口铁矿、焦炭、锰以及钨,从东南亚进口稻米、石油、锡、橡胶等原材料。

Ⅳ. 总体地区考虑

远东地区可发展成为实力集团

26. 共产主义势力现在控制的地区,再加上非共产主义远东地区,一段时间后可能为苏联提供强大的工业以及军事后盾,不仅经济上独立于西方国家与苏联中部,还会对世界权力体系产生重大影响。

27. 如果这样的实力集团得以实现,苏联将更有能力在东亚开展持久的大规模军事行动。如果这一地区被共产主义势力控制,西方国家的资源供应将被切断,而苏联在世界范围内的声望将得到增强。此外,这一实力集团大大增加了苏联的实力,使其有能力破坏美国在太平洋的其他防守,可以攻击美国和澳大利亚,进一步大幅削弱美国的力量。

28. 即便苏联有能力控制整个远东地区,不挑起全面战争,建立这样的实力集团至少也需要十年时间。即便完全占有印度尼西亚的石油储备,一段时间内这一地区的石油供应也将无法得到满足。这一地区在一些方面依赖西方国家、苏联中部以及非共产主义世界,其中包括棉花等原材料供应以及高度专业化的工业产品,这种依赖不可能立刻断绝。除日本外,东亚地区缺乏技术人员以及有经验的工人。最重要的是,由于日本经济依赖中国与东南亚,要完全实现这一地区的潜力,需要建造一支庞大的商船船队,而这一地区绵长的海岸通讯线也需要海空两方面的保护(见地图 I ①)。和平时期,上述不足可以得到弥补,但需要多年的努力。

29. 如果共产主义控制的远东地区建成了实力集团,尽管并非无法克服,莫斯科也将面临如何处理苏联、共产主义中国、共产主义日本之间关系的难题。共产主义日本与共产主义中国之间必将相互竞争,争夺亚洲共产主义运动以及开发远东落后地区的领导地位。日本将成为远东共产主义主要的工业基地,日本拥有管理"共荣圈"的经验,将威胁中国在亚洲共产主义运动中的地位和影响。划分势力范围的问题势必影响中苏以及日苏关系。因此,苏联纳入远东时将面临比纳入东欧小国更加棘手的控制问题。远东地区土地广袤,沟通不足,人口巨大而资源开发不足,使苏联对这一地区的控制问题更加复杂化,也更难防止独立的共产主义运动的出现。

30. 尽管存在上述种种困难,苏联在制定长期政策时很可能考虑到远东潜力的影响。无论共产主义势力扩张到远东地区任何地方,都将在物资上增加苏联在这一地区的实力,加强共产主义控制整个远东地区的能力,并进一步实现实力集团的建设。

远东地区在当今东西关系中的作用

31. 除从上述远东地区角度考虑以外,苏联可能更考虑到了另一个原因,即远东地区可增强苏联在东西关系中的全球战略地位。远东地区形势有利于克里姆林宫分化并削弱非共产主义世界。苏联加入朝鲜以及东南亚的战争,制造关于和平条约的话题,承认共产主义中国,旨在破坏人民对联合国维护世界和平的信仰。苏联还可能企图利用这些问题:(a) 使非共产主义国家认为,除非与苏联达成安排,战争总是无法避免的;(b) 美国力量将转向远东地区,制造美国与西欧盟友间的冲突。

32. 此外,远东国家民族主义盛行,普遍贫穷且不信任西方世界,苏联利用这些理由,不但在远东地区寻求支持,更向非共产主义世界其他地区大肆宣传。鉴于上述原因,远东也是世界上最容易受共产主义政治战争扩张影响的地区之一,与克里姆林宫消耗西方资源、阻碍西方增强欧洲及远东力量的计划不谋而合。

(Memorandum by the Central Intelligence Agency, *FRUS*, 1951, Vol.

---

① 原编辑者注:此处未收录。

Ⅵ，Asia and The Pacific（in two parts）Part 1，General Editor：Fredrick
Aandahl，United States Government Printing Office，Washington：1977，
pp. 107 - 115.）

49. 塞巴德致国务卿

790.5/2 - 251：电报
驻日盟军总司令美国政治顾问塞巴德（Sebald）致国务卿
秘密文件　NIACT　1951 年 2 月 2 日，东京

1942. 杜勒斯致腊斯克。特此回复您 1 月 31 日的来信 1199。① 我同意
您在第 1、2 段中的建议。大致来说，我认为应持（?）态度。今天，英国大使②
代表英国参谋长委员会朗读了以下声明③，表达了对太平洋岛屿部署方案的
建议：

优势：（a）向澳大利亚和新西兰保证美国将予以保护必然是对我们有利
的，但我们认为不需要通过繁琐的太平洋防御委员会机制。

（b）通过扩大委员会成员，可利用这一建议实现长远军事目的，及建立区
域共同防御。

（c）这一建议可帮助对抗对美帝国主义的攻击。

劣势：（a）由于英国也是世界强国，这一提议在太平洋以及其他地区可能
被解读为英国打算放弃自己的义务，也可能被解读为英国与美国之间出现了
政策分歧。香港与马来半岛也会反应强烈。

（b）现在剔除亚洲大陆国家可能会招致共产主义势力入侵马来半岛、印
度支那、缅甸以及泰国。

---

① 原编辑者注：见前文。

② 原编辑者注：阿尔瓦里·盖斯科恩爵士，英国盟军总司令联络使团政治代表，英
国大使。

③ 原编辑者注：更多内容见 2 月 2 日阿尔瓦里爵士与杜勒斯会谈的备忘录，第 842
页。

（c）任何试图通过扩大防御委员会启动区域防御协定的做法都是仓促的，这是因为亚洲国家还未做好准备，相关国家不会提供军队。因此，参谋长委员会得出以下结论：

短期内，针对防御委员会提出的建议并不合适。但如果非共产主义亚洲国家的情况稳定后，可邀请更多国家参与到咨询性质的太平洋防御委员会，作为地区防御协定的第一步。

英国大使还代表外交部朗读了以下内容：
"我们强烈反对建立不包括英国在内的太平洋防御组织。"①

杜勒斯回答说，现在考虑的是阿留申群岛、日本、琉球群岛、菲律宾、印度尼西亚（如果印度尼西亚愿意加入）、澳大利亚以及新西兰这一岛屿链。这一岛屿链的特殊性在于各岛屿之间联系紧密，对其中任何一个岛屿的攻击都会威胁整个岛屿链。这一链条中没有英国的领土。然而，我们理解英联邦需为澳大利亚与新西兰的安全做打算，在这一点上，如果英国愿意提供海军及空军力量，英国理应成为任何顾问性团体的创立委员。然而我们不打算扩大这一近海岛屿链至香港、马来半岛或其他大陆地区。②

杜勒斯强调上述想法纯属其个人意见，称出发前还未能与政府讨论这一问题。

（杜勒斯）

塞巴德

(The United States Political Adviser to SCAP (Sebald) to the Secretary of State, *FRUS*, 1951, Vol. Ⅵ, Asia and The Pacific(in two parts)Part 1, General Editor：Fredrick Aandahl, United States Government Printing

---

① 原编辑者注：脚注9提到的备忘录中，相关内容如下："该备忘录来自外交部，而非政府，是我与外交部共同的意见。我仅以个人名义交给您这份非正式的备忘录。""我们强烈反对建立不包括英国在内的太平洋防御组织，这一点不容置疑。"

② 原编辑者注：这场谈话发生于2月2日，东北亚事务办公室罗伯特·A.费耶里在此次谈话的备忘录中写道："阿尔瓦里爵士回答道，他完全理解我们要建立的是近海协定，但如果其中不包括英国，马来半岛与香港势必反应强烈，因此他认为英国'在第一阶段'希望加入这一协定。"

Office，Washington：1977，pp. 143 - 144.）

50. 塞巴德致国务卿

790.5/2 - 251：电报
驻日盟军总司令美国政治顾问塞巴德（Sebald）致国务卿
秘密文件　1951 年 2 月 2 日，东京

1500. 杜勒斯致腊斯克。鉴于英国对太平洋岛屿部署协议的态度，请华盛顿指示代表团能否试图引导堪培拉依据以下原则发表宣言：

澳大利亚、印度尼西亚（？）、日本、新西兰、菲律宾、英国以及美国各政府现发表以下宣言。

1. 我们认为，阿留申群岛、日本①、琉球群岛、菲律宾、印度尼西亚（？）、澳大利亚、新西兰的安全问题相互关联而又不同，这些地区在地理上构成了相互连接的近海岛屿链条，尤其容易受到海军以及空军的攻击。

2. 我们认为，由于各地区间相互具有责任，任何对上述地区之一的攻击都将危害其他地区的和平与安全，其中包括英国，这是因为英联邦对澳大利亚以及新西兰负有责任。

3. 我们将定期开展谈话，共同协商采取相应措施，行使共同防卫的自然权力。②

（杜勒斯）

塞巴德

(The United States Political Adviser to SCAP (Sebald) to the Secretary of State，*FRUS*，1951，Vol. Ⅵ，Asia and The Pacific(in two parts)Part 1，

---

①　原编辑者注：依据《日本资料汇编》，杜勒斯代表团同时也在考虑签订美日双边协议，这不仅仅与英国对区域"近海"太平洋公约的态度有关。见第 777 页起。

②　原编辑者注：2 月 10 日寄往马尼拉的电报 1792 中，注有"腊斯克致杜勒斯"，国务院称："国务院不反对杜勒斯 2 月 3 日电报 1500 中列出的大体原则，但认为这只应作为一项选择加以讨论，而不应该作为官方意见。"（790.5/2 - 1051）这份由艾默生起草的电报得到了国务院英联邦及北欧事务办公室（BNA）、东北亚事务办公室（NA）以及远东事务局（FE）的许可。次日，杜勒斯代表团离开日本，前往菲律宾。

General Editor：Fredrick Aandahl，United States Government Printing Office，Washington：1977，p. 145.）

51. 阿利森谈话备忘录

Lot 56D527

顾问代表(阿利森)在马拉卡南宫(Malacanan Palace)谈话备忘录，马拉卡南宫，上午10:45

(节选)①

机密文件　1951年2月12日

与会者：

季里诺(Quirino)总统

杜勒斯大使

葛文(Cowen)大使

倪里(Neri)，外交次长

C. S. 巴布科克(Babcock)上校，美国陆军部②

约翰·M.阿利森

……

　　关于这一点，杜勒斯阐明保持从阿留申群岛、日本、琉球群岛、台湾、菲律宾到澳大利亚、新西兰这一岛屿链的完整，对在太平洋地区限制共产主义势力的重要意义。杜勒斯称，如果有可能，这些岛屿之间应达成一定的安全部署协议，最好也包括印度尼西亚。鉴于印度尼西亚总统最近访问了马尼拉，杜勒斯问季里诺总统印度尼西亚是否会愿意加入这样的安全部署协议。季里诺总统认为，印度尼西亚可能不会很快承诺加入反共产主义世界。然而季里诺总统认为印度尼西亚最终会站在自由世界一边，称自己曾郑重地对苏加诺说，不可能保持中立，印度尼西亚迟早要做出选择。季里诺认为苏加诺总统在处理该

---

　　① 原编辑者注：该备忘录其余内容见本书第880页。

　　② 原编辑者注：1950年9月，巴布科克上校被选派加入杜勒斯代表团，具体原因见9月4日阿利森给国务卿的备忘录，《外交关系》，1950年，第6卷，第1290页。

国外交事务时态度不够强硬,过于依赖其部长的建议。季里诺指出,苏加诺曾拒绝与季里诺总统签订一份商业协议,直到苏加诺咨询其外交部长后才愿意,这表明苏加诺缺乏魄力与决心,对其内阁过于逢迎。然而,随后季里诺总统称他个人很喜欢苏加诺其人,相信苏加诺实际上是反共的,称苏加诺最终会站在我们这一边。

……

随后话题转回到太平洋安全部署协议上来,季里诺总统请杜勒斯详述美国在这一问题上的想法。杜勒斯指出,在这一点上美国与远东地区的媒体似乎比他的观点还要明确,而此时美国并没有详细的意见。尽管如此,美国愿意倾听所有直接相关国家的意见,杜勒斯相信待他前往澳大利亚和新西兰时①,两国政府也会提出不少意见。杜勒斯解释说,我们认为岛屿链相关的安全问题可通过配置海军与空军力量解决,而美国海军与空军军力雄厚,但这些问题与包含亚洲大陆在内的安全协定不同,应分开考虑。季里诺提到,自己为促进东南亚与太平洋国家间相互理解做出了很多努力,提及由他发动了碧瑶会议(Baguio Conference)。他认为最重要的结果是经济与文化领域,认为这是合作进程的第一步,现在没有必要采取军事措施。杜勒斯说,依照现在的局势,可能需要两种活动同时进行,不幸的是现在我们不能忽略这一问题的军事方面。季里诺总统此时并无其他意见,但表示对太平洋安全条约很感兴趣。

……

(Memorandum of Conversation, by the Deputy to the Consultant (Allison) at the Malacanan Palace, 10:45 a. m., *FRUS*, 1951, Vol. Ⅵ, Asia and The Pacific(in two parts)Part 1, General Editor: Fredrick Aandahl, United States Government Printing Office, Washington: 1977, pp. 152 - 154.)

---

①　原编辑者注:杜勒斯代表团2月19—21日访问了新西兰。1月24日约翰逊与新西兰大使馆顾问G. R. 拉肯举行会谈,约翰逊在此次会谈备忘录中写道,拉肯称新西兰当天已向国务院递交邀请函。约翰逊继续写道:"拉肯称,尽管新西兰可能与澳大利亚一同在澳大利亚开展官方会谈,仍希望杜勒斯大使可前往新西兰,这样杜勒斯可与其他政府官员进行会谈,对公共舆论也有很大的作用。"(Lot 54D423)
1950年5月碧瑶会议的相关文件,见《外交关系》,1950年,第6卷,第85页起。

52. 安全条约草案

Lot. 54D423

安全条约草案

绝密文集　1951年2月17日,堪培拉

(供澳大利亚、新西兰以及美国政府参考)

该条约各缔约国

重申遵从《联合国宪章》的目的与原则,期望与所有人民与政府和平相处,期望巩固太平洋地区和平,

鉴于美国依照相关协定在菲律宾驻守军队,在琉球群岛驻守军队并执行行政责任,《对日和平条约》生效后,为维护日本地区和平与安全,美国将在日本本土以及日本周边驻守军队,

认识到澳大利亚与新西兰作为英联邦成员国,对太平洋地区负有军事责任外,还对太平洋以外的地区负有军事责任,

望公开并正式宣布,各缔约国之间相互团结,向任何有意侵略的国家表明,各缔约国将并肩作战,

在更加全面的区域安全系统出现之前,进一步协调合作,共同抵御外敌入侵,维护太平洋地区和平与安全,

特此宣布签订条约,内容如下:

第一条

缔约国承诺,依据《联合国宪章》,以和平方式解决国际纠纷,保证国际和平与正义不受侵犯,在外交关系中不违反联合国宗旨,拒不使用武力或以武力威胁他国。

第二条

为更好的达成本条约的目标,各缔约国通过自助与互助,维持并发展独自以及共同抵御武装入侵的能力。

第三条

任何缔约国的领土完整、政治独立以及安全在太平洋地区受到威胁时,各缔约国将相互磋商。

第四条

各缔约国认识到,太平洋地区任何缔约国遭到攻击时,都将威胁其他缔约国的和平与安全,各缔约国宣布将依照相关程序面对共同威胁。

所受到的攻击以及因此采取的措施应立刻报告联合国安全理事会。联合国安全理事会采取措施恢复并维持国际和平与安全后,即停止上述措施。

第五条

为实现第四条所述目的,任何武装进犯缔约国之一的行为,将被认为是武力进犯所有缔约国本土、管辖权内岛屿、武装军队、公共船只以及飞机。

第六条

签订这一条约并不影响各缔约国依据《联合国宪章》享有的权利和义务,不影响联合国维护国际和平与安全的责任。

第七条

缔约国特此成立相关委员会,各国代表可在委员会上商讨落实该条约的相关问题。委员会应保证随时可以迅速召开,可成立相关辅助机构。

第八条

各缔约国认识到,只有通过与其他国家以及国家团体的合作才能更好的落实该条约。为此,依据第七条成立的委员会,应与其他有能力促进落实条约、促进太平洋地区安全的国家保持密切关系,相互磋商。在尽可能的情况下,委员会应与其他多国区域组织协调计划。

第九条

各缔约国签订该条约时,应遵守各国的法定程序。各缔约国承诺加入条约的正式文书应交由澳大利亚政府保管,澳大利亚政府将通知各国签约情况。澳大利亚政府收到各国的正式承诺文书后,该条约即生效。

第十条

该条约永久有效。任何国家退出委员会时,需提前一年向澳大利亚政府递交通知,澳大利亚政府将通知其他国家。

第十一条

该条约英文版由澳大利亚政府存档。批准后的复印件由澳大利亚分发给各缔约国。①

经全权代表特签署此条约,以昭信守。

1951 年＿＿＿＿月＿＿＿＿日,于＿＿＿＿。

(Draft of Security Treaty, *FRUS*, 1951, Vol. Ⅵ, Asia and The Pacific (in two parts) Part 1, General Editor：Fredrick Aandahl, United States Government Printing Office, Washington：1977, pp. 172 – 175.)

53. 杜勒斯致麦克阿瑟

Lot 54D423

国务卿顾问约翰·杜勒斯·福斯特致盟军总司令(麦克阿瑟)绝密文件

1951 年 3 月 2 日,华盛顿

(该部分内容与区域安全无关[见本书第 900 页],此处略去。)

在堪培拉,我与总理进行了一次会晤,与内阁举行了一次会议,四天里和外长斯彭德以及新西兰外长道奇举行了多次会谈。起初,谈判完全围绕太平洋安全协定展开,因为澳大利亚与新西兰是否愿意接受美国提出的《对日和平条约》,显然取决于美国是否能够使三国安全关系正式化。

最初,讨论围绕太平洋岛屿协定的成员问题展开。澳大利亚与新西兰都希望协定仅限于澳、新、美三国,而我们希望把菲律宾也加进来,且日本势力强大到"持续有效的自助与互助"(引用范登堡参议员决议的话)时也邀请日本。

澳大利亚与新西兰在成员问题上受到两个因素的影响,一是国内舆论此时不愿与日本"结盟",二是英国反对条约包括一些亚洲国家而剔除另一些亚

---

① 原编辑者注:另有一份标明"1951 年 2 月 17 日,堪培拉"的条约文本,其内容基本与本书收录的条约相同,仅有一处重大不同。其中删去第七条与第八条,在第六条与第九条之间插入以下内容:

"第七条与第八条的备选,以应对参谋长联席会议的评论:缔约国特此成立委员会,各国代表可在委员会上商讨落实该条约的相关问题。委员会应保证随时可应邀召开,可成立相关辅助机构。委员会应与其他国家保持咨询关系,进一步实现该条约目的,促进太平洋地区安全。"

洲国家。如您所知,英国不希望一个全面的太平洋公约中没有英国的加入,而此时,英国不愿加入一个岛屿协定,害怕这样做会影响英国在亚洲大陆属地的安全与稳定。新西兰表示非常理解英国的观点,不太可能与英国唱反调。

最后我们决定,起草条约时不提及成员国家问题,条约措辞保证在时间恰当且政治上可行时,允许任何数量的国家加入条约。我们声明美国可能认为有必要坚持要求菲律宾作为条约发起国之一,两位外长均表示依其个人意见,这一点不是完全不可以接受。迄今为止,我们还不知道英国将如何看待菲律宾的加入。

随信附上一份安全协定草稿,我们答应带回华盛顿供政府参考。由于得到这份草案的人极为有限,且并未得到认可,这份草案希望仅您一人知晓,供您个人参考。以下就其部分特征简要加以讨论:

序 言

第二段认可美国对日本、琉球群岛以及菲律宾负有责任,万一日本和菲律宾不能成为协定的发起国,可将条约与上述地区联系起来。

第三段认可澳大利亚对马来半岛的责任以及新西兰对中东的责任。

第二条

该条内容引自范登堡参议院决议,目的在于促使美国参议院批准该条约。

第四条

这里是条约的主要部分。语言来自《门罗宣言》。一方面要求每一个缔约国都采取一些措施(假设加入战争),但不要求缔约国在世界上某一处采取措施。换句话说,美国可以在任何地区用任何方式打击共同敌人。

第七条

澳大利亚与新西兰均表示,希望委员会及其子机构尽可能简单化。他们尤其强调不可成立北大西洋公约组织那样庞大的机构。美国与新西兰似乎一致认可委员会的军事部分应设立在墨尔本,此处也是英联邦参谋长联席会议的总部,但澳大利亚认为应设立在华盛顿,大概是为与所有的军事规划机构建立联系。

第八条

这一条款保证了与其他国家的联系与磋商。澳大利亚和新西兰希望加上这一条款,防止英国反对建立没有英国加入的太平洋岛屿协定。最后一句话主要是为了在日本能够加入该协定之前,协调太平洋岛屿协定与美日双边协定的计划。此外,如果菲律宾不能成为发起国,也可保证协调太平洋协定委员会与美国在菲律宾的防务。除此之外,澳大利亚希望可与北约保持联络。

第十条

澳大利亚与新西兰希望条约的期限为二十年,而我们希望不在条约中提及时限问题。可能有必要增加一个条款,对废除条约的情况作出官方界定,但撤出委员会即可看作是事实上退出条约。

(该部分主要讨论《对日和平条约》问题,与安全协定无关[见本书第 902 页]。)

(Mr. John Foster Dulles, the Consultant to the Secretary, to the Supreme Commander for Allied Power (MacArthur), *FRUS*, 1951, Vol. Ⅵ, Asia and The Pacific(in two parts)Part 1, General Editor: Fredrick Aandahl, United States Government Printing Office, Washington: 1977, pp. 176 - 178.)

54. 国务卿致国防部长(马歇尔)

694.001/4 - 651

(附件)

总统演讲稿

有关恢复与日和平问题,澳大利亚政府与新西兰政府表示愿意与美国合作,依据《联合国宪章》第 51 条、第 52 条,三国均不会漠视在太平洋地区武装入侵其中一国的行为;同意建立磋商关系,通过持续有效的自助与互助,增强防御,并与其他有能力促进太平洋安全的国家保持磋商与合作,与其他由一个或多个缔约方构成的区域组织沟通协作。

为此,约翰·杜勒斯·福斯特前往澳大利亚堪培拉以及新西兰惠灵顿,充分探讨了这种合作的可能性。

菲律宾共和国总统季里诺与外交部长罗慕洛分别在马尼拉及华盛顿表

示①，依据现有协议，美国对菲律宾有一定的军事操作权，有权使用菲律宾的特定设施，菲律宾政府希望能够与美国签订类似上述合作的协议，作为美国与菲律宾现有协议的补充。

美国坚持认为应继续在琉球群岛尤其是冲绳派驻军队，关于与日本政府讨论中的《对日和平条约》，日本政府明确表示后条约时期愿意与美国签订防御协议，美国将予以落实。

参议院外交关系委员会与众议院外交事务委员会已就上述协议展开了非正式讨论，现在我命令国务卿、国防部部长以及杜勒斯为我的特别代表，负责处理《对日和平条约》以及相关问题，同时推进其他相关谈判，保证恢复日本和平顺利完成。

告知印度尼西亚政府即将展开相关谈判，且美国愿意考虑印度尼西亚的意见和利益。（这里是否应提及印度尼西亚需再作打算。）②

太平洋地区安全最易受海空两方面的影响，我们认为通过开展上述谈判，可促进整个太平洋地区稳定。我们相信上述措施是维持太平洋地区和平的必然要求，势必促进联合国所追求的世界和平，而这正是我国在牺牲自身利益的基础上大力推进的事业。

(Draft Presidential Public Statement，*FRUS*，1951，Vol. Ⅵ，Asia and The Pacific(in two parts)Part 1，General Editor：Fredrick Aandahl，United States Government Printing Office，Washington：1977，pp. 188 – 189.)

55. 杜勒斯给国务卿的备忘录

Lot 54D423

国务卿顾问(杜勒斯)给国务卿的备忘录

秘密文件　1951 年 4 月 13 日，华盛顿

参谋长联席会议就美国与太平洋岛屿国家防御协定问题寄给国防部长的

---

①　原编辑者注：杜勒斯与卡洛斯·P. 罗穆洛(罗穆洛亦担任菲律宾驻联合国代表团总代表)就此问题谈话的时间不详。见 4 月 16 日到马尼拉电报 2445，第 206 页。

②　原编辑者注：括号为原文内容。

备忘录①,我已仔细阅读。

我认为可发出一份与菲律宾相关的美国声明安抚菲律宾,但不扩大菲律宾在美国安全部署中现有的参与度。

至于与澳大利亚、新西兰的三方协议,我认为应澄清,北大西洋公约组织、美洲国家组织等与太平洋不直接相关的防御组织,三方协议任何子机构无权知晓或参与其计划。

假设上述建议被采纳,我重新起草了总统声明,随信一并附上。

我认为,除非依据这些原则迅速采取行动,整个太平洋和平项目将面临危险。②

J. F. D. (杜勒斯)

[附件]

关于与日本政府讨论中的《与日和平条约》,日本政府明确表示后条约时期愿意与美国签订防御协议,美国将予以落实。

美国坚持认为应继续在琉球群岛尤其是冲绳派驻军队。③

依据美国与菲律宾政府的现有协议,美国对菲律宾有一定的军事操作权,有权使用菲律宾的特定设施,认为任何武装入侵菲律宾的行为,美国都视为是对其自身和平与安全的威胁,将采取相应措施,相信这一点全世界都很清楚。

有关恢复日本和平问题,澳大利亚政府与新西兰政府表示愿意与美国合作,依据《联合国宪章》第51条、第52条,三国均不会漠视任何在太平洋地区武装入侵其中一国的行为;同意建立磋商关系,通过持续有效的自助与互助,增强防御,并与其他有能力促进太平洋安全的国家保持磋商与合作,与其他由一个或多个缔约方构成的区域组织沟通协作。

---

① 原编辑者注:4月11日;见上文脚注4。

② 原编辑者注:4月13日,杜勒斯代表团再次从华盛顿启程前往东京。有关此次访问的背景,见4月11日杜勒斯与杜鲁门总统、国务卿艾奇逊会谈的备忘录,第975页。

③ 原编辑者注:4月16日参谋长联席会议给艾奇逊的附函中,附上了4月13日给马歇尔部长的备忘,称除非此段"打算背离"3月23日《对日和平条约》草案(见本书第944页)第4段,参谋长联席会议对此段没有异议。参谋长联席会议对杜勒斯这份草案的评价得到了马歇尔将军的认可,见下文脚注4。(694.001/4-1651)

为此,约翰·杜勒斯·福斯特前往澳大利亚堪培拉以及新西兰惠灵顿,充分探讨了这种合作的可能性。参议院外交关系委员会与众议院外交事务委员会已就上述协议展开了非正式讨论。

现在我命令国务卿、国防部长以及杜勒斯为我的特别代表,负责处理《对日和平条约》以及相关问题,同时推进其他相关谈判,保证恢复日本和平顺利完成。

太平洋地区安全最易受海空两方面的影响,我们认为通过开展上述谈判,可促进整个太平洋地区稳定。我们相信上述措施是维持太平洋地区和平的必然要求,势必促进联合国所追求的世界和平,而这正是我国在牺牲自身利益的基础上①大力推进的事业。

(Memorandum by the Consultant to the Secretary (Dulles) to the Secretary of State, *FRUS*, 1951, Vol. Ⅵ, Asia and The Pacific(in two parts)Part 1, General Editor:Fredrick Aandahl, United States Government Printing Office, Washington:1977, pp. 202 - 204.)

56. 国务院起草的意见书

Lot M - 88

国务院起草的意见书②

秘密文件　1951年1月2日,华盛顿

太平洋安全协定

与英国政府就扩大太平洋安全协定问题交换大致意见。

美国的目标

1. 维护日本—琉球群岛—菲律宾—澳大利亚近海防线的安全;防止台湾

---

①　原编辑者注:上述脚注22提到的备忘录中,参谋长联席会议建议删去"在牺牲自身利益的基础上"。

②　原编辑者注:该文件标注为TCT D - 5/9b,附在罗宾斯·P. 吉尔曼(总统与丘吉尔首相会晤准备工作监督小组助理)的附函中,附函内容如下:"依据参谋长联席会议的意见重新修改了该文件。现在该文件以得到官方认可"。

落入中国共产主义政府之手;制止共产主义入侵南亚以及东南亚。

2. 保证太平洋整体安全问题得以积极考虑。

英国政府可能持有的立场

英国政府似乎愿意与美国进一步合作,处理两国在东南亚面临的共同问题,但英国可能认为现在考虑扩大太平洋防御协议还为时过早。

(该部分列出了美国总统可能会对英国首相所做的陈述,此处略去。陈述内容与下述"讨论"原则一致。)

讨　论

美国认为,英、美两国政府将持续关注太平洋安全协定问题。我们认为非常有必要最终允许日本加入多边安全协定。同时也应该考虑与印度尼西亚以及东南亚大陆国家的协定问题。然而,鉴于现在的协议(《对日和平条约》、美日安全条约、美国—菲律宾安全条约以及美澳新安全条约)还未得到正式批准,美国认为除非情况发生变化,不建议在此时扩大现有的太平洋协议。再次承诺在这一地区承担责任时,应详尽考虑后再做决定;此外,各种条约的效力最终还取决于相关国家共同防御的愿望和能力。为此,短期内美国不考虑扩大太平洋安全协定。但我们愿就这一重要问题与英国政府保持联系。

(Position Paper Prepared in the Department of State, *FRUS*, 1951, Vol. Ⅵ, Asia and The Pacific(in two parts)Part 1, General Editor: Fredrick Aandahl, U-nited States Government Printing Office, Washington: 1977, pp. 264 - 265.)

57. 国务卿致塞巴德

694.001/1 - 351:电报

国务卿致驻日盟军总司令美国政治顾问(塞巴德①)

绝密文件　1951 年 1 月 3 日,下午六点,华盛顿

---

①　原编辑者注:威廉·J. 塞巴德还担任外交小组长官,总司令部、盟军最高统帅政治顾问,个人还担任驻日大使。

　　Topad 1000. 仅供塞巴德阅读。杜勒斯①、腊斯克②、阿利森③与布莱德利将军④以及参谋长联席会议召开会议,讨论关于《对日和平条约》的程序、以及以杜勒斯为首的总统代表提前前往日本的问题,会议持续了较长时间。参谋长联席会议手中有 12 月 13 日国务卿给马歇尔部长⑤的信件,问及从军事角度考虑,参谋长联席会议是否反对(1) 在朝鲜问题得到有利于美国的解决之前提前签订和平协议;(2) 以美国承诺将大力保卫日本在内的岛链为前提展开谈判;(3) 规定琉球群岛与小笠原群岛为日本所有,与此同时,二者均受制于即将与日本签订的军事安全协议,该协议将就冲绳的地位做出特别规定;(4) 试图签订太平洋协定。

　　上述 2、3、4 点已达成一致意见。参谋长联席会议同意美国承诺大力保卫岛屿链,此时试图签订太平洋公约,将缔约国限制在澳大利亚、新西兰、菲律宾、日本、美国,甚至印度尼西亚等岛屿国家,不仅规定成员国共同抵御外敌,还包括共同抵御某一成员国的侵略行为,例如日本有可能再次侵略其他国家。⑥ 参谋长联席会议坚持认为,应对琉球群岛和小笠原群岛实施战略管制,不可归还给日本。国务院称如果国防部执意如此,国务院将尽力实现上述目标。至于第 1 点时机问题,主要关心以下几点:(a) 朝鲜问题尚未得到解决的情况下是否可以签订条约;(b) 提前签订条约是否会激怒苏联,致使苏联更加有可能公开反对日本,尤其是北海道,在这一点上是否可采取一些措施。

　　至于(b)点,由于美国加速推进和平条约,且日本可能重建武装力量,这样一来苏联有可能出兵北海道,与此同时,杜勒斯为首的总统代表团前往日本将不可避免地引起公众注意,美军是否有必要先发制人,在代表团出发前,从朝鲜或美军的后方地带(zone of the interior)调派军力,加强美国在北海道的

---

　　① 原编辑者注:约翰·福斯特·杜勒斯,国务卿顾问。
　　② 原编辑者注:迪恩·腊斯克,远东事务助理国务卿。
　　③ 原编辑者注:约翰·M. 阿利森,1950 年 9 月 12 日以前一直担任东北亚事务办公室主任,之后为杜勒斯工作,1951 年 1 月左右被称为(杜勒斯)特助。
　　④ 原编辑者注:陆军上将奥玛·N. 布莱德利,参谋长联席会议主席。
　　⑤ 原编辑者注:陆军上将乔治·卡特利特·马歇尔,国防部长。信件的具体内容,见《外交关系》,1950 年,第 6 卷,第 1363 页。
　　⑥ 原编辑者注:此时考虑的太平洋公约,更详细的内容请参见 1 月 4 日阿利森和杜勒斯分别给无任所大使菲利普·C. 杰赛普的备忘录,备忘录中均有附件,分别见第 132 页、第 134 页。

力量,柯林斯将军①和范登堡将军②表示将就这一点征求麦克阿瑟将军③和政治顾问的意见。国务院的意见是,美国采取的任何预备性措施,例如派遣总统代表团前往日本,已然不受苏联重视,不会大幅影响苏联的进程,但对日本舆论与心理来说,需要显示出美国没有食言,打算加速推进和平协议,这一点非常重要。您在 12 月 29 日 1280 号文件④中指出英国故意拖延,国务院认为这也不利于整体局势。

建议您立刻与麦克阿瑟将军联系,征求其意见,参谋长联席会议也会与之通过电报联系,以便使我们尽快获得麦克阿瑟将军和您的意见。如果您和麦克阿瑟将军认为,您有必要立刻返回,向参谋长联席会议报告最新的意见,我们将立刻安排您返程。国务院认为,杜勒斯为首的总统代表团最好在未来三周内出发。无论您是否认为有必要回华盛顿,请回电告知您对上述问题的意见。如果您打算回来,请与总统代表团一同返回,我们认为总统代表团在日期间,您最好留在日本。

艾奇逊

(The Secretary of State to the United States Political Adviser to SCAP (Sebald), *FRUS*, 1951, Vol. Ⅵ, Asia and The Pacific(in two parts)Part 1, General Editor: Fredrick Aandahl, United States Government Printing Office, Washington: 1977, pp. 778 - 779.)

58. 塞巴德致国务卿

694.001/1 - 651:电报
驻日盟军总司令美国政治顾问(塞巴德)致国务卿
绝密文件 紧急 1951 年 1 月 6 日,下午八点,东京

---

① 原编辑者注:J. 劳顿·柯林斯将军,美国陆军参谋长。
② 原编辑者注:霍伊顿·S. 范登堡将军,美国空军参谋长。
③ 原编辑者注:道格拉斯·麦克阿瑟,陆军五星上将,盟军总司令(日本);远东总司令,联合指挥部总司令。请参见《外交关系》,1950 年,第 6 卷,第 1392 页。
④ 原编辑者注:请参见《外交关系》,1950 年,第 6 卷,第 1392 页。

Topad 1318. 我与麦克阿瑟将军讨论了您 1 月 3 日寄来的文件 Deptel 1000①，麦克阿瑟将军向我展示了他于 1 月 4 日回复陆军部（DA）电讯 80222② 的信件 C‐52713③。

我个人赞成麦克阿瑟将军在信件中表达的想法。但我认为，杜勒斯为首的总统代表团应尽快抵达日本，除必要的准备外不可再有延迟，这一点上我与国务院看法一致，考虑到现在的日本舆论与心态，有必要澄清美国将加速推进和平条约。至于代表团可能引起公众注意，我认为如果处理得当，这种关注只会有利于美国，因为我们的目的是探索和平之路，而非引起战争。

麦克阿瑟将军也向我展示了他于 12 月 28 日回复 JCS 99159④ 的信件 C‐52202⑤。我大体上同意麦克阿瑟将军对 9 个问题的回答，我的意见如下：

至于麦克阿瑟对第 3 个问题的回复，我赞成由美国对琉球群岛及小笠原群岛实施管制，但无需过度激怒日本舆论，推翻之前关于领土主权的公开意见，采取适当的方式，保证既可以保留对琉球群岛与小笠原群岛的有效战略管制，又可避免赤裸裸地不可挽回地分裂日本。⑥

至于对第 6 个问题的回答，当前政治体制下，若没有盟军总司令的领导，相信日本很难重整军备，不过一旦日本拥有全部主权，要实现这一事业并非不可能。

至于我是否有必要回华盛顿，麦克阿瑟将军认为我可以自己决定，但我们都认为在杜勒斯为首的总统代表团抵达日本之前，我最好留在日本，整理我军在日本问题，必要时按照代表团要求准备相关事项，促进会谈成功。如果国防部不是一定要求我回华盛顿，我建议总统代表团抵达日本之前，乃至总统代表团在日期间，我仍留在日本。我想稍晚些再回华盛顿可能更好。无论如何，有关杜勒斯总统代表团的报道甚多，各政府部门以及军事部门纷纷猜测代表团抵达日本的大致时间，如能告知，不胜感激。

塞巴德

---

① 原编辑者注：见前页，第 778 页。
② 原编辑者注：1 月 3 日寄，第 780 页。
③ 原编辑者注：见前页，第 780 页。
④ 原编辑者注：只公布了部分内容，《外交关系》1950 年，第 6 卷，第 1383 页，脚注 1。
⑤ 原编辑者注：参考同上。
⑥ 原编辑者注：显然，该句后半段语言混乱。

(The United States Political Adviser to SCAP (Sebald) to the Secretary of State, *FRUS*, 1951, Vol. Ⅵ, Asia and The Pacific(in two parts)Part 1, General Editor: Fredrick Aandahl, United States Government Printing Office, Washington: 1977, pp. 786 - 787.)

59. 阿利森准备的会谈备忘录

694.001/1 - 1251

顾问特助(阿利森)准备的会谈备忘录

绝密文件　1951 年 1 月 12 日,华盛顿

主题:《对日和平条约》

与会者:

奥利弗·弗兰克斯爵士,英国大使

休伯特·格拉夫斯,英国大使馆,参赞

约翰·福斯特·杜勒斯

卡特·马克格鲁德少将,陆军部①

C. S. 巴布科克上校,陆军部

约翰·M. 阿利森

上午奥利弗爵士如约来访,在杜勒斯动身前往日本之前,与杜勒斯讨论美国对《对日和平条约》的看法。杜勒斯首先发言,称此次前往日本只是试探性的访问,不涉及细节的谈判,仅为寻求麦克阿瑟将军与日本领导人的看法,征求他们的意见以促成和平解决协议。

随后杜勒斯解释道,和平条约本身只是一种手段,目的在于保证日本愿意站在自由世界这边。为此,杜勒斯就当下局势的多个方面解释了美国的态度,特别是与条约相关的安全、政治、经济以及文化问题。

从安全角度考虑,杜勒斯称我们目前的看法是,日本迟早会承担一部分自卫的责任,而且这可能很快就会发生。与西方国家共建日本军事力量时,最好既能适当确保日本安全,又可向日本过去的敌国保证不再受日本侵略。之前

---

①　原编辑者注:陆军部长办公室占领区特助。

我们做了一些研究,也从日本获得一些报告,日本领导人访问美国时与我们举行了多次会谈,从中可知要解决重建日本军事力量的问题,最好以某种方式通过联合国在多边合作的框架内解决。日本宪法限制日本自卫力量,如果有一种安排能够保证日本为某一国际组织贡献军队,用于维护太平洋地区和平与安全,日本自己也更容易遵守这一安排,与此同时,这一安排还需保证其他缔约国对日本的所作所为有发言权,这些缔约国方可确信日本重建武装力量不至于失控,不会对其他国家造成威胁。

从政治角度考虑,有必要保证任何条约都必须建立在日本人民自愿的基础上,签订条约后任何强制性的长期控制都是不可靠的,因为日本不可能同意签订永久置日本为二等国家的条约。因此,美国建议签订简单的非惩罚性的条约,条约签订后不控制日本,使日本迅速回归拥有完整主权国家中的一员。

和平安排(Peace Settlement)的经济问题历来并不容易,如今越来越难以解决。共产主义完全控制了中国和满洲,日本需要向他处寻求原材料和市场,为此应大幅增加日本与东南亚之间的贸易,以抵消日本因失去中国和满洲两个传统贸易区造成的损失。然而,东南亚地区也可能被共产主义夺走,如此将对日本经济造成严重打击。如果发生上述情况,美国必须思考应对措施;如果要保证日本站在我们这边,必须保证日本经济水平足以支撑八千万日本人民的生计。

从文化与社会角度考虑,我们应趁机采取措施,使日本相信我们将之视为社会中平等的一员,为此,我们需要摒除如美国移民法中对日本人民的歧视,使日本人民相信我们不把日本人民当作次等公民。在这一点上,美国、澳大利亚以及新西兰的政策很成问题。

鉴于上述各种问题,现在要探讨的是,是否可以依赖与日关系建立太平洋总体战略;简而言之,这也是此次出访日本的目的所在。

(以下部分为该备忘录第139页的部分内容,此处省略。)

随后,杜勒斯提到英联邦首相在伦敦举行会谈,就相关媒体报道提出了问题,认为其中有些结论自相矛盾。杜勒斯特别指出,英联邦首相一方面希望早日签订《对日和平条约》,另一方面又要求共产主义中国在这一问题上有发言权。从美国角度考虑,共产主义中国正在朝鲜战场上杀害美国士兵,此时可能无法引入共产主义政府,此外,杜勒斯表示希望英联邦国家不要尝试激化这一问题,否则其他为早日签订和平条约所作的准备可能全部付之东流。奥利弗爵士同意推迟解决这一问题,为最终推进条约进程清除障碍。

随后我们递交奥利弗爵士一份备忘录①,其中就美国关于《对日和平条约》问题的声明做了一些扩充,我们请奥利弗爵士阅读这份声明,并可就其内容提出任何问题。格拉夫斯询问了我们关于增强日本警备力量的意见,问美国是否认为应增强日本警备力量,使之发展成为半军事化的组织。大家均认为事实可能如此,但希望日本的安全力量不能只为日本服务,而应依靠国际支持,成为共同安全力量的一部分,为实现共同利益服务。

与之前递交英国的备忘录②相比,这一备忘录中的安全条款有所调整,杜勒斯对此做出了解释,并指出现在我们只规定日本放弃对台湾的所有权,并不试图最终解决台湾所有权问题。条约中亦未提及库页岛与千岛群岛,但如果苏联同意加入,条约中应规定库页岛与千岛群岛属于苏联。

杜勒斯还秘密告诉奥利弗爵士,他已致电马立克③,声明,如果需要,杜勒斯在前往日本之前将与之会谈。希望此举可向苏联表明,至少在美国看来,美国愿意与苏联谈判。

奥利弗爵士称,本周日之前他可能会得到英联邦首脑会议更加详细的报告,愿意再次联系杜勒斯,告知相关信息。

[附件]

备忘录

美国曾递交远东事务委员会成员国有关《对日和平条约》的七点原则声明,为做出更详细的阐释,建议和平条约应遵循以下原则:

---

① 原编辑者注:见附件。

② 原编辑者注:1950 年秋,一份原日期为 1950 年 9 月 11 日的备忘录,在不同场合交给了远东事务委员会国家,9 月 22 日,在纽约,显然杜勒斯也给了埃斯乐·戴宁爵士,埃斯乐爵士为英国外交部常务助理。11 月 24 日,该备忘录交出版社付印。备忘录的具体内容,以及巴布科克上校对杜勒斯与埃斯乐爵士谈话的备忘录,分别见《外交关系》,1950 年,第 6 卷,第 1296 页、第 1306 页。雅各布·A. 马立克,苏联外交部副部长,联合国常驻代表。

③ 原编辑者注:雅各布·A. 马立克,苏联外交部副部长,联合国常驻代表。

1. 条约签订后,遵守条约的同盟国家与日本正式结束战争状态。

2. 条约签订后,日本恢复完整主权。

3. 条约要求日本申请加入联合国,同盟国家将予以帮助。

4. 领土问题,条约需要求日本放弃在朝鲜、台湾以及澎湖列岛的所有利益,由美国代表联合国托管琉球群岛与小笠原群岛并行使行政权力。日本接受托管太平洋岛屿的决议。

5. 安全问题,条约需要求日本接受《联合国宪章》第 2 条①规定的义务,其他缔约国依据其中的原则处理与日关系。为进一步维护日本地区和平与安全,规定日本设施与美国军队继续合作。至于需要哪些设施、驻守军队的同行权力、如何分担经费等类似落实安全协议的问题,由额外签订的美日双边条约另做规定。经美国同意后,其他缔约国军队亦可加入,全面服从美国指挥。应日本政府请求协助平定内乱外,驻守军队无权干涉日本内部事务,也无此项义务。关于日本政府重建自卫军力,尽管条约不会禁止或特别授意如此,想必日本将逐渐承担更多的自卫责任。除非在日驻守军队国家认可联合国有能力承担日本安全责任,或其他行之有效的安全部署出现,条约安全条款持续有效。

6. 政治与经济领域,日本需(a) 宣布凡在日本司法管辖权内的所有人,一律享有基本的人权;(b) 遵守多边条约规定,禁止滥用麻醉药品,保护鱼类与野生动物;(c) 六个月内经双方同意,战前签订双边协议的缔约国可继续遵守相关协议;(d) 日本放弃在中国的一切特殊权利和利益。在日本监禁的战犯,日本与裁决国家共同讨论后,可就某一案件判处宽大处理、减刑、假释以及赦免。至于远东国际军事法庭的判决,日本只有获得远东国际军事法庭各国政府多数同意后才能执行上述权力。签订新的商务条约之前,在三年内,日本政府将与各同盟国相互给予贸易和经济最惠国待遇或公民待遇,以最佳待遇为准。依据关税及贸易总协定,允许出现特例与保留。

7. 各缔约国与日本相互取消 1945 年 9 月 2 日前因战争发出的索赔声明,以下内容除外:(a) 外交、领事财产以及 1947 年条约规定的条目除外,同盟国家各自领土内的日本财产由各国保有;此外,(b) 应同盟国家要求,恢复同盟国家在日财产,无法恢复的财产,无论是否归日本政府控制,按照约定的

---

①　原编辑者注:1945 年 6 月 26 日于旧金山签署。具体内容见《国务院条约汇编》(TS)第 993 号文件,或第 59 卷(第 2 部分)1031。

比率赔偿损失,赔偿以日元计。日本取消投降后因占领军导致的所有诉讼。

8. 阐释或落实条款出现纠纷时,凡经外交途径未得到解决的,除安全条款产生的纠纷外,交由国际法庭判定,所有缔约国服从国际法庭的裁决。另外设立仲裁法庭,由国际法庭主席从二战中立国中选派陪审员,处理赔款纠纷。因安全条款产生的纠纷通过外交渠道解决。

上述大纲仅提供建议,美国不对其中内容或语言负责。

华盛顿,1951 年,1 月 12 日。

(Memorandum of Conversation, by the Special Assistant to the Consultant (Allison), *FRUS*, 1951, Vol. Ⅵ, Asia and The Pacific (in two parts) Part 1, General Editor: Fredrick Aandahl, United States Government Printing Office, Washington: 1977, pp. 792 – 797.)

60. 费耶里给杜勒斯的备忘录

东京邮政档案:320.1 和平条约
东北亚事务办公室罗伯特·A. 费耶里给国务卿顾问(杜勒斯)的备忘录①
秘密文件 1951 年 1 月 25 日,东京

吉田的助手白洲次郎周二造访,要我向您转达几点意见。相信他是应吉田的要求来的。尽管很多美国人对白洲持保留意见,白洲本人不仅是吉田多年的好友,还是其顾问。约一年前,白洲曾作为首相的私人代表拜访美国,当时他与巴特沃斯②进行了多次会谈。

1. 白洲称,对于重建日本军事力量,吉田只能与公众态度保持一致,因为

---

① 原编辑者注:这一备忘录也寄给了阿利森。
② 原编辑者注:与白洲会谈时,W. 沃尔顿·巴特沃斯时任美国驻瑞典大使,但被任命临时处理《对日和平条约》相关问题。1950 年 5 月 1 日巴特沃斯与白洲会谈后制作了备忘录,5 月 3 日给国务卿的备忘录中就白洲来访做出了评论,两份文件编号为 694.001/5 - 150,本书均未收录。

（1）由于同盟占领军反对日本维持武装军队，作为首相，吉田不便持其他态度；（2）可能招致澳大利亚、新西兰，以及菲律宾的反对，阻碍签订和平条约；（3）美国并未告知日本政府其有关日本未来安全的计划和打算。白洲还提到，吉田担心军国主义影响会在日本复苏，但据我猜测，吉田之所以在重建日本军事力量问题上持模棱两可的态度，主要是一种公共政策，而非其个人意见使然。

2. 现在的日本宪法规定"不可卷入战争"，但要尽早修改宪法允许重建日本军事力量并不困难。

3. 即将到来的物资紧缺阶段，美国可全权利用日本的工业生产力，供给自由世界。此举可紧密联系日本与自由世界。

4. 杜勒斯大使试图寻求其他主要党派的支持，阐释条约内容，这一任务应交由吉田处理。杜勒斯与反对党直接谈判，试图寻求其支持，这是不可取的。（塞巴德大使指出，这一提议实际是为个人利益考虑，认为在某个阶段应与其他党派代表举行会谈。）

5. 日本政府的经济学家多半能力不足。杜勒斯应保证主要的私营商人正确理解经济问题。白洲很乐意安排与这些商人会面。

6. 剥夺日本对琉球群岛和小笠原群岛的属权，犯了一个很严重的错误，条约本可给予更大的利益。美国在两地需要的所有军事权力，日本都可以给予，但琉球群岛和小笠原群岛应通过和平方式归属日本，岛上居民中有相当数量的日本人，日本人民实在无法理解为何一定要剥夺两地。如果美国执意要这样做，将在日本大众中造成持久怨恨，白洲本人及其他受到良好教育的日本人也将如此。

出于礼节，我与博林格①拜访了马尔卡特将军，其人任科学与经济部门长官②，马尔卡特将军称杜勒斯大使在日期间，其愿与杜勒斯讨论日本经济问题。将军提到其部下正在进行一些调查，研究日本在自由世界生产与贸易中可起到何等作用。

（Memorandum by Mr. Robert A, Fearey of the Office of Northeast Asian Affairs to the Consultant to the Secretary (Dulles), *FRUS*, 1951, Vol.

---

① 原编辑者注：卡尔·博林格，盟军总司令美国政治顾问办公室经济事务顾问。
② 原编辑者注：隶属于盟军总司令。

Ⅵ，Asia and The Pacific（in two parts）Part 1，General Editor：Fredrick Aandahl，United States Government Printing Office，Washington：1977，pp. 810 - 811. ）

61. 费耶里的备忘录

Lot. 54D423

东北亚事务办公室罗伯特·A. 费耶里的备忘录

秘密文件　1951 年，东京

会议记录——杜勒斯代表团全体会议，1 月 29 日，上午十点

会见吉田

杜勒斯大使称，不知道首相下午会携几位助理参加会谈，要求代表团成员做好准备，必要时出席会谈。

代表团工作与盟军总司令的相互关系

杜勒斯再次提出希望麦克阿瑟将军与代表团工作紧密合作，其一是因为麦克阿瑟将军可促进谈判，其二是国内政治局势使然。麦克阿瑟将军必须全程跟进谈判。如果他暗示条约没有完全反映他的想法，或他完全被置于谈判之外，赫斯特—麦考米克集团将攻击条约，使参议院无法通过条约。

因此，杜勒斯大使建议与首相初次会谈后，和首相一同"礼节性地拜访"麦克阿瑟将军。杜勒斯称，他向塞巴德大使提出这一想法时，塞巴德表示怀疑，担心日本及其他亚洲国家认为美国企图运用盟军总司令的威力，迫使日本接受条约内容。塞巴德认为代表团应谨慎运用盟军总司令的帮助。

巴布科克上校赞成杜勒斯的提议。他确信麦克阿瑟将军将在会议上见机行事，使首相意识到美国并不打算强迫日本接受条约内容。第一次会谈后是拜访麦克阿瑟将军的最佳时机。如果几次会谈后再去拜访，别人可能真的要以为此举是为了向日本施压。马克格鲁德将军与约翰逊赞成巴布科克上校的说法，约翰逊建议此次拜访应为例行性拜访，持续约五到十分钟。塞巴德大使称，如果占领军全程跟进谈判，很容易使人认为代表团与日本政府是在平等的

基础上进行谈判。

　　杜勒斯大使回忆道,麦克阿瑟将军曾表示愿意随时加入谈判,暗示最好尽快确定此事。事后向媒体解释时,可称有关经济的谈判是在塞巴德大使的办公室举行的,拜访麦克阿瑟将军是为了转达相关情况。杜勒斯认为,仅仅是一次礼节性拜访,不太可能导致塞巴德担心的状况,却可在国内制造想要的政治效果。此后代表团将直接与吉田谈判;可能在一周内都不会再拜访麦克阿瑟将军。最后决定,由塞巴德把这一想法转告麦克阿瑟将军。如果他同意,则事先通知吉田一同前往拜访,如果他反对,此事就此搁置。约翰逊称,无论如何,坚决反对杜勒斯大使单独拜访麦克阿瑟将军,如此一来杜勒斯大使就成了中间人,有失身份。

杜勒斯大使的演讲

　　杜勒斯提到麦克阿瑟将军批准了他在美日协会(America-Japan Society)的演讲①,称其演讲“雄辩而睿智”,同时也纳入了约翰逊和塞巴德大使的意见。该讲稿已被译成日文,计划择日由日本媒体发布。陆军部建议录下演讲内容,杜勒斯大使对此略有微词,但约翰逊称可能这一做法无法避免。

接待杜勒斯大使

　　塞巴德大使称,预计在其宅邸举办四次接待会,重要日本人士可在此会见杜勒斯大使。如果大使团成员均可参加,则邀请整个大使团前往。决定周三举行第一次接待会,周六举行第二次接待会。

付　现

　　马克格鲁德将军称,签订条约后对半付现的提议已发电给麦克阿瑟将军,他已批准这一提议,但周六与之谈话后,麦克阿瑟将军显然改了主意。马克格鲁德称,国务院认为,如果日本能认识到美国军队将维护其安全,为此贡献一些力量,将有良好的心理效果。此外,国会每年已需拨款填补日本国际收支平衡的漏洞,可能不愿再额外付款。马克格鲁德询问是否有必要致电华盛顿,请

---

　　①　原编辑者注:2月2日,杜勒斯于东京在美日协会发表演讲《和平在望》,演讲稿发表于国务院《公告》,1951年2月12日,第252页。

求就此事给出指示。

杜勒斯称激起华盛顿对付现问题的讨论之前,应先考察日本政府如何看待签约后由美国在日本驻守军队问题。代表团返回华盛顿并报告必须这样或那样处理之前,可能什么决定都做不了,在那之后,一切将开始明朗。杜勒斯大使认为麦克阿瑟将军的话很有道理,但需弄清要让日本接受我们的提议是否需要全部或部分付现,之后方可再做决定。马克格鲁德称已致电华盛顿,转述麦克阿瑟将军的观点,并建议在道奇收到新的消息之前暂不做讨论。

洛克菲勒的工作

杜勒斯大使问洛克菲勒是否计划发言,洛克菲勒回答说,他打算与塞巴德大使谈论,可能在美日文化协会上发言。杜勒斯大使问到洛克菲勒的活动是否公布于众,巴布科克回答说的确如此,但与代表团其他工作独立开来。洛克菲勒说计划前往京都或东京以外的其他地方,杜勒斯建议为他安排一架飞机。

编者按

1951 年 1 月 29 日,英国盟军总司令联络团政治代表(大使)阿尔瓦里·盖斯科恩爵士,与杜勒斯大使和约翰逊举行会谈,阿尔瓦里爵士从"纯属个人"角度阐述了英国政府对《对日和平条约》与重建日本军事力量问题的初步观点。此次会谈后整理出了"谈话内容"(明显逐字记录了该次会谈),这里只印出有关日本与"西方"间文化关系的部分。(杜勒斯对阿尔瓦里爵士谈话的总结,参见 1 月 30 日费耶里为杜勒斯代表团全体会议所作的会议记录,第 830 页。)

阿尔瓦里爵士:……大使先生,您在总结中也提到(我还没有阅读您的备忘录),您提到,由于日本主要原材料产地之一以及主要市场之一大获成功,日本可能将面临严重的经济困难,可建立类似"盎格鲁—撒克逊精英俱乐部"的组织,根据上下文判断,在我的电报中,这主要具有经济意义。阁下能否告诉我,您在这……到底作何打算(原文中省略)。

杜勒斯:那措辞可真像我会说的话。那主要指文化与社会关系,不是指经济关系。我想比起亚洲大陆人民,日本人民有一种优越感。可能不是指古老的中国文化,日本从中国文化中汲取了很多东西。但日本可能认为,以英国为代表的西方文明,近期以美国为代表,在某种意义上代表了对大众的胜利,与亚洲大陆大部分人民相比,我们更好地屹立于世界之上,他们认为相似地,日本人民的思想也超越了大陆人民,因此愿意归属西方国家,乐意为西方国家接受。尽管大陆地区握有经济手段吸引日本,我们在相应经济领域无法与之抗衡,我认为我们应尽一切力量鼓励日本的这种想法,吸引日本人民与我们保持友好关系。《英日同盟条约》时期,伴随着那种关系的是一种,你可能会说是一种社会声望,对日本人来说意义重大。无需精确复制这一关系及其军事意义,我认为尝试重新抓住这一关系的特质将很有帮助。

阿尔瓦里爵士:您谈论这种关系时似乎没有在思考……(原文中省略)您没有……您脑海中没有有关一份条约的协议,一份签订后的协议,或类似的东西? 只是在政治与社会原则上拉拢日本。

杜勒斯:的确如此。如果我们打算建立包括阿留申群岛、日本、美国、琉球群岛、菲律宾、澳大利亚、新西兰在内的防卫岛屿链,最好能有一个,您可能会用"近海防卫协定"。我指的不是这个。

阿尔瓦里爵士:我同意这一点。我可以插一句吗? 今天我们不能和您讨论太平洋协定的问题,姑且这样称呼它吧,我已经得到一些评论,希望以后再有机会与您会谈。

杜勒斯:此时我无暇考虑这一问题。尽管如果我在这里的任务结束后,现在看来这很有可能,我将继续前往马尼拉、堪培拉、惠灵顿,这一问题早晚会再次浮出水面,因为过去与这些政府讨论过这一问题。现在我不考虑这一问题……(原文中省略)

我们之所以邀请洛克菲勒加入代表团,是因为我希望代表团中有人能够代表文化方面,代表有机会交流科学知识、学生,我希望贵国政府以及其他西方政府,法国、斯堪的纳维亚半岛国家,都能采取积极措施,使日本认为他们能为我们贡献力量我们也乐于接受其贡献,日本学生可以学到我们的科学知识、医学知识、政治试验,等等,因为我相信可以通过这种方式建立起美好的愿望,可在长久之内成为联系日本与西方不可或缺的因素,与大陆提供的纯粹的物质经济吸引力相抗衡。大陆还是共产主义,且他们的市场与原材料供应非常具有吸引力。对我们来说,要克服这种吸引力非常困难,我相信这种学生、学者、科学家、政治学生之间的关系非常重要。不过我只考虑过非正式的协会。

阿尔瓦里爵士:我很赞成。所以我才想弄清楚。您心里没有任何具体的打算吗?

杜勒斯:没有。

阿尔瓦里爵士:……(原文中省略)那么您提到的协会,您如此清晰地描述了这种协会,我完全理解,可以通过双边文化条约使之具体化。

杜勒斯:而且日本不需要作为联合国成员国,但可以加入(原文如此)如联合国教科文组织等联合国子机构。

(东京邮政档案:320.1　和平条约)

编辑无法找到第一段引文中指的备忘录与电报。

(Memorandum by Mr. Robert A. Fearey of the Office of Northeast Asian Affairs, *FRUS*, 1951, Vol. Ⅵ, Asia and The Pacific(in two parts)Part 1, General Editor: Fredrick Aandahl, United States Government Printing Office, Washington: 1977, pp. 822 - 827.)

62. 吉田备忘录

694.001/1 - 3051
日本首相(吉田)备忘录①
1951,东京

建议议程

Ⅰ. 领土。

1. 建议琉球群岛和小笠原群岛由美国代表联合国托管,行使行政权力。尽管日本准备接受美军的任何要求,甚至同意依据百慕大计划②允许租赁,为

---

①　原编辑者注:截至1月31日,杜勒斯代表团的一位成员收到此份备忘录。备忘录页边空白处打印着:"在此谨奉上我的个人观点,还未咨询内阁。因此信中观点不代表政府最终的正式意见。——SY(吉田茂)。"

②　原编辑者注:这里指的可能是1940年9月2日英美之间就海军与空军基地于华盛顿达成的协定,这一协定在相互交换的笔记中得到体现。1941年3月27日两国就租赁基地问题在伦敦签订协议,该协定构成其附件。见《国务院行政协定汇编(EAS)》,第235号文件,或第55卷,(第2部分)1560。

美日长远友好关系着想,我们恳求重新考虑这一提议。

2. 为美日长远友好关系着想,我们建议考虑以下几点。

(a) 希望日后如果不再需要托管上述岛屿,可尽快回归日本。

(b) 保留日本对上述岛屿的领土主权。

(c) 日本与美国共同行使权力。

(d) 战争中因日本当局要求,或战后应美国政府要求迁往日本本土的岛屿居民,约达 8000 人,允许其回到各自的家乡。

Ⅱ. 安全。

日本政府就安全问题的意见如下。

1. 一个国家的安全必须由这个国家自己保证。不幸的是,战败后的日本没有能力独自保卫自己。

2. 日本国内安全问题由日本自己负责。但维护外部安全,需要通过在日驻守军队等恰当的方式,与联合国尤其是美国进行合作。

3. 上述协定应在和平条约之外签订,规定美、日两国相互合作实现共同安全,日本与美国之间为平等的伙伴关系。

Ⅲ. 重整军备。

1. 眼前要重整军备对日本来说是不可能的,原因如下。

(a) 的确有部分日本人支持重整军备。但其理由不够充分,显然并没有仔细研究过这一问题,且并不代表广大日本人民群众的意见。

(b) 日本不具备制造现代武器所需的基本资源。重整军队将增加我国经济负担,重创日本国民经济,日本人民将贫穷不堪,如此将导致社会动荡,正中共产主义下怀。重整军队本应有利于维护安全,却可能从内部威胁国家安全。今日日本之安全依靠的是人民生活稳定,而非军事力量。

(c) 日本邻国担心再次遭到日本入侵,这一事实不可忽视。仅从日本内部来看,我们有理由防备军国主义死灰复燃。当下之际我们需要寻找其他方式维护国家安全,不可重整军备。

2. 当今局势下,内部和平稳定与国际和平直接相关。从这一点出发,我们必须维系国内和平,且日本决心依靠自己的力量。为此,增加警备人员、海事人员及其装备刻不容缓。

3. 日本愿为共同维护整个世界①积极贡献力量,但其具体职责希望能与日本磋商后决定。

Ⅳ. 人权等。

1. 日本毫无保留地支持《人权宣言》。我国的新宪法充分体现了宣言各原则。如果贵国需要日本在此问题上发表声明,日本责无旁贷。

2. 占领期间日本实施了种种改革,望和平条约中不出现任何要求死守这些改革的规定。

望占领结束前,纯粹为占领管制服务的措施,以及为事实证明不符合日本国情的措施,同盟国考虑予以废除或修改。这将促进占领期顺利过渡至正常期,促进美日友好关系。

Ⅴ. 文化关系。

日本迫切希望积极参与国家间的文化交流。增强日本与美国间的文化纽带对促进美日友谊至关重要。日本愿尽可能采取一切措施促进两国文化合作。

Ⅵ. 国际福祉。

日本将严格遵守战前签订的相关国际协议。日本也愿意遵守战时及战后签订的其他协议,如《世界卫生组织法》②以及《国际卫生公约》③。

(Undated Memorandum by the Prime Minister of Japan (Yoshida), *FRUS*, 1951, Vol. Ⅵ, Asia and The Pacific(in two parts)Part 1, General Editor: Fredrick Aandahl, United States Government Printing Office, Washington: 1977, pp. 833 – 835.)

---

① 原编辑者注:原文中,划去"整个",文字上方用铅笔写着"自由"。

② 原编辑者注:1946 年 7 月 22 日签订。见国务院《公告》,1946 年 8 月 4 日,第 211 页。

③ 原编辑者注:延长 1944 年签订《国际卫生公约》的协议文件,1946 年 6 月 21 日就《公约》进行修改,这一公约可追溯到 1946 年 4 月 23 日,见国务院《条约及其他国际凡汇编(条约及国际法汇编)》,第 1551 号文件,或第 61 卷,(第二部分)1551。

63. 费耶里的备忘录

Lot. 54D423

东北亚事务办公室罗伯特·A.费耶里的备忘录

秘密文件　1951年,东京

会议记录——杜勒斯代表团全体会议,1月31日,上午十点

杜勒斯的新闻发布会

杜勒斯大使称,打算在下午的新闻发布会上陈述三点内容:

1. 代表团为讨论和平条约来到日本。此行的目的并不是签订和平条约。希望在进一步咨询同盟国家后签订条约。

2. 投降条件中已解决的问题,此次谈判中不再涉及。

杜勒斯届时说,美国可能想重新谈论琉球问题,如果美国的确这样做了,应是处于自身需要。日本不可重提这一问题,因为日本已在投降条件中做出承诺,同意日本领土主权仅限于主要四岛以及同盟国家决定的其他岛屿。

随后,杜勒斯大使说,除纯粹的军事问题外,也需考虑琉球群岛其他方面的问题。琉球群岛远离美国本土,岛上居民约一百万,均非美国同族,美国不应轻率地承诺对其承担责任。我们不需要另一个波多黎各。我们可能没有充分考虑这一问题的民事方面,如经费、风俗、移民等。

马克格鲁德将军称,如果不能控制琉球群岛的居民,可能无法在此建立强大的军事基地。

我们主要关心的是,签订条约后,日本与琉球群岛之间不应有关税壁垒。琉球群岛在贸易上依赖日本;如果切断两地贸易,美国要想获得其支持就难上加难了。美国将允许人口流动,但保留必要时停止或限制流动的权力。

杜勒斯称,今天的新闻发布会应该可以终止日本对这一问题的讨论。此外,杜勒斯大使计划告知首相,琉球群岛问题不是一个可以讨论的问题。同盟军才有权决定如何处置或管理琉球群岛。约翰逊说,他认为美国高层忽略了琉球问题的一些方面,希望高层进一步思考这一问题。杜勒斯大使赞同他的想法,但认为这一问题应待回到美国后再做打算,以防日本对我们不利。

3. 代表团此次来访与占领军无关。缓和肃清行动等问题由盟军总司令、远东事务委员会以及盟军议会全权负责。

第二次会见英国大使

杜勒斯大使称将在周五 11:00 会见阿尔瓦里爵士。届时代表团需准备好对英国备忘录①的意见。

美日双边协定

杜勒斯称,现在可能有必要换一个角度处理安全条款。杜勒斯询问美日双边军事协定是否对外公布,归入联合国档案。马克格鲁德表示肯定,杜勒斯说,这样的话条约中可以不必过于明确,将其中一部分安全规定转移到双边协定里。马克格鲁德将军回答说,条约中包含这些条款是有原因的,可使其他国家知晓驻守日本时应遵循哪些规则。杜勒斯大使说,详细讨论双边条约前,应仔细审视驻守军与安全问题,决定哪些内容应写进条约,哪些内容写进双边协定,哪些内容可仅由美国与日本私下同意而不需日本议会批准或报备联合国。

首相的文件②

杜勒斯指出已讨论过文件中提出的琉球群岛问题。至于安全问题,文件中提到"平等的伙伴",可以为对半分担军事费用提供便利。不过塞巴德大使认为,"平等的伙伴"暗指美国与日本分别担负各自的军事费用。吉田在重整军备一节中提到"我们有理由防备军国主义死灰复燃",讨论这一问题时,有人指出日本政府面临着为警备力量选择适合的军官的难题。如果要扩大警备力量或建立一支军队,必须进一步调查旧军国主义者。

至于人权宣言一段,约翰逊建议,现在开始逐步取消不适合日本国情的改革,此举有利于缓和日本向后条约状态的过渡。塞巴德大使同意这一建议,但认为应由盟军总司令决定是否可以这样做。阿利森认为这主要取决于如何逐

---

① 原编辑者注:国务院档案中未找到此时英国政府关于《对日和平条约》的备忘录。1 月 29 日,阿尔瓦里爵士向杜勒斯大使口头转述了英国的意见,相关引文以及杜勒斯对其意见的总结分别参见编者按,第 825 页,以及费耶里 1 月 30 日的会议记录,第 830 页。

② 原编辑者注:见前文。

步撤销这些改革。杜勒斯大使记起首相称政府正准备给盟军总司令一份文件,称代表团切不可在这类事情上成为日本政府与盟军总司令的中间人。洛克菲勒称文化关系一段的表述似乎极为合适。杜勒斯大使说,关于经济部分,必须声明其中包含棘手的问题,且我们受制于盟友的压力。杜勒斯询问造成造船业能力过剩的原因到底包括哪些物质条件,大家一致同意由代表团中的国防部成员咨询相关的盟军总司令部官员。杜勒斯大使折回到领土一节中小笠原群岛的居民问题,问会否有人反对允许其居民返回小笠原群岛。马克格鲁德将军说道,这样做可能增加美国政府的财政负担。大家都认识到这些人民及其祖先世世代代在岛上生活,因此这一问题具有重要的人文意义。

(Memorandum by Mr. Robert A. Fearey of the Office of Northeast Asian Affairs, *FRUS*, 1951, Vol. Ⅵ, Asia and The Pacific(in two parts)Part 1, General Editor: Fredrick Aandahl, United States Government Printing Office, Washington: 1977, pp. 835 – 838.)

64. 费耶里的备忘录

Lot. 54D423
东北亚事务办公室罗伯特·A.费耶里的备忘录
秘密文件 1951 年,东京
会议记录——杜勒斯代表团全体会议,2 月 1 日,上午十点

杜勒斯的演讲

杜勒斯大使称,腊斯克来电①讨论演讲问题,确认了其中的一些调整内容。更改后,其中关键一段用的是"保留"美国在日本的军队,而不是"委任"。杜勒斯大使称,他刻意避免使用"保留"一词,防止被理解为美国将继续实施占领。华盛顿这样修改,可能是因为国内质疑总统是否有权在和平时期派遣美

---

① 原编辑者注:国务院档案中没有找到此电话会谈的备忘录。

国军队到海外执行任务。①

会见民主党领袖

杜勒斯大使称,与民主党领袖的会谈大体上令人满意,与第一次会见吉田相比,从根本上直指问题核心。杜勒斯称自己试图压制那些煽动琉球群岛回归的行为。整体看来,民主党愿意合作。民主党领导人批评吉田,称吉田拒绝以中立的方式处理条约问题。塞巴德大使称,这里涉及一些政治问题,民主党曾要求在内阁中获得三个席位,被吉田拒绝了。会谈结束后,苫米地英人(Tomabechi)②称还有一些问题要问,杜勒斯提议递交一份备忘录③,可尽述这些问题或该党想要表达的其他观点。

第二次会见吉田

杜勒斯大使称,他与吉田共同审阅了首相递交的备忘录。杜勒斯大使向吉田强调,应限制有关琉球群岛问题的运动。吉田似乎同意这一看法。杜勒斯大使称,此次会议较之前相比更加令人满意,会议中讨论了安全条款以及驻守军队的具体问题。④

条约释义

杜勒斯大使称已令费耶里准备一份对华盛顿多边条约草案的释义,准备交给日本政府供其参考。⑤

---

① 原编辑者注:1月31日发往东京的电报1197,其上注明"腊斯克致杜勒斯",国防部在其中写道,"应最高官员要求"做此更改。电报中还写道:"有件事希望您知道,总统还未得空阅读所有内容,但预计在您寄出前读完。国务卿读完了所有内容。"(694.001/1 - 3151)

② 原编辑者注:苫米地英人(Gizo tomabechi),人民民主党最高委员会主席。

③ 原编辑者注:国务院档案中未找到这里提到的备忘录。然而,1月31日杜勒斯大使与苫米地英人(Tomabechi)等其他民主党领导人的谈话,由费耶里记录在备忘录中,编号为Lot. 54D423。

④ 原编辑者注:国务院档案中未找到1月31日杜勒斯大使与首相会谈的备忘录。

⑤ 原编辑者注:见2月3日的临时备忘录,第849页。

原材料分配

杜勒斯大使称他与福克斯将军共进晚餐，提出有必要制定适当的计划，签订条约后，日本人可有效利用进口得来的原材料。塞巴德大使称，现在即可派一些日本人前往华盛顿，学习相关知识。马克格鲁德将军称他在华盛顿时就一直催促落实这一提议。塞巴德称，要是他得到了指令，肯定会直接向麦克阿瑟将军提出此事，他很有可能会同意这一提议。

杜勒斯大使的新闻发布会

杜勒斯称昨天下午的新闻发布会进行顺利，没有出现多少问题。

(Memorandum by Mr. Robert A. Fearey of the Office of Northeast Asian Affairs, *FRUS*, 1951, Vol. Ⅵ, Asia and The Pacific(in two parts) Part 1, General Editor: Fredrick Aandahl, United States Government Printing Office, Washington: 1977, pp. 838 – 840.)

65. 费耶里的备忘录

Lot. 54D423

东北亚事务办公室罗伯特·A.费耶里的备忘录

秘密文件　1951年，东京

会议记录——杜勒斯代表团全体会议，2月2日，上午9:30

会见英国大使

杜勒斯大使称，自己将在11:00会见英国大使，就英国观点表达我们的意见。杜勒斯大使称，除了一点(造船问题)我们都可以接受英国的建议。①

---

① 原编辑者注：2月2日，杜勒斯大使与阿尔瓦里爵士举行会谈，费耶里在该次会谈备忘录中写道，顾问称美国认为如果条约要求摧毁任何工业财产，将严重阻碍签订条约，任何国家在敌对状态结束后5至6年内遭到这样的破坏都无法生存。"阿尔瓦里爵士称他完全理解我们的处境，但英国政府在这一点上态度坚决。"(东京邮政档案：320.1和平条约)有关谈话见下文。贺拉斯·克莱门特·休·罗伯森爵士，陆军中将，英联邦在日占领军总司令。

澳大利亚军方观点

约翰逊称得到罗伯森将军的消息,称无论澳大利亚政府在此事上如何表态,澳大利亚军队同意我们提议的《对日和平条约》。

同盟军的参与

马克格鲁德将军称,最近的一次会议上,他问一位日本代表如何看待美国以外的其他国家在日本驻扎军队,这位代表奋力反对,至少在签订共同安全协议前如此。马克格鲁德将军认为,既然参谋长联席会议也不希望军队只具有象征性作用,代表团国防部成员认为,日本不可能签订协议,同意由美军之外的其他国家驻守日本。

杜勒斯大使说这样可能更好。之所以允许象征性的军队加入,主要是为顾及相关国家的面子,他们可能做出了一些贡献,但不足以在任何事情上都有发言权。朝鲜问题则不一样,我们希望尽可能多的国家站在我们这边。巴布科克上校提到,日本反对美国之外的其他国家在日本驻扎军队,可能还因为这样做将使人们以为占领还在延续。

告别宴

会议决定,于2月10日在帝国酒店由杜勒斯大使主持告别宴。大使称任务结束前代表团成员最好待在一起,他将致电国务卿马歇尔与佩斯部长,要求约翰逊留在日本,直至本周末。

会见绿风会(ryokufukai)①

会议决定杜勒斯大使将于周二下午会见绿风会代表。

有关琉球群岛的公开声明

杜勒斯大使称,华盛顿有报道称代表团正在考虑是否同意日本的要求,归还琉球群岛,他对此甚为担心。杜勒斯大使说,这样的报道暗中削弱了代表团

---

① 原编辑者注:绿色之风社团,一政治派系,在参议院有不少追随者。

对琉球问题的态度。会议决定由塞巴德大使就此事致电华盛顿。①

检阅国家警备力量

　　塞巴德大使提到,麦克阿瑟将军建议杜勒斯大使造访国家警备力量。会议认为无论杜勒斯大使还是代表团中任何一位成员,造访国家警备力量时都可能带来不必要的舆论问题,因此决定不采纳此建议。

　　(Memorandum by Mr. Robert A. Fearey of the Office of Northeast Asian Affairs, *FRUS*, 1951, Vol. Ⅵ, Asia and The Pacific(in two parts)Part 1, General Editor: Fredrick Aandahl, United States Government Printing Office, Washington: 1977, pp. 840 - 841.)

66. 杜勒斯代表团准备的备忘录

东京邮政档案:320.1　和平条约
杜勒斯代表团准备的备忘录②
秘密文件　1951 年 2 月 3 日,东京
临时备忘录

　　美国认为和平条约应遵循以下原则,但可能再次考虑此处所述原则,并与相关国家再次磋商:

　　序言中应表明决心,此后同盟国家与日本在主权上平等,将在友好合作的基础上发展关系。日本需表明愿意遵守《联合国宪章》;实现《世界人权宣

---

　　①　原编辑者注:2 月 2 日来自东京的电报 1491,上书"杜勒斯至腊斯克",其中写道:"参考 UP 急件　日期与地点　华盛顿　2 月 1 日,汇报的行政官员称日本希望保留琉球群岛、小笠原群岛以及千岛群岛,见盟军总司令一同与日本领导人进行的谈判。我于 1 月 31 日对媒体声明'投降条件中已解决的问题,此次谈判或未来的决议中都不再涉及'。发出这一声明的目的,在于阻止日本再次提出琉球群岛与小笠原群岛问题,此时回避与日本讨论这一问题。"(694.001/2 - 251)
　　②　原编辑者注:2 月 5 日该备忘录复印件也交给了井口(Iguchi)。

言》①中各项崇高原则;依据《联合国宪章》第 55 条的构想,创造稳定祥和的内部环境,且日本战后法律已如此要求。相应地,日本将申请加入联合国,同盟国家表示欢迎。

和平

宣布结束同盟国家与日本的战争状态。

主权

同盟国家承认日本人民对日本领土享有完整主权,承认其选举的代表。

领土

日本放弃在朝鲜、台湾以及澎湖列岛的所有利益与所有权,承认美国代表联合国托管北纬 29 度以南的琉球群岛、小笠原群岛,包括罗萨里奥岛、火山岛、帆形岛以及马尔库斯岛,行使行政职权。联合国批准托管协议前,美国保留对上述岛屿的管制权。此外,日本放弃委任统治制度以及日本公民南极活动中得到的一切权利、所有权以及声明。

安全

作为潜在成员国,日本提前接受《联合国宪章》第 2 条所述义务,其他国家处理与日关系时同样以上述原则为指导。同盟国家承认,日本作为主权国家,享有《联合国宪章》规定的"单独或集体自卫的自然权利",认为日本有权自愿加入集体安全协议。此类协议仅以防卫武装入侵为目的,任何缔约国无权干涉日本内部事务,也无此义务。如应日本政府明确请求,协助平定大规模的内乱,不可看作是对日本内部事务的干涉。除非联合国需要或建议,或出于上述共同安全协议的需要,日本不允许任何外国势力使用日本的军事设施。

政治与经济条款

(a) 遵守现有多边条约规定,禁止滥用麻醉药品,保护鱼类与野生动物;

---

① 原编辑者注:1948 年 12 月 10 日,联合国大会通过了该决议。决议内容见国务院《美国外交政策十年:基本文件,1941－49》(华盛顿,政府印刷局,1950 年),第 1156 页。

（b）日本同意立刻与相关国家开展谈判，订立新的双边或多边条约，规范、保护、发展公海渔业；

（c）同盟国家在条约生效后一年内，告知日本希望继续遵守的战前双边非政治条约；

（d）日本放弃在中国的一切特殊权利和利益；

（e）在日本监禁的战犯，日本与裁决国家共同讨论后，可就某一案件判处宽大处理、减刑、假释以及赦免。至于远东国际军事法庭的判决，日本只有获得远东国际军事法庭各国政府多数同意后才能执行上述权力。

（f）签订新的商务条约之前，在三年内，日本政府将（1）给予各缔约国最惠国待遇，包括所有进出口货物相关规定，（2）对缔约国在日船只、公民、公司及其财产、利益以及经济活动，给予公民待遇和最惠国待遇，以最佳待遇为准。受商务协议中特例的限制，日本政府可保留比给予同盟国家更加优惠待遇。日本政府有权依据国际收支平衡或基本安全利益需要采取措施，有权保留商务协议中的常规特例。此处所述"公民待遇"不包括日本沿海及内陆航运。签订民事空运协议前，日本在三年内给予同盟国家不低于条约签订时其在日本享有的民事空中交通权利与特权。

战争索赔声明

各缔约国与日本相互取消 1945 年 9 月 2 日前因战争发出的声明，以下内容除外：（1）外交、领事财产以及一些规定的条目除外，同盟国家各自领土内的日本财产由各国保有；此外，（2）应同盟国家要求，恢复同盟国家在日财产，无法恢复的财产，无论是否归日本政府控制，按照约定的比率赔偿损失，赔偿以日元计。（此处两个例外详见附件Ⅰ。）日本取消投降后因占领军导致的所有诉讼。

纠纷裁决

阐释或落实条款出现纠纷时，凡经外交途径未得到解决的，除安全条款产生的纠纷外，交由国际法庭判定，所有缔约国服从国际法庭的裁决。另外设立仲裁法庭，由国际法庭主席从二战中立国中选派陪审员，处理赔款纠纷。（此处规定详见附件Ⅱ。）

最终条款

（a）任何曾与日本交战或处于敌对状态的国家，非原始缔约国的，亦有权依附条约。

（b）任何不执行、认可或遵循该条约内容的国家，不享受条约中的权利与利益，任何国家如给予上述国家该条约缔约国没有享有的权利，日本亦拒绝与之签订和平解决协议。

大致意见

据观察，如果依据上述原则实现对日和平，需要完全恢复日本领土主权，不予多方限制。日本需表明将遵守投降后的崇高目的、原则以及标准，但不受条约硬性限制。日本享有重建军事力量的权力不受限制。同盟国家不可从工业资产、现有产品以及黄金储备中寻求赔偿。同盟国家不再有权索回被掠夺的财产。不限制日本的商业活动，其中包括造船业与渔业，以及其他日本为促进世界美好愿望自愿从事的活动。日本与同盟国家互相给予最惠国商业待遇。至于如何偿还占领区治理和救济委员会约 20 亿的债务，不在条约中做出强制规定，而通过互相调整解决。

考虑到上述所有问题，同盟国家之间分歧较大，美国内部很多人质疑此处列出的这种和平条约是否可取。

考虑到美国国内以及同盟国内部的舆论，为实现和平条约，可能需要在上述原则的基础上添加一些限制与责任，尽管大致意见中指出条约中应少有限制和责任，建议日本政府面对日本民众时，要避免给人民留下这样的印象。

［附件 I］

取消战时索赔声明例外条款详释

I．日本在同盟国家的财产、权利与利益，凡在 1941 年 12 月 7 日至该条约生效期间的，由同盟国家保留，以下情况除外：（a）经同盟国家允许在其领土内居住的日本公民的财产，1945 年 9 月 2 日另外处理的情况除外；（b）外交及领事财产中的有形财产，以及相关维护的净值；（c）非政治性的宗教财产、慈善财产、文化及教育机构财产；（d）日本境内的财产，无论其他地方是否有文件或其他证据证明其所属权、名号以及利益，无论是否存在欠款；（e）证明产品出自日本的商标。

Ⅱ. （a）该条约生效日起六个月内，日本应要求恢复同盟国及其公民在日本有形无形财产、任何形式的权利以及利益，财产所有者不受胁迫与欺诈，自由处理财产的情况除外。无论是否由日本政府指示，赔偿金额应为因战争遭受损害的金额，支付赔偿时（1）购买类似的财产，或（2）恢复其1941年12月7日状态所需的资金。不需赔偿不受战时日本特殊限制的同盟国家公民。该条约生效18个月内，由同盟国家政府代表各自国家及公民，向日本递交索赔声明。

（b）索赔声明递出后6个月内没有得到解决的，双方政府任何一方可将该声明移交给仲裁法庭（见附件Ⅱ）。

（c）此处所指财产应包括以下法律实体，其虽非同盟国家公民，但在日财产因战争受到严重损害。此类受损财产的赔偿金额与（a）小段公司或团体公民的赔偿比率相同。

（d）赔偿以分期付款的方式支付，赔偿以日元计，分四次付清，每年一付，无利息。如果赔款数额超过4千亿日元，减掉相应数额，以4千亿为赔偿金额。作为赔偿金支付的日元仅可依据日本外汇条例兑换为外汇。支付赔偿时若双方达成一致意见，不需等待法律裁决。

［附件Ⅱ］

纠纷条款详释

阐释或执行

同盟国家政府与日本政府就该条约阐释和执行发生纠纷时，经外交途径未得到解决的，在未签订特别协议的情况下，可应纠纷双方中一方请求，移交国际法庭裁决。日本及其他同盟国家，如非国际法庭的一员，在签订该条约当天，在国际法庭登记处留下宣言，表明愿接受仲裁法庭对该段所述纠纷的判决，无需特别签订协议。

声明

同盟国家因该章条款出现纠纷时，经外交途径或其他方式未得到解决的，由双方任一政府交由仲裁法庭判定。条约生效日起3个月内，由国际法庭主席应委托国家请求任命三名陪审员，组成仲裁法庭。任命的陪审员应从二战中立国中选派。仲裁法庭席位空缺时，由国际法庭主席应委托国请求任命。

仲裁法庭依据投票进行多数裁决,裁决为最终判决,不得违抗。

仲裁法庭成员的工资由国际法庭主席与日本政府磋商后决定。法庭的诉讼程序消费,以及其成员与员工的工资,由日本政府支出,但不包括其他国家准备或进行诉讼时所产生的费用。

该条约签订十年后,仲裁法庭及其成员的权力即终止。除非日本与多数同盟国家同意延长或缩短这一期限。

(Memorandum Prepared by the Dulles Mission, *FRUS*, 1951, Vol. Ⅵ, Asia and The Pacific(in two parts)Part 1, General Editor:Fredrick Aandahl, United States Government Printing Office, Washington:1977, pp. 849 – 855.)

67. 英国大使馆致美国国务院

Lot. 54D423

英国大使馆致美国国务院①

1. 英国政府认为,英国政府代表与约翰·福斯特·杜勒斯自去年9月开始的非正式会谈非常有意义。然而尽管两国已交换了所有意见,但毕竟是以非正式的方式进行,英国政府认为应向美国政府正式表达英国当下对《对日和平条约》的态度。

2. 英国政府认为,《对日和平条约》的主要目的,应是建立一个热爱和平的日本,其政府稳定可靠,其经济措施切实可行。(编者按:原文段落从2开始编号)

3. 尽管还未达成最终意见,据英国政府猜测,美国希望签订的《对日和平条约》为多边条约,由有意向的国家从一致认可的原则出发,通过外交途径签订条约。在这一点上,英国政府谨询问,美国政府是否打算召开和平大会,邀请曾经与日本作战的所有国家参加会议。此外,英国政府希望知道在美国看来,和平大会是以拟定最终条约为目的,还是仅就主要缔约国拟定的条约草案

---

① 原编辑者注:页边有手写字样如下"1951年3月12日,英国大使交给 J. F. D. (约翰·福斯特·杜勒斯)。"

进行讨论,大会商讨结束后,由主要缔约国起草并签订最终条约。

4. 对于条约各实际条款的看法,在下文段落中详述。然而英国政府希望稍晚一些提出德国在日资产的处置详情,及其他经济金融及财产条款相关的细节问题。

领土。

5. 依据 1945 年 7 月 26 日《波茨坦公告》第 8 段,英国政府认为,日本领土主权仅限于日本主要四岛以及一些和平条约中规定的临近小岛。除宣布日本放弃所有被剥夺之领土主权外,条约中应记录以下内容:

(i) 日本承认朝鲜独立。

(ii) 琉球群岛以及小笠原群岛由美国托管。

(iii) 依据 1945 年 2 月 11 日签订的《里瓦迪亚协议》[①],南库页岛以及千岛群岛由日本割让给苏联。

(iv) 日本放弃在中国的所有特殊权利与利益。

(v) 日本放弃过去、现在、将来所作的有关南极大陆的任何政治以及领土声明。

(vi) 日本应特别声明,放弃与其战前托管领土有关的所有权利。

6. 如何处置台湾问题。英国政府将于近期联系美国,届时将就条约中有关台湾条款的措辞表达意见。

政治规定。

7.

(i) 签订条约后,日本政府应禁止国内不良政治团体复苏。望条约中给出明确定义。

(ii) 条约序言中,应指出日本军国主义政权不负责任地发动了战争,内容可与《对意大利和平条约》中的相关表述一致。

(iii) 条约应规定,条约生效前被判刑的日本战犯,日本政府有义务确保

---

① 原编辑者注:英、美、苏三国于雅尔塔(里瓦迪亚宫)签订《关于日本的协定》,协议内容见国务院《行政协议汇编(EAS)》第 498 号文件,或第 59 卷,(第 2 部分)1823.

其依照战犯法庭的判决,继续服刑,表现良好者可授予豁免。

(iv) 和平条约要求日本政府保留占领期以来日本议会通过民主方式制定的立法,无论永久保留还是保留一段时间,这样的要求都不合适。日本政府依照盟军总司令要求颁发的特殊法令,都应接受检查,然后决定是否在和平条约中做出相关规定。

(v) 条约规定日本申请加入联合国,并要求同盟国家相应地给予帮助,这一做法也是不当的。不过日本重获自由后,英国政府认为没有理由反对日本加入联合国。

(vi) 条约应规定,日本放弃以下条约中的权利,即《刚果盆地条约》①、1923 年 7 月 24 日签订的《洛桑条约》第 16 条②、1936 年 7 月 20 日签订的《蒙特罗海峡协议》③。

(vii) 条约生效后,日本在六个月内从国际清算银行撤资。

(viii) 日本放弃委任统治制度的所有特权。

(ix) 任何日本曾经加入的国际组织,日本接受对其清算的安排。

(x) 同盟国家、意大利、保加利亚、罗马尼亚、匈牙利、芬兰、泰国、德国以及奥地利之间的和平条约以及相关协定,已签订或即将签订的,日本均接受其全部效力。

安全。

8. 英国政府认为,应允许日本在一定规模内重整军备,使其有能力维护内部安全与防卫。

赔款。

9. 不应再从日本工业资产中寻求赔款。但驻日盟军总司令控制下的黄金(货币)储备应作为赔偿资金。英国政府希望借此机会表明,上述黄金储备绝不可归还日本,尽管由此渠道获得的赔偿金额对同盟国家来说微不足道,但

---

① 原编辑者注:1919 年 9 月 10 日在圣日耳曼—昂莱签订,公约的详细内容见国务院《条约汇编(TS)》第 877 号文件,或第 49 卷(第 2 部分)3027。

② 原编辑者注:条约内容请参见《国际联盟条约汇编》,第二十八卷,第 115 页。

③ 原编辑者注:同上,第二十三卷,第 213 页。

如果日本获得上述黄金储备，与二战中遭受日本侵略的国家相比，日本反而将获得更大的优势重新开始。

10. 少数特例除外，无论是官方还是私人资产，日本的海外资产不可归还给日本或日本物主。同盟国家领土内的日本海外资产，应由相关国家政府处理。

11. 中立国、前敌国、德国以及奥地利的日本资产，多半由中、苏、美、英代表联合管理，代表远东事务委员会成员国利益，不可归还给日本或日本公民。

一般经济条款

商品。

12. 依据 6 月 22 日外交部记录，英国政府告知美国驻伦敦大使，英国需保留必要时应对日本竞争的自由，以保护英国工业。然而，如果条约中规定（依据《对意大利和平条约》第 82 条原则），日本与相应国家彼此给予对方公民待遇及最惠国待遇，英国政府愿意考虑接受。但必须规定将任何关税独立的实体看做一个独立的国家，如此一来，例如说假如牙买加拒绝给予日本公民待遇及最惠国待遇，或发生相反情况时，英国或其他领土仍可享受条约权利。

确立（如何对待外国公民与公司）。

13. 缔约国与日本签订确立条约期间，外国公民与公司在日本享有各方面的公民待遇和最惠国待遇，必要时相关国家也给予日本公司及公民相同待遇。日本与相关国家相互给予公民待遇和最惠国待遇时，起草条约时必须申明，任何领土（如殖民地或被保护国家）都算作独立的国家，在这一领土上成立的公司或个人看作独立国家的公民。

船运与民航。

14. 日本造船工业膨胀，超过规定吨位的应予以摧毁。日本现有的造船能力超过了和平时期的需要，为战时舰队提供船只和服务导致其造船能力膨胀。从经济角度考虑，有理由削减日本过剩的造船能力。

15. 为签订适当的协议进行谈判期间，日本给予和平条约缔约国船运公民待遇与最惠国待遇，必要时相关国家也给予日本公司及公民相同待遇。日本与相关国家相互给予公民待遇和最惠国待遇时，起草条约时必须依据第 12

段申明的原则,保证英国及其殖民地与海外附属领土均被看作独立的国家。

16. 签订民事空运协议前,日本在三年内给予同盟国家不低于条约签订时其在日本享有的民事空中交通权利与特权。一旦日本开始运营自己的国际航线,届时如果未签订相关协议,日本应给予同盟国家国际航空公司公民待遇与最惠国待遇,必要时相关国家也给予日本公司及公民相同待遇。日本与相关国家相互给予公民待遇和最惠国待遇时,起草条约时必须依据第 12 段申明的原则,保证英国及其殖民地与海外从属领土均被看作独立的国家。

双边条约。

17. 条约应规定,依据《对意大利和平条约》第 44 条原则,允许恢复战前日本与同盟国家签订的双边条约,主动权应掌握在同盟国或相关同盟国家手中。

远东渔业公约。

18. 日本应在和平条约中承诺,将应相关缔约国家要求开展国际谈判,签订渔业公约,规范远东海域渔业渔场。签订上述条约期间,日本承诺禁止日本公民或日本船只在捕鱼保护区以及缔约国领海内捕鱼。

人权。

19. 贵国建议依据《对意大利和平条约》第 15 条原则,在《对日和平条约》中引入人权条款,英国政府怀疑这一做法是否可取。应各缔约国要求,可自和平条约序言中指出,日本自愿接受《国际人权宣言》中的原则。

国际条约与公约。

20. 日本应在和平条约中承诺,重新履行以下职责:

(a) 1912 年[1]、1925 年[2]以及 1931 年[3]签订的《国际麻醉品公约》,并加入

---

[1] 原编辑者注:该《公约》及《最终议定书》分别于 1912 年 1 月 23 日、1913 年 7 月 9 日于海牙签订,条约内容见《条约汇编》,第 612 号文件,或第 38 卷(第 2 部分)1912。

[2] 原编辑者注:该《公约》1925 年 2 月 11 日于日内瓦签订,条约内容见《国家联盟条约汇编》,第 LI 卷,第 337 页。

[3] 原编辑者注:该《公约》1931 年 7 月 13 日于日内瓦签订,条约内容见《条约汇编》第 863 号文件,或第 62 卷(第二部分)1796。

(b) 1946 年修订 1931 年《麻醉品公约》的议定书①,以及

(c) 1948 年签订的《合成药品流通》议定书②。日本还应加入

(d)《国际捕鲸公约》以及 1946 年的议定书③,

(e) 1948 年的《日内瓦战俘公约》④,以及

(f) 其他必要条约或公约。

索赔与债务。

21. 日本应恢复同盟国家公民在日财产,无法恢复的,依据现在购置相同财产的价格给予赔偿。同样,战争状态结束后占领军造成在日本的财产损害,也应由日本赔付。

22. 关于战前日本政府或公民对同盟国家政府或公民的欠款,条约也应做出相关裁决规定。

日本放弃索赔。

23. 条约中应要求,日本代表日本政府与日本公民,放弃对同盟国家所作的符合以下条件的索赔,即直接由远东地区战争引起的索赔,或 1939 年 9 月 1 日以后,无论当时同盟国家是否与日本交战,因欧洲战争采取行动引起的索赔。无论牵涉到哪些国家,该规定应完全禁止其中列出的索赔声明。这一条款主要用于保护战利品法庭的决定,以及银行、运输代理及保管人等相关机构和人员。

工业、文学以及艺术产权;合同、指示以及可转让票据。

24. 和平条约附加中应就上述各项单独做出规定。

---

① 原编辑者注:12 月 11 日于成功湖签订,议定书内容见《条约及国际法汇编》第 1671 号文件,以及第 62 卷(第 2 部分)1796。

② 原编辑者注:11 月 19 日于巴黎签订,议定书内容见《条约及国际法汇编》第 2308 号文件,或《美国条约以及其他国际协议(美国条约以及其他国际协定)》,第 2 卷,第 1629 页。

③ 原编辑者注:该议定书 1946 年 12 月 2 日于华盛顿签订,议定书内容见《条约及国际法汇编》第 1949 号文件,或第 62 卷(第 2 部分)1716。

④ 原编辑者注:此处明显指 8 月 12 日签订的 1949 年《日内瓦公约》,公约内容见《条约及国际法汇编》第 3365 号文件,以及《美国条约及其他国际协定》第 6 卷(第 3 部分),3516。

纠纷。

25. （a）因和平条约条款引起的索赔纠纷,设立中立的特别法庭处理,挑选恰当的人员作为法庭成员。

（b）其他因和平条约引起的纠纷,应通过外交途径解决,或者移交国际法庭审理。

战争坟场。

26. 条约中可增加一条,依据《凡尔赛条约》第 225、226 条,处理日本的战争坟场。

华盛顿,日期不详。

(The British Embassy to the Department of State, *FRUS*, 1951, Vol. Ⅶ, Asia and The Pacific(in two parts)Part 1, General Editor: Fredrick Aandahl, United States Government Printing Office, Washington: 1977, pp. 909 - 916.)

68. 英国大使馆致美国国务院

Lot. 54D423

英国大使馆致美国国务院①

备忘录

后条约时期日本安全与军备重整

英国政府认为,《对日和平条约》不应禁止日本重整军队,亦不应限制日本武装军队的数量与性质。英国政府认为,且相信美国政府也同意,与日本签订限制性的和平条约在政治上并不可取,尤其是因为任何强制性的军事限制都将带来巨大困难。尽管如此,英国政府认为应在和平条约外采取一些防备措施,防止日本再次入侵他国。英国参谋长委员会就这一问题展开了讨论,其申

---

① 原编辑者注:3 月 12 日,英国代理大使将本文连同备忘录一起交给杜勒斯,见第 909 页。

明随信附上。英国政府同意其中所述观点,希望能及时得到美国政府的反馈。

[附件]

绝密文件
参谋长委员会对重整日本军备的意见

大致意见。

1. 处理日本军备重整问题时,应基于以下要素:——

(a) 近几年内

(i) 依靠日本现有的军事力量与经济资源,日本没有能力侵略他国。

(ii) 有必要建立一定的军事部署,维护内部安全,抵御外敌侵犯。

(iii) 同盟国家应协助日本进行军事部署,提供经济援助,以防止日本落入共产主义魔掌。

(b) 长期来看

(i) 要实现对重整军备进行永久限制,只能通过实施永久占领;但无论从政治上还是军事上这都不可行。因此日本必须成为主权独立的国家。

(ii) 日本与西方只有在自愿的基础上才能形成持久结盟,这要求双方在政治、经济以及军事上建立共同利益。

同盟国家共同安全面临的威胁。

2. 共产主义的威胁。——此刻在远东地区对同盟国家共同安全构成威胁的主要是共产主义:——

(a) 和平时期。——日本是俄国帝国主义在东亚的主要目标。国际共产主义是俄国可用以达到目的的最有效工具,且国际共产主义在远东地区得到中国的拥护。具有一定实力的共产党已经在日本出现;如果盟军撤出日本,只能加速共产主义对日本国民生活的渗透。

(b) 战争时期。——如果爆发战争,无论共产主义中国是否会协助俄国,俄国都将对日本造成威胁。

我们认为,要保障日本站在同盟国家的阵营,无论和平时期或战争时期都必须保障日本国内安全,还要在战争时期防止日本受到外部威胁;签订和平条约后,决不可使日本处于"军事真空"状态。

3. 日本人口众多,工业资源蔚然可观,工业能力亦颇为强大。必须认识到从长远来看,日本将会期望建立一定的工业地位,需要扩张领土或经济。后和平时期制定对日政策时,必须考虑到这一经济事实可能导致日本入侵他国。

4. 短期来看,日本不具备军事扩张的能力。日本本土缺乏发展自身经济的必需资源,因此更没有能力入侵他国。日本1942年在军事上取得的成功,主要依靠掠夺亚洲大陆原材料,以及日本的大量储蓄。事实上,日本的原材料供应主要依赖亚洲大陆及其他国家。因此,处于孤立状态的日本不会构成军事威胁。如果日本与远东其他国家勾结,现在来说即加入共产主义集团,日本将获得相当的力量,对从太平洋到远东地区的同盟国家构成威胁。

5. 长远来看,只有拥有了强大的海军,积累了必须的经济资源,日本才有能力发动侵略战争。

同盟国家共同策略。

6. 和平时期。——和平时期,同盟国家在远东地区的共同策略与在其他地区一致,即防止共产主义扩散,尤其是防止共产主义利用日本资源。

7. 战争时期。——北太平洋安全应由美国负责。战争时期,同盟国家的策略是保护日本与琉球群岛;以冲绳作为战略空防的基地;维持海上以及空中通讯;防止敌人使用中国领海;采取防御性陆地措施,派驻最少军力,实现他处军力最大化。

8. 为满足同盟国家的策略要求,不仅需要由美国托管琉球群岛与小笠原群岛,还应在日本本土派驻军队,以维护日本内部安全,抵御外部侵略。同盟国家亦须保卫他处,显然无法在完全不借助外力的条件下实现上述要求。鉴于上述原因,且日本作为一个独立的国家,必须在自我防卫中起到积极作用,提供必要的军事力量。

9. 日本武装力量的军种。——鉴于以上原因,我们认为日本应提供常规部队,其中不包括大规模的海军部队、战略轰炸部队或特殊武器,上述例外军种由美国依据同盟国家策略提供,日本政府不可使用。因此,日本武装军队的数量应与维护内部安全与防御一致,只可包含以下军种:

(a) 拥有护卫舰的军舰,不可拥有潜水艇;

(b) 相当力量的陆军;

（c）相当力量的空军，不可拥有战略轰炸部队。

实现日本军备充足的文件。

10. 数月前，美国提议完全恢复日本主权。然而，签订任何和平条约时必须考虑对德国形势所形成的不良影响。

11. 我们认为，和平条约之外，应签订一份防御协定，这主要基于以下考虑：——

（i）如此可将签约国限制为我们的友国；

（ii）签订和平条约后，日本可自愿同意防御协定；

（iii）只有通过这种方式才能在某种程度上保证顺利签订条约。

限制条款与控制。

12. 由于需要签订自由条约，不应强制或建议日本同意签订详细的防御限制，接受随之而来的审查。因此在防御协定中不宜出现限制条款。

我们认为，无论从军事或经济角度考虑，日本都将同意由同盟国家提供上述第 9 段中所说的军队与武器。我们认为，即便不考虑政治与经济方面，仅从战略角度出发，不可禁止日本享有拥有和制造商船船队与民用飞机机群的权利。

13. 要限制日本自卫军力，没有行之有效的军事方法。只有通过以下方式才能实现限制：——

（a）日本自愿接受同盟国家提供的军队与武器，用以抵御入侵，上述军队在日本应产生规范性影响。事实上我们只有这一种选择。

（b）利用日本对同盟国家经济的依赖，但需谨慎使用。

总结

14. 为此我们总结如下：——

（a）处于孤立状态的日本不会构成军事威胁。

（b）日本之所以会构成威胁，在于日本可能与敌对亚洲国家或共产主义集团结盟。

（c）日本有能力承担防卫责任之前，盟军不可撤离日本。

15. 防止日本侵略他国。要限制日本将来侵略他国，没有行之有效的军事方法。只有通过以下方式才能实现限制：——

（a）日本自愿接受以下军种由同盟国家提供，包括大规模的海军部队、战略轰炸部队或特殊武器，上述军种在日本将产生规范性影响。

（b）利用日本对同盟国家经济的依赖，但需谨慎使用。

16. 美国提案。——从军事角度考虑，如果同意在和平条约外签订双边防御协定，美国对和平条约的提案是可以接受的。

17. 日本武装军种。——日本武装军队的数量应与维护内部安全与防御一致，只可包含以下军种：——

（a）拥有护卫舰的军舰，不可拥有潜水艇；

（b）相当力量的陆军；

（c）相当力量的空军，不可拥有战略轰炸部队。①

（The British Embassy to the Department of State，*FRUS*，1951，Vol. Ⅶ，Asia and The Pacific（in two parts）Part 1，General Editor：Fredrick Aandahl，United States Government Printing Office，Washington：1977，pp. 916 – 920.）

69. 国务院致英国大使馆

Lot. 54D423

国务院致英国大使馆②

秘密文件

备忘录

1951 年 3 月 12 日，约翰·福斯特·杜勒斯收到了来自英国临时代办大使的备忘录，其中从多个方面详细阐述了英国政府对《对日和平条约》的意见，

---

① 原编辑者注：3 月 21 日，国务卿复印该备忘录及其附件，附函寄给马歇尔部长。其中，艾奇逊要求"得到国务院的意见，以便答复英国政府"。（Lot. 54D423）参谋长联席会议于 4 月 17 日回信，4 月 22 日阿利森给杜勒斯的备忘录中引用了部分内容，见 212 页。

② 原编辑者注：显然，该文件于 3 月 13 日递交给英国代表。该文件由阿利森起草，得到杜勒斯、腊斯克等人的批准。见前述内容。

美国政府不胜感激。与此同时,英国参谋长委员会也交给杜勒斯一份备忘录,[①]美国也仔细研读了其中观点。令人欣慰的是,英、美两国政府在很多问题上看法一致。美国政府对英国备忘录的初步意见如下:美国政府打算不久后将给英国政府一份《对日和平条约》草案,更详细地展示美国政府的观点。

美国政府同意英国备忘录中对日本和平条约首要目的的表述。然而,美国政府认为《对日和平条约》应该还有一个目的,即保证日本继续与自由世界国家友好相处,防止日本的工业潜力以及人力资源被富有侵略性的专制政府利用。美国同意英国参谋长委员会的如下表述:

> 日本与西方只有在自愿的基础上才能形成持久结盟,这要求双方在政治、经济以及军事上建立共同利益。

正如英国政府所见,美国的确希望在尽可能的情况下,试图通过外交渠道签订多边《对日和平条约》。至于与日本签订和平条约的程序,此时美国并无定论,也不打算于此时预先规定具体原则。若英国政府在这一点上有任何建议,美国表示欢迎。

我们注意到,英国政府希望稍晚一些提出德国在日资产的处置,及其他经济金融及财产条款相关的细节问题。

领土

美国大体同意英国备忘录中有关领土问题的条款,尤其同意条约中应记录以下内容:

(i) 日本承认朝鲜独立。

(ii) 琉球群岛以及小笠原群岛由美国托管。

(iii) 日本放弃在中国的所有特殊权利与利益。

(vi) 日本应特别声明,放弃与其战前托管领土有关的所有权利。

美国愿遵循《雅尔塔协定》,同意日本应割让南库页岛与千岛群岛给苏联,但前提条件是苏联也加入和平条约,但美国认为千岛群岛的具体范围应由苏日双边协定或国际法庭决定。美国政府赞同日本放弃现在在南极大陆的所有声明,南极大陆广袤无垠,而我们对南极大陆的探索极为有限,要求日本保证

---

① 原编辑者注:见前页,第 909 页。

放弃未来在南极大陆的所有声明,不仅有悖于我们签订条约的思想,而且可能会遭人怨尤。

美国注意到英国政府将于近日内表达对台湾条款的意见。

政治条款

关于条约的政治条款,美国认为英国备忘录第 7 段第(i)、(ii)条与上述目标不符,尤其有悖于要与日本持久结盟"只有在日本自愿的基础上"这一说法。此外,美国不明白如何准确定义"不良团体",以使这一任务切实可行。事实上,如果试图就这一定义达成一致意见,无疑将透露出同盟国家间的诸多分歧。美国政府和人民从经验中得知,条约中引进模糊与无法执行的条款毫无意义,且可能会带来威胁。

关于"战争犯罪感"一条,美国认为可能意义不大,而且如果与凡尔赛问题类似,甚至会造成破坏。距离日本投降已有五年之久,日本人民响应 1951 年 1 月 30 日联合国大会第一委员会第 438 次会议通过的决议号召,积极为联合国在朝鲜行动提供帮助,美国不愿于此时强制要求日本接受这样的条款。

贵国清晰表达了对战犯服刑问题的态度,美国认为除非得到判刑国家的同意,日本政府没有权力减轻或改变战犯的刑罚。

大体来看,美国同意英国备忘录中第 7 段第(iv)、(ix)条的观点,不过认为一些情况下没有必要在条约中详细规定。

贵国要求在条约中规定,同盟国家、意大利、保加利亚、罗马尼亚、匈牙利、芬兰、泰国、德国以及奥地利之间的和平条约以及相关协定,日本均接受其全部效力,美国不明白为何要加上这一条,因为这些条约本来就具有效力。日本是否承认这些条约有效,对同盟国家来说意义甚微,因此条约中似乎不需要出现这一点。

安全

英国政府认为,《对日和平条约》不应禁止日本重整军队,亦不应限制日本武装军队的数量与性质,在这一点上美国与英国政府意见一致。美国政府认为,唯一行之有效的预防措施在于,在日本或部分太平洋地区安全部署的大环境下与日本签订自愿协议。依据《联合国宪章》,日本具有独自或共同抵御入侵的自然权利,和平条约须认识到这一点,且日本有权自愿与某个或多个同盟国家签订安全协定。作为过渡措施,美国考虑与日本签订临时双边安全协议,规定签订条约后美国军队继续驻留日本及日本周边,直到联合国提出行之有效的部署,或出现其他维系联合国安全部署、维护日本地区和平与安全的方式。通过该临时协议以及其他最终协议,我们相信可有效确保就日本重整军备达成意见,且重整军备的目的仅在于自卫。

赔款

美国赞成不应再从日本工业资产中寻求赔款。但美国不赞成将日本的黄金货币储备作为赔偿资金。同盟国家从未就如何分配工业资产赔款达成一致意见,美国认为同盟国家也不可能就如何分配日本黄金货币储备问题达成一致意见。此外,美国政府一直坚称,如果日本有可能以任何形式支付赔款,鉴于美国预先支付了 20 亿美元的占领军费用,美国应享有优先获得赔偿的权利。英国政府已与法国、美国达成一致意见,同意优先赔付占领德国的预付费用。且日本海外领土尽被剥夺,将近五年的时间里几乎没有任何商船,纺织业削减到战前的三分之一,再加上其他的损失与战后债务,美国政府认为不必担心日本享有优越的经济地位。即便日本保留 2 亿美元的黄金作为货币储备,日本仍可能无法有效维持经济。因此,美国政府不赞成将日本的黄金货币储备作为赔偿金。

关于前日本帝国的资产,美国暂时保留在这一问题上的意见。至于位于中立国家的日本资产,美国倾向于不在条约中索取。首先资产总额约为 2000万,数额较小,同盟国家可利用的净总额数额有限,且处理德国资产的经验表明,最终这些财产只能降格为个人所有(reduce them to possession)。另外,美国应享有优先获得赔偿的权利。

一般经济条款

美国政府赞成,缔约国与日本签订确立条约期间,外国公民与公司在日本享有各方面的公民待遇和最惠国待遇,必要时相关国家也给予日本公司及公民相同待遇。美国认为这一规定应建立在互惠的基础上,特别情况除外。英国政府认为起草条约时必须申明,任何领土(如殖民地或被保护国家)都算作独立的国家,在这一领土上成立的公司或个人看作独立国家的公民,希望给出具体建议。

船运与民航

美国政府不认为应削减日本"过剩"的造船生产力,从经济角度考虑这一建议并不可取,也不认为这里提出的理由具有说服力而应该采取建议的措施。事实上,削减日本造船生产力牵涉到拆除行为,可能诱发日本国内的危险因素。无论从安全还是战略角度考虑,美国与英国参谋长委员会均认为不应拒绝日本拥有商船船队。战争中大量日本商船受损,现在日本远洋商船吨位不足 100 万,而战前其吨位数约在 300 万到 400 万之间。如今世界上航运生产力不足,这种情况可能进一步扩大,美国认为于此时限制日本船运或造船生产力是不明智的。事实上,美国造船工业需要的原材料需从西方国家进口,然而现在以及短期内这些材料供应不足,这将在一定程度上限制日本造船工业扩张。鉴于上述原因,未来某个时间日本会出现造船业过剩的情况,调查后可知这一过剩的生产力可用于其他盈利事业。如果事情真的如此发展,美国政府认为日本政府将自愿同意削减过剩的造船业,转移到其他领域。英国政府备忘录第 15、16 段认为,日本给予和平条约缔约国船运以及民航公民待遇与最惠国待遇,且关于民航问题,签订民事空运协议前,日本在三年内给予同盟国家不低于条约签订时在日本享有的民事空中交通权利与特权,美国政府意见相同。

双边条约;远东渔业公约;人权;国际条约与公约

英国政府备忘录第 17、18、19、20 四段,分别就恢复战前双边协定、签订远东渔业公约、人权条款,以及日本继续履行某些战前条约和公约责任提出意见,美国政府大致同意贵国观点。

索赔与债务;工业、文学以及艺术产权;合同、指示以及可转让票据

关于英国政府在第 21、22、23、24 段提到的问题,美国政府还在考虑当中,将再与英国政府联系。与此同时,美国将仔细考虑英国政府的意见。

纠纷

美国政府也将就此问题再联络英国政府,但大体而言,美国赞成英国意见,同意除赔款纠纷外,因条约产生的纠纷通过外交渠道解决,或交由国际法庭审理。

战争坟墓

美国将考虑是否应在条约中增加有关日本战争坟墓的条款。

美国政府将再次联系英国政府,讨论英国参谋长委员会对战后条约安全以及日本重整军备问题的意见。不过可以说美国政府认为英国参谋长委员会的意见非常有益,很高兴看到其与美国观点大多一致。

华盛顿,1951 年 3 月 13 日

(The Department of State to the British Embassy, *FRUS*, 1951, Vol. Ⅶ, Asia and The Pacific(in two parts)Part 1, General Editor:Fredrick Aandahl, United States Government Printing Office, Washington:1977, pp. 920 - 926.)

70. 费耶里的备忘录

东京邮政档案:320.1　和平条约

东北亚事务办公室罗伯特·A. 费耶里的备忘录

秘密文件　1951 年 3 月 19 日,华盛顿

主题:就《对日和平条约》问题会见美国参议院外交关系委员会远东分委会

3 月 19 日晨,杜勒斯大使由麦克法尔(McFall)①、巴布科克上校、费耶里陪同,会见远东分委会,与之共同讨论最新版的《对日和平条约》草案②,之后该草案将分送给其他 12 个远东委员会国家以及印度尼西亚、韩国和锡兰。在场的参议员有分委会主席斯巴克曼议员③、亚历山大·史密斯议员以及希肯卢珀(Hickenlooper)议员④,三人表示很高兴能有机会与杜勒斯一同讨论草案,提出问题并提供意见。

---

①　原编辑者注:杰克·J. 麦克法尔,国会关系助理国务卿。

②　原编辑者注:此处大约指的是 3 月 16 日的草案,此处未收录。

③　原编辑者注:约翰·J. 斯巴克曼,亚拉巴马州议员。

④　原编辑者注:H. 亚历山大·史密斯,新泽西州议员,伯尔克·B. 希肯卢珀,爱荷华州议员。

　　杜勒斯大使首先分别递给三位参议员一份美日双边安全协定①,该协定由总统和平代表团与日本政府共同拟定。杜勒斯说,这份协议只是暂时的,将来有可能做出调整,但希望交给分委会做参考。随后,杜勒斯逐条解读了各条款,解释每一条款背后的原因。杜勒斯就三位参议员的疑问做出回答,主要内容记录如下:

台湾

　　史密斯议员提到,第3条提出不就台湾归属权做出定论。杜勒斯称,美国曾在七点原则声明中提议,如果远东四大国无法就台湾问题达成一致意见,则交由联合国大会决定,但这一观点已遭摈弃。他回想起联合国大会期间台湾问题一再推迟,大会有可能建议归还台湾给共产主义中国。如果台湾问题交由联合国裁决,大会可能还会如此考虑,因此决定条约中不就台湾归属权做出定论。

联合国仲裁

　　希肯卢珀问道,联合国对和平条约是否有裁判权,联合国或其成员国是否有权就条约内容指责我们。杜勒斯提到了《联合国宪章》第107条,称如果联合国大会认为条约有损和平与安全,联合国有权进行磋商,但除此之外,联合国对该条约无裁判权。正如《对意大利和平条约》对意大利殖民地的处置一样,只有条约同意后联合国才有权干涉。

琉球群岛

　　关于琉球群岛的条款,杜勒斯回答说,条约应赋予美国在必要时申请托管权的权利。杜勒斯建议应专门调查该问题,可能需要派人前往琉球群岛。条约不应规定由美国托管琉球群岛,而应规定美国在必要时可以申请托管。史密斯议员提到,依据草案中的说法,如果无法确保美国托管琉球群岛,美国将可永远保留对琉球群岛的管制,史密斯议员问这样做是否会招致其他国家抨击,称之为帝国主义做法。杜勒斯建议确定其他国家如何看待此事之前,暂时

---

　　① 原编辑者注:此处指2月9日的草案。见2月10日杜勒斯致国务卿信件附件Ⅱ,第875页。

保留这一条款。斯巴克曼议员称,至少可以做到允许日本保留琉球群岛,但美国享有与日本本土内相同的军事权力。

南库页岛与千岛群岛

史密斯议员提到,条约中规定南库页岛与千岛群岛归苏联所有,问道在条约中做出这样的让步是否值得。杜勒斯指出,如果苏联拒不加入和平条约,依据第 19 条规定,苏联无权享有该条约规定的任何权利。[①] 国防部希望苏联与日本讲和,终结苏联作为交战国享有的权利。尽管此刻苏联正占据着南库页岛与千岛群岛,将这一条款作为诱饵吸引苏联加入条约作用不大,但出于上述考虑这样做还是值得的。至于千岛群岛的具体范围,这又是一个不利于签订条约的因素。斯巴克曼议员问道,如果苏联不加入条约,苏联享有哪些交战国权利。杜勒斯大使回答说,从技术层面来讲,依据目前的协议,除非得到美国总司令的命令,苏联无权向日本派驻军队,这一点显然无法接受。斯巴克曼议员问这是否会对苏联造成影响,杜勒斯大使回答说,这只是一种技术性障碍。显然,苏联可以在任何时候挑起战争。

双边条约

史密斯议员指出,有关战前与日双边条约的条款,没有讲明日本应遵从同盟国希望继续生效的条约。也没有特别规定废除同盟国希望废止的条约。大家一致同意修改这一条款,记及上述两点。

中国的参与

希肯卢珀议员问打算如何处理中国参与问题。杜勒斯称还未就这一重大问题达成一致意见。斯巴克曼议员提了一个问题,杜勒斯回答说该条约草案只交给"中华民国"政府,不交给北平政府。

战争犯罪服刑

在三位议员的建议下,一致同意修改战争罪犯服刑的条款,表明仅在日本

---

① 原编辑者注:3 月 16 日草案第 19 条同 3 月 23 日草案第 19 条内容相同,见第 944 页。

与其他国家政府共同磋商后(涉及重要罪犯时,需得到大多数国家同意),才可就某一案件判处宽大处理。

占领区治理与救济(GARIOA)索赔

史密斯大使问条约是否保障我们在占领区政府与救济索赔问题上享有优先权。杜勒斯回答说,条约规定不再进一步对日索赔,如此一来可自动保障我们的对日权利。某些国家可能对我们在这一问题上的态度颇有微词,但值得注意的是英国与法国在处理德国问题时,承认救济及经济援助方应优先得到赔偿。杜勒斯大使称,他并不知道我们是否会收回占领区政府与救济欠款,但如果苏联不加入条约而提出索赔要求,可以此作为缓冲。杜勒斯指出,尽管在这一点上美国这一条款可能无法通过,但值得一试。

遵守条约

杜勒斯提出是否有必要限定一个期限,曾与日本交战而未加入和平条约的国家在那之后可有权不再遵守条约。杜勒斯指出,如果没有这样的限制,某些国家可以无限推延缔结条约。他认为可以设定一个期限,迫使其他国家签约时不过分拖延,限定期限截止后,其他国家仍有权缔结条约,但条约内容不会比之前更有利于该国。大家一致决定修改草案相应内容,将缔结条约的权利限制在三年以内。

核查

希肯卢珀议员问道,签订条约后如果有必要核查日本工业活动,是否有必要赋予同盟国家这一权利。如果条约中没有相应条款,10 到 15 年后假如有消息称日本将制造大量的,比方说军舰,同盟国家将无权就此展开调查。杜勒斯回答说,和平条约的根本原则是,其他主权国家无法接受的条款,也不强迫日本接受。要控制上述秘密活动,靠在条约中引入禁止或核查条款是无效的,而通过与日本发展合作关系,如果日本别有用心,我们自然得以知晓。驻守日本的军队将与日本保持密切联系,似乎足以确保日本循规蹈矩。杜勒斯大使称,他确信这样的限制条约不会有效,他正是以此为基础考虑条约内容的。

希肯卢珀议员说,尽管在他看来杜勒斯的想法总体是正确的,但这是他第一次阅读和平条约草案,所以态度较为保守,希望杜勒斯大使理解。杜勒斯表示完全理解,称此次会谈的目的正是使各位议员熟悉和平条约草案,征求相关意见。杜勒斯强调,草案内容仅供参考,此时并不寻求得到各方批准。

(Memorandum by Mr. Robert A. Fearey of the Office of Northeast Asian Affairs, *FRUS*, 1951, Vol. Ⅵ, Asia and The Pacific(in two parts)Part 1, General Editor: Fredrick Aandahl, United States Government Printing Office, Washington: 1977, pp. 932 - 935.)

71. 英国大使馆二秘马文的会谈备忘录

694.001/3 - 2851

英国大使馆二秘马文(Marvin)的会谈备忘录①

秘密文件　1951 年 3 月 21 日,伦敦

主题:日本和平条约

与会者:

约翰·M. 阿利森,杜勒斯大使代表

亚瑟·R. 林沃尔特,大使馆一秘

大卫·K. 马文,大使馆二秘

罗伯特·H. 司各特,外交部副部长

查尔斯·约翰斯顿,外交部日本与太平洋处处长

彼得·司各特,外交部日本与太平洋处职员

3 月 20 日,阿利森抵达伦敦,3 月 21 日下午前往外交部会见罗伯特·司各特以及上述名单中各人员,就《对日和平条约》问题展开讨论。②

罗伯特·司各特首先发表谈话,称和平条约进展颇为顺利。他认为,在几点大问题上美国与英国实行意见一致并不困难,但程序问题上仍存在分歧。

---

①　原编者注:该备忘录为 3 月 28 日伦敦寄来的 4586 号文件的附件。

②　原编者注:3 月 17 日,杜勒斯起草了寄往堪培拉的 242 号电报,其上注明"杜勒斯寄",电报中国务院称:"请转告(波茨·)斯彭德大使澳大利亚外事及领地部部长 Minister for External Affairs and External Territories),阿利森将于 19 日乘飞机前往伦敦,21 日返回。此行仅为告知美国驻伦敦大使馆《对日和平条约》以及其他相关问题。不打算在伦敦与英国举行会谈。"(694.001/3 - 1751)

随后双方就英、美两国争论的几个大点展开讨论。

关于在条约中增加战争罪恶感条款，司各特指出内阁命令外交部必须落实此事。外交部本身不是一定要强调此事，但除非内阁改变立场，否则必须服从内阁的决定。阿利森指出这一问题并不紧急。美国将向英国政府递交条约草案，届时可再讨论这一问题。这一想法得到了司各特的赞同。

会议就造船生产力展开了详细讨论。阿利森回顾了美国立场，指出摧毁造船设施这一惩罚性政策将导致日本人民憎恨该条约，且从实际角度考虑没有必要特别削减造船生产力。鉴于世界范围内船只缺乏，我们可能需要日本建造船只，况且造船原材料匮乏，将限制日本造船生产力的使用。有人建议就如何转移过剩的生产力进行客观调查。我们愿意开展这样的调查，但不知过剩的生产力可以转移到何处。我们认为日本将很乐意接受这一建议。阿利森指出，两国均赞成从军事角度考虑没有必要这样做。

罗伯特·司各特称，日本造船能力问题对英国国内政治意义重大，且长期来看关乎英国安全。日本现有的造船能力是为战争服务的，多年后可能再次用于同一目的。战争结束以来日本的特性并未发生变化，条约若可对这一特性加以限制，将有效阻止日本将来建立海军力量，而对日本来说，海军是比陆军或空军更有效的侵略工具。尽管如此，司各特表示基本赞成阿利森的观点，认为在条约中加上这一限制条款可能会给日本不良政治团体营造机会。阿利森和司各特同意在这一问题上各自保留不同意见。

关于日本在中立国家与前敌国的资产问题，彼得·司各特提到，尽管正如阿利森所说，其数额着实不高，但政治上对这一问题反映强烈，尤其考虑到大量钱财通过瑞士寄给日本战俘，公众对此不认可。阿利森建议可以安排讨回上述资金，但彼得·司各特指出，瑞典、瑞士等多处资产由四大国控制，也就是说必须得到苏联同意。彼得·司各特建议可要求日本在条约中声明放弃此类资产，等到日后英美单独控制这一问题时再做处理。目前牵涉到中国和苏联，这一问题显然无法得以解决。阿利森认为美国有可能会接受这一建议。

彼得·司各特称，至于西德的日本资产，如果就日本资产处置方式达成一致意见，可立刻进行处理。

关于日本政府的海外资产，阿利森称可依据《对意大利和平条约》中相关条款做出规定，彼得·司各特对此做出了回应。彼得·司各特指出，德国已被迫卖掉了海外资产，如果日本得以收回其资产，德国人民显然将心存不满。他认为有必要考虑德国的心理。

至于东京的黄金储备问题,阿利森与彼得·司各特表示各自保留不同意见。美国方面称不应从国内政治角度考虑如何分配日本黄金储备,司各特反驳道英国政府也遇到了类似的问题,面临要求获得战前日本贷款利息、赔偿以及战争补偿金的压力。如果《对日和平条约》过于慷慨,英国政府很有可能会遭到来自英国内部的攻击。提到战前债务问题,阿利森称据他所知,杜勒斯认为可能需要在条约中明确条约不会免除一切战前责任。他认为日本人民自己也希望履行战前责任。

会议未就如何赔偿同盟军在日财产问题达成一致意见。阿利森称美国正在考虑是否在条约中规定支付问题。在不同的时期,曾有建议按照损失总额的某个比例赔付,或设置一定金额,按照索赔金额与这一金额的比率赔付。还有建议称,通过国内立法,由日本恢复现存财产,无法恢复的财产予以赔偿。华盛顿现在正在考虑最后一种途径。对我们来说,对于赔偿在日损失问题,我们要求在日损失获得赔偿将置我们于招人怨尤的境地。如果规定日本支付赔偿,我们将力主得到自己应得赔偿,与此同时反对其他国家得到赔偿,然而这些国家因为日本的行为可能在战争中遭到了重创。彼得·司各特称,英国的立场是,日本或者恢复财产,或者给予百分之百的日元赔偿。

程序问题

美国打算先将美国草拟的条约分发给远东事务委员会成员国以及其他国家,之后计划公开发表,彼得·司各特强烈建议美国不要这样做。条约牵涉的国家众多,一些国家可能在公布前还未消化条约内容,而且公布后可能会遭遇更多的反对。如此一来向议员游说的团体将借机增势。总体上可能使人们认为美国政府操之过急,反美思潮也就有了中心。阿利森认为之所以建议公开发表条约,是因为有些国家可能泄露条约草案的内容,因为苏联可能故伎重演,像去年秋天那样为达到宣传目的发表条约,又有可能是菲律宾,其目的在于故意刺激游说者。彼得·司各特指出,如果条约草案内容泄露,不公开发表反而有机会纠正其错误。阿利森指出,鉴于美国从去年9月份就已开始相关谈判,人们不可能认为美国操之过急,司各特认为此话有理。同时,阿利森指出,公开条约草案同时将发布一份备忘录,声明该草案只是提供意见,反映之前谈判的结果。他认为如此可澄清美国的目的,减少埋怨。约翰斯顿提起澳大利亚的安全恐慌,担心公开条约草案后可能影响澳大利亚大选。对此,阿利森解释道已向斯彭德阐明美国意图,暂未得到回应。他认为澳大利亚的反应可能会与英国相同。结束此部分讨论前,阿利森承诺将再次审视公开发表问题。

至于苏联是否会加入条约,鉴于苏联很有可能拒绝考虑当前的草案,双方均认为这一问题将不攻自破。彼得·司各特赞成阿利森的建议,认为条约中可引入附加条款,可以三年为限,这样如果苏联愿意可在日后加入条约。司各特援引 1942 年《联合国家宣言》,禁止签署人私下拟定和平。阿利森回答道,可以强调《联合国家宣言》这一规定实际上指的是休战协议,而且并非永久有效。阿利森称最重要的是决定到底什么才是正确的做法,然后付诸实施,这是因为苏联可能抛却其国际责任,采取任何行动,司各特表示赞同。阿利森提到,苏联在条约中找不到可以反对的内容。尽管条约中有规范非签约国的附件条款,苏联还是能够得到千岛群岛。司各特指出,在苏联同意接受条约之前暂停千岛群岛移交的法律程序,将导致苏联和日本出现摩擦,对此他表示较为满意。

阿利森说,条约中所有有关双边安全协定的说法都被删除,取而代之的是允许日本与其他国家商议安全部署问题,这一条款符合《联合国宪章》第 2 条规定。和平条约签订后,我们将与日本签订双边条约,其中将提到这一条款。彼得·司各特认为这是对中苏条约的有力回应。

双方一致认为中国参与权的问题尤为棘手。彼得·司各特指出,如果只允许"两个中国"政府中的一个加入条约,就过早地判断了日本将承认哪一个政府。如果只邀请"国民政府",势必招致日本埋怨,因为想必日本不愿永远与中国大陆隔离。此外,"国民政府"的加入也将从法律上引入中苏条约问题。当然,如果苏联愿意随时可以加入。

司各特说,内阁认为应邀请北平政府加入条约。然而国际上对此问题争执不下,有人建议可以在条约中引入附加条款,这样一来至于到底由哪个中国加入可暂不做定论。但内阁还未同意这一建议。阿利森说对这一建议不做评论,但称美国政府认识到英国将强烈反对任何邀请"国民政府"的企图。

下一个问题是,同盟国家与日本谈判的方式、时间以及地点。司各特称,英国不愿看到三四十个国家与日本协商的场面,那样的话日本将有机会讨价还价。然而,如果可通过外交渠道大体达成一致意见,这种会议方式是可以接受的。

阿利森建议在东京举行"签约大会",斯科特称英国在这一问题上暂无明确意见,但提到英国东京联络团不建议在东京举行这样的会议,认为这样做可能引起日本人民对和平条约的怨恨。阿利森称不认为会有什么不好的反应,不过补充说美国政府暂未就会址达成定论。

至于迫切需要采取的措施,阿利森称,美国政府打算近期内正式向远东事务委员会成员国政府递交条约草案。司各特赞成分发给远东事务委员会国家,而不是远东委员会,这样可以不牵扯中国问题。但他反对将条约分发给朝鲜(朝鲜并非远东事务委员会国家),这是因为朝鲜的法律立场不一样。阿利森回答说,他认为出于政治原因同意司各特的观点。司各特亦提到此事应该咨询其他与日本交战的国家,说现在该是这样做的时候了。阿利森回答说美国暂未就这一问题考虑太多,但美国政府可能愿意接受意见,将其他国家引入谈判。

阿利森也讨论了如何处置琉球群岛问题。阿利森称,美国当然也不愿吞并琉球群岛,也为联合国托管问题大为头疼。美国认为某个时候可归还琉球群岛的主权给日本。因此建议条约中的"将"实行托管改为"将可"实行托管。司各特提醒切勿给日本留下争端,且不可过于相信日本。

3月21日稍晚时候,查尔斯·约翰斯顿致电阿利森,进一步就和平条约问题转达了英国的看法和意图。外交部似乎正在准备一份自己的条约草案,作为非正式的临时文件。不久后可能转交给美国政府、英联邦政府以及其他一些国家。外交部不打算公开发表这一条约草案,但如果美国继续打算发表其条约草案,英国也将被迫予以公开。

约翰斯顿还对阿利森说,希望杜勒斯可前往伦敦商讨条约问题。阿利森似乎答应考虑这一建议。但双方均未做出承诺。

(Memorandum of Conversation, by the Second Secretary of the Embassy in the United Kingdom (Marvin), *FRUS*, 1951, Vol. Ⅵ, Asia and The Pacific(in two parts)Part 1, General Editor: Fredrick Aandahl, United States Government Printing Office, Washington: 1977, pp. 936 - 942.)

72. 副国务卿会议备忘录

副国务卿会议,Lot 53D250

副国务卿会议备忘录,准备于国务院①

秘密文件　1951 年 3 月 21 日,上午 9:30,华盛顿

UM N‑321

(这里总结了有关朝鲜军事局面以及预算问题的讨论,此处省略。)

《对日和平条约》

3. 杜勒斯汇报说即将发送《对日和平条约》草案给其他相关政府。这一临时条约预计交给十五个国家。国务院已审阅了这份草案。该草案尚未得到国防部的批准,不过这种时候可能也没有必要。尽管如此,国防部未就条约任何章节提出反对意见。

4. 杜勒斯报告了条约各方面的内容。日本将声明放弃台湾主权,条约不提及将来如何处置台湾问题。至于琉球群岛与小笠原群岛,美国可建议由美国代表联合国实施托管。有关库页岛与千岛群岛的条款逐字(?)引自《雅尔塔协定》②。如果苏联拒绝接受协议,需要重新考虑是否完全删除有关库页岛与千岛群岛的条款。条约承认日本主权,规定美国可在日本驻守军队。至于赔款问题,条约认可日本不具有赔偿能力。相关索赔可从日本在各签约国的资产中获得。不取消与占领区治理与救济相关的索赔声明。条约还规定,日本同其他国家签约或给予特权时,不可高于该条约中给予签约国的待遇。至于条约何时生效,我们认为日本正式认可该条约九个月后,得到包括美国在内的大多数远东事务委员会成员国认可时,条约即可生效。九个月后,任何正式认可该条约的国家可均与日本共同执行条约。曾与日本交战但未签订条约的国

---

① 原编辑者注:国务卿与 W. 艾夫里尔·哈里曼(总统特助)两人均不常参加副国务卿会议,但都出席了此次会议。

② 原编辑者注:1945 年 2 月 11 日,苏、英、美三国首脑在雅尔塔签订协议,苏联据此加入对日战争,协议内容见《外交关系》1945 年马耳它与雅尔塔会议,第 984 页。

家可在三年内遵守该条约。

5. 依照杜勒斯的计划,《对日和平条约》草案将交由远东事务委员会成员国政府、印度尼西亚、锡兰以及韩国。由于澳大利亚正在换届大选,且条约草案中没有就重整军备问题做出规定,可能会导致问题复杂化。杜勒斯认为这可能成为澳大利亚大选中的争论点。

6. 国务卿问了一些问题,杜勒斯做出如下回答:

a. 总统命令我们加速推进条约。总统曾授权我们,以《对日和平条约》为基础联系相关国家。杜勒斯与外交关系委员会以及相关分委会共同审阅了条约草案。外交委员会批准以此文本为基础,与其他国家开展讨论。

b. 杜勒斯赞成应该考虑公布这一文本。事实上,美国政府最好可以公开条约草案,苏联利用它进行宣传时更应如此。

c. 杜勒斯称就日本重整军备问题准备了一份声明。我们赞同日本重整军备后不可危害其他国家。只有在合作部署的基础上才允许日本重整军备。日本交给我们一份宣言,声明将依据联合国宪章的规定建立相应的军备力量。

d. 至于中国共产主义政府将做何反应,杜勒斯指出还未就中国问题达成一致意见。他认为此时不可能解决这一问题。杜勒斯指出,澳大利亚、新西兰以及加拿大不愿与中国共同签订条约。

e. 至于俄国的反应,杜勒斯解释说,马立克称不会与美国就《对日和平条约》问题再次谈判。这一主题不在外交部长委员会(CFM)的议程之内。即便加入议程,也不适合拿来讨论。

7. 国务卿令麦克威廉姆斯①准备好所有已发布的《对日和平条约》文件,之后交给他。

8. 白罗德②指出,有关军事限制问题我们对日本和德国的做法并不一致。杜勒斯表示赞同,但指出两种情况并不相同。然而,我们可能需要在对日条约中限制军事。我们希望通过双边谈判实现这一目的。

9. 邦布莱特(Bonbright)认为,向其他国家递交条约草案之前,有必要事先联系斯彭德。邦布莱特问为防止条约影响澳大利亚大选,推迟一星期是否会造成严重问题。尼采认为应该使其他国家看到和平条约草案,尤其是现在

---

① 原编辑者注:威廉·J.麦克威廉姆斯,行政秘书处处长。
② 原编辑者注:亨利·A.白罗德,德国事务局局长。

朝鲜的战争还在继续。杜勒斯也指出,未来可能有很多因素都将导致条约推迟,此时最好不要人为推迟条约。

10. 国务卿建议相关人员可择时继续讨论。

(Memorandum of the Under Secretary's Meeting, Prepared in the Department of State, *FRUS*, 1951, Vol. Ⅵ, Asia and The Pacific (in two parts) Part 1, General Editor: Fredrick Aandahl, United States Government Printing Office, Washington: 1977, pp. 942 – 944.)

73.《对日和平条约》临时草案

694.001/3 – 1751

《对日和平条约》美国临时草案①

秘密文件 1951 年 3 月 23 日,华盛顿②

《对日和平条约》临时草案

(仅供参考)

同盟国家与日本决定,此后双方在主权上平等,将在友好合作的基础上发展关系。日本将申请加入联合国,无论在任何情况下都将遵守《联合国宪章》原则;努力实现《世界人权宣言》③中各项目标;依据《联合国宪章》第 55、56 条构想,创造稳定与祥和的内部环境,且日本战后法律已如此要求;在公共贸易

---

① 原编辑者注:依据档案,该草案为一封备忘录的附件,此处未收录。3 月 23 日发往东京的第 1386 号电报,其上注有"阿利森致塞巴德",国务院如下描述分发文件的情况:"今天将和平条约临时草案附函交给英国临时代办大使,将于下周交给远东委员会国家、印度尼西亚、锡兰以及韩国。草案注明为秘密文件,暂时不考虑公布于众。"国务院命令阿利森办公室将文件同时递送给日本首相吉田以及麦克阿瑟将军。(694.001/3 – 2351)

附函最后一段写道:"美国政府希望您考虑附件中的草案,尽快反馈意见。之后,美国政府将联系(远东委员会国家、印度尼西亚、韩国以及锡兰),以期就未来程序问题协调意见。"

② 原编辑者注:下一份先行草案(the next previous)日期为 3 月 20 日,此处未收录。(Lot 54D423)

③ 原编辑者注:1948 年 12 月 10 日,联合国大会通过了该决议。决议内容见国务院《美国外交政策十年:基本文件,1941 – 49》(华盛顿,政府印刷局,1950 年),第 1156 页。

与私人贸易上遵循国际范围内认可的公平做法。同盟国家对上述日本目的表示欢迎,并将帮助日本实现上述目的。为保障与日本发展稳定和平的关系,特此签订条约。

第一章　和平

1. 缔约国同意并声明即刻停止相互之间的战争。

第二章　主权

2. 依据该条约及所有相关规定,联盟国家承认日本人民对日本及其领海享有主权。

第三章　领土

3. 日本放弃在朝鲜、台湾以及澎湖列岛的所有权利、所有权以及声明;此外,日本放弃委任统治制度以及日本公民南极活动中得到的一切权利、所有权以及声明。日本接受 1947 年 4 月 2 日联合国安理会关于扩大托管范围的决定,将托管岛屿扩大至日本委任统治的岛屿。

4. 美国将可向联合国递交申请,申请由美国担任管理者,托管北纬 29 度以南的整个或部分琉球群岛,小笠原群岛,包括罗萨里奥岛、火山岛、帆形岛以及马尔库斯岛等。日本将同意上述所有提议。拟定提议及等候联合国许可期间,日本同意美国对上述岛屿领土、军民享有全部行政、立法及司法权,包括其领海。

5. 日本同意库页岛南部以及邻近岛屿归还苏联,并交千岛群岛给苏联。

第四章　安全

6. 日本接受《联合国宪章》第 2 条规定的责任,尤其负责:

(a) 通过和平手段解决国际纠纷,绝不危害国际和平安全以及公正。

(b) 在国际关系中,不威胁或无理干涉其他国家领土主权完整或政治独立,不从事其他有悖联合国目的之活动。

(c) 尽可能支持联合国依据《联合国宪章》做出的行动,联合国对任何国家采取限制或强制措施时,日本不可帮助这些国家。

其他国家处理与日关系时同样以上述原则为指导。

7. 日本作为主权国家，同盟国家承认其享有《联合国宪章》规定的单独或集体自卫的自然权利，认为日本有权自愿与单个或多个同盟国家签订集体安全协议或部署。此类协定仅以防卫武装入侵为目的。

（注：上述安全建议并不完备，交换意见后将予以补充，其目的在于维护太平洋安全，保证日本日后为其安全贡献力量，与此同时，日本重整后的军备不至于威胁他国，仅按照《联合国宪章》目的与原则用于维护和平与安全。）

第五章　政治与经济条款

8. 无论日本是否是签约国，都将遵守现有多边条约规定，禁止滥用麻醉药品，保护鱼类与野生动物。

9. 日本同意立刻与相关国家开展谈判，建立新的双边或多边条约，规范、保护、发展公海渔业。

10. 同盟国家在各自与日本的条约生效后一年内，告知日本希望延续或重新启动战前与日本签订的双边条约，上述条约即可继续有效或重新启动，条约中与该条约条款冲突的内容应予以废除。未得到上述通知的条约自动废止。

11. 日本放弃在中国的一切特殊权利和利益。

12. 依据同盟国军事法庭裁决在日本监禁的战犯，日本与裁决国家共同讨论后，可就某一案件判处宽大处理、减刑、假释以及赦免。至于远东国际军事法庭的判决，日本只有获得远东国际军事法庭各国政府多数同意后才能执行上述权利。

13. 日本申明可随时启动协商，与同盟国家成员国签订条约或协议，在稳定友好的基础上发展商务与贸易关系。与此同时，签订该条约第一年及其后的三年内，日本政府将给予各缔约国最惠国待遇，包括关税、费用以及所有进出口货物相关规定，并对缔约国在日船只、公民、公司及其财产、利益以及经济活动，给予公民待遇和最惠国待遇，以最佳待遇为准。此处所述"公民待遇"不包括日本沿海及内陆航运。对于上述各点，受商务协议中特例的限制，日本政府可保留比给予同盟国家更加优惠的待遇。

尽管该章第一段如此规定，日本政府有权依据国际收支平衡或基本安全利益需要采取措施，有权保留商务协议中的常规特例。

签订民事空运协议前，日本在三年内给予同盟国家不低于条约签订时其在日本享有的民事空中交通权利与特权。

平分连接日本与被放弃领土的海底电缆。日本保留电缆的日本终端及相连的一半电缆,并放弃领土接管电缆另一端相关设施及余下部分的电缆。

第六章　索赔声明与财产

14. 同盟国家认识到,日本的黄金储备、财产以及服务勉强可以维持日本经济发展,因而不能作为赔偿金,无力偿还 1945 年 9 月 2 日以来为促进实现占领目标而得到的救济与经济援助,也无力全额赔偿同盟国家的战争损失。尽管如此,在同盟国家或其联合国授权托管领土的日本财产、权利以及利益,凡在 1941 年 12 月 7 日至 1945 年 9 月 2 日期间的,同盟国家有权授予、保留或处理,以下情况除外:(i) 经同盟国家允许在其领土内居住的日本公民的财产,1945 年 9 月 2 日另做处理的情况除外;(ii) 外交及领事财产中的有形财产,以及相关维护的净值;(iii) 非政治性的宗教财产、慈善财产、文化及教育机构财产;(iv) 日本境内的财产,无论其他地方是否有文件或其他证据证明其所属权、名号以及利益,无论是否存在欠款;(v) 证明产品出自日本的商标。

同盟国家中,其中一国占用了日本或日本公民在另一国的工业财产、权利或利益时,该国须向对方做出交代。

同盟国家的索赔声明以及直接军事占领费用索赔,从上述各国管辖权限内的日本资产以及占领期间在日本本土岛屿得到的资产中赔偿。

(注:上述有关赔偿的建议是各国讨论后的结果。)

15. 该条约生效日起六个月内,应要求日本恢复同盟国及其公民在日本的有形无形财产、任何形式的权利以及利益,财产所有者不受胁迫与欺诈自由处理财产的情况除外。至于因战争受到损害的同盟国家在日财产,按照日本本土法律以日元赔偿,遵守日本外汇规定。

16. 日本取消战争时期日本及其公民对同盟国家的索赔声明,并取消条约生效前因同盟国家在日任务、军队行动或权威引起的索赔声明。

第七章　纠纷裁决

17. 同盟国家政府与日本政府就该条约阐释和执行发生纠纷时,经外交途径未得到解决的,可应纠纷双方中一方请求,移交国际法庭裁决。日本及其他同盟国家,如非国际法庭的一员,在各国签订该条约当天,依据 1946 年 10

月 15 日联合国安理会决议,在国际法庭登记处留下宣言,表明愿接受国际法庭对该段所述各种纠纷的判决。

第八章　最终条款

18. 条约中所述同盟国家,指曾与日本交战或处于敌对状态,并签订该条约的国家。

19. 除第 11 条规定外,任何不执行、认可或遵循该条约内容的国家,不享受条约中的权利与利益;任何不执行、认可或遵循该条约内容的国家,不可为其利益削弱或损害日本享有的权利与利益。

20. 日本与其他国家签订和平协议或战争声明协议时,赋予该国的优惠政策不超过本条约在此赋予缔约国的优惠。

21. 该条约将由同盟国家与日本正式批准,得到日本与包括美国在内的主要占领军中大多数远东事务委员会成员国认可文书后,条约即在日本与签约国之间生效。日本正式认可条约九个月后,依据上述方式条约未能生效时,通知日本以及美国政府后,各同盟国家可通过选举使条约在该国和日本之间有效。美国政府将通知各签约国以及承诺签约的国家,告知应该条款要求收到的通知。

22. 曾与日本交战或敌对但未签订条约的国家,亦可在条约生效后三年内依附该条约。向美国政府递交承诺签约的文书后,这些国家即刻依附该条约,美国政府将通知各签约国以及承诺签约的国家。①

(Provisional United States Draft of Japanese Peace Treaty, *FRUS*, 1951, Vol. Ⅵ, Asia and The Pacific(in two parts)Part 1, General Editor: Fredrick Aandahl, United States Government Printing Office, Washington: 1977, pp. 944 - 950.)

---

① 原编辑者注:3 月 26 日,杜鲁门总统交给国务卿一份简短的备忘录,其中附上了该草案,总统对该草案做了 3 处格式上的改动。总统最后说:"望尽快落实条约。"(Lot 54D423)

74. 美英联合《对日和平条约》草案

东京邮政档案:320.1 和平条约

美英联合《对日和平条约》草案①

秘密文件 [华盛顿] 1951 年(5 月 3 日)

英国供稿 美国供稿②于 1951 年 4 月至 5 月华盛顿会谈期间起草

序 言

……协议双方为"同盟国"和日本;

为谋求共同福祉,维护世界和平与安全,现同盟国和日本决议作为平等的主权国为实现上述目标开展友好合作,订立本条约。该条约签署的目的一为解决二战遗留问题,二为为日本申请加入联合国提供便利。日本方面表示将无条件履行《联合国宪章》,努力实现《世界人权宣言》提出的目标,同时依据《联合国宪章》第 55 和 56 条规定并遵从战后日本法律的规定致力于在日本国内创造社会稳定和福祉,并在公有和私有商贸领域遵守国际公平贸易法则。同盟国赞成日本方面的提议,现双方同意签署《和平条约》,同时指定《条约》签署人在明确个人权责后以恰当方式执行该协定。

第一章 和平

第一条

日本与同盟国相关国之战事自该协定生效之日起终止。

第二章 领土

第二条

---

① 原编辑者注:这一草案并未分发给其他相关国家。

② 原编辑者注:5 月 25 日,英国驻东京联络团负责人乔治·克拉顿(Clutton)致信邦德先生,这里的原文件即附于该信件中,此处未收录。除页边距外,与 5 月 3 日美国草案相同。

日本放弃对韩国领土的一切权利,包括对(韩国济州特别自治道、巨文岛和郁陵岛)以及[台湾岛和澎湖列岛]的一切权利,放弃与前国联托管地体系有关的权利或与日本国民在南极活动所获得的相关权利。日本接受联合国安全理事会 1947 年 4 月 2 日的决议,将前太平洋相关岛屿的托管权移交联合国。(对于方括号中内容,英国持保留意见。)

第三条

日本同意只要美国提议,即将琉球群岛北纬 29 度以南领土,小笠原群岛包括罗萨里奥岛、火山岛、帆船礁以及马尔库斯岛的托管权移交联合国,并由美国行使领土管理权。另,在美国做出该提议及后续工作开展之前,由美国全权行使对上述领土及其上居民的立法、司法和行政权力。(英国保留英国草案第 5 条第 1 段。)

第四条

千岛群岛、日本主权治下的库页岛及其周围岛屿部分,日本割让给苏维埃社会主义共和国联盟。

第五条

(a) 除非另行约定,日本申明放弃在以上第二条和第四条所提及之领域的一切相关权利和财产(包括其国民及法人在上述领域的权利和财产),并承诺向同盟国移交与上述领域的政府或政权有关的文件、档案及其他物件。

(b) 以上第二条和第四条规定之被放弃或割让之领土的居民须遵从日本与同盟国的议定安排处理自己与日本及日本国民的权利关系,自 1945 年 9 月 2 日之后产生的商贸利益关系不受相关约束;关于日本在相关领土放弃财产权利的规定参见上述(a)段。

(c) 以上第三条提及之领域之上的财产权利的处置另作规定。

(d) 平分连接日本与被放弃领土的海底电缆。日本保留电缆的日本终端及相连的一半电缆,被放弃领土接管电缆另一端相关设施及余下部分的电缆。

(备注:日本在上述被放弃或割让领土之上的财产的相关债权问题有待进一步协商。)

第三章　安全

第六条

(a) 日本接受《联合国宪章》第 2 条规定的义务,特别承诺履行以下义务:

（i）通过和平手段解决国际纠纷，绝不危害国际和平安全以及公正。

（ii）在国际关系中，不威胁或无理干涉其他国家领土主权完整或政治独立，不从事其他有悖联合国目的活动。

（iii）尽可能支持联合国依据《联合国宪章》做出的行动，联合国对任何国家采取限制或强制措施时，日本不可帮助这些国家。

（b）日本作为主权国家，同盟国家承认其享有《联合国宪章》规定的单独或集体自卫的自然权利，认为日本有权自愿与单个或多个同盟国家签订集体安全协议或部署。

［备注：以上（b）段之表述将由美国再行斟酌。］

第七条

（a）自本协定生效之日起，所有同盟国部队必须尽快撤离日本，最迟不得超过协定生效后 90 日。另，如同盟国方面一国或者多国与日本签署有或可能签署相关双边或多边协定，则外国部队可在日本领土驻扎或逗留，不受本条款约束。

（b）自本协定生效之日起，在日占领军必须将从日方取得使用并仍占有的未偿还之财产交还予日本政府；除非另行约定，归还行为必须于 90 日内完成。

（备注：第七条之表述将由美国再行斟酌。）

第四章　政经条款

第八条

（a）同盟国家在各自与日本条约生效后一年内，告知日本希望延续或重新启动战前与日本签订的双边条约，上述条约即可继续有效或重新启动，条约中与该条约条款冲突的内容应予以废除。相关条约在通报日起三个月后重启效力，同时需报联合国秘书处备案。未得到上述通知的条约自动废止。

（b）根据本条（a）段所做之通报，不适用于与通报国所辖国际关系相关的条约的处置，除非已向日本做出特别告知，且告知期满三个月。

第九条

（a）关于今日或日后订立的相关条约或安排，如致力于结束 1939 年 9 月 1 日开始的战争以及恢复和平状态，日本即承认相关条约或安排的完全效力。日本也接受关于解除国联及国际常设法院的安排。

（b）日本放弃由签署以下条款产生的权利,包括 1919 年 9 月 10 日签署的《圣日耳曼条约》,1936 年 7 月 20 日签署的《蒙特勒公约》以及于 1923 年 7 月 24 日签署的《洛桑条约》第 16 条。

（c）日本放弃由以下文件产生的一切权利,包括于 1930 年 1 月 20 日与德国订立之协定、于 1930 年 1 月 20 日订立之公约及其附件中有关国际清算银行之部分,以及于 1930 年 5 月 17 日订立之《信托协定》。日本承诺,自本协定生效之日起六个月内,就其放弃上述权利情况向位于巴黎的相关外交部门行通报义务。

（备注:美国保留在圣日耳曼昂莱条约及国际清算银行相关事务上的立场。）

日本同意即刻开启与同盟国的协商,订立新的双边或多边协定,以规范、保持并发展公海渔业。

（备注:英国方面保留英国草案第 34 条原第 2 段内容。）

第十一条

日本放弃在中国的一切特别权利与利益。

第十二条

经同盟国的军事法庭审判定罪拘禁于日本的战争犯,非由特定审判国政府决定并经日本推荐,不能被宽大处理、假释或者赦免,且赦免决定只在出现有力新证据的情况下做出。经远东军事法庭审判定罪的战争犯,非由出席庭审的多数国政府决定及日本推荐,亦不得被宽大处理、假释或赦免。（备注:英国保留英国草案第 21 条第一句,坚持使用"赦免"这一词。）[1]

第十三条

（a）日本申明可随时启动协商,以与同盟国各国达成相关双边条约或协定,在友好平稳的基础上建立商务、海洋及贸易关系。

（b）自本协定生效之日起五年内,日本愿意与同盟国成员及其国民(包括法人)在相关领域交换公民待遇或最惠国待遇,至新条约或协定生效为止。具体协定如下:

---

[1] 原编辑者注:国务院存有 4 月 7 日的英国草案,这一句内容如下:"日本承诺执行远东国际军事法庭以及日本内外其他盟军战争罪法庭对日本公民的判决以及刑罚。"此外,该草案第 21 条未对赦免做出规定,但对宽大处理、减刑以及假释做出了规定。

　　(i) 在以下方面交换最惠国待遇：关税、海关收费、进出口相关限制，以及其他一切进出口货品领域。

　　(ii) 在以下方面交换公民待遇或最惠国待遇（按最优惠的待遇实施）：日本国内的进口产品、船舶、财产、股权，及日本国内开展的商业、金融及职业活动；内陆河道及沿海的航运及航行；税收政策；法庭裁决；合同订立；财产产权的取得与处置；根据日本法律设立或参加的法人活动及对有同盟国国民参加的法人的相关规定。

　　(c) 如有意征收同盟国国民（及法人）在日之财产及相关权利，被征收方应获得不低于公民待遇的公正对待，并获支付足额有效补偿金。

　　(d) 在本条款下，如出现相关方基于立约的习惯性做法或为维护自身外部经济利益、收支平衡及安全利益实施了不公正待遇行为，若该行为的做出符合当时情况需要而非任意无理而出，不视为违背交换公民待遇或最惠国待遇约定之行为。

　　(e) 当同盟国拥有非都市化领土或海外领土的国际关系或该同盟国成员国为联邦政体，若其非都市化领土、海外领土或联邦组成领土没有兑现与日本互换待遇约定，日本方面仍应给予该国其他无关领土（包括其都市领土）及于其上活动或注册的公民、船舶或法人，以该国联邦政府上述（b）段规定的待遇。同样，若相关国都市领土或联邦政府本身未兑现与日本的互换待遇约定，日本仍应给予其他无关领土及于其上活动或注册的公民、船舶或法人上述（b）段规定的待遇。

　　(f) 上述（b）段规定之日本的义务不应受本协定第十五条规定的同盟国相关权利的影响，同时上述（b）段之规定不应视为对本协定第十六条所规定的日本应履行义务的限制。

　　（备注：这里（f）段中提到的第 15 条和第 16 条，分别指英国草案中的第 27 条和第 26 条。双方政府对第 13 条均将再斟酌。）

　　第十四条

　　签订民事空运协议前，日本在五年内给予同盟国家不低于条约签订时其在日本享有的民事空中交通权利与特权。

（备注：英国改变了英国草案第 33 条内容。①）

第五章　声明与财产

第十五条

（a）同盟国家认识到，日本的黄金储备、财产以及服务勉强可以维持日本经济发展，因而不能作为赔偿金，无力偿还 1945 年 9 月 2 日以来为促进实现占领目标而得到的救济与经济援助，也无力全额赔偿同盟国家的战争损失。虽然如此，同盟国任何一国仍有权取得、保持、变现，或清除日本及其国民（包括法人）的财产和权利，前提是以上提及之财产和权利于 1941 年 12 月 7 日至本协定生效之日期间曾一度置于该国权力之下。另，以下财产及权利除外：

（i）在战争期间获准居于同盟国国家领土之上的日本国民的财产，通过非普遍方式取得的财产；

（ii）日本政府为服务外交与领事目的拥有的不动产、家具，及固定设备以及日本外交与领事人员所拥有的非投资性质的用于辅助外交或领事工作的所有个人的家具、附属装饰及其他财产；

（iii）宗教组织及私立慈善机构所拥有的专为宗教与慈善目的服务的财产；

（iv）随日本与相关国恢复经贸关系或在本协定生效前由相关国授权得来的财产权利。

另，上述属例外情况之财产及权利应被返还（不扣除财产维护所生费用）；若上述相关财产已经清算，应返还清算所得费用。

（b）上述对日本相关财产的取得、保有、清算或清除行为应遵从同盟国相关国法律进行，相关财产的日方所有者仅拥有上述法律赋予的权利。

（c）同盟国成员国同意在处理日本的商标、文学及艺术知识产权上给予

---

①　原编辑者注：在国务院所存英国 4 月 7 日条约草案中，本条表述如下：

1. 在同盟国各国与日本订立之民航交通协定生效之前，日本应在民航领域给予同盟国各国无条件最惠国待遇，或给予同盟国成员国不低于本条约生效前他们所享有的航空权利和特权，以更为优惠的待遇为准；

2. 在与联合国任一成员国订立双边或多边国际航空协定时，日本应在互惠的基础上以开放且不加限制的方式给予对方或与对方交换航空权利和特权。

日本自己国内通行的最优惠待遇。

（备注：上述关于战争赔偿的建议在意见交换的基础上做出；

备注：英国保留英国草案第二十三条及第二十八条内容，并保留在本条及其他相关条款中日期问题上的立场；

备注：美国保留在对日本进入资产方面的立场。）

第十六条

自本协定生效之日起六个月［一年］①内，日本需在接到要求的情况下向同盟国成员及其国民（包括法人）返还其于1941年12月7日至1945年9月2日期间在日本取得的财产（包括有形财产及无形财产）及一切权利，财产及权利所有者在未受胁迫和欺骗情况下自动放弃财产和权利的情况除外。如同盟国国民（包括法人）在日财产遭受损失，日方依据本国法律并按照本国相关外汇规定进行赔偿。

（备注：本条款的施行视未来日本的具体立法情况而定。同时英国坚持英国草案第24条及26条②同时对本草案条款的撰文表述持保留意见。另外，美国方面在准备起草有关专利和商标的条款，英国在准备起草有关文学、艺术知识产权及保险的条款，以一并纳入本章。）

（备注：如果日本国内法律未就免税及免费的相关问题做出可接受的规定，可能会根据英国草案第26条第4段（c）及第6段制定相关条款，加入本章。）

第十七条

（a）经同盟国要求，日本政府须依据国际法对日本海事法庭做出的关于同盟国国民（包括法人）的相关船舶所有权的决定或命令进行复议或修改，并提供包括决定或命令书在内的相关文件。若经复议或修改决定返还相关船舶，应依照本协定第十六条执行。

（b）自本协定生效之日起一年内，日本政府须采取必要措施，使相关同盟国国民（包括法人）得以随时向日本政府部门提交于1941年12月7日至本条

---

① 原编辑者注：此处及第二十三条中之方括号为原文本中所有。

② 原编辑者注：在国务院所存英国4月7日草案中，第24条就日本归还其从联合国任一成员国取得的财产做了详细规定，第26条就日本如何归于1939年9月1日时位于其境内的联合国成员国及其国民的财产做了规定。

约生效之日期间所受到日本法庭的判决结果,以行复议,前提为相关同盟国国民(包括法人)作为原告或被告在受审期间未能充分陈述相关案情。同时,日本政府须承诺,若相关人士因当时判决受到伤害,将恢复其判决之前的地位状况或给予其公平的补偿。

〔备注:英国草案第 35 条第 1 段中需加入对上述(a)段的注释,对如何解决因根据国际法所做裁决引发的争端做出规定。〕

第十八条

(a)日本政府认同其政府及国民(包括法人)应偿付所负担的债务,履行合同义务,包括与债券相关的合同义务,不受战争干扰的影响;同时,也应对其政府及国民(包括法人)在战前因为同盟国政府或国民产生的财产损失及个人伤亡要求赔偿,同样不受战争干扰的影响。

(b)日本承认负有对本国战前所欠外债及对之后转嫁于国家政府的相关日本企业所欠外债的偿还义务;并希望尽早与债权方启动协商,就如何继续偿还外债进行商讨。日本同意尽早就战前私人的权利义务与相关方面进行协商,并在责任关系得到承认或确立的基础上推动偿债或赔偿程序。

(备注:日本在被放弃或被割让领土之上的债权问题有待进一步协商。)

第十九条

(a)日本放弃向同盟国及其国民(包括法人)索要本国及国民(包括法人)因战争而丧失的一切权利,并放弃索要在本协定生效之前本国及国民(包括法人);

(b)因同盟国军队或机构的入驻及行动而丧失的一切权利;

(c)日本同时放弃索要因同盟国在 1939 年 9 月 1 日至本协定生效之日期间对日本船舶的处置所丧失的权利,并放弃索要现行战犯公约下所丧失的权利;

(d)日本同时放弃代表本国政府及其国民(包括法人)向德国及其国民(包括法人)索要一切的权利,包括在政府层面上放弃索取 1939 年 9 月 1 日之前由合约及其他原因所丧失的权利,并包括在政府层面上放弃因战争所受的损失索取赔偿;但不放弃在其他层面索取 1939 年 9 月 1 日之前由合约及其他原因所丧失的权利。

〔备注:美国希望对上述(b)段和(c)段做进一步斟酌。〕

第二十条

日本同意采取必要措施保证德国在日资产得以依照在 1945 年①的《波茨坦公告》下相关国已经或可能做出的决定处置,并在相关资产最终处置之前承担保存及管理责任。

第六章　纠纷裁决

第二十一条

若本条约签署方任一方对本条约的解释或执行存在异议,在使用任何其他方法无法取得一致意见的情况下,经签署方任一方要求,可交由国际法院裁决。日本及其他同盟国家,如非国际法庭的一员,在各国签订该条约当天,依据 1946 年 10 月 15 日联合国安理会决议,在国际法庭登记处留下宣言,表明愿接受国际法庭对该段所述各种纠纷的判决。

(备注:英国保留英国草案第 35 条的第 1 段内容。②)

第七章　最终条款

第二十二条

任何曾与日本发生战事的国家可在本条约按照以下第二十三条(a)段之规定发生效力之前签署本条约。在本条约发生效力之后,未签署条约的相关国家仍可参与本条约。在本条约框架下,所有条约签署国及参与国被归为同盟国一方。

第二十三条

(a) 签署本条约的国家(包括日本)应批准本条约。当日本及以下诸国中的大多数完成呈交认可文书,本条约将对上述完成呈交认可文书的国家生效。上述"诸国"包括作为主要占领国的美国,另外还包括奥地利、缅甸、加拿大、锡兰、中国、法国、印度、印度尼西亚、(韩国)、荷兰、新西兰、巴基斯坦、爱尔兰、苏联社会主义共和国联盟。对于在之后批准或参与本条约的国家,本条约会在

---

①　原编辑者注:若需查阅《波茨坦公告》文本,请参见 1945 年《国际关系》,柏林会议(波茨坦会议),第 Ⅱ 卷,第 1477 页—第 1498 页。此处注释以便加入未来对该公约的修订内容。

②　在国务院所存英国 4 月 7 日之草稿中,第 35 条第 1 段对纠纷裁决问题做出了部分规定,规定通过国际法院院长指定的特别法庭而非国际法院本身来解决纠纷问题。

其批准或参与本条约之日起对其生效。

（b）如在日本批准本条约九个月内,本条约仍未生效,则相关已批准本条约或参与该条约的国家可通过向日本和美国政府发出类似通告的文件以使本条约在己方和日方之间生效。

第二十四条

所有批准文件需向美国政府呈交。美国政府会对条约签署国通报相关批准行为及行为做出时间,以及上条第二段提及的通告情况。

第二十五条

在任一国未签署批准或参与本条约时,不应依循本条约给予该国任何权利;同时,如一国未签署批准或参与本条约,亦不应认为在本条约下,日本的任何权利因为该国谋福利的缘故而遭受损失和不公平处置。本条约第十一条的执行不受上文限制。

第二十六条

本条约正本将留存于美国政府档案库,本条约其他签署国将分别取得经验证的条约副本一份,同时在本条约依据上述第二十三条第一段生效时得到通知。

现在各签署人确认自己对本条约的内容理解无误,现签署本协议并附加本人印信。

本条约于 1951 年_____月_____日于_____签署完毕。本条约有英文和日文两个版本,以英文版本为准。

（英国草案附件Ⅲ的内容,即关于保险合同的相关内容将被并入附件Ⅴ的合同及其他规定之中,附件Ⅴ将和本条约草案一同提供给同盟国其他成员国,并作为一个独立的多边条约在本条约签署之时在日本和其他感兴趣的同盟国国家之间签署。）

议定书

日本政府就今日签署之和平条约做出以下声明:

1. 除非本条约中另行规定,如日本在 1939 年 9 月 1 日时为某国际条约成员,且该国际条约在现时仍保有效力,则日本将在本条约生效之日起恢复由有关国际条约带来的权利和义务。若日本因参与某国际条约而引起参加某国际组织,如在 1939 年 9 月 1 日或之后,日本不再成为相关国际组织成员,则日本是否履行本段规定的义务取决于其是否被重新吸收为相关国际组织的成员。

2. 日本政府希望于本条约生效之日起六个月内参与以下国际条约：

（1）于 1946 年 12 月 2 日于华盛顿签署的《国际捕鲸管制公约》及其后续修订内容；

（2）于 1946 年 12 月 11 日于纽约签署的对 1931 年《麻醉品公约》进行修订的条约；

（3）于 1948 年 11 月 19 日于巴黎签署的《合成毒品运输条约》；

（4）以及 1923 年的《海关程序公约》①；

（5）1927 年的《国际仲裁裁决公约》②；

（6）1928 年关于经济统计的公约③及 1948 年的公约④；

（7）1934 年的关于错误标志商品产地的协定⑤；

（8）1910 年关于制定海上救援统一规则的公约；

（9）1930 年的国际船舶载重线公约、附件和最终条款及之后修订内容；

（10）于 1949 年 8 月 12 日在日内瓦签署的关于战时行为的第四公约⑥。

3. 日本政府同时希望在本条约生效之日起六个月内申请加入《国际民航条约》⑦，《国际民航条约》于 1944 年 12 月 7 日起在芝加哥接受签署；并在加入《国际民用航空公约》以后签署并加入《国际航空过境协定》⑧，《国际航空过境协定》也于 1944 年 12 月 7 日起在芝加哥接受签署。

---

① 原编辑者注：如想查阅于 1923 年 11 月 23 日在日内瓦签署的《简化海关程序国际公约》文本及其签署信息，请参见《国联条约汇编》，第 ⅩⅩⅩ 卷，第 372 页。

② 原编辑者注：该条约于 9 月 26 日在日内瓦签署，相关请参见《国联条约汇编》第 ⅩCⅡ 卷，第 301 页。

③ 原编辑者注：于 12 月 14 日在日内瓦签署，条约文本请参见《国联条约汇编》第 CX 卷，第 171 页。

④ 关于于 1948 年 12 月 9 日在巴黎签署的对上述第 11 条注解所解释的公约的修订条约，请见《联合国条约汇编（UNTS）》第 20 卷，第 229 页。

⑤ 原编辑者注：本协定是对 1891 年防范错误标志产品产地协定的修订，于 1934 年 6 月 2 日在伦敦签署。相关请参见《国联条约汇编》第 CXCⅡ 卷，第 10 页。

⑥ 原编辑者注：相关请参见国务院，《日内瓦公约：战争受害者保护》（华盛顿：政府出版社，1950 年）1949 年 8 月 12 日。

⑦ 原编辑者注：文本请参见《条约及国际法汇编》，第 1951 号文件，或第 59 卷，（第二部分），1516 年。

⑧ 原编辑者注：文本请参见《行政协议汇编（EAS）》，第 487 号文件，或第 59 卷，（第二部分），1693 年。

议定书

关于今日签署之条约,日本做以下申明:

日本认可经同盟国或相关国委托的委员会、代表团或组织对位于日本领土之上的归属国之战争墓地和纪念碑进行确认、制造名录、维护和管理工作,并对此类组织的工作提供支持。同时如证明对相关国或相关受委托之委员会、代表团或组织有必要,日本会就上述战争墓地和战争纪念碑的相关工作事宜与相关方面协商订立协定。

(Joint United States-United Kingdom Draft Peace Treaty, *FRUS*, 1951, Vol. Ⅵ, Asia and The Pacific(in two parts)Part 1, General Editor: Fredrick Aandahl, United States Government Printing Office, Washington: 1977, pp. 1024 – 1037.)

75. 美英联合《对日和平条约》(修订版)

694.001/6 – 1451

美英联合《对日和平条约》(修订版)

秘密　1951 年 6 月 14 日,[伦敦?]

序　言

为谋求共同福祉,维护世界和平与安全,现同盟国和日本决议作为平等的主权国为实现上述目标开展友好合作,订立本条约。该条约签署的目的一为解决二战遗留问题,二为为日本申请加入联合国提供便利。日本方面表示将无条件履行《联合国宪章》,努力实现《世界人权宣言》提出的目标,同时依据《联合国宪章》第 55 和 56 条规定并遵从战后日本法律的规定致力于在日本国内创造社会的稳定和福祉,并在公有和私有商贸领域遵守国际公平贸易法则。同盟国赞成日本方面的提议,现双方同意签署和平条约,同时指定条约签署人在明确个人权责后以恰当方式执行该协定。

第一章　和平

第一条

日本与同盟国相关国之战事自该协定生效之日起终止。

第二章　领土

第二条

（a）日本承认朝鲜独立，放弃在朝鲜领土的一切权利，包括在朝鲜济州特别自治道、巨文岛和郁陵岛的一切权利。

（b）日本放弃在台湾岛和澎湖列岛的一切权利。

（c）日本放弃在千岛群岛的一切权利，在库页岛以及其他岛屿与千岛群岛相邻部分领土的一切权利；日本于1905年9月5日通过《朴茨茅斯和约》取得对库页岛以及其他岛屿与千岛群岛相邻部分领土的主权。①

（d）日本放弃与前国联托管地体系有关的权利，并接受联合国安全理事会1947年4月2日的决议，将太平洋相关岛屿的托管权移交联合国。

（e）日本放弃在南极地区的一切权利，无论相关权利是否由日本国民的活动引起。

（f）日本放弃在南沙群岛和西沙群岛的一切权利。

第三条

日本同意在有美国提议的情况下将琉球群岛北纬29度以南领土、小笠原群岛，包括罗萨里奥岛、火山列岛、冲之鸟礁以及南鸟岛的托管权移交联合国，由美国行使领土管理权。另，在美国做出该提议及后续工作开展之前，由美国全权行使对上述领土及其上居民的立法、司法和行政权力。

第四条

日本及其国民与以上第二条和第三条所提及之领土目前的管理部门及其上居民之间的财产和权利（包括债权）关系的处置由日本与上述相关管理部门另行安排决定。同盟国及其国民在以上第二条和第三条提及之领土之上的财产如尚未获归还，需以相关财产目前的状态归还。（本条约所指之"国民"包括法人。）

平均分配连接日本与被放弃领土的海底电缆。日本保留电缆的日本终端及相连的一半电缆，被放弃领土接管电缆另一端相关设施及余下部分的电缆。

---

① 原编辑者注：参见《外交关系》，1905年，第824—828页。

第三章　安全

第五条

（a）日本接受《联合国宪章》第 2 条规定的义务，特别承诺履行以下义务：

（i）通过和平方式解决日本的国际争端，不妨害国际和平、安全和正义；

（ii）不使用武力或以武力威胁干涉别国的领土完整和政治独立，在使用武力方面遵从联合国的意旨；

（iii）对联合国根据其宪章采取的行动给以尽可能的支持，不向联合国可能采取防范和强制行动的国家提供援助；

（b）同盟国将根据《联合国宪章》第 2 条所规定的原则处理与日本的关系；

（c）日本作为主权国家，同盟国家承认其享有《联合国宪章》规定的单独或集体自卫的自然权利，认为日本有权自愿与单个或多个同盟国家签订集体安全协议或部署。

第六条

（a）自本协定生效之日起，所有同盟国部队必须尽快撤离日本，最迟不得超过协定生效后 90 日。另，如同盟国方面一国或者多国与日本签署有或可能签署相关双边或多边协定，则外国部队可在日本领土驻扎或逗留，不受本条款约束。

（b）自本协定生效之日起，在日占领军必须将从日方取得使用并仍占有的未偿还之财产交还予日本政府；除非通过协定另行处置，归还行为必须于 90 日内完成。

第四章　政治及经济条款

第七条

（a）自本条约生效起一年内，同盟国成员国需向日本通报其希望延续或重启的与日本的战前双边条约。经通报之条约可延续或重启效力，且仅在保证该条约与本条约的精神保持一致的情况下对上述条约做出修订。相关条约在通报日起三个月后重启效力，同时需报联合国秘书处备案。未经做出通报的战前双边条约将被作丧失效力处。

（b）根据本条第一段所做之通报，不适用于与通报国所辖国际关系相关的条约的处置，除非已向日本做出特别告知，且告知期满三个月。

第八条

于今日或日后订立或做出的相关条约或安排,如致力于结束 1939 年 9 月 1 日开始之战事以及恢复和平状态,日本即承认相关条约或安排的完全效力。日本也接受关于解除国联及国际常设法院的安排。

日本放弃由签署以下条款而来的权利,包括 1919 年 9 月 10 日签署的《圣日耳曼条约》、1936 年 7 月 20 日签署的《蒙特勒公约》以及于 1923 年 7 月 24 日签署的《洛桑条约》第 16 条。

日本放弃由以下文件带来的权利并获免除由以下文件带来的义务,包括德国与债权国于 1930 年 1 月 20 日订立之协定及附件,包括于 1930 年 5 月 17 日订立之《信托协定》;于 1930 年 1 月 20 日订立之公约中有关国际清算银行及国际清算银行法条的部分。日本承诺在本协定生效之日起六个月内就其放弃上述权利的情况向位于巴黎的相关外交部门履行通报义务。

第九条

日本同意即刻与同盟国就订立新的双边或多边协定进行协商,以管理和限制公海的捕鱼作业,并保持和发展公海渔业。

(备注:英方仍对协商中的过渡期公海渔业的处置进行过提议。)

第十条

日本放弃在中国的一切特别权利,包括由 1901 年 9 月 7 日在北京签署的最终条约及该条约所有的附件、附注和相关文件带来的特别权利和利益。日本方面同意对上述条约、附件、附注和相关文件作丧失效力处。

第十一条

日本接受远东国际军事法庭和其他同盟国军事法庭的裁决,对因于日本的日本国民执行相应的裁决。非由审判国政府(此处政府可以不止一个)决定并经日本推荐,不得对上述罪犯宽大处理、减刑或者假释。经远东军事法庭审判定罪的战争犯,非由出席庭审的多数国政府决定及日本推荐,亦不得被宽大处理、减刑或假释。

第十二条

(a) 日本申明可随时启动协商,以与同盟国各国达成相关双边条约或协定,在友好平稳的基础上建立商务、海洋及贸易关系。

(b) 自本协定生效之日起四年内,日本愿意与同盟国成员及其国民在相关领域交换公民待遇或最惠国待遇,至新条约或协定签署为止。具体协定如下：

（1）给予同盟国及其国民、产品及船舶。

（i）在以下领域的最惠国待遇：关税、海关收费、进出口相关限制，以及其他进出口货品的相关规定；

（ii）在以下领域的公民待遇：航运、进口产品，在自然人和法人领域包括税收政策、法庭裁决、合同订立、财产产权处置、加入根据日本法律设立的法人以及进行各种商业和职业活动。

（2）确保日本国营企业对外的购买和销售行为仅服务于商业目的。

（c）在同一问题上，日本必须给予同盟国方面同等的最惠国待遇或公民待遇。另，对于同盟国都市领土之上的产品、船舶、法人及个人，以及联邦制同盟国中拥有州政府或省政府的州省之上的法人及个人，日本给予的最惠国或公民待遇与日本在上述都市领土、州、省得到的待遇相当。

（d）在本条情况下，如出现相关方基于订立商业条约的习惯性做法或为维护自身外部经济利益、收支平衡及核心安全利益实施了不公正待遇行为，若该行为的做出符合当时情况需要而非任意无理而出，不视为违背给予公民待遇或最惠国待遇约定之行为。

（e）同盟国方面行使本条约第十四条条款规定之权利不应影响日本履行本条（b）段规定的义务，且本条（b）段条款的规定不应视为对日本履行第十四条条款的限制。

（备注：英国曾提议就航运待遇另订条款，目前正在协商中。）①

第十三条

（a）日本将在同盟国相关国要求的情况下即刻与相关国进行协商，就国际民航交通问题订立双边或多边协定。

（b）自本条约生效之日起四年内，日本将给予相关国在航空领域不低于从相关国获得的在航空领域的权利和特权，并给予相关国在开展航空服务方面平等的机遇，直到相关协定签署。

（c）日本将履行《国际民航公约》中适用于国际航空航行的条款并落实作为该公约附件的标准、做法及程序，直至日本加入《国际民航公约》。

---

① 原编辑者注：原文括号。

第五章　索赔与财产

第十四条

同盟国方面认同,日本方面在原则上应补偿其造成的战争损失。但若日方付出足够的赔偿并履行其他义务,就无力维持经济的发展。然而,

1. 如同盟国成员国的领土曾被日军占领及破坏且相关国方面有此意向,则日方同意即刻与相关国进行协商,通过提供日方的技术和生产力,帮助相关国进行生产、财产抢救或提供其他服务,以帮助相关国修复重建。但上述行为不应干扰日本本国的经济重建,同盟国相关国方面也不应因此承担额外责任;另外,同盟国相关国应自行提供原材料以进行相关生产活动,以免给日本增加外债负担。

2. [Ⅰ] 若以下相关方面的财产和权利于 1941 年 12 月 7 日(对于中国是自 1937 年 7 月 7 日)至本条约生效日期间曾被置于同盟国任一国的管辖之下,同盟国方面有权取得、保持、变现、或清除相关方面的财产和权利,相关方面包括:

(a) 日本国及其国民;

(b) 代表日本国及其国民或为日本国及其国民开展行动的人;

(c) 日本国及其国民拥有或控制的实体单位。

以下财产和权利除外:

(i) 在战争期间得到同盟国政府的允许居于同盟国领土之上,而非被日本占领之领土之上的日本国民的财产;但是如果在居住期间,相关日本国民的财产受到过同盟国政府的特别处置,即同盟国政府未对居于其领土之上的日本国民普遍实施此种处置,此相关财产不在豁免之列;

(ii) 日本政府拥有的用作外交或领事用途的不动产、家具及固定设备;日本外交与领事人员所拥有的非投资性质的服务与外交或领事工作需要的私有家具、附属装饰及其他私有财产;

(iii) 宗教组织及私立慈善机构所拥有的专为宗教与慈善目的服务的财产;

(iv) 在本条约产生效力之前因同盟国相关国与日本恢复贸易经济关系产生的产权关系,但是,如果相关交易违背了同盟国相关国的法律,则由此类交易产生的产权关系不豁免;

(v) 日本国及其国民所拥有的以日本货币形式存在的钱币证券、对在日

有形资产的权利,以及在根据日本法组建的企业的利益,包括相关证明文件。

［Ⅱ］同盟国方面须在收取相应的保管及管理费用后返还日本上述五项豁免处置的财产权利。如果上述财产权利已清算,则同盟国方面须返还日本清算所得收益。

［Ⅲ］对上述有关日方财产的取得、保持、清算和放弃需遵照同盟国相关国的法律执行,相关财产的日方所有者仅拥有上述法律赋予的权利。

［Ⅳ］同盟国方面同意在本国国内情况允许的前提下在处置日本的商标及文学艺术产权方面给予日本尽可能优惠的条件。

(b) 除非本条约另有规定,同盟国方面放弃战争赔偿要求,及其他因战时日本国及其国民的行动引发的权利要求以及因直接军事占领引发的权利要求。

第十五条

(a) 自本条约生效之日起九个月内,如同盟国方面提出申请,则日本将在自申请提出六个月内归还同盟国相关国及其国民于 1941 年 12 月 7 日至 1945 年 9 月 2 日间在日拥有的、且现仍存留于日本领土的有形、无形资产以及一切相关权利。相关资产和权利所有者在未受胁迫和欺骗情况下自动放弃财产和权利的情况除外。在归还相关资产时,不应附带战争引起的其他权利和费用关系,日方也不应收取任何费用。如同盟国相关国在规定期限(自本条约生效之日起九个月内)未提出归还资产权利的申请,则日方可自行决定清除相关资产权利。如相关资产权利已无法被归还,或遭受损害,则日方须依据日本国会于 1951 年_____施行的第_____号法令(法令待定)对相关方面进行赔偿。

(b) 针对在战争期间受到损害的工业产品知识产权,如同盟国相关国及其国民在规定期限内提出申请,则日本将继续给予同盟国相关国及其国民不低于以下法令及其最近修订条款规定的权利,相关法令如下:于 1949 年 9 月 1 日生效的内阁第 309 号令、于 1950 年 1 月 28 日生效的第 12 号令,以及于 1950 年 1 月 1 日生效的第 9 号令。

(c) (i) 日本将遵从于 1941 年 12 月 6 日时其为成员的相关公约或协定的要求,无论相关公约或协定是否被废止或搁置,或将遵从战争爆发后日本或同盟国相关国国内法律的规定,承认同盟国相关国及其国民于 1941 年 12 月 6 日及其后因出版或未出版的作品在日拥有的文学和艺术知识产权的效力,并承认于该日期之后在日产生或若非战争本应产生的类似知识产权的效力。

(ii) 从 1941 年 12 月 7 日至本条约生效之日的跨度时间应从文学作品知识产权有效时间中扣除,且上述时间另加六个月时间应从相关文学作品为在日获得翻译版本知识产权所需的文字翻译时间中扣除,该两项规定的施行无须相关产权所有人对日提出申请,同时不应向相关产权人收取任何费用或履行任何其他程序。

〔备注:本条款(a)段的施行视未来日本法律的具体情况而定;本条款(b)段提及的在日本内阁相关法令下提出相关申请的期限可延长至 1951 年 9 月 30 日。〕

第十六条

为补偿同盟国参战人员在作为日本战俘期间所受的损失,日本将将本国及国民在战时留存在中立国或同盟国作战国的资产移交国际红十字会,由后者清算价值,以公平的方式补偿给相关上述战俘及其家庭。

(备注:日本在泰国之资产处置有待进一步商定。)①

第十七条

(a) 经同盟国要求,日本政府须依据国际法对日本海事法庭做出的关于同盟国国民(包括法人)的相关船舶所有权的决定或命令进行复议或修订,并提供包括决定或命令书在内的相关案件文件。若经复议或修改决定返还相关船舶,应依照本协定第十五条执行。

(b) 相关同盟国国民如于 1941 年 12 月 7 日至本条约生效之日期间受到日本法庭的判决,且作为原告或被告在受审期间未能充分陈述相关案情,则日本政府须采取必要措施,使相关同盟国国民在本条约生效之日起一年内,得以向日本政府相关部门提交判决结果以行复议。日本政府须保证,若相关人士因当时判决结果遭受损失,将恢复其判决之前的地位状况或给予其公平的补偿。

第十八条

(a) 日本(包括日本国国民)及同盟国(包括相关国国民)双方同意继续偿还负于对方的战前债务(此债务可由战前合同义务而起,并包含相关债券关系),并赋予对方战前应赋权利,不受战争的影响;同时日本及同盟国双方承认

---

① 原编辑者注:原文括号。

战争不应影响双方取得战前由财产损失及个人伤亡事件引起的权利,同盟国相关国政府可就上述有关事件向日本政府提出交涉或再交涉,以求解决,日本方面也可就相关事件与同盟国相关国政府进行协商。本段的规定不应视作对上述第十四条所提及之权利的影响和损害。

(b)日本承认对本国战前所欠外债及对之后转嫁于国家的相关日本企业所欠外债负有偿还义务,希望尽早与债权方进行协商,解决继续偿还外债的问题;日本同意就战前私人权利义务问题与相关方面进行协商,并根据协商结果进行相应金钱赔偿。

第十九条

(a)日本放弃向同盟国及其国民索要本国及国民因战争而丧失的权利,并放弃本国及国民在本协定生效之前因同盟国军队或机构的入驻及行动所应获得的权利。

(b)上述所弃之权利包括于1939年9月1日至本条约生效之日期间因同盟国对日本船只采取的行动在日本方面应获之权利及与同盟国所掌握的日本战犯及政治犯相关之权利和债权要求。

(c)根据互免约定,日本政府代表日本政府及其国民放弃对德国及其国民的权利(包括债权)要求,具体包括政府间权利要求及对战争中所受损失的权利要求,但日本政府希望取得由1939年9月1日前订立之合同所规定之权利及在上述日期之前所获之权利,及自1945年9月2日之后两国在贸易和财务关系中所产生的权利。

第二十条

日本同意采取必要措施保证德国在日资产得以依照在《波茨坦公告》下相关国已经或可能做出的决定处置,并在相关资产最终处置之前承担保存及管理责任。

第二十一条

除本条约第二十五条之外,中国还享受本条约第十条和第十四条规定的权利,韩国享受第二条、第九条和第十二条规定的权利。

第六章　纠纷裁决

第二十二条

若本条约签署方任一方对本条约的解释或执行存在异议,在使用任何其他方法无法取得一致意见的情况下,经签署方任一方要求,可交由国际法庭裁决。日本及其他同盟国家,如非国际法庭的一员,在各国签订该条约当天,依据 1946 年 10 月 15 日联合国安理会决议,在国际法庭登记处留下宣言,表明愿接受国际法庭对该段所述各种纠纷的判决。

第七章　最终条款

第二十三条

(a) 所有签署本条约的国家(包括日本)应批准本条约。当日本及以下诸国中的大多数已呈交批准文件,本条约将对已完成批准程序的国家生效。上述"诸国"包括作为对日主要占领国的美国,还包括以下国家(以下所列为已签署本条约的国家)澳大利亚、缅甸、加拿大、锡兰、法国、印度、印度尼西亚、荷兰、新西兰、巴基斯坦、菲利宾、英国、苏联和美国。对于在之后批准本条约的国家,本条约会在其呈交批准文件之日起对其生效。

(b) 如在日本批准本条约九个月内,本条约仍未生效,则相关已批准本条约的国家可向日本和美国政府发出通告以使本条约在己方和日方之间生效。通告需在日方批准条约之后三年内做出。

第二十四条

所有批准文件须向美国政府呈交。美国政府会对条约签署国通报相关批准行为及行为做出时间,以及上条第二段提及的通告情况。

第二十五条

在本条约的解释和执行方面,同盟国特指与日交战并签署和批准本条约的国家。除了本条约第二十一条规定,本条约不应赋予非同盟国国家任何权利,同时日方的权利也不应因为维护非同盟国国家的利益受到损害。

第二十六条

日本将与相关国家签署双边和平条约,就本条约规定的条款或基本相同的条款进行约定,相关国家须于 1942 年 1 月 1 日签署了《联合国宣言》或遵守《联合国宣言》,是日本的交战国且不是本条约签署国;日本方面所负担的签订上述协定的义务将在本条约生效三年后失效。如日本与他国签订的和平条约或战争赔偿条约赋予了他国大于本条约规定的利益,则本条约签署国将享受到同样的利益。

第二十七条

本条约正本将留存于美国政府档案库,美国将向其他签署国提供经验证的条约副本一份,同时在本条约依据上述第二十三条(a)段规定生效时通知各签署国。

经确认,各签署人对本条约的内容理解无误,现签署本协议。

本条约于 1951 年____月____日于____签署完毕。本条约有英、法、俄、西、日五种语言版本,以前四种语言版本为准。

议定书

日本政府就今日签署之和平条约做以下声明:

除非本条约中另行规定,若日本在 1939 年 9 月 1 日时为某国际条约成员,且相关国际条约现时仍保有效力,则日本承认相关条约的完全效力并在本条约生效之日起重新承担由相关国际条约带来的权利和义务。若日本因参与某国际条约而引起参加某国际组织,如在 1939 年 9 月 1 日或之后,日本不再成为相关国际组织成员,则日本需承担的相关权利义务取决于其是否被重新吸收为相关国际组织的成员。

日本政府希望于本条约生效之日起六个月内参与以下国际条约:

于 1946 年 12 月 11 日开始在美国成功湖接受签署的麻醉品修订公约。该公约对以下条文进行修订:于 1912 年 1 月 23 日、1925 年 2 月 11 日、1925 年 2 月 19 日、1931 年 7 月 13 日、1931 年 11 月 27 日,及 1936 年 6 月 26 日签署的麻醉品公约;

于 1948 年 11 月 19 日在巴黎接受签署的药品公约,该公约将 1931 年 7 月 13 日的公约未列入的药品纳入国际管控。1931 的公约主要限制麻醉药品的生产并管理麻醉药品的发行,相关条款也在 1946 年 12 月 11 日的美国成功湖条约中得到修订;

于 1927 年 9 月 26 日在日内瓦签署的《国际仲裁裁决公约》;

于 1928 年 12 月 14 日在日内瓦签署的《国际经济统计公约》及其附加条款,以及于 1948 年 12 月 9 日在巴黎签署的对上述公约的修订条款;

于 1923 年 11 月 3 日在日内瓦签署的《简化海关程序国际公约》及其附件条款,其附加条款亦经签署;

于 1934 年 6 月 2 日在伦敦签署的防范错误标志商品产地的条约;

于 1929 年 10 月 12 日在华沙签订的统一国际航空规则的条约及其附加条款；

于 1948 年 6 月 19 日在伦敦签署的海上生命安全公约；

1949 年 8 月 12 日的战争受害者保护条约。

日本政府同时希望在本条约生效之日起六个月内申请加入《国际民航公约》，《国际民航公约》于 1944 年 12 月 7 日起在芝加哥接受签署；并在加入《国际民航公约》以后接受《国际航空过境协定》，《国际航空过境协定》也于 1944 年 12 月 7 日起在芝加哥接受签署。

议定书

关于今日签署之条约，日本做以下声明：

日本认可经同盟国或联合国家委托的委员会、代表团或相关组织对位于日本的同盟国之战争墓地和纪念碑进行确认、制造名录、维护和管理工作，并对相关组织的工作提供支持。同时如证明对相关国或相关受委托之委员会、代表团或组织有必要，日本会就上述战争墓地和战争纪念碑相关事宜与相关方面协商订立协定。

(Revised United States-United Kingdom Draft of a Japanese Peace Treaty, *FRUS*, 1951, Vol. Ⅵ, Asia and The Pacific(in two parts)Part 1, General Editor：Fredrick Aandahl, United States Government Printing Office, Washington：1977, pp. 1119 – 1133.)

76. 杜勒斯备忘录

Lot 54D423

国务卿顾问(杜勒斯)的备忘录

秘密文件　1951 年 6 月 27 日，华盛顿

有关琉球群岛问题的备忘录①

1. 因为种种原因，尤其是因为美国政府谨遵 1942 年 1 月 1 日宣言，不寻

---

① 原编辑者注：一份未署名的附函中写道："1951 年 6 月 27 日下午 2：30，J. F. D. (杜勒斯)会见马歇尔将军，该文件即为此准备的，但会见时并未使用。"

求"领土扩张以及其他扩张",美国自身不愿获得主权。

2. 然而,如果日本放弃主权而不宣布应归谁所有,国际局势将出现混乱,尤其是考虑到联合国可能不会批准我们的托管协议。因此应做出以下声明:

(a)琉球群岛的主权归琉球群岛居民所有,日后有权依靠联合国支持驱逐美国;

(b)日本放弃主权但不宣布应归谁所有的岛屿,日本的战胜国,包括苏联在内,对这些岛屿享有初步权力;

(c)联合国有权依照其方式处理上述岛屿及其居民;

(d)事实上美国获得了主权。

3. 现有方案已得到日本认可,即在联合国批准美国的托管申请之前,"美国对上述岛屿领土、军民享有全部行政、立法及司法权,包括其领海"①。这一规定与1950年9月7日联合备忘录中"保证美国享有独家管制权"的规定②完全一致。只要日本享有主权,这一条款则完全有效。

在其他地区,只要主权国家同意,即便不享有该地主权也可实现独家管制。我们对日本委任统治下的岛屿以及巴拿马运河区行使独家管制权,但前者归属联合国,而后者归属美国、英国以及法国。

然而,经日本允许由美国全权管制琉球群岛,如果日本自己放弃了琉球群岛的主权,就会削弱我们的管制权。我们可以接受被赋予管制权,但赋予我们这一权力的机构或国家不可拥有该地区的主权。

4. 现在的解决方案是与参议院外交关系委员会讨论的结果,外交关系委员会以非正式的方式同意这一方案。任何变动都需与外交关系委员会沟通。这很可能导致争论,推迟和平条约的落实,而现在我们需要尽快采取措施敲定现在的谈判结果,否则之前与日本以及同盟国家的谈判可能会崩坏。

(Memorandum by The Consultant to the Secretary (Dulles), *FRUS*, 1951, Vol. Ⅵ, Asia and The Pacific(in two parts)Part 1, General Editor: Fredrick Aandahl, United States Government Printing Office, Washington: 1977, pp. 1152 - 1153.)

---

① 原编辑者注:引文出自6月14日和平条约草案第三条。

② 原编辑者注:9月7日,国务卿与国防部长联合向杜鲁门总统递交了备忘录,备忘录内容参见《外交关系》,1950年,第6卷,第1293页。

77. 国防部长（马歇尔）致国务卿

694.001/6-2851
附件
给国防部长的备忘录
主题:《对日和平条约》

1. 您在1951年6月15日寄来的备忘录中提到,希望参谋长联席会议就1951年6月14日的《对日和平条约》草案给出意见和建议,特此写信告知。

2. 由于下文所载的和平条约草案已不仅仅是一份大纲,而是即将成为最终版本的合法文件,且鉴于该文件的结构及其复杂性,参谋长联席会议认为有必要就一些条款的语言表达意见,并就一些原则与目标做出声明或再次确认。在这一点上,参谋长联席会议告知,这些意见不包含远东总司令(CINCFE)的意见,也没有经过详细的法律分析。

3. 必须保障条约只有在美国正式批准后方可生效。因此,建议第一条改为:

日本与同盟国相关国之战事自该协定在日本和同盟国相关国之间生效之日起终止,生效之条件参见本条约第二十三条。

4. 为国家安全着想,由美国向联合国提出申请,要求对第三条所述的前日本岛屿实施战略管制,至少在联合国应上述要求采取对美国有利的措施之前,美国保留对上述岛屿的绝对管制权。依据参谋长联席会议的理解,这一权利受条约第三条以及《联合国宪章》第79条保护。然而,美国对上述岛屿的战略管制时,必须确保其他国家无权分享这一权力,也无法进行合法干预。此外,条约中应包括南方诸岛,以与1950年9月8日的总统命令保持一致。鉴于以上原因,建议第三条改为以下内容:

日本同意在有美国提议的情况下将琉球群岛北纬29度以南领土,孀妇岩以南的南方诸岛,小笠原群岛包括罗萨里奥岛、火山列岛、冲之鸟礁以及南鸟岛的托管权移交联合国,由美国独立行使领土管理权。另,在美国做出该提议及后续工作开展之前,由美国全权行使对上述领土及其上居民的立法、司法和行政权力。

5. 条约不可允许共产主义中国对以下地区享有领土主权,包括台湾、澎湖列岛、帕拉塞尔群岛①、南沙群岛,第三条所涉其他岛屿中,之前属于中国政府或中国公民,现在为美国控制的财产、领事馆、建筑等不动产以及商业,决不可为共产主义中国所有。而现在这一版本的条约第四条(a)小段第2句似乎表明如果共产主义中国正式批准该条约,即可合法拥有上述领土的主权以及相关权利。

6. 要注意区别占领军与留在日本或依据美日双边协定驻守日本的军队。因此,第六条(a)小段的第一句话应改为:

自本协定生效之日起,所有同盟国占领军必须尽快撤离日本,最迟不得超过协定生效后90日。

7. 必须防止日本认可与苏联、波兰以及东德之间的条约,尤其不能认可1950年2月签订的中苏条约,防止日本承认苏联与其曾在二战中与日交战国的属国(包括共产主义中国)为恢复和平可能签订的条约或协议。鉴于以上原因,建议第八条(a)小段改为:

日本承认于现时或之后由同盟国缔结的致力于结束战争状态的所有相关条约的完全效力,同时认可同盟国方面为恢复和平所做之相关安排。此处战争指由1939年9月1日开始之战事。

8. 对于共产主义中国以及朝鲜可能随之建立的共产主义政府,美国政府绝不承认其合法性,绝不给予任何帮助。第二十一条规定中国享有第十四条所述的利益,其表述似乎是说如果中国政府愿意,可强制要求日本[按照第十四条(a)小段第1条的说法]直接与中国共产主义政府开展谈判。这样表述的结果是强迫日本政府承认共产主义中国,如此表述所达之效果几乎相当于用"中国"直接替代"同盟国"。而要实现第二十一条表述,需要将第十四条中的"同盟国"改成"中国"。因此,建议修改第二十一条。

9. 参谋长联席会议认为,不可使共产主义中国利用这一机会签订并批准条约,这一举动牵涉到很多或明或暗的军事权力。如果日本在正式批准该条约后,行使国家主权,依据第二十六条规定与其他国家签订条约,参谋长联席会议并不反对。然而依据第二十五条现在的表述,共产主义中国可看作是同盟国家一员,因而有权享有所有签约国享有的权利和利益。共产主义中国与

———————

① 编者注:即西沙群岛。

美国正处于巨大的冲突之中,如此主动向其奉上以上权利,显然参谋长联席会议以及全体美国军队都将反感这一做法。因此,为防止造成上述结果,建议修改第二十三条(a)小段以及第二十五条。

10. 有必要在美国正式批准条约后再使条约生效。参谋长联席会议重申,出于强有力的军事原因,决定于《对日和平条约》以及相应的双边条约的生效日期时,必须考虑世界局势的大局,尤其是远东地区的局势。此外,参谋长联席会议认为,如果条约在远东地区的冲突结束之前生效,必须保证无论是否有联合国的庇护,保证美国可以继续利用日本作为基地。因此,建议仔细考虑第二十三条(b)段,实现参谋长联席会议上述目标。

11. 据悉,参谋长联席会议很快将有机会审阅美日双边安全条约草案。以上对《对日和平条约》提出的意见不影响参谋长联席会议对双边条约的意见。在这一点上,参谋长联席会议在此重申,出于美国安全利益需要,《对日和平条约》只能与美日双边安全条约同时生效。

代表参谋长联席会议:

奥玛·N.布莱德利

参谋长联席会议主席

(Memorandum for the Secretary of Defence, *FRUS*, 1951, Vol. Ⅵ, Asia and The Pacific(in two parts)Part 1, General Editor:Fredrick Aandahl, United States Government Printing Office, Washington:1977, pp.1156-1159.)

78. 塞巴德致国务卿

694.001/6-2851:电报

驻日盟军总司令美国政治顾问(塞巴德)致国务卿

秘密文件 紧急 1951年6月28日,下午6:00

Topad 2261.阿利森转杜勒斯。塞巴德与我刚刚与吉田、井口以及西村结束了谈话,我们对此次谈话非常满意。国务院6月25日电1810寄来的双边条约①,我们已交给井口,并解释了调整内容的原因。据悉今天下午日本方面将就一些小的表述问题提出意见,我们明天即可看到相应的改动,除此之外,现在这一版的内容比较令人满意。

吉田问及中国参与的方式,显然日本不希望由他们做出决定。然而,相信这一点不难达成一致意见。关于日本是否同意将中立国家以及前敌国的日本财产捐赠给红十字会供战俘使用,吉田称将发布官方文件抗议,但笑着承认道这样做是为了满足议会内部需求,且如果美国执意这样做,日本也别无他法。② 井口已向吉田汇报了我们先前谈话的内容,井口显然很好地转述了美国在其他国家遇到的困难,吉田对能够达成现在这份协议表示感激。

除了双边条约之外,我们还将今天上午条约的第十一、十二、十五条给了井田,这几条与上次给日本的版本相比做了较大改动。西村称,后条约时期日本应付割让领土、财产以及索赔问题可能会遇到大量困难,届时希望美国予以有力的外交援助,但井口与西村均认为就上述变动达成一致意见并不困难。在我的建议下,西村应允就他预见到的难处准备一份备忘录③。

吉田问道,如果联合国允许美国托管琉球群岛以及小笠原群岛,两地居民的国籍作何处置,还问道琉球群岛与小笠原群岛是否能继续与日本保持密切的经济联系。吉田称希望在经济上给予琉球群岛与小笠原群岛公民待遇,问美国是否考虑了上述问题。我回答说,上述问题均为相关问题,正如您在2月时指出的,琉球群岛的将来应由同盟国家决定,但我确信美国愿意接纳日本就实际细节提出的建议,如果吉田和他的专家们在这些问题上有任何意见,我将仔细考虑。吉田称在我离开前可就这些问题准备好备忘录④。

明天我将会见(文字错乱)以及条约专家,就6月26日国务院电报1826⑤

---

①　原编辑者注:此处未收录;见第1154页脚注4。

②　原编辑者注:6月28日寄往东京的电报1845中标有"杜勒斯致阿利森",杜勒斯写到:"请您一定说服吉田不要反对第十六条,否则将破坏这一条款的精神价值,这一精神价值作为日本的外部资本,远比涉及金钱的数额重要"。(694.001/6-2851)

7月29日来自东京的电报2272标有"阿利森致杜勒斯",阿利森回复道:"刚刚与井田谈话,被告知日本将抗议第十六条,反对将中立国家的日本财产捐赠给红十字会。但吉田不会公开反对,而由其个人提出抗议。这样可防止内部人士从中作梗。"

③　原编辑者注:见7月2日来自东京的电报14,见第1171页注。

④　原编辑者注:见第1173页,脚注5。

⑤　原编辑者注:见前文,第1151页。

提出的问题进行讨论,此外,明天下午,福来将会见盟军总司令以及日本专家,考虑同盟国家索赔的立法细节。

鉴于今天下午的会议,我认为日本相信新的条约大量保留了最初草案的精神与内容,我想日本政府方面不难认可条约的主要内容。

我刚刚收到您 6 月 27 日的电报 1831①,认为有可能在东京时间周六②以前得到日本最终意见。不过我相信日本提出的建议多半将是细节表述的准确性问题,而非就条约实质内容提出意见。

(The United States Political Adviser to SCAP(Sebald) to the Secretary of State, *FRUS*, 1951, Vol. Ⅵ, Asia and The Pacific(in two parts)Part 1, General Editor: Fredrick Aandahl, United States Government Printing Office, Washington: 1977, pp. 1162 – 1163.)

79. 国务卿致塞巴德

694.001/8 – 251:电报
国务卿致驻日盟军总司令美国政治顾问(塞巴德)
机密文件　紧急　1951 年 8 月 2 日,下午 6:00,华盛顿

Topad 170. 杜勒斯致塞巴德。您 7 月 20 日与 25 日的来信③已收到,深感您对民主党和社会党所作的陈述充分而有力。日本议会内部所有政党应大力支持和平条约,这一点极为重要。美国打算签订一个公平、自由的条约,不引入歧视性条款,保证日本也有机会创造未来,这一做法史无前例。当然,日本人对有一些条款也不甚满意,尤其是领土问题。然而,日本接受投降条件时就已经接受了这些领土条款,况且除琉球群岛与小笠原群岛外,这些领土条款几乎无法谈判。如果齿舞群岛的确不属于千岛群岛,那么日本不需要放弃齿

---

①　原编辑者注:其上标有"杜勒斯致阿利森"。其中杜勒斯问道,是否有必要在阿利森电报传回日本的进一步意见之后,再将和平条约的"最终版本"发送给英国。(694.001/9 – 2751)

②　原编辑者注:6 月 30 日。

③　原编辑者注:本书均未收录。两封信中,塞巴德大使详细说明自己为赢得在野党支持所做的努力。

舞群岛。至于琉球群岛与小笠原群岛,吉田恳求日本保留对两地主权,至于是否在两地建立永久政权,待美国研究后再做决定,调研时间可定在签订与正式批准条约之间。

如果同盟军拒绝在日本虚弱的时候趁虚而入,日本也应对其宽容作出反应。此外,尽管国内对麦克阿瑟将军以及其他外交政策的意见大相径庭,但国内对和平条约问题已实现两党合作,参议院也希望日本能够予以回报,尤其考虑到我国为推进和平条约作出了巨大努力,且为了推进签订一份自由、和平的条约,我国受到不少非难。

(The Secretary of State to the United States Political Adviser to SCAP (Sebald), *FRUS*, 1951, Vol. Ⅵ, Asia and The Pacific(in two parts)Part 1, General Editor: Fredrick Aandahl, United States Government Printing Office, Washington: 1977, p. 1235.)

80. 杜勒斯致副国务卿

Lot 64D563:PPS 档案

*国务卿顾问(杜勒斯)致副国务卿(韦伯)*①

机密文件 1951 年 9 月 10 日,华盛顿

建议行政安排处理以下事务:

1. 国务卿可立刻向总统递交《对日和平条约》《日美安全保障条约》《美菲共同防御条约》《美澳新安全条约》四份条约及条约说明,总统可把这些文件转交给参议院,要求参议院批准。

据信,国会这一次会议上可能不会努力要求参议院同意,但最好在本次国会会议休会前,将条约交给参议院。

在这一点上,希望竭尽所能保持这一项目的非党派性质。

2. 应明确责任,准备就四份条约应对参议院外交关系委员会的听证会,听证会可能在明年一月举行。听证会上会有大量的辩论,建议陈述时必须做

---

① 原编辑者注:原文件附在 9 月 21 日美国智库菲利普·H. 沃茨给其智库成员的附函中。

到精彩而有效。

3. 日美安全条约第Ⅲ条规定，"至于美国军队在日本本土以及日本周边的部署问题，由美国和日本政府共同决定"。

2月9日于东京，在陆军部副部长厄尔·约翰逊以及卡特·马克格鲁德将军的指示下，起草了行政协议，日本政府已批准。然而这一协议并未得到五角大楼的认可，大约6个多月后，通过国防部助理国务卿拉维特，国务院收到一份修订后的行政协议，该修订后协议不包含附件。国务院认为这是不妥的，况且至今仍未收到列出日本设施的附件。据我们所知，这一过程中从未咨询过日本当局。

这一行政协议草案十分重要，不仅要协调国务院与国防部的意见，还要在那之后与日本谈判。建议及时处理，以便在正式批准条约之前达成一致意见。

4. 上文提及的行政协议草案中，透露出军队依旧把日本看作战败国，认为其作为东方人比西方人低劣。要改变这种观点需要大量的教育投入，最好立刻就可以开始。我在旧金山与腊斯克、阿利森、塞巴德以及约翰逊副部长、马克格鲁德将军、纳什讨论了这一问题。大家一致认为这的确是一个难题，应当果断处理，建议由马歇尔部长成立一个小组，负责开展积极教育。这一点有待继续跟进。

5. 依据条约规定，美国可申请由联合国托管琉球群岛、小笠原群岛以及其他岛屿，申请并得到联合国批准之前，美国对上述领土及其居民享有全部行政权等权力（但无义务）。

琉球群岛上大约有100万居民，与日本居民之间有着强烈的感情、经济以及政治纽带。这一点不可忽视，否则将招致琉球群岛岛民与日本国民长期不满。此外，1950年9月8日总统命令中提到，我们应实施"独家战略管制"。

应立刻考虑采取何种措施，如何落实这些措施。国会委员会已获悉这一问题，有建议总统应任命一个委员会，其中包括参议院与众议院远东事务委员会成员，也可包括一位非政府主席，在国会休会后前往日本以及琉球群岛，调查具体情况，为需采取何种措施提供建议。鉴于这一问题现在已引起不安，且被共产主义加以宣传，应立刻着手处理。

6. 此时美国、加拿大以及日本应开始就三方渔业协议①开展谈判。国务

---

① 原编辑者注：见编者按，第1390页。

院认为,不必等到条约生效后,现在就可以就这一问题展开谈判并启动条约,但应在和平条约生效后再正式签订渔业条约。应组建美国方面的谈判代表团,并给予相应的指导。

7. 要实现盟军总司令掌权直到美日外交关系转变,必须事先做些准备。应提前选举第一位美国大使,以便使其有充分的时间了解即将面临的问题。阿利森可在几周内前往东京,就任部长一职。塞巴德将军也最好继续担任盟军总司令政治顾问。应定义好两个职位之间的关系。

8. 日本将与多个国家签订一系列渔业、赔款等相关的条约。意大利、韩国、葡萄牙等国也将希望与日本洽谈协议。在很多相关问题上,美国都或明或暗的表示愿意居间协调。应考虑如何使美国卸去此类事情上的道德责任。在某些情况下,例如意大利,我们协调的职责与英法两国重合。

9. 参议院对《对日和平条约》采取何种态度,很大程度上取决于这期间日本政府对中国采取何种态度。我们认为日本现在可公开表示不愿与中国共产主义政府交涉。我们已告知"中华民国"政府,签订《对日和平条约》之前我们不能推进与日双边条约,且只有在多边条约生效后双边条约才可生效。我们要谨慎,不要违背与英国达成的默契。在这一点上,我已经准备了一份备忘录,并移交给莫钱特,其中记录了我与外交部长莫里森乘飞机从旧金山返回时的谈话①。我认为,将可建立适当的关系,或者至少拒绝合理安排的责任应由"中华民国"政府承担。

(The Consultant to the Secretary (Dulles) to the Under Secretary of State (Webb), *FRUS*, 1951, Vol. Ⅵ, Asia and The Pacific(in two parts) Part 1, General Editor: Fredrick Aandahl, United States Government Printing Office, Washington: 1977, pp. 1344 - 1347.)

81. 腊斯克致纳什

790. 5/10 - 2951

远东事务助理国务卿(腊斯克)致国防部部长国际安全事务助理(纳什)

机密文件　1951 年 10 月 29 日,华盛顿

---

① 原编辑者注:指 9 月 9 日的备忘录,见第 1343 页。

纳什先生您好:此文就一些影响未来美日关系的问题,列出国务院对其程序与时间方面的意见和计划,希望对国防部有用。由于这些问题牵涉到国务院与国防部双方的责任,特此请教您的意见。

A. 美国正式批准《对日和平条约》以及《美日安全保障条约》

总统命令约翰·福斯特·杜勒斯向参议院陈述旧金山会议上签订的四份条约,即《对日和平条约》《日美安全保障条约》《美菲共同防御条约》《美澳新安全条约》。杜勒斯已接受这一任务,为此可能需要国务院与行政部门的协助。

总统表示,先将四份条约发给参议院供其参考,待1952年1月召开新一轮会议时,首先讨论这一问题。在此基础上,1952年3月之前可结束听证会,参议院活动也应在此之前结束。《对日和平条约》依据其第二十三条规定生效。众所周知,一些政府希望在日本与美国正式批准条约后才考虑批准条约,因此无法准确预测《对日和平条约》的生效时间。然而和平条约可能在1952年3月生效,我们应以此为基础做好计划工作。至于美国何时开始接受其他国家同意批准条约的声明,国务院将与国防部共同讨论。

B. 依据《日美安全保障条约》第3条规定,与日本签订行政协议。

与日行政协议要求国务院与国防部紧密合作,详细咨询关键的国会委员会,与日本政府和日本舆论交涉时需要使用创建性的手段。至于时间问题,我们认为应给日本议会时间结束签订和平条约以及安全协定,之后再公开就行政协议与日本开展谈判。预计日本议会将在1951年11月10日至15日完成批准程序。另外,国务院认为,行政协议应在我方正式批准和平条约与安全条约之前签订;预计国防部将十分认可这一点。①

考虑到上述诸多因素,国务院考虑按照如下时间表推进行政协议:

a. 1951年11月10日前:国务院与国防部合作,共同确认需要解决的行政协议具体问题,同时确认后条约时期如何在日本部署我国军队,这一问题更加重要。

b. 1951年11月10左右:挑选国务院与国防部人员组成代表团,由我本

---

① 原编辑者注:10月19日给陆军部的电报C53336,其中远东总司令写道"为保证条约有利于驻守日本的安全部队,一切与行政协议有关的安排应在和平条约生效前落实。"(Lot 60D330)

人出任主席,前往东京商讨行政协议,与李奇微将军充分探讨有关部署问题,必要时预先与日本展开谈判。

c. 1952 年 1 月 10 日左右:就行政协议以及相关部署问题咨询关键的国会委员会意见。

d. 1952 年 1 月 20 日左右:与日本政府讨论最终政治协议文本及相关部署。

要顺利完成上述时间表实非易事,为此,国务院命我负责行政协议的安排与协商。望国防部可告知哪些人将参与华盛顿部门间的讨论,哪些人可以一同前往日本,在谈判中予我协助。

C. 和平条约第三条提及琉球群岛等岛屿的最终安排

《对日和平条约》第三条提及琉球群岛等岛屿时,显然设想由联合国对这些岛屿的归属权做出永久安排。国务院认为不宜过早处理这一问题,使琉球群岛成为美国内部以及各国批准和平条约大讨论的又一问题。此外,不宜在这一届联合国大会上提出琉球群岛问题。最后,与日本协商行政协议与琉球岛问题时,要防止日本利用其中一点要求美国在另一点上妥协。

国务院认为,总统应组建一个跨部门委员会,由总统本人担任首长,国务院与国防部各派一名高级代表。委员会的任务,是就如何执行《对日和平条约》第三条给总统提出准确的提案。总统最终决定如何处理委员会的提案之前,由国务院与国防部表达对委员会提案的意见。且在制定提案时,委员会应不时与相关部门磋商。

琉球问题与国会外交关系委员会、军事委员会关系密切,跨部门委员会应时常与之全面磋商。尽管可以请国会领导为此事成立一个专门小组,我们认为此时不宜提出这一建议,否则可能过早引起国会的关注。另外,国会委员会代表最好能在 1952 年 1 月中旬以前有机会前往日本与琉球群岛,亲自体验这一问题。①

至于时间问题,国务院认为跨部门委员会应在 1952 年 3 月 15 日之前给出最终意见,之后与国会委员会以及日本举行磋商。

---

① 原编辑注:巴特尔 10 月 17 日的备忘录中写道:"今天下午总统与国务卿谈话,国务卿建议就琉球问题成立国会委员会。总统批准了这一提议,我们可以开始了。"(Lot 53D444)

诚挚的，

迪恩·腊斯克

（The Assistant Secretary of State for Far Eastern Affairs（Rusk）to the
Assistant to the Secretary of Defense for International Security Affairs
（Nash），*FRUS*，1951，Vol. Ⅵ，Asia and The Pacific（in two parts）Part 1，
General Editor：Fredrick Aandahl，United States Government Printing Of-
fice，Washington：1977，pp. 1386 - 1389.）

（文件 1 - 81 由窦玉玉翻译）

三、有关琉球群岛的美国政府文献

82. 考恩给国务卿的备忘录

No. 488

794C.0221/1 - 2552

美国国务卿顾问麦伦·考恩(Myron M. Cowen)给美国国务卿的备忘录

绝密　华盛顿,1952年1月25

主题:琉球群岛与小笠原群岛的处置

　　1951年10月17日,李奇微将军(General Ridgway)向参谋长联席会议提交了一份其亲笔签署的由陆军总部和远东司令部准备的研究文件,事关美国就琉球群岛的长期规划。由美国政治顾问(USPOLAD)获取并秘密非正式递交至美国国务院的该文件副本一并附于此(附件1)①。然而,由于参谋长联席会议并未将此文件交于国务院,所以虽然我们知晓其内容,但此刻我们在国务院之外仍应保持沉默。

　　该研究的结论是,其同样适用于朝鲜南浦岛、帕里西维拉岛以及马尔库斯岛。美国在西太平洋海岛至关重要的战略安全地位绝不依赖美国长期的政治控制,以及联合国对琉球群岛的托管或者其他方式;没理由认为美国与日本无法就美国保持对琉球群岛设施的长期控制达成一致。因此李奇微将军建议美国采取行动将这些岛屿交予日本控制。尽管如此,他认为此举须延迟至对日和约签署之后,并以与日本达成紧密一致为前提,即参谋长联席会议高度重视的群岛军事设施须由美方单方掌控。

---

　　① 原编辑者注:日期为1951年10月16日的该备忘录并未出版。

　　远东司令部的结论正好与美国国务院早期将琉球群岛的政治和管理权归还日本的观点相吻合。早在 1946 年 6 月,国务院在 SWNCC59/1 号文件(国家—战争—海军协同作战委员会档案①)中提出应解除琉球群岛的武装并将其归还给日本,但是该提议却受到参谋长联席会议的强烈质疑,他们认为美国应拥有对该地区的唯一托管权。随后在乔治·凯南(Mr. Kennan)结束其1948 年的日本之行后,国务院调整了其立场,支持长期保留在琉球群岛上的美方军事设施并就该岛屿搁置至日后处理做出适当的国际性安排;1950 年 1月 12 日,你在全国新闻俱乐部发布会上的即兴演讲中声明:"我们在琉球群岛拥有重要的防卫地位,并将继续拥有下去。考虑到琉球群岛居民的利益。我们在适当的时机会将该群岛交予联合国托管。"②然而,就该问题制定的最终条款(条款三)却未明确说明美国应采取的具体行动。该条款下,参谋长联席会议改变了观点,认为美国可以选择寻求对北纬 29 度以南南西诸岛,孀妇岩岛以南的南浦岛以及帕里西维拉岛和马尔库斯岛的托管权(以下简称琉球群岛和小笠原群岛);可以暂时搁置托管权议案的制定和之后的平权举措以及美国对该群岛及其居民的一切行政权、立法权和司法权。此条款并未剥夺日本对该群岛的主权,也不要求美国寻求对它们的托管权。

　　既然和约第三条涉及我们在该地区的直接战略利益,美国对琉球群岛和小笠原群岛进行托管的设想会引发诸多问题,这一点在过去的几年中表现的越来越明显,长远来看,这些问题很有可能严重影响美国在太平洋地区的战略地位。首先,该群岛上居民近百万,他们在历史、种族、语言、家庭上以及贸易上都和日本有着长达数世纪的密切联系,而且越来越多的证据表明绝大多数的居民积极倡议将该群岛还予日本控制。据估计,1951 年夏天期间,奄美岛(琉球群岛北部岛屿)上 99％的成人居民签署了请愿书要求将该岛屿返还给日本。在冲绳岛和琉球群岛南部岛屿传播的类似的请愿书据说也分别有74％和 80％的成人居民签名。

　　和约的第三条还招致了日本人的不满,他们认为琉球群岛和小笠原群岛有史以来便属于日本且是日本国土不可分割的一部分。这种不满情绪不仅仅

---

　　①　原编辑者注:未出版。

　　②　原编辑者注:关于艾奇逊(Acheson)原话,见美国国务院公告,1950 年 1 月 23 日,111 页。

存在于历来对美国不友好的左翼和右翼势力当中,一些自由派组织也表达了他们对和约第三条的不满,他们认为该项条款有悖和约其他条款所体现的和解以及互信的精神。所以,尽管日本接受了该和约,但是关于琉球群岛和小笠原群岛的民族统一主义情绪很有可能会持续蔓延。

另一个深层的考虑便是美国作为这些托管岛屿领土管理者所应当承担的责任。总之,不管是基于美国对独立管辖区的传统政策还是《联合国宪章》所陈述的义务,人们都期望美国能够给这些地区带来政治、经济、社会和教育条件等方面的改善和提高。

在这一点上,正如附件4① 注明的那样,托管委员会将会尤其关心自治政府的发展,分配给当地居民政府职位名额,建立合理的经济方案,在勘探、关税、土地转让等方面保护当地居民,采取举措力促社会的进步和教育的发展,鼓励人权和基本的自由权,这包括对歧视证据的调查,对联合国成员国社会、经济和贸易问题上的平等对待。同时,美国也有义务向托管委员会递交年度报告,派遣特使参加委员会的听证会并回答问题,同意联合国代表团前来考察,并且允许当地居民向委员会请愿。

联合国对该区域的紧密监管可能会招致对美国政策的批判,尤其是因军事目的可能会引起该地区的土地转让,此外,领土托管还会在大部分希望将岛屿归还日本的当地居民中造成政治难题。更有甚者,该地区严重缺乏食物、基本的原料和工业,距离自给自足还异常遥远,对任何一个管理者来说这片岛屿都将是经济累赘。

不少国家,特别是印度,对对日和约中的第三条非常敏感,将其看成是使西方帝国主义不朽的工具。虽然我们有理由相信美国能够和联合国达成托管协议,但是联合国的反殖民势力有可能不会认同,美国的任何托管提案都不会将当地居民的福祉从属于美国本土安全考虑。托管的时间期限也很有可能被提及。另外,菲律宾、澳大利亚和新西兰都有可能期望美国获得对琉球群岛和小笠原群岛的托管权,以此试探日本方面是否会采取进一步措施朝南扩张。

———————————

① 原编辑者注:此附件是一份并未刊印的备忘录,名为"美国当局对琉球群岛与小笠原群岛托管的弦外之音",载于1951年12月11日,由东北亚地区事务办公室准备。附件2和3也未刊印,分别为"基本文件节选",1952年1月28日,由奥弗顿起草;"对日和约条款三下的美国权利",1952年1月15日,由远东事务助理法律顾问办公室准备。

不过,目前美国与这三个国家间的安全协议可以为其提供不错的庇护,就算美国将这些岛屿交还给日本政治控制,他们也不会强烈反对,当然前提是美国的军事力量在该地区长期保留。

基于以上考虑,我认为如果美国继续按照和约第三条争取对琉球群岛和小笠原群岛的托管权是不明智的。如果我们可以通过其他途径维护美国在琉球群岛和小笠原群岛的战略利益,当地居民明显希望岛屿归于日本控制、日本国内的民族统一主义情感、群岛低迷的经济形势以及美国作为管理者应承担的责任所引发的问题,所有这些都将是美国应该避免的负担。现在李奇微将军和他的司令部都持有这种观点;而参谋长联席会议迄今并未向国务院表明他们此前的态度有任何转变,也未告知我们李奇微将军的立场,我觉得我们应该与国防部一起商讨该问题,努力寻求政治控制之外的途径来确保我们在这些岛屿的战略利益。

据此,我们建议:

1. 国务院应主张美国不应寻求对琉球群岛和小笠原群岛的托管权,而应与日本达成双边协议,即美国将岛屿的政治控制权归还日本,但前提是美国仍保留参谋长联席会议视为极其重要的、对该岛屿上一切军事设施的控制权。

2. 我须获得授权与国防部就琉球群岛和小笠原群岛的处置问题进行商讨,以期就前面提及的情况与他们达成一致,同时考虑解决问题的方案。

批准人:迪安・艾奇逊(Dean Acheson)①

(Memorandum by Myron M. Cowen, Consultant to the Secretary of State, to the Secretary of State, *FRUS*, 1952—1954, Vol. XIV, China and Japan, (in two parts) Part 2, Editor in Chief: John P. Glennon, United States Government Printing Office, Washington: 1985, pp. 1116 - 1120.)

---

① 原编辑者注:艾奇逊随此备忘录附上了一则手写便条:"阿利森(Mr. Allison)先生,就此事项成立一个总统委员会,杜勒斯(Mr. Dulles)先生有什么看法呢? D. A"在美国国务院档案中未发现阿利森对此的回复。

83. 美国驻日大使致阿利森备忘录

No. 545

东京邮政档案,322.3　琉球

美国驻日大使墨菲(Murphy)致美国国务院远东事务助理国务卿阿利森(Allison)的备忘录

华盛顿,1952 年 3 月 31 日

主题:琉球群岛与小笠原群岛最终还予日本

　　我与陆军部长佩斯(Pace)、助理国务卿厄尔·约翰(Earl Johnson)、马格鲁德将军(General Magruder)①及汉伯伦将军(General Hamblen)以及占领区办公室长官有过非正式谈话,在和他们每一个人谈话中我都对琉球群岛与小笠原群岛的最终归还问题稍有提及。国防部在每一个问题上都没有统一意见,但是,参谋长联席会议尤其是布莱德利将军(General Bradley)倾向抵触国务院的观点。和每一个人的谈话中我都询问为什么这些小岛屿与日本本国岛屿要差别对待;为什么对他们的一致安排不尽人意? 得到的解释是布莱德利将军坚定地认为,直至朝鲜战争结束日本岛屿的地位才应有所改变,而且他和其他联席参谋长极不愿意迫于一个主要的政治决定而认同他们(国务院)的观点。联席参谋长在琉球群岛问题上铁了心不让步,尽管国防部其他部门有不少人在情绪观点上出现松动,尤其是在琉球群岛已成为管理和经济负担的情况下。汉伯伦将军的观点是需要经过一段时间的试验来决定我们对日本主要岛屿的安排是否有效。若晚些时候就琉球群岛问题不时有让步达成的话,而我们不能够成功地安排好日本主要岛屿,那么我们将会遭受在琉球群岛问题上过早屈服的双重批判。日本附属岛屿对我们防卫系统具有高度的战略重要性,不允许我们轻率一试。汉伯伦将军认为一年的时间足够检验我们现在安排的有效性。他顺带主动向我透露,李奇微将军已向国防部建议与主岛相关的岛屿中,在类似的情况下会即刻移交琉球群岛和小笠原群岛。

---

　　①　原编辑者注:卡特·马格鲁德少将(Maj. Gen. Carter B. Magruder)美国陆军后勤助理主管办公室项目负责人。

(Memorandum by the Ambassador-designate to Japan(Murphy) to the Assistant Secretary of State for Far Eastern Affairs (Allison), *FRUS*, 1952—1954，Vol. XIV，China and Japan，(in two parts) Part 2，Editor in Chief：John P. Glennon，United States Government Printing Office，Washington：1985，pp. 1222－1223.)

84. 国务院与参谋长联席会议讨论内容备忘录

No. 547

国务院—参谋长联席会议，lot 61D417

国务院与参谋长联席会议讨论内容备忘录，会议于 1952 年 4 月 2 日上午 11 点在华盛顿举行。①

(附有出席会议者名单 14。)联席参谋长全部出席会议。国务院方面由马修(Matthews)领头。

琉球群岛②

马修：我们觉得很有必要就琉球群岛问题进行讨论。我们不期望有一个最终决定，但是既然塞巴德大使和墨菲(Murphy)大使都在这儿，相互交流总是有益的。

阿利森：行政协议的商讨使这个问题变得尖锐化。第三条款保留了我们对琉球群岛的权利与控制，要是我们乐意的话，还可以建立对琉球群岛的托管权，在我们未做出决定期间仍然可以管理这片岛屿。我们明白美国的基本政

---

① 原编辑者注：国务院起草，包括所有与会者。

② 原编辑者注：在一份日期为 3 月 31 日交予国务卿的备忘录里面，阿利森说道："1952 年 3 月 24 日你要求国务院开展一项调查以确保有关方面支持美国不谋求对琉球群岛和小笠原群岛的托管权，而是为将其归还予日本做出双边安排，前提是美国对参谋长联席会议视为至关重要的岛上军事设施仍然保留控制权。为了讨论该问题，1952 年 4 月 2 日国务院安排与参谋长联席会议举行会谈。"

在该备忘录的其他部分，阿利森表达了远东司令部希望国务院继续上述政策的愿望。

(东北亚事务办公室文件，lot54D539，15.5　琉球群岛)

策是保持对琉球群岛的长期战略控制,这也是我们的基本目标。然而,日本国内对于行政协议有诸多抗议,我们必须考虑日本人的态度。托管有很多弊端:我们必须对一百万人负责,维护这片群岛也是一笔巨大的开销,甚至有碍我们与日本形成长期的纽带关系。我们觉得,如果我们做出政治表态,承认日本对群岛的主权,同时与日本就一切军事权利达成一致的话,势必有益。这些权利当然不仅局限于行政协议里面所规定的那些。相比其他岛屿,我们很有可能就冲绳岛事项做出具体安排。我们需要尽快做出决定,所以有必要由国务院和国防部共同成立一个委员会来制定解决方案。

塞巴德大使①:就目前情况来说,日本对南西诸岛拥有剩余主权。就这层含义来看仍有许多尚未解决的问题,例如,谁来发布旅行文件,等等。当然还有一个政治问题——就岛上居民而言,他们越来越希望回归日本。就此,奄美岛(译者按:应为 Amami-O-Shima,原文为"Amani-O-Shima")还有一份由大多数居民签字的请愿书。其中也涉及日本本身的利益。如果不能尽快解决这个问题,日本必将会出现大量的民族统一主义情绪。从我与日本官员的谈话来看,我相信对于任何我们真正需要的东西,我们获得对它们的控制权一点问题也没有。日本人明白冲绳岛对美国的重要性,也知道我们在冲绳的存在对他们是非常重要的。就目前及接下来的三至六个月当中,我们在谈判中占有主动地位。只是日本人不希望我们拥有托管权。我相信,如果我们能就日本主权问题做出一些政治性表态,日本必将更积极地对待行政协议。

范登堡将军(General Vandenberg):这会对军事法庭的权力有怎样的影响? 设想一名空军人员撞倒了当地人,谁来审判他呢? 要是我们想把大批人员从危险区域撤走将会发生什么? 或者想输送人员去兴建更多的军事基地?

塞巴德大使:类似这样的情况可以通过谈判解决。我们可以建立一个共同委员会。

范登堡将军:我们在纽芬兰和其他地方一直都很艰难。要是我们打算发动核战争,而日本人不赞成,我们就需要自由决定权。要是丧失了自由决定权我们的军事基地也就丧失了 90% 的价值。

柯林斯将军(General Collins):我知道问题的关键所在。我们现在在那有五个空军基地。倘若冲绳岛居民要求更多的耕地从而希望我们只有一个基

---

① 原编者注:塞巴德大使于 3 月 18 日离开东京返回华盛顿。

地,那他们会向日本政府请愿,我们就会有各种麻烦。

范登堡将军:又或者我们想要七个空军基地或延伸已有的基地,那我们也会遇到更多的麻烦。

塞巴德大使:这些难道不可以通过委员会解决来满足你们的实际要求吗?

布莱德利将军(General Bradley):这里还牵扯到其他一些问题。我们想在冲绳拥有一个军事基地。问题是,我们还能够通过托管权以外的方式获得吗? 或许我们可以和日本政府达成一个协议。之前埃及和英国间的例子就不容乐观,而且日本也不会一直甘愿臣服于我们。此外,这不仅仅关系到冲绳岛。如果在冲绳岛建立一个主要基地的话,我们还需要一些警戒体系,这就意味着我们还需要其他岛屿上的军事装备。

柯林斯将军:我们并不打算在日本无限期地驻留下去,但是如果我们把冲绳岛建成一个主要军事基地的话,我们势必无限期地驻留在那里了。

布莱德利将军:还有另一个问题,就是我们能否从国会那里得到包括因托管权所牵涉到的建立永久军事基地的费用。

费科特洛上校(Admiral Fechteler):恕我直言,塞巴德大使,为什么要将重心放在接下来三至六个月的谈判博弈上呢?

塞巴德大使:因为时间拖的越久,日本面临的政治压力就越大,最后有可能达到日本政府无法忍受的地步。

尼采先生(Mr. Nitze):只要这个问题不解决,民众的兴趣就会不断提高。

墨菲大使:布雷德利将军提到了对其他岛屿的需求,您能具体说说是哪些其他岛屿吗?

范登堡将军:战时我们在冲绳岛和关岛之间有机场。很难说防空警报需要什么,但预警设备肯定是必需的。

考恩大使(Cowen):岛上民众要回归日本的诉求带来的压力有多大? 日本想要他们回归的愿望带来的压力有多大?

塞巴德大使:岛上的居民万众一心,要求回归日本。

考恩大使:日本民众能够提供岛上所需的赤字援助吗?

布莱德利将军:我持质疑态度。三年前,我宁愿相信冲绳岛居民喜欢在美国管理之下。如我所见,问题归根结底在于我们是否将太平洋区域的防卫线往回撤。我同意柯林斯将军的观点,我不确定当地居民是否想成为日本的一部分以及是否仍然想处于美国管理之下。

柯林斯将军：我认为我们不需要急于决定将冲绳岛还回去。关于与主岛的贸易，日本人与我们一定会有异议。他们不会希望美国军队无限期地驻留在日本。我们和日本人的观点必定会有冲突，但是我们在冲绳岛已经有永久性建设了，我们应该慎重考虑是否要放弃那里的基地。

阿利森先生：毫无疑问我们希望在那里拥有一个军事基地。我们所希望的是和你们一起制定出详细方案。

费科特勒上校：归还小笠原群岛会造成什么压力？

塞巴德大使：没有实质性压力，只是情感上的而已。

费科特勒上校：小笠原群岛对海军具有实质性价值。

考恩先生：但是海军基地是不会进入岛屿内部的。

布雷德利将军：要是归还除个别地区的所有地方，那不是将面临着归还其他所有地区的压力？ 我们在日本的地位是暂时的，但是如果我们打算留在冲绳岛，那就是永久的。要是你们想要建立一个共同小组来制定我们的方案，我们可以指派我们的成员。

马修斯先生：考恩可以为我们工作。

考恩：我认为研究方案得基于我们要在冲绳拥有一个永久性军事基地的设想之上。

（接下来是关于朝鲜情况的讨论。）

(Memorandum of the Substance of Discussion at a Department of State-Joint Chiefs of Staff Meeting, Held in Washington, April 2, 1952, 11 a. m., *FRUS*, 1952—1954, Vol. XIV, China and Japan, (in two parts) Part 2, Editor in Chief: John P. Glennon, United States Government Printing Office, Washington: 1985, pp. 1224 - 1227.)

85. 美对日目标与行动

No 588

国务院执行秘书处—国家安全委员会档案，lot 63D351，国家安全委员会 125 系列

执行秘书赖伊(Lay)交予美国国家安全委员会的笔录

华盛顿，1952 年 8 月 7 日

绝密

NSC 125/2

美对日目标与行动

参考文献：

A. NSC（国家安全委员会）125 号文件,125/1 号文件及其附件

B. 执行秘书为国家安全委员会所做的备忘录,主题一样,日期分别为 1952 年 8 月 1 日[①]和 8 月 7 日[②]

C. 国家安全委员会行动方案 660 号文件[③]

D. NSC48/5 号文件

国家安全委员会,财政部和商务部部长,国防动员委员会代理委员长在由总统主持的第 121 届首脑大会上就 NSC125/1 号文件的内容进行了商讨和改动,修正了第 15 页与 17 页的 11 和 12 小段,以及第 11 小段[④]的注脚。（NSC 方案,660 号）

国家安全委员会完善并采纳了 NSC125/1 号文件,随后总统于 1952 年 8 月 7 日批准了该方案,并且指示美国政府所有相关行政部门和机构在国务卿和国防部长的协助下实施该方案,在此一并附上。

在同意该附件的同时,总统进一步指示,实施 NSC125/2 号文件第 7 段中列举的行动计划的部门在适当的时候须接受国务院与国防部、商务部、共同安全办公室、国防动员委员会办公室以及其他相应机构的磋商研究,并且该行动计划的主要内容要尽早报至国家安全委员会。

---

① 原编辑者注:该备忘录将参谋长联席会议备忘录中第 582 号文件递交给国家安全委员会。

② 原编辑者注:未刊印;是当天向委员会下达的经总统同意的 NSC 125/2 号文件的正式通知。

③ 原编辑者注:8 月 6 日的委员会会议上制定的行动方案,在赖伊(Lay)笔录的第一段有记录。（S/S-NSC 其他条款文件,Lot 66D95）

④ 原编辑者注:8 月 7 日总统未签署的备忘录,涉及前一天国家安全委员会会议的讨论内容。包括了 NSC125/1 号文件的一句话总结:"布鲁斯先生(Mr. Bruce),秘书拉维特(Secretary Lovett)以及秘书索耶(Secretary Sawyer)一起讨论了 NSC125/1 号文件 15、16 页第 11、12 小段旨在消除异议的草案,并且就修改方案达成一致,并得到在场所有与会者的认同。"（杜鲁门图书馆,杜鲁门文件,总统秘书档案）

附件里的报告因此除掉了 NSC125 号文件——"对日内部政策"以及NSC48/5 号文件中的第 6、第 10 段的内容。

詹姆斯·S. 赖伊（James S. Lay, Jr.）

［附件］

国家安全委员会就美国对日目标与行动步骤提案的政策声明

综合考虑因素

1. 估测

基于以下估测美国应坚定对日政策：

a. 至少 1954 年一年日本仍然会是美国关系密切的盟友。

b. 日本的基本国策将是复兴其国力，提高其在远东地区的地位。长远来看，日本非常有可能会在一个宽泛的西方导向的框架内增加在亚洲的自由活动。

c. 日本会采取一切可行的军事措施保护其领土免受侵犯，而美国和日本可以形成联合力量以维护日本的安全。

2. 美国在太平洋地区的安全利益

a. 日本的安全①对美国在太平洋地区的地位异常重要，美国因此将打击一切企图控制日本领土的敌对势力。

b. 帮助日本迅速发展其自卫力量符合美国的利益，可以减轻美国独自承担日本安全责任的压力，美国因此可以抽出更多的力量来护卫太平洋地区其他的自由民族。

c. 美国应该鼓励并帮助日本重新配备常规武器。这对美国的国家安全利益至关重要，我们应该及时并秉着协助的原则将该政策与以下考虑因素结合起来：远东的政治局势、日本国内形势、日本与远东地区其他国家的关系，以及美国想要影响这些局势和关系的愿望。

d. 考虑到日后日本政府最终有可能严格限制甚至排除美国使用日本境内军事设施的权利，为了保证美国安全利益，我们需要在琉球群岛和小笠原群岛永久保留基地。不管美国就琉球群岛决定实施什么样的长远计划，都需要

---

① 原编者注：日本是美国海上防卫线的一部分，其中还包括琉球群岛、菲律宾、澳大利亚和新西兰。

做异常精心的准备,包括与日本政府的磋商以及尽力去影响日本的民意,以防止该问题演变成日本国内政治中的尖锐化问题,影响美日关系。

e. 可以预见,美国保留在太平洋地区充足的武装力量并适当地加强在远东地区的安排是符合美国利益的,这可以提高日本、琉球群岛以及其他对美国防卫至关重要的地区的安全。

3. 在太平洋地区的力量地位

a. 苏联和中共在远东地区的军事力量对日本和美国在太平洋区域的安全构成主要威胁。主权国日本面临着军事潜力远胜于它的,苏联和美国两大力量体系。但是,日本有可能适时发展其实力,成为远东事务的主要因素。

b. 至少近期日本会成为美国的盟国,并在很大程度上依赖美国保证其安全,使其免受外部攻击,保证经济稳定。日本应迅速发展自卫力量,面对远东的苏联和中共,能够有效增强其军事实力,为太平洋地区自由民族和北岛屿链地区的安全做出贡献,这都符合美国的利益。

c. 日本将不断寻求在远东事务中的独立地位。随着其自卫能力、经济军事自足能力的不断提升,日本的行事和决策自由度将会增强。这种情况下日本的政策及行为将会基于其本国利益考虑,而这将会与美国利益产生冲突。

d. 日本可能会竭力利用美国与苏联的冲突;为了重建在亚洲大陆的影响,重获与中国的贸易优势,日本可能会从对其有利的角度决定与共产党控制的亚洲地区和解。和解的程度和性质要受到两方面的影响:日本通过与自由世界的交往满足其经济需求的能力,以及其在出口控制领域的国际职责。

e. 日本与美国盟友关系的保持很大程度上取决于美国在太平洋地区强大的军事态势,美国和其他自由民族坚持推行促进日本经济增长的政策,日本积极加入美国与太平洋区域所有非共产主义国家发展的良好安全关系,以及在这些国家之间和其他自由国家之间发展的令人满意的经济关系。更有甚者,就算日本不和亚洲的共产主义势力达成和解,它也会谋求在远东地区建立主导地位,妨碍该地区其他自由国家的独立,有悖于美国的利益。

4. 美日关系

a. 就目前而言,日本与美国在太平洋地区的利益是一致的。美国应该用行动表示将继续维系这种共同利益并且让日本相信它的可靠,这种互利可以有效促进双方的合作。要取得这样的成果,美国需保持在太平洋地区强大的力量地位,尊重日本作为一个主权国家的独立地位,制定并实施政策赋予日本满足其合法经济需求的机会。

b. 美国的政策应该鼓励日本发展并增强其代议制政府的原则和行为。避免有可能削弱日本国内亲西方政治势力的稳定和地位的行为,此正符合美国利益的要求。除了履行《美日安保条约》第一款之外,美国不应该干涉日本的内政。

5. 日本在太平洋地区的地位

a. 一个强大、稳定、独立并在亚洲地区重塑影响力的日本可以成为美国在该地区最有利的盟友,当然前提是日本的独立符合自由世界的利益,不会导致与西方的隔绝,不会挑唆苏联和美国,也不会控制亚洲的其他国家。只要这片地区势力分布均衡,日本不会成为一个主宰,南亚和东南亚地区就可能接受日本恢复其势力,以遏制该地区的共党势力。

b. 长远来看,日本对原料和市场的需求会很大程度上影响其基本目标。目前日本有可观的外汇储备,至少在接下来的两年内会希望通过军备扩张来获得更多的美元收入。再远一点来说,鉴于日本的地位,应尽力扩大日本从正常贸易中获得的收入,以及从美国对其他国家的军事、经济援助方案中谋得的利润,如有必要,应避免直接的经济援助,同时如果这些举措还远远不够,也需要考虑在必要时候提供直接的经济援助。

c. 美国的政治应立足于鼓励日本参与到太平洋地区自由世界的经济发展中来。日本与南亚以及东南亚地区令人满意的经济协定有利于该地区一致抵抗共产主义势力。

d. 对于日本与其他亚洲国家的关系,美国不应以日本反对其他自由民族的赞助者和倡议者的姿态出现。美国应抵制日本任何有可能破坏美国与其他亚洲国家关系的行为,或者企图制约美国在该地区的行为。不过,美国应利用在太平洋地区国家的领导地位,必要时以斡旋者身份来缓解日本重返国际社会的困难。

e. 美国的长远政策应该鼓励并积极参与太平洋地区的集体安全规划,并将日本纳入成为一大重要成员。这些安排将促进日本为该地区自由国家的安全和经济做出贡献,增加日本对自由世界的依附性,也可以减轻太平洋地区国家对日本重新崛起后控制亚洲的担忧。

目标

6. 考虑到上述因素,美国在日本应谋求以下目标:

a. 维护日本的安全与独立。

b. 使日本成为美国的盟友。

c. 日本经济繁荣，与其他自由国家维持良好的经济关系，尤其是那些可提供食物、原材料和市场的国家。

d. 日本政治稳定，坚持代议制政治制度。

e. 日本有能力抵抗内忧外患。

f. 日本愿意并且有能力为太平洋地区的安全做出贡献。

g. 日本的工业发展能为自由世界提供物资。

h. 将日本纳入以太平洋地区的共同安全和经济利益为目标的体系中来。

i. 日本在联合国谋得一席之地。

7. 美国对日应采取以下措施取代 NSC48/5 号文件中第 10 段的内容：

a. 政治方面

（1）努力维持美日之间的政治互信和信心，奉行美日之间就一切政府间的安排和协议进行磋商的原则，除了履行《美日安保条约》第一条款内容，不干涉日本内政。

（2）采取可行性措施谋求日本在联合国和其他国际组织中的席位。

（3）代表联合指挥部与日谈判，明确当对朝行动蔓延至日本境内时所有联合国武装力量所拥有的权利和责任。

（4）采取符合美国利益的措施鼓励日本与太平洋地区其他自由国家发展关系，为共同的安全和经济发展做出贡献。

（5）鼓励日本维持并遵守代议制政治制度。

（6）以有效可取的方式鼓励并协助日本解决国内共产主义势力的威胁，鼓励日本正视其与苏联及苏联控制的共产党政府间"商业继续"政策所潜伏的现实危险。

（7）在日本施行一种信息与文化的关联，以及其他心理上的战术，使日本政府和民众认识到并理解美日之间有基本的共同利益，使其可以抵挡苏联宣传机构广泛传播的谬论。

（8）为了增强美国在日人员与日本民众之前的友好关系，应坚持减少美日之间摩擦和争端的举措（特别是雇佣者与被雇佣者之间的关系），继续开展对在日美国人员的引导和宣传工作。

b. 军事方面

（1）对日和约第三条规定的美国在琉球群岛、小笠原群岛和其他岛屿内外的长期军事诉求将会遵循国务院和国防部给总统的建议继续推进。

（2）协助日本发展其军事实力使其最终有能力承担应对外部侵略的责任。第一阶段应协助日本发展均衡的军事力量，包括由十个师构成的地面武装力量，适度的空军、海军力量。

（3）在完成上述内容的基础上，根据当时的实际情况，协助日本发展武装力量以承担太平洋地区自由国家的防卫工作，同时时刻审核对日协助的本质和时机，以便最好地为美国利益服务。

（4）直至日本军事力量足以承担其防卫任务时，仍然保留足够的在日本内外的美国武装力量，它们可以和日本军事力量共同保证日本不受外部侵略，同时尽快与日本达成一致，建立合作计划，以使在敌对势力或者紧急危险出现时，双方可以形成有效的联合部队。

（5）继续保持在日本的军事力量以支持联合国对朝鲜的行动，直到不再被需要。

（6）鼓励日本发展工业，生产制造符合美国对日利益的军事设施和供给。

c. 经济方面的

（1）促进日本经济发展，使其能够自给自足，不断提高及能够维持正常的生活水准，支持日本国防事务并为太平洋地区的防卫做贡献。

（2）不断审视日本内外经济地位使其符合美国的安全目标，包括考虑在必要时适当提高对日本经济援助。

（3）通过降低关税和其他符合关税及贸易总协定要求的政府贸易条约来鼓励日本与其他自由国家发展非歧视的、多边的国际贸易。尤其要促进日本对美国商品的进口。

（4）通过发展贸易和投资机遇鼓励美国与日本重建互利的经济关系。

（5）从美国利益出发，立足于商业，将日本作为美国武装力量及其在其他国家援助项目所需设备和供给的来源。

（6）通过刺激日本与其他自由国家的贸易，以及通过实施方案为日本在其他自由国家开拓供给来源，以阻止日本在基本食物和原料上对中国以及其他共产党控制地区的依赖。

（7）让日本参与旨在增强远东地区经济实力和政治稳定的协议，特别是跟贸易与投资相关的规划，通过这种方式鼓励日本为南亚和东南亚地区的经济发展做出贡献。

(8) 鼓励日本在良好的经济基础上发展、复兴工业及促使工业现代化,以此来增加日本的出口潜力和在世界市场上的竞争力。

(9) 鼓励日本开拓一个自由、具有竞争力的经济市场,在国际公认的公平贸易体系内开展对外贸易与商业。

(10) 促使日本在资金和物质上为共同的安全目标做出贡献,充分考虑到日本政府和民众的政治敏感性,以及日本经济对民生部分的切实要求。

(11) 继续与日本政府达成谅解会:

(a) 保持对现在处于控制下商品的出口控制。

(b) 保持对美国安全条例上(包括巴特尔法案上①的物品)规定的所有物品的禁运,以及经过仔细审查被认为对共产主义中国和北朝鲜安全有重要意义的物品运输,只要共产主义势力在远东地区依然存在着。

(c) 由日本控制的其他剩余商品要受到限制,即须经过美国和日本政府认定不会有损双方的安全。

(12) 与对苏联控制的远东地区有贸易兴趣的自由国家达成一致,决定在后侵略时期(post-aggression)保持出口控制。

(Note by the Executive Secretary (Lay) to the National Security Council, *FRUS*, 1952—1954, Vol. XIV, China and Japan, (in two parts) Part 2, Editor in Chief: John P. Glennon, United States Government Printing Office, Washington: 1985, pp. 1300 - 1308.)

86. 驻日大使致助理国务卿

No 591

东北亚事务办公室档案,lot 54D539,I - 5.5　琉球

驻日大使墨菲(Murphy)就远东事务致助理国务卿阿利森(Allison)的信

东京,1952 年 8 月 11 日

机密

---

① 原编辑者注:1951 年 10 月 26 日通过的《共同防御援助控制法案》,参阅 65 Stat 644。

亲爱的约翰(John)：

我应克拉克将军(General Clark)的邀请于 7 月 24 至 25 日陪同他访问了冲绳岛。我们参观了大部分陆军、空军和海军装备,我还有幸参加了由托马斯·莫芬(Thomas Murfin)副领事安排的与琉球群岛主要官员的会议,收获颇丰。我们从诸多详尽的简报中获益颇多,特别是民政部长刘易斯将军(General Lewis)和他的下属所做的报告,很有启发性。我还有机会与克拉克将军、贝特勒(Beightler)[①]、斯蒂雷(Stearley)以及刘易斯将军就他们对归还琉球群岛问题的看法进行了讨论。我发现统帅第 20 号空军的斯蒂雷将军最不赞同这个做法,虽然他只对冲绳岛和其他几个直接关系到空军力量的岛屿感兴趣。其他人员,我们的军队,特别是克拉克将军和民政部长刘易斯将军渴望将奄美岛和 27 度纬线以北的其他岛屿归还给日本管理。我知道如果这个问题正式提交给总司令克拉克将军的话,他会同意至少将其中的部分岛屿还予日本管理。事实上,他非常急切地想这么做。

自从我来到日本后,令我感到惊讶的是,我并没有发现群众对这个问题有任何不安情绪。没有人来见我表达他们希望琉球群岛归还日本的诉求,包括日本首相吉田(Yoshida)、外相冈崎(Okazaki)或者日本政府的任何其他官员。我们的使馆偶尔收到一封来信或者请愿书,通常是来自于个人或者对这个问题感兴趣的某个组织。或许日本人认为这只是在浪费时间,抑或这个关于最终主权的问题还没有迫在眉睫,他们对这种行政管理的小问题没了兴趣,不管因为什么,事实是他们还没有意识到这个问题的紧迫性。但是在琉球群岛,这个问题仍然被重视:媒体评论和舆论,公共游行,特别是在北部岛屿,党纲里面都包含了该问题,立法机关也下决心解决该问题。另外,日本外相一直敦促并将继续敦促让前日本居民返回小笠原群岛。

我的结论是:我们暂时搁置这个问题以加剧将 27 度纬线以北部分或全部岛屿(例如过去构成鹿儿岛辖区的地方)归还给日本管理的急迫性,直到我们就该问题的政治表态能够使我们获益。接下来的几个月我们会面临困难,而那个时候我们的表态是对我们最有益的。我所说的这些都是假定参谋长联席会议不会全力以赴解决这个问题,我也不是建议不计方式地将冲绳岛归还给日本,至少短期内不是。我觉得空军部门的态度最固执,考虑到这些岛屿的战

---

① 原编辑者注:罗伯特·贝特勒(Robert Beightler)少将,琉球群岛副总督。

略意义,我不是说空军部门就是错的。冲绳岛对我们尤其重要,我们应该花点时间考虑这个问题。特别是现在我们还没有面临日本要求归还岛屿的压力。日后战略全局发生改变时这种压力便会加剧。我们现在是为了发展永久性军事基地而加大对冲绳岛的投入。

以上只是我的粗浅看法,若在您方便的时候能让我知道国务院的看法,我将不胜感激。

祝好

诚挚的

鲍勃(Bob)

(The Ambassador in Japan（Murphy）to the Assistant Secretary of State for Far Eastern Affairs（Allison）, *FRUS*, 1952—1954, Vol. ⅩⅣ, China and Japan,（in two parts）Part 2, Editor in Chief: John P. Glennon, United States Government Printing Office, Washington: 1985, pp. 1311 - 1313.)

87. 福斯特致国务卿

No. 595

794C. 0221/8 - 2952

国防部副部长福斯特(Foster)致国务卿

华盛顿,1952 年 8 月 29 日

绝密

尊敬的国务卿先生:

参谋长联席会议在 1952 年 8 月 15 日给我的备忘录中就美国后条约时代对琉球群岛和小笠原群岛的政策提交了建议。随信寄上参谋长联席会议的备忘录附件供您参考。该备忘录是针对参谋长联席会议代表与国务院的代表在一次非正式讨论中提出的问题而写成的。

考虑到处置琉球群岛和小笠原群岛可能采取的步骤措施,参谋长联席会议的观点是:这些岛屿的现状应保持不变,"直到远东地区的政治、军事局势趋于稳定,并有利于美国的安全利益"。我非常赞同。

国家安全委员会的 125/2 号文件"美国对日目标和行动步骤"①要求国务院和国防部就美国在琉球群岛和小笠原群岛以及《对日和约》第三款规定的其他岛屿内外的长远军事需求提出建议。按照国家安全委员会对日政策的行动要求,我建议我们各自部门的代表拟就一份美国政府对这些岛屿立场的建议,呈交给总统阁下。如果您同意的话,我随时准备派遣合适的国防部代表展开工作。

诚挚的,

威廉·福斯特(William C. Foster)

[附件]

参谋长联席会议呈交给国防部部长拉维特(Lovett)的备忘录

绝密　华盛顿,1952 年 8 月 15 日
主题:和平条约之后对琉球群岛和小笠原—火山岛的处置

1. 在国务院代表和参谋长联席会议代表的一次非正式讨论中,国务院代表提出一项问题,即美国将部分或全部琉球群岛和小笠原群岛归还日本,仅保留冲绳岛托管权的政治可行性。讨论达成了一致,认为国务院和参谋长联席会议的代表应该举行会议讨论该问题,并就尚在讨论中的对这些岛屿的日后安排提交建议。

2. 参谋长联席会议反复强调,对北纬 29 度以南的南西诸岛(包括琉球群岛和大东岛),孀妇岩以南的南方诸岛(包括小笠原群岛和火山岛),帕西维拉岛以及马尔库斯岛的战略控制对美国的安全利益至关重要,参谋长联席会议不赞同采取行动将这些岛屿归还日本,除非远东地区的局势非常稳定,否则不应考虑改变美国对这些岛屿的政策。

3. 参谋长联席会议考虑了以下因素:

a. 远东的最新局势和事件,

b. 最新通过的"美国对东南亚政策"(NSC124/2),以及

c. 日本成为联合国一员后美国对这些战略地区拥有托管权的不确定性。

---

① 原编辑者注:见 588 号文件。

基于这些考虑,参谋长联席会议认为,在可预见的将来,托管权还不足以充分保证美国实现在这些岛屿的长期军事目标。因此,参谋长联席会议认为这些尚在讨论中的岛屿应该维持现状不变,直到远东地区的政治军事形势趋于稳定,并有利于美国的安全利益。

4. 如果您同意,我们建议将参谋长联席会议的上述看法传达给国务卿,进一步说明国防部已做好准备派遣代表加入国务院—国防部共同工作小组,如果国务院认为必要的话,还可以就该问题准备一份美国政府立场的建议书。参谋长联席会议认为有必要尽快在该问题上做出确定性决定。如果建立这种工作小组,参谋长联席会议建议国防部代表使用他们拟定的"影响该问题的讨论和事实"作为工作小组讨论的立足点。

参谋长联席会议

奥马尔·布莱德利主席

[附件]

影响该问题的讨论和事实

1. 1951 年 10 月 17 日,远东司令部(CINCFE)建议"参谋长联席会议同意以下结论作为日后采取行动的基础"[①]:美国在西太平洋这些岛屿的重要战略安全绝不依赖美国对琉球群岛的永久政治控制;对这些岛屿的政治职责不仅会成为美国的经济负担,还有悖于自决权原则,而且日后会造成日本的反感;由美方发起运动将琉球群岛归还日本会进一步巩固美国与日本之间的安全目标;应在条约生效之后再采取行动;与日方就保留美国对岛上军事设施的单方控制权达成紧密一致。远东司令部的建议书由参谋长哈奇(Hickey)中将签署,同时补充这些决定同样适用于帕西维拉岛、马尔库斯岛以及南浦岛。

2. 1952 年 1 月 21 日,就远东司令部的提议,参谋长联席会议再次重申其立场:"对南西诸岛的战略控制一直并将继续对美国的安全利益产生重要影响",他们"不赞同将这些岛屿归还日本",以及"保持美国对南西诸岛、南浦岛、马尔库斯岛以及帕西维拉岛的政策不变,直到远东地区的局势非常稳定"[②]。

---

① 原编辑者注:参考 488 号文件第一段

② 原编辑者注:引用的文件在国务院档案中未发现。但是参谋长联席会议的观点在脚注 4 里可以体现。

远东司令部还被告知①其所建议的举措当下或日后暂不宜实施。

3. 美国的政策如下：

a. 1945 年 7 月 26 日的《波茨坦公告》宣称："应执行《开罗宣言》的条款，日本的主权应限于本州、北海道、九州、四国以及我们决定的一些小岛屿。②"

b. 总统在 1945 年 8 月 6 日广播道："尽管美国并不想从这场战争中谋取领土或私利，但为了充分维护我们的利益和世界和平，我们有必要继续保留军事基地。军事专家认为对我们的安全至关重要的基地，如果现在不在我们的控制之下，我们定会获取。我们会遵循联合国宪章来获取这些基地。"③

c. 1946 年 11 月总统发表讲话道："美国计划对日本授权的岛屿和其他日本因承担二战责任处置的岛屿进行托管，美国拥有对它们的行政管理权。"④

d.《对日和约》第三款："日本接受美国向联合国提交的任何提案，将北纬 29 度以南的南西诸岛（包括琉球群岛和大东岛），孀妇岩以南诸岛（包括波宁岛、罗萨里奥岛和火山岛），帕西维拉岛以及马尔库斯岛纳入托管体系，且美国拥有唯一管理权。在制定该提案和具体行动期间，美国有权对该领土，包括岛屿上的居民及其附属水域，行使一切行政权、立法权和司法权。

4. 和平条约第二款说明，日本放弃在朝鲜半岛、台湾、千岛群岛、库页岛、日本托管岛屿、南极地区、南沙群岛和西沙群岛的权利，所有权以及赔款。这便可推断，日本对那些同意托管的岛屿拥有最终主权已得到承认。杜勒斯先生（Mr. Dulles）（国务院 9 月 4392 号公开文件，78 页），和英国代表杨格先生（Mr. Younger）（国务院 9 月 4392 号公开文件，93 页⑤）也承认了这一点。杜勒斯先生说道日本当下对这些岛屿拥有"剩余主权"。

5. 以下为与美国军方、美国琉球群岛民生管理员、陆军准将路易斯（J. M. Lews）先生的面谈中所涉及的内容和观点：

---

① 原编辑者注：信的日期是 1 月 29 日，未刊印，由 Eddleman 少将签署从陆军助理首长办公室递交至远东司令部。（里面有一封塞巴德给麦克勒金的信，2 月 27 日，794C. 0221/2 - 2752）

② 原编辑者注：由中国、美国以及英国政府首脑通过的宣言请见《外交关系》，1945 年，柏林会议（波茨坦会议），第二卷，1474—1476 页。

③ 原编辑者注：详细内容见《美国政府公共文件：哈里·杜鲁门》，1945 年，474 页

④ 原编辑者注："总统就美国委托管理岛屿的论断"，同上，1946 年，474 页。

⑤ 原编辑者注：国务院，对日和约的结论及签名会议：进展记录，9 月 4—8 日，1951 年（华盛顿，政府印刷办公室，1951 年）

a. 一份对奄美群岛北部一个岛屿的实地考察显示,有99％的居民希望回归日本。考虑到这些岛屿曾是九州南部鹿儿岛县内在的一部分,当地居民与主岛居民在文化上、经济上和民族上都紧密地联系着,并且这些居民要比南边岛屿的居民社会化程度更高些,民意调查的赞同归还日本的结果也就不出乎意料了。近来还没有确凿的证据表明归还日本领土有任何进展,可能是因为之前限制的消除。在奄美岛南部一些内陆岛屿的乡村地区,要回归日本的情感没有这么强烈。虽然并没有对这些岛屿做全面调查,但可以估测要求立刻回归日本的居民不超过一半。

b. 奄美岛在文化、历史上都与琉球群岛的其他地方相差甚远。从经济和历史角度来说,这里的人民觉得他们与日本更亲近些,特别是与鹿儿岛县,比与冲绳岛和其他南部岛屿要亲很多。对于冲绳主宰着琉球群岛的政府、银行、贸易和教育这一不争之事实,他们是反感的,他们把自己看作是琉球群岛的一部分。将奄美岛归还日本不会造成琉球群岛严重的经济混乱,尽管有约20000名的劳动力因为那里军事项目建设的原因需要暂时转移到冲绳。将奄美岛归还日本将会解决美国管理琉球群岛的政治和社会难题。从政治、政府以及社会角度来看,将这些北部岛屿归还给日本是有利的。

c. 路易斯将军强调了美国公开宣布对这些岛屿计划的重要性。他表明,当地居民非常反对土地托管,他们把托管权和之前更偏南部岛屿的委托管理地位联系起来,认为这是不可接受的、可耻且专制的统治形式。美国政府明确的立场有利于消除冲绳岛居民的疑虑和揣测,有助于当地民主政府的建立。

d. 另外,路易斯将军认为,如果美国计划将这些岛屿归还日本的话,那也应该是在朝鲜战争结束之后,并且日本在经济和军事上都有能力承担这样一个责任。很明显现在条件还不成熟。即使朝鲜战争很快结束,日本也不可能为本土岛屿之外的这些外部岛屿提供防卫和支持,而同时又不至于在物质上降低该地区的整体安全性。

6. 1951年12月10日主题为"南方岛屿的可行性措施"①的一封信,表达了日本国民对琉球群岛—小笠原群岛的愿望。这封信由国务院非正式交给陆军部并附录于此。据说这封信是由日本副外相交给了美国对日事务政治顾问,设想了美国在满足其军事诉求的同时,恢复日本对南方岛屿的主权关系。

---

① 原编辑者注:参见东京派发文件1021号,文件477。

7. 在远东地区与苏联或者共产主义中国发生战争时,日本本土的基地是无法获取的,这种情况下,美国最需在这一地区建立军事基地,现估测如下:

a. 琉球群岛

(1)陆军——目前的设施包括 3 个 AAA 级宽频网络系统(Bns)、1 支皇家运输部队(RCT)、支援部队,以及由其他同类服务(sister services)产生的防卫和支援需求。

(2)海军——现有的在那霸岛空军基地的设施,与在那原町(Yonabaru)的航空站和舰队锚地,在巴克纳湾的第二大操作基地和设施。

(3)空军——继续使用在外岛的 4 个飞机控制与警报基地,需要冲绳岛的 7 个操作基地,目前却只稳固地建立了其中的 3 个。

b. 小笠原—火山岛

(1)陆军——由同类服务产生的防卫和支援需求。

(2)海军——父岛的海军设施,硫磺岛的空军设施以及在母岛的前进基地。

(3)空军——一个加油基地和飞机控制警报基地。

c. 马尔库斯岛

(1)陆军和空军——无。

(2)海军——一个海空军设施。

8. 根本的问题在于美国的安全利益是否足以超越美国和联合国关于民族自决的政策。(与国家安全利益相比,保留这些岛屿所需的经济支出是微不足道的。)从军事角度来讲,毫无疑问,将这些附属岛屿作为基地或者军事壁垒以抵制远东地区共产主义的"侵略"以及最终防卫美国本身具有重要的价值。美国必须拥有不依赖于日本暂时政治地位并能够有效抵御共产党"侵略"的军事基地。

9. 1952 年 1 月 30 日,国务卿概述了美国对琉球群岛可能采取的行动步骤(DA IN 103951,1952 年 2 月 12 日)①:

(1)在对日和约生效以后,美国可以对这些领土及其上居民以及其附属水域行使一切权力,包括行政权、立法权以及司法权。这种情况下,琉球群岛

---

① 原编辑者注:原件在国务院文件里未发现。

将会被视为在《芝加哥公约》①下受美国的"保护",因此会顺理成章地成为美国的"领土"。

（2）美国可以向联合国提议将琉球群岛纳入联合国的托管范围内,美国为唯一的行政管理者。如果成功的话,琉球群岛便如上述描述的一样会成为美国的"领土",正如之前联合国的托管体系成功地代替了旧有的国联托管体系一样。

（3）在将来的某个时候,美国或许会将琉球群岛归还日本,前提是双方达成安全协议确保美国在琉球群岛的战略利益受到充分保护。那样的话,琉球群岛才会被视为日本的领土,符合《芝加哥公约》对"领土"的定义。这种可能性当然不适合公开讨论。

10. 额外增加两项行动,这有利于保证美国的军事权利:

a. 维持现状,

b. 托管权,

c. 达成基地权利协议之后归还岛屿,

d. 与日本享有共同主权,

e. 并入美国领土。

11. 维持现状:

a. 好处:

（1）不会引起可能招致苏联阻碍的联合国行动,

（2）提供完全的军事控制,

（3）保证美国政策的灵活性（使美国在处理这些岛屿时享有充分的自由）,

（4）维持如今的决定（当美国无法从要求联合国委托管理或者将岛屿归还日本中得到明确的好处时）;

b. 弊端:

（1）经济负担,

（2）有违日本国内民意,易招致日本反感,

---

①　原编辑者注:会议讨论国际民航事项,同意签署会于 1944 年 12 月 7 日举行,内容参见"国务院条约和其他国际行动"《条约及国际法汇编》1591 号文件,或国务院 61 号文件第二部分 1180。

（3）使领土问题悬而未决——要求采取措施缓解岛上居民的现状。

12. 托管权：

a. 好处：

（1）符合美国已公布的政策，

（2）有可能会致使苏联在联合国安理会中行使否决权，可以在现存的条约下获得解决，

（3）会受苏联阻碍策略的影响，担负充分的军事控制，

（4）在联合国允许下建立领土的稳固地位；

b. 弊端：

（1）经济累赘，

（2）要获得允许，而苏联有可能阻挠，

（3）如果日本获得广泛认可而加入联合国的话，托管权将会面临《联合国宪章》第 78 款"托管权不适用于联合国成员国"之规定的挑战。（备注：结合《联合国宪章》第 77 条款来看，《对日和约》第三款的规定不至于造成挑战。）

13. 除非美国可以接受将发展这些岛屿的自治和独立作为长远目标，而这是军方无法接受的，否则的话谋求托管权不符合《联合国宪章》第 76 款①的精神。

14. 考虑到美国作为管理者将对这些岛屿实施相应管理，该地区或部分地区毫无疑问地将具有战略意义（联合国宪章第 82 款②）。根据联合国宪章

---

① 原编辑者注：条款 76. 遵照联合国在目前宪章的第一款的要求，托管体系的基本目标应是：

　　a. 促进世界和平和安全。

　　b. 根据不同托管地区和居民的不同，民众要求的不同，以及托管协议不同的规定，促进被托管地区的政治、经济、社会和教育的发展，促进其自我管理和独立的发展。

　　c. ……

　　d. ……（脚注参见原文）

② 原编辑者注：条款 82. "在任何托管协议下，指定一个或多个战略地区，可能涵盖部分或全部的被托管地区，平等对待条款 43 规定的任何一个协议。"（脚注参见原文）

第 83 款①规定,安理会将会履行联合国对这些具有战略意义地区的一切职责,而这便会受制于俄罗斯的否决权。这使得美国享有这些岛屿战略要地的托管权的要求能否得到联合国的同意变得不明朗。就算美国获得托管权,在托管管理问题上,美国在安理会中也定将备受苏联的刁难。

15. 国会一直以来都不愿意拨款建设美国本土以外的军事基地设施,除非可以保证美国对该地区基地可长期占有。如果日本成为联合国一员,托管权将会受到挑战甚至是废除,而这无法向国会保证长期占有这些基地。而事实上,国防部正投入大量资金用于这些未解决争端的岛屿的永久性建设,这更加促使我们就该问题尽早做出决断。

16. 在签署基地权利协议或者与日本共同享有主权的前提下将岛屿归还日本远非良策,因为如果日本与我们敌对,那么基地在战时将毫无用处,如果日本中立的话还会惹来不少麻烦。

17. 并入美国版图。鉴于美国屡次宣称民族自决政策,这样的行为在政治上很难被接受;特别是现在自由国家正在积极组织遏制苏联侵略的情况下,更是如此。

18. 鉴于军事考虑及上述因素,维持现状是在可预计的将来确保美国实现在琉球群岛和小笠原群岛安全目标的唯一方法。而在没有预防性行动来约束日本民众的条件下,维持现状之政策可以促进美日友好关系的发展,保证美国行动的自由,直到美国可以从影响这些岛屿处置的决定中获得切实重要的利益。相比于当下采取积极措施使美国获得这片地区的托管权并作为唯一的管理者,这种政策更可行。综合考虑,维持现状是美国在可预见的时期内实现其安全目标的最好方法。

(The Deputy Secretary of Defense (Foster) to the Secretary of State, *FRUS*, 1952—1954, Vol. XIV, China and Japan, (in two parts) Part 2, Editor in Chief: John P. Glennon, United States Government Printing Office, Washington: 1985, pp. 1318 - 1327.)

———————————

① 原编辑者注:条款 83.

　1. 联合国对战略地区的所有功能,包括托管协议的同意、修改和完善都必须由安理会执行

　2. ……

　3. ……(脚注参见原文)

88. 谈话备忘录

No. 600

794C.0221/9-2252

谈话备忘录,东北亚事务办公室副主任麦克勒金(McClurkin)①

绝密　华盛顿,1952 年 9 月 22 日

主题:国务院—国防部琉球群岛工作小组

[附出席会议者名单(10)。国防部由苏利文(Sullivan)领头,国务院由杨(Young)领头。]

此次会议目的是讨论国务院就国防部关于琉球群岛立场的一些问题。附件上列有这些问题。

简而言之,国防部的立场是对琉球群岛和小笠原群岛的政治控制有利于军事控制,因此应该维持现状不做改变。国防部代表明确表示,他们的观点适用于包括奄美岛和帕西维拉岛在内的整个岛屿链。他们的立场主要是考虑到日后日本有可能持中立态度,如果将琉球群岛主权归还日本的话,一旦交战,无论是从合法性观点还是政治上来说,美国便无法使用琉球群岛的军事基地。

以下是国防部代表阐述的维持现状的好处:

1. 从空军力量上来说,琉球群岛的基地位置正好处于最大化的炸弹辐射范围内,可以覆盖到整个亚洲地区,甚至可以抵达俄罗斯南部。计划建立 7 座空军基地,现已建成 3 个。奄美岛上现有一个雷达装置,也已勘测完其他几个雷达装置点的选址。这些雷达装置点则是整个警戒网不可或缺的一部分。

2. 海军需要在这些岛屿群上建立基地和港口。这些基地可以广泛扩大潜水艇的使用,因为燃料的供给和补充可以在靠操作区更近的地方完成。奄美岛也非常有用,因为这里有避风锚地,台风来临时,它比巴克纳湾更好用。

3. 全面战争爆发时,地面军事力量依靠这些岛屿作为太平洋地区的集结地。

4. 有一些岛屿,例如帕西维拉岛,没有直接的用途,但是若落入敌方之手

---

① 原编辑者注:由麦克勒金起草。

会危害到我们的通信线。另外,在一些陆军和海军行动中,这些岛屿可以用作集结待命区,以增大对敌方的迷惑性。

5. 现在许多秘密行动都集中在小笠原群岛。

6. 如果日本获得这些岛屿的主权并可以自由控制这些地区,那么我们的安全隐患会增加。

7. 如果将这些岛屿的主权和管理权归还日本,我们会面对更大的困难,需要花费更多的时间——甚至不可能——被允许或授权去拓宽机场跑道,或者再增加新的雷达安置地。

当有陆上发起的敌对空军力量或者包括潜水艇在内的海军敌对力量出现时,这些基地会有何用途,国防部代表认为这些岛屿现在就具有防卫能力或者可以与在紧急情况下建立的设施共同进行防御。

此次会议在结束时达成一致,定于 9 月 29 日周一下午 3 点继续讨论国务院提出的问题。

[附件]

国务院针对国防部在琉球群岛处理上的立场所提出的问题:

1. 哪些战略性因素使得参谋长联席会议认为琉球群岛和小笠原群岛应维持现状?

2. 参谋长联席会议论及的琉球群岛战略重要性可以适用于整个岛屿群吗?

3. 如果不适用的话,有没有可能考虑让日本获得其中一些岛屿的管理权和主权,特别是奄美群岛?

4. 如果部分岛屿可以归还予日本管理,那么在归还时间和程序上应考虑哪些军事因素?

5. 美国对那些具有战略重要性的岛屿有哪些具体的合法权利(司法权,征地以建设机场,紧急情况下转移人口等)以确保军事基地的使用?

6. 基于琉球群岛的战略重要性和对它们用途的基本设想,需要做哪些安排以保证其军事用途?

(a)一定要继续把琉球群岛视为美国的领土,美国军队对这些地方拥有美国法律赋予的所有权利、特权和豁免权吗?

(b) 99 年的租期合理吗?

（c）条约安排可以像战时英国—埃及条约①、美国—古巴关于关塔那摩湾的条约②以及关于巴拿马运河区条约那样可充分保证美国对琉球群岛长期拥有使用权吗？

（d）参谋长联席会议基于怎样的细节考虑认为美日之间的协议不能保证美国的权利？

（Memorandum of Conversation，by the Deputy Director of the Office of Northeast Asian Affairs（McClurkin），*FRUS*，1952—1954，Vol. ⅩⅣ，China and Japan，（in two parts）Part 2，Editor in Chief：John P. Glennon，United States Government Printing Office，Washington：1985，pp. 1333 -1335.）

89. 驻日大使给国务院的电报

No. 604

794C. 022/10 - 1352：电报

驻日大使墨菲（Murphy）给国务院的电报

绝密 日本，1952 年 10 月 13 日，下午 7 点

1204. 只有阿里克西斯·约翰逊（Alexis Johnson）看过，不可在国务院之外传阅。国务院 849 号电报③，我本人的 1135 号电报④以及 9 月 11 日第 25 号邮件⑤。

---

① 原编辑者注：埃及—英国联盟条约 1936 年 8 月 26 日签于伦敦，具体内容参见《国际联盟条约》系列，CLXXⅢ卷，No. 4031.

② 原编辑者注：参见美国租用古巴土地用于煤矿开采和军港建设的协议，1903 年 2 月 16 日在哈瓦那签署，同年 2 月 23 日在华盛顿签署。也可参见 1903 年 7 月 2 日签于哈瓦那的煤矿开采和军港建设的租地协议。协议收于国务院（TS）418 号和 426 号条约中。

③ 原编辑者注：日期为 10 月 1 日，未刊印（794C. 022/10 - 152）。

④ 原编辑者注：日期为 10 月 6 日，未刊印（794C. 022/10 - 652）。

⑤ 原编辑者注：这个介绍部分，国务院总结了国务院和国防部对待琉球群岛和小笠原群岛处理问题上的分歧，并要求大使馆对整个问题做出详尽评论。（794C. 0221/8 - 2952）

(1)小笠原群岛。按国务院 643 号电报①的建议,并应雷德福上将(Admiral Radford)的邀请,我于 10 月 2 日至 6 日随同他视察了小笠原群岛。随行的除了雷德福上将的工作人员,还有其他上将……利奇(Litch)②、我的海军随同③、联邦服务供应处康罗伊(FSS Conroy)④、远东会议 G‐5 支部(FECG‐5)的亨西(Hensey)上将。飞抵硫磺岛后,我们乘坐托莱多(Toledo)号美国军舰和直升机前往母岛和父岛,之后乘坐托莱多号军舰返回东京,这样我们有充足的时间彼此交换意见。

之前我觉得雷德福和他的海军有可能转而赞同国务院将小笠原群岛归还日本的观点,但是我发现虽然他跟我们的观点有共鸣,他非常坚决地认为应该维持现状。出发前远东海军司令(COMNAVFE)⑤曾提醒过这一点。我之前希望至少可以说服雷德福妥协,同意将母岛归还日本。

雷德福不同意将岛屿归还日本控制主要是基于战略上的考虑。根本上来说,考虑到存在苏联侵略的危险以及他自己作为太平洋司令部司令的职责,雷德福坚称将作为空军基地的硫磺岛和作为海军基地的父岛完全掌控在美国之下是非常关键的。他认为,如果苏联发起全面战争,横须贺(Yokosuka)和冲绳是非常脆弱和不堪一击的,万一美军军事力量被逐出上述岛屿,硫磺岛和父岛还可被用作极其必要的附属基地。他不愿加重因外国民众进驻这些岛屿导致的安全和供给负担。他比较情愿父岛上就由现在的 141 人一直住着。母岛暂无人居住,硫磺岛上的唯一的居民是美国军队和偶尔过来的日本承包工人。

据我目前查明的情况来看,父岛是最理想的潜水艇和海军基地,这里有天然港口、日本人造的地下建筑、炮位隐蔽地,以及广播和其他的设施,这些即使在建成后的很多年也是非常有价值的。所有的民房都在战争中被毁掉了,小的农场和牧场也变成了丛林,战前这里住着约 3000 居民,他们靠打渔为生。

----

① 原编辑者注:该电报日期为 9 月 6 日,题为"阿利森发给大使的电报",电报中阿利森说道,"最初我是希望和你以及雷德福讨论这个问题,并且和你一起去小笠原群岛的,但是我认为这没有必要……我觉得你和雷德福可以制定出解决方案"。(794C.022/9‐652)

② 原编辑者注:海军少将,厄尼斯特·惠勒·利奇(Ernest Wheeler Litch),海军司令,驻守马里亚纳群岛。

③ 原编辑者注:海军上校,Ethelbert Watts。

④ 原编辑者注:John J. Conroy,驻日大使馆专员。

⑤ 原编辑者注:海军中将,R. P. Briscoe。

更小点的母岛几乎没有军用价值,其他几个小岛也没有什么实在用途。

我花了很大力气向亚当·雷德福解释国务院的立场,他好几次都非常惊讶,因为他以为国务院转而认同他的观点了:

鉴于参谋长联席会议在这个问题上立场比较坚定,我和亚当·雷德福探讨了几种可能的解决方法。其中之一是以租赁形式达成双边协议以及战时协议,包括百慕大、特立尼达拉岛和阿根廷的军事基地。

在返回东京的途中,我们与冈崎(Okazaki)进行了长谈,雷德福向他阐明了自己的观点。冈崎当然是对海军的态度最失望。他再次阐述了日本的立场,这与国务院想法相似,他同时强调日本政府很难理解对日本小面积殖民地之间的区别对待,具有欧洲血统的后裔可允许住在父岛上,而普通的日本疏散者却被禁止;这可以看成是种族歧视。雷德福强烈否认这一说法,认为这是他头一次听到这样的说法,他指出目前岛上有 25%(译者按:原文 present,应为percent)的居民被允许与日本国民在国内结婚并将他们带回岛上。雷德福表明他的反对立场主要基于战略需要的考虑,希望日本政府能够理解,因为日本在 1944 年也因同样的原因撤离民众。

我们将租赁协议这个方法作为个人和非官方的想法提了出来,涉及租给日本 18 艘美国护卫舰和 50 艘小型登陆支援舰的租约谈判,雷德福认为日后这都可稍作变动,还可添加不同形式的额外补偿。我认为该想法有实现的可能性,并明确告诉冈崎国务院还没有出台官方意见。冈崎似乎很明白,认为该问题值得好好研究再做决定。

从整个过程来看,海军很明显不愿接受托管权或者将岛屿归还日本控制。他们将父岛建成潜水艇基地的计划显然已经取得重要进展。

(2)琉球群岛。克拉克将军(Gen. Clark)告诉我他必须严格服从参谋长联席会议的命令,在对这些岛屿的政治控制上不能做半点让步,参谋长联席会议坚持维持现状。正如他手下的官员一样,他个人也赞同将奄美岛和其他有可能的北方岛屿归还日本,但是得服从参谋长联席会议的指令。在过去的数天内,日本政府就此事没有任何说法。日本民众对小笠原群岛和琉球群岛的兴趣也是不愠不火。当然如果日本政府觉得有必要煽动民众的话,日本国内的民众情绪便会蔓延。

结论。上述内容对这些岛屿的处理很重要。海军基于战略的考虑、目前的危险以及它自身的职责和需要,致使其观点很难辩驳。我觉得认为横须贺和冲绳易受攻击的说法很新鲜,但是如果这属实的话,我很能理解海军不愿承担小笠原群岛民众人口增加所导致的安全风险和供给责任。关于租赁协议的问题和小笠原群岛难民的补偿问题有待进一步探讨。或许这种解决方式对日本来说更可行、更易接受。很难估测这类政治问题会掀起多大的风波,但从目前情况来看暂时不会出现大的骚动①。

在从朝鲜返回的途中,雷德福和我将与吉田(Yoshida)进行一次谈话,如果吉田在内政领域内继续赞同会谈的话。雷德福希望能够单独与首相谈谈他的看法。

墨菲(Murphy)

(The Ambassador in Japan (Murphy) to the Department of State, *FRUS*, 1952—1954, Vol. XIV, China and Japan, (in two parts) Part 2, Editor in Chief: John P. Glennon, United States Government Printing Office, Washington: 1985, pp. 1340 - 1343.)

90. 杨给阿利森的备忘录

No. 625

794C. 0221/1 - 758

东北亚事务办公室主任杨(Young)给远东事务助理国务卿阿利森(Allison)的备忘录

绝密 华盛顿,1953 年 1 月 12 日

主题:我们关于琉球群岛问题的工作现状

国务院—国防部琉球事务工作小组已经召开了数次会议。国务院的代表为斯特尔先生(Mr. Stelle)、麦克勒金先生(Mr. McClurkin)、霍利先生(Mr. Hawley)以及我本人。国防部的代表为查尔斯·苏利文(Charles. Sullivan)、G-3 支部中校李(Lee)、参谋长联席会议的伊曼(Yeaman)将军以及其他来自 CAMG 的人员。我们都认识到该工作小组的作用是确定美国军事力量在琉

---

① 原编辑者注:关于这些话题,大使馆在 11 月 4 日发自东京的 871 号急件当中详尽说明了它的观点,未刊印。(794C. 0221/11 - 452)

球群岛的目的,并进一步决定除了保持现状外还有什么方式可以达到这些目的。可是国防部的立场完全就是参谋长联席会议的观点,没有一点变动的余地。他们坚持认为美国维持在琉球群岛和小笠原群岛的现状对我们的战略利益至关重要。他们建议总统发布声明,同时通过多渠道宣传,宣布美国不会寻求对这些岛屿的托管权,而是继续保持其管理权直到远东地区重建和平稳定。

因此我们在工作小组中所做的努力多少受到限制。我们尝试探索国防部之所以坚持这个立场的确切原因,并开诚布公地讨论了保留某些岛屿的战略必要性问题,主要集中于奄美岛和小笠原群岛。事实上,国防部关于这些岛屿问题的大部分考虑是一旦不得不与外国政府协商会导致管理上的不便。我们也尝试劝服国防部尽快调整其对琉球群岛的基本指令,希望我们的管理能够减少军事占领,让当地的居民承担更多的职责。关于这一点,财政局给国防部的信件①为我们提供了有效的帮助,尽管国防部在给财政局的回复中(附录)②多少表达了他们不会变更立场。

我们同时也询问了驻日大使的意见,大使在 11 月 4 日第 871 号急件③中给予了答复。该备忘录最后总结部分的建议也基本符合大使的意见。

我们现在的观点是工作小组继续就此问题探讨下去将会毫无成效。我们因此准备了一份表明国务院立场的文件,以便据此与参谋长联席会议或者国防部进行讨论。如果就该问题再次展开讨论仍然无法达成满意的结果,我们认为该问题具有足够的政治重要性,应将其呈给总统阁下。总之,我们备忘录的建议如下:

1. 奄美岛和小笠原群岛应该在不远的将来,在美国可以获取最大政治好处时归还日本。在归还前应与日本政府签署协议保证我们在这些被归还岛屿

---

① 原编辑者注:很明显,11 月 2 日的两封信在国务院档案里都没有找到。不过,副国务卿福斯特在 1 月 7 日给 Lawton 的信中引用了给国防部的这封信,内容如下:“我看了你 1952 年 12 月 2 日的信,你在信中要求国防部在国务院的协助下回顾美国作为琉球群岛唯一管理者面对的问题,并提出了合适的方案。”福斯特在信中还回顾了国务院就此问题的看法以及国务院—国防部联合小组的工作。他说民事和军事管理办公室(属陆军部)正在准备一份琉球群岛民事管理的方案。他说:“国务院—国防部联合小组就琉球群岛和小笠原—火山岛的问题探讨结束,岛屿管理的新方案形成的话,我会告知你美国对这片区域管理权问题的新进展。”(794C.0221/1-753)

② 原编辑者注:见上面脚注 1。

③ 原编辑者注:未刊印(794C/0221/11-452)。

上的权利。我们还应使日本政府承诺在国内做好宣传支持美国保留对部分岛屿的司法权。我们认为保留奄美岛并非战略必需,相信国防部的部分官员也会同意我们的看法,正如远东会议代表"勉强承认,为了政治需要,将奄美岛及其周边岛屿归还日本并不会造成任何切实的战略损失"。关于小笠原群岛还有一个问题就是其岛上有一座潜水艇基地,但是我们的立场仍然是建议将这些岛屿归还日本。不管怎样,我们应该允许让小笠原群岛居民返回。

2. 美日联合宣布归还奄美岛和小笠原群岛时,美国总统应该发布一份认真制定的公告。该公告须宣布将岛屿归还日本,重申日本对这些岛屿的剩余主权,并谨慎阐释美国保留部分岛屿的原因。

3. 应立即采取行动宣布调整对琉球群岛的指令,增加其自治。

4. 长期保持美国对冲绳岛的控制对于美国在远东的安全诉求极其重要。长远考虑,应保证美国对冲绳岛的唯一控制权,以免日后日本限制美国在日的军事布署或者日本采取中立立场。

(Memorandum by the Director of the Office of Northeast Asian Affairs (Young) to the Assistant Secretary of State for Far Eastern Affairs (Allison), *FRUS*, 1952—1954, Vol. ⅩⅣ, China and Japan, (in two parts) Part 2, Editor in Chief: John P. Glennon, United States Government Printing Office, Washington: 1985, pp. 1376 - 1378.)

91. 阿利森给国务卿的备忘录

No. 638
794C. 0221/3 - 1852
远东事务助理国务卿阿利森(Allison)给国务卿的备忘录
绝密 华盛顿,193 年 3 月 18 日
主题:关于琉球群岛和小笠原群岛的日后部署

鉴于国务院与国防部的意见相左,总统于 1952 年 8 月 7 日同意的国家安全委员会(NSC)对日政策文件并未妥善处理琉球群岛与小笠原群岛问题。随后的广泛讨论也没有改变国防部的立场,参谋长联席会议坚持认为美国维持所有岛屿的现状非常符合美国战略安全利益。

听取了驻日大使关于该问题的报告,并与国防部就涉及的战略因素进行了细节性探讨之后,我们暂时达成以下结论:

1. 谋求托管权不可取。除了联合国的要求导致的各种困难外,还会激化我们与日本人之间的政治矛盾,他们会将此视为我们不愿归还这些岛屿的主权。国防部也同意此观点。

2. 不管在这些岛上还是在日本国内,岛上居民的地位一直是一个尖锐的政治问题,而我们在一些诸如教育等重要领域为岛上居民所做的工作还非常不足,这更激化了这一矛盾。该问题在奄美岛特别突出,因为不管是在种族上还是政治上奄美岛都与日本更亲近。

3. 冲绳岛作为我们在远东主要的军事基地和远程战略轰炸机工作基地,具有极其深远的战略重要性,远东紧张局势持续,我们应该维持其现状。这对日本也有利,因为如果我们利用这个岛屿对印度支那和中国大陆采取行动的话,日本可以推卸责任。

4. 小笠原群岛上有一座潜水艇基地,但是相比冲绳岛,保留小笠原群岛的战略必要性相对较弱。另外,战时撤离的近 7000 名岛上民众想返回小笠原群岛,这也造成了又一个政治问题。出于安全和经济原因考虑,海军不同意归还小笠原群岛。

5. 奄美岛不具有重要的战略性。唯一的军事考虑就是此地有构成整个雷达警戒网的雷达站以及该地区最好的防台风锚地。美方若决定将这些岛屿归还日本管理,这些问题可以通过与日本间的协议随时获得解决。

6. 急需改善民事指令,以便我们对保持控制的岛屿能够更有效地管理,这也将增加岛上居民的自治,促使日本行使更多的职能,例如为琉球群岛居民出国旅行提供领事服务。财政局对这点非常感兴趣,敦促我们重新考虑现在的安排。一旦基本的政策问题得以解决,国防部将修正现在的民事指令。

3 月 13 日东京的 A 标签 2968 号电报①强调了这一点。墨菲大使(Murphy)向克拉克将军汇报了个人态度,他认为保留奄美岛对我们没有战略意义,虽然参谋长联席会议禁止他这么说②。墨菲大使同时还汇报了日本国内

---

① 原编辑者注:未刊发。

② 原编辑者注:电报中关于克拉克将军的观点内容是:"克拉克将军告诉我就他个人而言赞同我的观点,但是当然必须遵从参谋长联席会议维持现状的意见。"

在这些岛屿问题上继续蔓延的骚动情绪,特别是因为未能提供有效教育服务而引起的困难,而且日本政府似乎愿意区别对待冲绳岛和奄美岛。他建议尽快采取行动以协议的形式将奄美岛的管理权归还日本,以缓解日本要求全盘归还的压力①。

另外,澳大利亚和新西兰使馆的代表按照各自政府的指示告知我们,他们不愿我们放弃对琉球群岛和小笠原群岛的控制,并希望我们在采取任何措施改变现状之前和他们商量一下。虽然该问题在日本和我们国内都是一个热门政治问题,我们认为要维持对冲绳岛的控制并非难事。

上个月,迪安·腊斯克(Dean Rusk)②同我们谈话,随后也和您谈及洛克菲勒基金会可能会资助外交关系委员会就整个问题做一项迅速而深入的研究。这项研究可以为政府决策提供可靠的事实基础。我明白您已经告诉他下个月华盛顿局势的发展可能不需要该项研究了。鉴于所附的东京电报,我认为我们到了必须做决定的时候了,我们最好由总统出面公开宣布我们的决定。

建议

我就此提出以下建议:

(1) 批准我与腊斯克先生接洽,安排洛克菲勒基金会资助外交关系委员会发起为期4个月的关于琉球群岛和小笠原群岛情况的调查研究,或者,

(2) 我拟定一份文件呈交给国防部或者国家安全委员会,就琉球群岛和小笠原群岛的安排提出具体建议,原则如下:

(a) 远东国际局势持续紧张的情况下,继续维持冲绳岛的现状。

(b) 应将小笠原群岛归还日本,或者安排遣返那些想回去的岛上居民。

(c) 与日本就维持美国在奄美岛必要的军事权利达成协议后,应尽早将奄美岛归还日本,具体的归还时间应视何时美国可以获得最大政治利益而定。

---

① 原编辑者注:墨菲大使在3月24日给麦克勒金(McClurkin)的信中说:"您知道,最近冈崎(Okazaki)因为竞选缘故正在煽动奄美岛的问题。上星期他曾三次提及该问题,昨天与我共进午餐时还提到了。他非常希望美国在这个时候能够发表些鼓舞人心的言论。他很明显想传递这样的信息,即日本外务省在该重要问题上并没有拖拉疏忽。除竞选之外,日本民众也非常关心这个问题。日本民众的骚动情绪必将继续蔓延。鉴于现在参谋长联席会议的顽固态度,尽管我很想帮助他,我也无法告诉他我们会怎么做。与冈崎的谈话中,我只能将责任推给你们国务院。"(NA资料,lot 58D184)

② 原编辑者注:结束了在日本作为美国总统特使的工作后,腊斯克从国务院辞职,担任了洛克菲勒基金会的主席。

(d) 对继续保留的岛屿,应修正其民事指令,为岛上居民提供更多的自治机会并提高其管理能力。

(e) 做出决断之后,应该由总统公开宣布我们的决定。①

(Memorandum by the Assistant Secretary of State for Far Eastern Affairs (Allison) to the Secretary of State, *FRUS*, 1952—1954, Vol. XIV, China and Japan, (in two parts) Part 2, Editor in Chief: John P. Glennon, United States Government Printing Office, Washington: 1985, pp. 1397 - 1400.)

92. 克拉克给陆军部的电报

No. 649

东北亚事务办公室文件,Lot 58D184:电报

远东司令部总司令克拉克(Clark)给陆军部的电报

绝密　东京,1953 年 5 月 20 日,下午 5:24

C62522 你们编号 DA93310 号信件②。该电报文包括 5 个部分。

第一部分:完全赞同附件文献中的立场。

第二部分:1952 年 8 月 15 日参谋长联席会议③建议维持琉球群岛的现状,同月 29 日,国防部长也同意了该建议,该建议认为眼下美国在远东的安全利益与去年 8 月份同样重要。我强烈要求美国政府采纳这些建议作为这件事的立场,并官方公开宣布关于这些岛屿政治地位的立场,我觉得这些都在准备之中。我认为如果此刻美国同意日本恢复并行使对部分岛屿的主权是异常草率的。这样会使得美国在很大程度上要依赖日本才能有效维护并使用琉球群岛上重要的军事基地和设施,虽然日本现在很友好,乐意与我们合作,但是无法确保日后当美国仍将其安全利益视为高于一切的时候,情况还是这样。美

---

①　原编者注:接下来的注解是手写的:"阿利森先生,请参照 JFD2 号文件。"

②　原编者注:在这份 5 月 20 日的电报当中,陆军部总结了国防部反对将奄美群岛归还日本的立场,并询问了远东司令部的观点,如果可能的话,希望即日便与国家安全委员会规划署进行会议。(国防部文件)

③　原编者注:参见福斯特(Foster)给艾奇逊(Acheson)的信,595 号文件。

国从归还日本岛屿主权的双边关系中有可能获得的潜在的政治及心理上的好处，但是做出让步的美国政府其执政期一结束，这种好处也可能会随之消亡。因此，如果将美国明确的安全利益基于这些考虑之上显然不够牢靠。

第三部分：难以相信我们会认真考虑将冲绳岛——我们在这些岛屿上的军事基地中心归还日本。至于仅是将奄美岛归还日本，我的观点是：

a. 奄美群岛共包括 5 个主要岛屿：奄美岛，包括紧邻的硫磺岛（Kaerom-Jima），德之岛（Tokuno-Shima），冲永良部岛（Okino-Erabu Shima），喜界岛（Kikaiga-Shima）以及与论岛（Yoron-Jima）。奄美群岛的主岛总面积达 323 平方英里，群岛近一半的居民约 22 万居住在这里。剩下的其他岛屿总面积约为 167 平方英里。

b. 相比其他岛屿，奄美群岛与日本有更悠久的历史渊源，这里的居民在种族和文化上也更亲近日本。与日本的联系要追溯到公元 12 世纪，平（Taira）治之乱失败之后大批移民随之从日本来到这些岛屿。1609 年奄美群岛被日本征服，随后隶属于鹿儿岛（译者按：原文为 Kogeshima，应该为 Kagoshima）县，而剩下的琉球群岛隶属于冲绳县管理。奄美岛的居民感觉他们自己比南方岛屿的那些同乡们要优越得多。

c. 因此，奄美岛希望回归日本的情绪要比琉球群岛等其他地方强烈得多。自从签署对日和约之后，受"日本剩余主权"理论刺激，更加剧了这种希望回归日本的运动。

d. 经济上来说，奄美岛过去一直需要援助，现在也是如此。那里的自然资源极其匮乏。捕鱼业时好时坏。备受贫困折磨的农民靠山间峡谷或崎岖的乡村间仅有的小片土地维持生计，只在梯田上种植甘薯。

e. 日本政府很有可能意识到奄美岛会拖累其经济发展，但是也有可能日本希望通过小范围领土扩张来扩大其政治影响力，这种急切性会压倒经济方面的考虑。

f. 奄美群岛现有 2 台已安装好的雷达发射站，用于冲绳岛的交通。日后遇到紧急情况时，奄美群岛在通信、电子设备和远距离无线导航系统方面所起的作用会更大。

g. 这些群岛的战略重要性主要在于他们离我们在冲绳岛上建立的军事设备非常近。冲绳岛作为空军基地，其早期预警体系须覆盖方圆 200 英里的范围。而其外围的电台信号会堵塞该预警体系。如遇紧急情况，美国可以通过控制奄美群岛增加其相应军事设施而不需要征得另一个国家——日本的同意。

h. 若这些岛屿隶属于日本主权之下,而日本又对美国采取敌对态度,那么必将给我们在冲绳岛的军事力量和设施造成额外的威胁,届时我们将安全部队从日本转移到琉球群岛势必非常棘手。

i. 使群岛回归日本会使敌对的日本政府在其他岛屿中制造不满,日本政府通过向奄美群岛提供补贴以提高当地居民的社会、教育,和经济福利,造成仍处于美国控制之下的其他岛屿的不满,由此便人为地促进了回归运动。

j. 归还部分岛屿(Partial revision)会使美国在琉球群岛的立场出现不一致,而日本国内的政治反对派会伺机大做文章。这将迫使我们调整关于奄美群岛和南部群岛二者之间战略价值的立场。归还部分岛屿不仅不会缓解美日之间关于琉球群岛的摩擦,反而会制造更大的压力和额外的紧张。

k. 就奄美岛当地的情况而言,改变现状会引发政治危险。目前琉球群岛立法机构的构成人员包括 17 名亲美民主党成员、11 名社会主义群众党成员以及 2 名琉球人民党成员。社会主义群众党和琉球人民党最近正准备联合起来,他们本质上是左翼分子,而琉球人民党还跟共产党有关联。目前有一个名额空缺。17 名民主党成员中有 6 名来自奄美群岛,两大左翼党派在奄美岛各有一名代表。将奄美群岛归还日本很明显将造成该地政治力量的重组以及亲美力量的削弱。左翼党派在竞选当中很有可能会竭尽全力促使部分岛屿回归日本,以作为其反美宣传的胜利,这势必会增加其他岛屿回归的压力。

l. 琉球群岛目前的状况是基于我们与日本签订的和平条约的第三款内容,因此美国无法单方面改变其中任何岛屿的状况。将奄美岛归还日本恐怕也会遭到其他条约签署国的反对,他们在前段时间已经时不时表达了他们对日本朝南扩张的担忧。

第四部分:结论。

a. 改变琉球群岛任一岛屿的现状将会削弱未来紧急情况下美国在远东的军事实力。

b. 然而,如果美国政府决心将奄美群岛归还日本,以下附属行为至关重要:

1. 提前与其他对日和约签署国达成一致,对条约进行必要的修改。

2. 美国政府发布确定的高层政策,宣告只要美国有安全利益需求,抑或应其他自由世界要求,美国将遵循条约的第三条款继续保留对奄美群岛以外岛屿的权利。

3. 区别于目前的行政管理协议,美国有必要与日本签订单独的基地权利条约,确保美国有权在奄美岛建立和维持军事设施。

第五部分:建议。

强烈建议美国维持琉球群岛现状及其管理现状①。

(The Commander in Chief,Far East(Clark)to the Department of the Army,*FRUS*,1952—1954,Vol. ⅩⅣ,China and Japan,(in two parts)Part 2,Editor in Chief:John P. Glennon,United States Government Printing Office,Washington:1985,pp. 1424 – 1426.)

93. 赖伊给国家安全委员会的备忘录

No. 651

PPS files,lot 64D563,日本

---

①　原编辑者注:在 5 月 20 日名为"关于琉球群岛和小笠原群岛的处理"的备忘录中,麦克勒金说道:

5 月 11—14 日在火奴鲁鲁举行的会议中,该问题又被提上议程,出席此次会议的有阿利森大使(Allison),国防部副部长法兰克·纳什(Frank. Nash),助理内政部长奥姆·刘易斯(Orme. Lewis),以及雷德福上将(Admiral-Radford)。会议结果是建议国务院维持小笠原群岛的现状。另外,还建议在目前远东局势紧张的局势下不允许遣返小笠原群岛居民。阿利森大使说他会立刻将此立场告知日方。该立场的转变还未获国务卿的同意,但正在向国务卿提交相关举措及此次会议的其他建议。

在此次会议之后的非正式讨论当中,与会人员再次讨论了琉球群岛问题,特别是仅归还奄美群岛的可能性。雷德福上将非正式地表达了他的观点,他个人不反对归还奄美群岛,但是鉴于他对这些岛屿不负有责任,他并不想他的观点被提及。讨论一致同意让克拉克将军直接表达他对该问题的看法。截止到 5 月 20 日,我们还未获知克拉克将军的看法。国防部早前曾收到他的一封电报,内容表明他同意参谋长联席会议观点,维持这些群岛现状,但是 3 月份墨菲大使却告诉我们,克拉克将军本人不反对将奄美岛归还日本。(794C.0221/5 – 2053)

5 月 14 日名为"美国太平洋地区安全内部机构会议的报告"的附件分别由阿利森、纳什和刘易斯提交给了国务卿、国防部长,以及内政部长,该附件现在日本邮局文件中,320.1 太平洋安全会议。

代理国务卿赖伊给国家安全委员会的备忘录①

绝密　华盛顿,1953 年 6 月 15 日

主题:对日和约所涉岛屿

参考:NSC 125/2,NSC125/5

在此递交国家安全委员会规划署就该问题的报告以供国家安全委员会参考,10 到 11 页包含 6 月 18 日周三会议所探讨的建议。一并附上附件 A 和 B② 关于国防部和国务院各自观点的报告。

小詹姆斯 S. 赖伊(James S. Lay, Jr.)

[附件]

[此处为目录]

NSC 规划署关于对日和约所涉岛屿的报告

[此处附有名为"背景知识"的内容]

选择方案和问题

11. 美国政府急须就对日和约涉及的岛屿问题做出长远政策决定。美国政府由于缺乏既定政策,在有效管理这些岛屿——特别是琉球群岛问题上受挫,在有些情况下还比较严重。此外,美国迟迟不明确并公布其立场容易在日本和这些岛屿问题上造成政治压力并损害美国的利益。

选择方案

12. 就这些岛屿问题,美国可以有四个选择方案。在下面的内容中我们会简单讨论这些选择方案。

13. 向联合国申请战略托管。这个做法在签订和平条约的时候已经涉

---

①　原编辑者注:该文件是下面罗伯森(Robertson)备忘录的附件,除了递交给国家安全委员会之外,财政部长、参谋长联席会议主席以及中央情报局局长传阅了该文件。

②　原编辑者注:未刊发。

及,当时各种公众论断认为美国只是暂时保留对这些岛屿的一切管理权、立法权和司法权。然后,这种做法的严重弊端已经日益显现。申请战略托管权有可能会遭遇苏联在安理会中使用否决权,因此,我们最终很有可能只获得普通托管权。苏联及其附属国也会在联合国中阻挠我们对这些岛屿的后续管理。另外,日本会将托管视为美国不愿最终将民事管理权归还他们,并由此产生反感。考虑到以上原因,国务院和国防部一致认为在这些岛屿上获取联合国托管权并不可取。

14. 将所有岛屿的权利归还日本。在目前远东国际局势紧张情况下,维护我们在太平洋地区的防卫体系,特别是维持对这些岛屿上的主要基地的控制非常重要。国务院和国防部因此一致认为,目前美国不应将奄美群岛南部的琉球群岛、孀妇岩岛(包括小笠原群岛,罗萨里奥岛和火山岛)以及帕西维拉岛和马尔库斯岛的所有民事管理权归还日本。

15. 维持美国对这些岛屿现有程度的控制。国防部长、参谋长联席会议、远东司令部总司令以及太平洋地区总司令一致认为琉球群岛和小笠原—火山岛对美国的安全至关重要,因此美国不应放松对这些地区的现有控制,直到太平洋地区不再受共产党"侵略"的威胁。以下为具体原因:

a. 对日和约第三条款赋予美国全权控制并管理这些岛屿,如果美国丢弃的话将会危及美国在这些岛屿上军事基地的安全和有效控制。

b. 1950 年 9 月 8 日国务卿和国防部长联合递交给总统的备忘录①(NSC60/1)已经认识到了这些岛屿的战略性意义,双方一致认为某些安全诉求非常重要,对日和约谈判时应该考虑这些诉求。这些诉求包括"条约必须规定美国拥有北纬 29 度以南的琉球群岛、马尔库斯岛、孀妇岩岛以南的南浦岛的唯一战略控制权"。

自上述备忘录完成后,太平洋地区的安全状况不断恶化,因此美国在这些地区的安全诉求是增加了而非减少了。

c. 将奄美岛归还日本无疑会促使日本加紧获得对琉球群岛等其他岛屿的控制权。几周前日本首相吉田在给美国驻日大使的信中称,日本要求归还奄美岛的愿望只是其重获琉球群岛一切控制权的第一步。

----

① 　原编者注:具体内容请参阅附件 A(原文的脚注,附件 A 为刊发),文本请参见艾奇逊国务卿给约翰国务卿信中的附件,《外交关系》,1950,第 6 卷,p. 293.

d. 这些附属岛屿任何的现状改变都会损害美国在远东地区战略地位的完整性,而这远远比美国从对日让步中获得的可预见的政治利益要重要的多。"现状"意指美国继续保有对日和约第三款赋予的对这些岛屿的一切权利。

e. 日本希望琉球群岛回归并非是因为他们担心美国对这些岛屿管理不善。

f. 国务院与国防部都认为现在远东国际局势紧张的情况下将所有岛屿归还日本并不可取。至多只能将奄美岛归还日本,前提是日本同意赋予美国一些额外的特权,从某些方面来说,日本人也不希望这样。因此不能指望归还奄美岛能够有效帮助美国解决美日关系中的重要问题。

g. 美国应公开发表声明,表明保留一切权利直到远东地区处于和平、稳定状态下的想法,以便(1)缓解琉球群岛作为政治问题所带来的压力,(2)采取有效措施解决如今美国在管理这些地区中所面临问题,(3)阻止日本国内这一政治问题的升级,防止日本做出要求这些岛屿回归的政治努力。

16. 将奄美群岛主权归还日本,其他岛屿维持现状不变。国务院认为在日本同意美国拥有相应的军事权利之后应尽快将奄美群岛归还日本,具体时间取决于何时美国能够在对日关系中获得最大的政治利益以及何时美国能在美日其他未解决的问题上有最大谈判筹码。当前在远东国际局势紧张的情况下,其他岛屿应维持现状,但是在与日本达成一致确保我们在这些岛屿的军事权利后,最终还是应将这些岛屿的民事管理权归还日本。以下为此建议的优势:

a. 政治和军事相平衡。所有必要的军事权利都是由政治局势来保证的,这本身就颇有意义。除奄美岛以外,拥有对其他一切岛屿的控制权能够保证我们主要的战略利益。放弃我们在奄美群岛的民事管理权对我们的战略影响不大,但是却可以缓解我们与日本之间最棘手的政治难题。同时若能够加强在琉球群岛的民事管理,让日本人自己承担更多的责任,那么美日之间的其他摩擦也将会得到解决。

b. 恢复日本对奄美群岛的管理权可以消除日本政府的一大主要敌对压力。同时我们继续对这些地区的军事基地实施控制,可确保日后日本不用对来自于这些基地的军事行动负任何责任。

c. 毫无疑问,日本将会继续表达他们想要获得所有岛屿的管理权的愿望,因此有效执行建议以加强对这些岛屿管理,公开宣布我们的立场可以在很大程度上减少混乱和摩擦。

d. 美国一方面可采取行动满足日本获得至少一部分岛屿的民事管理权的希望,与此同时,应该获取谈判的筹码,帮助我们日后处理对日事件。

e. 随着日本在琉球群岛的管理责任不断增强,美国在这片区域的财政压力和管理职责将会降低,然而美国仍然须采取必要措施以保持对这些岛屿的控制。

f. 这些提议将会消灭共产党和其他反美势力企图离间美日的基本宣传武器,削弱类似势力对琉球群岛居民的吸引力。这种情况下,美国便有机会采取积极措施,首先在心理上能相对于苏联争取到日本民众支持。

g. 这些举措将会大大增强日本政府及民众与美国合作的愿望,进一步增强美国在太平洋海域岛屿链的安全。

增强对琉球群岛民事管理所面临的问题

17. 就这些岛屿不管我们做出怎样的决定——或按照国防部的建议维持现状,或者像国务院建议的那样归还奄美岛——美国对琉球群岛管理都面临许多急迫问题。其中较为急迫的一些问题是关于改善当地政府与民事管理当局之间的关系,确保本土政府有足够的收益来源,制定可行且易接受的制度,补偿并重新安置被美国征地的琉球群岛居民,尽快重建学校以满足当地的需求。修订美国管理政策,解决问题的办法目前正在起草之中。这些新政策的颁布有必要延迟至对琉球群岛长远安排做出最终决定之后。我们也应急须阐明继续保留对其他岛屿的民事管理权。相应地,国防部应加快颁布琉球群岛民事政策修正案,还应准备其他必要的举措规范对这些岛屿管理的基本权利。

提议

18. 国家安全委员会应该:
a. 决定美国是否应该:
(1)按国防部所提议,依据对日和约第三款维持对所有岛屿的控制和权利,直至远东地区趋于和平及稳定。
或者
(2)按照国务院所提议,在目前远东国际形势紧张情况下,将奄美群岛的民事管理权归还日本,前提是日本同意美国在奄美群岛拥有一切军事权利,但同时继续保持对日和约第三款赋予美国的对其他岛屿行使的控制权及主权。

　　b. 以国际局势为准,在适当的时候,美国应公开宣布对上述条约所提及的岛屿的立场。

　　c. 在其他权益部门协助下,引导国防部(1)加快修改目前的民事事务政策,继续促使琉球群岛在美国司法管理之下其自身民事管理有所提高,并且(2)准备其他必要措施确定这些岛屿管理的基本权利。

No.653　远东事务助理国务卿罗伯森(Robertson)给国务卿的备忘录

绝密　华盛顿,1953 年 6 月 16 日
主题:国家安全委员会对和约所涉岛屿的考虑

　　6 月 18 日,周四,国家安全委员会按计划商讨了国务院和国防部就对日和约第三款提到的关于处理琉球群岛、小笠原群岛和其他岛屿的不同意见[1]。国家安全委员会规划署递交给委员会的报告[2]涵盖了该问题的背景知识、不同的可能处理方案并总结了两部之间互相冲突的提议。附件 A(12-21 页)简要概括了国防部的立场,而附件 B(22-30 页)简要概括了国务院的立场[3]。

　　国防部的立场是在未来一段时间内,条约规定的所有岛屿现状应维持不变。6 月 11 日的谈话中,您赞同国务院的立场,即考虑到目前远东地区国际局势持续紧张,我们应维持对除奄美群岛以外的所有岛屿的控制权[4]。然而,我们建议国家安全委员会应同意尽早将奄美群岛的控制权归还日本,具体时

---

　　①　原编辑者注:国家安全委员会直到 6 月 25 日才讨论这个问题,见 655 号文件。

　　②　原编辑者注:见 651 号文件。

　　③　原编辑者注:两个附件均未刊发。

　　④　原编辑者注:国务院材料中未发现关于此次谈话的任何备忘录。6 月 2 日罗伯森(Robertson)递交给国务卿的备忘录中包含了国务院的立场建议并交予了国家安全委员会规划署,并对该提议做了如下评论:"这只是在一方面与您赞同的立场相一致,您赞同该立场是因为 3 月 18 日阿利森先生(Allison)给您的备忘录。这一方面即含蓄地建议维持对小笠原群岛的控制,并且在当前远东国际局势紧张的情况下,应禁止岛上居民回归。在火奴鲁鲁举行的与雷德福上将、纳什先生的会议中,阿利森先生同意并乐意将此立场告知日本政府,并将此提议告诉您。远东司令部同意该立场。"(794c.0221/5-2953)3 月 18 日的备忘录,参见 638 号文件。

间取决于我们与日本之间其他事情的处理。

该附件向国家安全委员会呈现了政治判断上的基本差异。国防部没有任何文件表明奄美群岛所具有的战略重要性不能够通过从日本获得基本的权利来保证。因此国防部方面预言,将奄美群岛的控制权归还日本将会刺激日本人重获其他岛屿的热情,还会煽动岛上居民的民族统一情绪。我们自己的观点是可以通过归还奄美群岛的控制权缓解美日之间日益严重的摩擦。日本政府希望收回这些岛屿并且多次正式表达了这种意愿。他们知道我们保留奄美群岛的战略动机非常微弱,而保留其他岛屿的战略要求则强很多。为了能够保留有利于我们战略安全的岛屿,并且也不至于疏远日本,我们应该放弃我们所不需要的岛屿的控制权。

建议

18 段 a(2)中表明了您支持国务院的立场,以及 18b 和 c 关于条约所涉岛屿的建议。

(Memorandum by the Executive Secretary (Lay) to the National Security Council, *FRUS*, 1952—1954, Vol. XIV, China and Japan, (in two parts) Part 2, Editor in Chief: John P. Glennon, United States Government Printing Office, Washington: 1985, pp. 1428 – 1433.)

94. 国家安全委员会第 177 次会议讨论备忘录

No. 723

艾森豪威尔图书馆,艾森豪威尔文件,惠特曼档案

国家安全委员会第 177 次会议讨论备忘录

华盛顿,1953 年 12 月 23 日①

绝密　亲阅

节选

出席此次会议的有:美国总统,会议主持者;美国副总统;国务卿;国防部长;援外事务管理署主任;国防动员办公室主任;以及财务部长,预算署主任;

①　原编辑者注:由格里森(Gleason)于 12 月 24 日草拟。

原子能委员会主席;国防部副部长;行动协调委员会执行官员;陆军部长;海军
部长;空军部长;美国陆军副参谋长;海军行动负责人;美军空军总参谋长;海
军陆战队司令。参与第 7 项和第 8 项讨论的有国家安全委员会规划署以下成
员:国务院罗伯特·鲍伊(Robert R. Bowie);国防部弗兰克·纳什(Frank C.
Nash);援外事务管理署波特将军(Gen. Porter);国防动员处 W. Y. 埃利奥特
(W. Y. Elliott);财政部艾尔伯特·塔特尔(Elbert P. Tuttle);参谋长联席会
议修·考特上校(Col. Hugh Cort);中央情报局罗伯特·埃默里(Robert
Amory);行动协调处乔治·A. 摩根(George A. Morgan);预算署保罗·L.
莫里森(Paul L. Morrison);国务院菲利普·H. 沃茨(Phillip H. Watts);国防
部陆军准将保罗·W. 卡拉威(Paul W. Caraway);副总统办公室克里斯蒂
安·赫脱(Christian Herter)。此外出席会议的还有:中央情报局主任;总统
特别助理罗伯特·卡特勒(Robert. Cutler)和 C. D. 约翰逊(C. D. Jackson);
白宫助理秘书亚瑟·明尼克(Arthur Minnich);国家安全委员会行政秘书和
副行政秘书;以及国家安全局成员艾娜·郝彩特(Holtzscheiter)。

　　以下是此次讨论的概要和主要观点:

　　5. 美国对琉球群岛的民事管理(国家安全委员会 125/6 号文件①,第四
段;国家安全委员会第 824② 和 965③ 号行动方案;行政秘书给国家安全委员
会的备忘录,主题为"对日和约涉及的岛屿",时间是 1953 年 6 月 15 日④。)

　　杜勒斯国务卿在回答卡特勒先生提出的问题时说他还没有准备好国家安
全委员会要求他做的关于美国在琉球群岛民事管理的报告,但是下次会议他
可能会准备好⑤。

----

　　①　原编辑者注:657 号文件。

　　②　原编辑者注:国家安全委员会第 824 号行动方案,参见 655 号文件脚注 10。

　　③　原编辑者注:该行动方案在 11 月 19 日国家安全委员会第 171 次会议上提出,内
容为:"[国家安全委员会]:推迟执行的政策草案,主题为'美国在琉球群岛的民生管理',
由国务院与国防部准备且由国务卿和国防部部长做进一步研究,并在 12 月底之前交给了
国家安全委员会。"(S/S - NSC 文件,lot 66D95)。这里提及的政策草案很明显是日期为 11
月 9 日的那份草案(即罗伯森给国务卿的备忘录,11 月 16 日,794C. 0221/11 - 1653),11 月
19 日国家安全委员会会议的讨论的备忘录没有提及在 NSC965 号行动方案之前讨论过任
何政策草案。(艾森豪威尔图书馆,艾森豪威尔文件,惠特曼文件)

　　④　原编辑者注:651 号文件。

　　⑤　原编辑者注:见 730 号文件,脚注 2。

之后杜勒斯转向威尔逊询问他是否希望美国宣布归还奄美岛。威尔逊坚定地认为应该归还,除非杜勒斯随后的民事管理报告能够为延迟宣布做出合理的解释。威尔逊部长补充道,不管怎样他还是很欣赏杜勒斯国务卿草拟的这份宣言①。

杜勒斯国务卿提醒我们,一旦我们宣布继续无期限保留除奄美群岛以外的所有琉球群岛的控制权,我们将面临非常负面的反应,这不仅来源于日本还有联合国。他还说,他倾向于赞同国防部从安全角度考虑保留美国对这些岛屿控制权的观点,然而这将会使美日关系面临更大的困境。例如,这种不良关系甚至会削弱我们从冲绳岛军事管理权中可获取的军事利益。

总统提到日本非常希望我们撤出在这些岛屿的军队,并怀疑在宣言中不强调我们继续无限期保留除奄美岛以外的所有琉球群岛屿的意图是否为最佳方案。

杜勒斯国务卿说因为他最近一直在日本,所以很想听听副总统对这个问题的看法。

副总统答复说,对国家安全委员会的信息他没什么补充的。在冲绳岛时他已听闻过类似的军事观点,即美国不久将撤离在日本的军事力量,因此他认为非常有必要维持对冲绳的控制。然而,副总统又补充说他不得不同意国务卿的看法,我们的这个决定将会使美国陷入对日关系的困境,同时还会遭遇亚洲其他国家的责难。共产党势力在亚洲反对我们的一个有效宣传武器便是指责我们支持殖民主义。如果我们继续控制冲绳,我们必将面对共产党以此大做文章的情况。这种煽动也不仅局限于共产主义分子当中。尼赫鲁(Nehru)和亚洲民族主义者也会加入其中。因此,副总统认为如果我们决定继续留在琉球群岛的话,此刻起我们就应该着手考虑一些可以挽回我们面子的法律措施,例如双重公民身份,租赁或者其他,这将会对日本人产生糖衣炮弹的作用。

总统建议我们不要忽略俄国的势力已经延伸到了库页群岛以及其他不属于他们的地方。我们不该忽略这个事实,这是我们很好的反驳依据。

斯达森州长(Stassen)认为如果我们在远东的军事状况急剧恶化的话,我们面临的困难要比被指控为殖民主义更甚。他说,毕竟东方比较看重实力。

---

① 原编辑者注:国务卿于 12 月 24 日上午 10 点提到的这份宣言就是附在 12 月 23 日庄德莱(Drumright)给国务卿的备忘录里的那份草案。内容参见《国务院公告》,1954 年 1 月 4 日,p. 17。

另外,总统说他觉得我们不太可能会赢得尼赫鲁的支持。那么副总统是否同意呢?副总统认同这一点,但是却指出了苏联的宣传很成功,他们给美国贴上殖民帝国主义的标签却避掉了他们自己。

杜勒斯国务卿询问他是否可以将保留琉球群岛宣言文本读给安全委员会听。他读完之后,总统询问我们强调继续留在部分岛屿上的原因是不是不够有说服力,应该说明当我们的目标和自由世界的目标得到保证后,我们将会撤出。

进一步讨论这个问题之后,杜勒斯国务卿提到我们有必要在接下来的一段日子里宣布我们的公告。这么做并不排除日后想到其他有效方法的可能性,但总的来说,似乎最好应立刻公布该提议公告。

国家安全委员会:

a. 要求国务卿和国防部长在 1953 年 12 月 20 日的下一次安全委员会会议上汇报他们按照国家安全委员会第 965 号行动方案对该问题做进一步研究的结论。

b. 提到总统同意国务卿宣布关于我们将奄美群岛归还日本的公告,同时按照 NSC125/6 文件要求,保留我们在对日和约第三款提到的对其他岛屿的控制权。

埃弗雷特·格里森(S. Everett Gleason)

(Memorandum of Discussion at the 177th Meeting of the National Security Council, Washington, December 23, 1953, *FRUS*, 1952—1954, Vol. XⅣ, China and Japan, (in two parts) Part 2, Editor in Chief: John P. Glennon, United States Government Printing Office, Washington: 1985, pp. 1567 - 1570.)

95. 罗伯森给国务卿的备忘录

No. 729

794C.0221/1 - 853

远东事务助理国务卿罗伯森(Robertson)给国务卿的备忘录①

机密 华盛顿,1954 年 1 月 8 日

---

① 原编辑者注:由麦克勒金起草。

主题：美国司法控制之下关于琉球群岛的民事指令(Directive)

讨论：

1953 年 11 月 16 日的备忘录①中有关于民事指令的提议，出于关切，您将这份指令交予国务院以外②的人传阅以听取他们的意见。12 月 23 日，海恩先生(Mr. Hines)将您收到的评论交给了麦克勒金先生(Mr. McClurkin)，要求他按照这些评论再重新考虑指令内容。我已经准备好给国防部长的信(标有 A 的那封③)，希望他同意按照提议对指令(标有 B 的那份④)进行修改；也准备了一份给预算署的提案，要求他们尽快起草一份执行命令且同时发布该指令。经修改的提议主要反映了我们根据那些评论所做的重新思考，当然也包括一些目前来看比较需要的其他改变。

附件中 C 标签文件是我们根据评论重新考虑指令所做的总结，以及除此之外我们对提案所做的解释。附件中 D 标签文件是我们收集的国务院以外的人员的看法。

我建议：

1. 您签署附件中的信件(标签 A)并将其交予国防部长，要求其同意按照提议对指令进行修改，并同意发布执行命令。

2. 您敦促国家安全委员会要求预算署尽快起草行政命令，并要求其在与相关机构商讨后明确国防部代表团的行政责任，并将该命令作为公共文件为琉球群岛居民提供"权利法案"，证明我们对所管理岛屿持负责任的态度。

标签 C

根据国务院之外的观点对法案重新修改后的总结

---

① 原编辑者注：这份备忘录中，助理国务卿建议同意 11 月 9 日的草案指令。(795C.0221/11 - 1653)1954 年 1 月 11 日草案指令的内容以及所提议的修改部分，参见 731 号文件。

② 原编辑者注：培根(Bacon)在 1952 年 12 月 28 日给麦克勒金的备忘录中几次提到迪安·腊斯克(Dean Rusk)对草案指令的分析看法。然而，他叙说的不够详细，无法知道腊斯克的言论是否被打印在标签 D 文件中。

③ 原编辑者注：附件中未发现，但很显然就是下文所说的 1 月 11 日送的那封信。

④ 原编辑者注：附件中未发现，但很显然就是 731 号文件中 1 月 11 日的草案。

（1）第一组意见是关于我们基本的政治决定：无限期保持目前对岛屿的控制程度以及不申请托管。这种观点有其正确性。远东事务部争论了他们过去的状况，但最终他们的结论是战略考虑高于一切，应该遵循国家安全委员会的决策。

（2）关于"法律体系"。这些观点包括对琉球群岛法律框架内一些重要问题的探讨。

根据指令，适用于琉球群岛所有居民的法律应该：（a）立法如果不被美国民政部否定或中断的话，应该像其之前那样，或者日后应该由琉球民政府（GRI）制定，（b）法律由美国民政部直接公布。总的来说，美国的法律和宪法不适用于琉球群岛。然而，美国法院也许会认为美国的一些具体法令法规以及美国宪法的一些条例适用于琉球群岛，在某个时候还可要求总统通过行政命令规定美国的一些法令适用于琉球群岛，例如民用航空法。

要求国会为琉球政府制定——组织法并不合适，因为这意味着我们对琉球群岛的控制时间将远超出我们之前的打算，同时，这一法律还会激怒日本人，这完全没有必要。我们控制琉球群岛的安排应尽量官方化——不通过组织法——因此行政指令（构成了国防部实行控制的计划框架）以及可能被公布的其他指令都应由参谋长联席会议向岛屿管理人员颁布。

关于非琉球群岛本土居民的司法补救问题促使了对指令中涉及建立琉球群岛法院的那一段内容的修改，并删除了一段内容，这段内容赋予美国民政部可在岛屿上建立特别法庭的权利，以对关乎美国安全和人员的个别重要案件进行司法审判。按照修改后的提案规定，琉球群岛法庭可以对一切案件实施司法审判，除了美国军人、民用雇员或者独立个人所犯的刑事罪，这应由美国军事法庭按照军事审判统一法令的条例进行审理。修改后的议案使得民政部法庭不再拥有民事审判权和刑事审判权，因为那样的话个人将无法获得申诉权，也无法获得琉球群岛法庭和美国军事法庭按照军事审判统一法令保障个人利益的法律权益。

（3）总督。提案里唯一一处出现的"军事总督"被改成了"总督"。修改后的指令 A3 段采纳了岛上总督和副总督由美国总统任命的提议。考虑由远东司令部总司令担任岛上总督。

（4）"主要使命"。B 标签文件下的第一和第二段做了修改，为了更好地说明岛上居民的福祉和对其进行有效管理并不只是美国安全使命的附属品。

（5）对琉球政府的"安全否决权"。意识到应该限制总督行使否决权，C1段做了修改，规定除非紧急情况，总督必须在经国防部长和国务卿同意之后才能实施该段里阐述的民政部赋予其的所有权利（否决或搁置法律权，颁布法律权，审核或修改法庭审判结果权，解雇官员权）。

（6）根据建议，C2段被删除并将会做为封面介绍的一部分而非指令的一部分。然而，其下的（f）小段仍然作为琉球群岛民众的"权利法案"而保留。

（7）H段做了修改以消除琉球群岛居民满意的健康福利与美国人员可能需要的福利之间的不公平的对比。

（8）L段做了修改，去掉了对征用琉球群岛土地和劳动力进行"公正及时赔偿"所需的"获得适度资金"的资格限制，因为现存的法律规定禁止过度使用拨款，因此这样的资格要求就没有必要了。

除上述建议之外关于琉球群岛民事管理提案的解说：

1. 指令的序言部分做了修改，以便更好地符合和平条约第三款的要求。

2. 正如我们递交给国家安全委员会计划署关于琉球群岛决定的文件中所阐述的那样，我们认为有必要颁布行政命令正式委任国防部管理琉球群岛事务，并为琉球群岛居民提供一公共文件作为其"权利法案"，同时可以证明美国作为管理者负责任的态度。现行指令的大部分内容可以被完整地融合进这一行政命令。我们认为国家安全委员会就这一命令问题应要求预算署在与其他相关部门协商后迅速制定并完善该行政命令。日后还有可能需要更多的行政命令以确保美国的法律适用于琉球群岛。

3. 远东司近来还含蓄地表达了我们对征用土地的补偿仍然是一个难题。因此我们提议行政命令的相关文件中应包括相应说明要求琉球群岛总督尽快向美国政府递交一份详细的关于土地补偿的报告，指令的J段也已经做了修改，民事管理部门将会与琉球群岛地方当局就征用土地进行协商。

4. 计划在指令中规定琉球群岛总督向美国政府递交半年进展报告，并在时机成熟时给出详尽的让渡民事管理权的计划，以减轻美国民事管理的职责。半年进展报告可以帮助行动协调委员会定期审视这一问题。

标签 D

美国对琉球群岛民事管理指令的评论意见

1. 潜在的政治决策

指令本身并不涉及建立美国在琉球群岛无限期的民事管理的基本政治决定。这些评论建议并未参考任何国家安全委员会关于该问题的文件。

很显然,指令是基于这样的政治设想:这些安排要么会令日本民众和琉球群岛居民满意,要么不顾他们的反对执行这些安排。

如果这些安排不能令日本民众和琉球群岛居民满意,也不应忽视推进政治决策的重心。考虑到美国与日本的关系,日益严重的琉球群岛民族统一问题将会严重妨碍美日关系并削弱我们在日本的安全地位。长远来看,对我们而言日本的态度肯定比我们在冲绳的地位要重要得多。琉球群岛居民方面,他们的激烈反对将使美国人民和全世界人民面对民族自决的问题,而这将使美国陷入将自己的管理强加给其他民族和文化的尴尬境地。这样的处境与我们民族的良心与悠久传统相违背,也会很大程度上削弱我们与亚洲人民、中东人民甚至拉丁美洲人民的关系。这无疑将会为共产党提供一个大做文章的好机会,并会强化人们的认识,以为苏联是反殖民势力的主要依靠力量。尽管这是错误的看法,但丝毫改不了它可能带来的危险。

可以在保证美国在琉球群岛军事安全的情况下解决上述问题吗?答案是肯定的,需要我们以牺牲某些便利为代价,并冒着削弱在琉球群岛管理权的风险。

首先,不清楚为什么不将对琉球群岛的美日联合托管办法提交给联合国通过。对日和约里虽没有规定这样的职责,但是目前却非常有必要。这样的托管权无需是"战略性"的,因此不需要经过联合国安理会的投票通过;它可以是一般性的,只要联合国大会通过即可。没有规定说这个托管协议里的内容不能成为另一个协议的内容,因此安全问题可以获得有效解决。美日联合托管权可以确保日本负责非安全性问题而美国负责安全性问题。尽管起草这样的文件会很困难,但是一定可以做到,除非美国想以一种不负责任、轻浮的姿态来履行其安全职责,不顾我们在夏威夷、阿拉斯加以及其他太平洋地区的安排。

如果认为采取联合托管是因为害怕影响日本民众的长远态度而无法接受的话,那么应该明白日本的态度是我们的主要考虑因素,我们可因此采取措施加强与日本的关系,其中之一便是在琉球群岛与其成为合作伙伴。

联合托管是抵制联合国内针对美国的关于民族自决问题的最有效方式,因为联合国自身将会同意这些决定。

其次，如果美国自己不同意托管，应该采取一些措施将这些安排可能带来的危险降到最低。例如，在此安排下美国的实际处境要比其公开的处境有利的多（指美国、日本民众、琉球群岛居民以及世界范围内人民的看法）。这取决于最终将琉球群岛归还日本的想法会不会在指令中公开。不管怎样可以保守这个秘密吗？不会因为政治压力暴露这个秘密吗？如果答案是肯定的话，为什么不在一开始就公开呢？

再次，对琉球群岛的安排可以与其他的特定事件相结合，以此来解释美国为何想要继续控制这些岛屿，并且可将部分责任归于共产党的侵略。例如，美国可以宣布打算将琉球群岛归还日本，只要库页岛被归还。或者一旦朝鲜、印度支那以及太平洋地区的普遍和平与安全问题得到很好的解决，我们将考虑归还琉球群岛。

2. 关于起草的指令

下面的评论是关于起草的指令的，潜在的政治设想基于：

a. 法律框架

由此产生关于法律地位的问题。很明显，根据国际法，美国有权执行其对琉球群岛的行政权、立法权和司法权。但是美国的法律却未明确规定如何去实施这些权力。哪项法律可适用于美国在琉球群岛的军事基地？依据哪部法律来管理美国和外国的民众？难道我们要根据行政命令的军事许可来对岛屿上数千居民实施剩余主权管理？也没有让国会为琉球临时政府制定组织法的任何说明，而这可行吗？至少对于岛上的美国人和非琉球群岛本土人，美国制定的法律和宪法可行吗？所有岛上的非琉球群岛人员适用于美国的军事审判统一法令吗？这一法令可以适用于管理岛屿时产生的所有问题吗？

因此美国依据法律来行使权利是最基本的，这样的法律应该适用于它管理的所有人并为他们所知。这种情况下，指令需显得很开明且令人满意。但是除了美国军人适用于军事审判统一法令，有什么安排是针对任何认为自己是武断的军事权力的牺牲品这一想法的？如果答案是"没有"的话，这些提议的安排都显得不可取。

b. 军事统治者

指令意指建立——"民事管理"，为何要叫首席长官"总督"而非"军事总督"呢？尽管他会被认为就是军事人员。在和平时期，"军事总督"来管理这么一大帮人实属不易，这个称呼给我们的敌人造成了一个假象。

进一步来说,我们强烈建议总督和副总督(岛上的真正管理者)在任何情况下都由美国总统任命。程序很简单,这样可以突出是美国政府在对琉球群岛政府负责,并提醒相关管理人员他们肩上的职责远不止日常军事任务。

c. 主要使命

用这样的军事术语来形容美国对岛屿的民事管理有点大不敬。我们所强调的是管理数十万人的职责——活生生的人。他们的安全、福祉和良好的管理是我们的第一职责,至少等同于我们自己的国内安全利益。可以通过修改第二页 B 部分下面的前两段来解决这个问题。修改的时候应谨记指令将公开,即使现在我们不打算一开始就公开。至少在六个月之后会公开。

d. 琉球群岛管理的安全否决权的实施

指令清楚地说明了琉球群岛的自治精神,琉球群岛居民一定喜闻乐见。指令不应包括一些细节,例如在什么情况下管理者可以实施其终极权利推翻琉球群岛当局的行动。如果能够强调除非紧急情况管理者都应在实施其否决权前听取美国政府的看法,那么这将有效增强指令的政治意义。

e. 与琉球群岛居民保持紧密联系

第三页的 C2 部分给出了完整的建议,总督应如何使用其权利保证岛屿的发展而不被迫行使其剩余权利。建议这些内容应该列在补充说明里而不是在指令正文中。目前版本的指令公开的话容易使琉球群岛当局成为"傀儡",并且引发对琉球群岛自治本质的不必要嘲讽,而促进琉球群岛自治正是指令的目的之所在。

f. 公共卫生

第七页的 H 部分建议琉球群岛居民合理的公共卫生标准与美国公民的公共卫生标准应是两码事。该部分显得过于粗鲁,因为它很容易在全世界范围内引起强烈的反感。我们没必要清楚地表明疾病污秽对某些人来说没关系,除非他们太接近美国人并将疾病传染给我们。这不是实质性问题,只是措辞技巧的问题。

g. 公正及时的补偿

第九页 L 部分谈到了公正及时的补偿,即对美国机构占用的琉球群岛土地、劳力以及其他资源提供"适当程度的"补偿。这暗示民政局有可能使用私人土地、劳动力及资源,因缺乏美国政府的拨款而无法给予赔偿。这个漏洞应该补上,至少在紧急军事行动以外的情况下应是如此。如果真有必要对琉球群岛居民征税的话,美国政府应激励自己寻求必要的资金。

3. 结语

因为上述评论多是局限于对指令内容的反对意见,可以以此来使指令内容有所改善,而按设想,这份指令应该因其精神内涵的广泛性以及积极消除潜在政治决策的负面结果而受到称赞。如果花时间来完成这个任务的话,指令的大部分条款都应附有具体的补充说明。主要的问题在于美国政府是否对基本政治决策以及民政府即将执行的法律体系满意。

(Memorandum by the Assistant Secretary of State for Far Eastern Affairs (Robertson) to the Secretary of State, *FRUS*, 1952—1954, Vol. XIV, China and Japan, (in two parts) Part 2, Editor in Chief: John P. Glennon, United States Government Printing Office, Washington: 1985, pp. 1577 - 1584.)

96. 美国对琉球群岛民政管理的指令草案

No. 731

794.0221/1 - 1154

美国对琉球群岛民政管理的指令草案

机密　华盛顿,1954 年 1 月 11 日

(划线的字意为新加的,括号内的字意为从 1953 年 11 月 9 日草案中删除的。)①

序　文

《对日和平条约》第三款规定美国有权对北纬 29 度以南南西诸岛的领土和居民施行(一切)管理权、立法权和司法权,包括领土内的水域,除了奄美群岛中已将管理权过渡给日本的岛屿。(美国已经将历史上属于鹿儿岛县的部分岛屿的管理权、立法权和司法权让渡给了日本。)

《对日和平条约》第三款规定的(其他)剩余岛屿继续由美国行使主权(这里指琉球群岛),这对于整个自由世界的安全具有重要的战略意义。正因如此,美国在这些岛屿建立了军事基地体系以及其他设施以捍卫整个太平洋地

---

① 译者注:此文件中下划线用斜体取代,括号内容除特别说明者外,均出自原文本。

区的安全。要在远东地区建立长久的和平稳定,美国(被要求)计划维持在(和平条约第三款规定的)(其他)琉球群岛的控制程度并行使权利,以便有效捍卫这一地区的安全。

A. 美国对琉球群岛的民政管理

1. 在对《日和平条约》生效前,琉球群岛作为敌占区受控于美国军事管理。自条约生效起,它们不再是敌占区。然而,和平条约第三款规定美国一直并继续拥有对岛屿的管理权、立法权以及司法权,由美国国防部(军队)通过任命一名(军事)总督来继续行使。在琉球群岛与外国政府及国际组织的关系方面,国务院在与国防部的相应机构进行磋商后,将行使美国的所有权利。

2. 该指令将作为行使琉球群岛管理职责的依据,国防部(军队)将不时颁布进一步的指令以促进更好地完成指令里设定的目标。国防部(军队)管理这片地区将被称为"美国对琉球群岛的民政管理"(USCAR)。下面简称"民政管理"。

3. (远东总司令被委任为琉球群岛的总督,他有权从美国武装部队里挑选出一名官员任命其为琉球群岛的副总督,并遵循此份指令和接下来颁布的指令按其意愿授予副总督相应权力。)美国对琉球群岛的民政管理应由总督和副总督负责,总督可以授予副总督与此份指令以及随后指令相一致的权力。总督和副总督应由美国总统任命。副总督直接对总督负责。对民政管理的权力和功能的解释与对总督权力和功能的解释相近,不涉及总督的具体委任权。

B. 美国民政管理的使命和目标

(1. 美国对琉球群岛民政管理的主要使命是在岛内创造更好的条件帮助美国在琉球群岛内外的武装部队成功执行其军事任务,进一步巩固美国在保护自由世界斗争中的利益。)

(2. 维持并发展琉球群岛的政治和经济稳定对完成这项使命至关重要。美国民政管理将在各个方面帮助并鼓励琉球人民通过由他们自己选择的各种途径来实现这种政治经济稳定,只要他们的方式不与民政管理的使命冲突。)

1. 美国对琉球群岛民政管理的使命是确保该战略地区能够为自由世界的和平与安全做出有效贡献。要成功圆满完成这项使命有赖于琉球群岛人们幸福安康,他们的政治经济稳定以及与他们的邻邦维持友好关系。

(3) 2. 为完成这一使命,民政管理的基本目标为

(a) 鼓励并加强琉球群岛政府、经济和社会各机构的民主。

（b）鼓励发展建立在民主准则基础上，由良好金融机构支撑的高效负责的政府，该政府的管理除了考虑很多其他因素之外，还要考虑到琉球群岛与日本之间文化和教育上的纽带关系。（以及最终将岛屿归还日本。）

（c）帮助琉球群岛人民完成切实可行的经济目标，使其生活水准可与日本国内相媲美，并最终由琉球群岛人民自己维持这种状态。

（d）帮助琉球群岛政府和琉球人民实现其生活、教育、公共卫生、公共安全标准，这些对实现上述的目标非常必要。

C. 美国民政管理的权利

1. 美国民政管理通过琉球群岛本土的政府来管理（GRI，见下面的 D 部分）；但是一旦有利于其完成使命，民政府可以否定或搁置琉球群岛政府或其他当地机构的法律或其他议案；颁布法律、法令或者条例；审查或者修正法院的任何决定、审判或裁决；以及解雇官员。美国民政府可以全部或部分恢复其对琉球群岛的权利，如果恢复这种权利对安全必不可少的话。除非在紧急情况下，否则上述权利须在国防部和国务院均同意提案的情况下方可实施。

（2）在行使上述权利时，民政府应该与身处要职的琉球官员保持密切联系。在双方联系中，民政府应该提供信息、帮助和指引，而非一味行使官方特权。通过这种磋商咨询的方式，力保琉球群岛政府及其职能部门和地方政府的最终行为能够被民政府所接受。这会在很大程度上避免民政府采取极端举措否决立法、废除选举、修改已宣布的行政议案，推翻琉球群岛政府的行动，或者干涉琉球群岛政府的正常职能。美国的政策是尽快减少其对琉球群岛的民政管理职责，而同时又不致影响其军事要求。民政府拥有管理琉球群岛政府的最终权利。（按照上面所说，民政府应当：）

（a. 促进双方合作和了解，使琉球群岛政府能够在管理内部一切事务中行使正常权利。）

（b. 在琉球群岛立法部门或者地方自治立法机构出台法律之前，咨询相应的琉球群岛行政和立法官员并给出建议，以避免不必要地行使否决权。）

（c. 除非威胁到民政府使命的完成，否则尽量避免修改琉球群岛法院所做的决定。）

（d. 在方案、政策和程序的制定和发展方面，全方位与琉球群岛政府以及地方政府协调合作，并赋予这些政府部门足够的自由使其可以充分实现琉球群岛人民的政治抱负,促进贸易、商业、工业以及岛屿资源开发的发展。)

(e. 避免罢免任何级别的琉球群岛官员,除非该官员的继续任职对完成民政管理的使命造成威胁。)

(f. 保证琉球群岛人民可以拥有其他任何民主国家人民享有的基本自由,例如言论自由,集会自由,请愿自由,宗教自由,新闻自由,不受非法搜查与逮捕,不经法律程序不得剥夺其生命权、自由权或财产权。)

(g. 鼓励政党行使集会权和公议权。然而,那些提倡不经合法程序或和平请愿而进行政治、政府或者社会改革的政治群体或组织不应在此范围之内,妨碍政党实施其政策和行为的政治群体或组织也不应在此范围内。)

(h. 尽一切努力实现民政管理的目标并将对琉球群岛人民的干扰降到最低。)

2. 在行使上述涉及的权利时,民政府应保证琉球群岛人民可以拥有其他任何民主国家人民享有的基本自由,例如言论自由,集会自由,请愿自由,宗教自由,新闻自由,不受非法搜查与逮捕,不经法律程序不得剥夺其生命权、自由权或财产权。

D. 琉球群岛政府(GRI)

1. 将保留(负责任的)中央政府和(负责任的)地方政府。中央政府应是琉球群岛政府。

2. (总体来说)琉球群岛政府应遵循民主自治的原则。

3. 琉球群岛政府的立法权应归于其立法机构,而其成员应由琉球群岛人民按照其制定的法律程序选举出来。立法机关对当地所有法律事务行使立法权。立法机关应是其成员选择和资格的判定者,并从中选择其官员,制定其规则和程序。当地自治政府的立法权由当地立法机构行使,该立法机构应由当地居民按照琉球群岛政府规定的程序选举出来。

4. 琉球群岛政府和地方自治政府的行政官员应直接由选举产生或者由各自的立法机构选出,遵从立法机构制定的规则和程序。

5. (琉球群岛政府将维持其法院体系,包括民事法庭、刑事法庭以及上诉法庭。这些法庭可以对所有琉球群岛居民行使司法权。在民政府控制下这种司法权可以覆盖到岛上所有成员而不致影响岛上法庭对案件的处理。琉球群岛法庭不能够审判美国军人、公务员,美国政府雇员,及他们的家属,以及适用于条款 2 中 1 到 11 段提及的"军事审判统一法典"的其他人员。法官与法院其他官员由琉球群岛政府的行政长官按照琉球群岛立法机构设立的程序任命。)琉球群岛政府将维持其法院体系,包括民事法庭和刑事法庭以及上诉法庭。这些法院可以行使所有的民事审判权和刑事审判权,除了涉及适用于"军事审判统一法典:条款 *2* 第 *1* 到 *11* 段的刑事犯罪情况"。法官与其他法院官员由琉球群岛政府的行政长官按照琉球群岛立法机构设立的程序任命。

（6. 除了上面提及的法庭,民政府法官悉将被召集以审判影响到美国安全、财产或其民众的重要案件。这些法官席不是司法体系一以贯之的一部分,而是临时召集起来审理琉球群岛法院无法处理的案件。它将按照民政府颁布的公告、法令和指令运作。所有这些审判所获得的收益都将作为琉球群岛政府收入的一部分。）

E. 琉球群岛法律的编纂

民政府将协助琉球群岛政府颁布并有效管理民事、刑事法,以及琉球群岛法律、条例及规章制度的编写,并提供建议。民政府在履行这一职责时应意识到琉球群岛可能希望将其法律体系和日本目前的法律体系联系起来,包括民事法和刑事法。

F. 经济事务的管理

1. 民政府将协助、鼓励琉球群岛政府通过开发其资源来建立并维持其长期的经济项目。该项目旨在建立一个生活标准相当于日本国内生活标准的经济实体。该项目包括但不局限于对发展以下项目的帮助:

（a）自由竞争体系下所有恰当模式的农业、渔业、工业以及商业。

（b）保护和使用琉球群岛自然资源的合理政策,侧重土地再利用,农业科技化的提高和发展。

（c）琉球群岛工业和自然资源的长期基础,减少进口,加大出口。

（d）琉球群岛外贸,鼓励外国在琉球群岛的投资。必须认识到日本是琉球群岛最主要的进口国和出口国。应鼓励琉球群岛与日本之间的生意往来。

（e）稳定的经济结构,以公平的税务制度为基石以支撑琉球群岛政府,合理的银行货币体系,包括针对所有涉外交易的统一的汇率,以期达到自由兑换的最终目的。

（f）劳工保护法,规定标准工作时间、最低薪资、工作环境,鼓励建立民主的劳工组织,民政府认为这对琉球群岛人民有益,并将有助于琉球群岛最终归还日本。

2. (g专项资金)所有来源于出售占领区救济物资供给所得的货币收入或者民政府从占领区治理和救济委员会投资中获取的货币收入都将作为专项资金。该资金的使用须经过民政府同意并用于以下用途：

（i）给予琉球群岛政府最小量最实质性的资助,直到其有足够的收益。

（ii）民政信息和教育项目的合理花费。

（iii）经济复苏,包括但不仅限于扩大对农业和私企的贷款,这将扩大国内生产与服务,促进经济自足。

（iv）经民政府同意,由琉球群岛政府执行的公共支出、资产改良以及赈灾支出。

G. 民政信息和教育管理

1. 民政府将实施一项民政信息和教育管理的项目,主要目的与准则如下：

（a）该项目提供的所有技术和设备将被全面使用以促进并加快民政管理的基本目标,协助民政管理各部门完成其他具体项目和工程。

（b）民政信息和教育项目将有效鼓励和增强琉球群岛人民的能力和意愿,使他们在完成和支持民政事务时积极地承担更多的责任。

（c）民政信息和教育项目将为琉球群岛教育机构提供全方位的建议和意见,鼓励建立并维持能够满足琉球群岛人民的需求和能力,以及他们的日本化传统的教育体系。

（d）在完成该部分阐述的其他目标的同时,民政信息和教育项目还将致力于培养琉球群岛人民对美国及其他自由国家的理解、友谊、信任和共同利益的态度。

H. 公共卫生与福利

民政府将与琉球群岛政府合作为琉球群岛人民创造合理、高满意度的公共卫生和福利标准。除了必要的资金支持以外,民政府还将致力于维持这些标准。(在岛上的美国人民的健康需求可能要求将琉球群岛卫生标准维持在一个超出琉球群岛人民合理需求的水平上,民政府有权合理使用所获得的资金来维持这样的高标准。)

I. 公共安全管理

民政府将建议并帮助琉球群岛政府和当地政府建立公共安全体系，这将有利于法律和指令的和平维护，捍卫琉球群岛人民的基本权利。（见下面的 L 部分，第一段下面的 a 小段。）

J. 不动产的采购和使用

1. 按照《对日和平条约》规定，美国对琉球群岛实施所有的政府权利，因此民政府有权使用日本政府在琉球群岛的所有公共财产，因为美国委任其实施美国在群岛上的所有管理权、立法权和司法权。民政府可以考虑允许琉球群岛政府在其规定条件下使用这些财产，但不会让出其权利。

2. 民政府将作为美国的中介，为美国政府机构提供所需要的琉球群岛上的不动产和其他设施。美国政府机构（所需求）的财产将在合适的时机与琉球群岛政府以及财产所有者协商后通过购买或租赁的方式获得。此外，时机合适并且资金到位的情况下，美国可以通过获取地役权利息来达到获得这些财产尽可能长的使用权的目的，或者通过对这些财产按照其最初的资产价值进行等值的全额补偿来获取。如果（所需要）财产的租赁与地役权无法进行公平合理的协商，那么民政府应该在与当地政府和琉球群岛政府商榷后（要求琉球群岛政府）决定，该财产是否可以被美国使用。琉球群岛政府应要求美国在其征用过程中支付必要的租赁利息，而美国应该对征用财产进行合理迅速的赔偿。琉球群岛政府决定是否允许美国征用财产。

3. 民政府在决定美国军队执行军事使命用到的设备和地区时，应充分考虑到其决定将会对琉球群岛人民的经济和社会生活造成的影响，同时还要充分尊重所涉及的个人的财产权。

4. 民政府将作为中介负责美国对不动产拥有者的个人赔偿事宜，以及其他使用土地时涉及的财产和 1950 年 7 月 1 日之后的其他财产。

5. 民政府将建议并鼓励琉球群岛政府发展及保持对地契的记录。

6. 如果在美国不征用的情况下这些财产被用来发展琉球群岛经济的话，任何拥有琉球群岛上不动产的个人或者企业不得继续持有其财产。如果这些拥有者拒绝政府使用它们的财产，那么琉球群岛政府在民政府的指示下可以强行征用土地来发展琉球群岛经济。

K. 补充说明

1. 民政府将协助琉球群岛政府建立并完善一大项目,该项目旨在重新安顿在琉球群岛和其他相应范围内因美国军事需求而被剥夺土地的琉球群岛居民。

2. 民政府将按要求准备并不时向国防(军)部递交美国给琉球群岛民政府拨款的合理预算。民政府按照批示的程序对用于此用途的资金花费负责。其每月须向国防(军)部递交进展报告。

3. 所有在琉球群岛的美国机构都须遵守民政府颁布的法令和条例。

4. 这份指令将取代之前颁布的参谋长联席会议关于琉球群岛民政管理的条例。

5. 由民政府之前颁布的法律、条例和指令在按照这份指令的要求进行修改或者被废止前,将继续有效。

L. 远东总司令与琉球群岛政府以及琉球群岛人民之间的财政关系

对被美国机构使用的琉球群岛土地、劳力以及其他琉球群岛经济资源进行公正迅速的赔偿,赔偿对象为琉球群岛政府或者琉球群岛人民。土地使用的赔偿问题将根据琉球群岛经济情况进行调整。

注:(除了)(译者按:此处括号内容为美国编者所加)上述提议的指令,传达指令的文件应包括给琉球总督额外秘密指令,这应当包括:(a) 之前 C 段里除了 f 条款的所有内容;(b) 三个月内递交一份关于土地征用与赔偿的全面详尽的报告;(c) 关于减轻民政管理职责的半年度进展报告。

(Draft Director for United States Civil Administration of the Ryukyu Islands, *FRUS*, 1952—1954, Vol. XIV, China and Japan, (in two parts) Part 2, Editor in Chief: John P. Glennon, United States Government Printing Office, Washington: 1985, pp. 1586 - 1596.)

97. 罗伯森给代理国务卿的备忘录

No. 736
794C. 0221/2 - 1654

远东事务助理国务卿罗伯森(Robertson)给代理国务卿的备忘录①

机密

主题:琉球群岛民事指令

按照您的建议,Phleger 先生、阿利森大使(Ambassador Allison)以及我,昨天与赫尔将军(General Hull)、奥格登将军(General Ogden)、海军上将戴维斯(Admiral Davis)以及国防部其他人员,就国务院与国防部在琉球群岛民事指令文本上的分歧进行了讨论。我们就附件的草案②(标签 A 的内容)达成了一致,除了一个例外。

这个例外在指令的第二页上。昨天我们一致的说法是琉球群岛的总督由国防部长推荐,总统任命。之后,国防部将条文改为"他的提名由国防部长提交给总统以获得其同意"。我认为这个说法忽视了重要的一点,而且应该给予琉球群岛总督由美国总统任命的殊荣。因此我建议您敦促国家安全委员会接受昨天我们同意的说法。

至于其他方面,我认为附件的草案体现的立场比较合理,而且 1 月 11 日给威尔逊国务卿信里的建议做了大量的修改。它包含了国务卿关于美国民政管理的使命的观点,而且还增加了国防部关于民事管理主要职责的言论。它还解决了之前指令草案中存在的关于非美国军队雇佣的、非琉球群岛人的民事和刑事审判问题。

另外,它不要求行使延缓当地政府行动的紧急权利之前先征得美国政府的同意,只是要求在行使此权利时及时向国防部和国务院报告。附件草案里另外一处省略的是关于减轻民政管理职责的定期进展报告的要求。

建议:

我建议您在周三③的国家安全委员会会议上支持附件中的草案,同时敦促国家安全委员会在指令中加入这一要求:琉球群岛的总督由国防部长推荐,总统任命。

---

①　原编辑者注:附在 2 月 23 日 Robertson 给国务卿的备忘录里,未刊印。(794C. 0221/2‐2354)

②　原编辑者注:未刊印

③　原编辑者注:2 月 17 日。

（Memorandum by the Assistant Secretary of State for Far Eastern Affairs (Robertson) to the Acting Secretary of State, *FRUS*, 1952—1954, Vol. XIV, China and Japan, (in two parts) Part 2, Editor in Chief: John P. Glennon, United States Government Printing Office, Washington: 1985, pp. 1604 - 1605.）

98. 国家安全委员会第 185 次会议备忘录

No. 737

艾森豪威尔图书馆,艾森豪威尔文件,惠特曼档案

国家安全委员会第 185 次会议备忘录,1954 年 2 月 17 日①(摘录)

绝密　亲启

出席第 185 次国家安全委员会会议的有:美国总统,主持会议;美国副总统;代理国务卿;代理国防部长;援外事务管理署代理署长;国防部长。出席此次会议的还有:财政部长;司法部长(条款 1,2 和 4);商务部长(条款 4);预算署署长;原子能委员会主席(条款 1,2 和 4);国防部助理部长(研发);陆军部长斯莱扎克(Slezak)先生;海军代理部长;空军代理部长;参谋长联席会议主席;陆军部总参谋长博尔特将军(Gen. Bolte);海军作战部部长;空军部总参谋长;海军陆战队总指挥;中央情报局局长;国防部赫尔将军(Gen. John E. Hull)(条款 7);国防动员办公室威拉德·保罗将军(Gen. Willard S. Paul);预算署沙普利先生(Mr. Shapley);国防部苏利文先生(Mr. Sullivan);国防动员办公室阿什先生(Mr. Ash)以及赫尔利先生(Mr. Hurley)(条款 1 和 2);总统助理;总统特别助理罗伯特·卡特勒(Robert Cutler);国家安全委员会内安部代表;国家安全委员会特别成员理查德·霍尔(Richard L. Hall);总统行政助理布莱斯·哈洛(Bryce Harlow);国家安全委员会行政秘书以及国家安全委员会副行政秘书。

以下是此次会议讨论内容的概要以及大家的主要观点。

---

① 原编辑者注:由 Gleason 于 2 月 18 日起草。

7. 美国在琉球群岛的民政管理(国家安全委员会行政秘书给国家安全委员会的备忘录,同主题,时间为 1954 年 2 月 16 日[①],NSC125/6[②],第四段;国家安全委员会 824 - b 号[③]与 965 号[④]行动方案;行政秘书 1953 年 6 月 15 日给国家安全委员会的备忘录,主题为:对日和约涉及的岛屿)。

卡特勒先生发言说,长达八个月之后,"雄狮"和"绵羊"终于同意消停下来了,因为他获悉国务院和国防部已经就商讨中的指令达成一致。是否像他暗示的一样雄狮其实凌驾于绵羊之上,留待史密斯部长(Secretary Smith)来阐述。

史密斯部长说,四天前他刚接到指令文本的时候,里面其实有五大页内容都是国务院与国防部的分歧意见。庆幸的是,赫尔将军已经在华盛顿了,并且召开了会议消除了这些分歧。因此,史密斯部长认为此次会议上的文件代表了两部门的共同意见。只是,史密斯部长说国防部建议做一处"轻微的变动",即由国防部长提名琉球群岛管理者,国务院不同意。国务院仍然认为应由总统在国防部长的推荐下任命琉球群岛总督。

道奇先生(Mr. Dodge)说他在前一天 5 点 15 分才收到草案指令的附件,只能粗粗看过,但是让预算署担心的是指令内容过于偏离民政管理,而且授予国防部的权力太多。

凯斯部长(Secretary Kyes)回答说,如果这份草案通过而国防部的修改意见不被采纳的话,那么总统任命的候选人还得经过参议院的批准,尽管按照指令的说法琉球群岛总督是军事官员,这还是增加了不必要的麻烦。

史密斯部长不赞成凯斯部长的观点,而且总统也补充道,他的许多任命都没有经过参议院批准。

赫尔将军认为所有这些都只是措辞上的小问题。他比较关心的是——当然,他现在身兼琉球群岛管理者一职——哪一种措辞比较合适。

史密斯部长提醒委员会,国务卿坚持认为琉球群岛的总督不应该是名军人。考虑到国务卿已做出很大的让步以期与国防部达成一致,他建议委员会

---

① 原编辑者注:未刊印。发至委员会成员,内容为备忘录中指令草案的讨论内容。

② 原编辑者注:657 号文件。

③ 原编辑者注:见 655 号文件脚注 10。

④ 原编辑者注:见 723 号文件脚注 4。

延迟行动,等杜勒斯国务卿从柏林归来后再议。

　　总统说我们保留冲绳就是为了保卫我们在太平洋地区的安全,要是还想着其他的话,那简直是在跟自己开玩笑。所以他觉得我们在那里需要的是一名军事官员。

　　史密斯部长说包括他自己在内的之前参加会议同意这个草案的所有人都认为目前这份草案合理、尽如人意。一方面,它确保了国防部出于安全利益对群岛的控制;另一方面,它多少体现了民政管理的一面。他再次重申,他认为琉球总督应该由总统任命而非由国防部长任命。

　　总统说,不管怎样,他不希望再出现 1908 年麦克阿瑟(MacArthur)与塔夫脱(Taft)针对菲律宾那样的争吵,毕竟那些岛屿的民政管理建立的比较早。而且,总统继续说,他认为琉球群岛总督的任命方式不是问题的关键。他也有些疑惑,不知道任命军人作为琉球群岛总督是否明智。任命助理国防部长为琉球群岛的民事管理者会不会更好点?

　　凯斯部长说,主要的任务当然是确保国防部对军事设施的绝对控制,因为冲绳是我们捍卫太平洋地区的主要基地。此外,他继续道,如果我们过于迅速地在琉球群岛建立真正意义上的民政管理,那我们将不可避免地遭遇政治压力,这样我们的境况会更加艰难。

　　总统说,不管怎样,就目前来看,这个问题无需操之过急。只有当我们的军事力量从日本撤出而冲绳变为更重要的基地的时候,这个问题才急需解决。因此,总统说他倾向于等到杜勒斯国务卿归来之时再做决定。毕竟杜勒斯处理这些事情非常"有一手"。总统紧接着颇有气势地说,至于谁来任命琉球群岛总督,那一定是他了。而他是否授权国防部长来任命那就完全看他的决定了。

　　赫尔将军征求总统的同意说了他自己的几点看法,希望总统能参考。他说近来在作为琉球群岛总督的职务范围之内,他任命了几名琉球群岛法官。这些候选人实力差强人意。这说明琉球群岛人不仅不懂民主,而且没有能力管理他们自己的事务。既然我们在这些岛屿的唯一目标就是出于军事考虑,他对谁任命管理者没有任何个人意见。但是他觉得有必要让总统了解他任命法官的这些经历。

　　作为总结,总统谈到有必要在军事需求与政治形象之间做出裁决。

国家安全委员会①：

a. 讨论了国务院与国防部准备的草案指令的议题,这些议题包括在 1954 年 2 月 16 日的备忘录中。

b. 强调总统在与国务卿以及国防部长进一步商讨之后应就此草案做出最后的决定。

埃弗雷特. 格里森(S. Everett Gleason)

(Memorandum of Discussion at the 185ᵗʰ Meeting of the National Security Council，Washington，February 17，1954，*FRUS*，1952—1954，Vol. ⅩⅣ，China and Japan，（in two parts）Part 2，Editor in Chief：John P. Glennon，United States Government Printing Office，Washington：1985，pp. 1605 - 1608.）

99. 国务卿给驻日大使的电报

No. 749

894. 245/3 - 1654：电报

国务卿给驻日大使的电报

机密　优先　华盛顿,1954 年 3 月 16 日—下午 6:35

2048. 原子能委员会慎重考虑了你 2224 号电报②,要求尽快采取以下措施。国务院同意了。

1. 联系在东京原子弹伤亡委员会(ABCC)的莫顿博士(Dr. Morton)和美国空军总部的亚瑟·米克斯上校(Col. Arthur Meeks),让他们作为"伏龙丸"(Fukury Maru)号渔船事件调查报告的技术顾问。他们已经接到通知递交给你一份报告。

2. 大使应安排海上安全委员会(Maritime Safety Board)接管美国远东海

---

① 原编辑者注:标有字母的段落构成了 NSC1047 号行动方案。(S/S - NSC 文件, lot66D95,"国家安全委员会行动记录,1954")

② 原编辑者注:在 3 月 16 日的电报当中,大使首次汇报了日本"伏龙丸"(幸运龙)号船只上的海员暴露于辐射(当时的核试验辐射)的情况。

上司令部控制的船只与地盘。尽可能地让日本政府参与进来共同限制管理船只,这对美国的安全至关重要。承担消除船只污染的全部职责很有可能有利于与日本政府建立这种合作。另外也应全面调查全部船员的受伤情况。

3. 米克斯与莫顿应该亲自去看看船只,这样才能完成上述的安排。

另外,今天冈崎政府根据 AP 报告发出了警告,应该明白已经发布了更广泛地区的警报。一旦收到太平洋地区警戒范围的具体信息将告知你。今天岛重信①公使也打电话来询问这些信息。

今天的新闻发布会上,杜勒斯国务卿被问及这个问题时他称其为"令人遗憾的事件",他说等到详尽的信息出来之后再谈论此事②。

杜勒斯

(The Secretary of State to the Embassy in Japan, *FRUS*, 1952—1954, Vol. XIV, China and Japan, (in two parts) Part 2, Editor in Chief: John P. Glennon, United States Government Printing Office, Washington: 1985, p. 1622.)

100. 国防部长给国务卿的信

No. 777

794C. 0221/7 - 1554

国防部长威尔逊(Wilson)给国务卿的信件

绝密　华盛顿,1954 年 7 月 15 日

---

① 原编辑者注:Shigenobu Shima,岛重信,日本使馆公使。

② 原编辑者注:3 月 17 日发于日本的 2234 号电报中,艾利逊大使说他已经要求日本冈崎政府同意实施 2048 号电报里的措施,而且大使馆将召开新闻发布会,届时他将在会上表达他对此事的观点。他还希望得到同意,允许他在会上表达如果调查证实是美方出的差错,美方将给予合理赔偿。

在 3 月 25 日发往东京的 2106 号电报中,国务院授权艾利逊告知冈崎政府在此事件的联合调查结果出来之前,美方准备对日本政府进行经济赔偿,大使馆与日本政府都一致认为此举实为必要,作为临时措施,给予相关人员医疗、家属安抚等补偿,包括薪资在内。(894. 245/3 - 2554)在得到国务卿的许可之后,大使报告说他将在 3 月 25 日公开此信息内容。(3 月 25 日发于日本的 2296 号电报,711. 5611/3 - 2554)

3 月 31 日,美国原子能委员会主席路易斯·施特劳斯(Lewis Strauss)发表了关于原子能实验的声明。(节选,见《国务院公告》,1954 年 4 月 12 日)施特劳斯与杜勒斯国务卿 3 月 29 日的电话内容备忘录,见第二卷,第二部分,1379 页。

亲爱的国务卿先生：

1954 年 4 月 21 日①,副国务卿沃尔特 B. 史密斯(Walter B. Smith)与时任国防部副部长的罗格 M. 凯斯(Roger M. Kyes)就美国对琉球群岛民政管理修改指令的所有条款达成一致。

1954 年 2 月 17 日②,国家安全委员会会议简要讨论了提议修改的指令。因为当时您在参加柏林会议而缺席了那次会议,因此会议最终未能达成一致。那次会议产生的第 1047 号 NSC 行动方案记载道:

"总统在与国务卿以及国防部长进一步讨论后将就草案指令做出最终决断。"

随 NSC 方案还附了一封信给总统③,建议他同意所提议的修改指令,并且同意直属于远东司令部的约翰 E. 赫尔(John E. Hull)将军为琉球群岛总督。另外,还建议总统在国务院与国防部意见一致的前提下同意提议修改指令的所有条款;A2 段条款提到由国防部长与国务卿提议琉球群岛的总督人选递交总统签署同意④;信中还告知总统,按照联合参谋长联席会议指令中关于琉球群岛管理的规定,直属远东司令部的赫尔将军成为琉球群岛的总督;并且说明提议修改的指令将终止目前的参谋长联席会议指令。⑤

您可能注意到,给总统的信已经准备好,需要我们两人的共同签名。若您在我的签名旁边签上您的名字并将信返回给我再递交给总统,我将不胜感激。

一并附上提议修改指令的附件供您留用。

诚挚的,

C. E. 威尔逊(Wilson)

---

① 原编辑者注:很明显,日期标注错误。见 758 号文件,脚注 2。

② 原编辑者注:见 737 号文件。

③ 原编辑者注:未刊印,参加下面脚注 4。

④ 原编辑者注:以下为给总统信的草稿中相关内容:"(提议指令)中的语言与国家安全委员会 2 月 17 日文件中的完全一致,只是经国防部与国务卿同意增加了一处内容,即 A2 段内以下内容加下划线的地方:美国民政管理的首席长官应该成为琉球群岛的总督,他应该是美国军队里的活跃分子。由国防部长与国务卿将该提名递交给总统签署同意。"下划线此次用斜体代替。

⑤ 原编辑者注:日期为 1950 年 10 月 4 日。内容参见《外交关系》,1950 年,第六卷,1313 页。

[附件]

美国对琉球群岛民政管理的指令草案

机密　华盛顿,1954 年 4 月 23 日

序　文

《对日和平条约》第三款规定美国有权对北纬 29 度以南南西诸岛的领土和居民行使(一切)管理权、立法权和司法权,包括领土内的水域,除了奄美群岛中已将管理权过渡给日本的岛屿。

《对日和平条约》第三款规定的(其他)剩余岛屿继续由美国行使主权(这里指琉球群岛)对于整个自由世界的安全具有重要的战略意义。正因如此,美国在这些岛屿建立了军事基地体系以及其他设施以捍卫整个太平洋地区的安全。要在远东地区建立长久的和平稳定,美国(被要求)计划维持在(和平条约第三款规定的)(其他)琉球群岛的控制程度和可实施的权利,以便有效捍卫这一地区的安全。

A. 美国对琉球群岛的民政管理

1. 在《对日和平条约》生效前,琉球群岛作为敌占区受控于美国军事管理。自条约生效起,它们不再是敌占区。然而,和平条约第三款规定美国一直并继续拥有对岛屿的管理权、立法权以及司法权,由美国国防部来行使。国防部长可以委任国防部相应机构来履行其认为合适的琉球群岛管理的职责。在琉球群岛与外国政府以及国际组织的关系方面,国务院在与国防部相应部门商议后将行使美国的所有权利。

2. 该指令将作为行使琉球群岛管理职责的依据,国防部将不时颁布进一步的指令以促进更好地完成指令里设定的目标。国防部管理这片地区将被称为"美国对琉球群岛的民政管理"(USCAR)。下面简称"民政管理"。美国民政管理的首席长官应该成为琉球群岛的总督,他应该是美国军队里的活跃分子。将由国防部长与国务卿将该提名递交给总统签署同意。

B. 美国民政管理的使命和目标

1. 美国对琉球群岛民政管理的使命是确保该战略地区能够为自由世界的和平与安全做出有效贡献。要成功、圆满完成这项使命有赖于琉球群岛人民幸福安康,他们的政治经济稳定以及与他们的邻邦维持友好关系。美国对

琉球群岛民政管理的主要使命是在岛内创造更好的条件帮助美国在琉球群岛内外的武装部队成功执行其军事任务。

2. 完成这一使命的基本民政管理的目标为

(a) 鼓励并增强琉球群岛政府、经济和社会各机构的民主。

(b) 鼓励发展建立在民主准则基础上，由良好金融机构支撑的高效负责的政府，该政府的管理除了很多其他因素之外，要考虑到琉球群岛与日本之间文化和教育上的纽带关系。

(c) 帮助琉球群岛人民实现可行的经济目标，使其生活水准可与日本国内相媲美，并最终由琉球群岛人民自己维持这种状态。

(d) 帮助琉球群岛政府和琉球人民达到其生活、教育、公共卫生、公共安全的标准，这些对实现上述的目标非常必要。

C. 美国民政管理的权利

1. 美国民政管理通过琉球群岛本土的政府来管理（GRI，见下面的 D 部分）；如果有利于完成其使命，民政府可以否定或搁置琉球群岛政府或其他当地机构的法律或其他议案；颁布法律、法令或者条例；审查或者修正法院的任何决定、审判或裁决；以及解雇官员。美国民政府可以全部或部分恢复其对琉球群岛的全部权利，如果这种权利的恢复对安全必不可少的话。行使此处提及的权利必须立即向国防部长汇报，国防部将告知国务卿。

2. 在行使上述涉及的权利时，民政府应保证琉球群岛人民可以拥有其他任何民主国家人民享有的基本自由，例如言论自由，集会自由，请愿自由，宗教自由，新闻自由，不受非法搜查与逮捕，不经法律程序不得剥夺其生命权、自由权或财产权。

D. 琉球群岛政府（GRI）

1. 将保留一中央政府和地方政府。中央政府应是琉球群岛政府。

2. 琉球群岛政府应遵循民主自治的原则。

3. 琉球群岛政府的立法权应归于其立法机构，而其成员应由琉球群岛人民按照其制定的法律程序选举出来。立法机关对当地所有法律事件行使立法权。立法机关应是其成员选择和资格的判定者，并从其成员中选择官员制定其规则和程序。当地自治政府的立法权由当地立法机构行使，该立法机构应由当地的居民按照琉球群岛政府规定的程序选举出来。

4. 琉球群岛政府和地方自治政府的行政官员应由直接选举产生或者由

各自的立法机构选择产生,遵从立法机构制定的规则和程序。何时选举琉球群岛政府的首席执行官应由总督来决定。

5. 琉球群岛政府将维持其法院体系,包括民事法庭和刑事法庭以及上诉法庭。这些法庭可以对所有琉球群岛居民行使司法权。其司法权在民政府控制下可以涵盖岛上任何人而不致影响岛上法庭对案件的处理。琉球群岛法庭不能够审判美国军人、公务员,美国政府雇员,及他们的家属,以及其他适用于条款 2 中 1 到 11 段提及的"军事审判统一法典"的其他人员。

6. 除了上面提及的法庭,民政管理特别法庭将被召集起来对非琉球群岛人进行民事和刑事审判,除了那些由军事法庭审理的人员或者那些琉球群岛法庭已经审理过的人员。这些特别法庭将被召集以审判影响到美国安全、财产或其民众的重要案件。其将按照民政府颁布的公告、法令和指令运作。

E. 琉球群岛法律的编纂

民政府将协助琉球群岛政府颁布并有效管理民事、刑事法,以及琉球群岛法律、条例和规章制度的编写,并提供建议。民政府在履行这一职责时应意识到琉球群岛可能希望将其法律体系和日本目前的法律体系联系起来,包括民事法和刑事法。

F. 经济事务的管理

1. 民政府将协助鼓励琉球群岛政府通过开发其资源来建立并维持长期的经济项目。该项目旨在建立一生活标准相当于日本国内生活标准的经济实体。该项目包括但并不局限于帮助发展以下项目:

(a) 自由竞争体系下所有恰当模式的农业,渔业,工业以及商业。

(b) 保护和使用琉球群岛自然资源的合理政策,侧重土地再利用,农业科技化的提高和发展。

(c) 琉球群岛工业和自然资源的长期基础,减少进口,加大出口。

(d) 琉球群岛外贸,鼓励外国在琉球群岛的投资。必须认识到日本是琉球群岛最主要的进口和出口国。应鼓励琉球群岛与日本之间的生意往来。

(e) 稳定的经济结构,以公平的税务制度为基石支撑琉球群岛政府,合理的银行货币体系,包括针对所有涉外交易的统一的汇率,以期达到自由兑换的最终目的。

(f) 劳工保护法,规定标准工作时间、最低薪资、工作环境,鼓励建立民主的劳工组织,民政府认为这对琉球群岛人民有益,并将有助于将琉球群岛最终归还日本。

2. 所有来源于出售占领区治理和救济委员会供给所得的货币收入或者民政府从占领区治理和救济委员会投资中获取的货币收入都将作为专项资金。该资金的使用须经过民政府同意并用于以下用途：

(a) 给予琉球群岛政府最小量最实质性的资助，直到其有足够的收益。

(b) 民政信息和教育项目上的合理花费。

(c) 经济复苏，包括但不仅限于扩大对农业和私企的贷款，这将扩大国内生产与服务，促进经济自足。

(d) 经民政府同意，由琉球群岛政府执行的公共支出、资产改良以及赈灾支出。

G. 民政信息和教育管理

1. 民政府将实施一项民政信息和教育项目，主要目的与准则如下：

(a) 该项目提供的所有技术和设备将被全面使用于促进并加快民政管理的基本目标，协助民政管理各部门完成其他具体项目和工程。

(b) 民政信息和教育项目将有效鼓励和增强琉球群岛人民的能力和意愿，使他们在完成和支持民政事务时积极地承担更多的责任。

(c) 民政信息和教育项目将为琉球群岛教育机构提供全方位的建议和意见，鼓励建立并维持能够满足琉球群岛人民需求和能力以及他们的日本化传统的教育体系。

(d) 在完成该部分提及的其他目标的同时，民政信息和教育项目还将致力于培养琉球群岛人民对美国及其他自由国家的理解、友谊、信任和共同利益的态度。

H. 公共卫生与福利

民政府将与琉球群岛政府合作为琉球群岛人民创造合理、高满意度的公共卫生和福利标准。除了给予必要的资金支持外，民政府还将致力于维持这些标准。

I. 公共安全管理

民政府将建议并帮助琉球群岛政府和当地政府建立公共安全体系，这将有利于对法律和指令的和平维护，捍卫琉球群岛人民的基本权利。

J. 不动产的采购和使用

1. 按照《对日和平条约》规定，美国对琉球群岛实施所有的政府权利，因此民政府有权使用日本政府在琉球群岛的所有公共财产,因为美国委任其行使美国在群岛上的所有管理权、立法权和司法权。民政府可以考虑允许琉球群岛政府在其规定条件下使用这些财产,但不会让出其权利。

2. 民政府将作为美国的中介,为美国政府机构提供所需要的琉球群岛上的不动产和其他设施。美国政府机构使用的财产将在合适的时机与琉球群岛政府以及财产所有者协商后通过购买或租赁的方式获得。此外,时机合适并且资金到位的情况下,美国可以通过获取地役权利息来达到获得这些财产尽可能长的使用权的目的,或者通过对这些财产按照其最初的资产价值进行等值的全额补偿来获取。如果财产的租赁与地役权无法进行公平合理的协商,那么民政府应该在与当地政府和琉球群岛政府商榷后决定,该财产是否可以被美国使用。琉球群岛政府应要求美国在其征用过程中支付必要的租赁利息,而美国应该对征用财产进行合理迅速的赔偿。琉球群岛政府决定是否允许美国征用财产或者直接通过美国民政府来实施。

3. 民政府在决定美国军队执行军事使命时用到的设备和地区时,应充分考虑到其决定将会对琉球群岛人民的经济和社会生活造成的影响,同时还要充分尊重所涉及的个人的财产权。

4. 民政府将作为中介负责美国对不动产拥有者的个人赔偿事宜,以及其他使用土地时涉及的财产和 1950 年 7 月 1 日之后的其他财产。

5. 民政府将建议并鼓励琉球群岛政府发展及保持对地契的记录。

6. 如果在美国不征用的情况下这些财产被用来发展琉球群岛经济的话,任何拥有琉球群岛上不动产的个人或者企业不得继续持有其财产。如果这些拥有者拒绝政府使用他们的财产,那么琉球群岛政府在民政府的指示下可以强行征用土地来发展琉球群岛经济。

K. 补充说明

1. 民政府将协助琉球群岛政府建立并完善一项目,该项目旨在重新安顿在琉球群岛和其他相应范围内因美国军事需求而被剥夺土地的琉球群岛居民。

2. 民政府将按要求准备并不时向国防部递交美国给琉球群岛政府拨款的合理预算。民政府按照批示的程序对用于此用途的资金花费负责。每月需向国防部递交进展报告。

3. 所有在琉球群岛的美国机构都须遵守民政府颁布的法令和条例。

4. 这份指令将取代之前颁布的参谋长联席会议关于琉球群岛民政管理的条例。

5. 民政府之前颁布的法律、条例和指令在按照这份指令的要求进行修改或者被废止前,将继续有效。

L. 远东总司令与琉球群岛政府以及琉球群岛人民之间的财政关系

对被美国机构使用的琉球群岛土地、劳力以及其他琉球群岛经济资源进行公正迅速的赔偿,赔偿对象为琉球群岛政府或者琉球群岛人民。土地使用的赔偿问题将根据琉球群岛经济情况进行调整。

给琉球群岛总督的补充指示①

(下面的补充指示将指导琉球群岛总督按照"美国对琉球群岛民政管理指令"里"美国民政管理权利"C 部分条款来行使其权利。)

民政府在行使权利时,将以负责任、有影响的态度与琉球群岛人民保持紧密联系。在联系过程中,民政府应提供信息,帮助和指导,而非一味行使其管理者特权。通过这种商讨磋商的方式,尽一切努力确保琉球群岛政府及其职能机构与地方政府的最终行为能符合民政府的要求。这将在很大程度上避免民政府采取极端举措,否决立法,废止选举,撤销已公布的行政决定,推翻琉球群岛政府的方案或者干涉其发挥正常的职能。美国的政策即是尽快减少其对琉球群岛管理的职责,同时又不影响其军事目标。民政府拥有控制琉球群岛各级政府的最终权利。按照上面所说,民政府应该:

1. 促进形成共同合作与互信的氛围,以便琉球群岛政府可以在管理所有琉球群岛内部事务时正常行使所有权利。

2. 琉球群岛立法机构或者地方立法机构在立法前应咨询并听取相应琉球群岛行政和立法官员的建议,避免使用否决权。

3. 尽量避免行使重审琉球群岛法院判决的权力,除非案件对履行民政管理使命构成严重威胁。

4. 与琉球群岛政府以及其地方各级政府合作配合,规划发展项目、政策和程序,并意识到应尽量给予其充分的自由,以施展琉球群岛人民的政治抱负,促进贸易、商业和工业的发展,以及岛上资源的开发。

5. 尽量避免行使罢免琉球群岛各级政府官员的权利,除非该官员的继续

① 原编辑者注:补充指示被归为"秘密"。

留任会对履行民政管理使命构成严重威胁。

6. 鼓励政治党派行使集会和公共讨论的权利。然而,该权利不应涵盖那些倡导通过非合法或和平请愿之外方式进行政治、政府或社会改革的政治组织或机构;或者希望一党掌权妨碍政党有效决策和行动的政治组织或机构。

7. 尽一切合理努力实现民政管理的目标,同时将对琉球群岛人民生活的破坏降到最小。

(The Secretary of Defense (Wilson) to the Secretary of State, *FRUS*, 1952—1954, Vol. XIV, China and Japan, (in two parts) Part 2, Editor in Chief: John P. Glennon, United States Government Printing Office, Washington: 1985, pp. 1672 - 1681.)

101. 国务卿给国防部长的信

No. 779

794C. 0221/7 - 1554

国务卿给国防部长(威尔逊)的信

绝密　华盛顿,1954 年 7 月 28

亲爱的国防部长先生:

我看了您于 1954 年 7 月 25(15)日①给我的信,里面附了一封给总统的信,建议他同意美国对琉球群岛民政管理的提议指令,并希望他同意赫尔将军为琉球群岛的总督。我很高兴,关于这份指令最终达成了一致,并按您的要求在给总统的那份信上签了名。②

指令的 A 部分第一段的第一句是:"在与国防部相关机构磋商后,国务院日后将行使关于琉球群岛与国外政府或国际组织之关系的一切美国权利。"我

---

① 原编辑者注:777 号文件。

② 原编辑者注:在 8 月 3 日给国防部长和国务卿的备忘录中,白宫行政秘书(Staff Secretary)保罗·卡罗尔(Paul T. Carroll)说总统已经于 8 月 2 日同意了该指令并按照 A2 段的要求,同意任命赫尔将军为琉球群岛总督。(794C. 0221/8354)在 1955 年 2 月 21 日给塞巴德(时任远东事务副助理国务卿)的备忘录中,麦克勒金提到新的指令尚未公布和实施。(794C. 00/2 - 2155)

注意到接受该条款建立在国防部与国务院就以下方面达成共识的基础上：即国务院对琉球群岛外事关系的职责以及履行该职责的方式。我认为国务院对琉球群岛外事关系的职责应该包括代表并保护琉球群岛与其他国家及国家组织往来时琉球群岛自身的利益。在我看来，该职责应由国务院的一名官员来行使，他应该成为琉球群岛总督或副总督的对外关系顾问。我建议我们两部派代表举行会议并制定出此安排的详细内容。①

诚挚的，

约翰·福斯特·杜勒斯

(The Secretary of State to the Secretary of Defense (Wilson), *FRUS*, 1952—1954, Vol. XIV, China and Japan, (in two parts) Part 2, Editor in Chief: John P. Glennon, United States Government Printing Office, Washington:1985. pp. 1684 - 1685.)

102. 斯坦茨致赖伊备忘录

No. 820

国务院执行秘书处—国家安全委员会档案,lot63 D 351

行动协调委员会执行官(斯塔茨)(Staats)给国家安全委员会执行秘书赖伊(Lay)的备忘录

绝密　华盛顿,1954 年 10 月 28 日

主题:NSC125/2 和 NSC125/6 文件政策(日本)的进展报告(总统分别于 1952 年 8 月 7 日及 1953 年 6 月 26 日同意的政策)②

附上行动协调委员会对 NSC125/2 及 NSC125/6 的首份进展报告,"美国对日的目标与行动方案"。委员会于 1953 年 12 月 12 日收到这些 NSC 文件;

---

①　原编辑者注:在 8 月 31 日的回复中,国防部副部长安德森(Anderson)说:"我同意您的观点,国务院对琉球群岛外事关系的职责应由你部的一名官员来实行,并担当琉球群岛总督或副总督的外事关系顾问。我部的一名代表将联系你部的相关人员,制定相应的具体安排,以及关于国务院对琉球群岛外事关系职责的相关细节。"(794C. 0221/8 - 3154)

②　原编辑者注：NSC 125/5 是 588 号文件。NSC 125/6 是 657 号文件。

该报告涵盖时间直至 1954 年 9 月 15 日,增加了日本经济情况的最新消息。行动协调委员会于 1954 年 10 月 27 日同意该报告。

委员会指出,日本与缅甸从 1954 年 9 月 15 日就赔偿问题进行谈判,直至 9 月 25 日双方在东京签署协议书达成一致,报告中第 10 页①提到此事项。协议规定,日本每年向缅甸提供价值 2000 万美元的货物和服务,为期 10 年;与缅甸以合资企业形式开展经济合作,日本每年投资 500 万美元,为期 10 年。该协议将于 11 月 3 日在缅甸首都仰光正式缔结。

斯塔茨(Elmer B. Staats)

[附件]

1954 年 10 月 27 日

NSC 125/2 和 NSC 125/6 的进展报告
"美国对日目标与行动方案"
(总统分别于 1952 年 8 月 7 日及 1953 年 6 月 26 日同意的政策)

A. 主要行动概述

1. 在过去的两年里,美国与日本达成了为数不少的重要协议,包括共同防御援助协议(Mutual Defense Assistance Agreement)、友好条约(Treaty of Friendship)、通商航海条约(Commerce and Navigation),以及行政协定(Administrative Agreement)中关于刑事审判条款的修改。关于将奄美群岛(Amami Oshima)归还日本控制双方也达成了一致。

2. 1953 年期间日本面临严重的国际收支逆差,尽管美国的特别支出依然高达 7.85 亿美元。1954 年上半年,这种失衡继续持续。日本在 1953 年 10 月采取了相应措施,一定程度上缓解了这种情况。截至 1954 年 9 月,此前六个月日本达到国际贸易顺差,尽管美国的特别开支降低到大约年均 5.5 亿到 6 亿美元。关税贸易总协定(GATT)暂时承认了日本,在多边谈判中,美国将带头将日本完全纳入关贸总协定中来。美国正在准备美日之间的关税谈判,计划将在 1955 年初举行。已经制定了私有技术援助协议,并且国际复兴开发

---

① 原编辑者注:参见该包括附件 A 部分第 10 页内容,题为"主要行动的具体发展",未刊印。

银行每年将向日本提供 4000 万美元的贷款。但是日本在其重要领域的生产力仍然远远不足。美国对日本的经济援助包括用于农业项目的 1000 万美元的资金资助,以及进出口银行提供的三期棉花贷款,总计 1.6 亿美元。根据在占领期间经济援助项目,美国须承担相应的赔偿,解决这一问题的谈判已经开始。

3. 日本已经扩充并增强了其国防力量,但是总数仍然远远不能满足参谋长联席会议的要求。日本国会已经要求日本国防力量扩大到 164538 人,包括新的空军,并授权其可以抵抗直接的进攻。美国加大了对日本的军事援助,并将按照共同防御援助协定的要求继续这样做:加大对日本的军事资金援助以及训练项目。美国已经在建立日本国防生产基地上取得一些进展,主要是通过补给大量军火以及轻武器和大炮所需的爆炸生产设施来完成。正在制定计划在接下来的两年内帮助日本具备一定能力建立战术军用飞机生产。相关协议已经完成,旨在建立美日联合工业动员规划小组进一步研究在日本建立更广泛的生产基地。

4. 已经实施有力的信息项目,让日本更好地了解美国以及世界性问题,帮助其战胜左翼势力和中间势力的影响。

5. 日本继续与美国就安全出口管制展开合作。基于与美国的共识,日本已经逐渐将禁运给共产主义中国的货物降低到多边国际同意的水平。

B. 政策实施的具体考虑

6. NSC 125/2 和 NSC 125/6 应该囊括后条约时期,这期间日本正逐渐恢复其主权。一些重要的目标尚未达成,因此对日关系中一些麻烦的问题将会显现出来并继续存在。经济困难、无能的政府领导、共产主义势力地区的压力以及不愿实行自卫,所有这些问题都没能得到解决。除此之外,各种情绪增加,情况严重:中立态度,时不时的反美情绪,以及共产党对日本影响的加强。亦有一些新的因素产生,影响美国与亚洲国家的关系,例如东南亚条约组织(SEATO)以及正在提议当中的东南亚经济组织。因此,有必要重新回顾下 NSC 125/2 和 NSC 125/6 以及美国的目标与行动方案。

7. NSC 125/2 第 7b(2)段和 NSC 125/6 第 3b(1)段强调发展日本地面部队,而国防部则强调有必要发展包括适当海军力量和空军力量以及陆军的军队结构。日本方面似乎对我们这样的军队理论存在质疑,他们认为应该把重点放在空军和海军力量建设上。另外,日本军方还认为,考虑到核武器的情况,应该重新修改目前的防卫计划。其他一些问题的重要性越来越凸显,日本已经开始着手扩大防卫体系,这些问题包括:联合规划,日本在远东安全体系中的角色以及美国军队从日本撤出的最终实施等。鉴于目前的形势,NSC 的新文件应该认真对待这些问题。

C. 出现的问题和日后的行动

8. 经济困难

日本的经济困难给美国实现其在日主要目标造成了障碍,特别是在增强与远东地区其他友好国家的经济关系和合作方面,以及谋求对防卫项目的本土支持方面。有一点不确定,即在美国减少军队开支的情况下,日本政府是否有能力继续维持并扩大近来帮助其实现收支平衡的举措。另外,日本与东南亚国家的赔偿协议尚未谈妥,这也使得其经济境况更加前途未卜,而这不利于贸易体系的健康发展。已经决定在东京建立援外事务管理署。日后美国专项支出的减少将增加日本实现自足的困难,因此,美国应该特别关注并强调:(1)减少贸易壁垒,通过在定于 1955 年 2 月召开的 GATT 会议上与日本磋商,来实现并鼓励其他友好第三方国家也进行相似的谈判;(2)加大对美国政府在日花费的控制,以期降低此项上美元收入减少所带来的影响;(3)通过共同投资的技术支持项目、美元投资以及当地的投资来提高生产力;(4)通过军事援助、防卫设施援助以及海上军需品补给继续为日本防卫体系提供支持;(5)协助并鼓励其拓展获得原材料的渠道,特别是来源于东南亚国家;(6)鼓励日本提高接受外资投资的能力,并继续增强其国内金融和经济举措,以便提高其国际地位;(7)基于日本的积极参与和自助自立,必要时提供经济援助。

9. 低效的政治领导

保守党占据政治主导地位,但是仍然因为个人纷争而非原则性问题四分五裂。如果这些政党能够有效合作,他们可以控制日本国会三分之二的力量,并且能够执行他们普遍同意的政策,稳定经济,控制左翼势力,加强防卫。特别需要实施政府项目以唤醒民众,让他们意识到自己的国际职责,采取合法措施反抗共产主义分子,与中间势力以及日本有学识的诸多民众中的反美倾向作斗争。美国应该尽其所能鼓励日本国内保守党采取有效行动,尽管短期来看,保守党内部的融合与有效的政府领导不尽如人意。

10. 薄弱的国防措施

日本政府为扩大其自卫武装力量所采取的措施包括五年实验计划,而这与参谋长联席会议设想的目标还相差甚远。参谋长联席会议的武装目标是348000名陆军,而与此相左,日本政府对扩大空军和海军力量更感兴趣。日本政府曾要求获得17艘军舰而遭到美国拒绝,对此日本政府已数次表达不满。然而,日本政府的国防项目还是获得了美国的普遍支持,而且似乎日本越来越乐于接受设立军事机构了。除了经济状况,政治和思想因素也阻碍了国防项目的有效开展。日本政府方面越来越明显地倾向于增加国防建设,这依赖于美国增加军事援助和经济援助,以及减轻日本在维护美国在日安全武装力量上的职责。考虑到目前远东的国际形势,我们预想这方面的压力只会增加而非减少。美国应该继续实施军事援助项目,并争取与日本在其武装力量的规模和战略角色方面达成共识。为实现美国目标而进一步建立一个日本国防基地的项目将很大程度上依赖于美国提供科技产品服务、设备援助、教育支持、海上军需品以获取项目;而所有这些项目的进展都需要日本人自身广泛的参与及合作。考虑到日本的抵触及其国内经济状况,以及可能缩水的美国军事援助资金——特别是用来采购海上军需品的资金——美国必须准备好采取措施应对这一情况,或者接受这一方面的迟缓进展。

11. 与共产党贸易的吸引力

共产主义势力在中国大陆及朝鲜的巩固,以及在东南亚地区的发展让日本感觉到与其增强经济联系的压力,以及更加慎重地考虑与共产主义亚洲建立政治关系的压力。日本与美国及自由世界的政治经济关系更为牢固,但是根据近期的情况来看,与亚洲大陆进行贸易往来对日本来说非常具有吸引力。如果共产主义势力伺机鼓动的话,即使有碍于目前的国际多边限制,这样的贸易也将取得重大发展。尽管美国对日本及其他交易国的影响力仍然很大,但是与共产主义国家的贸易将会使日本在与美国打交道时有更强的自由感。第8段讨论的措施的主要目的是辅助日本抵制共产主义势力的诱惑,并与美国结成更坚固的盟友关系。印度支那本身对日本来说没有太多的贸易吸引力,但是如果共产主义势力继续在东南亚地区蔓延的话,这方面的诱惑和压力将会加剧。

12. 西太平洋防卫安排的构成

NSC 5429/2第Ⅱ部分2d处说明美国应该创造条件建立并准备参与西太平洋集体防卫体系,包括菲律宾、日本、“中华民国”,以及大韩民国,并最终与东南亚安全体系和太平洋共同防卫组织(ANZUS)连接起来。这一政策分别与 NSC 125/2 第 7a(4)段和 NSC 125/6 第 3a(2)设定的行动方案相吻合,前者说明美国应该鼓励日本和太平洋地区的自由国家发展关系,这将有益于他们的安全;后者说明美国应该继续谋求安排包括日本在内的太平洋地区内的集体安全。在这一地区树立互相依赖的共识以及美国克服该困难的举措在附件 A 的第 9 到 11 页进行了讨论,很显然,互相依赖的共识是在这地区建立共同安全组织的前提。特别是日本与韩国之间问题的解决,日本和菲律宾、印度尼西亚、孟买以及其他联系国之间赔偿问题及其他问题的解决是有效发展建设性政治关系、经济合作以及在远东地区建立集体安全体系的先决条件。

13. 加强信息宣传的必要性

日本人复杂的情感,特别是他们媒体中呈现的对美国行动和政策的情绪,核战争的威胁,以及共产党势力在亚洲的增强越来越损害美日之间的关系。因此,要抵制这种情况,重新衡量现存的日本战略计划(PSB D‐27)和各机构的实施状况显得非常必要。(附件 A 第 14‐16 页)为了执行心理战略计划而建立的东京机构委员会(Inter‐Agency Committee)除了解决部队接受问题外并没有其多大的作用。该委员会只是偶尔召开会议,并未能运用全部的美国力量来实施我们的心理上的目标。阿利森大使之前曾被询问如何提高委员会的效力。

14. 关于核武器的精神障碍问题

日本人对一切与核武器有关问题的激烈反应是影响美日关系的因素之一,对日后美国在太平洋地区的任何实验,以及美国日后发展和平使用核武器的行为都造成了障碍。

15. 一些次要的问题也需要美国纳入考虑之中:

(a)战犯

继续监禁由美国法庭审判的日本战犯是美日摩擦的重要原因,同时给日本人造成心理障碍,不利于其与美国的全力合作。除了 1955 年年底前一些穷凶极恶的罪犯仍然被囚禁外,赦免和保释委员会尽快处理这些案件将非常有利于美国实施对日目标。

(b)日本希望美国归还琉球群岛和小笠原群岛

日本政府和民众仍然希望美国将琉球群岛和小笠原群岛归还日本,虽然某种程度上归还岛屿的民众压力减少了些,并且将奄美岛归还日本可以显示美国的好意。考虑到这些岛屿具有极其重要的战略意义,美国必须向日本表

达继续控制的打算,直到远东地区获得永久的和平与稳定。(附件 A 第 17 -
19 页)

(c) 联合国成员资格

日本政府继续谋求加入联合国,并且给美国施加压力希望美国用行动来
支持它。

D. 美国机构的利益

16. 主要由国务院和国防部实施 NSC 125/2 和 NSC 125/6,以下机构提
供大量的帮助:美国情报处,海外工作总署,财政部和商务部,以及其他机
构……

(Memorandum by the Executive Officer of the Operations Coordinating
Board (Staats) to the Executive Secretary of the National Security Council
(Lay), *FRUS*, 1952—1954, Vol. ⅩⅣ, China and Japan, (in two parts)
Part 2, Editor in Chief: John P. Glennon, United States Government Print-
ing Office, Washington:1985. pp. 1760 - 1767.)

103. 第 244 次国家安全委员会会议讨论备忘录

26. 第 244 次国家安全委员会会议讨论备忘录,1955 年 4 月 7 日①

[下面一段是参会者名单和 1～3 条讨论内容]

4. 美国对日政策(NSC 5516,执行秘书为 NSC 记录的备忘录,同主题,日
期为 1955 年 4 月 5 日)

狄龙·安德森(Dillon Anderson)先生从主题报告开头的一般考虑因素开
始阐述委员会的汇报。当他说到 13 段②的时候,杜勒斯国务卿打断了他并且
说他不赞成这段内容的第一句话,即"日本的广泛目标是恢复其国际影响力和
声誉,增强其经济地位"。杜勒斯国务卿认为这句话的前一部分根本不是事

---

① 原编辑者注:来源,艾森豪威尔图书馆,惠特曼文件,NSC 记录。绝密。由格里森
(Gleason)于 4 月 8 日起草。

② 原编辑者注:这段内容为:"日本的宽泛目标是恢复其国际影响力和声誉,增强其
经济地位。日本认为增强国防力量没那么重要,部分是因为日方觉得其国防有美国保证。
大多数日本人希望政治稳定,可是个人之间持续激烈的冲突和摩擦严重影响了其发展。"

实。我们之前曾用尽一切办法,希望在日本激起他们重获国际影响的欲望,可是最终失败。的确,日本人非常的冷漠、低迷,缺乏恢复其战前国际声望的雄心。即使是极端的刺激方式,他们也不为所动。

接下来总统指出战后以来民族主义广泛蔓延,越来越明显。他还说共产党成功地利用了这种新兴的民族主义使自己脱颖而出并让大家了解了他们的目标。然而美国却没能运用好这种国家主义为自身利益服务。这种现象很普遍,日本就是典型的例子。因此,如果日本越来越民族主义化,我们将要付出更大的代价让这种发展趋势为我们所用。总统提到他知道斯特波特先生(Mr. Streibert)和洛克菲勒先生(Mr. Rockefeller)花了很多功夫考虑这个问题,但是共产党在这片地区似乎比我们要成功得多。

狄龙·安德森先生询问,鉴于这些观点,委员会是否打算修改 13 段的第一句话。

杜勒斯国务卿重复了他的观点,认为日本想要恢复其国际影响力和声望根本不是事实,但是不可否认,日本想要增强其经济实力。

斯塔森总督(Governor Stassen)说总统关于共产党成功利用民族主义情绪的看法非常正确。因此,美国必须努力让日本的国家目标与自己的一致。除此之外,美国应该更多地注意这一明显事实,即共产党最终将摧毁所有国家的目标。斯塔森总督表示他明白斯特波特先生正尽其所能来利用这一事实。

总统建议要达到这一目标的方法之一是突出我们在菲律宾的作为,很好地展现我们对民族主义者情感的同情。他重复提及,美国对其他国家的援助常常被误解,这让他很气恼;而共产党却被认为是友好的,其实他们才是这些民族主义的真正敌人。

斯塔森总督表示,就日本来说,只要外债和赔款问题最终解决,情况将得到很大改善。讨论接近尾声时,总统再次声明,民族主义情感在全球迅速蔓延,美国一定要找到方式好好利用它。

狄龙·安德森先生建议修改 13 段的第一句话,之后他继续他的汇报,读了第 21 段到 24 段的考虑内容,这些考虑提出了建立日本力量的问题。紧接着,他希望大家注意第 35 段中意见的分歧,内容如下:"[在合适的尽早时日][在对双方都有利的时日]①表达我们的意愿,希望取消目前的美日安全条款,

---

① 原编辑者注:原文如此。

代之以共同防卫条款,这包括美国有权在日本保留军队,有权在日本的请求下
帮助日本抵御不友好势力的破坏或渗透。"

总统说他很迷惑,不明白"合适的尽早时日"和"对双方都有利的时日"有
什么区别。这在他看来似乎没什么不同。

杜勒斯国务卿说对于第35段除了刚才括号里的内容,他还有其他更重要
的不同意见。简单来说,他觉得用新的条款取代目前的对日条款是不明智的。
除非美国牺牲掉很大的已有优势,不然不可能做到。如果我们建议跟日本签
订一份新的共同防卫条款,他们势必希望依照目前美国和韩国①,美国和菲律
宾②之间的共同防卫体系来建立。这意味着美国将放弃在日本保留军队和军
事基地的权利,而要想保留这一权利的话将有赖于日本政府的同意。此外,共
同防卫条约远比目前形势所需的作用时间短。这样的共同防卫条约按照任一
方的要求在一年之内便会失效。因此,杜勒斯国务卿总结道,除非日本要求签
署新条约的压力远远大于目前的情况,否则的话他坚决反对 NSC 5516 第 35
段里的提议。

总统表达了他的惊讶之情,因为他原以为是国务院提议代之以新的共同
防卫条约③。杜勒斯国务卿回答说,不管这个提议从何而来,他坚决反对。总
统询问了我们打算从目前并不存在的新的共同防卫条约中得到什么。杜勒斯
国务卿回答说一无所获。国防部代理部长罗伯特·安德森(Robert.
Anderson)先生表示同意国务卿的说法。因此,委员会决定将第 35 段全部
删除。

安德森部长指出了 35 段与 52 段之间的关系,这两段建议"与日本政府就
建立日本国防力量达成共识,根据美国和日本的安全利益需求分阶段从日本
撤军,等等"。安德森部长提醒说如果美国政府在目前的形势下向日本政府提
出此建议,那么毫无疑问,这些内容将被公布于众,考虑到目前的远东局势,由
此产生的轩然大波将对我们非常不利。

---

①　原编辑者注:美国与韩国于1953年10月1日在华盛顿签署共同防卫条约,内容
参见《条约及国际法汇编》3097,美国条约及其他国际协定(第三部分)2368。

②　原编辑者注:美国与菲律宾于1951年8月30日在华盛顿签署共同防卫条约,内
容参见《条约及国际法汇编》2529,美国条约及其他国际协定(第三部分)3974。

③　原编辑者注:此次内容出现在11号文件脚注3的1月7号的原始 NA 草案7(a)
段中。其后的所有草案(尽管侧重点不同)都保留了这一建议。

　　杜勒斯国务卿想要发表对 44 段的看法,该段为:"支持日本要求苏联归还齿舞岛和色丹岛主权;将苏联要求拥有千岛群岛和南库页岛主权的行为视为不具法律效力。"杜勒斯国务卿说他同意这句话的前一部分,但是不同意关于苏联要求拥有千岛群岛和南库页岛主权的提议。他提醒说如果我们实施此方案,我们将陷入非常危险的处境。苏联对千岛群岛和南库页岛的主权要求很大程度上与我们要求琉球群岛和小笠原群岛的行为一样。因此,如果我们设法要求苏联退出千岛群岛和南库页岛,那么同样的我们会发现自己会被迫退出琉球群岛和小笠原群岛。杜勒斯国务卿引用了《对日和平条约》中的条例,说明日本同意将自己限于其本土四个主岛上。正是该条款使我们可以在日本主要四岛之外的领土上保留我们的势力。他重复道,如果我们成功将俄国人赶出千岛群岛,那么可以确定的是,我们势必要被迫离开琉球群岛。

　　总统微笑着说,还有一点可以确定的是,我们是不会成功地将俄国人赶出千岛群岛的。

　　杜勒斯国务卿强调说,琉球群岛对美国的重要性远远胜于南千岛群岛对苏联的重要性。很显然,我们不应该让我们在琉球群岛的地位面临危险。总统同意删除 44 段中惹麻烦的内容,他还指出最初他同意的唯一原因是他认为我们之前并没有要求对琉球群岛的主权。斯塔森总督建议不需要删除有争议的部分而可以改为"不承认苏联的要求,等等"。他的建议被大家接受了。

　　狄龙·安德森先生继续对接下来的内容进行汇报,首先是军事行动问题——从 49 段到 57 段内容。当他说到 52 段的时候,杜勒斯国务卿表示他反对参谋长联席会议将此段最后一句话重新措辞的提议。参谋长联席会议希望的表达是:"减少日本对美国在日军事力量的贡献,致力于日本国防力量建设,使之与日本情况相称。"[①]

　　安德森部长解释了参谋长联席会议此提议的原因,并表示他支持该提议。只是,他认为 52 段涉及的建立日本军事力量的长期计划和分阶段从日本撤军的内容不应该被实施,除非到远东地区目前的紧张局势明显得到缓解。

　　杜勒斯国务卿重提了他反对 52 段最后一句的内容,他指出参谋长联席会议提出的日本支持美国在日武装力量的提议太苛刻。日本从减少对美国军事力量支持中获得的每一美元,都会按要求被投入到创建额外日本防卫力量

---

　　① 　原编辑者注:见 22 号文件。

中来。

　　总统同意国务卿的看法，认为对日本的这种要求太过分，我们把日本人逼得太紧将是个错误。

　　杜勒斯国务卿接着表达了他对 52 段更宽泛主题的意见，即建立日本国防力量。他说，关于该主题与日本政府的谈判正在进行中。国务院非常希望这些谈判能够在日本 4 月 20 日省选和地方选举之前结束。日本军事预算的花费问题将是这次选举中非常重要的问题。他认为我们有点把日本人逼得太紧。我们必须更加谨慎，因为很明显近来日本国内和平主义情绪愈演愈烈。基于所有这些事实，杜勒斯国务卿指出日本人非常关心他们的经济状况。更糟糕的是，共产党的宣传正伺机利用这些情绪。因此，杜勒斯国务卿说他当然意识到尽快恢复日本的武装力量很重要，但是如果最终我们只是将武器交到不会正确使用它的人民手里，那么这一切毫无意义。最后，他担心日本国内的保守党势力将衰弱，而社会主义者将最终掌权。因为 4 月 20 日的选举是地方性而非全国性的，所以格外重要，因为那些控制地方政治的人将最终决定全国选举的结果。为了更好地说明问题，他比较了美国各州政治机构及其对美国全国选举的影响。杜勒斯国务卿总结道，他希望国防部能够意识到我们应尽快解决这一国防贡献问题，并且美国应该做出让步来帮助日本国内的保守党控制政权。

　　安德森部长说，坦率地说，他同意国务院的观点。他说，五角大楼里的人当然希望日本尽快建立防卫力量。但是就他个人而言，他同意杜勒斯国务卿的观点。

　　总统举了土耳其的例子来说明杜勒斯国务卿的观点是正确的。现在土耳其人拥有的军事力量远超于他们能维持和应对的能力范围。总统还补充说应该给予日本更多的帮助来发展其经济。他建议与共产党中国在消费品方面保持一定量的贸易可以辅助解决这个问题。他补充说，他猜想国务卿和国防部长将会同意重新修改 52 段有争议的最后一句话。然而，杜勒斯国务卿建议委员会同意使用目前这份草案中的语言，只是反对参谋长联席会议提出的修改意见。委员会接受了这个立场。

　　狄龙·安德森先生之后继续说明经济方面的行动，并且读了第 61 段，关于美国向日本提供援助发展其经济的目标，将通过扩大对日本的公共信贷以及扩大私有资本投资来实现。

斯塔森总督说 61 段①与现行的国家安全基本政策相符合。杜勒斯国务卿问斯塔森总督他是否介意说说他对日本人抵触任何国外资本流入的看法。如果事实果真如此的话,杜勒斯国务卿是这么认为的,那么美国是不是不应该花那么大精力引导日本在私人资本投资方面遵循更自由的政策?

斯塔森总督指出在所有他参加的会议中及与日本人的接触中,他已尽力在这方面下功夫了。然而,他承认结果不是非常令人满意。大体而言,日本人并没有那么反对引入外资或者在日的外资公司。他们的观点取决于某一个产业或者某一个公司。辛格缝纫机公司(Singer Sewing Machine Company)在日本处境相当艰难。另外,美国国际商用机器公司(IBM),美国一些石油公司,还有西尾电器公司都非常成功。

预算署署长根据自己在日本的亲身经历证实了斯塔森总督的说法。

洛克菲勒先生说,这种态度跟日本人的民族情绪有很大关系。赞同这种民族情绪的美国公司在日本就受欢迎,反之则不。

关于这一点,狄龙·安德森先生让大家注意第 66 段②,关于美国应鼓励日本创造有利于国内外私人资本投资的环境。

总统接着说他想再回到 62 段③讨论下,这一段关于帮助日本扩大贸易与商业。总统说,如果我们继续忽略日本想要同中国共产党进行贸易的愿望,他将希望道奇先生(Mr. Dodge)的委员会(对外经济政策委员会)来研究下面这一观点的正确性,即日本与共产主义国家的这种贸易是完全不利的。总统说,正如他之前多次提起的,毕竟贸易是外交的最好武器。他因此希望看到这份分析和研究。事实上,他的这个要求已经有两年之久,只是一直被忽视了。

杜勒斯国务卿向总统指出,共产党无一例外地按照他们想要的方式发展贸易,而非把它当作不同国家人们之间的联系交流。

斯塔森总督说,总统谈及的那份研究任务已经传达给道奇委员会去准备

---

① 原编辑者注:这一段内容为:"通过以下方式帮助日本发展经济:扩大对日本的公共信贷、科技的援助,利用当地农业收入盈余,增加日本资本投资的机会。"

② 原编辑者注:这一段内容为:"鼓励日本放松或者消除法律壁垒和管理壁垒,创造有利于国内外私人资本投资的环境。"

③ 原编辑者注:这一段内容为:"美国通过加入亚洲自由国家间的经济发展项目来帮助日本扩大贸易;特别注重发展有利于增加地区内贸易的项目;通过提供技术协助和资金资助鼓励日本继续参与南亚以及东南亚地区的发展。"

了。不幸的是,委员会在对外经济政策的观点上存在严重分歧,虽然一份进展报告很快将会递交给总统。①

总统说,如果国务卿关于共产党发展贸易的说法正确的话,他此前心中关于日本和共产党中国的人民发展贸易的想法完全被改变了。

斯塔森总督简要描述了道奇委员会研究日本和共产党中国之间贸易存在的问题。最大的问题是,是否将日本与共产党中国的贸易(CHINCOM)降到已通过的日本与苏联和其欧洲附属国(COCOM)之间贸易的同等水平上来。斯塔森总督同时还向总统强调说,苏联和共产党中国不想与日本进行日用品贸易往来,相反他们希望购买有助于发展重工业和战争潜力的材料。

总统说,在他看来,如果是共产党自己而非美国的控制是阻碍日本与共产党中国之间贸易的主要原因的话,那至少美国还可以做一件事情:将这个事实完全公布于众,将责任归为共产党——这本来就是他们的责任。

总统对我们是否能成功让日本人明白这个道理而感到怀疑。为了解释他的意思,他简要谈及了其关于原子能和平使用的那次大家熟知的演讲。尽管他在演讲里说的很清楚,但是最近在很多国家的民意调查显示只有不超过百分之一的人相信美国真的会促进原子能的和平使用。因此,总统认为尽管日本政府的一些"大人物"可能清楚地知道是共产党而非美国阻碍了日本向中国出售日常生活消费品,他还是不相信日本的"小人物们"真的明白这个道理并且意识到错误在于共产党。

洛克菲勒先生建议可以通过建立美日联合商贸委员会来促进这个问题的解决。总统对这个提议的反应似乎不是很积极。他再次强调他的观点,认为日本人更多地将他们贸易受限的责任归咎于我们而非俄国人。他们听取了诺兰议员(Senator Knowland)和其他国会成员的演讲,认为这些研究代表了管理当局的政策。

道奇先生在讨论的最后说,总统的看法从舆论宣传角度来说是有用的,但是从实际角度来看,他不确定能否起效。毕竟,总统希望日本出售的生活消费品——例如胶鞋、草帽还有其他类似的——并不是直接卖到共产党中国的人民手中的。如果真能售出去的话,那么这些物品也只是到了中国垄断政府手

---

① 原编辑者注:委员会对对外经济政策看法的文件参见 ix 卷,第 1 页及其后的内容。

中,他们将会重新向大众出售这些产品。因此,日本与共产党中国之间的贸易往来不太可能促进两国人民之间的了解。

国家安全委员会①:

a. 根据 4 月 5 日参考备忘录中参谋长联席会议的意见,记录并讨论了关于参考报告中(NSC5516)涉及的主题内容的政策草案,

b. 采用了 NSC 5516 中包含的政策论断,做了以下修改:

(1) 13 段第一句改为:"日本的近期目标是增强其经济实力,可行的长远目标是恢复其国际影响力和声望。"

(2) 35 段以及其脚注:删除,重新排序其后的段落。

(3) 44 段:将"法律上视为无效的"改为"不承认"。

(4) 52 段:删除脚注,以及第四行的"地面"一词。

注:修改后的 NSC 5516 获得了总统的同意;作为 NSC 5516/1 号文件传发;任命行动协调委员会为总统委任的协调机构。

[接下来是其他日程项目]

格里森(S. Everett Gleason)

(Memorandum of Discussion at the 244th Meeting of the National Security Council, Washington, April 7, 1955, *FRUS*, 1955—1957, Vol. ⅩⅩⅢ, Part 1, Japan, (in two parts) Part 2, Editor in Chief: John P. Glennon, Editor: David W. Mabon, United States Government Printing Office, Washington:1991. pp. 40 – 49.)

104. 塞巴德给墨菲的备忘录

31. 远东事务副助理国务卿塞巴德给负责政治事务的副国务卿墨菲(Murphy)的备忘录②

华盛顿,1955 年 4 月 20 日

---

① 原编辑者注:a 和 b 段以及注解部分在 NSC No. 1374 号行动方案之后。(S/S – NSC 文件:lot 66 D95,国家安全委员会行动方案记载)

② 原编辑者注:出处:国务院,远东文件。Lot 56 D679,日本。保密。4 月 19 日于东北亚事务办公室起草。

主题：日本—苏联关系

1. 日本和苏联很有可能不久就开始谈判，重建外交关系。我觉得美国应该确保自身的利益绝不会受到影响，并且尽可能地帮助日本远离苏联，同时美国应该避免直接卷入此事或者避免被指责为干涉他国。

2. 苏联和日本的目标。苏联宏观的目标是削弱日本和美国的联盟关系，在日本建立一个大使馆或者领事馆，确保他们在千岛群岛和南库页岛的领土地位。日本的目标是缓解与苏联的紧张关系，收回齿舞岛和色丹岛，有可能的话还有部分千岛群岛，并发展商贸和渔业关系。

3. 美国的看法

全部解决日本和苏联之间所有突出问题将会很困难，特别是领土问题。然而，日本急于恢复与苏联的正常关系；鸠山（Hatoyama）政府在这一点上很执着，并将一步步推进这个目标的实现，甚至是冒着失去左翼势力支持的风险。日本可能迫切要求苏联在实质性谈话开始之前宣布战争的终结。苏联似乎没有任何尽早取得一致的压力，或是终止战争的压力，他们很有可能依赖于日本的国内压力以期获得让步。

4. 美国的角色。美国有能力影响日本的立场，但是没法影响苏联。一般来说，我们应该避免发表关于谈判的公开言论。在我们的利益受到直接影响的时候，例如与旧金山和约相冲突，我们应该让日本政府和苏联政府清楚地明白我们的观点。至于其他方面，在日本政府的要求下，我们应该准备好让他们了解我们的立场。另外，利用（原文中不到一行的内容未解密）日本和苏联之间严重分歧来突出苏联的不让步将对我们有利。

5. 实质性问题

（a）领土。日本想要回齿舞岛和色丹岛，理论上而言它们并不属于千岛群岛。而苏联是不可能同意的。就算苏联同意的话，他们可能会诉诸其他方式使自己可以无限期控制这些岛屿，或许理论上正如我们对琉球群岛和小笠原群岛的控制上一样。日本也想要控制全部或者部分的千岛群岛，可能理论上来说放弃旧金山和约里的这些岛屿对苏联而言没有什么益处，苏联并没有签署这份和约，并且，按照《开罗宣言》的标准来说，日本不应该被要求放弃其并非因为贪婪或暴力获得的领土。日本还有可能声称和平条约里的"千岛群岛"一词只是指"北千岛群岛"，并不包括南边的两个岛屿：国后岛和择捉岛，这两个岛屿从历史上来说并非俄国的领土。

美国的立场。我们应该继续支持日本获得齿舞岛和色丹岛的主权,基于这样的理论,即这两个岛屿并非属于千岛群岛,而属于日本的一部分。按照旧金山和约的规定,日本宣布放弃千岛群岛和南库页岛是我们的意见,而这些领土的问题一直悬而未决。苏联已经通过正式途径希望将这些岛屿纳入领土范围。我们鼓励日本要求至少部分千岛群岛的主权是出于很重要的政治考虑:千岛群岛对自由世界而言具有较高战略重要性;日本和苏联是唯有的两个千岛群岛的合理竞争者,尽管某种形式的国际控制理论也是行得通的;日本和其他自由世界依然不采取行动的话将被视为默认苏联的占有了。我们不应该改变立场也是有原因的:美国支持日本获得千岛群岛主权的行为可能使人联想到在旧金山和约规定下我们对琉球群岛的处理,这有可能影响福摩萨(台湾)的形势,福摩萨也是日本按照和约规定宣布放弃的;在北部鼓动日本民族主义同样也会在南方掀起这种情绪;苏联就在日本的北部边界,而苏联的态度是敌对的,这将一直影响他们的关系。然而,总的来说,对比我们在琉球群岛和小笠原群岛的情况,我们至少不应反对日本谋求全部或者部分千岛群岛的主权,不管他们双方是否达成协议,日本承认苏联对南库页岛的主权(日本—俄罗斯1875 年签订的交换协议内容),或者是苏联承认日本对全部或者部分千岛群岛的剩余主权。我们还应该支持日本将领土争端提交国际法庭的任何提议。

(b) 红色中国。苏联和红色中国有可能达成共识,在苏联和日本达成一致之后,他们将要求日本承认红色中国,并且要求日本同意与红色中国谈判和约。苏联还可能提议某种形式的"五项原则",他们自己和日本都将采用。尽管日本急于扩大和红色中国的贸易往来,但是它目前并不愿意与中国谈判建立政治关系。

美国的立场。我们反对日本和红色中国之间的政治关系,例如签订条约公开发展政治关系或者互不侵犯。我们认为日本将会坚持他们的观点,认为和"中华民国"发展关系并无害处,这是我们全力支持的立场。如果合适的话,我们应该建议日本尝试利用苏联关于基本原则的提议来检验共产党制定这些声明的真诚度,并且使苏联确保不干涉日本的内政或者日本与"中华民国"的关系。

(c) 联合国成员资格

日本会希望苏联无条件支持其加入联合国。苏联将可能支持日本的申请,若它将日本作为其他对苏联友好的国家中的一份子来申请加入联合国。

美国的立场。我们支持日本加入联合国,但是不是和其他国家一起。

(d) 捕鱼权。日本希望在苏联领土以外三英里的范围内拥有完全的自由。苏联坚持十二英里的限度,有可能希望日本离得再远点。

美国的立场。我们支持三英里限度的海域范围,反对公海捕鱼的限制,除了受维护的海域。我们支持日本,反对苏联抓捕三英里以外的日本渔船。

(e) 日本在苏联的被扣押者。日本希望这些被扣押者被遣送回国,苏联有可能同意,但是保留"战犯"和"技术犯"。

美国的立场。我们认为苏联应该归还它扣留的所有日本人员。

(f) 苏联不干涉日本内政。苏联可能会乐于同意这一点。

美国的立场。苏联不应该干涉其他国家的内政。日本应该非常小心,控制苏联代表在日本的行为。

(g) 领事馆。苏联可能希望在日本除了东京以外的地方设立领事馆。

美国的态度。日本应该统一在互惠原则的基础上同意建立领事馆。

建议:

希望您同意第 4 段提出的美国的角色,以及第 5 段提出的美国的立场。因为日本的首席谈判官松本真一(Shunichi Matsumoto)很乐意接受我们的任何建议,我提议在您同意这份备忘录之后,致电约翰·阿利森告知这些内容,并建议他自行斟酌,与松本真一讨论以上观点。①

(Memorandum From the Deputy Assistant Secretary of State for Far

---

① 原编辑者注:原文里没有任何采取行动的迹象。然而,塞巴德在 4 月 23 日给墨菲的备忘录里提到墨菲此前同意了这份文件。(Ibid. ,661.941/4-2855)国务院在 4 月 22 日给东京的 2192 号电报中重复提到了这些美国的立场,以及建议与松本和其他日本人员谈论该事项。(Ibid. , 661.941/4-1955)

阿利森在 5 月 10 日从东京发出的 2877 号电报里汇报说他一直没能安排与松本见面。"今天大使馆官员向重光葵(Shigemitsu)的特别助理凯斯(Kase)提及了我们想要和松本交换意见的愿望。凯斯回答说松本目前正在外交部做简要汇报,并且感激我给谷(Tani)的电报。"(Ibid. , 941/5-1055)(接下)

(接上)阿利森在 5 月 25 日从东京发出的 3045 号电报中汇报了那天下午和谷(Tani)的谈话内容:"谷说,媒体紧密地注视着松本的一举一动,所以他觉得不适合与我见面,因此希望我接受谷来代替他。谷简要回顾了之前我对我们谈判想法的概述,他重申日本的立场大体上与美国的想法相一致。"(Ibid. ,661.941/5-2555)

Eastern Affairs (Sebald) to the Deputy Under Secretary of State for Political Affairs (Murphy), *FRUS*, 1955—1957, Vol. XⅩⅢ, Part 1, Japan, (in two parts) Part 2, Editor in Chief: John P. Glennon, Editor: David W. Mabon, United States Government Printing Office, Washington: 1991. pp. 65 - 68.）

105. 国务卿给国防部长的信

79. 国务卿给国防部长(威尔逊)(Wilson)的信①

华盛顿,1956 年 6 月 22 日

亲爱的部长先生:

正如您所知道的,众议院军事委员会②下属普莱斯委员会关于琉球群岛土地问题的报告在冲绳和日本国内都掀起了非常不利的反应。从冲绳来看,正如我们所了解的一样,主要的反对原因是农民非常不愿被从土地上分离,包括不愿损失如果耕种将可获得的收入,以及担心可能失去对土地的所有权。另外,从日本国内来看,主要的反感原因似乎是他们认为美国这种正式获得冲绳大片土地的行为与日本的剩余主权相违背。

国务院对报告中体现的公正、全面印象深刻,大体上支持这些提议。然而,更好的方式是,实施这些项目的同时能够缓和琉球群岛人民和日本人民的情绪,使之最大限度地符合美国的根本利益。于 1954 年 8 月 2 日③通过的琉球群岛民政管理总统指令在 J2 部分只是规定我们有"租赁权或者地役权",而土地所有者不愿意卖土地。该政策尚未对外公布。

国务院认为如果该项政策对外公布的话将对我们有帮助,土地拥有者是

---

① 原编辑者注:来源:国务院,中央文件,794C.0221/6 - 2256 机密。在东北亚事务办公室起草,莱姆尼茨批准。

② 原编辑者注:美国国会,众议院,"1955 年 10 月 14 日到 11 月 23 日视察之后所做的军事委员会特别委员会报告"(华盛顿,美国政府印刷局,1956),于 6 月 13 日发表。梅尔文·普莱斯议员担任特别下属委员会主席。

③ 原编辑者注:见 1954 年 7 月 28 日杜勒斯给威尔逊的信,《外交关系》,1952—1954,14 卷,第 2 部分,1684 页。与公布的指令相似的草案指令见 1954 年 7 月 15 日威尔逊给杜勒斯的信的附件,出处同上,1672 页。

不大可能放弃他们的产权的,既然如此,对征用和转让不做区分对我们有益,并且做简单声明,即美国的政策只是要长期使用土地而非拥有它的产权。我们还认为美国澄清自身地位对缓和这种反对情绪有利,美国的立场是要获得长远利益,同时在总统指令范围内作为一项政策来确定这些利益将按照美国的要求通过琉球群岛政府来获得或持有,与此同时清楚明了地规定美国的权利和利益,并记录在案以防日后出现争端。如果美国民政府能够就此颁布一项条例,我们将不甚感激。然而,这么做的目的不是要求使美国获得土地成为当地政府的自愿行为,而是使美国的这种行为与美国在不拥有主权地区的安排相一致。

土地问题还有很多其他方面需要我们澄清,尽管国务院也意识到这很耗时耗力。例如,不管是出于政策考虑或是公共关系考虑,国务院认为可以进一步发展普莱斯委员会的建议,做出相应安排,这样在土地所有者同意并且要求的情况下,一次付清款项并将其存放在专门基金中,琉球群岛政府管理此项基金,并将其用于该地区的发展,同时还可以给投资者以不错的收入回报。

美国政府应尽快发表公开声明,尽量澄清自己对土地项目的想法和打算。我们建议由国防部来制定这份声明,该声明应包括上述讨论的三点内容。国务院的工作人员随时准备就这些问题的细节内容进行商讨并提供任何帮助。①

诚挚的,

约翰·福斯特·杜勒斯②

(Letter From the Secretary of State to the Secretary of Defense (Wilson), *FRUS*, 1955—1957, Vol. XXIII, Part 1, Japan, (in two parts) Part 2, Editor in Chief: John P. Glennon,Editor: David W. Mabon,United States Government Printing Office, Washington:1991. pp. 180 - 181.)

---

① 原编辑者注:在 7 月 6 日给杜勒斯的回信当中,戈登·格雷(Gordon Gray)说:"在最近的您院成员与国防部代表的会议上,大家充分讨论了关于发表土地项目公共声明的议题。大家一致认为发表的时机异常重要,并且在准备声明的过程中,双方代表将继续就发表声明的合适时机进行商讨。"(国务院,中央文件,794C. 0221/7 - 656)未发现格雷提到的会议记录。

② 原编辑者注:复印自该文件的一份复印件,上面有这个盖章的签名。

106. 助理国务卿给国务卿的备忘录

80. 远东事务助理国务卿罗伯森(Robertson)给国务卿的备忘录①
华盛顿,1956 年 6 月 25 日
主题　冲绳岛土地问题及美国在日本基地期限

　　因为冲绳岛土地问题,日本爆发了麻烦的反美情绪。这种狂热始于军事委员会下属普莱斯委员会在 6 月 13 日发表的报告,该报告建议美国长期获得冲绳岛土地并且一次性付清款项。而日本媒体耸人听闻的误传更恶化了这种情绪,这种误解源于 6 月 14 日的国会听证会上,一名在场的国防部成员承认说按照现行的安全条约第四款规定,美国可以在日本保留基地甚至长达百年。日本媒体把他的言论误解为美国将单方面决定在日本保留基地的时长。

　　国防部将致力于缓解冲绳岛的这种情绪。您在 6 月 22 日给国防部长的信中②建议他发表一份声明澄清美国在冲绳岛的意图。6 月 22 日,总统发了一封信③给琉球群岛政府行政长官比嘉周平先生,说普莱斯委员会的报告"既充满同情感又附有建设性",并且说他将让威尔逊部长与 Higa 先生就此问题进行进一步交流。

　　显然国务院需要解决在日本蔓延的这种危机。日本的社会主义者正伺机利用普莱斯委员会的报告和关于美国的误传,即美国打算不顾日本人民的意愿在日本保留军事基地约百年。很明显,他们的目的就是要影响原定于 7 月 8 日④举行的上议院选举结果。

　　东京大使馆在一系列的电报(标签 C)⑤中敦促国务院再次发表声明,澄清美国在日本和冲绳岛的意图,日本政府也非正式地表达了这样的愿望。我

---

　　①　原编辑者注:来源:国务院,中央文件,794C. 0021/6 - 2556.机密,在东北亚事务办公室起草,通过 S/S 传送。

　　②　原编辑者注:同上。

　　③　原编辑者注:未找到。

　　④　原编辑者注:见 82 号文件脚注 3。

　　⑤　原编辑者注:附件中未发现。关于该主题的电报通信在国务院中,1956 年中央文件 794C. 0221。

们已经草拟了一份给阿利森大使的电报，授权他针对日本的局势和日本民众对冲绳岛的担心（A 标签）①发表声明。草拟的声明首次正式承认日本对琉球群岛的剩余主权。当您担任旧金山和平会议的美国特使一职时您首次提出了剩余主权的概念，此概念并未出现在和约里，而是被记在了会议记录当中。关于我们在日本的基地，草拟声明并未做特别说明，但是他强调了对日安全条约能使美日团结一致，共同维护世界和平和日本的安全，秉着这样的理念，我们一起努力维护双方共同的利益。

建议

您签署给阿利森大使的电报（A 标签），如果在 6 月 27 日与媒体见面时他们问及此问题，希望您对媒体发表一份类似的声明（标签 B）②。

(Memorandum From the Assistant Secretary of State for Far Eastern Affairs (Robertson) to the Secretary of State, *FRUS*, 1955—1957, Vol. ⅩⅩⅢ, Part 1, Japan, (in two parts) Part 2, Editor in Chief：John P. Glennon, Editor：David W. Mabon, United States Government Printing Office, Washington：1991. pp. 182 - 183.)

107. 国务卿给国防部长的信

86. 国务卿给国防部长威尔逊(Wilson)的信③

华盛顿,1956 年 8 月 7 日

亲爱的部长先生：

自从 1956 年 6 月 22 日④我给您关于琉球群岛土地问题的信以及助理国

---

① 原编辑者注：附件中未发现。草稿在东北亚事务办公室准备，罗伯森授权莱姆尼茨(Lemnitzer)正式批准，杜勒斯稍做修改后同意并于 6 月 25 日将内容发送 2847 号电报至东京。(Ibid. , 749C. 0221/6 - 2256)这份电报中的声明是根据使馆 6 月 22 日 2999 号电报中的建议来核准的。文件见国务院公告,1950 年 7 月 9 日,60 页。

② 原编辑者注：未刊印。6 月 27 日的国务卿新闻发布会上并未讨论冲绳岛问题。

③ 原编辑者注：来源：国务院,中央文件,794C. 0221/8 - 756.机密。由东北亚事务办公室起草,FE(远东)和 L(莱姆尼茨)批准。

④ 原编辑者注：79 号文件。

务卿格雷 6(7)月 6 日①的回复之后，日本方面越来越关心美国对琉球群岛的民政管理。在给国防部的诸多信息中，阿利森大使指出我们应该清晰地考虑我们在琉球群岛的政策，不仅从对琉球群岛良好的管理角度来考虑，还要考虑到我们和日本的长期关系。同时，尽管琉球群岛内关于土地问题的骚动有所缓解，但是基本的不满情绪依然存在，这种情绪日后很有可能在其他问题上再次给我们制造麻烦。

因此我建议，在新决策出台之前或者现行的决策被执行之前，我们两部应该一起商讨关于以下事项的政策：

1. 对我们军队使用土地的赔偿方式。关于这一点，国务院目前认为应该谨慎对待通过一次性付清方式来长期使用土地的办法，并且在能让琉球群岛民众基本满意而日本国内又不至于加以批判的程序出来之前，我们应该继续无限期占用这些土地，租金一年一付。如果新的方法迟迟不能出台，我们应该重新审视每年的租金。

2. 我们军队在琉球群岛额外的土地使用需求，特别是海军和海军陆战队的计划。就目前的信息来看，国务院的观点是任何进一步占用农业用地的计划应该三思而行。

3. 美国军队司令部管理琉球群岛事务，废止远东司令部。这样做有深刻的政治意义，因为这样可以将琉球群岛从日本分离出来而由美国的指挥体系来负责。同时，国务院还建议，慎重考虑在琉球群岛的民政管理当局和华盛顿之间就民政管理事务建立直接的交流方式。我们认为华盛顿关于这些民政事务的政策导向应该是国防部和国务院的共同职责，我们希望建立多于目前存在的正式机构来达到此目标。

我并不是说所有这些问题必须全部解决或者同时解决，国务院乐于按照国防部认为最合适的程序来考虑这些问题。至于具体时机，考虑到不可避免地要传出很多猜测，我们希望关于第三点的决定尽快宣布。另外，我们觉得美国政府发表关于土地问题的声明对我们会有帮助，声明表示美国不会仓促做出决定。国务院与国防部的人员将会讨论这份声明。

诚挚的，

---

① 原编辑者注：见 79 号文件脚注 4。

约翰·福斯特·杜勒斯①

(Letter From the Secretary of State to the Secretary of Defense
(Wilson)，*FRUS*，1955—1957，Vol. XXⅢ，Part 1，Japan，(in two parts)
Part 2，Editor in Chief：John P. Glennon，Editor：David W. Mabon，United
States Government Printing Office，Washington：1991. pp. 197 - 198.)

108. 杜勒斯与重光葵谈话备忘录

89. 美国国务卿杜勒斯(Dulles)与日本外相重光葵(Shigemitsu)谈话备
忘录

伦敦，奥德里奇大使(Ambassador Aldrich)官邸，

1956 年 8 月 19 日，下午 6 时②

USDel/MC/48

讨论的主题：日—苏条约的谈判

在讨论美国提议的向伦敦会议提交一份关于苏伊士运河声明③一事快接
近尾声的时候，重光葵先生说他想谈谈他和苏联关于和平条约的谈判问题④。
他说现在剩下的唯一问题就是领土问题了。苏联希望从齿舞岛和色丹岛以北
划分疆界。他询问，从旧金山和约角度来看这样的界限是否合法。他说，塞巴

---

① 原编者注：复印自该文件的一份复印件，上面有这个盖章的签名。

② 原编者注：来源：国务卿，会议文件：Lot 62 D181，CF745. 保密。由亚瑟·瑞沃
特(Arthur Ringwalt)起草。杜勒斯于 8 月 14 日离开华盛顿去参加关于苏伊士运河危机的
伦敦会议，此次会议于 8 月 16 日在伦敦举行，杜勒斯在伦敦一直呆到 8 月 24 日。关于此
次会议的文件，见第 XVI 卷。

③ 原编者注：这部分谈话内容见 USDel/MC/47，同样由瑞沃特起草(国务院，会议
文件：Lot 62 D181，CF 745)。

④ 原编者注：苏联—日本之间的谈话于 7 月 31 日在莫斯科重新开始，但是延迟到
8 月 13 日，这样重光葵和苏联外交部长德米特里·谢皮洛夫(Dimitri Shepilov)可以如期
参加伦敦会议。然而，那个时候双方的谈话已经陷入僵局，因为领土问题以及苏联关于日
本海域内不接纳非沿岸战舰的提议。在 8 月 13 日于莫斯科举行的新闻发布会上，重光葵
表达了他的看法，认为应该达成协议，哪怕是按照苏联的主张。在 8 月 14 日发自东京的
第 366 号电报中，阿利森汇报，他从日本的一处消息来源得知，日本内阁的其他成员都一
致反对按照苏联的主张签订协议。(Ibid. ，中央文件，661.941/8 - 1456)

德先生曾向驻华盛顿的日本使馆说明，这样的退让与条约相违背。

国务卿提醒重光葵先生说，千岛群岛和琉球群岛都是遵循投降条款以同样的方式处理的，虽然按照和平条约我们已经同意日本拥有对琉球群岛的剩余主权，但是条款二十六仍然规定如果日本给俄罗斯更好的条款待遇，我们也可以这么要求。这意味着如果日本承认苏联完全拥有对千岛群岛的主权，那么我们恐怕也会希望我们同样地拥有对琉球群岛的全部主权。

重光葵先生说，他当然明白按照条款三的规定这些岛屿的地位问题早已获明确解决，并且不可能重新再讨论。国务卿再次强调这不符合条款二十六的规定。

重光葵先生询问美国是否会准备首先召开会议讨论千岛群岛和琉球群岛的处理问题。国务卿对这个建议持消极态度。他说条款二十七将对日本与苏联的谈判有帮助。日本可以告诉苏联如果他们被迫放弃千岛群岛的话，那么他们也将不得不放弃琉球群岛。在和日本打交道的过程中，美国态度一直很柔和，而苏联却一直很强硬。或许美国也应该强硬一点。国务卿表达了他的观点：苏联也希望与日本和平相处，正如日本希望与苏联保持和平一样。他回忆道，苏联之前不断表达了他们的立场，即除非与德国讲和，不然不会和奥地利签署和平条约，但是他们却突然改变了立场。或许与苏联打交道的最好方式就是采取这样的立场：千岛群岛和琉球群岛享有同样的地位——例如，由外国势力占领，但是日本拥有剩余主权。他觉得这个或许就是可以和苏联达成妥协的基础，这样苏联拥有一些岛屿的主权并且承认日本对其他一些岛屿的主权。他说直到他即将离开华盛顿之前，他也没见到有日方质疑旧金山条约。他说实际上在华盛顿的时候他就已经向日本大使表达了他现在跟重光葵先生所说的意思①。如果日本告诉苏联他们可以拥有千岛群岛的主权的话，那么美国将会坚持要求拥有琉球群岛的主权。国务卿顺带说，他的意思不是说美国事实上将会坚持要求琉球群岛的主权，而是美国有权这么做，他不能保证日后的美国政府对这个问题会说什么。条款二十六的目标就是确保之后的条约不会再从日本索取更多的有利条件。如果日本征求美国关于千岛群岛是否可以分为南北两个部分的意见，那么美国可能会重新考虑。对北部琉球群岛问题，美国已经后悔了。国务卿建议日本可以告诉苏联美国的坚定立场——如

---

① 原编辑者注：没有发现这次谈话的其他记录。

果苏联要占有全部千岛群岛,那么美国将永久留在冲绳岛,这样的话日本政府没法存活。

重光葵先生说,如果美国坚持国务卿所表达的意思,日本将继续努力和苏联谈判。日本的争论点是国后岛和择捉岛就是日本的领土,而且苏联之前从未质疑日本对这些岛屿的主权。而苏联的答复是,这些岛屿的处置是由其与美国和英国的战时协议来决定。

国务卿强调说,苏联的这种说法是不正确的。他说战时的决定只是和平条约的考虑建议。他可以向重光葵先生保证,杜鲁门总统从来没有说过任何言论承认苏联拥有这些岛屿,如果日本正式要求这些岛屿,他可以证实这个立场。

重光葵先生说,英国可能对战时宣言的有效性持异议。国务卿回复说他不能代表英国讲话,而且他从未与英国谈论过此话题。根据英国的宪法体系,有可能英国首相将英国的范围限制在雅尔塔协定内①。

(Memorandum of a Conversation Between Secretary of State Dulles and Foreign Minister Shigemitsu, Ambassador Aldrich's Residence, London, August 19, 1956, 6 p. m., *FRUS*, 1955—1957, Vol. XXIII, Part 1, Japan, (in two parts) Part 2, Editor in Chief: John P. Glennon, Editor: David W. Mabon, United States Government Printing Office, Washington: 1991. pp. 202 - 204.)

109. 美驻日大使馆给国务卿的电报

98. 美驻日大使馆给国务卿的电报②
东京,1956 年 9 月 4 日,下午 1 时

---

① 原编辑者注:8 月 22 日,来自伦敦文件的第 33 部分,副本给日本,此次谈话的概要递交给了国务院。(国务院,中央文件,974.7301/8 - 2256)

② 原编辑者注:来源:国务院,中央文件,661.941/9 - 456. 秘密;Niact。

551. 国务院电报 482.①认为基本方法和内容非常不错,但是有以下评论:

建议备忘录的开头条款更精确些,强调是日本首先请求国务卿的事实,以及加入旧金山和约的事实,这自然为我们的言论提供了正当依据。

备忘录中第三段会让日本觉得我们在实施冷战,在我看来,这会产生负面效果。这些言论非常有用,但是最好由日本人他们自己说出来,这一段最好通过口头传达,并且由我们来建议日本的官方发言人正式公布这些言论。

担心第 5 段里面关于保留权利的内容会在日本引起新一轮对我们的指控,认为我们的最终目标就是要谋求对琉球群岛的长期占有。如果在这点上有些内容不是非常必要的话,建议删除第 5 段的最后一句,将其口头传达,同时将内容扩充为"美国的观点是,旧金山和约的任何签署国一定不会接受这样性质的行为,他们有权保留所有的权利"。

至于具体时间,可以通过口头来答复岸信介(Kishi)和根本(Nemoto)关于具体时间和任何声明内容的请求(大使电报 530)②。同时与驻华盛顿的日本大使联系可能会导致困惑和过早地泄露内容。因此,建议暂时只跟东京方面联络,允许我决定何时和日本领导人商讨,这些日本领导人所处的位置最容易使公布的言论迅速加剧 550 电报③里描述的危机。在与日本方面讨论之后,商定时间由国务院公开发表。④

阿利森(Allison)

---

① 原编辑者注:在 9 月 4 日的 482 号电报中,国务院向驻日使馆转告了这份备忘录提议的内容和口头声明内容,内容见上,并且要求大使对这两个草案发表观点。(国务院,中央文件,661.941/9-356)

② 原编辑者注:见 95 号文件的脚注 3。

③ 原编辑者注:在 9 月 3 日的 550 电报中,阿利森汇报说,重光葵已经返回日本"面对政治风暴"。大使强调了与日本领导人认真协商的必要性,以及与大使馆就日一苏谈判的一切公开言论认真协商的必要性。他说:"媒体和这里(日本)的政客们会抓住我们所说的任何话和所做的任何事,歪曲它们以便为自己服务。"他接着说:"因此我希望,国务卿一旦回到华盛顿之后应该首先考虑这个问题。"(国务院,中央文件,661.941/9-356)

④ 原编辑者注:在 9 月 4 日给国务卿的备忘录中,罗伯森说他已经准备好了新草拟的备忘录,而且口头声明也与 551 电报的建议一致。"大部分内容都被采用。阿利森大使建议省略备忘录的第三段,因为它会让我们卷入在日本打冷战的说法之中。但是我不同意。"在一个来源不明的旁注中,我们发现罗伯森当天与杜勒斯就新草稿进行了讨论。(Ibid.,661.94/9-456)新的草稿并未在国务院文件中找到。

(Telegram From the Embassy in Japan to the Department of State,
FRUS，1955—1957，Vol. ⅩⅩⅢ，Part 1，Japan，（in two parts）Part 2，
Editor in Chief：John P. Glennon，Editor：David W. Mabon，United States
Government Printing Office，Washington：1991. pp. 222 - 223.）

110. 罗伯森给国务卿的信

103. 国防部副部长（罗伯森）（Robertson）给国务卿的信①

华盛顿，1956 年 9 月 21 日

亲爱的国务卿先生：

　　我特别认真地研究了您于 1956 年 8 月 7 日的来信②以及信中提到的阿
利森大使提供的一系列信息，我真诚地希望能够和谐地解决关于琉球群岛土
地的复杂的问题。

　　关于您信中提到的第一点，我很高兴地说，我们两部一直紧密地共同合
作，已经制定了令人满意的方案。该方案已经通过电报传送给了远东总司令，
以便听他的指导意见③。一方面，该方案保证我们可以通过一次付清的方式
获得长远利益，另一方面，它又宣称应该先获得用于长期军事设施的土地和用
于实质性训练和日常工作的土地，而其他用途的土地可以晚点再获取。正如
在前面提到的给远东总司令的电报中说明的一样，很显然可以通过在获得土
地困难最小的地区首先实施该方案，逐步增加我们处理该问题的经验。

　　我也认为我们在额外土地需求方面的观点是一致的。我完全同意普莱斯
报告中的建议，即我们在琉球群岛的武装力量应该将额外土地的需求降到最
低。根据这些建议，莱姆尼茨（Lemnitzer）将军早在 1956 年 7 月 17 日就组织
了对琉球群岛所有军需用地的全面审查。最近国防部给莱姆尼茨将军的消
息④中再次强调，他关于将土地需求降到最小的任何行动或建议都与国防部

---

　　① 原编辑者注：来源：国务院，中央文件，794C. 0221/9 - 2156. 机密。

　　② 原编辑者注：86 号文件。

　　③ 原编辑者注：见 88 号文件脚注 4。

　　④ 原编辑者注：未得到进一步证实。

的观点一致,这份消息的附件已经传送给了国务院。

至于您信中提到的最后三点,我完全赞同您的观点,需要全面研究琉球群岛问题中涉及我们在远东—太平洋地区指挥体系变更的地方。我可以向您保证,我们正充分重视这一复杂的问题,但是目前不太可能在该问题所有详尽的研究结果出来之前过早地得出结论。相信您一定有兴趣知道在接下来的几个月当中,会召开许多会议讨论解除目前在远东的司令部,而可能由太平洋司令部总司令负责新的指挥任务。我们将会告知国务院这些会议的讨论结果。

您还建议在琉球群岛管理机构和华盛顿的国防部之间就民政管理事项建立起直接的交流,我们正在考虑这一建议。然而,恐怕在上面提及的决定指挥方式的会议得出结果之前,很难就此得出一个解决方法。

很遗憾,我不能同意您的建议,即认为琉球群岛民政事务政策指导是双方共同的职责,因为这有悖于总统指令,该指令委任国防部负责此事。另外,我觉得这样的安排将会妨碍琉球群岛的实际管理,使之紊乱无度。我很能理解国务院对普莱斯委员会报告未能及时发布的担心,这份报告在日本掀起了反对活动;但是,我觉得这个事件并未导致对过去十年琉球群岛管理的回顾,而如果考虑到当地政府在过去那段时间中面临的实际困难的话,其实对琉球群岛的管理算是非常不错的。

近来,我们两部在积极寻求就琉球群岛土地方面最棘手的一些问题的解决方案,取得了不少进展,我深受鼓舞。因此,我相信我们在日后也会取得同样的进展。①

诚挚的,

罗伯森(Reuben B. Robertson Jr.)

(Letter From the Deputy Secretary of Defense (Robertson) to the Secretary of State, *FRUS*, 1955—1957, Vol. ⅩⅩⅢ, Part 1, Japan, (in two parts) Part 2, Editor in Chief: John P. Glennon, Editor: David W. Mabon, United States Government Printing Office, Washington: 1991. pp. 232 - 234.)

———————————

① 原编辑者注:在 10 月 6 日给代理国务卿墨菲的备忘录中,沃尔特·罗伯森(Walter Robertson)指出应暂缓回复该信件,因为“临时回复只会让国防部误以为国务院对目前的形势比实际情况还满意,要么误以为我们非常不满意只是等待时机重新开始争论”。墨菲同意了这个建议。(国务院,中央文件,794C. 0221/9 - 2156)

111. 罗伯森给国务卿的备忘录

106. 远东事务助理国务卿罗伯森(Robertson)给国务卿的备忘录①华盛顿,1957 年 1 月 7 日

主题：　我们的对日政策:需要重新审视,立即采取行动

讨论

日本是亚洲和西太平洋地区三个主要国家之一。印度尼西亚是一个主要的潜在力量,但是它的政治力量不足以与日本、印度和红色中国相提并论。日本是唯一一个我们有希望与之建立长久紧密联系的国家,这对美国的战略利益和政治利益至关重要。

日本成为美国的密友和盟国具有重大的战略意义,我们在西太平洋地区的全部战略地位都锁定在日本。如果日本变成中立国或者不支持我们,那么美国的安全问题将变得严重,也会付出更大的代价。除了战略重要性,日本在世界范围内的非军事斗争中也具有巨大的潜在利用价值,而且随着对那些立场不明的亚非国家斗争的加剧,日本在这方面的作用将增加。因此我们需要日本成为我们的朋友和盟国。

自从和平条约签署后日本进步了不少,而且自从签署那份条约后,目前我们关系得以建立的基础发生了巨大改变。现在的日本经济繁荣,外交完整,正站在发展外交政策的十字路口。我们随处都可以感觉到,在战败之后外交政策急剧倒退甘心追随美国的日本人现在认为他们必须维护和表达他们的"独立"。很显然,在当下和不远的将来,日本人将会做出一些损害我们利益的决定。有迹象表明日本将会增加与联合国当中亚非集团的联系,希望成为他们的领导人。联合国支持栗山千(Kuriyama)成为国际法庭的一员而反对我们支持的顾维钧(Wellington Koo)②,这已经很显然地说明日本在联合国中强

---

①　原编辑者注:来源:国务院,中央文件,611.94/1 - 757. 秘密。由马丁(Martin)和道格拉斯·麦克阿瑟(Douglas MacArthur)于 1 月 4 日起草。

②　原编辑者注:V. K. 顾维钧(Wellington Koo)是 1946—1956 年"中国驻美大使"。1957 年联合国大会期间选举顾维钧接替去世的徐谟(Tsu Mo)法官。1958 年,选举通过,任期为 9 年。

烈追求独立政策。日本已经和苏联恢复了外交关系,正发展与红色中国更广泛的经济社会联系。

越来越多的迹象表明日本人不满意他们目前的角色和地位,特别是与美国的关系。日本领导人多次委婉地表达,安全条约应该修改,美国应减少军事设施。目前这些迹象及日本的不满尚不明显而且在可控范围之内,但是如果日本人公开表达这样的观点,那么我们势必将来不及影响日本的政策,使之朝着最有利于美国利益的方向发展。如果我们无视日本高涨的浪潮,立马做出不可避免的调整并期望从中获得最大利益,那么事情将超出我们的控制能力,迫使我们放手,最后我们只能品尝苦果。

换句话说,既然我们很清楚目前日本汹涌的局势,我们应该立足于在合适的时机首先采取行动,与日本做出关键的调整安排,而非坐等局势恶化并发展成为日本国内激烈的政治问题,到那时一切我们现在看起来合理的提议都将被日本人否决。我们必须促进美日双边关系的发展,并且做出调整,包括在有利于提升保守党政府声望和逆转社会主义趋势的最佳时机做出一些让步,根本上来说,社会主义者是中立的而且很大程度上是反美的。

美日关系存在很多令人头疼的问题,有一些我们可以很快解决,有一些需要时间还需要我们政府进一步的考虑。这些问题包括:战犯问题,小笠原群岛问题,冲绳岛和琉球群岛问题,目前我们与日本之间单方面的"安全条约",美国军事基地和设施问题,以及日本与共产党中国的关系问题。

但是,如果我们要解决这些长远问题的话,我们必须立刻采取行动,在接下来的两到三个月内与日本制定出至少针对以下两个问题的解决方案——战犯问题和小笠原群岛问题——这些是在日本容易引起民众情绪的问题,而且如果这两个问题得到合理解决,将会营造双方共同合作的氛围,这对解决长远问题和其他更严峻的问题非常重要。

如果麦克阿瑟[①]和日本外相石桥(Ishibashi)[②]能在各自任期内(大概 2～3 个月的时间)制定出让双方都满意的解决战犯问题和小笠原群岛问题的方案,这将为在美国看来更重要的问题的解决提供信心和合作的可能。这样的

---

① 原编辑者注:阿利森于 2 月 2 日离开日本。麦克阿瑟于 12 月份被宣布接替阿利森的职务,麦克阿瑟于 1 月 29 日正式接受任命并于 2 月 25 日接受任命书。

② 原编辑者注:石桥湛山(Tanzan Ishibashi)于 1956 年 12 月 23 日出任日本外相。

程序可以促使日本政府继续不公开其他一些更棘手的问题,以期最终的讨论
并获得解决。那样的话我们便可利用他们善意。

我认为,我们必须意识到如果我们不朝这个方向首先迈出第一步,我们将
面临美日关系恶化的风险。我们将承担风险,目睹所有不相关的有争议性问
题承载着日本人所有的敌意一起涌来,最终在日本国内造成动荡,影响我们双
方的长远关系。换句话说,如果我们不及时采取行动应对目前日本国内我们
有目共睹的变化,那么我们将面临英国,特别是法国与各个亚非国家之间关系
的同样局面。

行动建议:

1. 美国政府在接下来的三周中制定出战犯问题的解决方案,日方可能需
要 2 到 3 个月的时间。附件(标签 A)①当中是远东司令部提议的解决方案,
但是至于具体细节,弗莱格先生(Mr. Phleger)好像有所保留。

2. 允许被流放的 2639 名小笠原群岛居民返回群岛,日本是无力接纳这
些人员的。(标签 B)②

3. 迅速慷慨地解决这两个日本人抱怨的问题将会为我们赢得时间和主
动权去解决下面这些更为严峻和急迫的问题,美国政府应该严肃地研究这些
问题:

a. 琉球群岛的地位问题是我们和日本人之间不和的原因,这个问题终究
要解决。一大解决方案是将琉球群岛归还日本,同时美国拥有永久军事权。
无论如何,长远来看,我们有必要继续从美国的角度来回顾这个问题,旨在找
到合适的解决方案。另外,可以和国防部讨论在琉球群岛建立一个民政府的
可行性,可能这只是一个暂时的举措;关于这个问题我已经送给您一份单独的
备忘录③。

b. 我们应重新审视我们与日本之间的安全关系,或许可以按照总统指令
来,涉及国务院和国防部之间关于确定最低目标的讨论,将我们与日本之间的

---

① 原编辑者注:标签 A 是一份由罗伯森交给国务卿的草拟备忘录,未注明日期且未
刊印。里面包含一个希望总统同意的提议,即宣布释放所有的日本战犯,不管是已服刑三
分之一的,或者已被囚禁 10 年或者更少的。此后的文件表明该建议并未得到采纳。见
116 号文件。

② 原编辑者注:附录中并未发现,国务院文件中亦未发现。

③ 原编辑者注:见脚注 1,如下。

安全安排置于相互关系和各自利益这一更牢固的基础之上,而非只是单方面做出安排。这就需要我们做出一些让步,但是如果最终结果能够在我们与日本之间创造更牢固的政治军事合作关系,并且使日本投身到共同防卫的职责当中来,那么这样的让步是值得的。

c. 国务院应该制定一份研究报告,说明我们对日本想要在亚非集团甚至全球建立领导地位的支持以及对其在联合国行为的支持可以并且应该到什么程度。

总结

当然,我们也可以什么都不做,只是抓住我们现在所拥有的,并因为压力而一点点放弃,但是这样的行为一段时日之后势必造成失败的结局,同时我们还冒着失去我们的军事设备的风险,以及永远疏远日本人,在所有领域失去他们的友谊和合作并且逼着他们走向中立的风险。

建议

您和我们在下周初举行会议,讨论这个文件内容,特别是战犯问题和小笠原群岛的问题。弗莱格先生届时将会出席①。

(Memorandum From the Assistant Secretary of State for Far Eastern Affairs (Robertson) to the Secretary of State, *FRUS*, 1955—1957, Vol. ⅩⅢ, Part 1, Japan, (in two parts) Part 2, Editor in Chief: John P. Glennon, Editor: David W. Mabon, United States Government Printing Office, Washington:1991. pp. 240 – 244.)

---

① 原编辑者注:杜勒斯在原件中以首字母签署同意,这表示会议将会在1月16日下午2:30召开。而杜勒斯的记事簿上内容证实会议如期举行,麦克阿瑟、罗伯森、鲍伊(Bowie)、帕森斯(Parsons)还有其他几位官员出席了会议。可是在国务院文件中未发现此次会议讨论内容的备忘录。

112. 国务卿致国防部长

107. 国务卿给国防部长(威尔逊)(Wilson)的信①

华盛顿,1957 年 1 月 8 日

亲爱的部长先生:

鉴于目前局势的发展,我担心目前美国对琉球群岛的管理很快将给我们的外交事务带来很大的麻烦,这反过来又会影响我们保留在群岛上的美国军事基地。您知道,在过去的这个夏季,琉球群岛爆发了一次全面有组织的反对普莱斯委员会报告的活动,以至于我们不得不推迟实施报告中的建议,并有待进一步考虑。虽然他们反对的直接诱因是对我们计划的土地获得项目的不满,但是这种骚乱更广泛地反映了他们对导致继续军事占领的管理的不满。这些不满在当地招致了更多人希望琉球群岛归还日本的压力,而这些压力反过来又刺激了日本的民族主义情绪。日后琉球群岛和日本之间这种相互作用的复苏将给我们造成重大的外交麻烦。

另外,通过加入联合国,与亚非集团建立紧密联系以及与苏联恢复正式交往,日本将会使我们之间的争端国际化并诉诸联合国。很多日本的冲绳岛居民已经向苏联和其他联合国成员请愿,希望他们支持将琉球群岛归还日本。共产党或亚洲地区的鼓动,或者支持调查对群岛的"殖民化"管理,这些都有可能成为现实。

很显然,当地环境非常不利于美国实现在琉球群岛的目标,因为当地人的敌意将很大程度上影响军事基地的使用。该地区的反对声音也会不可避免地

---

① 原编辑者注:来源:国务院,中央文件,794C.0221/1-857.保密。于 1 月 2 日在东北亚事务办公室起草。附在罗伯森的备忘录中递交给了杜勒斯,其中罗伯森指出国务院开展的一项研究表明"最好在不对军事司令部负责的民政管理体制下完成琉球群岛的政治和经济改革,在那霸(Naha)的约翰·斯蒂福斯(John M. Steeves)总领事同意了该研究中的提议。这种民政管理会考虑到日本的利益,将会为美国在琉球群岛和日本的安全以及其他利益提供最大的政治保护"。备忘录总结说:"从军事管理的本质来看,它不能继续解决现在困扰我们的问题。"发自那霸的 18 号快件当中有斯蒂福斯的观点,日期为 1956 年 10 月 23 日。(Ibid.,794C.02/10-2356)在国务院文件中未发现罗伯森所说的研究报告的附件。

影响日本对美国的态度,特别是美国在日本的基地。我觉得我们眼下并没有陷入万分紧急的情况,但是我肯定,我们已经进入了对琉球群岛管理的新时代,我们有必要做一些调整,否则不断蔓延的敌意将危及我们在远东地区的外交地位和军事地位。琉球群岛立法机构里面民主党成员在12月19日达成一份非正式但公开的决议,要求归还群岛,这说明了该问题的紧迫性。

考虑到这些因素,我建议由我们两部门派选代表建立共同工作小组,重新审视目前对琉球群岛的管理,并且建议做出改变或者修正。目前区域指挥权从远东司令部转移到太平洋司令部正好为考虑这个问题提供了绝好的时机。我绝不是说过去对琉球群岛的管理是不善的,因为我觉得处理的很好,只是在目前情况下有必要对群岛当地政府采取明智及时的措施,否则将会影响我们在这一地区的长远实质性要求。我认为在我们这个工作小组构想、提交并且讨论这些建议期间,应该延迟公布提议的琉球群岛民政管理执行命令。①

诚挚的,

杜勒斯②

(Letter From the Secretary of State to the Secretary of Defense (Wilson), *FRUS*, 1955—1957, Vol. XXIII, Part 1, Japan, (in two parts) Part 2, Editor in Chief: John P. Glennon, Editor: David W. Mabon, United States Government Printing Office, Washington: 1991. pp. 244 - 246.)

---

① 原编辑者注:在1月23日给杜勒斯的回复中,戈登·格雷(Gordon Gray)写道:"国防部此刻认为没有必要就目前的安排做出任何改变或修改。当然,我们将乐于考虑国务院提出的任何事项。"格雷委任罗宾斯(B. A. Robbins)为国际安全事务办公室远东地区事务处主任负责与国务院会面讨论此问题。(Ibid. ,794C.0221/1 - 2357)

在1月28日给赫西(Horsey)的信中,帕森斯(Parsons)表示1月8日的信已经提交,"尽管墨菲先生并不认为民政管理是解决问题的方案。随后我们从与美国政府的联系中得知民政管理的主意获得了一定的支持,特别是在国际安全事务办公室中"。(Ibid. ,794C.0221/12 - 2756)

② 原编辑者注:印自一份复印件,上面有盖章签名。

113. 国务院谈话备忘录

119. 谈话备忘录,国务院,华盛顿,1957 年 2 月 19 日①

主题:琉球群岛的管理

出席会议者:

哈罗德・西德曼先生(Mr. Harold Seidman),预算署

查理斯・普利先生(Mr. Charles Per-Lee),预算署

理查德・卡尼先生(Mr. Charles Per-Lee),远东事务助理法律顾问

霍华德・帕森斯先生(Mr. Howard L. Parsons),东北亚事务办公室主任

詹姆斯・马丁先生(Mr. James V. Martin,Jr.),日本事务办公室负责人

哈利・普费弗先生(Mr. Harry F. Pfeiffer, Jr.),东北亚事务办公室(NA)

查尔斯・普莱彻先生(Mr. Charles H. Pletcher),东北亚事务办公室(NA)

西德曼先生和普利先生呼吁大家讨论我们管理琉球群岛的法律依据。西德曼先生说他将在周四离开一周,前往日本和冲绳岛。

我们对琉球群岛的管理只是基于所谓的"总统指令",西德曼先生对此表示非常担心。他解释说这实际上只是有总统签署同意的国防部指令。该指令在 1954 年生效之时只是被打算用作权宜之计。

他说,目前管理参差不齐,存在许多问题。他举了 B 日元发行的例子——这实际是占领区货币,因此需要以被占领区为前提。而实际上,并没有这样一个被占领的国家,因此无权发行此货币。

西德曼先生说,将管理权限从军事司令部分离出来可能会给管理者造成严重问题。他以关岛为例,那里海军部切断了所有的后勤支持,包括供电和总督的侍从等等。后来花了一年时间才解决了这些问题。他认为冲绳岛的民政

---

① 原编辑者注:来源:国务院,远东文件。Lot 59 D 19, MC—杂项 1957. 机密。由普莱彻起草。

管理和军事活动相互交错,将二者分离不但很难做到而且几乎是不可能。而且建立以目前美国太平洋司令部司令为总督的指挥结构也存在严重问题——例如,他不是战区司令,而且也不在日本。(因为他不在战区司令体制之内,他很难确保战区司令可以较好地管理琉球群岛。他人又不在日本,因此他自己很难理解日本人对琉球群岛的感情。)

帕森斯先生说,他现在主要担心的就是维持我们在冲绳岛的军事地位,随着我们在远东其他地区军事基地的减少,冲绳岛的基地将愈发重要。琉球群岛必然会成为日本和美国之间的一个主要问题。军方已经证实了他们不精通政治(他们想剔除濑长①),而这势必会造成琉球群岛问题在美日关系中越来越复杂。他指出如果我们不小心点,我们将可能被踢出琉球群岛。

西德曼先生同意这个看法,并说这是为何管理的依据和体系要正规化的另一个原因。他随后简要回顾了琉球群岛民政管理的历史、总统指令以及行政指令草案:琉球群岛的民政管理最初只是由军事政府第 13 号公告规定的。而迄今为止,这个指令是琉球群岛人民唯一知道的"宪法"。预算署在 1952 年12 月曾递交给国务院和国防部一封信,建议使琉球群岛的管理正规化。这导致国务院和国防部陷入僵局。该问题被提交至国家安全委员会,但是并没有解决。尚待决定的问题是:是否将群岛归还日本,如何管理。在 1954 年年初的时候,总统将该问题从国家安全委员范围内抽出。赫尔将军(General Hull)、墨菲先生(Murphy)以及西德曼先生与罗伯森先生召开了会议,国务院做出让步同意军事管理。总统指令便是此次会议的结果②。这实际上只是国防部的行动指令草案,递交给总统签署同意,并没有仔细重写或者获得许可。指令清楚地说明所有琉球群岛政府(GRI)行政官员都由选举产生。这完全将琉球群岛政府的行政机构隶属于立法机构之下了。不管怎样,因为它只是国防部的行动指令,并不具有法律效力。至于其他一些问题,法庭体系也不完善——没有受理上诉的法庭和审判美国人的民事法庭。草拟的行政命令(Executive Order)将取代指令(directive)。至 1955 年年底,国务院和国防部

---

① 原编辑者注:龟次郎(Kamejiro)于 11 月 23 日被罢免了冲绳那霸市长的职务,见249 号月 251 号文件。

② 原编辑者注:关于总统在 1954 年 8 月 2 日同意指令的文件,见《外交关系》,1952—1954,xiv 卷,第二部分,1577 页及其后内容。

就草案达成了一致。盖利将军①接管 GAMG,希望再次提交命令以听取大家的意见。此事在 1956 年年初完成。该命令一直耽搁至三月份琉球群岛选举,后来又因为普莱斯报告和之后的土地问题骚乱而搁置。

西德曼先生强调尽快发布行政命令的必要性。他指出,在接下来的几个月当中,迫于国会的压力和来自联合国其他成员国的压力,我们将被迫公开我们管理群岛的方式。他说,到那时公开指令将会很尴尬,因为(1) 它只是一个国防部的指令,缺乏法律效力;(2) 群岛的管理没有也不能遵循指令的规定;(3) 指令是机密的,琉球群岛居民从未被告知有关基本"法"的信息或者他们自己政府的宪法情况;(4) 因为指令不具法律效力,国会可能会撤回财政支持。因为预算署(BOB)以为行政命令将会在今年生效,所以琉球群岛管理的财政支持将基于该命令。

西德曼先生坚持认为,公布行政命令不会干扰我们说服国防部同意民政管理的努力。尽管行政命令的确规定国防部拥有管理权(而目前的条款并未委任管理权),而且规定琉球群岛总督应该是现役的军事人员,但是这两个条款日后都可以轻松改变。他认为,就算成功的话,我们和国防部的讨论以及接下来的管理改变至少要花费两年的时间,而现在非常需要行政命令来填补目前的空缺。

西德曼先生总结了他的立场:虽然他最初认为民政管理应该与军事管理分离开来并且由非军人管理,但是对冲绳岛情况的详尽研究让他改变了看法。他现在相信军事事务和民事活动盘根错节很难分开,因此有必要继续将民政管理纳入军事指挥体系中来。他非常担心接下来因琉球群岛管理的指挥部改变而对太平洋地区带来影响(他注意到琉球群岛民政管理的"民事化"趋势产生了逆袭——任命几名将军来接替此前由非军人任职的职务——并且发现这是受到了太平洋司令部总司令的影响),而且并不认为这种改变会起效。然而,发布行政命令本就不需要对我们希望的长期管理产生什么影响,它将会为我们在群岛的管理提供法律基础,并且帮我们摆脱不得不发布"总统"指令的困境。

他讨论了预算署目前考虑的关于基本立法的建议,而这已经遭到了国务

---

　　① 原编辑者注:查理斯·盖利(Charles K. Gailey)少将,民政事务及军事政府首领,陆军部。

院的反对,他同意更常用并且更可取的方式应该是将民政职责纳入行政管理之内,并且不具体说明总统将任命谁来负责管理。他说,尽管需要这样的立法体系,但是并不如对行政命令的需求那么急切。在他看来,此次会议国会无论如何都不会通过这个立法。

(Memorandum of a Conversation, Department of State, Washintong, February 19, 1957, *FRUS*, 1955—1957, Vol. XXIII, Part 1, Japan, (in two parts) Part 2, Editor in Chief: John P. Glennon, Editor: David W. Mabon, United States Government Printing Office, Washington: 1991. pp. 264 - 267.)

114. 帕森斯致罗伯森备忘录

134. 东北亚事务办公室主任帕森斯(Parsons)给远东事务助理国务卿(罗伯森)(Robertson)的备忘录①

华盛顿,1957 年 5 月 15 日

主题:我与代理助理国防部长艾尔文(Irwin)就琉球群岛问题的会议

按照您的指示,我于 5 月 6 日下午会晤了代理助理国防部长约翰·艾尔文(John N. Irwin),商讨国务院与国防部关于琉球群岛问题的分歧事项。

艾尔文先生就下列问题表明了国防部的立场,供我们讨论。每到分歧之处我便表明国务院的立场。

1. 行政命令。

a. 国防部希望尽快发布行政命令。我解释说我们希望延迟发布直到岸信介(Kishi)首相访问结束,因为届时我们将有机会和岸信介先生会谈;另外我还解释了我们对琉球群岛的立场是我们在太平洋地区整体军事立场的一部分。

---

① 原编辑者注:来源:国务院,中央文件,794C. 0221/5 - 1557. 保密。5 月 10 日在 NA 起草。原文中出现了 5 月 15 日的日期,但是与文件序号出于同样的笔迹,估计是后来添加上去的。帕森斯(Parsons)和罗伯森(Robertson)均未签署该备忘录,说明很有可能这份备忘录没有送达。

b. 国防部希望好好宣传命令。我解释道,我们不希望该命令再吸引过多的关注,因此我们同意该命令应该只在琉球群岛居民当中公布。

2. 总督(Governor)。

a. 国防部同意我们的立场,认为琉球群岛总督应该住在琉球群岛。总督应该是琉球群岛司令部的军事指挥官,而且应该是名中将。我们与国防部看法一致,认为称呼总督(Governor)会更好点,而非总领(Governor General)或者是高级专员(High Commissioner)。(我明白预算署不会同意总督这样的称呼。)

b. 国防部认为总督应该通过在火奴鲁鲁的美国陆军太平洋司令部(US-ARPAC)与华盛顿就所有事务进行交流——包括民政事务。我解释了我们的立场,我们认为对于民政事务总督应该直接受国防部领导,这样华盛顿可以及时迅速地考虑所出现的民政事务问题。最终我们没能就此事达成一致。国防部似乎希望将民政事务从属于军事指挥体系,这可以保证军事考虑迅速得到优先关注,正如此前一样。而且,这将进一步降低民政事务的重要性。

c. 国防部建议,既然总督住在岛上,那就不再需要一名副总督,因此可以废除办公室。总督外出不在岛上的时候,由副军事司令代行职权。我们同意了。

3. 常务委员会。

国防部建议,不需要建立新的琉球群岛事务咨询委员会,可以通过完善现存的联络体系来获得民用机构的广泛参与。我解释,我们对委员会感兴趣只是因为它可以保证在做出决定之时所有的琉球群岛问题能够得到充分的考量。我们同意或许可以通过委任相关机构中具体个人或在职者来达成一致,他们可以收到所有的相关讯息并被咨询所有重大事项的发展。

4. 美国在琉球群岛的民政府(USCAR)和琉球群岛政府(GRI)。

a. 国防部声称民政府当中不足17％的人员是军人,而这个数量无法再删减了。我们解释说,我们对民政府当中军事人员的实际数量不感兴趣,我们感兴趣的是民政府的看法和态度——琉球民政府应该非常关心民政问题。

b. 国防部认为整合琉球群岛民政府和琉球群岛政府执行机构并不能促进琉球群岛居民承担更多的政治职责,也不能提高他们的见解和认识。我解释道,在我们看来,只有使得琉球群岛居民最大化地参与到他们自己的政府当中来,美国的利益才能得到最大的保障。这不仅可以减轻我们管理群岛的负担,还可以增强琉球群岛居民的责任感。更重要的是,我们需要让琉球群岛的居民更加意识到,他们正从我们的管理中受益,而他们参与到自己的政府中来有利于实现这点。

讨论接近尾声之时,我们觉得我们之间就讨论内容存在的主要分歧是以下两方面:发布行政命令的时间(1a)以及总督就民政事务的交流渠道(2b)。我认为我们国务院应该坚持对这两个问题的立场。

日本人会很容易接受行政命令的内容和性质——例如,它只是对现在管理的一个声明——如果我们在公布之前和他们讨论该命令的话,他们不会觉得有什么不一致的地方(背离之处会引起日本人新一轮的要求群岛回归的吵闹)。争取在行政命令发布之前与岸信介先生及其顾问讨论我们在太平洋地区的军事角色和冲绳岛的军事地位将会减少日本人的负面反应。

如果我们要永久避免目前的状况,这是让约翰·史蒂夫斯(John Steeves)非常不满的,即所有的民政事务都经过一个或几个军事指挥部筛选演绎,之后才汇报到华盛顿,我们必须建立直接与国防部联络的标准(相关信息附件传送给军事指挥部)。

艾尔文先生(Mr. Irwin)列举了其他几个他认为应该在以后会议上讨论的议题:

5. 国家安全委员会、国防部认为琉球群岛应该继续成为有关日本文件当中的一部分。(不过,我还是觉得国防部与国务院最近关于琉球群岛情况有利之处的观点应该通过相关机制传达给美国政府的高级官员。)

6. 组织法。双方都认为应该有一部组织法为琉球群岛的管理提供议会的权利,但是关于具体内容我们产生了分歧。

7. 经济规划。国务院和国防部都认为规划很重要,但是在规划的方式上我们存在分歧。

8. 薪资。

9. 土地开垦。

10. 住房。

11. 外资投资。

12. 货币。国务院和国防部都认为,对于目前的货币我们应该做点什么。目前的货币是占领区法定货币。国防部希望代之以美元。我们国务院则希望以美元来支持现在的货币或者代之以一种由美元支撑的新的琉球货币。

13. 对外代表。国防部不乐意我们与日本共同对外代表琉球群岛。

(Memorandum From the Director of the Office of Northeast Asian Affairs（Parsons）to the Assistant Secretary of State for Far Eastern Affairs（Robertson），*FRUS*，1955—1957，Vol. ⅩⅩⅢ，Part 1，Japan，（in two parts）Part 2，Editor in Chief：John P. Glennon，Editor：David W. Mabon，United States Government Printing Office，Washington：1991. pp. 287 – 289.）

115. 国务院谈话备忘录

135. 谈话备忘录,国务院,华盛顿,1957 年 5 月 15 日①

主题:

美国对琉球群岛的管理

与会者:

乔治·罗德里克(George H. Roderick)先生,陆军部助理部长

约翰·艾尔文(John N. Irwin，Ⅱ)先生,国防部国际安全事务副助理部长

詹姆斯·莫尔少将(Lt. Gen. James E. Moore),琉球群岛副总督

亚瑟·威(Arthur Way)先生,国防部部长办公室(OSD)国际安全事务(ISA)东北亚负责人

沃尔特·罗伯森(Walter S. Robertson)先生,远东事务助理国务卿

理查德·卡尼(Richard D. Kearney)先生,远东事务助理法律顾问

霍华德·帕森斯(Howard L. Parsons)先生,东北亚事务办公室主任

哈里.普费弗(Harry F. Pfeiffer,Jr.)先生,东北亚事务办公室

各自打打招呼寒暄之后,莫尔将军说他想就琉球群岛的现状发表看法。他说,局势的不断变化使得公布行政命令的时机尚不成熟,这一再延迟了命令的发布,由于没有基本法和用款依据,这种状况妨碍了美国对琉球群岛的管

---

① 原编辑者注:来源:国务院,中央文件,794C. 022/5 - 1557. 机密,5 月 17 日起草于东北亚事务办公室。

理。(原文中 15 行中间的地方未解密)莫尔将军认为,我们都应该明白要不是琉球群岛人民脾气比较温和,去年夏天琉球群岛就可能上演塞浦路斯的状况。

　　罗伯森先生发言说,他想澄清一件事——国务院和国防部之间就琉球群岛的基本政策是没有意见分歧的。琉球群岛具有非常重要的战略意义,如果有必要美国将一直留在这里。维持目前现状同样也符合日本的利益,麦克阿瑟大使已经被指示告知日本首相岸信介,我们在短期内不打算将群岛归还日本。罗伯森先生说,公布行政命令的具体时间不是一个黑白界限分明的事情。莱姆尼茨将军(General Lemnitzer)和麦克阿瑟大使就是很好的例子,他们一个希望尽快公布命令,另一个希望延迟到岸信介先生访问之后。罗伯森先生说,我们必须要明白公布时间的选择是日本政府非常关心的,他希望在岸信介先生到访之前将行政命令的内容告知外交部长,并听取他对公布时间的看法。麦克阿瑟大使同时也应该告知岸信介首相我们对琉球群岛的立场是不可协商的,以此让日本人明白就算面对持久的压力我们也不会妥协。莫尔赞同此观点。

　　罗伯森先生说,国务院赞成琉球群岛继续由军事政府管理,那么因为我们在琉球群岛出现而带来的美日政治关系问题就显得极其重要。美国对琉球群岛管理产生的问题应该由国务院和国防部紧密协作来解决,这一点至关重要。这些问题应该在华盛顿商讨而非在火奴鲁鲁,这样可以确保政府高层之间充分考虑这些问题。莫尔将军表示同意,他说应该很好地组织这种交流渠道,以确保琉球群岛问题能够获得最有效的考虑,而不带有丝毫个人因素。冲绳岛存在的民政事务问题是华盛顿各机关主要关心的地方。当然,非常有必要告知太平洋司令部总司令(CINCPAC)群岛的进展情况。

　　艾尔文先生说,他认为麦克阿瑟大使在征求岸信介首相关于何时发布行政命令的意见时,应该向他表明美国对琉球群岛土地和教育问题的立场是不可协商的。

　　罗伯森先生和帕森斯先生认为,最好将麦克阿瑟和岸信介的谈话局限在行政命令上,以免拖延。帕森斯先生说,应该尽快与麦克阿瑟大使交流岸信介首相不久访问东南亚的计划,这很重要。

　　罗伯森先生说,他觉得对于琉球群岛非常有必要出台一份单独的国家安全委员会(NSC)文件。这个地区现在变得越来越重要,不应该只在国家安全委员会关于日本的文件中有一小段内容是关于它的。帕森斯先生说,单独的国家安全委员会文件能够使美国政府的高层官员从国防部与国务院最近关于琉球群岛形势的看法中受益。

艾尔文先生说,国防部更偏向将琉球群岛纳入关于日本的文件中。国防部应该会乐意重新考虑这个问题,但是他们或许会认为琉球群岛人民并没有要求发布单独的文件。

罗伯森回答到,对琉球群岛决定最终负责的这些人不应该被剥夺知道这些政策主要内容的权利。

会议结束,最后达成一致:国务院和国防部应该尽快再讨论行政命令的事项,这样麦克阿瑟可以将其内容告知岸信介首相,并强调美国在琉球群岛问题上的立场是不容协商的。同时,麦克阿瑟大使可以知道日本外相对公布命令具体时机的反应。

(Memorandum of a Conversation, Department of State, Washington, May 15, 1957, *FRUS*, 1955—1957, Vol. ⅩⅩⅢ, Part 1, Japan, (in two parts) Part 2, Editor in Chief: John P. Glennon, Editor: David W. Mabon, United States Government Printing Office, Washington: 1991. pp. 289 - 291.)

116. 罗伯森给国务卿的备忘录

150. 远东事务助理国务卿(罗伯森)(Robertson)给国务卿的备忘录①
华盛顿,1957 年 5 月 22 日
主题:小笠原群岛

麦克阿瑟大使强烈要求(标签 B②)美国允许数百名之前的小笠原群岛居民返回到我们并没有重要安全设施的岛屿上去。为了更好地证明他的建议,他指出,我们因为安全原因不允许小笠原群岛的居民返回,而同时在我们拥有更多军事设备的琉球群岛却住着大量的人口,这二者相违背。他还强调仅仅

---

① 原编辑者注:来源:国务院,中央文件,794C. 0221/5 - 757. 保密。于 5 月 21 日在东北亚事务办公室起草。
② 原编辑者注:标签 B,并未发现附于 5 月 7 日发于东京的 2526 号电报中。(同上)

允许高加索人的后裔返回岛屿会被指控为种族歧视。

一方面我们的政策出于安全考虑不让这些少数日本人返回对我们具有潜在战略意义的小笠原群岛，而同时又允许 800000 名"日本侨民"居住在我们拥有大量重要军事设施的琉球群岛上，这会让日本人觉得我们很反复无常，不相信我们关于对琉球群岛的打算和相关公告。另外，驱逐"日本人"却保留"高加索人"很容易让人联想到我们此前的排斥东方人的政策，会招致反感。

岸信介首相积极致力于重新调整与美国的关系，而且美日双方都非常期待这次的华盛顿访问。在我看来，我们一定要适应有所抬头的日本民族主义，小笠原群岛就是一个重要的标志。我认为，保持我们对琉球群岛和小笠原群岛政策的一致性，并且允许一些之前的岛屿居民返岛以消除反感，这些都值得我们考虑。此外，我同意麦克阿瑟大使的建议，我们的政策应该修改。最后我还附上一份意见草拟书(标签 A)，我希望这会对您 6 月份与岸信介首相的谈话有用。这份文件中还包括了麦克阿瑟大使的建议。

建议：

您同意这份草拟文件①(标签 A)并授权由我来进行工作促使相关部门同意②。

[标签 A]

小笠原群岛

对日本立场的猜测：

1. 美国在小笠原群岛的军事需求，与遣返部分目前在日本的 7000 名之前的岛上居民并不冲突。

2. 在未来十年，美国将根据和约条款三拥有的岛屿控制权归还日本。

3. 美国应该赔偿那些之前的岛上居民，他们现在都无法回来或者使用他们在岛上的财产，而这些都是因为美国反对遣返的政策。

对美国立场的建议：

---

① 原编辑者注：在"文件"一词后是杜勒斯手写的加入内容"作为全面了解的一部分"。

② 原编辑者注：165 号文件附有这份备忘录的另一份附件，其旁注表明杜勒斯于 6 月 5 日同意了该备忘录。

1. 美国同意遣返数百名原小笠原群岛居民返回到我们没有重要军事设施的岛上。①

2. 自由世界不断严峻的安全问题要求美国保留对小笠原群岛的全部管理权,美国在这些岛屿上有重要的安全设施。然而,待到自由世界完全和平稳定之时,小笠原群岛将归还日本。②

3. 从法律上来讲,美国应该赔偿之前的岛上居民。(之前日本已经代表小笠原群岛的岛民表达了索赔的愿望,因为他们被禁止返岛或者使用他们在岛上的财产。)③

讨论:

和平条约并没有规定日本人放弃对小笠原群岛的主权。杜勒斯国务卿已经宣布了日本对群岛的剩余主权或者最终主权,而且美国的官员也已经透露小笠原群岛最终将交由日本管辖。

不断扩散的民族主义更加让日本人相信,现在是美国采取明确措施将控制权归还日本的时候了。二战当中和二战后被迫离开并前往日本的约 7000 名小笠原群岛的岛民现在都生活在日本,这更加强化了这种民族主义情绪。美国拒绝允许他们返回,与 175 名混血居民(早期高加索移民的后裔)目前生活在岛上相矛盾,而这些混血儿是战后美国海军随即允许返回的。这些岛民现在都融入到了日本的经济体制中,他们生活贫困,需要公共救济。作为第一步,日本人会希望将这些人遣返到对美国没有重要军事意义的岛上去。

出于安全考虑不允许之前的居民返回到小笠原群岛,我们很难为这样的政策辩驳,因为与此同时琉球群岛上却住着更多的当地居民,而美国在这里有着更为重要的安全利益。

从和平条约生效之日(1952 年 4 月 28 日)起日本人就要求赔偿 9.6 亿日元给之前的小笠原群岛居民,因为我们使用了他们的财产。美国政府并不认为美国仅仅因为阻止他们返回或者使用他们的财产就有义务做出赔偿,但是会做好准备考虑赔偿实际上被美国军队使用的财产。

---

① 原编辑者注:杜勒斯将这段重新标注为"3"并且手写重新修改了内容"美国同意遣返部分小笠原群岛岛民回到没有美国重要军事设施的岛屿上。具体数字由美国在研究这片地区的承受力之后再做决定"。

② 原编辑者注:杜勒斯将这段重新标为"1"。

③ 原编辑者注:杜勒斯将这段重新标为"2"。

(Memorandum From the Assistant Secretary of State for Far Eastern Affairs (Robertson) to the Secretary of State, *FRUS*, 1955—1957, Vol. ⅩⅢ, Part 1, Japan, (in two parts) Part 2, Editor in Chief: John P. Glennon, Editor: David W. Mabon, United States Government Printing Office, Washington:1991. pp. 310 – 313.)

117. 帕森斯致罗伯森备忘录

156. 东北亚事务办公室主任(帕森斯)(Parsons)给远东事务助理国务卿(罗伯森)(Robertson)的备忘录①

华盛顿,1957 年 5 月 24 日

主题　应副助理国防部长艾尔文(Irwin)的要求召开关于琉球群岛行政命令的会议②

时间　周五,5 月 24 日,下午 3 点

与会者:

国防部

约翰·艾尔文先生(John N. Irwin),国防部国际安全事务副助理部长

伯顿·罗宾斯上尉(Berton A. Robbins, Jr.),国际安全事务远东地区主任

杰雷·迪克曼先生(Jere H. Dykema),国防部长办公室,法律顾问办公室

国务院

约翰·雷蒙德上校(John M. Raymond),代理法律顾问

霍华德·帕森斯先生(Howard L. Parsons),东北亚事务主任

哈里·普费弗先生(Harry F. Pfeiffer, Jr.),东北亚事务办公室

目的:

---

①　原编辑者注:来源:国务院,中央文件,794C.0221/5 - 2457.机密,起草于东北亚事务办公室。

②　原编辑者注:在国务院文件资料中未发现这次会议的备忘录。

此次会议的目的是尝试解决国务院与国防部之间关于"用于琉球群岛管理"的行政命令内容的分歧。附录中包括国防部起草的行政命令以及新闻发布稿(标签 A)①,国务院重新起草的行政命令(标签 B),以及国务院对国防部行政命令草案修改的注解(标签 C)。

国务院与国防部关于草案的分歧主要在四个方面,按重要性排序分别为:

1. 国防部与国务院关于琉球群岛管理的充分协调(第 3 和第 4 部分)。命令的第 2 部分授权国防部行使在琉球群岛的政府职权,而第 3 部分又规定国务院对其外交事务负责。在行使外交职权的时候,国务院将继续与国防部合作协调,而国防部也要及时告知国务院岛上"影响群岛外交关系和美国外交关系"的事情。我们觉得琉球群岛管理的任何一个方面都可能牵扯到外交关系,特别是美日之间的关系。因此,在处理琉球群岛问题的同时有必要继续考虑可能影响美国立场的行为,不仅是在日本而是在整个远东地区。因此,国务院与国防部就琉球群岛的管理应该继续保持紧密协作,这对美国的全局安全非常重要②。因此,行政命令应该确保双方的合作而不是单边的行动。

2. 行政命令的序言。序言主要是关于权利的内容,这是该命令的基础,这与日本首相岸信介的要求一致,即序言应稍做修改避免给人行政命令是永久安排的感觉。麦克阿瑟大使强烈建议我们同意日本首相的要求。

3. 行政命令发布的公开情况。行政命令的发布哪怕有一点点的公开都将在日本引起归还岛屿的动乱,而这反过来也将加深琉球群岛希望回归的情感,继而不利于我们达到在琉球群岛的主要目标,即保留对群岛的完全控制权。因此,我们认为行政命令的发布应该像日常事务一样来处理,不予公开。考虑到不久日本首相将访问华盛顿,我们要特别注意尽量避免因为行政命令的发布而引起日本人过激的反应。

4. 琉球群岛总督和琉球群岛政府(GRI)两者的关系(11,12,15 部分)

事实上,从表面来看,行政命令为琉球群岛居民提供了民主和自治,而仔

---

① 原编辑者注:原件中并没有附件。编者未能确认标注此日期的国务院草拟文件或者国防部草拟文件。

② 原编辑者注:在日期为 4 月 24 日的国务院的命令草案中,第 3 部分的结尾内容为:"在按照命令执行各自职责的时候,国防部长和国务卿应该继续合作。"(附件来自于远东事务助理法律顾问理查德·卡尼(Richard D. Kearney)给帕森斯的备忘录。)该内容并未被命令采纳;见 164 号文件脚注 4。

细审视之后,会发现这些其实是妄想。如果琉球群岛居民想发展民主的政府,他们必须获得充分的自由空间,允许他们自己去体验、发展,甚至不可避免地犯错。而行政命令所构想的体系本身就有一种内在诱惑力:任何情况下都可以用我们自己的主张取代琉球群岛人民的主张。因此,为了达到我们的基本目的,应该只在避免影响美国安全利益的关键时刻才干预琉球群岛人民的自治。

另外,行政命令有可能在日本受到抨击,被认为只是一份虚假的文件,看似赋予琉球群岛居民民主权利,而实际上并没有。日本人的这种论断很有可能在琉球群岛民众当中引起严重的动乱。因此,重新起草的行政命令需做出了一系列修改,比之前提议的草案更加明确地规定琉球群岛政府部门和美国民政府各自的权利。大家都意识到精确的划分是不太可能的而且也不太可取。

行动协调办公室准备的简报①

华盛顿,1957 年 5 月 29 日

琉球群岛的管理
简报:
A. 国务院给预算署的信中附有提议的行政命令

国防部和国务院已经同意了关于琉球群岛管理的行政命令草案,昨晚罗伯森先生将草案递交给了预算署署长。标签 A 中有这封信的附件以及行政命令的草案。②

重要之处是:

(1) 国务卿同意删掉序文中关于"日本剩余主权"的那一句话,并且重申美国不会长期占有琉球群岛。③

(2) 国务院和国防部在各自的谅解备忘录里同意两部之间应该就琉球群

---

① 原编辑者注:来源:国务院,行动协调委员会(OCB)文件:Lot 63 D 430,日本,保密。

② 原编辑者注:附件中并未发现罗伯森 5 月 29 日的信件或者未标注日期的命令草案。复印件同上,远东事务署(FE)文件:Lot 56 D,19,B。

③ 原编辑者注:最终版本的序文在内容上和上面脚注 2 的草案内容差不多。

岛的管理继续展开政策上的合作和协调工作。①

（3）国务院和国防部都同意琉球群岛总督应该由军人担任并定居在岛上。而总督交流的渠道问题尚未得到解决。国务院希望总督能够受命于国防部；但是国防部认为总督应该通过在火奴鲁鲁的军事司令部来联络②。

（Memorandum From The Director of the Office of Northeast Asian Affairs（Parsons）to the Assistant Secretary of State for Far Eastern Affairs（Robertson），*FRUS*，1955—1957，Vol. ⅩⅩⅢ，Part 1，Japan，（in two parts）Part 2，Editor in Chief：John P. Glennon，Editor：David W. Mabon，United States Government Printing Office，Washington：1991. pp. 318 – 320.）

118. 罗伯森致罗德里克

203. 远东事务助理国务卿（罗伯森）（Robertson）给助理陆军部部长（罗德里克）（Roderick）的信③

华盛顿，1957 年 8 月 2 日

---

① 原编辑者注：内容为："按照管理琉球群岛的行政命令所规定的各自职责，国防部长和国务卿同意他们将继续保持政策上的协调。"（附在上面脚注 2 说明的罗伯森的信件中。）

② 原编辑者注：U/OP 准备的 6 月 4 日备忘录中的部分内容如下："关于联络渠道的问题，（国务院和国防部）暂时达成协议，按照惯例，高级专员（High Commissioner）的一切信息都直接向华盛顿（陆军部）汇报，同时附件传送给夏威夷的陆军司令。该协议得到国防部的最终确认。"（国务院，行动协调委员会文件，Lot 62 D 430，日本）在公布的 10713 号行政命令中，"高级专员"在此用来代替"总督"（Governor）。

艾森豪威尔总统于 6 月 5 日签署了 10713 号行政命令。命令内容刊印在联邦公告上，110 号，第 22 卷，4007 – 4009 页。同时召开新闻发布会简要公布了命令的条款。命令内容通过 6 月 4 日 2698 号电报传送到日本，随后 6 月 5 日发 2712 号电报稍做修改。（国务院，中央文件，794C. 0221/6—457 以及 794C. 0221/6 – 557）

③ 原编辑者注：来源：国务院，中央文件，894C. 13/6 – 1957. 机密，于东北亚事务办公室起草。

亲爱的乔治(George)：

　　按照你6月19日①信中的建议，我们又重新审视②了希望在琉球群岛发行美元以代替目前流通的B日元的提议。我们利用最近日本首相岸信介到访，麦克阿瑟大使在华盛顿的机会和他讨论了这个问题。他从我们与日本的关系角度表达了他的担忧，并表示在琉球群岛发行美元作为流通媒介是一步令人遗憾的举措。我们还是同意这个看法，并且希望能够找到方法解决琉球群岛货币的问题，将影响降到最小。

　　尽管我们知道在琉球群岛发行美元有经济益处，并且对管理有益，但是我们基于政治考虑不能同意。你知道，琉球群岛的回归情绪大部分来源于日本基于此点的骚动。尽管在日本首相访美期间，我们明确告诉他，我们维持确保美国政府在琉球群岛地位的政策，但是日本国内的社会主义者和共产党势力将会继续捣乱。他们之所以这么做正是因为这件事具有政治价值，他们可以利用这件事获得日本国内强硬势力的支持，同时挫败岸信介首相和自由民主党想要和美国建立密切联系的努力。我们估计这些反动者将会利用我们在琉球群岛发行美元的做法，宣称美国打算永远留在琉球群岛并没有真正打算在某天将群岛归还日本。我们还是认为我们所提的期限说法更容易让日本人和琉球群岛人接受，这样我们在实施的时候就不会让社会主义者和共产党抓住把柄，我们可以不受他们的影响而实现我们的目标。

　　另外，国务院同意应避免在国会就琉球群岛的货币问题进行正式讨论，因为这会在日本国内引起注意。因此，我们建议通过另一种程序来解决这个问题。这涉及到按照以下的方式让B日元更加地规范化。可以通过行政行为表明B日元以美元作为后盾，通过琉球群岛外汇基金会即可获得美元。因此，B日元和美元是可以兑换的。此外，另外一个可行之处是，同样可以通过行政方式来告知，在琉球群岛的美国机构和个人仅可以通过用美元与琉球群岛外汇基金会交易来获得B日元。

　　这样的话，一段时间之后可以相对顺利地以美元取代目前琉球群岛流行的币种。你知道，他们认为现在琉球群岛的货币是占领区货币。等这些流通

----

　　①　原编辑者注：未刊印。(同上，894C.13/6 - 1957)
　　②　原编辑者注：关于该问题罗伯森给罗德里克前一封信是5月22日的那封。(同上，远东文件：Lot 59 D 19, R)

中的货币耗尽的时候,按照和平条约第三款的规定用与目前琉球群岛形势更匹配的货币来逐渐取代这些货币,这会相对容易些。取代耗尽的货币在任何情况下都说得通。难道这种能够避免因日本要求返还群岛而引起骚动的行动方案还不能满足你在信里提出的要求以及跨机构技术任务报告中的要求吗?通过美元的支撑以及 B 日元和美元之间相互兑换,B 日元实际上将变成美元货币,而这不会引起在那里发行美元的政治麻烦。①

希望您可以和财政部按照上面的建议商讨解决琉球群岛目前货币问题的方案,并告知我们您的想法,国务院将不胜感激。

我还将该信的附件发给了国防部国际安全事务助理部长、财政部国际金融办公室主任②,以听取他们的看法。

诚挚的,

沃尔特·罗伯森③(Walter S. Robertson)

(Letter From the Assistant Secretary of State for Far Eastern Affairs (Robertson) to the Assistant Secretary of the Army (Roderick),*FRUS*, 1955—1957, Vol. ⅩⅩⅢ, Part 1, Japan, (in two parts) Part 2, Editor in Chief:John P. Glennon,Editor:David W. Mabon,United States Government Printing Office,Washington:1991. pp. 436 – 437.)

119. 斯普瑞格致罗伯森

207. 国防部国际安全事务助理部长斯普瑞格(Sprague)给远东事务助理国务卿罗伯森(Robertson)的信④

华盛顿,1957 年 8 月 15 日

---

① 原编辑者注:在 6 月 19 日的信中,罗德里克认为这种由美元支撑的货币方式也无法避免我们料想的发行美元而带来的政治问题,因为这种美元支撑的日元方案还是要获得国会的同意,这同样也会引起日本的注意。

② 原编辑者注:乔治·威利斯(George H. Willis)。

③ 原编辑者注:印自该文件的复印件,上面有签名。

④ 原编辑者注:来源:国务院,中央文件,033.9411/8 - 1557。

亲爱的罗伯森先生：

这份信主要是关于琼斯(Jones)先生 1957 年 7 月 16 日的信件①，其内容谈论了日本首相岸信介对冲绳岛土地问题的关切以及他要求获得一些大体的数据，用于琉球群岛土地使用的声明当中。

琉球群岛总督莱姆尼茨将军重新回顾并评估了在琉球群岛的土地需求，并一直认真监督这个问题，国务院对此表达了欣赏之情，这也让国防部非常满意。这次重新审视的结果是，美国对土地的需求从多于 56000 英亩降到了之前国会同意的 52088 英亩。之前获得的 300 多英亩的土地在 1956 年 7 月 1 日至 12 月 31 日期间归还给当地用于发展经济。

美国一直遵循并将继续遵循补偿政策(outgranting)，通过非现金形式补助所有由美国持有的土地，以便符合美国使用和安全的需求。到 1956 年 12 月 31 日，美国持有的仍然可耕种的土地大约为 7505 英亩。6389 英亩用于农耕，这占美国持有的可耕种土地的 85%。

1957 年 2 月 27 日，副总督宣布在与那原町(Yonabaru)的飞机场将被用为海上直升机设施，这就避免了在与那原町获得额外土地的需求。根据美国土地使用最保守的政策和节俭方针，在宫古岛(Miyako Island)建立飞机跑道的额外土地需求将被取消。

对土地情况的重新评估更大地实现了土地的价值并且减少了对土地的需求。基于这些重新评估，将会分多次支付土地所有者现金，金额远多于因使用其财产而支付的年租金，以此取代之前的年付租金。在 1957 年度财政当中，用于重新安置土地所有者的 200 万美元的资金，以及 1000 万美元用于长远土地使用的费用被提供给该地区的指挥官。这些资金，再加上之前国会通过的数额都将用于之前获得许可的土地使用上。

美国关于琉球群岛土地政策的基本原则就是，尽量将美国持有的土地量降到最低，使其与美国在这一地区军事使命相一致。为了促进这一政策的发展，美国正尽力减少对土地的需求。这些努力包括：共同使用设备，多层建筑，将设施安置在非农耕土地上。莱姆尼茨将军在今年年初的时候就告诉琉球群岛居民，这个项目"符合双方的利益，不仅是土地所有者，还有所有琉球群岛人民以及美国，这将开启琉球群岛更加富饶幸福的时代"。

---

① 原编辑者注：未刊印。(同上，033.9411/7-1657)

国防部希望,如果要将以上信息告知岸信介首相的话,需要注意方式,避免美国承担责任,向日本政府提供美国对琉球群岛管理行为的报告。

诚挚的,

曼斯菲尔德·斯普瑞格(Mansfiield D. Sprague)

(Letter From the Assistant Secretary of Defense for International Security Affairs (Sprague) to the Assistant Secretary of State for Far Eastern Affairs (Robertson), *FRUS*, 1955—1957, Vol. XXⅢ, Part 1, Japan, (in two parts) Part 2, Editor in Chief: John P. Glennon, Editor: David W. Mabon, United States Government Printing Office, Washington:1991. pp. 442 - 443.)

120. 远东事务助理国务卿给国务卿的备忘录

208. 远东事务助理国务卿罗伯森给国务卿的备忘录①
华盛顿,1957 年 8 月 16 日
主题:岸信介访问的后续行动

附有一份报告,关于日本首相岸信介访问期间的行动和提及的各种问题的现状。

［附件］

岸信介访问的后续行动
1. 政府间委员会——7 月 12 日,您写信给威尔逊(Wilson)部长②,希望他同意在日本建立政府间委员会,由麦克阿瑟大使领导。夸尔斯(Quarles)先

---

① 原编辑者注:来源:国务院,中央文件,794.13/8 - 1657.保密。在东北亚事务办公室起草,莱因哈特(Reinhardt)正式批准。
② 原编辑者注:未刊印。(同上,033.9411/7 - 1257)

生在8月3日给您的回信①中同意委任麦克阿瑟大使为委员会主席,太平洋司令部总司令(CINCPAC)为其中成员并且作为委员会的首席军事顾问,美国驻日司令(COMUS)作为他的替补。同时日本外交部和东京大使馆召开新闻发布会②,宣布建立委员会,名为"美日安全委员会"。美方成员如上所说,日方成员为其外相、防卫厅厅长,以及必要时参与的其他内阁成员。委员会的职责与联合公告中提到的三点一致。国防部和国务院于8月13日同意了委员会的工作安排。首次会议于8月16日召开。

2. 琉球群岛——国旗问题——国务院和国防部已经达成一致,目前美国不应该同意日本国旗悬挂在琉球群岛上。已经告知麦克阿瑟大使这个决定,但是等到更合适的时机再告知日本人。

3. 琉球群岛——不动产——远东事务代理助理国务卿琼斯(Jones)先生7月16日③给助理国防部长斯普瑞格(Sprague)的信中要求,国防部提供基于远东委员会(FEC)土地评估的一般数据,用于给日本人的琉球群岛土地使用的声明中。国防部至今未回复④。

4. 琉球群岛居民的移居——目前国务院正在考虑允许琉球群岛居民移居到托管地区。

5. 小笠原群岛——遣返、补偿和探亲——罗伯森先生于7月13日写信⑤给助理国防部长斯普瑞格,针对上述事项建议采取以下行动:(1) 迅速开展调查确定母岛(Haha Jima)和其他小笠原群岛中的未占领岛屿能容纳多少人,确保在做出遣返的最终决定前能用上这样的调查结果;(2) 我们告知日本人,美国准备对财产被美国军队征收或使用的前岛民做出赔偿,并且要求日本人

---

① 原编辑者注:夸尔斯在他的信中要求太平洋司令部总司令(CINCPAC)(而不是杜勒斯提议的美国驻日军总司令)为首席军事顾问:"因为日本的安全和国防事务不能从远东整体问题中分割出来,所以太平洋司令部总司令作为统一指挥官再合适不过。另外,任命太平洋司令部总司令为最高指挥,以美国驻日军总司令作为他的代表和替代者可以确保美国驻日军总司令和太平洋司令部总司令的观点一致,而非仅作为一个地方上的长官。而且这样的任命符合太平洋地区的指挥体系,美国驻日军总司令只是作为太平洋司令部总司令指派的代表在日本起到统一指挥官的协调作用。"(同上,794.5/8-357)

② 原编辑者注:文本见国务院公告,1957年8月26日,第350页。

③ 原编辑者注:参见上面的脚注2。

④ 原编辑者注:上述的答复,远东事务局直到8月19日才收到。

⑤ 原编辑者注:未刊印。(国务院,中央文件,033.9411/71357)

出具在小笠原群岛持有财产的证据;(3)国防部同意允许组织一些获得许可的希望探访祖上墓地的前岛民拜访小笠原群岛。

在1957年8月8日的回信①中,斯普瑞格先生出于军事和安全的考虑反对遣返和探访墓地,他认为确定群岛可以容纳多少被遣返的日本人并没有实际用途。然而,这封信中表明的观点随后被8月9日举行的国务院和参谋长联席会议之间的讨论所取代②。罗伯森先生、雷德福上将和斯普瑞格先生参加了讨论。这次会议达成了共识:国防部将会通知国务院关于群岛能够容纳多少人的调查结果,以及日本人探访祖先墓地的可能安排。国防部大体上同意罗伯森先生信中提出的赔偿方案,并且建议国务院和国防部代表举行会议,就所提议的行动方案达成一致。罗伯森先生在1957年8月16日给斯普林格先生的回信中同意了这一建议。③

6. 美国在日本的兵力——8月1日公布了关于撤回第一骑兵师的新闻公告,将目前在日本的海军陆战队第三师重新部署到冲绳岛的安排于8月7日公布。罗伯森先生于7月11日写信④给斯普林格助理部长,要求知道美国在接下来几个月当中从日本撤兵的时间和数量,但是迄今他还没得到回复⑤。

国防部给太平洋司令部总司令、美军顾问团团长和美国驻日军总司令(COMUS)下达了指示⑥,除非日本要求,不然他们不应该就日本兵力或构成给出建议。

7. 甲级战犯——赦免和假释委员会已经同意下列行动,即减少甲级假释犯的服刑时间,或者终止其假释监督。日本人正在考虑该方案。

8. 纺织法——您于7月25日写信给司法部长和商务部长,希望继续付

---

① 原编辑者注:未刊印。(同上,远东文件:Lot 59 D 19,斯普瑞格,曼斯菲尔德)

② 原编辑者注:见204号文件。

③ 原编辑者注:未刊印。(国务院,中央文件,794C.0221/8-1657)

④ 原编辑者注:未刊印。(同上,794.5/7-1157)

⑤ 原编辑者注:8月2日,参谋长联席会议(JCS,建议国防部从日本撤回一定的兵力以完成一共撤兵40%的目标。8月14日,威尔逊同意了该建议并且将1958年6月30日作为完成这一目标的最后期限。1957年10月14日,国防部副部长罗伯森决定之前打算从日本撤回的第一海军陆战师将继续留在日本等待进一步通知。1957年夏设定的重新部署军力的文件现存于美国档案和记录管理局,JCS档案,CCS092日本912-12-50)。

⑥ 原编辑者注:DEF927589,8月16日,未刊印。(国防部文件)

诸努力撤销或者废止阿拉巴马州和南卡罗莱纳州的纺织法。[1] 8月2日,助理商务部长向代理国务卿汇报说,从实际角度出发,两三年之内不可能自动撤销这些法律,因为在这些法律颁布之后有大批的支持者,他们不可能这么快就转变立场。代理国务卿要求并获得同意,该问题有待商务部进一步研究并在秋季再重新考虑。[2] 商务部长和副司法部长都回复了您7月25日的信,表示愿意合作。[3]

9. 日本的财务状况——已经同意进出口银行给予日本1.15亿美元用于粮食和棉花的短期贷款[4]。进出口银行确保将提供6000万美元用于棉花的商业贷款,与前些年的棉花信贷类似。另外,进出口银行还宣布向富士钢铁公司贷款1030万美元,向东北电力公司贷款7300万美元。而且进出口银行还打算向日本其他申请贷款者提供大约7000千万的贷款。

日本打算向邻国的国际复兴开发银行(IBRD)申请3亿美元的冲击性贷款,以维持外汇储备的资产折现力。

日本2.5亿美元数额中的一半来自于国际货币基金组织(IMF)。

碍于国际复兴开发银行和进出口银行的放贷标准,以及各种政策的考虑,国务院应该支持接下来日本的贷款申请。因此,这个问题应该不再属于"岸信介访问后续行动"之列,而考虑到日本的收支平衡问题,应恢复其正常性质。

10. 占领区治理和救济项目(GARIOA)——考虑到目前日本很难保持收支平衡,美国尚未和日本首相讨论占领区治理和救济项目问题。美国方面已经要求肯尼斯·杨(Kenneth Young)领导的跨部门委员会研究解决这个问题的可行方法,以确保占领区治理和救济项目的援助将促进亚洲自由世界的团结。

第一年不应向日本提出这个问题,一年之后视日本的金融和政治发展情况而定。一旦日本的金融状况可以容纳新的债务,并且不存在类似大选的急

---

① 原编辑者注:未刊印。(国务院文件,远东文件:Lot 59D 19,立法提议)

② 原编辑者注:赫特(Herter)和商务部国际事务助理部长亨利·卡恩斯(Henry Kearns)谈话的备忘录,由东北亚事务办公室负责经济事务的助理官员塞尔玛·维特尔(Thelma E. Vettel)起草,未刊印。(同上,中央文件,411.9412/8-257)

③ 原编辑者注:在国务院文件中也未发现。

④ 原编辑者注:进出口银行与日本银行于8月16日达成协议。具体内容在8月21日发往东京的427号电报中。(国务院,中央文件,894.10/8-2157)

迫需求,考虑到有可能促进地区经济发展,到时占领区治理和救济项目的解决方法就应该提出。

因此这应该被视为是一个需要继续采取正常行动的问题,而不属于"岸信介访问后续行动"的行列。

11. 东南亚的经济合作——岸信介首相的提议已经交给肯尼斯·杨领导的跨部门委员会研究,希望尽早给出报告。国务院已经收到了这份报告。[①]国务院应该考虑委员会的提议,并准备尽早给日本人一个合适的答复。

12. 日本的财产归属——关于日本的财产归属问题此前没有任何论及。然而,在日本首相访问之前和之后,出现了很多关于德国财产归属和美国向德国要求战争赔偿的讨论,这些您非常了解。这些讨论导致白宫在 1957 年 7 月 31 日发布了关于德国财产归属的公告。这份公告的最后一段说明,美国会争取在下次国会开会期间提交关于日本财产归属的计划。远东认为我们应该充分考虑上届和此次国会提出的管理议案中对前日本个人(自然人)所有者的有限归还的规定。

13. 中国的贸易控制——日本使中国委员会(CHINCOM)和 7 月 30 日运行的巴黎统筹委员会(COCOM)结盟。

最近在巴黎召开的 IL/Ⅱ 进口物品配额讨论会上,日本一开始采取了独立的立场,对他们特别有兴趣的物品提出了高到不现实的配额量。但是受限于他们要求废除中国委员会差别对待的立场,他们会响应美国的要求以期获得美国的支持,并与美国合作,将 1957 年的配额保持在一个美国能够同意的水平上。巴黎统筹委员会和中国委员会开会设定欧洲的苏联集团和共产党中国 1958 年的配额量的时候,我们还会要求日本合作,将配额量保持在较低的水平上。

14. 海上军需物资补给——我们还未同日本首相讨论该问题,虽然他的确表达了对这方面资助的谢意。国务院决定,应该继续给予日本海上军需补给项目以实质性支持。只是迄今还没有任何必要的具体行动。国防部提出的 1958 财年的共同防御援助计划项目表明,他们正在考虑在日本实施世界范围内的大规模的海上军需品补给项目。这样,这就可以将其视为需要继续采取行动的一般性问题,而非"岸信介访问的后续行动"。

---

① 原编辑者注:见 XXI 卷,356 页。

15.临时农业劳动力——墨菲先生已经安排于 8 月 19 日与劳工部长米切尔(Mitchell)以及移民局局长斯温(Swing)将军召开会议,届时,国务院将争取获得他们的同意将这个项目的人数扩大到最高的 3000 人。

16.裁军进展——美国在伦敦的代表团被要求继续给日本人提供详细的背景信息,特别是美国对核试验的打算。

(Memorandum From the Assistant Secretary of State for Far Eastern Affairs (Robertson) to the Secretary of State, *FRUS*, 1955—1957, Vol. ⅩⅢ, Part 1, Japan, (in two parts) Part 2, Editor in Chief: John P. Glennon, Editor: David W. Mabon, United States Government Printing Office, Washington:1991. pp. 443 - 448.)

121. 国务卿给驻日大使馆的电报

225. 国务卿给驻日大使馆的电报①

A - 158　华盛顿,1957 年 9 月 19 日

主题　琉球群岛

在 6 月份与日本首相岸信介(Kishi)的讨论当中,他提出了琉球群岛土地使用的问题,并且建议美国尽力缓解土地匮乏的状况。他特别提到是不是有可能允许琉球群岛的岛民移居到太平洋群岛上的托管地区,例如塞班岛或者天宁岛。国务卿回复道,美国正在认真重审在琉球群岛的土地需求,并且将会研究将琉球群岛居民移居到其他地区的可行性,例如托管地区。

国务院研究了将琉球群岛居民移往太平洋群岛上的托管地区建议,得出的结论是这种方法不可行,我们不应该尝试这么做。解决这个问题的过程中,征求了负责管理主要托管地区的内政部的意见以及托管地区高级专员的意见。内政部反对的主要原因是:

---

① 原编辑者注:来源:国务院,中央文件,794C. 0221/9 - 1957. 保密,9 月 6 日起草于东北亚事务办公室;远东独立地区事务办公室和国防部批准;罗伯森同意。

1. 托管协议①规定美国有责任保护托管区的居民免受失去土地的损失。在履行这一职责的过程当中,禁止本土居民以外的其他个人获得土地。

2. 从 1947 年至今,人口已从最初约 47000 增加到 65000。卫生安全的持续进步将会在短期内造成大量的人口增长,特别现在的人口多是相对年轻的一代。

托管地区一共有土地 687 平方英里,而其中只有约一半的土地是适合耕种的。有些岛屿已经人口过密了,考虑到预期的人口增长,当地居民将会需要现在尚未使用的土地。

3. 内政部表明的政策是将托管地区的自然资源和商业机会尽可能地留给密克罗尼西亚人,这样他们可以获得最大的资金回报。托管地区经济资源有限,移居至此地的任何冲绳岛人必将和密克罗尼西亚人直接竞争这些资源。密克罗尼西亚人目前还没有足够的经济和商业头脑来和他们竞争。若此,不仅会产生怨恨情绪,还会有损我们促进密克罗尼西亚人经济发展的政策。

4. 目前将这些小众人口带到托管地可能造成一些社会问题,影响政治发展。如果将冲绳岛人永久移居至此作为安顿的话,密克罗尼西亚人恐怕会认为这直接威胁了他们的经济、社会和政治生活,而这些都是他们自战后就已习惯了的。

国防部通过海军部管理塞班岛和天宁岛,他们出于安全考虑仍然反对任何非本土人进入托管地区。

国务院预见的其他反对原因:

5. 根据托管协议规定,"出于安全要求以及促进当地居民发展的责任",美国有责任"给予在托管地区的联合国任一成员国的国民和按照法律建立的公司机构不低于其给予联合国其他成员国的国民、公司和机构的待遇,除了管理权"。日本是联合国成员之一,而琉球群岛居民是日本的国民,如果给予他们特权的话,那么其他联合国成员将会以此为例也要求同样的特权。

6. 大约有 4000 个之前居住在托管地区的家庭(超过 20000 人)想要再回到那里去。几乎不可能只允许其中一部分人搬回到托管地区而不招致没完没

---

① 原编辑者注:按照《联合国宪章》第Ⅻ章条款规定,日本在太平洋地区被托管的岛屿定名为"战略地区",美国拥有管理权,关于日本被托管地区的托管协议,见《条约及国际法汇编》1665,61 Stat.(第三部分)3301。

了的更多要求移民的骚动。要不所有人都回来，要不一个都不回来，就是这个情况——很显然托管地区不可能容纳所有的人。

国务院和国防部正在继续研究将琉球群岛居民移居到其他地区的可能性。

国防部已经汇报了美国重新考虑在琉球群岛土地需求的情况，如下：

此次回顾的结果是，美国的土地需求量从预测的 56000 多英亩降到了此前美国国会同意的 52088 英亩。此前需求的 300 多英亩的土地将在 1956 年7 月 1 日至 12 月 31 日期间归还，用于发展当地经济。

美国一直遵循并将继续遵循补偿政策（outgranting），通过现金方式补助所有由美国持有的土地，以便符合美国使用和安全的需求。到 1956 年 12 月31 日，美国持有的仍然可耕种的土地大约为 7505 英亩。6389 英亩用来农耕，这占美国持有的可耕种土地的 85%。

1957 年 8 月 14 日，海军作战部司令指示在日本的海军部队司令将与那原町的飞机场作为多余土地处置。按照美国土地使用的最保守政策和节俭方针，在宫古岛（Miyako Island）建立飞机跑道的额外土地需求将被取消。

对土地情况的重新评估更大地实现了土地的价值并且减少了对土地的需求。基于这些重新评估，将会分多次支付土地所有者现金，金额远多于因使用其财产而支付的年租金，以此取代之前的年付租金。在 1957 财年当中，用于重新安置土地所有者的 200 万美元的资金，以及 1000 万美元用于长远土地使用的费用被提供给该地区的指挥官。这些资金，再加上之前国会通过的数额都将用于之前获得许可的土地使用上。

美国在琉球群岛的土地政策的基本原则就是，尽量将美国的持有土地量降到最低，以与美国在这一地区军事使命相一致。为了促进这一政策的发展，美国正尽力减少对土地的需求。这些努力包括：共同使用设备，多层建筑，将设施安置在非农耕土地上。莱姆尼茨将军在今年年初的时候就告诉琉球群岛居民，这个项目"符合双方的利益，不仅是土地所有者，还有所有的琉球群岛人民以及美国，这将开启琉球群岛更加富饶幸福的时代"①。

基于国务院对琉球群岛居民移民问题的研究以及国防部对美国在琉球群岛土地持有状况的调查，现指示你告知日方：(1) 美国正在研究琉球群岛居民

---

① 原编辑者注：未确定所引内容的原件。

移民的一切可行的办法,并且正在尝试在所有可行的地方实施这些方案。经过慎重考虑之后,美国得出结论,在琉球群岛居民的问题上不应该打破禁止移民到太平洋群岛上的托管地区的一般原则。(2)美国在琉球群岛的土地政策的基本原则就是,尽量将美国的持有土地量降到最低,以与美国在这一地区军事使命相一致。具体告知的时间和方式你自行决定。最后提一下,最近进行了一项调查,这将进一步减少美国的土地持有量。

你可以在和日本人的谈论中使用这份指示里的材料。但是避免流露哪怕一丝表示美国有责任向日本政府提供美国对琉球群岛管理活动报告的意思。

墨菲(Murphy)

(Airgram From the Department of State to the Embassy in Japan, *FRUS*, 1955—1957, Vol. XXIII, Part 1, Japan, (in two parts) Part 2, Editor in Chief: John P. Glennon, Editor: David W. Mabon, United States Government Printing Office, Washington: 1991. pp. 476 – 479.)

122. 罗伯森给国务卿的备忘录

236. 远东事务助理国务卿罗伯森(Robertson)给国务卿的备忘录①

华盛顿,1957 年 10 月 15 日

主题

行动协调委员会(OCB)关于日本问题的进展报告②:国防部与国务院管理琉球群岛的分歧

国家安全委员会(NSC)将于 10 月 17 日考虑行动协调委员会关于美国自 1957 年 2 月 7 日对日政策(NSC 5516/1)③的进展报告。行动协调委员会于 9 月 25 日通过此报告,这份报告强调有必要在岸信介访问后采取一些积极行

---

① 原编辑者注:来源:国务院,中央文件,794C. 0221/10 - 1557。保密。10 月 14 日起草于东北亚事务办公室。

② 原编辑者注:日期为 9 月 25 日,未刊印。(同上,S/S - NSC 文件:Lot 63 D 351, NSC 5516 系列文件。)

③ 原编辑者注:28 号文件。

动。这份报告递交给国家安全委员会以便解决国务院和国防部的分歧,该分歧在于关于琉球群岛问题是否有必要发布一份单独的 NSC 政策文件。报告中附件 C 详细说明了反对的观点。① (随备忘录附上草拟进展报告的复印件)

发布单独的琉球群岛 NSC 政策文件的原因是:

A. 我们在琉球群岛面临着极度复杂微妙的形势,美国政府协调机构的行为非常有必要,这也将直接影响我们与日本之间的关系以及我们的世界声誉。

1. 亚洲地区的民族主义情绪和反殖民情绪日益高涨,而琉球群岛是亚洲的门户。

2. 琉球群岛是世界范围内唯一一处美国被指为施行殖民主义的地方。我们应该通过琉球群岛展示我们在太平洋地区的美国民主。

3. 日本正在寻求早点将群岛回归其控制之下,而且希望参与到这些群岛的管理当中来。日本正有意无意地煽动群岛上的回归情绪。

4. 琉球群岛居民缺乏国家认同,而这也进一步促使了回归主义的发展。除了回归日本他们没有获得任何国民身份的可能性,因为他们与美国没有这种亲缘,而作为一个独立的国家他们很难存活下去。既然最终要将群岛归还日本,我们应该认真规划接下来几年我们在琉球群岛的行动。

5. 因为减少了在这一地区的军事建设项目,制订长远经济计划以及使群岛更加自治的需求愈发突出。因此,不同部间的共同计划很有必要。

B. 目前的行政命令只是设定总体目标和行动步骤的文件,因此不能代替 NSC 的政策文件。

C. 琉球群岛需要这样的 NSC 文件,正如外交领域的其他方面和问题需要 NSC 文件一样。一份 NSC 文件以及行动协调委员会(OCB)的执行步骤可以确保美国政府在群岛上的互相协作。

建议:

您支持发布一份单独的琉球群岛 NSC 政策文件。②

(Memorandum From the Assistant Secretary of State for Far Eastern

---

① 原编辑者注:未发现。

② 原编辑者注:原文当中没有显示是否同意或者是否采取行动,但可参见 238 号文件。

Affairs (Robertson) to the Secretary of State, *FRUS*, 1955—1957, Vol. XXIII, Part 1, Japan, (in two parts) Part 2, Editor in Chief：John P. Glennon,Editor：David W. Mabon,United States Government Printing Office, Washington：1991. pp. 513 - 514.)

123. 罗伯森致艾尔文

237. 远东事务助理国务卿罗伯森(Robertson)给国防部国际安全事务副助理部长艾尔文(Irwin)的信①

华盛顿,1957 年 10 月 17 日

亲爱的杰克(Jack)：

很抱歉拖了这么久才回复你 1957 年 8 月 2 日关于美国对琉球群岛政策的那封信②。然而,国务院和国防部多次讨论了该问题以及过去几个月当中因为岸信介(Kishi)首相、藤山(Fujiyama)外相和其他日本官员访问华盛顿而带来的问题。尽管如此,我们应该重申我们对相关政策的立场,只要"远东继续存在威胁和冲突",我们相信这些政策可以确保我们继续留在群岛上。

您在 1957 年 8 月 2 日的信中谈到了国务院和国防部对于美国在琉球群岛政策实施的意见分歧。不管我们存在什么样的分歧,都只是策略上的问题,而非目标上的不一致。国务院完全同意国防部的观点,出于战略因素考虑美国有必要继续长期留在琉球群岛,美国不会容忍和日本共同享有管理权。同样地,国务院与国防部一样,认为我们应该在这个问题上坚定立场,并且让日本人清楚地明白我们的态度。您信中所说的我们两部之间意见不一样之处主要是关于如何解决回归主义的问题。

按照您信中所说,国防部的立场是,只有抓住一切机会通过行动和言论提醒日本人美国对群岛享有唯一的管理权和控制权,这样美国才能有效地遏制在琉球群岛和日本的回归分子的行动。

---

① 原编辑者注:来源:国务院,中央文件,794C.0221/10 - 1757. 机密,10 月 14 日在东北亚事务办公室起草。

② 原编辑者注:未发现。

而国务院认为,不必要地"刺激"日本人这方面的情感将会加剧他们的动乱,而非削减,而且这会加剧琉球群岛居民的回归情绪。

国务院认为,琉球群岛的回归主义实质上只是琉球群岛人民希望归属于一个国家的愿望表达。这是种无法压制的基本情感。美国已经向日本再次表达了美国的政策,最终将会归还琉球群岛。如果改变这个立场,如果日本人得知不久这些岛屿将与他们分割开来,那么美国与日本的关系将会面临最糟糕的状况。所有表明美国将长期留在群岛的行为将可能造成反美主义和动乱,急剧恶化日本人的骚动情绪,加剧琉球群岛的回归活动。这又将会为岛上日益壮大的反美左翼势力提供口实。

美国的一项基本政策就是,日本与自由世界保持联系,成长为远东地区的主要力量。自从1956年12月加入联合国以来,日本在国际事务当中扮演了重要的角色。日本对琉球群岛有兴趣这是很正当的,琉球群岛居民是日本的侨民,而日本对琉球群岛又拥有剩余主权。这种情况下,如果日本抗议美国在琉球群岛的政策和行为,那么它在世界范围内势必会获得广泛的支持。因此,目前情况下,美国需要日本理解美国的立场,允许我们在琉球群岛继续实施计划。在琉球群岛问题上故意"冷落"日本不仅会严重挫败目前试图与日本建立紧密合作关系的积极努力,而且最终可能影响我们在琉球群岛以及日本本土的军事地位。

至于在琉球群岛发行美元的提议,国务院并不认为这会抑制回归主义活动。相反,这会在琉球群岛和日本造成严重反响,就像1956年6月发布的长期土地使用项目那样。目前情况下,这样的骚动不安将会加剧反美的浪潮和抗议,而那霸的市长濑长正好伺机从中获得支持,联合这些力量造成影响整个琉球群岛的反对运动。在我们看来,出于政治因素而反对发行美元足以胜过可能的经济益处。我在1957年8月2日给罗德里克先生的信中①阐明了我们对此问题的立场,直至昨天我们尚未收到回复。

诚挚的,

沃尔特·罗伯森②(Walter S. Robertson)

(Letter From the Assistant Secretary of State for Far Eastern Affairs

---

① 原编辑者注：203号文件。

② 原编辑者注：印自一份复印件,上面有这样的打印签名。

(Robertson) to the Deputy Assistant Secretary of Defense for International Security Affairs (Irwin)，*FRUS*，1955—1957，Vol. XXⅢ，Part 1，Japan，(in two parts) Part 2，Editor in Chief：John P. Glennon，Editor：David W. Mabon，United States Government Printing Office，Washington：1991. pp. 514－516.）

124. 国家安全委员会第 340 次会议讨论内容备忘录

238. 国家安全委员会第 340 次会议讨论内容备忘录
华盛顿,1957 年 10 月 17 日①

［此一段内容为参加会议人员的名单以及 1～3 项内容］

4. 美国对日政策(NSC5516/1;进展报告,日期为 1957 年 9 月 25 日,行动协调委员会(OCB)根据 NSC5516/1 文件起草)②

迪尔伯恩(Dearborn)先生③简要地向委员会汇报了进展报告的内容,指出了国务院和国防部就琉球群岛是否需要发布单独的美国政策存在的分歧。国务院认为需要而国防部则反对。史密斯助理国务卿说,杜勒斯国务卿认为,如果国务院和国防部在这些问题上保持较好的合作关系,那么或许就没有必要发布独立于目前对日政策之外的琉球群岛政策。相应地,杜勒斯国务卿希望,在国家安全委员会针对进展报告中该问题的分歧意见有所行动时,应该先探讨下国务院和国防部之间的工作关系问题。

国家安全委员会:④

a. 批注并讨论了行动协调委员会提出的进展报告内容。

---

① 原编辑者注:来源:艾森豪威尔图书馆,惠特曼资料,NSC 档案。绝密;仅供传阅。由格里森于 10 月 18 日起草。

② 原编辑者注:进展报告未印刷。(国务院,S/S－NSC 文件:Lot 63 D 351,NSC5516 系列文件)

③ 原编辑者注:弗雷德里克·迪尔伯恩(Frederick M. Dearborn, Jr.),安全行动协调机构总统特别助理。

④ 原编辑者注:a－b 段的内容以及之后的注解部分构成了 NSC1806 号行动方案。(国务院,S/S－NSC 文件:Lot 66 D 95,国家安全委员会方案记录)

b. 同意了国务院的提议,从进展报告中删除国务院和国防部关于美国在琉球群岛政策的不同意见,关于琉球群岛单独的国家安全委员会政策文件问题搁置待定,有待国务院和国防部进一步研究。

注:上面提及的 b 部分内容,已经过总统同意,随即递交给了国务卿和国防部长;之后适当的修改已告知所有持有进展报告的人员。①

埃尔维特・格里森(S. Everett Gleason)

(Memorandum of Discussion at the 340th Meeting of the National Security Council, Washington, October 17, 1957, *FRUS*, 1955—1957, Vol. XXIII, Part 1, Japan,(in two parts) Part 2, Editor in Chief: John P. Glennon, Editor: David W. Mabon, United States Government Printing Office, Washington:1991. pp. 516 - 517.)

125. 国务院谈话备忘录

241. 谈话备忘录,

国务院,华盛顿,1957 年 10 月 21 日,下午 2:30②

主题 日美关系

与会者

---

① 原编辑者注:这些修改体现在了 9 月 25 日的进展报告中。

② 原编辑者注:来源:国务院,中央文件,611.94/10 - 2157.保密。马丁于 10 月 25 日起早,罗伯森签署姓名首字母表示同意。

罗伯森在 9 月 13 日给杜勒斯的备忘录中说,河野在参加于日内瓦举行的关税贸易总协定的第 12 次会议途中,将于 10 月 18—24 日在华盛顿和纽约停留。罗伯森说:

岸信介首相和藤山(Fujiyama)外相都曾亲自询问大使,希望您在河野先生来这期间接待他。河野先生精力充沛,雄心勃勃。据说他以为因为他在恢复日—苏外交关系的谈判中所扮演的角色,我们政府就以为他在对待共产主义势力方面不够强硬,以为他既想和苏联合作又想和西方合作。虽然他现在支持岸信介先生,但是毫无疑问,他有成为日本首相的野心。河野先生希望跟您确保他支持西方,反对苏联的立场,而且日本首相认为河野这么想和您谈话,这对他来说很难得。

麦克阿瑟大使强烈建议您接见河野先生,远东也同意。(同上,033.9411/9 - 1357)

河野一郎先生(Ichiro Kono)，经济企划厅国务大臣

泷藏松本先生(Takizo Matsumoto)，外交事务副部长议员

浅井浩一郎先生(Koichiro Asakai)，经济事务署和公共事务署代表，日本大使馆

国务卿

沃尔特·罗伯森先生(Walter S. Robertson)，远东事务助理国务卿

威廉·欧奇先生(William C. Ockey)，东北亚事务办公室副主任

詹姆斯·马丁先生(James V. Martin , Jr.)，日本事务负责人

河野一郎先生于 10 月 21 日下午 2:30 拜访国务卿，随行的还有副部长松本先生以及浅井浩一郎大使。

国务卿首先友好地问候了大家，之后他说罗伯森先生已经告诉了他此前与河野一郎先生的谈话①，因此，为了更好地节省时间，应该避免重复的谈论。河野一郎先生希望谈谈日本的政治形势。他说，除了暂时实施财政紧缩方案之外，岸信介政府的政策没有任何改变。国务卿询问了下届选举的情况，河野先生说，根据岸信介先生所说，他的理解是选举将在明年的 8 月或 9 月举行。因此在此之前，内阁将缩紧财政，这样将有 500～700 亿日元的盈余，这将有助于政府重新获得声望。众议院三分之二席位可以确保。国务卿询问这是不是为了修改宪法，河野先生说这只是确保万无一失。内阁还打算修改参议院的选举法律(取消全国的选区)确保明年 6 月三分之二的多数入选。一年半之内

---

① 　原编辑者注：在那天中午的一次谈话中，罗伯森和河野谈论了一些河野和国务卿谈论的内容，以及日本希望获得目前国会同意的 480 公法(P. L. 480)关于 10 亿美元的物品援助。罗伯森告诉河野先生，资金不足，无法将日本加入其中。(谈话备忘录，由马丁起草，10 月 25 日；发往东京的 975 号电报，10 月 23 日；同上，分别是 611. 94/10 - 2157 和 411. 9441/10 - 2357)

10 月 23 日早晨，河野还和副国务卿狄龙(Dillon)以及威克斯(Weeks)谈论了经济问题；这两次谈话概括在 10 月 24 日发往东京的 988 号电报中以及 10 月 25 日发往东京的 996 号电报中。(同上，411. 9441/10 - 2457，411. 9441/10 - 2557)10 月 22 日，河野和农业部副部长莫尔斯(Morse)谈论了 P. L. 480 问题，此次谈话概括在 10 月 24 日发往东京的 982 号电报中。(同上，411. 9441/10 - 2457)按照日本的要求，美国和日本的官员再次讨论了日本加入 10 亿美元的 P. L. 480 项目的情况，但是驻东京大使馆在 12 月 16 日或者 16 日左右给出了最终的否定答案。(文件同上，411. 9441)

日本的政治局势将得到缓解,但是还需要另外半年左右的时间制订党派计划。这是在最近一次自由党和民主党会议上达成的一致。因此,河野先生认为岸信介先生至少可以执政到那个时候。

河野先生说,至于国内政治情况,一切都在掌控之中。只是,岸信介先生在国际舞台上表现的过于着急,而且说的太多,例如因为社会主义者的逼迫,他在冲绳岛和小笠原群岛问题上的表现。

国务卿询问河野先生,他的意思是不是说岸信介先生提出了不可能实现的希望。河野先生并没有直接回答这个问题,只是说当然有必要在解决日美关系的问题上取得实质性进展。国务卿回答说,岸信介先生在此期间我们已经就此做了大量的工作。他提到日美安全委员会正积极营造安全问题的双边合作氛围。河野先生说,该委员会召开过两次会议,但是在实质性成就上并未取得任何进展。另外,美国军队的撤军对日本来说并不是一个"好处",因为这不利于外汇状况。

杜勒斯国务卿说,我们将看看可以做些什么具体事情。只是,最好的国家间关系并不是依赖于间断地"互送礼物"。新娘和新郎在结婚前互赠礼物,但是日后并非天天如此,尽管如此他们还是幸福地生活在一起。美国不可能一直给予什么。它的好朋友们也不会这样做的。

河野先生坚持认为,至少要在一个或者更多的僵局问题上取得具体的进展,其中主要的四个问题是:韩日的谈判,冲绳岛,小笠原群岛以及东南亚的经济发展。至于第一个问题,日本的公众认为美国可以随时介入并解决韩日之间的分歧。至于其他三个问题,日本政府明白美国的观点,但是这并不能帮助岸信介政府。如果不是因为这些问题悬而未决的话,日本是可以遵从国务卿所说的。

国务卿说,美国已经向李承晚(Syngman Rhee)施加了在两个自重(self-respecting)政府间可以施加的一切压力,就是为了解决日韩之间的争端。但是李承晚先生不为所动,他那双残破的手(broken hands)就可以很好地说明。

小笠原群岛问题并未陷入僵局,而是得到了解决,国务卿这么说。他在研究地图上群岛的每一寸土地,希望能找到容纳被遣返者的合适地区。可是美国的安全需求致使我们不能允许任何人遣返。如果那些被允许返回的人没有被遣返的话,我们的境况就会好很多。

至于东南亚地区的发展基金,国务卿说任何国家都没能力投资 5 亿美元作为资本,然后寻求方法等着它奏效。这么多年以来,我们一直在寻求双方共同投资的不错项目。只是,为每一个想到的可能项目重新设立一个金融机构是不合理的。在东南亚地区设立区域基金会会引来在其他地方设立相似基金的要求。没人有实力这么分批地投资大量资金。既然我们不能参与到这样的基金中来,我们乐意研究其他具体的项目,这些项目中日本可能会需要美国资金的支持。

至于琉球群岛,国务卿回忆道,从开始谈判和平条约的时候大家就已经达成一致,琉球群岛应该从日本分离开来。据他回忆,他们已经解决了这个问题,将界限划到北纬 29 度而非北纬 30 度,对此当时的日本政府认为是非常大度的做法。之后,日本人还吵闹过要获得奄美群岛。美国也归还了奄美群岛。之后是一段开心的日子。现在日本人想要更多。美国不能拿这些基本原则开刀,而应考虑世界安全和力量平衡这些基本的东西。基本的一点是,冲绳岛在远东具有至关重要的战略意义,除了日本,它还可以为澳大利亚、新西兰和菲律宾提供保护。美国不能因为要给日本这个礼物,就打破亚洲的力量平衡,而这礼物日本也只会感激几天而已。如果要保证亚洲的力量平衡,美国只能依赖冲绳来完成。如果可以安全地完成这个任务,我们愿意退出,但是不能因为要给日本一个圣诞礼物就退出。

国务卿说,我们尊重河野先生在内的岸信介政府,也明白政治的现实性。我们愿意给予帮助。但是,对于我们所做的,日本应该感到满意才对,我们将他们的利益与我们自己的利益放在同等的地位上,而且我们的确在互相帮助。他说,比起现在的合作状况,我们双方还有更多的空间,可能是担心日本共产党的抨击吧,未能进一步合作。他指出,德国总理阿登纳(Adenauer)直率地承认了和美国合作的好处,并没有受挫,反而获利颇多。美国希望日本富饶强壮,有能力承担一个自由国家应该承担的责任。国务卿警示河野先生说,在日本准备好承担它现在逼着我们放下的重担之前,日本不应该逼迫我们离开。这么做的代价会是日本失去独立,美国从日本本土的西海岸撤走。那将是悲惨的世界。

国务卿说,他之所以这么开诚布公,是因为他当自己是在跟一个朋友聊天,而且他非常希望日本和美国能够找到合作的基础。

河野先生说他想利用剩下的一点时间讲清楚两点:(1)日本不会像印度

那样采取中立的态度,相反日本会承担作为自由世界成员的职责。(2)至于和苏联以及红色中国的关系,日本已经在经济关系和政治关系之间划清了界限。目前正在谈判贸易和航海协议。日本不会如苏联所愿加入政治协议的。就在离开日本之前,河野先生刚刚发布指令,要求建立新的组织,日本计划通过该组织集中发展与苏联的一切关系。对日本来说,有利的贸易比收回冲绳岛更重要,而且最重要的是,美国帮助日本扩大了贸易。交谈的时间接近尾声,河野说根据今天和国务卿所做的交流,他回去之后将和其他的内阁大臣谈谈。

离开国务卿办公室的时候,罗伯森先生询问了奥里萨邦(Orissa)问题①。松本先生回答说,尼赫鲁(Nehru)总理一开始反对建立东南亚基金会,在访问日本之后,他又赞同这个想法了。罗伯森希望日本有具体提议的时候再来找我们。

(Memorandum of a Conversation, Department of State, Washington, October 21, 1957, 2:30 p. m. , *FRUS*, 1955—1957, Vol. ⅩⅩⅢ, Part 1, Japan, (in two parts) Part 2, Editor in Chief: John P. Glennon, Editor: David W. Mabon, United States Government Printing Office, Washington: 1991. pp. 524 – 527.)

126. 罗伯森致斯普瑞格

249. 远东事务助理国务卿罗伯森(Robertson)给国防部国际安全事务助理部长斯普瑞格(Sprague)的信②

华盛顿,1957 年 12 月 11 日

亲爱的曼尼(Mannie):

琉球群岛的高级专员最近修改了法律条文,允许那霸市议会罢免市长濑长龟次郎(Kamejiro Senaga),并阻止他再次竞选③。国务院仓促地同意了罢

---

① 原编辑者注:内容是一个日本项目,旨在促进印度经济的发展。

② 原编辑者注:来源:国务院,远东文件:Lot 59 D 19,斯普瑞格,范斯菲尔德。保密。由东北亚事务办公室起草。

③ 原编辑者注:罢免濑长发生于华盛顿时间 11 月 23 日。

免濑长先生及相关具体计划。然而,我们认为如果有足够的时间做好准备工作,这个计划就不会激起那么大的反响,特别是在日本。

你知道,从 1956 年 12 月 25 日到罢免濑长先生期间[①],我们认真考虑了至少两件事情。莱姆尼茨(Lemnitzer)将军,即琉球群岛的总督认真回顾了这些事件,最终决定,应该给予那霸市议会按照他们自己步骤来解决问题的机会。我们最近几个月从那霸市收到的报告表明,市议会在罢免濑长先生方面遇到了更多的困难。然而,从所有报告中都没看出高级专员打算就这个问题采取行动的迹象。

陆军心理战小组向在东京的……(有近一行的原文内容未解码)询问冲绳人民党的信息……(有近一行的原文内容未解码)从中获悉莫尔将军(Moore)正在认真考虑罢黜濑长的行动。从……(近一行的原文内容未解码),我知道了可能在 11 月 21 日下午采取行动。我立即就此事询问了在那霸的总领事[②],并且指示他告知莫尔将军,国务院认为在采取行动前应该充分听取华盛顿相关机构的意见。不幸的是,在莫尔将军采取行动后我的信息才传送到那霸。而且,11 月 22 日下午晚些时候……(有近一行的原文内容未解码)接到另一则消息,说莫尔将军打算在华盛顿时间 11 月 22 日晚上九点采取行动。从我们收到的报告来看,濑长先生会因为此前犯下的重罪而被罢黜。

离报告所说的采取行动时间还剩不到三个小时的时候,我给陆军部副部长罗德里克(Roderick)打了电话。关于此事,他也是什么都没听说,而且从他的询问来看,国防部也不知道此事。他和莱姆尼茨将军谈论此事,莱姆尼茨将军立马打电话给莫尔将军。莫尔将军同意将行动延迟几个小时,以便国务院和国防部阅读他的编号 HC0046 的电报[③]并做出判断,这份电报当时正在国防部破译,内容即为他提议采取的行动。

---

① 原编辑者注:472 号电报,是国务院和美国新闻署(USIA)的联合公告,在 FE/P 起草,为大部分亚洲和西欧的新闻媒体提供了背景信息。(国务院,中央文件,794C. 00/11 - 2757)关于此次罢免的其他信息同上,1956 年年末的 894. 51,794C. 00 以及 1957 年的 794C. 0221。

② 原编辑者注:11 月 21 日发往那霸的 54 号电报未刊印。(同上,894C. 51/11 - 2157)

③ 原编辑者注:日期为 11 月 22 日,未刊印。(再次由陆军部发往东京,编号 DA933167,11 月 25 日;同上,东京邮报文件:Lot 64 F 106,350 琉球群岛 1957。)

11 月 23 日，周六上午，我和我办公室的工作人员考虑了他提议的行动。虽然可供考虑的时间较短，我代表国务院同意接受该提议。莫尔将军一直催促希望加快速度，因为市议会在最后一个星期的会议中会提议采取行动，而这个行动，据专家判断将无法通过法院的审查。我建议，如果有可能和市议会的大部分成员一起解决这个问题，他们不至于独自采取行动的话，莫尔将军应该将他的行动延迟两三天，这样美国政府可以有时间向驻日大使馆和国外的美国新闻处简要说明情况。这样可以使他们获知必要的背景信息，做好准备应对那霸行动公告发布之后不可避免的媒体询问。

很显然，莫尔将军无法延迟这个行动，因为他在 11 月 24 日周六那天采取行动，而市议会的后续行动发生在 11 月 25 日周日那天。我们料想的公众反应如期而至，特别是在日本。在紧接着的两三天里，东京所有报纸的头条新闻都是关于美国如何采取行动罢免了濑长市长。日本媒体不约而同、不遗余力地抗议罢免濑长市长的这种做法。他们称之为不民主、"独裁的"，并指出这是美国缺乏民主的表现。

如果我们及时获悉高级专员的计划，提前向日本政府简要说明情况，并且向其他有关部门提供事先准备好的背景信息，日本的骚动是可以避免的。那霸的总领事告知我们，尽管早期，高级专员就此事的想法曾咨询过他，他却被禁止单独向国务院递交任何有关此事的信息。高级专员解释了他为什么发布了这个禁令：通过修改当地自治法律来罢免濑长是他自己的决定，因此他不需要提前咨询国防部。这样的话，关于他的行动的消息也不应该通过其他途径传到华盛顿。

鉴于高级专员这样的立场，就算有可能的话，国务院也很难按照 1957 年5 月的 10713 号行政命令第三部分来履行职责，该部分为："国务院对琉球群岛与其他国家和国际组织之间的行为负责。"

之前我们认为，关于琉球群岛，很明显总领事有责任独立向国务院汇报琉球群岛的进展，他有必要跟国务院交流这些事情，我们以为这些是不言自明的。他的报告对国务院来说极为重要，国务院可以以此判断琉球群岛的这些进展和提议的行动对美国的外交政策和美国与其他国家的关系有什么影响。我认为有必要提醒高级专员全面汇报群岛进展及所提议行动的重要性，特别是总领事的汇报，因为这些会影响到美国的外交政策和国际关系。

随信附了国务院—国防部联合建议①,我希望您同意将其交给高级专员和总领事。

诚挚的,

沃尔特·罗伯森②(Walter S. Robertson)

(Letter From the Assistant Secretary of State for Far Eastern Affairs (Robertson) to the Assistant Secretary of Defense for International Security Affairs (Sprague), *FRUS*, 1955—1957, Vol. XXIII, Part 1, Japan, (in two parts) Part 2, Editor in Chief: John P. Glennon, Editor: David W. Mabon, United States Government Printing Office, Washington: 1991. pp. 544 - 546.)

127. 驻那霸总领事馆给国务院的电报

251. 驻那霸总领事馆给国务院的电报③

那霸,1957 年 12 月 15 日—下午 2 时

92. 高级专员应美国联合通讯社(AP)记者吉恩·克雷默(Gene Kramer) 的询问,于昨天发表了以下声明,这些内容出现在今天的当地报纸上:

> 美国认为有必要继续维持目前在琉球群岛的地位,只要远东地区仍然存在威胁和动乱,这是美国的国策。因为这些动乱大多由共产党造成,我们将"无限期"或者在"可预见的将来"继续留在这里,而很多人还是不明白这一点——特别是那些根本不希望明白的人。
>
> 我认为我们的根本需要是一份最低年限的权威声明,而在这些年当中这个问题将不会再被讨论。这同样需要一个基本法,我们可以以此展开合作。这些行动将会消除目前的疑虑和困惑,让冲绳岛人和其他人更加明白他们的地位,这样他们可以在一个更加确定的未来的前提下开展

---

① 原编辑者注:附件中并未发现。

② 原编辑者注:印自一份复印件,上面有打印的签名。

③ 原编辑者注:来源:国务院,中央文件,794C. 0221/12 - 1557。机密;优先处理。作为 119 号电报发往东京,92 号电报发给国务院,这即本文的原件。

行动,制订计划。

在昨天上午举行的关于预选问题的当地跨机构会议上,高级专员说,正在考虑发表美国在群岛的管辖权期限,这将有助于消除竞选中的归还岛屿问题,但是并未讨论声明的具体内容或措辞。文件并未送交陆军部。

如果引起公众议论的话,建议将声明定性为高级专员回答媒体提问时所发表的个人观点。

行政长官托马·尤戈(Jugo Thoma)在前一天与克雷默面谈时说,美国应该具体说明打算保留冲绳岛多长时间,至少二十年之后归还日本有点过早,因为民众当中存在着"反日本的暗流",而且群岛复兴缓慢。关于托马会谈的内容文件已航空邮寄。①

德明(Deming)

(Telegram From the Consulate General At Naha to the Department of State, *FRUS*, 1955—1957, Vol. XXIII, Part 1, Japan,（in two parts）Part 2, Editor in Chief：John P. Glennon, Editor：David W. Mabon, United States Government Printing Office, Washington：1991. pp. 548 - 549.)

128. 帕森斯给罗伯森的备忘录

8. 东北亚事务办公室主任帕森斯(Parsons)给远东事务助理国务卿罗伯森(Robertson)的备忘录

---

① 原编辑者注:在国务院文件中并未发现。在 12 月 17 日给罗德里克的信中,罗伯森谈到莫尔的声明,总结说:"莫尔将军的言论不符合华盛顿各部门对该重要问题的决定。这样的声明会影响到美国的外交关系,特别是与日本的外交关系。在公开宣布以前一定要获得华盛顿相关机构明确的同意才行。"(国务院,中央文件,794C. 0221/12 - 1557)

在 12 月 20 日发自东京的 1656 号电报中,麦克阿瑟汇报了他 12 月 19 日与藤山(Fujiyama)的谈话,这次谈话中,外相指出,鉴于日本自身之前想要就琉球群岛的占领和美日安全条约的有效期确定一终止日期,现在莫尔将军的声明给日本政府制造了麻烦。按照藤山(Fujiyama)所说,日本国内很多人都将莫尔的声明理解为,过了他所说的期限之后,将会积极讨论归还问题。麦克阿瑟评论说,他认为藤山正好"利用"了莫尔的言论希望再次谈判岸信介首相的归还建议。大使最后建议说,授权他告知藤山,美国的政策没有任何改变。(同上,794C. 0221/12 - 2057)1957 年之前麦克阿瑟提议的行动在国务院文件中并未发现。

华盛顿,1958 年 4 月 12 日

主题　将琉球群岛管理权归还日本

4 月 19 日周三中午,和日本大使馆下田部长(Shimoda)午餐谈话中,我问到,美日关系中最重要的问题是什么。他立即回答道,是美国对琉球群岛和小笠原群岛的继续管理。

我询问为什么这个问题如此重要呢。下田部长回答,日本人认为二战前琉球群岛和小笠原群岛就是日本的一部分。他补充道,日本放弃了台湾、朝鲜和满洲。日本民众可以理解这一点,因为这些领地都曾是占领所得。然而,琉球群岛和小笠原群岛的情况却与此不同。我立即说千岛群岛也是如此,下田部长欣然同意了我的说法。

接着我又问下田部长,对于琉球群岛和小笠原群岛的问题,日方觉得应该怎样做呢。他回答道,日本现在存在两派思想:第一种认为日本应该尽快恢复对琉球群岛和小笠原群岛的管理权。第二种则主张逐步采取行动,包括在琉球群岛使用日文教科书,使用日文登记出生和死亡人口,以及其他一些措施,这样将最终管理权回归日本。

我立即说道,第一派思想有明显的弊端,这将逐渐缩减美国在琉球群岛军事基地的自由使用度,而这种缩减不仅对美国不利,还会损害对日本来说至关重要的防卫态势。他解释道,日本民众明白收回领土是一定要付出代价的,这个代价将是美国可以完全不受约束地使用在群岛的军事基地。

〔有一段的内容未解密(原文的四行内容)〕

然后我指出,在目前的形势下,社会主义者和共产党将不断制造压力反对美国军队不受限制地使用基地,〔少于一行的原文内容未解密〕,他回答道,这个问题的答案是显而易见的,这将使日本政府的立场更具说服力。这样他们可以回应,美国已经将属于日本的领土归还给了日本,而共产党在千岛群岛、齿舞岛和色丹岛的问题上却没能遵守诺言,他相信日本民众也会这么认为的。他认为这样的处境将更有利于日本政府对于领土问题的处理。

最后,下田部长预测说,在他看来,于 1958 年 5 月 18 日左右举行大选之后不久,日本政府将会要求立即归还对琉球群岛和小笠原群岛的管理权。①

---

① 原编辑者注:来源:国务院,中央文件,611.94/4 - 1258。保密,由帕森斯起草。

(Memorandum From the Director Of the Office of Northeast Asian Affairs（Parsons）to the Assistant Secretary of State for Far Eastern Affairs（Robertson）,*FRUS*,1958—1960,Vol. ⅩⅤⅢ,Japan,Korea,Editors:Madeline Chi,Louis J. Smith,General Editor:Glenn W. Lafantasie,United States Government Printing Office,Washington:1994. pp. 17–18.）

129. 驻日大使馆给国务院的电报

9. 驻日大使馆给国务院的电报
东京,1958 年 4 月 15 日,晚上 11 时

2707. 大使给罗伯森的电报。非常感谢国务院的 2186 号电报①。我非常同意提议中的基本论证,即我们应该谋求在琉球群岛安全使用军事基地的长远的政治基础。另外,我认为日本政府将会同意咨询电报中的提议(除了我们可以优先获得我们日后可能用得上的土地的自由处理权)。但是,我认为现在立即提交咨询电报中的提议还为时过早,理由如下:

1. [原文中两行内容未解密]我认为,按照咨询电报中的提议,尽管理论上我们可以不受限制地使用在冲绳岛的基地,但是考虑到目前日本的政治局势,日本政府很有可能面对巨大压力,限制我们对基地的使用,正如他们对待目前实际上存在于日本的基地那样。

2. [原文有 8 行内容未解密]目前日本政府最需要的是,只要当地的居民还算满意,我们应继续管理琉球群岛。这将大大减少日本面临的麻烦,直到我们可以找到一个将琉球群岛管理权归还日本的满意方案,同时还不影响我们在那里的基本军事利益。

3. 现在对日本的态度做出长远的预测是冒险的,但我觉得这是一个好的机会,在接下来几年内,如果我们能够妥善地处理和日本的贸易问题,并且适当调整安全条约,与日本建立共同的安全利益关系,局势将会变得对我们有

---

① 原编辑者注:来源:国务院,中央文件,794C. 0221/4–1558. 保密,优先考虑,限制传阅,分两部分传送。4 月 11 日的 2186 号电报要求考虑将琉球群岛管理权归还日本的可行性和接受度。(同上,794C. 0221/4–1158)见附录。

利,那么我们就可以获得日本的同意,不受限制地使用在琉球群岛的基地。
[原文中有 7 行内容未解密]

　　鉴于上面所说,我认为首先采取必要的紧急措施以抑制冲绳岛对我们不利势头是非常重要的。这将为我们赢得时间制定出长期解决方案,或许就如同咨询电报里所提议的那样。

　　我认为成功地稳定住冲绳岛局势的任何方案中都应包括大使馆 2548 号电报①中的六项提议,如下:

　　a. 立即采取行动改变土地政策,从一次性付清变为五年一续约的体系。我不能过于强调立即采取这项举措的重要性,因为如果之后不能取得实际成效的话,我们将会逐渐失去最近一些公告带来的好处,并且大家的幻想将会破灭。(我完全同意那霸 169 号电报②的观点,高级专员打算的改变方法并不能解决问题。实际上,如果让琉球群岛政府代表我们来实施计划,而这些计划很大程度上将被视为不可信的一次性付清体系,这反而使问题更加复杂。)

　　b. 向琉球群岛居民明确保证我们将立足于为琉球群岛经济的长远发展提供更多的经济和财政支持。(这不仅是对琉球群岛居民深切愿望的回应,而且同样适用于日本,帮助他们使群岛发展良好,这样当这些岛屿被归还时不至于变成日本的额外负担。)

　　c. 决定派遣能胜任的民用经济代表团,这是对上述 b 部分的必要补充。

　　d. 更多地给予琉球群岛民众管理他们自己岛屿的权利,最大程度地减少美国琉球群岛民政府在当地政府事务中的职责。

　　e. 通过行动承认日本人在琉球群岛的合法利益,以及琉球群岛民众希望与日本联系的愿望。要实现这一点可以通过建立某种协商机制,允许日本政府秉着合作的精神表达观点和探讨问题,同时清楚地说明目前琉球群岛的管理权依然属于我们。

----

　　①　原编辑者注:日期为 4 月 1 日。(国务院,中央文件,794C.00/4-158)见附录。

　　②　原编辑者注:在 169 号电报中,那霸汇报,高级专员莫尔已经给陆军部发出电报,希望允许他向立法机关宣布他正在考虑改变一次性付清的政策,这样琉球群岛政府可以处理土地的获得和偿还问题。(国务院,中央文件,794C.0221/4-958)杜勒斯于 4 月 9 日与艾尔文讨论了土地政策。(谈话备忘录,由马丁起草;同上,794C.0221/4-958)同一天,杜勒斯在与总统的电话谈话中谈论了莫尔的建议,但是他建议延迟此事;艾森豪威尔同意:"告诉他让他闭嘴。"(艾森豪威尔图书馆,惠特曼文件,电话)边注的所有文件见附录。

　　e.〔f〕. 最后,我认为华盛顿应该实行某种安排(比较好的是在总统同意下,发布新的行政命令来修正目前的命令以便做出新的安排),这样国务院可以拥有与国防部同等的发言权,包括对琉球群岛所有决策以及高级专员所有行动的否决权,因为正如我们经历了一些波折后所明白的那样,高级专员的所有决策和行动,都深刻而长远地影响了我们的外交关系以及我们在远东和亚洲地区外交目标的实现。我依旧认为,继续在冲绳岛实行军事政府不合理,理由正如我 2 月 1 日及 3 月 10 日给国务卿和您的信中所说的那样①。只是目前还不可能建立民政管理,我认为让总统完全同意我这段所提的建议是非常必要的。

麦克阿瑟

　　(Telegram From the Embassy in Japan to the Department of State, *FRUS*, 1958—1960, Vol. ⅩⅧ, Japan, Korea, Editors: Madeline Chi, Louis J. Smith, General Editor: Glenn W. Lafantasie, United States Government Printing Office, Washington:1994. pp. 19‑21.)

130. 参谋长联席会议给国防部长备忘录

12. 参谋长联席会议给国防部长麦克尔罗伊(McElroy)的备忘录
华盛顿,1958 年 5 月 1 日
主题　冲绳岛的战略重要性(U)

　　1. 美国最终安全的一个主要需求即美国维持对太平洋的战略控制能力。对该地区有效的控制需要有安全的行动基地便于美国军事力量完全使用,不管是出于防卫还是攻击目的。美国在琉球群岛有主要基地,这些基地在紧急情况下可以迅速扩张,而且不需要依赖于一个外国主权国家的政治安排。在出现全球战争或者敌对势力扩张的情况下,有必要对苏联、中国或者远东的其他共产主义势力发起战争的时候,包括原子战争,美国能够不受限制地从这些

---

　　① 原编辑者注:在 3 月 10 日的信中,麦克阿瑟重申了他的观点,即继续在琉球群岛实行军事管理不合适,并且认为琉球群岛问题是政治问题而非军事问题。另外,麦克阿瑟认为日本在琉球群岛有合法利益。(艾森豪威尔博物馆,杜勒斯文件)见附录。

战略基地发起行动,这是至关重要的。如果琉球群岛归还日本控制,那么美国在太平洋地区的整个战略地位将受到严重威胁,因为日本出于政治稳定的考虑很有可能在关键时刻不同意美国的军事力量使用这些基地。

2. 根据《对日和平条约》第三款条文规定,美国对琉球群岛领土和居民实施一切行政权、立法权和司法权。保留这个权利与日本希望归还行政权的愿望相冲突;然而,安全因素高于一切,不允许美国减少目前对琉球群岛的完全控制。在 1957 年 6 月 21 日的艾森豪威尔公告中①,总统重申了美国的立场,即日本拥有这些岛屿的剩余主权,但是总统指出,只要远东局势依然受到威胁,那么美国有必要继续维持目前的局面。

3. 在 1957 年 11 月 29 日主题为"中程弹道导弹日后部署(C)(IRBM)"②的备忘录中,参谋长联席会议向您提供了关于 IRBM 部署的建议。其中一个建议的地点就是冲绳岛。选择冲绳岛的一个主要考虑因素就是,可以在这里部署并操作中程弹道导弹,而不需要与其他任何政府商议。

4. 关于冲绳岛,一些非官方消息称国务院最近要求国防部在实行任何中程弹道导弹部署或者任何其他的行动之前要告知他们,例如军事场地的建造,这可能会导致公众知道美国在岛上部署中程弹道导弹的意图。国务院这么要求是为了征求美国驻日大使的意见,看他是否赞成提前告知日本政府美国在这方面的打算。参谋长联席会议认为,不应该与日本政府商量美国在琉球群岛任何的军事行动。

5. 参谋长联席会议明白在冲绳岛设立中程弹道导弹会对日本的政治形势产生影响,但是不认为这是一个决定性因素。因为在可预见的未来,美国不太可能将核武器引进日本,那么将冲绳岛作为中程弹道导弹的基地就显得越发重要了。

6. 参谋长联席会议重申自己的观点,冲绳岛作为军事基地的重要性越来越突出,美国应该将其置于自己控制之下,不受日本侵犯。

参谋长联席会议:

---

① 原编辑者注:来源:美国国家档案和记录管理局,参谋长联席会议档案,RG 28,CCS. 092(12-12-50)。绝密见国务院公告,1957 年 7 月 8 日,51—53 页。

② 原编辑者注:未发现。

特文宁(N. F. Twining)①

主席

参谋长联席会议

(Memorandum From the Joint Chiefs of Staff to Secretary of Defense McElroy, *FRUS*, 1958—1960, Vol. XVⅢ, Japan, Korea, Editors: Madeline Chi, Louis J. Smith, General Editor: Glenn W. Lafantasie, United States Government Printing Office, Washington: 1994. pp. 29 - 31.)

131. 艾森豪威尔给杜勒斯的备忘录

13. 艾森豪威尔总统给国务卿杜勒斯的备忘录

华盛顿,1958 年 6 月 4 日

我随信退还你关于提议琉球群岛货币兑换的给日本首相的草拟信件②,你建议我签署同意,事实上,我不同意。

这个提议似乎并不明智,特别是考虑到有可能在日本产生的影响。我确信,在岛上使用美国货币会被日本人理解为美国虽未明说但一直潜在的野心,即我们想要吞并这些群岛。我们和日本之间建立的友谊和互信非常珍贵,我认为我们不能为了达到更加有效的管理而冒着毁掉它们的风险。

如果因为美国货币对琉球群岛经济的有利影响,日本首相自己建议使用美元,并且承认在他心里这种考虑胜过对美国有可能吞并群岛的担心的话,那么我会同意这个项目。

同时我指示麦克阿瑟大使向岸信介首相说明该提议所有可能的好处和弊端,并向你做出完整汇报。

---

① 原编辑者注:印自一份复印件,上面有该打印签名和标注,说明是由特文宁签名的。

② 原编辑者注:来源:国务院,中央文件,894C. 13/6 - 458。保密。该文件复印件同时送予国防部长,附在杜勒斯 6 月 3 日给艾森豪威尔的备忘录中。(艾森豪威尔图书馆,惠特曼文件,杜勒斯-赫特(Herter)系列)原件当中古德帕特(Goodpaster)的标注表明草拟文件保留在白宫里面。与此相关的还有杜勒斯关于 6 月 4 日与艾森豪威尔谈话的备忘录。(同上,杜勒斯文件,与总统的会议)均见附录。

等这个问题按我所说的研究汇报之后,我会重新考虑这份文件。

D. E.

(Memorandum From President Eisenhower to the Secretary of State Dulles, *FRUS*, 1958—1960, Vol. ⅩⅧ, Japan, Korea, Editors：Madeline Chi, Louis J. Smith, General Editor：Glenn W. Lafantasie, United States Government Printing Office, Washington：1994. pp. 31 – 32.)

132. 国务院给驻日大使馆的电报

16. 国务院给驻日大使馆的电报

华盛顿,1958 年 6 月 23 日,下午 7:49

2756.给大使的电报。大使馆 3203 号电报①和 4 月 18 日的信②。当你从与国务院的交流中知道,在你建议修改与日本之间的安全条约的同时,我们国务院内部正在研究与日本首相讨论将琉球群岛管理权归还日本的可能性,同时将基地保留为军事飞地,完全受美国管辖。

所有这些考虑都指向美国将采取什么行动鼓励日本继续向前迈进,与美国形成令人满意的共同安全关系。

收到大使馆 2707 号电报③之后,我们断定美国在琉球群岛广泛分布的基地以及对导弹发射基地需求的不确定性导致了许多问题,这些问题与可能实现的归还管理权相联系,将很难迅速得到解决。对此,我打算尽快与麦克尔罗伊部长谈谈在琉球群岛所有短期的和长期的问题。我打算在谈话期间询问基地巩固的问题,以及更确切的导弹发射基地的情况,希望能够促进国务院和国防部之间对归还管理权可行性的考虑。④

---

① 原编辑者注:来源:国务院,中央文件,611. 94/6 - 558。保密,限制传阅,只限国务院内部传阅。由帕森斯起草;S/S, L, G,和 E 批准通过,15 号文件。

② 原编辑者注:11 号文件。

③ 原编辑者注:9 号文件。

④ 原编辑者注:在杜勒斯和麦克尔罗伊谈话的备忘录里有汇报内容,日期为 6 月 30 日。(国务院,中央文件,794C. 0221/6 - 3058)见附件。

同时,国务院一直在处理与你 2 月 18 日那封信一起递交的安全条约草案①。你的草案似乎太着眼于日本目前的政治局势。因此,草案的语言被做了一些修改,这样尽管不太符合日本眼下的政治情况,但是日后可以使得日本承担更多的职责而不需要对条约本身进行修改。可以通过一项或者更多项的"开放性"条款来达到这样的目的。具体改变单独发电报给你。

在考虑美日关系存在的各种问题时,国务院觉得有点力不从心,因为不能够充分了解日方对于他们在安全领域长远目标的想法。我们知道日本每年都在增加对国防的投入,但是我们不清楚他们的步伐到底有多快,也不清楚他们的这些举措日后想要达到什么目标。因此,在华盛顿做出关于选择采取何种措施促进日本发展与自由世界的同盟关系并且更多地承担太平洋地区的防卫职责的最终决定前,你应该跟日本外相和首相探寻下他们是否会继续完成大使馆 3203 电报汇报中外相所说的内容,以及大使馆 3354 号电报汇报中首相所说的内容。②

在我们看来,日本要在安全领域取得进展,很大程度上依赖于首相获得日本民众支持的能力,使之朝着他所希望的方向发展。因此,他对于日本在防卫方向和发展速度方面的判断显得非常重要,是我们代表政府处理和他在讨论中将会出现的问题的重要因素。

我们猜想岸信介先生不仅希望和你讨论安全关系以及琉球群岛的问题,而且可能还希望讨论日美之间的贸易以及东南亚经济发展的问题。虽然目前就这些经济问题没什么可补充的了,但是我们认为双方交换意见也是有益处的,关于这些问题你可以随便深入地谈论,当然不以任何方式代表美国表态。

杜勒斯

(Telegram From the Department of State to the Embassy in Japan, *FRUS*, 1958—1960, Vol. ⅩⅧ, Japan, Korea, Editors: Madeline Chi, Louis J. Smith, General Editor: Glenn W. Lafantasie, United States Government Printing Office, Washington:1994. pp. 36-38.)

---

① 原编辑者注:4 号文件。

② 原编辑者注:在 6 月 19 日发自东京的 3354 号文件中,麦克阿瑟告知国务院说,在 6 月 18 日与岸信介的碰面中,岸信介向大使表达了希望就美日安全协议进行机密谈话的兴趣。(国务院,中央文件,611. 94/6-1958)

133. 杜勒斯给艾森豪威尔的备忘录

21. 国务卿杜勒斯给艾森豪威尔总统的备忘录

华盛顿,1958 年 8 月 11 日

主题:在琉球群岛引入美元货币

按照您 6 月 4 日给我的备忘录的要求①,麦克阿瑟大使与岸信介首相讨论了琉球群岛的货币问题,并且向他阐明了这个提议的预期益处和潜在弊端。随信附上麦克阿瑟大使关于其讨论内容的电报汇报。②

虽然岸信介首相并不建议引入美元货币,但是他说他明白我们想要兑换货币的原因。他认为,尽管这种做法会在日本造成反对情绪和困难,但是考虑到我们所说的重要性,他还是可以接受,只要延迟宣布该决定,直至日本国会休会之后的合适空隙时期。他指出,如果在国会开会期间发布货币兑换公告的话,社会主义分子就会挑刺,而且容易激起整个冲绳岛问题。他觉得在兑换公告发布之前,美国应该对冲绳岛土地赔偿政策,或许还有其他的建造措施做出让人满意的决定。他也希望能在货币公告发布之前的合适时机看一下草案。

关于岸信介首相提到的公布时机的问题:(1) 国会目前不在议会召开期,但是 9 月 20 日将再召开。如果要发布关于货币兑换的公告,那应该在 9 月份之前发布。否则的话我们将会遭遇国会的麻烦。(2) 国务院、国防部和陆军

---

① 原编辑者注:来源:艾森豪威尔图书馆,惠特曼文件,国际文件。秘密。另一份附件显示该备忘录是由查尔斯·J. 李特(Charles J. Little)以及查尔斯·H. 普莱彻(Charles H. Pletcher)起草的,均在远东事务局东北亚事务办公室,日期为 7 月 29 日。(国务院,远东文件:Lot 60 D 90,日本—琉球群岛),13 号文件。

② 原编辑者注:发自日本的 3349 号电报,6 月 19 日。(国务院,中央文件,894C. 13/6 - 1958)与此相关的还有 6 月 16 日发往东京的 2699 号电报,以及 6 月 26 日发自东京的 3452 号电报。(同上,分别为 894C. 13/5 - 2658)全部收录在附件里。

部已经同意了一项新的土地赔偿项目的大纲,琉球群岛人民可以接受这个大纲。① 美国官员将和琉球群岛领导者在那霸讨论该项目,制定出其细节内容。

虽然我们知道货币兑换存在困难和弊端,但是既然岸信介首相能够明白这个问题,我同意国防部的观点,建议在琉球群岛人民熟悉了我们新的土地项目之后,即刻公布货币兑换公告。

我建议您签署随信附上的给岸信介首相的建议信②,我们可以通过电报传送给麦克阿瑟大使,由他交给首相。这就要求麦克阿瑟大使与首相讨论货币兑换公告发布的具体时间和形式。

J. F. D.

(Memorandum From Secretary of State Dulles to President Eisenhower, *FRUS*, 1958—1960, Vol. ⅩⅧ, Japan, Korea, Editors: Madeline Chi, Louis J. Smith, General Editor: Glenn W. Lafantasie, United States Government Printing Office, Washington:1994. pp. 50 - 51.)

134. 日美谈话备忘录

26. 谈话备忘录③

---

① 原编辑者注:关于信中所提的琉球群岛土地项目的文件包括:7 月 2 日麦克尔罗伊和杜勒斯在 6 月 30 日谈话的备忘录;国务院,中央文件,794C. 0221/6 - 3058。7 月 2 日罗伯森给赫特的备忘录;同上,794C. 0221/7 - 258。7 月 11 日帕森斯给杜勒斯的备忘录;同上,894C. 16/7 - 1158。7 月 16 日麦克阿瑟给罗伯森的信;同上,794C. 0221/7 - 1658。8 月 21 日罗伯森给麦克阿瑟的信;同上,远东文件:Lot 60 D 90,麦克阿瑟,道格拉斯 II. 均收录在附录中。高级专员莫尔于 7 月 30 日在冲绳岛宣布了新的政策。(发自那霸的 26 号电报,7 月 30 日;国务院,中央文件,894C. 16/7 - 3058)

② 原编辑者注:附件中并未发现。总统 8 月 12 日的信通过 215 号电报发往东京,时间为 8 月 13 日。(同上,894C. 131/8 - 1358 见附录。在 8 月 15 日发自东京的 337 号电报中,麦克阿瑟汇报说,他将总统的信交给岸信介的时候,岸信介向艾森豪威尔表达了"深切的谢意",谢谢他考虑岸信介延迟发布公告的愿望。(国务院,中央文件,894C. 131/8 - 1558)见附录。

③ 原编辑者注:来源:国务院,会议文件 Lot 63 D 123,CF 1130。保密。原文未注明起草者。会议在国务院举行。第二天上午 10 点藤山会见了狄龙(Dillon),讨论了经济问题,下午 3 点会见了杜勒斯讨论了占领区治理和救济项目,美国与中国的关系,以及日本和朝鲜的关系。(谈话备忘录,9 月 12 日;同上)见附录。

FUJ MC-1

华盛顿,1958年9月11日,下午2:00至4:20

主题:

1. 提议的共同安全条约

2. 琉球群岛

3. 小笠原群岛

4. 战犯

参与者

日本外相藤山(Fujiyama)

浅井大使(Asakai)

莫里先生(Mori),日本外务省美国事务局局长

东乡先生(Togo),日本外务省安全事务负责人

岛之内先生(Shimanouchi),日本大使馆顾问

安川先生(Yasukawa),日本大使馆顾问

国务卿杜勒斯

助理国务卿罗伯森

麦克阿瑟大使

顾问办公室——莱茵哈特先生(Reinhardt)

远东事务局——副助理国务卿帕森斯

政策设计司政策设计助理国务卿——摩根先生(Morgan)

东北亚事务办公室——帕森斯先生(Parsons)

东北亚事务办公室——马丁先生(Martin)

国务院执行秘书处——卡斯利先生(Cassilly)

远东事务局——泽赫伦先生(Zurhellen)

国防部助理部长斯普瑞格(Sprague)

莱姆尼茨将军(Lemnitzer),陆军部副部长

豪依上校(Howe),国防部

会议一开始,国务卿表达了他对这些谈话的欢迎之情。这些谈话体现了双方的紧密联系,寻求途径互帮互助的愿望。他说,他依然清晰地记得藤山先

生和岸信介首相上次到访的情景。他相信,日本首相和艾森豪威尔总统过去的谈话具有历史重要性,开启了双方关系的新阶段。因此,此次的谈话将开启双方关系的新时代。

藤山外相回答国务卿说,他也非常高兴能够有机会会见国务卿并参加会谈。正如您所知,岸信介首相的政府在去年五月份日本的大选中赢得了大部分票数,该政府是建立在未来四年执政的长远稳固的基础之上的。藤山先生说,美日关系是日本外交政策的基石。岸信介先生希望能够在去年与总统和国务卿谈话的基础之上进一步发展双方关系。

国务卿询问藤山先生他希望会议首先谈论什么。议程上的第二项,安全关系应该是最重要的,但是他很乐意按照藤山先生提议的顺序来讨论。外相同意,考虑到时间有限,应该讨论第二项议程,他还说毫无疑问,第一项内容,即世界局势可以跳过。国务卿邀请藤山先生开始他的陈述。

外相开始说道,正如杜勒斯先生知道的,安全条约的签署已经过去很久了。日本的政治、经济和国防形势都发生了巨大的变化,日本民众的想法也成熟了很多。他的陈述正是基于这样的背景。

他继续说道,尽管因为资金问题日本的自卫队尚不完善,但是不管是数量上还是质量上,他们都有希望发展成为有影响力的武装力量。另外,多亏了美国的合作和帮助,日本在国际社会中的地位得到了提高,还成为了联合国成员国之一。日本民众非常希望日本能成为一个独立自主的国家。最近的选举表明 80% 的日本民众希望日本能够作为独立的国家与美国展开全面的合作。

考虑到这些情况,藤山先生继续说,安全条约中的一些内容可能会引起日本民众的不满。他们觉得现在是时候考虑修改安全条约了,或者应该使我们的安全安排符合目前的局势。这也是首相的强烈愿望。日本民众认为,相较于美国与菲律宾以及台湾之间的条约,美国与日本的条约使得日本缺乏独立性和主动性。只要这些想法存在,美日关系就会受到不利影响。

外相接着说道,有三种方法可以改变我们的安全关系:新的条约,修改目前的条约,某种补充安排,例如互换照会。严格说来,对于这些方法需要考虑的因素太多。但是岸信介首相相信,正如他之前对麦克阿瑟大使所说的,考虑到这个问题的实质,最好的方法还是重新签署新的条约,经日本国会展开充分民主的辩论,建立日本和美国之间永久的关系。他最后说道,这反映了日本人民对安全条约的基本态度,并询问了国务卿的观点。

杜勒斯先生说,目前的安全条款就是当初他作为谈判者来磋商的。他很满意,这个条约很好地完成了它在当时的情况下被赋予的目标。至于这个最早版的条约,他并不愿意去做些改变,并不认为会有更好的可以取代它。他说,当然这份条约制定的初衷并不是成为调节我们安全布署的永久不变的方案。条约自身就表明了它只是"暂时性"的安排而已。

国务卿说,他认为美国可以接受外相的观点,条约的谈判至今已过去九年了,境况已经发生了改变。正如条约内容预测的改变一样,条约的序文里说明,日本将会逐步更多地承担反对直接侵略和非直接侵略的防卫职责。他并不是说美国认为日本所做的已经足够了,但是他意识到了日本面临的财政限制,正如其他国家一样。正如日本首相之前所说的,日本的财政考虑限制了其军事力量的发展。

但是国务卿继续补充道,就算日本已经尽其全力做到能做的,他认为在如今的国际环境下,没有任何一个单独的国家,包括美国,可以不依赖、不联合其他自由国家而确保安全。制定条约的时候我们就希望,自那之后我们一直希望,今天我们仍然希望一些裁军或者限制军队的举措可以减轻目前如此严峻的威胁。为了确保安全,我们必须团结一致,因为这些举措尚未实施,也不在预测之中。

国务卿继续说道,外相所说的关于世界局势的问题也在谈论内容之中。他说,国际局势中一个最让人不安的基本事实就是,一方面,苏联固执地不愿意采取一些措施减少军备,或者有效地消除核武器。苏联所有的宣传都集中在一点上,就是终止核试验,但是这并不能影响到军备武器的生产或者限制。而另一方面,美国与其西方同盟国致力于停止使用制造武器的可裂变物质,并将武器储备降到和平安全的储备量,以减少威胁,但是苏联却没有这么做。

他继续道,进一步来说,苏联不断威胁说将会使用核武器和导弹。他们错误地夸口说,这些威胁可以使其他国家对他们臣服。这种情况在苏伊士运河危机以及之后在叙利亚和黎巴嫩都出现了。最近赫鲁晓夫(Khrushechev)给艾森豪威尔总统的信中威胁说将使用核武器摧毁我们的海军[①]。国务卿说,虽然只是猜测,但是他相信,关于目前台湾地区的麻烦,与苏联告诉中国共产

---

① 原编辑者注:赫鲁晓夫总书记9月7日给总统的信的非官方版本以及总统9月12日的回复刊印在国务院的"公告栏"里,1958年9月29日,498 – 503页。

党美国因害怕苏联的核武器和导弹而放弃了叙利亚和黎巴嫩(这完全是假的)有关。现在中国共产党利用这种武力威胁看看我们会不会被苏联的核力量吓到,苏联说他们将会使用核力量来帮助中国共产党。面对苏联的力量和他们想要通过武力强加于人的明显意图,非共产主义的自由国家除了联合一致别无他法。没有一个国家能够保持有效对抗恐怖威胁的威慑力却不给国家预算和自由生活方式带来灾难性后果的。

国务卿继续说,因此我相信,任何一个国家要想成为自己命运的主人,不屈服于恐吓威胁,就需要和其他国家建立安全关系,这样各个国家贡献自己的力量,集中起来便可以保护所有的国家,并且以有限的代价来维持足够的威慑力。他说,这样的话,美国认为我们仍然需要一份可靠的安全条约来管理日本和美国之间的关系,如果日本想要真正获得独立,掌控自己命运的话。

杜勒斯先生继续说,出于这些因素的考虑,他很高兴看到日本政府愿意继续与美国保持共同的安全关系,而且外相所提出的问题不是这些关系是否发展而是如何发展的问题。他刚才提到了三种可选方案:一个新的条约,修改目前的条约,或者在目前条约下做一些补充安排。藤山先生刚才表明日本政府更喜欢第一种方案,即一份全新的条约。国务卿说,如果达成新条约遇到重大困难的话,美国原则上做好保留其他可选方案的可能性。

藤山先生说,他愿意进一步探讨苏联和中国共产党之间的关系,但是既然中国问题在明天的议程上,他愿意等到那个时候再谈。

他继续说,他很高兴看到美国政府愿意修改或者改变我们之间的安全关系,使其变得更加坚固。除了共产党和其他的左翼分子,没有日本人希望废除目前的或者任何形式的安全条约。人民支持继续发展两国之间的关系。然而,要确保我们之间的安全关系更加稳固,必须改变目前的安全条款使其符合日本大众的情感要求,因为他们正是支持力量的来源。所以现在的问题或者说提议,就是如何建立一个安全协议的框架,能够合理地反映日本民众的情感要求。可以有很多方法达成令双方都满意的安排或者条约。

外相继续说,有一个问题,就是目前的条约当中并没有说清楚美国防护日本的职责。另外,鉴于自卫队的发展,国内事务(目前的条约规定美国将付诸解决的)应该理所应当地由自卫队负责。另一个问题是,民众认为日本应该在宪法规定范围内与美国在一些防卫职责中开展合作。不幸的是,因为宪法的限制,日本的贡献可能未达到美国的期望,这种贡献的方式可能也不尽如人意,但是应该意识到这些局限的存在。就军事行动而言,日本不可能在与美国防卫行动的合作中将军队派遣到日本以外的地方。只有在日本地区和日本才可以。

国务卿打断说,这两个词,"日本地区"和"日本"之前已经被使用过。他希望能说明一下。岛之内先生(Shimanouchi)回答说,宪法的限制内容适用于日本的领土范围。国务卿想知道"日本地区"是指"日本内和周边",还是严格意义上的日本地理界限。藤山先生回答道,他说的是"在日本领土范围内"。为了更好地说明,他补充道,日本拥有 3 英里的领海为领土范围。然而,在执行护航任务时,潜水艇、船舰和飞机可以在这些领土以外的地方使用。

因此,外相说,遇到武装侵略时,日本将会提供日本范围内的必要的基地和行动设备。如果在日本范围之外有针对美国或者美国军队的武装行动或者侵略行为时,目前的协议当然会继续,为美国军队提供后勤服务或者其他设施。因此,日本完全准备好跟美国配合,但是希望对于这些事情美方能够跟他们协商。更准确地说,就是日本被当成行动基地时,日本政府希望美国能够与之商议,但是如果只是用于后勤或者物资供应的话,目前的状况是让人满意的。他补充道,对于后一种情况,他希望能够在条约里写清楚美国将会与日本政府商议部署问题、军备问题、武器问题以及美军使用的装备问题。他说,目前的条约之所以让人感觉是单边的,就是因为这些具体的内容没有写在条约里。

藤山继续说,正如你所知道的,日本国内对于在日本引入核武器非常敏感,不仅限于共产党,很多人都这么认为。引入核武器的问题在日本备受争论,大家也很关心这个问题。如果在条约里说明部署和装备问题(包括所有种类的武器)将会与日本政府磋商,那么这将会消除日本民众的误解。

外相继续说,从日本角度来看,目前还有一点令人不满的是,安全条约里并未写明具体的结束日期。日本一些民众认为这就把日本置于美国附从的地位。

藤山说,国务卿先生,至此我已经总结了日本民众最关心的几个问题。需要一个让这些民众明确支持的协议。问题是"怎么做"呢?通过一份新的条约还是其他形式?这些确确实实是需要研究的问题。首相的想法是,正如我前面提到的,如果的确可行的话,最好的方式是制定一份新的条约,提交给国会充分讨论。国会赞同这样的条约的话将会增强我们与美国之间的纽带。一旦国会通过条约,这将结束或者说很大程度上结束日本国内所有的争论,消除所有不满,因为问题已经得到了澄清。

国务卿感谢外相所做的陈述,并感谢他说明了日本政府对此事的想法。他说,我觉得现在就试图对藤山先生的观察做出详尽评论是不明智的。他需要再好好考虑研究一下,并咨询他的军事顾问的观点。外相也应该明白,正如需要对日本国会负责一样,我们也需要对我们的国会负责。制定新的条约或者修改目前的条约都需要得到参议院的同意。

国务卿继续说,他唯一能评论几句的就是部分相关人员明白关于协商的问题,根据条约来表述要比将其纳入条约的一部分更有用,正如我们与其他盟友之间的情况一样,例如英国。当然,我们不得不考虑的一个基本问题就是外相提到的日本宪法限制的问题。藤山先生设想的那种条约的结果可能被认为是单方面的,美国将致力于防卫日本,但是日本并不会投身于美国的防卫中来。国务卿说,关于美国防卫的职责问题,事实是在日本范围以外的地方指望不上日本的武装力量。另外,我们意识到了外相所提建议的重要价值,即尽管日本的武装力量不具有美国军队那样的地理自由度,但美国可以获得日本的后勤支持和设施。

国务卿继续说,他想向藤山先生提议取得进展的切实方法。我们将采取以下举措:

1. 我们政府的行政机构将认真研究外相之前所说的初步观察结果。国务院将与国防部协商此事。

2. 在保持高度机密的情况下,我们将就此事询问美国参议院的少部分人——4 到 5 人,看看他们认为参议院是否会同意制定新的条约或者修改目前的条约。从实际原因考虑,这二者其实差不多,因为它们都需要通过参议院同意才行。

3. 如果行政机构和参议院的初步调查表明我们有希望采取这样的新举措,那么我们将会要求我们的代表,可能是在麦克阿瑟大使的领导下,正式开始讨论制定新条约的事项,以期在上半年参议院重新召开之时取得一些成果。我们尽力在 10 月 1 日之前完成该项前期工作,这样如果调查表明可以继续的话,那么我们将在 10 月 1 日或者之后开始此项工作。

国务卿继续道,我想说的是目前阶段不适合公开此事。在确定是否有可能实现之前公布并给大家希望是不成熟的。在告诉他们我们正在研究这些问题之前,我们的参议员对这些问题的文件内容是非常敏感的。

国务卿接着说,我想说的是,外相先生,我表明的立场已经证明了我们对日本政府和领导人以及岸信介首相的信心,对日本民族希望保持独立,与世界其他自由民族,特别是美国保持自由平等关系的信心。我们已经有一个给我们广泛权利的条约了,但是一个民族的本质要求我们不应该仅仅依赖于合法条约所赋予的权利。我们认为美好的愿望和共同的命运意识比这更重要,这才是将我们两个国家更加紧密地联系在一起的根本。从纯粹的法律和司法角度来说,外相的提议将使美国方面做出很大牺牲。我们现在有一个由日本政府批准、日本国会同意的,里面包括很多权利的条约,只要我们认为有必要就会一直拥有这些权利。可是我们现在被要求放弃这些去同意一个新的条约,只要条约内容这么规定的话,那这个条约将会赋予我们更沉重的责任,却不给我们任何相应的好处。我们做好准备接受这些,如果参议院也同意的话,因为我们认为这是互相尊重的国家向彼此靠近的不错方法。坦诚地说,我们对此的期待和心甘情愿是因为我们明白,这可以增强我们与日本民族之间的精神纽带,而这比物质关系要重要的多。国务卿总结道,这就是他关于这个问题所有想说的。

藤山先生说他完全赞同国务卿的观点。当然,日本人民也明白增强双边关系、同舟共济是我们之间关系的重要一个因素。正如国务卿说的,美国所做的牺牲将意味着,现在在日本看来是单方面的内容到时候对美国来说将是单方面的责任。但是要增进双方的精神联系以及对国务卿想法的了解将会让岸信介首相和日本政府承担更大的责任。

藤山先生说,因为时间紧迫,他想继续谈谈其他一些问题。首先是冲绳岛问题。他想向国务院表达他个人和日本政府的谢意,感谢美国为解决土地问题做出的努力,现在这些问题已经比较圆满地解决了。美国在冲绳岛上的行为已经反映了这一点,而且这是一个明智的决定。当然,外相希望杜勒斯先生明白冲绳岛上 80 万居民的问题和福祉与日本 9000 万民众的心是紧密相连的。他本来并不打算提及归还冲绳岛管理权的问题的。但是,因为日本人民和冲绳岛居民共享着同样的希望和期盼,所以日本有必要讨论这些问题。至少,日本不能忽略它们。那是不可能的。因此,日本政府会不时地提出一些问题,以维持稳定和平。甚至是在战前,冲绳岛作为日本管辖领土的一部分就是日本经济的累赘。因此,日本方面自然会注意到冲绳岛经济方面的问题。有时候日本需要给予冲绳岛经济援助以维持其稳定,保证人民的基本生活。只有这样我们才能防止动乱,遏制极端主义者或者其他不利因素。他想从这方面来强调冲绳岛和日本之间的经济关系。藤山先生估计日后可能会发生什么事,如果真的发生的话,他将和麦克阿瑟大使共同探讨。他希望国务卿能够明白这种情感,让日本在冲绳岛占有一席之地。这就是他关于冲绳岛要说的所有内容,但是他想借此机会表达日本政府对助理国务卿罗伯森、莱姆尼茨将军和麦克阿瑟大使的感激。

杜勒斯国务卿说他想评论几句。美国并不想在日本人民和琉球群岛居民之间人为地制造障碍。他确信,藤山先生也明白这一点,为了保证良好的秩序,经济事务和相关事项应该和琉球群岛的管理机构协商解决。我们经不起一个竞争局势或者冲突的局面。因为需要与管理机构相互协调,他希望外相能够在非正式不公开的情况下与麦克阿瑟大使讨论这些问题,这样这些仍需要和管理机构协商的事情不至于引起公众的注意力。

外相然后谈及了小笠原群岛。正如国务卿回想的,在去年关于小笠原群岛的讨论中已经说明,回归日本是不可行的。日本政府已经向小笠原群岛居民联盟彻底地解释了这个问题。他们接受目前的现状不允许他们回归的现实。但是,他们并没有放弃日后回归日本的希望,并且希望能够赔偿他们因为撤离而造成的损失。他们提议了一定数量的赔偿金。外相希望浅井大使(Asakai)能与国务院讨论这个问题。

国务卿回答说,美国感谢日本接受美国不同意遣返的立场,美国政府是不得已而为之。我们也感谢日本政府向岛民解释了这个问题,并感谢岛民们的理解。至于赔偿问题,之前的谈话中已经谈到了。国务卿听说了提及的赔偿金额,他觉得这个数目超出了小笠原群岛上的任何东西的价值。但是他还是打算说说这些问题。

外相说,麦克阿瑟大使之前已经充分地解释了美国方面的情况。他理解双方国家在立法上的差异。然而,问题在于小笠原群岛居民的精神痛苦,他们希望能够有某种解决的办法。藤山先生希望国务卿明白,小笠原群岛居民联盟并没有恶意。他们一直致力于反共事业。他们和日本人民感激美国做出的任何赔偿,会增加他们对美国的好感。

简要讨论之后,国务卿和外相达成一致,认为关于这个问题的谈判应该在东京和华盛顿同时进行。①

最后，外相说，他想谈谈战犯的问题。日本政府非常感激所有的乙级战犯和丙级战犯都被假释出狱。但是，如果按照美国的方案的话，假释将持续两年的时间。日本政府希望80名左右的战犯能差不多同时获得假释。

国务卿回答说，我们认真研究了这个问题，我们可以在明年年初的时候宣布放弃两年假释期的要求，这将解决整个问题②。他建议具体细节在东京会议上再讨论。

外相感谢了国务卿，并且说在会议结束前，他想问一下在新的安全条约谈判之前是否可以就美国将在日本引入核武器需同日本协商的问题达成一致。这样他可以在东京的安全委员会上讨论这个问题，并且表明美国将同日本商议。藤山先生说在日本现在这是一个"烫手山芋"。

国务卿说这是一个新的想法，他在答复前需要好好考虑一下。外相说他并非要马上得到回复，但是希望国务卿考虑允许在安全委员会上讨论这个问题。

国务卿回答说他不能预测美国的态度。他需要和军事顾问讨论这个问题。

（之后国务卿因为与总统的会议先行离开了。③ 助理国务卿罗伯森代表美方。）

罗伯森先生说，他明白外相之前建议每次会议之后都应有份新闻稿，而不是最终的公告。他有份草拟稿给藤山先生供他参考。罗伯森先生建议，在对

---

① 原编辑者注：日本接受美国的决定，即目前情况下原小笠原群岛岛民不能返回到他们的本土上，但是日本继续要求总额1250万美元的赔偿。美国政府愿意赔偿他们使用的私人土地，数额应该是条约生效时（1952年4月28日）这些土地的实际价值，另外加上每年5％的利息，大概500万美元。最终两国政府达成一致，赔偿为600万美元。（意见书，"对小笠原群岛之前居民的赔偿"，为岸信介首相的到访而准备的，1960年1月13日，VKWD-1/2；国务院，会议文件：Lot 64 D 559, CF 1588）见附录。关于该问题的文件在国务院，中央文件，294.94C22以及794C.0221。

② 原编辑者注：美国政府调查了日本政府关于降低剩下83名乙级战犯和丙级战犯服刑期的提议，之后统一放弃2年假释期的要求，于1958年12月29日生效。（帕森斯给代理国务卿的备忘录，12月24日；同上，694.0026/12-2458）见附录。

③ 原编辑者注：杜勒斯9月11日关于此次会议的报告说"我提到国务院和国防部同意重新磋商《美日安保条约》，并且说我认为这将有助于促进我们和日本的关系，使之更加可靠持久"。（艾森豪威尔图书馆，杜勒斯文件，与总统的会议）

媒体记者谈论时,我们不应该说得太多或者在新闻稿上随意添加,外相同意了。

新闻稿的内容①做了一些修改,之后交给了国务院的新闻部,立即发表。

这样会议在下午 4:20 分的时候结束了。

(Memorandum of Conversation,*FRUS*,1958—1960,Vol. ⅩⅧ,Japan,Korea,Editors:Madeline Chi,Louis J. Smith,General Editor:Glenn W. Lafantasie,United States Government Printing Office,Washington:1994. pp. 73 – 84.)

135. 驻日大使馆给国务院的电报

35. 驻日大使馆给国务院的电报②

东京,1958 年 11 月 28 日,下午 6 时

1115. 仅限菲尔特(Felt)上将和政治顾问(POLAD)参阅。仅限贝尔纳斯(Burns)将军参阅。仅限德明(Deming)和布斯将军参阅。给国务卿。应藤山(Fujiyama)的要求,我于去年 11 月 26 日秘密会见了他,进一步讨论新的安全条约的事项。

藤山说,他和岸信介决心继续谈判,并没有改变他们想要在下次例会向国会提交新条约的打算。但是,警察法案那次经历让他们明白了在政府做出最终决定之前获取民众和政党支持的重要性。很显然在我们见面讨论新条约的基本内容之前,除了在最宽泛的条款上,政府不可能获得这样的支持。因此,他希望在公布谈判会议之前,能够与我在高度保密的情况下讨论这些内容。当我们对基本内容达成一致并且岸信介能够将条约范围和内容详细地告知各党派时,才能举行这样的会议。我同意了。

藤山说,日本修改条约面临的最关键的一个问题就是条约范围。关于美国提议说美国和日本在太平洋地区管理的所有领土都包括在条约范围之内,

---

① 原编辑者注:见国务院"布告栏",1958 年 10 月 6 日,532 – 533 页。

② 原编辑者注:来源:国务院,中央文件,794.5/11 – 2858。保密;限制传阅。分两部分发送,并发送到那霸,太平洋远东司令部总司令,以及驻日美军司令(COMUS/Japan)。

藤山说,很明显将美国在太平洋占领的岛屿包括在内的话会引起解释日本宪法的重大问题,不管是日本民众还是国会都不会同意的。日本政府起初赞同将日本主岛屿与和平条约第三款规定的岛屿(琉球群岛和小笠原群岛)包括在内的想法。但是,作为保守党内部讨论以及与主要报纸编辑和其他公众舆论领导者进行私下探讨之后的结果,显然日本政府觉得将条款三涉及的岛屿包括在内不能够获得必要的支持。这不仅是因为会给社会主义者创造有力的攻击"武器",这在下面将进一步讨论,而且还因为自由民主党内部的一些重要争论:

1. 藤山说,主要政党的一些成员以及一些有影响力的公众人物觉得如果将条款三涉及的岛屿包括在内的话,日本应该坚决要求将这些岛屿的管理权归还日本。他们觉得这是战胜反对态度的唯一办法。岸信介和藤山完全明白现在这个时候我们还不能将岛屿的管理权归还日本。他们也不愿跟我们提及这个问题,但是如果日本建议将这些岛屿包括在内的话,党内的压力和公众的压力都会迅速增加。

2. 藤山继续说,保守党内也有一些重要力量,主要是一些受人敬重的人物,例如野村(Nomura)上校和星间(Hoshima)大佐以及前首相吉田茂(Ashi-da),他们反对将琉球群岛和小笠原群岛包括在条约范围之内,不仅仅是因为他们不希望这些岛屿的管理权归还日本。(这些人支持美国继续管理冲绳岛,并且反对将琉球群岛和小笠原群岛纳入条约范围之内,因为那样有可能抑制在冲绳岛引入核武器。这些领导人认为,美国在条款三涉及的岛屿的核能力不受限制,对日本的安全至关重要,他们不希望这个问题产生,所以他们反对将这些岛屿纳入条约范围之内。)

3. 最后,藤山说,日本政府估计社会主义者反对将琉球群岛和小笠原群岛纳入的言论可能会赢得广泛的支持。他们主要的论断是如果这些岛屿被包括进来的话,这有违于宪法,而且实际上会将日本卷入与"中华民国"、朝鲜以及菲律宾的多边安全条约中(因为我们和这些国家的条约中包括了琉球群岛和小笠原群岛),这将使日本受制于这些条约适用的敌对国家。例如,如果美国和中国国民党与中国共产党在金门和马祖岛发生冲突,那么美国很有可能将冲绳岛作为基地来攻击共产党军队。这可能招致中国共产党攻击冲绳岛,而根据新条约,如果条款三涉及的岛屿被纳入的话,这将会使日本卷入冲突之中。

藤山说,他完全明白,有很多重要的争论是赞成将条款三涉及的岛屿包括在内的,在日本政府看来,这其中还有冲绳岛居民自己的愿望,他们曾经就此问题向日本政府请愿过。但是岸信介和他得出结论,认为不管是从日方还是美方角度考虑,只将条约范围限制在日本主岛是更加明智的,他想让您知道其中的原因,并且真诚地希望华盛顿能够迅速宽容地考虑这个问题。

我就此问题给您发电报不单是因为藤山要求我这么做,还因为条约范围是整个问题的关键,除非我们就此达成一致,不然我们无法继续下去。从收到菲尔特(Felt)上将(太平洋司令部总司令)11 月份 060602Z 号电报①起,我们大使馆人员一直在认真考虑这个问题,他在电报中第 E 段强烈建议不要将条款三涉及的岛屿包括在条约范围内。鉴于自那之后形势的发展,我非常同意菲尔特上将的建议,强烈要求将条约范围限制在日本管理的岛屿,前提是与日方在其他重要问题上达成一致,包括基地的使用、协商的方案以及管理协议。

藤山说希望在下周三、周四左右的时候秘密会见我,了解我们对此事的态度。如果您和华盛顿的态度是同意条约范围仅包括日本管理的领土,那么在下次说好的见面时刻,我不会告诉藤山我们同意了,我可以告诉他尽管限制条约范围引起很多重大问题,但是只有当我们在包括基地使用、协商方案和管理协议在内的其他重要问题上达成一致时,还是有机会就限制条约范围一事达成一致的,那样我就可以重点讨论这些问题了。(我们获知日方认为管理协议应该有所修改以符合新条约的内容和精神,但是他们似乎还没想好怎么改。)

虽然藤山并没有细说协商方案,但是他很清楚地说明了他和岸信介完全可以接受这样的基本原则,即美国对在日基地的使用是日本可以做的最重要的贡献,以达到新条约相互依存的要求。正如我们现在这样,日方当然希望我们继续与他们保持紧密联系,他们原则上同意协商方案只限于在日本之外地区核武器的引入和军事行动。因此,我认为在这个我们认为最重要的问题上不存在什么实质性的困难。藤山表达了他的希望,认为应在条约内以协议的方式规定协商方案,但是我跟他解释说,尽管我们不会反对日本政府将方案以及条约文件本身提交给国会,或者以相互照会的方式,但是我们一般不会将这些提交给国会批准。

日本外务省官员私底下秘密地让我的官员看了一份协商草案,他说这是

---

① 原编辑者注:未发现。

藤山正在考虑的。草案的内容为："美国军队（包括他们的设备）在日本部署的重大变化以及使用日本范围内的设施和领土用作防卫日本目的以外的军事行动基地都应该通过事先与日本政府商议再确定。"外交部官员强调说，虽然他们目前希望被告知美国将从日本撤军，但是"协商"不太可能通过该方案来获得。在目前这个节骨眼上来看，这似乎和协商方案没有什么实质性的区别，关于这一问题，还有其他的，我们下面可能会经历艰难的谈判。

［1 段内容（原文 10 - 1/2 行内容）未解码］

谈判的主要实质性困难在于条约范围。正如我在大使馆 948 号电报①中所说的（那时似乎还有可能将条款三岛屿纳入条约范围内），将美国管理的领土纳入条约范围内似乎对达到我们的目的并不必要。按我的理解，我们最基本的利益在于建立长远可靠的军事安全机制，日本能够自愿加入进来，这将使日本在军事安全领域和我们以及自由世界联盟；允许我们在和平年代使用日本的后勤设施和基地，这确实可以帮我们节省数百万美元；同时如果我们在远东地区卷入没有日本参与的战争，那我们还可能使用这些基地作为后勤支撑，还有可能把它们当成军事行动基地使用。不管条款三涉及的岛屿是否纳入和平条约，我们都可以实现这些目标。事实上，考虑到目前这里的局势以及继续管理条款三涉及的岛屿的问题，我现在认为，不将这些岛屿纳入反而可以给我们带来实质性的好处。（顺便说一句，如果琉球群岛不被纳入的话，"中国"的国民党和韩国都会很高兴。）因此我强烈建议我们准备好只将条约范围限于日本主岛。

我之前已经给了贝尔纳斯将军一份该电报的复件，现在给菲尔特上将和布斯（Booth）将军一并发送一份复件，因为他们对此问题都非常感兴趣。

麦克阿瑟

（Telegram From the Embassy in Japan to the Department of State, *FRUS*, 1958—1960, Vol. ⅩⅧ, Japan, Korea, Editors: Madeline Chi, Louis J. Smith, General Editor: Glenn W. Lafantasie, United States Government Printing Office, Washington: 1994. pp. 100 - 104.）

---

① 原编辑者注：见脚注 5,43 号文件。

136. 参谋长联席会议给国防部长的备忘录

36. 参谋长联席会议给国防部长麦克尔罗伊(McElroy)的备忘录

华盛顿,1958 年 12 月 1 日

主题:日本安全条约

1. 在美国驻东京大使馆 1958 年 11 月 3 日给国务院的第 948 号电报中①,麦克阿瑟大使提议修改国务院—国防部已同意的草案,将措辞改为新的"美日共同合作和安全条约"。

2. 参谋长联席会议注意到这样的改变将会使议定草案中的范围仅限于日本的主岛和琉球群岛以及小笠原—火山群岛。参谋长联席会议还注意到,麦克阿瑟大使提议改变是基于他的预想:岸信介首相和藤山外相将会要求排除除琉球群岛和小笠原群岛之外的所有美国管理的领土。他认为满足这样预期的要求就可以减少日本民众心里的困惑,帮助岸信介和藤山在其国会利用日本的剩余主权为说辞之前,合理地将琉球群岛和小笠原—火山群岛纳入其中。此外,参谋长联席会议注意到,大使对日方尚未做出这样的请求的解释是他们害怕我们不同意他们的请求。

3. 参谋长联席会议同意,在形成美国自己的谈判立场时,考虑另一方所有可能的想法是明智的。但是,这不意味着现在美国应该改变立场以迎合这种预想的日本的态度。事实上,日本不愿承担相互依存所带来的责任完全可以从目前提出的措辞上看出来,即任何一方将"按照宪法条文和程序"行动;事实上这使日本除了采取消极的行动以外不需要参与防卫条约里规定的任何领土。日本对防御琉球群岛、小笠原群岛和火山群岛的消极支持是在预料之中的,因此,将这些群岛纳入条约之中,除了这些岛屿本身,美国得不到任何好处。从政治层面来说,将这些岛屿纳入对日方有益,他们可以利用这个政治杠杆重新建立日本对这些群岛的管理控制。

4. 因此,参谋长联席会议反对修改已议定草案中条款五的措辞,我们理

---

① 原编辑者注:来源:美国国家档案和记录管理局,RG 218,参谋长联席会议记录,CCS.092 日本(12-12-50)。保密。见脚注 5,43 号文件。

解大使这样提议的初衷,但是我们建议美国坚定立场,共同条约应该包括日本对美国的所有义务以及日本的"领土和范围"。"按照宪法条文和程序"的说法应该被视为不可避免的分歧,以适应日本政治和物质上的局限性。如果不可能囊括美国所有的主权领土,那么只要美国还拥有这些岛屿的行政权、立法权和司法权,和平条约条款三涉及的岛屿就不应该包括在日本的职责之内。

5. 建议将上述观点提交给国务院。

参谋长联席会议:

特文宁(N. F. Twining)①

主席

参谋长联席会议

(Memorandum From the Joint Chiefs of Staff to Secretary of Defense McElroy, *FRUS*, 1958—1960, Vol. ⅩⅧ, Japan, Korea, Editors:Madeline Chi, Louis J. Smith, General Editor:Glenn W. Lafantasie, United States Government Printing Office, Washington:1994. pp. 104 - 105.)

137. 驻日大使馆给国务院的电报

39. 驻日大使馆给国务院的电报

东京,1958 年 12 月 7 日,下午 3 时

1184. 仅限于太平洋司令部总司令和其政治顾问(POLAD)参阅。仅限于贝尔纳斯(Burns)将军参阅。仅限于德明(Deming)和布斯将军参阅。参考大使馆 1179 号电报②。昨天下午(12 月 6 日)我秘密会见了岸信介,跟他讨论安全条约修改的事情。(只有和田(Wada)作为翻译在场。)我说,目前来看,条约修改不仅和国内政治局势以及保守党与社会主义者之间的冲突纠缠在一起,还涉及自由民主党内部的争端。为了决定如何继续,我觉得确定我们的立场

---

① 原编辑者注:印自一份复件,上面有其打印的签名。

② 原编辑者注:来源:国务院,中央文件,794.5/12 - 758。保密,有限传阅。发送给那霸、太平洋司令部总司令和美国驻日总司令。12 月 5 日发自东京的 1179 号电报报告了 12 月 4 日举行的日本政府和自由民主党联络委员会会议的结果,关于草案中条约范围的内容。自由民主党各党派领导人并未达成一致。(同上,794.5/558)见附录。

很重要,所以我想知道他对形势的估测。

岸信介说他希望坦诚地跟我讨论这个问题,特别是它关系到自由民主党内的情况。然后他说,尝试修改警察法没有取得成功,这在自由民主党内部造成了党派斗争。这差不多是警察法事件造成的最坏影响。日本政府与自由民主党联络委员会于 12 月 4 日召开会议讨论安全条约的问题,但是会议没能就下一步如何行动达成一致。岸信介说,很明显某些反主流势力希望在明年的选举中获得自由民主党内的统治权,他们正利用修改安全条约在自由民主党内制造派系斗争。

论及反主流势力对条约修改的态度时,岸信介说三木—松村(Miki—Matsumura)势力反对修改条约,因为担心这会增进日本和美国之间的军事联系。另外,池田勇人—吉田茂(Ikeda—Yoshida)集团表明他们反对条约修改,除非这可以使日本和美国之间的军事及安全联系更加密切。岸信介说对于修改安全条约这个目标,池田勇人—吉田茂集团的观点和岸信介本人的观点、他的兄弟佐藤(Sato)的观点,以及主流观点是相似的,因为大家都希望通过修改安全条约增进日本和美国之间的安全关系。特别是池田勇人—吉田茂集团希望将琉球群岛和小笠原群岛包括在条约范围内,而三木—松村派强烈反对这一点。不过三木—松村派在自由民主党内只占少数,他们的观点起不到决定性作用。

岸信介说,鉴于自由民主党内派系斗争的情况,他认为在保守党赢得自由民主党统治席位之前不可能就安全条约达成一致。岸信介继续说,虽然他的两年主席任期到 3 月份才结束,但是他觉得尽快解决日后自由民主党领导不确定性的问题十分重要。因此他认为自由民主党内主席的选举应该在 1 月份年度政党代表大会召开的时候举行,此次会议暂定于 1 月 17 日。如果选举在 1 月份举行的话,岸信介觉得他肯定会再次当选,而且没人可以和他竞争。但是如果选举延迟到 3 月份的话,他认为自由民主党内的派系争斗将会愈演愈烈,很有可能反主流势力将支持石井(Ishii)来反对他。另外,将选举延迟到 3 月份也非常不利于自由民主党在上议院选举中竞选,该选举定于 6 月初举行。岸信介说他觉得目前有 80% 的把握在 1 月份举行的自由民主党选举中获胜。

岸信介说,关于修改安全条约的公共意见,一般民众其实出于不确定摸索状态,因为他们不知道修改条约将意味着什么。他曾秘密会见了一些公众舆论领导者,例如政治评论家,等等,他们普遍赞成修改条约,特别是如果条约范围能够限于日本管理的岛屿内。他还私下接触过西尾(Nishio)(右翼)社会主义分子,并且得到非常机密的消息,如果琉球群岛和小笠原群岛不被包括在内的话,并且条约按照设想的修改,不将日本卷入战争,西尾很有可能不会反对修改条约。岸信介说,最近中共分子和苏联人反对修改条约的干扰势必影响西尾势力,而他们不想被认为是共产党的傀儡。岸信介认为,这个是西尾势力不会反对修改条约的一个最重要原因。另外,日本民众普遍反感中共分子和苏联对修改条约的狂轰滥炸。

我问岸信介,鉴于他估测的形势,他认为我们接下来应该怎么办。我说在保守党完全支持条约以前,我对与藤山公开召开会议的想法持质疑态度,尽管我很乐意在方便的时候与他私下见面。

岸信介说他认为我们应该继续秘密见面,讨论条约修改的细节问题。除了秘密见面之外,他觉得我在 12 月 12 日结束广岛之行和四国之行之后,应该在圣诞节之前与藤山举行较短的公开会议①,他认为这很有利。会议时间不需要多长,但是这可以向大家表明我们并没有放弃就条约进行讨论。这样我们可以继续秘密地交换意见,或许偶尔也可以举行公开会议,如果这有用的话,直到 1 月份的自由民主党会议他再次当选,任期为两年。只要选举出自由民主党主席,他认为关于安全条约修改的党派斗争就会消除,届时他就可以获得保守党的全力支持,继续推进事情的发展。

至于条约范围,岸信介认为虽然三木—松村(Miki—Matsumura)强烈反对,但是自由民主党大多数领导人都同意将琉球群岛和小笠原群岛包括在内。然而,这只是猜测,他强调对日本人而言,条约范围是整个条约修改问题中最重要的一个方面。最终的决定不仅依赖于自由民主党内各派不同的观点,还有赖于他对公众意见的最终评估,无可否认,目前公众强烈反对将琉球群岛和小笠原群岛纳入其中。

鉴于上述情况,以及我明天将前往广岛、松山、高松和名古屋做官方巡回演讲,我将在 12 月 12 日从东京回来之后再发表我对国务院 802 号电报②的评论,到时我可以进一步估测局势的发展。

麦克阿瑟

---

① 原编辑者注:见 40 号文件。
② 原编辑者注:见 37 号文件。

(Telegram From the Embassy in Japan to the Department of State, *FRUS*, 1958—1960, Vol. ⅩⅤⅢ, Japan, Korea, Editors: Madeline Chi, Louis J. Smith, General Editor: Glenn W. Lafantasie, United States Government Printing Office, Washington:1994. pp. 108 - 110.)

138. 驻日大使馆给国务院的电报

42. 驻日大使馆给国务院的电报

东京,1958 年 12 月 24 日,晚上 9 时

1302. 太平洋司令部只限于菲尔特(Felt)上将和政治顾问(POLAD);美国驻日司令部只限于贝尔纳斯(Burns)将军。只限于德明(Deming)和布斯将军。参考大使馆 1184 号电报最后一段。①

以下是对国务院 802 号电报的评论②:

我们在早些时候的电报中(大使馆 1115 号电报③和 1189 号电报④)说的很清楚,我们认为在尝试与日本就条约范围达成一致前,最好先了解日方对条约主要事项和相关提议的观点。但是,在与日共同安全条约中对我们至关重要的地方,美国政府内部不应该延迟达成一致。日本政府有可能更喜欢将和平条约条款三涉及的岛屿纳入条约范围,但是如果当条约的其他部分变得明朗时,我们不能迅速有力地做出回应,那将非常不幸,如果他们仍然认为按照目前他们的宪法解释,不可能将日本之外的领土纳入其中的话,下面的看法可以帮助在美国政府内部达成一致,我希望这能在接下来的两周内达成。

1. 考虑到目前对日本宪法的解释,不可能将"美国主权领土"包括在条约范围内。日本反对将条款三涉及的岛屿纳入的论断将会更适用于美国领土的纳入问题。而日本民众不会相信日本政府的说明,即将美国领土纳入并不意味着日本军队有责任参与日本主岛之外的行动。一些批评者就会问为什么会

---

① 原编辑者注:来源:国务院,中央文件,794.5C/12 - 2458。保密,有限传阅。分两部分发送,并发送给那霸,太平洋远东司令部总司令,以及美国驻日总司令。39 号文件。

② 原编辑者注:37 号文件。

③ 原编辑者注:35 号文件。

④ 原编辑者注:见脚注 2,40 号文件。

在这种情况下纳入美国领土,指责日本政府对美国做出秘密承诺破坏宪法,或者对美国做出秘密承诺通过国会修改宪法。这将在日本国会掀起动荡,可能致使日本政府垮台,撤销修改的法案,或者二者都有可能。

2. 没能将美国领土纳入有可能被视为日本不参与其中,考虑到我们9月份与参议院领导者的谈话,这种可能性并不是什么问题。正如大使馆1049号电报①里解释的,当时我们解释了所有可行的条约范围方案(美国和日本管理的太平洋上的岛屿,日本主岛和和平条约条款三涉及的岛屿,或者仅是日本的主岛),而没有一个参议院领导者对其中任一方案表示反对。即使条约范围仅限于日本的主岛,我们也有充分理由让日本对美国安全做出比太平洋地区其他安全伙伴更多的贡献,很简单,就是因为日本可贡献的很多。但是日本的贡献主要是提供基地和后勤设施,而非它有限的军事力量。日本提供军事力量帮助防御美国领土并不符合我们的国家利益。另外,如果轻视日本在重要的共同军事安全领域自愿长远结盟的重要的政治和心理意义,不仅是日本,还有亚洲自由国家的观点,那将非常不幸,达成共同安全条约可以获得日本自愿长久的结盟。因为很明显,只有自愿加入我们的共同安全条约,日本才能在重要的安全领域与自由世界结成可靠的联盟。

3. 至于在军事行动和日本未参与的战争中日本基地和军队"不可使用的可能性",美国已经考虑到了,这在针对日本未参与战争的协商方案提议中可以看出来,我们已经提交给了日方。关于获得日本对防卫美国领土利益的"暗示性关切",使日本同意使用军事基地和军队协助防御美国的领土,我们已经按照协商方案暗中这么做了。但是任何以为日本会提前"同意"的猜想都不太实际。没有一个盟友会给我们自由权,允许我们使用它们的领土实行军事行动,而他们自己却不参与其中。至于美国领土遭到攻击时日本是否会在其范围内采取军事行动,他们很有可能这么做来捍卫日本的国家利益和安全,但是这要取决于具体情况,我们不可能获得他们的预先承诺。例如,如果苏联飞越

---

① 原编辑者注:1049号电报11月16日发自东京,讨论了条约范围,重申了麦克阿瑟的观点,即提议的对日安全条约中的相互依赖关系主要在于日本境内基地的使用。在九月份与参议院领袖谈话时,麦克阿瑟就告诉他们关于条约范围有三种可能性:"A. 美国和日本管理的太平洋地区的岛屿;B. 日本和和平条约条款三岛屿;C.日本主岛屿。"只要能达到日本与美国联盟的主要目的,没有参议员关心这些可能性。(国务院,中央文件,794.5/11-1658)见附录。

日本领空来攻击美国领土,我们有理由相信日本将会与我们通力合作,捍卫他们的领土主权。

4. 日本政府发现将他们拥有剩余主权的琉球群岛和小笠原群岛纳入条约范围是可行的,这仍然是有可能的。我们认为,虽然将这些岛屿纳入将会增进双方的关系,但是这并非必要,因为日本对双方关系最有价值的贡献是为美国提供日本境内的基地和后勤设备,以及参与防卫日本的共同行动。(在东南亚条约组织协议中有这样的先例,即美国承诺防卫那些并不同意防卫美国领土的国家。)新的共同安全条约将会:

(A) 确保我们可以使用日本境内的后勤基地,每年可以帮我们省下数百万美元;

(B) 根据协商方案,我们有可能在条约范围以外的军事行动中使用日本的基地,即使是日本未参与的战争;

(C) 确保我们可以在防卫日本的行动中使用日本境内的基地。这些非常重要。

5. 我们预想,主动防御其他地区时从日本撤军并不困难。从迄今为止的谈判来看,这不是问题。我们一直明确地表示,并且还会继续这么做,我们撤军的自由不能受到任何制约。同时,我们觉得可以向日本政府保证,我们会继续事先最大程度地向他们提供从日本撤军的秘密信息,正如我们在最近台湾危机中所做的那样。

6. 正如供您参考的国务院 802 号电报的最后一段所说,尽管我们要继续表达我们帮助日本防卫的意愿(我们绝不能承诺绝对会防卫日本),因为这是我们和日方谈判的主要筹码,但是我们不能过分放大这种承诺的重要性,因为实际上它已经存在了。美国政府内部早就认可了这种政策,在处理与日本的关系中也是如此。我们军队本身就是并将一直是最强有力的承诺,强过任何条约本身的规定,正如 1954 年讨论我们防卫菲律宾的承诺时,国务卿在与麦格塞塞(Magsaysay)总统谈话中指出的那样。

麦克阿瑟

(Telegram From the Embassy in Japan to the Department of State, *FRUS*, 1958—1960, Vol. ⅩⅧ, Japan, Korea, Editors: Madeline Chi, Louis J. Smith, General Editor: Glenn W. Lafantasie, United States Government Printing Office, Washington:1994. pp. 116‑119.)

139. 驻日大使馆给国务院的电报

54. 驻日大使馆给国务院的电报

东京,1959 年 5 月 1 日,晚上 10 时

2254. Secnog10 逐字记录。太平洋司令部只限于政治顾问(POLAD)和菲尔特(Felt)上将。美国驻日司令部只限于贝尔纳斯(Burns)将军和哈里森(Harrison)上尉(太平洋司令部总司令的代表)。那霸只限于德明和布斯将军。4 月 28 日我会见了藤山,讨论安全条约的修改问题,他提到了日本对除了琉球群岛和小笠原群岛以外的条约范围的态度,再一次表达了他的愿望,希望美国能够再次公开重申日本拥有这些群岛的剩余主权。他提到了我们 4 月 23 日的谈话(大使馆 2201 号电报①),当时我建议重新声明应符合 1957 年艾森豪威尔—岸信介公告,他说这样的提议会引起问题。他解释道,在艾森豪威尔—岸信介公告中,岸信介首先强调了将琉球群岛和小笠原群岛管理权归还日本的强烈愿望,总统当时说的很清楚,虽然日本拥有剩余主权,但是只要远东的威胁和紧张局势未解除,美国就有必要维持现状,等等。

藤山提及了我和岸信介之间达成的共识,只要琉球群岛局势稳定,日本政府就不会公开要求美国归还管理权。他说,他和岸信介都不希望提到归还管理权的问题,但是如果我们的重申内容包括我们保留条款三涉及的岛屿,那么他们有义务这么做。他要求我们考虑交换照会,美国的照会应(a)明确说明何时将管理权归还日本,新条约的条款五规定将条款三涉及的岛屿纳入条约范围,以及(b)日本拥有剩余主权。日本做简单确认。藤山交给我草拟的照会内容,供我们参考,内容如下:

以美国照会草稿开始:

我很荣幸地提到美国和日本之间今天签署的《共同合作和安全条约》。

美国政府认为,所有目前不在日本管理范围之内的日本领土理所应

---

① 原编辑者注:来源:国务院,中央文件,794.5/5-159。机密,有限传阅。并发送给太平洋司令部总司令,美国驻日司令部和那霸。见脚注 1,46 号文件。

当地适用于条款五的内容,正如它们理所应当地应被归还给日本管理控制一样。

对于这一点,我想重申一下美国的立场:对于《对日和平条约》条款三提到的尚未归还日本管理的岛屿,日本拥有剩余主权。以美国照会草稿结束。

以日本照会草稿开始:我很荣幸地确认收到了你方今天关于日本和美国之间《共同合作和安全条约》的照会,内容如下:(此次插入美国照会内容)

我很感激美国再次声明日本拥有上述提及岛屿的剩余主权,并且很荣幸证实美国政府对目前尚不属于日本管理的领土的想法和日本政府的想法一致。以日本照会草稿结束。

评论:一方面,岸信介和藤山都不希望解决这个问题的方式是日本政府公开要求归还冲绳岛的管理权。另一方面,他们都认为重申日本的剩余主权是他们能力所及,以捍卫目前条约内容不包括条款三的岛屿。我觉得他们考虑的主要是琉球群岛人,还有河野(Kono)和一些反主流人士的态度。最初我觉得重申艾森豪威尔—岸信介公告的内容是最好的解决办法,但是再一想觉得这种做法不明智,因为这很有可能使得日本再次要求归还管理权。我现在认为按照日本的提议来做能给我们带来好处,因为那样我们可以避免这种可能,即日本政府不得不公开要求美国归还管理权。我想知道布斯将军对此的看法,不甚感激。

总之,如果我们能够协助岸信介和藤山解决这个问题,让琉球群岛人民和日本国内完全接受条约范围,同时让他们确保日本政府不会公开要求将岛屿归还日本管理,那这必定非常符合我们自身的利益。

麦克阿瑟

(Telegram From the Embassy in Japan to The Depatment of State, *FRUS*, 1958—1960, Vol. ⅩⅤⅢ, Japan, Korea, Editors: Madeline Chi, Louis J. Smith, General Editor: Glenn W. Lafantasie, United States Government Printing Office, Washington:1994. pp. 161 - 162.)

140. 驻日大使馆给国务院的电报

101. 驻日大使馆给国务院的电报

东京,1959 年 10 月 22 日,晚上 8 时

1241.太平洋司令部只限于政治顾问和菲尔特上将。美国驻日司令部只限于贝尔纳斯(Burns)将军。那霸只限于布兰金西普(Blankinship)和布斯将军。大使馆 482 号急件①。昨天与藤山会面的时候,他说,在获得自由民主党同意党小组委员会关于安全条约报告的过程中,有一些观点需要被澄清,他负责与我讨论这些事情。

(1) 关于协商方案,藤山说,正如我们注意到的,党内都在讨论"协商"(consultation)是否就意味着"同意"(agreement)。藤山回想起了我的强烈要求,即"同意"一词不应该出现在协商方案中,他还说自由民主党安全条约委员会(参考大使馆 482 号急件附件第 23 段)现在反对这种少数人的观点,即日本政府应该用"同意"一词代替"协商"一词,同时建议日本政府了解美国的看法,以确保美国对这个词的公共解释和日本是一致的。藤山说,他并不是要求任何书面说明,他只是希望我们明白,如果日本政府被问到美国在没有日本同意的情况下是否能够采取行动(引进使用核武器或者直接在日本发起战争行动),日本政府将会回答这种可能性是不可思议的;美国和日本是志同道合的自由国家,会与日本协商以达成一致的;因此在协商方案涉及的情况下,美国当然不会违背日本人民的意愿而采取行动。

(2) 关于琉球群岛和小笠原群岛,自由民主党要求获得日本政府同意,即使这些岛屿不包括在条约范围内,日本也不会被禁止在紧急情况下采取措施以保证岛民的安全,当然在采取这样的行动前要与美国协商,因为美国有防卫职责。藤山再次说,他还没想到任何新的协议,但是提议日本政府的声明,即

---

① 原编辑者注:来源:国务院,中央文件,794.5/10 - 2259。机密,有限传阅。并发送给太平洋远东司令部,美国驻日司令部和那霸。10 月 19 日的 482 号急件报告了自由民主党委员会对修改安全条约的近期看法。急件报告说,委员会里的少数领导者,主要是由河野煽动,促成了一次又一次的会议。随件一并附上自由民主党安全条约委员会包括的译本。(同上,794.5/10 - 1959)

表达对琉球群岛人民和小笠原群岛人民安全关切的声明,能够被记载在协商记录中,这样可以满足自由民主党对他的要求。

(3) 关于远东,藤山说,自由民主党表达了对"远东"一词的不理解,这个词在我们的条约草案中出现三次。他说,在他看来我们没有必要规范这个词的统一解释,但是必须要保证,日本政府在国会中对"远东"一词的定义或者公共解释与美国政府在我们国会中所做出的是一致的。因此,他说,他希望知道如果我们的国会询问"远东"的具体地理范围这样的问题,我们如何回答。他希望知道国务院关于如何回答"远东"范围这个问题的看法。

(4) 最后藤山说,加悦(Kaya)派和其他一些人还担心日本有可能会面临间接侵略,他希望能就这个问题讨论一下。

麦克阿瑟

(Telegram From the Embassy in Japan to the Department of State, *FRUS*, 1958—1960, Vol. ⅩⅧ, Japan, Korea, Editors: Madeline Chi, Louis J. Smith, General Editor: Glenn W. Lafantasie, United States Government Printing Office, Washington:1994. pp. 224 - 225.)

141. 驻日大使馆给国务院的电报

125. 驻日大使馆给国务院的电报
东京,1959 年 12 月 22 日,下午 6 时

1979.太平洋司令部只限于菲尔特上将和政治顾问。美国驻日司令部只限于贝尔纳斯将军。那霸只限于布斯和布兰金西普将军。大使馆 1956 号电报和国务院 1487 号电报。① 藤山不断地要求我对他们 11 月 19 日给我的日本草案(大使馆 1607 号电报②)做出回复,说岸信介认为日本对琉球群岛人民福祉的关切与条约修改有密切联系,因此我将国务院 1487 号电报里的提议提交给了他。与此同时,我告诉他我们不想讨论或提及这些岛屿问题,但是如果

---

① 原编辑者注:来源:国务院,中央文件,794.5/12 - 2259.保密,优先处理,有限传阅。并发送给太平洋司令部,美国驻日司令部和那霸。123 号文件,及其脚注 3。
② 原编辑者注:106 号文件。

岸信介仍然觉得有必要这么做的话,我们愿意按照我给他的提议来继续讨论。藤山表达了他的谢意并且说立刻将我们的提议交给岸信介。

今天上午岸信介给我捎了句话,说日本政府有必要公开提及琉球群岛居民日后的福祉,因为琉球群岛不在条约范围内。他感谢我们对此所做出的努力,并且希望我们知道,我们提议的对声明草案(国务院 1487 号电报)的修改是易于接受的。只是鉴于商定记录可能会给我们带来困难,他们正在考虑岸信介会见总统之后,是否要提议将声明内容纳入官方共同公告中来。他们将在明天左右告诉我们他们的选择,但是希望我们明白他们是同意声明的内容的。他们希望公开讨论的问题是,声明的形式是商定记录还是官方公告。

麦克阿瑟

(Telegram From the Embassy in Japan to the Department of State, *FRUS*, 1958—1960, Vol. ⅩⅧ, Japan, Korea, Editors: Madeline Chi, Louis J. Smith, General Editor: Glenn W. Lafantasie, United States Government Printing Office, Washington:1994. pp. 251 - 252.)

142. 谈话备忘录

141. 谈话备忘录

华盛顿,1960 年 1 月 19 日,下午 3:30—5:30

主题:琉球群岛和小笠原群岛

与会者

[此处为 139 号文件所列人员]

1. 琉球群岛

岸信介首相简要提到了琉球群岛问题。他说在他上次到访的时候,他和总统讨论了提高琉球群岛居民公共福利的必要性。[①] 他说,从那时开始,美国就采取措施提高琉球群岛人民的公共福利,日本对此非常感激。首相说,他觉

---

① 原编辑者注:来源:国务院,会议文件:Lot 64 D 559,CF 1584。机密。由斯奈德(Sneider)起草,国务院通过(approved in S.)。见 139 号,140 号以及 142~146 号文件。见谈话备忘录,1957 年 6 月 19 日,《外交关系》,1955—1957,ⅩⅩⅢ卷,第一部分,363—375 页。

得最近日本为提高琉球群岛居民的经济福利所做的努力也是有帮助的。不过,琉球群岛居民福祉的其他一些方面可以通过美国和日本的合作来进一步提高,例如西表岛项目(Iriomote Project)①。日本政府希望能够在琉球群岛给予美国帮助,时刻准备好与美国合作制定出其他安排方案。他说,日本政府将继续通过外交途径探索扩大美—日在这些岛屿合作的其他领域。随后首相询问,如果他只是告诉媒体他和国务卿仅仅讨论了琉球群岛和外太空事项,是否会遭到反对。国务卿说不会反对。

2. 小笠原群岛

帕森斯先生简要提及了行政部门试图通过立法为之前的小笠原群岛居民提供赔偿。他说,在白宫的午宴上,他曾问过众议院外交事务委员会主席,他们委员会是否会对提议的立法尽快采取行动。主席说,委员会将在 1 月 20 日下午讨论这个事情。帕森斯表达了希望委员会通过立法的愿望。他指出,委员会在国会会议早期采取行动是很不正常的,但是这反映了委员会对国务院倡议的小笠原群岛赔偿问题的关心。他希望首相明白,美国并没有忘记小笠原群岛的赔偿问题②,而且正试图尽早在这个问题上取得进展。岸信介首相回答说,日本仍然很关心这个问题,他非常感谢帕森斯先生告知他这些信息。

(Memorandum of Conversation, *FRUS*, 1958—1960, Vol. ⅩⅧ, Japan, Korea, Editors: Madeline Chi, Louis J. Smith, General Editor: Glenn W. Lafantasie, United States Government Printing Office, Washington: 1994. pp. 274 - 275.)

143. 帕森斯给国务卿的备忘录

167. 远东事务助理国务卿帕森斯给国务卿赫特(Herter)的备忘录
华盛顿,1960 年 5 月 27 日
主题:美国对日政策(NSC 6008)

---

① 原编辑者注:关于美国和日本在土地回收问题上合作的文件以及西表岛重置项目的文件在国务院,中央文件,794C. 022,794C. 0221,以及 894C. 16。
② 原编辑者注:见脚注 2,26 号文件。

国家安全委员会将于 5 月 31 日下午 2:30 研讨美国对日政策(NSC6008①)。

新的政策文件很大程度上更新了目前于 1955 年 4 月实行的 NSC5516/1 号政策文件②,但是并不背离美国目前的对日政策。该文件预测:日本在接下来的几年将对亚洲地区均势产生越来越大的影响,并将在国际事务发展当中发挥越来越重要的作用。文件强调,确保日本在国际事务中的作为与自由世界的利益一致的关键就是,满足其扩大贸易的需求,使其最终能够有权使用美国和其他自由世界市场的合理份额。由于日本在军事上和经济上都非常依赖美国,因此美国的政策对日本的国际定位会产生关键的影响。

文件中共有四项政策,如下:

1. 44 段:我们与参谋长联席会议及国防部在日本参与地区安全事务上存在基本分歧。国防部和参谋长联席会议建议诱导日本参与日本范围以外的军事行动。我们并不这么认为,在目前的政治形势下,日本会愿意花几年来准备,承担这样的军事行动,虽然我们也明白这个目标是我们想要的。我们建议您支持主要立场,即只有日本主动提出这方面的要求美国才会积极回应,而非怂恿它,因为任何诱导日本加入地区安全的努力都有可能不起作用,适得其反。如果日本有可能更加主动积极地参与到自由世界的军事防卫中来的话,我们希望能够在财政附录部分写清楚上述的军事援助要求。

2. 45 段:这一段是关于接下来几年军事援助的级别。财政部—预算署—商务部要求尽早取消财政援助。国务院—国防部—民防国防动员署则认为在接下来的几年不太可能实现这个目标,但是认为这个问题可以留待 NSC2158 号③文件最终决定。我们认为,在早期减少和取消对日本的军事援助将会抑制日本军队目前的现代化进程,并且对我们与日本的关系产生不利的政治影响。因此建议您支持国务院—国防部—民防国防动员署的立场。如果委员会不接受这个观点,我们宁可将这个问题留待 NSC2158 文件来最终决

---

① 原编辑者注:来源:国务院,S/S NSC 文件:Lot 63 D 351,NSC 6008 系列。保密。由 Sneider 起草,由 E, U/MSC 和 IO/UNP 通过。见 166 号文件。

② 原编辑者注:见《外交关系》,1955—1957,ⅩⅩⅢ卷,第一部分,52 - 62 页。

③ 原编辑者注:NSC 2158 号行动方案,在 1959 年 12 月 3 日 NSC 第 427 次会议上产生,提及了总统的指令,即国务卿和国防部长须确保不再向有经济能力支付军事设施费用的国家提供经济援助购买军事设施。脚注表明"经济能力"是基于"经济水平的准则而非政治能力或意愿"。(国务院,S/S - NSC 文件:Lot 66 D 95,国家安全委员会行动记录)

定,也不愿接受财政部—预算署—商务部的意见。

3. 51 段:这一段关于我们对条款三岛屿的控制期限,主要是琉球群岛。大多数观点认为只要这些岛屿关系到我们的安全利益,我们就应该继续控制它们,从安全角度考虑等到我们不再需要它们的时候再还给日本。国防部—参谋长联席会议则不打算将这些岛屿归还日本,只要远东局势不安定,从安全角度考虑我们就一直需要这些岛屿。国防部的目标是完全排除将这些岛屿归还日本的可能性。我们觉得这种政策导向不可取,因为我们可能会面对来自日本和琉球群岛越来越大的要求归还的压力,届时继续控制这些群岛的唯一合理解释就是我们的安全利益。我建议您支持大部分人的立场。

4. 52 段:这一段是对日本要求与琉球群岛建立更加紧密关系的处理态度。国务院的立场是当这些请求合理而且又符合我们的安全利益时我们应该同意,而国防部和参谋长联席会议只是表示可以理解。虽然国务院和国防部使用的语言非常相近,但双方在该问题上存在根本分歧。实际上,国防部只是勉强同意日本希望与琉球群岛保持密切联系的请求。例如,今年他们就拒绝继续实施将一批日本教师顾问送往琉球群岛的项目,虽然琉球群岛居民很需要也很期待这样的帮助。我们认为,以这种有限的方式限制日本帮助琉球群岛不会影响到我们的安全利益,而仅仅会导致要求归还岛屿压力的增加,并且给美国和日本的关系造成压力。建议您支持国务院的立场。

(Memorandum From the Assistant Secretary of State for Far Eastern Affairs (Parsons) to Secretary of State Herter, *FRUS*, 1958—1960, Vol. XVIII, Japan, Korea, Editors: Madeline Chi, Louis J. Smith, General Editor: Glenn W. Lafantasie, United States Government Printing Office, Washington:1994. pp. 312 - 314.)

144. 美国对日政策声明

175. 国家安全委员会报告

附件
美国对日政策声明
一般性考虑

前言

1. 现在,日本已经是国际社会中完全独立并具有影响力的一员了。它已经从 1945 年的低谷当中迅速恢复了,特别是经济方面,是亚非地区唯一一个高度现代化的国家,地位独特。考虑到它的实力和获得国际声望及领导地位的愿望,在接下来的几年日本将对亚洲地区的力量平衡产生越来越大的影响。美国政策的主要任务就是确保日本在国际事务中的作为与自由世界的利益保持一致。日本的国际定位是由其领导人根据自身对国家利益和国内政治情况的评估来决定的,但是由于日本在国防和贸易上依赖美国,美国的政策将会对他们的决定产生至关重要的影响。

日本的重要性

2. 日本的迅速崛起向美国和自由世界展示了它的重要性。从整体战略来看,日本是世界四大主要工业中心之一,如果日本的工业优势被共产党集团势力所用,全球均势将发生根本性的变化。从军事上来看,日本是防御西太平洋地区抵挡共产党侵略的关键。日本的后勤设施和基地对于远东地区有效而节约的防守来说是不可或缺的。从经济上来看,日本是美国的第二大出口国,是美国农产品最大的购买商,而且美国是日本商品最大的进口国。最后,作为亚洲国家,日本有希望帮助亚非新兴的欠发达国家——特别是在经济援助方面。

国内状况

3. 除非遇到不可预见的情况,不然日本的政权应会继续掌握在温和的保守势力手中,而他们的政策最主要是由日本的经济利益和实现日本国际抱负的要求来决定的。保守党能够享有大多数支持主要是因为日本人骨子里的保守性,他们解决日本经济问题所取得的成功,以及大多数反对势力的极端性,当然如果他们不能长期提高日本人民的生活水平,他们的地位有可能受到威胁。

4. 导致政治不稳定的一个主要原因就是针对日本保守运动的党派之争,如果不加遏制的话,将会造成无效率的政府管理。虽然自由民主党所有派系的领袖都在不同程度上意识到了与西方保持紧密联系的必要性,但是还有一些人在党内权力争斗中表现得极度没有政治责任感。因此,日本的保守党政府时不时地会受到诱惑去支持机会主义政策,消极与美国合作,容易受民族主义情感的影响。

5. 日本国会中保守的自由民主党的主要反对势力是社会主义者,他们主要是极"左"分子,倡导共产党的中立主义。最近少数温和的社会主义者从其中分离出来,形成了民主社会党。虽然这个新的政党目前仍处于形成阶段,但是这有可能为保守党统治提供了一个更加温和、可靠的、右倾的社会主义选择。然而,目前在日本国会和工会运动中,左翼极端主义者的人数仍然超过温和的社会主义者;他们仍然在给美国制造麻烦,因为这些极端主义者非常反对美国。

6. 共产党虽然在人数上处于弱势,但是对日本人的观点产生了重要的影响,特别是通过它的群众团体、劳工、教育和信息媒介的渗透。保守党统治者意识到了这种情况的危险性,期望已经实施的对策能有效地遏制共产党实力的快速增长。

7. 日本的经济增长速度在全世界范围内领先(过去三年里年均为7.6%),目前日本处于历史前所未有的繁荣期,1959年经济各领域创新高。虽然投资率(近年达到近30%)异常高,现代工业设备和劳动力技术又促进了日本的繁荣,但实质上,如果没有日本国际贸易的迅速发展,没有稳健的政府财政和货币政策,这样的繁荣不可能实现。过去的两年里,出口的增长也明显提高了日本的国际收入,而且有迹象表明这样的增长将继续下去,至少在短期内是如此。从其较高的外汇储备就可以看出其活期账户的大量盈余。

8. 日本的繁荣可以使其有能力帮助欠发达国家,不单是通过赔款项目,还可以通过日本的私人投资和双边政府项目。通过战时责任赔款,日本将向一些东南亚国家提供10亿多美元的资助资金,并在未来的20年里提供70多亿美元的贷款和投资。每年平均支出7000万美元。其他的双边政府项目在1959年达到约1.3亿美元,不仅包括东南亚地区,还包括印度和其他一些中东国家。日本的个体投资商也在海外大量投资,主要流向东南亚、拉丁美洲还有美国一些地区。然而,日本在国际复兴开发银行(IBRD)和进出口银行贷款以及日后的占领区治理和救济项目(GARIOA)的处理上有很重要的外部职责。进出口银行向日本提供的贷款直接帮助了日本的工业和贸易发展,但是这主要是为了扩大美国对日本的农产品出口。IBRD 的贷款主要资助了基础设施和运输项目。

9. 然而,日本经济目前的良好状况不应该掩盖日本所面临的经济不利因素,包括对国际贸易的过度依赖,这是日本无法直接控制的,以及其自然资源,相对人口总量、工业发展和其在全球贸易中的重要地位来说的远远不足。日本的经济很容易因其他工业国家的萧条和对日本出口的限制而受到影响。长此以往在国际贸易上的受限使得日本政治对全球贸易的起伏非常敏感。

10. 虽然日本现在比较繁荣,人均消费水平也在稳步增长,在远东地区属于最高,但是按照西方的标准(人均国民生产总值是美国的八分之一),这还是偏低,日本不断面临着尽快提高这一水平的压力。要保持经济高水平增长,日本必须继续获得原材料和工业产品出口市场,而这主要依赖于其他国家的政策。要解决贸易问题,日本很大程度上要依靠美国,不仅因为美国是日本最重要的工业原材料进口国和单一市场,还因为美国拥有能够在自由国家促成自由贸易政策的领导力,特别是在西欧工业国家当中。如果日本和美国的贸易关系急剧恶化,日本领导人将会考虑转向共产党集团作为唯一的依靠。

11. 日本的自卫力量目前能够保证其国内安全,在其本土范围外的常规攻击中做出有限的贡献,抵御核攻击时能做的就更有限了。他们的陆军,是三个军种当中最先进的了,也只能实施有限的军事行动;其海军能够在反潜战和沿海防卫行动中做出贡献,并能为潜水艇护航;空军在飞机的控制和警报系统以及空防中承担了更多的职责。

12. 日本政府正在推进一项防卫项目,如果实施的话,将在 1956 年制造出小规模、现代化、高质量的军事力量,但是没有核能力。目前日本防卫力量的使命除了要协助警察维持国内安全外,还要参与到日本范围内的防卫中来。日本宪法条款九禁止在日本范围之外使用这些军队,按照目前的解释,该宪法规定日本军队的部署只限于日本的自卫。如果按照计划发展,日本将可以承担现在由美国承担的防卫职责,但是在 1956 年之前,日本只有有限的军事力量来抵御大规模攻击,而且没有能力抵御大规模核攻击。

13. 跟其他工业化国家相比,日本的国防花费是非常低的。虽然 6 年当中日本政府增加了两倍多的国防预算,但是只有大约 1.3％的国内生产总值(大约占政府财政的 10％)被投入到国防中。如果目前的计划要如期实施的话,国防花费会逐渐增加,但是增加的速度与经济增长的速度不协调。如果目前形势没有什么改变,或者日本不能够很好地听取美国的劝说,那么国防花费不太可能大幅度增加,考虑到(a) 大部分人当中潜在的和平主义倾向和反军事化倾向,(b) 提高普遍生活标准的压力,减少税收的压力,特别是增加社会公共服务的压力,(c) 承担更多的外部职责的需要,这部分源于日本希望通过帮助欠发达国家来施展其国际影响力,(d) 潜在的信念,日本在核战争中是无法自卫的,(e) 公众普遍不能接受这样的观点,即美国为日本设想的军事规模和实力对日本的安全至关重要。

14. 尽管存在上述的种种状况,日本政府逐渐意识到,日本应该更多地承担他们自己的防卫职责。美国的帮助在促进日本增加军事花费以及日本军队现代化的决定中特别有效。事实上,只有美国成功地运用军事援助计划(MAP)费用分担的策略诱导日本最大化地增加国防投入,促使日本增加防卫花费的计划才能成功。日本对美国取消军事援助的态度将取决于减少援助的速度和方式。如果突然中止援助的话,日本有可能无法从其他花费中来补偿这一部分花费,而且很有可能减少目前水平的花费,这样实际上将终结日本武装力量的现代化过程和进一步增长,妨碍日本武装力量承担现在美国承担的防卫日本的职责。即使美国在几年的时间里逐步分阶段地减少援助,日本人也很有可能没法应对,这将产生负面的政治影响。

15. 日本将主要依靠美国军事力量来保证自身安全。新的条约规定,出于保卫日本安全和维护远东地区国际安全的需要,美国可以继续保留在日的基地并行使对它们的权利。因此,美国将很有可能维持在日本的大部分军事力量。[原文有 19 行的内容未解密]

国际定位

16. 在外交政策方面,日本有三种选择:(a) 与自由世界紧密联盟合作,特别是与美国;(b) 作为权宜之计,日本将利用自由世界对抗共产党势力;(c) 在政治上和经济上与中—苏集团和解。日本目前决心与自由世界联盟,而即将生效的新的《日美共同合作和安全条约》将进一步加强这种联盟。

17. 然而,只有这种结盟满足其重要利益时,日本才会继续这么做。最关键的考虑就是日本扩大贸易的需求,日本之后能够在美国市场和其他自由国家的市场中占据合理席位。这种情况下,进入欧洲市场,与自由世界工业化国家的紧密联系很有可能对日本的政策产生越来越大的影响。日本对自由世界的义务建立在这样的基础之上:我们完全将日本视为一个主要的盟友,日本相信我们遏制共产党侵略的能力和决心。

18. 日本将一直面临与自由世界解除联盟的压力。日本的中立和不结盟一直是中苏集团重点关心的,而他们将会继续努力来达到这个目标。中苏阵营将会使用一切手段:威胁和鼓励保守派,及其他一些引诱手段,例如贸易,在领土问题上让步,消除现行的渔业限制,让日本从西伯利亚和中国大陆的发展中分一杯羹,等等。现在日本已经有小部分人支持从自由世界当中分离出来。如果美日贸易关系陷入僵局,尤其是现在保守党政府尚未稳定的情况下,不结盟的诱惑力将迅速增加,特别是基于其他因素的影响:民族自豪感,和平主义和反军事主义,对卷入另一种核战争的恐惧,对国外军事基地的不信任。另外,这么些年日本与美国及自由国家颇有成效的关系很有可能增强日本结盟的决心。

19. 在与美国结盟的框架下,日本,随着其势力和自信的增强,将希望更加地独立自主,按照自身利益而非美国的愿望来确定政策。在与美国的相处中,日本很有可能希望在亚洲决策中有更多的发言权,要求美国支持其打破欧洲以及其他地区市场的贸易壁垒。日本将会谋求更多地参与到琉球群岛事务中来,如果美国与琉球群岛居民的关系出现重大问题,目前沉寂的美国管理琉球群岛的问题一定会是美日关系中比较敏感的政治问题。另外一个可能引起麻烦的问题是,日本国内反对将日本国民被从美国管理的其他太平洋领土上驱逐的情绪。日本将致力于增进与亚非国家、拉丁美洲的关系,特别是经济关系,并帮助他们发展经济,在这些国家当中发挥更主要的作用,同时采取温和的方式抵制极端主义。日本有可能会谨慎地发展与中苏集团的贸易和文化交流,同时避免在政治上承认共产党中国,避免在经济上依赖他们。

20. 总的来说,日本将在国际事务中发挥越来越重要的作用,并且,如果日本与美国以及自由国家的关系继续稳定的话,日本将成为一支建设性的国际力量。它对自由世界的贡献将主要是经济上的,并且对亚非地区逐渐产生影响。除非日本对军事问题的看法有重大转变,不然日本不太可能加入地区安全体系,但是美国可以使用日本的后勤设施和军事基地,这对太平洋地区的自由国家的军事实力有重要意义。

美国的角色

21. 因为日本在军事安全上几乎完全依赖美国,而在经济上也很大程度依赖美国,美国对日本的国际定位将产生至关重要的影响,日后有机会增强目前的美日联盟,使其更安全稳固,并使日本承担对自由世界的职责。

目标

22. 保证日本领土和政治完整,不受共产党侵略或颠覆。

23. 日本紧密与美国联系在一起,与自由世界的其他国家通力合作。

24. 日本政治稳定,国内安全,遵循代议政府的原则。

25. 日本经济繁荣,稳健,自足,有能力提高国民生活水平,朝着与自由世界建立良好经济关系的方向发展,并取得成效。

26. 帮助美国和其他自由世界保持国际力量平衡,特别是在亚洲地区,在这点上,能够并愿意(a) 为自由世界的欠发达国家的经济发展做贡献;(b) 在亚非地区展现建设性的温和的领导能力;(c) 增强自身抵御外部侵略的能力;(d) 继续为美国军队提供相关权利、基地和其他设施,以此为远东地区的安全做贡献。

27. 最终乐意并有能力更加积极地参与到捍卫远东自由世界的利益中来。

主要的政策导向

政治上

28. 将维持一个有效温和的保守党日本政府作为美国的基本目标。

29. 时机合适的时候,寻求日本对美国政策的理解、合作和积极支持。

30. 在不疏远保守党的情况下,鼓励发展一温和的、负责任的政治反对派。根据具体情况采取措施减少极端左翼工会领导者的影响,鼓励将工会领导权移交给温和派势力,鼓励发展措施,影响左翼社会主义势力。

31. 特别注意消除对美国和其政策不利的看法,强化对美国和其政策有利的看法,尤其是信息媒介领域、知识界、教育领域以及工人阶层的舆论领导者。

32. 鼓励并根据具体情况帮助日本政府采取有力的内部安全措施,打击共产党势力的组织基础,瓦解他们的经济和政治力量。

33. 在合作平等的基础上发展美国与日本的关系,充分考虑到日本的关键利益诉求,在关系到双方共同利益的问题上与日本政府磋商。

34. 根据具体情况,鼓励并促进美国与日本在文化、劳工、教育和其他方面的交流,争取扩大双方在科学领域的合作,包括外太空技术。

35. 继续和日本联合,使其参与国际项目的合作,发展核能源的和平使用;使日本获得用于和平使用的核设备和训练,在合适的情况下交流核信息。

36. 促进日本和其他自由国家合作关系的发展,鼓励并帮助日本在亚非地区实施温和建设性的影响,特别是在联合国。鼓励日本和韩国问题的全面解决。

37. 以日本为例子向欠发达国家展示可以在自由体制内迅速实现经济的增长,而非采用共产党标榜的苛刻压制的办法。

38. 要求日本政府继续拒绝在外交上承认共产党中国,并反对共产党中国加入联合国。

39. 支持并鼓励日本维护其在领土范围内合法的渔业权,以及其他反对中苏集团的要求,支持并鼓励日本抵制中—苏的中立主义和政治让步的压力;不承认苏联对千岛群岛和南库页群岛的主权。

军事上

40. 继续维持 1960 年 1 月 19 日签署的新的安全协议,包括其赋予的基地使用权利,并且按照约定的要求,将在日本的美国军事设备和军事力量保持在(a)符合美国安全利益的水平上,(b)证明我们在日本和远东地区履行条约规定的义务的决心:但是不超出美国和日本政府共同商议的一般水平。

41. 按照与日本的安全协议的要求:

a. 帮助日本抵御其管理范围内的武装攻击。

［两段内容(原文共 20 行)未解密］

42. 告知日本,［近 1 行的原文内容未解密］美国从日本基地到其范围以外地区的主要后勤行动,以及美国从日本的重大撤军行动。

43. 实施新的军事协议过程中,最大程度地谋求日本政府和民众的合作与支持。①

---

① 　原编辑者注:美国在日本驻军的协议以及官方记录,于 1954 年 2 月 19 日在东京签署,并于 1954 年 6 月 11 日在美国生效。文件内容,见《美国条约及其他国际协定》(第二部分),1123 页。

44. 避免造成负面压力的同时,鼓励日本发展维持能够承担其不断增长的防卫职责的武装力量,借此与美国军事力量一道遏制太平洋地区的共产党侵略。积极回应日本主动提出的更多参与远东自由国家防卫职责的要求,前提是除非形势所趋,不然绝不诱导它这么做。

45. 继续与日本政府商议其防卫力量的发展速度和发展方向,以及美国军事援助的范围和性质。避免不利于日本政治经济稳定的压力和其他行为,同时鼓励日本加大防卫力量的投入,并促进其军事力量的现代化。继续提供目前的军事援助,以此(a) 促使日本加大防卫投入,(b) 促进日本军事力量的现代化,(c) 继续发挥美国对日本防卫力量演变的影响,(d) 继续向日本军队移交目前由美国军队承担的防卫日本的任务。为了有序地减少并尽早取消美国免费向日本提供军事设备的这一新的义务,只要总统觉得可行,尽早与日本政府协商取消这一援助。争取将新的义务建立在最大程度的费用共同分担的基础上。

46. 在关系到双方共同利益的安全和防卫事务上,与日本政府协商,以此希望日本更好地理解自由世界防卫协议的共同安全目标,以及地区安全努力的重要性,但是避免给日本政府造成直接的压力,促使其加入到共同安全协议中来。扩大美国和日本在防卫日本领域内的军事规划和行动方面的协作。

47. 为了确保美国安全利益能够继续拥有日本的专业后勤设施,鼓励日本继续发展精选的防卫工业和国防支撑的产业。

48. 继续与日本防卫力量在军事研发方面展开合作。

49. 能够意识到日本对核武器的使用特别敏感,明白从军事角度考虑,美国希望其驻日力量在日本储备核武器,但应根据具体情况,继续采取谨慎有选择的措施,促使日本更好地理解并接受核武器在现代化战事中的重要性。
琉球群岛,小笠原群岛以及其他太平洋地区岛屿

50. 将日本在太平洋地区的利益要求纳入考虑之中。

51. 考虑到远东地区的共产党威胁以及 1960 年 1 月 19 日签署的新的《日美共同合作和安全条约》,继续维持《对日和平条约》条款三规定的美国对这些群岛①的控制,总统认为这对我们的安全利益至关重要。

---

① 原编辑者注:包括琉球群岛(不包括奄美群岛),大东群岛,小笠原群岛,火山群岛,罗萨里奥岛,帕里西维拉岛和马尔库塞岛。(脚注见原文)

52. 采取最有效的措施控制日本和琉球群岛上要求归还岛屿的压力,同时要明白,尽管目前没有什么大问题,但是琉球群岛的管理将会一直是美日关系中敏感的政治话题。鉴于这一点,对于日本希望与琉球群岛更加密切联系的要求,例如在贸易方面、文化交流方面、提供经济资助方面,和国民互访方面,应该在与美国安全利益一致的情况下体恤地考虑①。

53. 加强对琉球群岛管理,以促进其政治稳定、经济进步,使其对美国的驻留能够满意,并提高我们在当地人心中和其他亚洲人心中的声望。为了实现这些目标,充分提供帮助以补给当地资源的不足,以此实现对琉球群岛的有效管理,促进该地区经济的长远发展。②

经济

54. 鼓励日本维持一个强劲、健康、自足和不断发展的经济实体,以此提高日本人民的生活水平,为欠发达国家提供更多的资金帮助,为自由世界做出更大的贡献。

55. 促使美国和日本之间的贸易交流达到更高水平,通过:

a. 美国保持自由进口政策,按照《关贸总协定》③的协议要求在互惠的基础上进一步减少美国关税和贸易限制,充分考虑到对外政策的目标、国家安全和国家竞争优势。

b. 继续要求日本废除针对美国进口产品的差别对待。

56. 促使日本和其他自由世界国家之间的贸易交流达到更高水平,通过:

a. 要求减少贸易壁垒。

b. 强烈要求对日本设有贸易歧视的自由世界国家取消这样的差别对待,特别是对于那些根据《关贸总协定》第 XXXV 条内容④抵制日本的国家,要争

---

① 原编辑注:"体恤地考虑"(consider sympathetically)一词这里意味着对于日本的请求将采取积极的态度。(脚注见原文)

② 原编辑注:H. R. 1157,目前在等待国会通过,将允许每年从联邦所得税中扣除多达 600 万美元的来源于生活在琉球群岛或者在琉球群岛工作人员的收入,用来促进琉球群岛的经济和社会发展。根据这个立法,政府的立场将是,这种拨款会满足该条款的更广泛要求。(脚注见原文。该法案于 7 月 12 日签署生效,P. L. 86 - 629。内容,见 74 Stat. 461。)

③ 原编辑注:关于《关贸总协定》谈判和会议的信息见第四卷,152 页及其后内容。

④ 原编辑注:该条款允许《关贸总协定》成员国阻止新的成员国从中获利——例如最惠国待遇——这是《关贸总协定》赋予的权利。

取说服他们放弃这样的做法,并劝服他们给予日本《关贸总协定》成员国所有的优惠特权。

c. 努力确保日本可以不受歧视地从自由世界国家获取原材料。

57. 与日本以及其他国家合作,在《关贸总协定》框架内,谋求市场混乱问题的多边解决方案。

58. 鼓励日本消除国际贸易和支付方面的限制,为外商投资创造更友好的环境,消除在日直接投资的限制。

59. 防止日本在主要食品、原材料供给和出口市场方面依靠共产党地区。

60. 鼓励日本进一步按照国际上普遍接受的贸易惯例进行贸易。鼓励建立有序的市场行为,避免市场混乱。

61. 在1961年财政年年底终止技术资助项目。

62. 继续鼓励美国在日本的私人投资。

63. 只要有可能,告知日本政府可能对美国政府在日本的花费产生影响的事态发展。

64. 敦促日本尽早解决占领区治理和救济项目宣称的赔偿问题以及其他财产赔偿等问题。

65. 鼓励日本通过私有产业、自由世界国际机构以及双边政府项目加大对欠发达地区的资金和技术援助;在制定和实施美国对第三世界援助项目的同时,将日本援助项目纳入考虑范围之内,包括赔款问题,必要时和日本协作。

66. 积极支持日本继续参与到发展援助集团(Development Assistance Group)中来,并在合适的时机,通过经济合作与组织下属的发展援助机构以及其他的多边经济组织将日本纳入进来。

67. 鼓励日本继续支持提议的亚洲生产力组织;继续与第三方国家培训项目合作。

68. 强烈要求日本继续与东西方贸易统筹委员会(COCOM)合作,按照商议的水平控制与中苏集团的出口贸易,以可以促进日本保持控制意愿的方式来处理日常异议问题。

(Statement of U. S. Policy Toward Japan, *FRUS*, 1958—1960, Vol. XVⅢ, Japan, Korea, Editors: Madeline Chi, Louis J. Smith, General Editor: Glenn W. Lafantasie, United States Government Printing Office, Washington:1994. pp. 337 - 349.)

145. 谈话备忘录

187. 谈话备忘录

冲绳,1960 年 6 月 19 日,下午 12:00

总统的远东之行　1960 年 6 月

与会者

美国	琉球群岛
总统	行政长官大田政作(Ota)

布斯将军(General Booth)

艾森豪威尔少将(Lt. Col. Eisenhower)

哈格蒂先生(Hagerty)

帕森斯先生(Parsons)

古德帕斯特将军(Goodpaster)

坂本(Sakamoto)上尉(翻译)

主题　对琉球群岛的援助;移民定额;申诉请愿

开场寒暄之后,大田先生说,为了节省时间,他想诵读一份声明(其实是给总统的一封信),其英文内容如下:

1960 年 6 月 19 日

尊敬的美利坚合众国总统

德怀特·艾森豪威尔

总统先生,

非常荣幸能有机会与您见面,我代表琉球群岛人民向您的到访表达我们最诚挚的谢意。您的到访切实地说明了您和您的人民对琉球群岛人民福祉的深切关心,我再次向您表达我诚挚的谢意。

因为美国的帮助,琉球群岛在社会、经济和文化领域都取得了稳固的发展。我们的目标是在 20 世纪 60 年代创造繁荣。我们在尽所有努力完成仔细制定的目标和任务。

为了实现这些目标,我们需要美国进一步的帮助和合作。这包括:在《对日和平条约》生效之前产生的战后赔款问题的解决,扩大援助,我们已经通过琉球群岛美国民政府表达了这种要求,以及更多的自治权。我们感激美国迄今所提供的援助,希望美国能够继续提供援助,并且实现上面所说的内容。另外,我们对您为整个人类和世界和平所做的努力表示深深的敬意。

为了维持远东地区的和平与安全,我们决心正确看待琉球群岛在国际事务中的地位,努力实现远东地区的永久和平,继续保持美国与日本之间的密切联系,这样争取尽早让琉球群岛人民回归到他们的祖国。

总而言之,总统先生,我们祈祷美国和日本的友谊能够进一步发展,祝愿美国繁荣昌盛。

诚挚的,

大田政作(Seisaku Ota)

琉球群岛行政长官

读完这封信之后,大田先生说他想再说说其他几个具体问题。首先,他明白每年用于琉球群岛经济资助的拨款被减少了 1500 万美元。这是他们关心的问题,他想是不是可以就此做点什么。总统询问了这个问题,布斯将军回答说,这个是由帕斯曼①(Passman)先生的拨款小组委员会决定的,如果能够在参议院的《共同安全拨款协议》再恢复此项拨款,将是最好不过的。对琉球群岛的该项拨款有三个主要目的:第一,补偿美国民政府用于琉球群岛的花费;第二,补偿琉球群岛政府相似的开销;第三,用于诸多的经济援助项目。

其次,总统让古德帕斯特将军给博森斯②(Persons)将军打电话,要求他尽他所能来帮助恢复此项拨款。总统之后说,在讨论博森斯委员会提交的报告时,白宫就做出恢复 2 亿美元军事援助资金的决定。这应该可以满足恢复拨款的需求。对这个问题,在场的人员都不知道具体情况。然而,在进一步讨论这个问题的时候,布斯将军指出预算署已经同意了对琉球群岛的支持项目,而且管理当局完全支持,该支持项目是政府诸多行动的重中之重,包括疏浚工程、建设,以及其他由中央政府常规拨款的事项。讨论快结束的时候,总统让翻译告诉大田先生,总统府方面会打电话给华盛顿讨论这个事情,看有什么是可以做的。如果不能解决的话,或许我们可以换个方式来处理。

---

① 原编辑者注:奥托·帕斯曼(Otto E. Passman),路易斯安那州众议员。

② 原编辑者注:威尔顿·博森斯(Wilton B. Persons),总统助理。

大田先生提到了普莱斯法案①,该法案每年提供不超过 600 万美元的费用用来援助琉球群岛经济建设。他说,白宫通过了这个法案,但是参议院并未通过。布斯将军证实了这一点并且说,这笔费用将由琉球群岛的美国居民缴纳的联邦所得税来支付。总统询问,问题在于是不是参议院反对这个法案,是否尚未实施。布斯将军说参议院还没有讨论这个法案,据他所知,没有强烈的反对意见。总统说,议会已进入尾声,目前很难将该法案提上讨论日程。然后他指示古德帕斯特将军将此问题告知帕森斯将军。

大田先生提到的第三个事项是贾德(Judd)移民法案②,该法案规定每年可以允许 100 名琉球群岛居民前往美国。大田先生说非常希望能够通过该法案。在场的人员不知道该法案的状况,总统要求询问国务院和移民局了解情况。说道该项法案时,布斯将军说这关系到该地区更宽泛的移民问题。该地区的其他国家每年有 100 名的配额,但是在实际上由我们管理的琉球群岛,没有任何关于向美国移民的条例。这看起来非常不正常。总统然后说,此届议会已进入尾期,不太可能通过该法案,但是可以做些准备争取下届议会通过这个法案。

最后,总统起身准备离去,但是在他离开之前,大田先生展示了要送给总统的礼物,即琉球群岛的漆器和珊瑚。看完这些礼物之后,大田先生递给总统一个大包裹,他说里面是希望美国采取各种行动的请愿书。布斯将军解释道,这些其实是对很多问题表示不满的请愿。在离开之前,总统送给大田先生一份礼物,并且暗示说,这里面有送给琉球群岛出色的立法者的礼物。③

(Memorandum Of Conversation, *FRUS*, *1958—1960*, *Vol.* ⅩⅧ, *Japan*, *Korea*, Editors: Madeline Chi, Louis J. Smith, General Editor: Glenn W. Lafantasie, United States Government Printing Office, Washington: 1994. pp. 371 - 374.)

---

① 原编辑者注:普莱斯法案(H. R. 1157)于 1960 年 7 月 12 日签署生效,P. L. 86 - 269。该法案第四部分说明:"授权每个财政年拨款不超过 6000000 美元用于总统同意的项目的花费。"内容见 74 Stat. 461。

② 原编辑者注:1960 年没有通过任何一份琉球群岛移民的法案。

③ 原编辑者注:关于艾森豪威尔总统在冲绳公开接待的内容见琉球群岛美国民政府(USCAR)给陆军部的电报,日期为 6 月 20 日。(艾森豪威尔图书馆,惠特曼文件,国际事务系列)见附录。

146. 谈话备忘录

198. 谈话备忘录

华盛顿,1960 年 9 月 12 日

主题　日本国内形势和美日关系

与会者

外相 小坂善太郎(Z. Kosaka)	国务卿赫特(C. Herter)
浅井大使(K. Asakai)	副国务卿迈钱特(Merchant)
近藤局长(S. Kondo)	大使麦克阿瑟(D. MacArthur Ⅱ)
田中顾问(H. Tanaka)	助理国务卿帕森斯(J. Parsons)
西山部长(A. Nishiyama)	副助理国务卿阿戴尔(C. Adair)
大使馆顾问安川(T. Yasukawa)	贝恩先生(D. Bane)
大使馆顾问加藤(T. Kato)	斯奈德先生(R. Sneider)
岛之内先生(G. Shimanouchi)	助理国防部长艾尔文(J. Irwin)
	豪依上尉(Howe)

1. 总统访问的取消

小坂外相代表日本政府表达了对取消总统访问的深切遗憾之情。他说,日本人民非常感激美国对于取消访问的宽容和谅解,因为美国民众对此一定很不高兴。赫特国务卿回答说,美国政府明白这是形势所迫。但是,美国的一些民众认为此次事件可以说明美国在日本已经失去了威望,认为日本对美国的友谊减少了。他认为有必要安慰美国民众,告诉他们事实并非如此。小坂外相完全同意并且说,他将尽全力跟美国人民确保这一点。他指出,池田(Ikeda)政府认为对此仅表示遗憾是不够的,而且是没必要的。池田政府认为说明美国的友谊和威望并没有退化的最有效方式就是在即将到来的国会选举中自由民主党获得大胜。

2. 日本的国内形势

小坂外相讨论了日本 5—6 月份危机的潜在原因。他说道,首先一点,占领很大程度上改变了法律体系、教育体系、工会组织的地位以及大众传媒。新的宪法注重公共福利,尊重人权,例如,XXVIII 条款规定了劳动者的权益。工会组织打着按照新宪法保护自己权利的幌子,他们的种种行为侵犯了公共福利。他们以为宪法允许游行和罢工抗议活动,有时还发生暴力活动。这种性质的游行现在在日本国内非常普遍。而警察没办法应对这些游行,因为按照宪法和目前法律的规定,只有发生暴力冲突时他们才可以介入。

小坂外相说,教育领域的形势同样非常严峻。教师组织了贸易工会,他们的行为和普通的工会非常相似。日本教师联盟是左翼的,势力强大,是"总评"(Sohyo)①主要的成员。现在学校学生对于他们的老师参与公共游行和各种罢工活动已经习以为常了,他们甚至觉得这没什么错。因此,学生运动也是以同样的方式开展,已经发展到很难控制的地步了。至于大众传媒领域,小坂说,一些左翼分子已经渗透到了广泛传阅并极具影响力的大报中。不幸的是,没办法开除他们。还好,报界的一些商业人士正在试图控制左翼势力的影响。银行、造纸厂和广告商都在施加压力,要求报社老板在报纸中传递更加温和的影响。

外相说池田政府已经意识到,他们必须解决日本社会中的这些基本问题。他们认为最好的方法是通过缜密的项目来教育民众而非只是颁布法律。特别有必要加强国际形势的教育,这样日本民众将明白与自由世界保持密切联系的必要性。政府希望通过这样的教育项目来根除日本的内部问题。

3. 美日条约关系

小坂外相说,池田政府明白新的美日条约既非常重要也非常必要。他说,他已经跟国会解释过这份条约的必要性,以及池田政府打算承担条约规定的职责的想法。他觉得政府应该强调是日本要求修改条约的,因为部分民众认为条约是强加给日本的。他说,在这一点上,麦克阿瑟大使在条约问题上一直给予了很大的帮助。

外相说,最近首相召集了自卫队的三名参谋长讨论美日安全关系问题。存在的一个关键问题就是富士—麦克奈尔(Fuji-McNair)演习场问题。外相解释说,考虑到这个问题的政治敏感性以及美国只是偶尔使用它的实际情况,日本政府认为应该将该演习场归还给日本防卫厅,并且保证必要的时候美国军队仍然可以使用。他说,他已经和菲尔特上将讨论过这个问题了。他说,安全领域存在的另一个政治敏感问题是将不适合的劳动者转移到非直接雇佣体系中来。这个一个技术性问题,大使馆和外交部正在认真研究,鉴于其政治敏

---

① 译者按:"日本劳动组合总评议会"简称。

感性,这个问题应小心处理。赫特国务卿暗示说我们将会仔细考虑这些问题。

4. 琉球群岛

小坂外相简要提及了美日在琉球群岛方面的关系。他说,考虑到目前的形势,日本政府认为不适合要求归还这些群岛的管理权,并且感激美国为琉球群岛人民的福祉所作的考虑。他提到了在琉球群岛悬挂日本国旗的问题。他说,日本政府知道私人家庭可以悬挂日本国旗,但是希望在日本的重大节日即新年这一天允许在公共学校和其他公共建筑内悬挂日本国旗。赫特国务卿说我们当然会认真考虑这个问题。

5. 其他问题

小坂外相简要提到了其他一些问题。首先,他说日本的几个渔业公司正面临纽约大陪审团的反垄断诉讼。他觉得这将会产生负面的冲击,希望国务院从政治角度来考虑这个问题。副国务卿迈钱特说国务院将会调查这个问题。

外相说道,日本的一些商业领袖希望建立共同经济委员会来实施新条约条款二的内容。他说,日本政府并没有支持这个提议,但是希望建立某种民间论坛,以此来减轻政府的压力。帕森斯先说我们会考虑这个问题,但是与外相的会晤以及随后的联合公告①似乎就是实施条款二的有效方式。麦克阿瑟大使认为建立国际合作总署(ICA)生产力小组就是实施条约条款二的又一举措。浅井大使说日本的商人并没有放弃与美国商人建立更密切联系的打算,正如他们和加拿大商人以及墨西哥商人所建立的团体那样。麦克阿瑟大使指出,当初足立(Adachi)先生向美国商务部提议建立美日共同经济团体的时候,商务部并没有表现出有多大的兴趣。帕森斯先生提到另一个考虑因素,就是避免美日组织的行为违反美国禁止贸易限制的法律。麦克阿瑟大使建议,小坂先生在纽约的时候或许可以向美国的商业组织表达日本商人的愿望,他自己也会这么做的。最后双方达成一致,两国政府都应该努力进行组织,并且双方都研究采取什么样的措施来进一步促进美国和日本商人之间的密切联系。

(Memorandum Of Conversation, Foreign Relations of the United States (*FRUS*), 1958—1960, Vol. XVIII, Japan, Korea, Editors: Madeline Chi, Louis J. Smith, General Editor: Glenn W. Lafantasie, United States Gov-

---

① 原编辑者注:日期为9月12日,内容见国务院公告栏,1960年10月10日,561-562页。

ernment Printing Office，Washington：1994. pp. 398 - 401.）

147. 驻日大使馆给国务院的电报

203. 驻日大使馆给国务院的电报
东京，1960 年 12 月 16 日，下午 4 时

1752. 日本媒体报道称，不久迪安·腊斯克①（Dean Rusk）先生将与日本有关人士秘密会晤，回顾美国的对日政策并构想新的政策。鉴于这种情况，以及日本和美国的新政府都刚刚就职，总结美日战后关系，预测接下来四年美国新政府在日本面临的局势和问题显得尤为重要紧急。然而，要规划未来，首先有必要简要回顾我们战后与日本关系的演变历程，以此看清楚日本现在的立场。

Ⅰ. 1957 年艾森豪威尔政府第二次宣布就职的时候，美日关系刚刚进入战后关系异常重要的第三阶段，也是关键阶段。在早期颇显成效的政策已不能满足新的阶段的要求，美日之间的关系不尽如人意。三个阶段的第一阶段，即占领阶段（1945—1952），我们有两个主要目标：（a）实行民主改革，这样精力充沛的日本民众不会再次陷入极权统治当中，（b）帮助这个受战争摧毁的民族实现经济稳定，这是社会和政治稳定的先决条件，这样日本就不会成为共产党颠覆企图的牺牲品。

第二阶段始于 1952 年，这时和平条约已经在法律上恢复了日本的主权。然而，这种主权的恢复在某些方面只是名义上的，因为日本仍旧非常依赖美国，不管在国内事务还是对外事务中，日本要做的还很多。外交上，日本非常孤立；经济上，日本还在享受我们的无偿资助；安全问题上，日本几乎没有承担自身国防任务的重担。此外，我们占领期间的残留影响不可避免地被带到了第二阶段。

四年以前我们进入与日本关系的第三阶段，也是非常重要的阶段，这个阶段日本完全恢复主权，成为自由世界的领导者，这时有必要将我们之间的关系置于更加合理的框架下。我们占领时期以单方协议和单边权利及特权形式表现的政策延续下来，虽然他们之前为我们提供了不少益处，但是在这一阶段很

---

① 原编辑者注：来源：国务院，中央文件，611. 94/12 - 1660. 保密。分五个部分传送，并发送给那霸，横滨，福冈，名古屋，札幌以及神户。美国国务卿，任期 1961 年 1 月至 1969 年 1 月。

难继续,因为政治代价太大。日本民众有很多的不满和抱怨,都源于占领时期,而且对于他们认为是不平等或者歧视性的待遇,他们愈发地愤怒,认为没有充分考虑到日本的主权和合法权益,或者其自身显著的发展和振兴。岸信介于1957年2月上任以后,列举了很多这些不满交给了大使。它们包括:

1. 吉拉德案件(Girard case)。美国似乎不愿意按照行政协议的要求履行对日本的国际义务,不愿意将吉拉德交由日本审判。

2. 在日本有太多数量的武装力量,造成了要求美国从日本撤走所有军队和基地的压力。

3. 抱怨我们的军事机构占据了大量的区域和设备,而这些正是日本经济发展所需要的。

4. 反对继续支付在日美军的"支持费用"。越来越多的日本人将其称为"占领费用",因为我们军队驻留的其他任何国家都不需要支付该费用。

5. 战犯问题。同样损失惨重的"中国"和菲律宾都假释了他们的战犯,而美国在巢鸭监狱(Sugamo Prison)还关押着日本将近一百名的战犯。很多日本人认为我们试图以此掌握日本战争罪的"活生生的标记"。

6. 坚持要求我们将小笠原群岛的管理权移交给日本,如果不行的话,至少允许被驱逐的小笠原群岛居民返回(这些人当中除了少数有西方血统的,我们都禁止遣返),或者在经济上赔偿他们。

7. 日本政府公开强烈要求我们将冲绳岛和琉球群岛的管理权归还日本。

8. 强烈坚持要求我们停止在太平洋地区的核试验。

9. 坚持要求我们修改和平条约,该条约是日本在被占领时期谈判的,很多日本人后来认为这是"强加"给日本的,认为这是单方协议,为美国提供了它在任何其他国家都不享有的权利和特权,包括在日本不知晓或不同意的情况下将日本卷入战争的权利。

10. 认为美国不愿在亚洲经济发展方面与日本合作,典型的例子就是拒绝了"岸信介计划"。

11. 担心美国在1956年出台棉纺织品协议后实行更广泛更具威力的针对美国从日本进口货物的贸易限制,这将使日本很难甚至不可能扩大贸易,而这对日本的经济和社会发展至关重要。

12. 最后,日方强烈认为如果想要美日关系真正有意义的话,就应该将其建立在平等和相互尊重的基础上,美国必须将日本视为地位平等的合作伙伴而非从属者，必须停止想当然地对待日本。

这些就是日本对美国的主要不满，而日本人在态度上和行动上越来越明显地表达他们的不满。因此在 1957 年的时候，形势很明显，如果我们不想冒着美日合作关系坍塌的风险，我们必须迅速灵活地应对上述情形。此后我们积极采取措施改变局势：

1. 我们将吉拉德交给日本审判，得到我国最高法院的支持。

2. 我们撤回了所有的地面战斗部队，大量削减了其他军事力量，这样目前我们在日本的兵力还不到 1957 年时的一半。这主要因为除了极左势力之外的反对基地运动。

3. 我们将数百个之前由我们军队拥有的区域和设施归还给了日本。

4. 在新的条约中，我们取消了提供给美国军队的支持费用。（通过此举，我们消除了大部分摩擦，同时还可以继续免费使用私人拥有的军事设备和区域，日本政府愿意为此每年支付 1700 万美元。）

5. 同我们的其他盟友一样，我们假释了在巢鸭监狱的战犯。

6. 我们获得了国会的同意，支付给被驱逐的小笠原群岛岛民 600 万美元的赔偿金。

7. 并没有将冲绳岛的管理权归还日本，但是我们改革了我们土地获取政策，从一次付清变为租凭形式，不再将日本排斥在琉球群岛事务之外，适当的情况下，与日本和琉球群岛政府一起合作，促进群岛的经济和社会发展，因此缓解了"归还岛屿"的情绪。

8. 我们充分考虑了日方的观点，暂缓在太平洋地区的核试验。

9. 我们在安全条约中做了有利于日本的修改，使其与我们和其他盟友的条约相一致，使其完全符合日本宪法的要求。

10. 虽然没有同意岸信介的东南亚经济发展的计划，但是我们在亚洲经济发展项目上与日本展开了合作，包括奥里萨项目和海外采购项目。

11. 我们顶住了美国保护主义的压力，对日采取自由贸易政策，过去四年当中，对日出口额差不多增加了两倍，目前日本是我们的第二大出口市场。

12. 在与日本打交道的过程中，我们努力在平等互敬的基础上对待他们。我们做了不少工作确保日本加入联合国，入选安理会，最近我们还支持他们入选国际合作总署。在全球政策上我们还紧密地与他们协商。1957 年当日本的收支平衡出现严重危机时，我们通过进出口银行和开发贷款基金（DLF）贷款近 32500 万美元帮助他们渡过难关,直到日本的经济重新起飞。我们努力证明我们是很好的合作伙伴。

Ⅱ. 这些举措,其中的一些花了我们好几年的时间,因为我们政府内部存在意见分歧,但结果是,四年前有可能恶化并毁掉美日合作关系的问题并没有令日本人满意地解决,也没有像我们期望的那样被控制在可应付的范围内。大多数日本人感激我们将他们作为平等的合作伙伴,这种情感再加上日本人意识到他们也需要我们的友谊和合作,很大程度上促成了亲共运动的失败,以及反美势力试图将去年 5、6 月份的动乱发展为大规模的反美运动的失败。我们双方相对令人满意的关系 7 月份也鼓舞了池田,在就职首相后的首次媒体见面会上,回答媒体的问询时他说道,关于美国对日政策的修改或调整,他没有任何建议,因为美国的政策最符合双方的利益。小坂外相前天再次申明了这一点,换句话说,目前双方关系中不存在紧急迫切的问题。现在当权的日本政府非常合作,而且支持西方,日本人民普遍非常友好,更重要的是,他们意识到了美日合作关系符合他们自身的利益。

Ⅲ. 然而,我们不应该感到自满,不能认为我们已经解决了过去的大部分问题,日后在促进美日合作关系上没什么可做的了。首先,日本仍然是莫斯科和北京的头号目标,日本内外他们的支持者依然不遗余力地离间日本和美国,想要利用甚至是亲密好友和合作伙伴之间都会存在的分歧。其次,日本仍然潜伏着广泛的中立主义思想,而这正是被社会主义者最近成功利用的。这种潜在的中立主义,受到日本公众的支持更多是因为它是一种"心理状态"而非"政策",这种中立主义主要由知识界分子促成,他们大多数内心迷茫,是空想主义者。再次,还有一些问题虽然目前在我们掌控的范围内,但是因为它们是美日合作关系所固有的,而且两国在某些问题上存在某种程度的利益分歧,所以这些问题永远没法彻底解决。正是这类问题需要我们密切关注,并且需要我们时刻准备好,在其恶化并导致严重公开摩擦之前及时有效地做出调整。

这一类问题中最重要的是:

1. 美日贸易关系。日本生活的经济状况决定了日本的生存取决于贸易,因此它的生存最终取决于它在哪些方面、和谁进行贸易。如果日本不能在互惠的基础上公平合理地分享我们以及其他自由世界的市场,那么日本将被迫与共产党集团和解,届时,这个主要的工业中心将进一步增强共产党集团的力量,而他们目前的力量已经很可怕了。因为日本对我们也会采取自由贸易的政策,我们有必要避免限制主义政策,同时我们应继续鼓励其他自由国家更加自由地对待日本的进口。在日本看来,我们两国关系中最基本也是迄今最关键的纽带不是安全,而是贸易和商业,这是日本的生计所在。接下来的日子里,制定解决我们收支平衡问题政策的同时,我们必须特别小心,避免给日本的经济稳定造成冲击,避免影响日本与我们的经济关系。

另外,日本可以通过其温和的影响、技术帮助和经济合作解决亚洲和非洲自由世界面临的诸多问题。然而,只有在日本自身经济状况良好的前提下,它才会为自由世界的经济发展做出贡献,而这依赖于日本的贸易和外汇收入。

2. 美日军事安全关系。日本在该领域的合作对我们很重要,不单是因为日本在军队规模和实力上为自由世界所作的物质贡献(日后将会继续保持适当的规模),还因为如果无法使用日本的群岛实施兵力部署和后勤保障,我们维持西太平洋自由世界的力量以抵御共产党侵略的能力将大大受到影响,我们在亚洲地区的盟友的士气也将受到严重影响,而且我们付出的代价也将更高。更重要的是,在可见的将来,只有通过与我们的安全纽带,日本才能与自由世界建立盟友关系。现在日本不愿意与其他自由世界建立军事关系,如果它终止与我们的安全关系,在军事上中立,这将大大加速其政治中立的进程。而且潜在的中立主义情感反应了这个问题的一个重要方面,这是我们维持现在的安全关系时必须要面对的,目前日本认为我们的安全关系是必要的,但是没有表现出多大的热情。

如果我们没有尽早调整与日本的安全条约,我们早就遇上真正的麻烦了。然而,因为新的条约和相关协议,我们目前的安全关系基本让日本满意,虽然我们不能排除日本在接下来的几年当中要求进一步修改条约的可能性。此外,只要我们在日本有驻军,摩擦和问题将不可避免,例如富士—麦克奈尔(Fuji-McNair)演习场①,我们基地、设施和区域内的日本劳动者,涉及到美国

---

① 原编辑者注:富士—麦克奈尔演习场,包括富士山东侧51000英亩的山丘,是1952年签署的旧的《管理协议》中规定的驻日美军所有的军事场所。驻日美军原计划于1960年7月—9月进行军事演习,但是受到当地群众的游行和静坐抗议,他们要求就新的管理协议的签署进行磋商。交给美国驻东京大使馆的请愿书中要求,对于新的管理协议的签署,应对获得租赁者明确同意的租赁事项进行商议。请愿书还递交给了日本外相,日本政府希望在选举前避免这样的动乱。小坂(Kosaka)外相建议麦克阿瑟大使,既然美国很少用到该地区,应该将其归还给日本防卫厅,同时日本政府允许美国在需要的时候使用该演习场。不过,1960年没有关于该演习场地位改变(继续)的任何法律条文。与此相关的文件见国务院,中央文件794.56311。

军人的事件,等等。所有这些问题都有潜在的政治影响力,如果我们不以日本民众可以接受的方式及时处理,那么这些问题很快就会恶化,被亲共势力和中立势力利用来破坏美日之间的安全关系。要处理这些问题,我们不能恪守过去的方式、行为或者协议,而应该以开放的心态和灵活性来看待它们,以便达成日方可以接受的解决方案,即使这意味着做出些不太让我们满意的修改。考虑到日本潜在的中立主义情绪,我们的安全关系在某些方面表现出脆弱性,除非我们智慧地处理这些问题,否则的话这种脆弱性将被利用来破坏美日之间的合作关系。长期以来,考虑到冷战,我们和日本的安全关系作为日本与美国及自由世界联盟的主要连接远比军事基地重要得多。

美日安全合作当中一个重要的因素就是军事援助项目(MAP),这已经覆盖了日本。日本终于意识到他们必须承担军事现代化并维护其军事力量的职责,但是接下来的几年我们不应该武断地取消对日本的军事援助,特别当日本实力[例如,反潜作战(ASW)、空防等]的增加更多地符合我们的安全利益时。在这个关键时刻武断行动会被反对我们安全关系的势力利用,而且会严重影响日本目前的军事建设,现在的军事建设虽然速度缓慢但是稳步进行,而这也正是日本政府希望的。虽然我们可以秘密鼓励日本政府采取措施加快其军事建设,但是我们无论如何必须避免给公众造成这样的印象,是我们坚持"重新军事化"日本,而且我们应该公开表态是由日本自己决定他们的军事规模。

3. 共产党中国。我们必须明白这是任何一届日本政府都非常敏感的话题,如果这个问题不巧妙解决的话,我们之间的关系会迅速恶化。日本人对待共产党俄国和共产党中国的态度是完全不一样的。他们对俄国仍然充满畏惧和怀疑,将其视为敌对的、野蛮的西方势力,而对于中国人民,日本人则将其视为亚洲的伙伴,他们在文化上有很多共同之处,他们在经济和其他方面的交流有数世纪之久,他们将继续和谐相处,不管中国的政权性质是怎样。很多日本人相信,只要和中国共产党保持密切的贸易联系和其他联系,日本的经济问题就会得到解决,很多人还认为是美国阻止日本与中国共产党发展贸易和友好关系。我们认为近期日本政府是不会认真考虑在政治上承认中国共产党的,除非我们改变政策或者美国其他的自由世界盟友这么做,又或者共产党中国加入联合国,因为与"国民党中国"的条约和承认方面,日本有自己的问题。然而,日本日后会出于国内政治原因,希望扩大和共产党中国的贸易以及其他交流,甚至可能会在技术领域与共产党中国签订官方协议,包括通邮、气象学、渔船避风港等方面。在讨论和处理这些问题的时候,我们要小心避免给公众造成这样的印象:因为出于对共产党中国的敌意,我们试图影响并阻止日本政府和中国发展外贸和更加友好的关系。同时我们必须明白,日后,如果大多数联合国大会成员赞成中国加入联合国而我们投反对票的话,许多日本人和其他亚洲人民必将对我们产生反感情绪,不管我们所做的有怎样的益处。我们在要求日本政府支持我们对中国的政策和行动时,必须小心避免造成我们在逼迫日本的公共印象。因为如果留下日本政府盲目追随我们的印象的话,这样的情感会严重影响美国的立场,还会损害目前亲西方的日本政府。实际上,目前左翼势力和媒体攻击日本政府对外政策的主要内容就是日本在联合国和其他领域盲目跟从我们的政策。

4. 冲绳岛。我们改变了土地获取政策,日本与美国及琉球群岛政府共同分担了琉球群岛经济发展、健康、教育以及其他事务,我们对此采取了新的建设性的态度,因此一直潜在的要求将琉球群岛归还日本的情绪目前在我们的可控范围内。但是,我们必须明白除非最终将管理权归还日本,否则归还问题将一直是美日关系中的隐患。最近日本左翼势力的活动大量增加,要求归还冲绳岛,而日本的社会主义者也带头在国会提出草案要求归还冲绳岛。如果这个问题加剧的话,冲绳岛的基地地位将不稳,不仅如此,我们和日本之间的关系也会受到严重影响。琉球群岛共有80万日本居民,不管任何时候,如果这些人抗议美国的行为或者政策,9300万的日本民众将会积极回应。因此,要确保冲绳岛稳固的军事基地地位,避免使其成为美日关系中的主要争端,关键在于我们在琉球群岛的政府能够合理满足冲绳岛人民要求,并且在政治问题或者经济问题出现时可以灵活应对。我们不能因为过去的做法或者现在在执行中的政策,就止步不前。我们必须坦诚地意识到,我们在改变冲绳岛的土地获取政策以及日本参与某些琉球群岛事务的政策之前,已经浪费了很多时间,这甚至可能造成危险的后果,三年前我们差点再次上演类似塞浦路斯事件。我们必须做好准备,灵活应对日后局势,必须最大程度地让日本意识到日本政府对待社会主义者和左翼分子要求归还管理权的主要论断是,目前日本与美国及琉球群岛政府在影响经济发展、健康、福利和教育的问题上正开展积极有效地合作,因此现在没有必要归还管理权。

5. 占领区治理和救济委员会(GARIOA)。上述四个问题是我们必定要长期应对的问题,而占领区治理和救济问题则是目前亟待解决的一个非常困难的问题。现在这个阶段大量缩减我们在日本的美元支出是特别敏感的。反美势力已经打算利用占领区治理和救济项目的处理作为攻击池田和美日关系的主要武器,因为我们必须小心处理这个问题,同时处理结果应该让日本人和日本国会易于接受。如果我们处理不好占领区治理和救济这个问题,我们将无法得到解决结果,这将为我们的敌对势力提供离间美日合作关系的有利武器。随着日本官员对占领区治理和救济处理方案的想法越来越清晰,我们应该提交我们的处理建议,以期该问题的处理方案①能够满足我们的关键利益诉求,同时最大程度确保日本可以接受。

Ⅳ. 总结

日本是世界四大工业中心之一。军事上,日本的群岛对于维持我们及自由世界在西太平洋和亚洲的军事力量至关重要。日本为亚洲经济发展做出了大量的贡献,这对阻止共产党获益方面不可或缺,而日本还将做得更好。实际上,日本是目前亚洲自由世界唯一一个真正具有经济和工业实力的力量。日本与自由世界的继续结盟非常重要。然而,目前日本与自由世界的联盟主要靠日本与美国的联盟来实现。因为在军事安全领域,日本不会愿意与美国之外的其他任何国家建立军事关系,如果日本中断与美国的安全关系并在军事上保持中立,这将极大地加剧目前在日本广泛潜在的中立主义态度。鉴于此,我们甚至应该接受单从军事角度来看不尽如人意的解决方式,继续维持军事关系是日本与美国及自由世界联盟关系中的最重要部分。

日本最重要的自身利益以及其与自由世界最稳固的联系就是贸易。美国的市场非常关键,只要日本的日常生计很大程度上依赖我们的合作和友谊,我们相信大部分保守的日本人不会愿意追寻共产党的虚无幻想。换句话说,日本与西方及自由世界的继续结盟首先将很大程度上依赖于美国处理对日关系时所表现的理解力和领导力,特别是在贸易、安全协议以及上述的其他问题上。最关键的一点是我们要让日本人相信我们将日本视为平等的伙伴,我们尊重日本,并非如之前占领时代希望日本追随我们的那样。

目前日本与美国之间没有什么紧要问题。我们在日本拥有不反对美国的保守中间人群,他们在坚定亲西方的日本政府的领导下,认为日本的利益需要美国的友谊和合作。与我们在世界范围其他一些地区的艰难状况不同,在那

---

① 原编辑者注:见脚注1,文件202。

里我们没什么可做的,不能通过我们的政策和行动实施决定性影响,因为那里有其他的主要力量,但是在日本我们可以灵活明智地自由决定我们的政策。因此,不存在影响日本的不可预测的国际局势变化或者严重的经济萧条,在下面这段困难时期,维持日本和美国伙伴关系的关键很大程度上依赖我们在处理美日之间问题时所表现的的政治才能。

（Telegram From the Embassy in Japan to the Department of State, *FRUS*，1958—1960，Vol. ⅩⅧ，Japan，Korea，Editors：Madeline Chi, Louis J. Smith，General Editor：Glenn W. Lafantasie，United States Government Printing Office，Washington：1994. pp. 413 - 423.）

（文件 82 - 147 由张丽华翻译）

148. 国家安全委员会约翰·H. 霍尔德里奇（John H. Holdridge)致总统国家安全事务助理(基辛格)备忘录①②

冲绳归还问题：在处理冲绳问题上,"中华民国"长期坚持在"中"日和平条约基础上他们应有一定的话语权。认识到不能阻挡冲绳回归,他们想通过要求冲绳民众投票自决的方式进行拖延。

……

建议：

至于冲绳,美国不止一次的表达了冲绳方面想重归日本的主张。一个突出的例子是,新选举的冲绳地方行政长官屋良朝苗在演讲中就欢迎回归。抑制这种趋势可能会损害我们基地效用,也会对日本与台湾的安全产生不利影响。我们的目的是看到这些安全权益得到保障。

---

① 编者注：148 号文件之后的美国外交关系文件来源与上文不同,来自 http://history. state. gov/. 原文件中的各种标志,均加保留,以存其真,不再另加说明。本书译者注和编者注单独显示。

② Source：National Archives，Nixon Presidential Materials，NSC Files，Box 751，Presidential Correspondence File，Republic of China，President Chiang Kai-shek. Secret. A notation on the memorandum indicates Kissinger saw it. The document was date-stamped "Nov 17 1969." No record of this conversation has been found.

(Memorandum From John H. Holdridge of the National Security Council Staff to the President's Assistant for National Security Affairs (Kissinger), *FRUS*, 1969—1976, Volume ⅩⅤⅡ, China, 1969—1972, Document 45, pp. 123 - 124.)

149. 谈话备忘录①

华盛顿,1971 年 4 月 12 日,上午 11:31—下午 12:05

之后他(周书楷)提到了尖阁诸岛问题②。这是为了保护中华民族的利益。如果台湾可以那样做,则知识分子和海外华人会感觉他们必须去往另一边。国务院的声明坚称,这是冲绳的一部分,这引起了激烈反响。这会造成海

---

① 来源:美国国家档案馆,尼克松总统材料,国家安全委员会档案,第 1025 档案盒,总统备忘录:总统、基辛格和周书楷,1971.4.12。绝密;敏感;只读。总统的每日日记显示周和总统的会面从上午 11:31 到下午 12:05。美国国务院条约总管埃米尔·莫斯巴赫也在场。(同上,白宫中央档案)该谈话由白宫录音系统收录,援引的声明属意译。(同上,白宫录音,尼克松和基辛格的谈话录音,1971.4.12,11:28a. m. - 12.41p. m.,美国总统办公室,第 477 - 3)

② 美日关于冲绳的谈判重新激起"中国"对尖阁诸岛(中文称钓鱼台)的兴趣。1970年 9 月 16 日,周给了格林(Green)一份 4 页的备忘录,指出"中华民国"反对日本拥有这些岛屿的主权。(National Archives, RG 59, EA/ROC Files: Lot 75 D 61, Subject Files, Petroleum-Senkakus, January-September 1970)

休史密斯(Shoesmith)总结了关于台北发生的反对日本管辖钓鱼岛的学生示威的报告,并指出:"使馆相信,示威的提议来自学生而非政府。"但是后者可能由于不愿意与年轻人爱国主义的成果相抗衡,而且其自身也对我们的对台政策和石油勘探的暂停不满,从而对示威给予了默许。(Memorandum from Shoesmith t. Green, April 17; ibid. , Lot 75 D 76, Petroleum-Senkakus, January-March 1971)

美国和香港也出现了学生抗议活动。白宫 4 月 12 日的会议录音表明,周强调对尖阁诸岛的最终处置尚不应做出定论,而这一问题反映了"中华民国"自我保护的能力。他强调了岛屿重要的象征意义。(Ibid. , Nixon Presidential Materials, White House Tapes, Recording of conversation between Nixon and Kissinger, April 12, 1971, Oval Office, Conversation No. 477 - 3)

外华人的运动。①

尼克松(Nixon)总统说,我希望您明白,我们计划中的贸易放宽主要是象征性的,重要的是联合国问题。"委员长"的看法将对我们产生很大影响。只要我在这里,您便在白宫中有一位朋友,而您不该做任何使他难堪的事。中国人应该看看其中微妙。你们帮助我们,我们也会帮助你们。我想让墨菲(Murphy)亲自把他的报告交给我。只要可以,我们会保持坚定立场,但是我们必须有军队的支持。②

(Memorandum of Conversation,*FRUS*,1969—1976,Volume ⅩⅤⅡ,China,1969—1972,Document 113,p. 292)

150. 谈话备忘录③

华盛顿,1971 年 4 月 12 日,下午 3:31—3:47

---

① 在周离开总统办公室之后,总统说,周认为需要考虑海外华人的政治观点,这是正确的。(Ibid. ,Nixon Presidential Materials,White House Tapes,Recording of conversation between Nixon and Kissinger,April 12,1971,Oval Office,Conversation No. 477 - 3)

② 尼克松说,他不会公开提出美国立场的问题,但是如果被问到这一问题,他会说,美国的立场并未发生变化。他还强调说,墨菲的访问将是私下进行的,不会有媒体报道,而墨菲会向白宫而不是国务院汇报。最后,他要求周在墨菲访问台湾之前在联合国问题上保持沉默。(Ibid. ,Nixon Presidential Materials,White House Tapes,Recording of conversation between Nixon and Kissinger,April 12,1971,Oval Office,Conversation No. 477 - 3)

白宫也希望限制美国官员关于对华政策的猜测。4 月 14 日基辛格的一份致代理国务卿的备忘录全文如下:出现近期的事态进展后,总统要求美国官员有关美国与"中华民国"关系的所有实质性评论,包括对正式媒体垂询的回复、对公开和私下评论的背景陈述和对国外代表机构的指示,都须经我的办公室获得其批准。(同上,NSC Files,Box 521,Country Files,Far East,China,Vol. Ⅵ)

③ Source:National Archives,Nixon Presidential Materials,NSC Files,Country Files,Far East,China,Vol. Ⅵ. Confidential. Sent for information. Drafted on April 14. The meeting was held in Kissinger's office. In an April 14 covering memorandum,Holdridge suggested that no further distribution be made. Kissinger initialed his approval. (Ibid.) Kissinger and Chow met from 3:31 to 3:47 p. m. (Library of Congress,Manuscript Division. Kissinger Papers,Box 480,Miscellany,1968—1976,Record of Schedule)

周"大使"说,美国现在所采取的与其国家有关的措施,即使不需要中国人的支持,起码需要中国人的理解。他描述了各中国人阶层对一系列问题,尤其是尖阁诸岛地位问题的强烈情绪。4 月 10 华盛顿的示威就是一个很好的例子——那些示威者中有科学家、工程师和职业人员,而不仅仅是学生。这一示威十分出乎意料,因为示威者变得十分激动,这一示威也象征了示威者和他们的国家所拥护的主张。周"大使"说,蒋"总统"要求他向总统和基辛格博士提出尖阁诸岛问题。

基辛格博士表示,他正在研究尖阁诸岛问题,并让霍尔德里奇(Holdridge)在 4 月 13 日前转发给他一份关于相关问题的报告。[①]

在进一步就尖阁诸岛问题发表看法时,周"大使"说,即使在日本占领台湾和琉球群岛时,尖阁诸岛的法律问题也是由位于台湾的法庭处理的,而去往尖阁诸岛的渔船也是来自台湾。从日本的观点而言,他们并不关心尖阁诸岛由谁管理。但是,对中国人而言,这与民族主义问题密切相关。

周"大使"提到说,关于明年的联合国大会,需要做出某些决定,而且他希望"另一边"(即中国共产党)能被排除在大会之外。不管提倡何种方案,中国的立场在人民眼中都必须能站得住脚。此外,不管我们作何提议,都很难被接受。

(Memorandum of Conversation, *FRUS*, 1969—1976, Volume ⅩⅤⅡ, China, 1969—1972, Document 114, p. 294)

151. 国家安全委员会约翰·H. 霍尔德里奇 (John H. Holdridge)致总统国家安全事务助理 (基辛格)备忘录[②]

华盛顿 1971 年 4 月 13 日

主题:中国对尖阁诸岛的领土要求

---

① See Document 115.

② Source: National Archives, Nixon Presidential Materials, NSC Files, Box 521, Country Files, Far East, China, Vol. Ⅵ. Confidential. Sent for information. A notation on the memorandum indicates Kissinger saw it on April 23.

您要求提供关于"中国"对尖阁诸岛领土要求的信息。对这一问题最近的概述在3月15"中国大使馆"发给国务院的一份节略中。（表A）①

其要点如下：

——早在15世纪，中国的历史记载就将尖阁诸岛视为分割台湾和独立的琉球王国的界限。

——尖阁诸岛的地质结构类似于其他与台湾相连的岛屿。尖阁诸岛距离台湾比距离琉球群岛更近，而且与琉球群岛之间隔着大陆架末端的深达2000米的冲绳海槽。

——台湾渔民有在尖阁诸岛附近捕鱼的传统，并且在这些岛屿停靠。

——直到1895年第一次中日战争后中国割让台湾和澎湖列岛之时，日本政府才将尖阁诸岛纳入冲绳县。

——处于地区安全考虑，台湾一直没有对美国根据《旧金山和约》第三条占领尖阁诸岛提出异议。但是，根据国际法，对一地区的暂时军事占领并不影响该地区主权的最终归属。

——鉴于美国对琉球群岛的占领将于1972年结束，我们要求美国尊重"中华民国"对尖阁诸岛的主权，并于美国占领结束之时将尖阁诸岛归还"中华民国"。

评论：您可以想象，日本政府也有一个类似的列表，列出了相反的论据，并坚称尖阁诸岛仍然是日本的。国务院的立场是，1945年占领琉球群岛和尖阁诸岛，以及提议在1972年将它们归还日本时，对于对其任何部分的相互冲突的主权要求，美国未做任何判断，问题应该由问题的相关方直接解决。②

（Memorandum From John H. Holdridge of the National Security Council Staff to the President's Assistant for National Security Affairs (Kissinger)，*FRUS*，1969—1976，Volume ⅩⅤⅡ，China，1969—1972，Document 115，p. 296 - 297）

---

① 附上但并未打印。

② 基辛格在边缘手写的评论为："但这是废话，因为我们把岛屿给了日本。我们怎样才能更为中立？"

152. 总统国际经济事务助理彼得森(Peterson)
致尼克松(Nixon)总统备忘录①

华盛顿,1971 年 6 月 7 日

······

3. (c)对台湾做出部分让步。肯尼迪(Kennedy)大使感觉,无需对我们的工业和台湾政府带来毁灭性的副作用,就可以打破僵局。尽管中国人强调了部分军事武器(例如 F - 4 飞机)的重要性,肯尼迪大使相信,解决问题的唯一方式是拒绝根据《冲绳返还协定》将尖阁诸岛归还日本管辖。

4. 肯尼迪大使关于尖阁诸岛的论述如下:

这在台湾是具有国内和国际影响的重大问题。如果美国保留管辖权,这会公开给予"中华民国"巨大的鼓舞,因为他们已经如此强烈地表达了他们在该问题上的观点。此外,这也会十分直接地表明我们继续支持"中华民国"政府——这将让日本做出牺牲,这一点对于我们是否能够有效地与香港、韩国、进而日本进行纺织品谈判尤为重要。宣布这一决定将使"中华民国"政府得以在国内(这将使"副总理"摆脱困境)和国际上保全颜面。

此外,在我看来,这一举措将给日本造成我们亟需的冲击效应。这将表明,日本不能再理所当然地认为美国会对日本的所有要求表示默许。

我完全理解这一提议会在部分政府部门遭到反对。但是我感觉,可以这么做,而且必须这么做。二战之后我们接管了这些岛屿。不论从历史上还是地理上而言,它们都不是包含冲绳在内的琉球群岛的一部分。因此,如果我们允许日本得到这些岛屿的管辖权,"中华民国"政府会大丢颜面。既然岛屿的所有权尚在争论中,美国完全有理由在争端解决前继续保留管辖权。台湾强烈地感觉到,一旦日本拥有了管辖权,就绝无可能再予以放弃。我绝不是暗示

---

① Source: National Archives, Nixon Presidential Materials, White House Special Files, President's Office Files, Box 12, President's Handwriting Files. Secret. Sent for action. A notation on the memorandum indicates the President saw it. This trip was arranged in early May. See Document 121. Overall trade policy toward the nations of East Asia is documented in *Foreign Relations*, 1969—1976, volume Ⅳ.

我们应该把岛屿交给台湾。相反,我是强烈建议保持现状,而不是给予日本管辖权而让台湾颜面尽失。

我不知道还有其他的行动其重要性和动作幅度都足够大,既能明确解决我们的纺织品问题,又能为几个一般性国际贸易问题的解决做好铺垫。其中风险很高,这我完全理解。我也明白,只有总统能做这一决定。因此,我极力要求您以最强烈的措辞告知他我的建议所能带来的潜在利益和影响。

5. 亨利·基辛格正在研究尖阁诸岛争端的背景,今天下午我们的会议上就能向您报告此时不把尖阁诸岛移交给日本我们将会牵涉到什么。

(Memorandum From the President's Assistant for International Economic Affairs (Peterson) to President Nixon, *FRUS*, 1969—1976, Volume XVII, China, 1969—1972, Document 133, p. 342 - 343)

153. 总统国际经济事务助理(彼得森)致台北肯尼迪大使的秘密消息①

华盛顿,1971 年 6 月 8 日,1229Z.

彼得·彼得森(Peter Peterson)致台北肯尼迪大使绝密信息。经过长时间的谈判,总统关于岛屿的决定是,协议已取得太多进展,且已做出太多承诺,此时已无法反悔。② 我出示您关于此问题的电报,甚至还重新读了关于其重

---

① Source: National Archives, Nixon Presidential Materials, White House Special Files, President's Office Files, Box 87, Memoranda for the President. Secret; Eyes Only.

② 尼克松、基辛格和彼得森 6 月 7 日下午 3:25—4:10 在戴维营进行了会面。(同上,White House Central Files, President's Daily Diary)根据 U. 亚力克西斯·约翰逊(U. Alexis Johnson)致罗杰斯(Rogers)的一份电报草稿:"拿着我提供的材料,亨利·基辛格挺身而出,昨晚(6 月 7 日)让总统做出决定:不改变在尖阁诸岛问题上的立场。但是这将增加'中华民国'政府对我们的不满,而其对我们的不满可能在一定程度上反映了'中华民国'政府在其长期以来所忽略的问题上的怒气。"(同上,RG 59, U. Alexis Johnson Files: Lot 96 D 695, Nodis Chrono 1971)6 月 7 日上午基辛格和约翰逊在电话中讨论了尖阁诸岛问题,约翰逊说:"我们的原则是,我们从日本手中接管了岛屿,现在又将岛屿归还日本,未对其权利造成影响——在两国政府间不采取立场。"(Memorandum of conversation between Kissinger and Johnson, June 7, 10:35 a. m.; ibid., Telcons, May-June 1971)

要性的部分。① 对于在这一问题上爱莫能助,总统深表遗憾,但是他感觉,这一决定根本是不可能的。总统指示我告诉您,8月份他会派出一个高级军事代表与"中国民国"政府"友好而坦诚地"研究重要的防御事务。② 我已经解释说,这使眼下的最后谈判十分艰难,但是仍决定在8月访问,因为需要在国会8月份休会时来进行此事。

……我的建议是,您告诉"中华民国"政府,协议达成的数额必须能被行业真正接受,而且这对我们极为重要,为实现这一目标我们不得不研究防御和其他的软硬兼施的方式。

然后,我会继续,并在其他两个国家开始行动,让"中华民国"对我们可能采取的行动感到忧虑。如果行业代表说他们想要回美国,我会倾向于仍然继续,看看在其他两个国家达成行业能接受的协议需要怎么做。我认为,如果行业代表留下会更好些,但是这并不关键。我的考虑是,如果能达成不仅在行业人员看来合理,而且在公众看来也合理的协定,则我们的处境会比看起来以失败告终好得多,因为如果失败,总统的唯一选择将是支持针对许多种类产品的灾难性的大范围配额法案,或是否决这一法案,但仍然失去纺织业的支持。如果我们不达成任何协定,肯定对总统极为不利,而会极大地帮助其政治对手。我已经与高级顾问们讨论了这一问题,我们一致同意,我们能达成的最好协定

----

① 见第133号文件和该文件的脚注2。

② 在10月5日给海格(Haig)的一份备忘录中,霍尔德里奇写到,彼得森的办公室已与他联系,指出尚未向台湾派出军事援助部队。他指出:"鉴于肯尼迪大使对'中华民国'政府的承诺,以及迟迟不能派出调查团可能会引起的怀疑,我们应该及时行动,向台湾派出调查团。"海格在备忘录底部手写的评论为:"天呀约翰——这是个炸药桶。无论如何,我们都得等到纺织品问题有结果再说。"(National Archives, Nixon Presidential Materials, NSC Files, Box 522, Country Files, Far East, China, Vol. IX)

比达不成协定好得多。根据这一点,尽你最大努力。①

　　总统对您所做的甚为感激。②

　　(Backchannel Message From the President's Assistant for International Economic Affairs (Peterson) to Ambassador Kennedy, in Taipei, *FRUS*, 1969—1976,Volume ⅩⅤⅡ, China, 1969—1972, Document 134, pp. 343 - 345)

----

　　① 6月7日,肯尼迪告诉了蒋经国关于尖阁诸岛的决定。蒋要求美国政府在签署《冲绳返还协定》时明确声明,关于尖阁诸岛的最终地位尚未做出决定,而其最终地位应由所有相关方共同解决。[Backchannel message from Kennedy to Peterson, June 9; ibid., White House Special Files, Staff Member and Office Files, Peter Peterson, Box 1, 1971, Textile Negotiations (cables)]在一份6月10日致基辛格的备忘录中,约翰逊指出,6月9日罗杰斯与日本外相爱知(Aichi)在巴黎的会面中提出了这一问题。(Ibid., RG 59, U. Alexis Johnson Files：Lot 96 D 695, Kissinger, Henry, 1971)6月12日,彼得森通知在首尔的肯尼迪,罗杰斯与爱知谈过了,"强烈要求日本政府在6月17日签署《冲绳协定》之前与'中华民国'政府讨论这一问题"。他还指出,一名国务院发言人将在6月17日宣布将尖阁诸岛"管辖权"归还日本"绝不影响'中华民国'对该岛屿的潜在领土要求"。(Ibid., Nixon Presidential Materials, White House Special Files, Staff Member and Office Files, Peter Peterson, Box 1, 1971, Textile Negotiations (cables))6月15日,彼得森给在首尔的肯尼迪发电报说,爱知已经与"中华民国"在东京的"大使"见面讨论了尖阁诸岛问题。(同上)7月12日,蒋经国对麦康瑙希(McConaughy)抱怨说,"到目前为止,日本一直拒绝就该问题进行有意义的对话"。(Telegram 3388 from Taipei, July 12; ibid., RG 59, Central Files 1970—73, POL CHINAT)

　　② 6月29日罗杰斯和沈"大使"互换照会,延长并修改了1967年10月12日关于棉纺织品贸易的协定。见 TIAS 6361(1967年协定)TIAS 7011(关于1970年12月签署的临时协定的互换照会),和 TIAS 7135 (1971年6月照会)。1971年8月这一协定再次被延长并修改。(TIAS 7177)。1971年12月达成了新协定(TIAS 7249,由 TIAS 7469 做了更正)。美国和"中华民国"还在1971年12月签署了一个关于羊毛和人造纤维纺织品的多边协议。(TIAS 7493 和 7498)

154. 谈话备忘录①

基比斯坎湾,弗罗里达,1971 年 12 月 30 日,上午 10:30

与会者:

亨利·A. 基辛格博士

周书凯,"中华民国外交部长"

郑(Cheng)局长,"中华民国"

沈剑虹(James Shen)阁下,"中华民国驻美国大使"

科尔曼·S. 希克斯(Coleman S. Hicks),记录员

周:我想提出的下一个问题是尖阁诸岛问题。你们与日本人在圣克莱门蒂谈判时,可否考虑一下我们的立场? 日本人十分密切地关注美国在太平洋地区的角色,并欲与你们协商。由于这些岛屿,我们面临艰难的国内政治形势。北京想在台湾发起反美运动。我们需要友人的帮助。这些岛屿对日本无足轻重,但是他们对台湾人民意义重大。或许您可以和日本人讨论一下这些荒凉的岩石——那里没有石油。

基辛格:我们会向日本人提起它。

周书楷:我们希望他们对它保持安静。

基辛格:你们并不想收回岛屿;你们只是想避免它们所引起的轩然大波,是吗?

周:是的,是这样。这就像外蒙古一样。日本人对外蒙古感兴趣。如果我们在大陆,我们可能会对外蒙古和西藏极为敏感。重要的是让他们保持政治自治。

基辛格:你对西藏感兴趣。(大笑)

周:在我们的双边关系中,我们会继续不露声色。比如,我们已经告诉日

---

① Source:National Archives, Nixon Presidential Materials, NSC Files, Box 523, Country Files, Far East, China, Vol. X. Secret; Sensitive; Eyes Only. The meeting was held at Kissinger's villa at the Key Biscayne Hotel. A short attached note reads:"Coleman:This is ready to go to file. JHH doesn't think it's necessary to have HAK read it through. Eileen."

本,我们会和每个国家进行贸易。我们甚至会和像东德这样的社会主义国家贸易。当然,我们更愿意跟朋友进行贸易,但是……

基辛格:你们将要同大陆协商吗?

周:没有。

基辛格:在十月底我的新闻发布会上,经常有人问我关于这个问题的意见。真心地说,我认为我的意见会对你们有用。在北京访问期间,我尝试着把那个条款从议程上抹去。我所表明的政策是让大陆跟台湾政治上解决这个问题,而不是付诸武力。只要尼克松总统在任上,你们在解决该问题上就不会承受我们任何压力。从你们前景来看,我认为是一种最好的方式。如果说不能政治解决,结果会是一个大的国际事件——联合国的问题;总之是一个大问题。既然没有给你们政治解决的压力,难道这种方式不是最好的政策吗?

沈:您说这个是中国内部问题,却给人一种你们撒手不管的印象。

基辛格:我并没有说我们对它撒手不管。我仅仅说我们不会给你们政治解决的压力,并且我们不能承受任何一方在解决争端上诉诸武力。在我看来是最实用的方法。不管怎样,我认为周恩来不会放弃武力。在这个问题上他也没有准备要求我们充当调停人。

沈:没人对你充当调停人感兴趣。

基辛格:中国人在这多想想是很重要的,认识到它的复杂性。这个问题会在联合国年复一年地提起来。我们一再认为,我们的政策是不能容忍通过诉诸武力解决政治问题。哪里错了?

沈:但是我们需要保持我们的防卫能力。如果滞后,就会导致共产主义者的误判。

基辛格:我们已经谈论了防卫问题。个人而言,我认为中国大陆的军事能力还不能有效地反对你们。他们也不会用空军对付你们。他们太恐惧苏联;他们为什么会打扰你们? 你们明白,横跨一百英里的水域是很困难的。

周:但是他们会用花招。他们会把战犯、越南问题同这个问题联系起来。当然,我们知道,你们很聪明不会被欺骗。

沈:涉及台湾人民,我们面对的是强大的心理问题。

……

基辛格:我们将在圣克莱门蒂同田中或福田谈,以期限制他们在这些岛屿的活动。你们坚持拿起你们的枪,务必告知我们你们对付共产主义的一切。

(Memorandum of Conversation，*FRUS*，1969—1976，Volume ⅩⅦ，China，1969—1972，Document 180，p. 631 - 632)

155. 国务院致所有外交代表机构的通发航空邮件①

华盛顿,1972 年 5 月 1 日,1028Z
收件人:所有外交代表机构
发件人:国务院
主题:海洋法
参考文件:A - 3447

中华人民共和国角色:作为委员会的新成员,中国扮演了积极角色。他们私下表示,他们发现海洋法比他们预期的更为复杂,对此他们感到焦虑。他们利用委员会向美国、苏联和日本发起攻击,并明确提出了他们对于尖阁诸岛和中国东海其他地方的领土要求。他们尽可能与欠发达国家站在一起,并给与欠发达国家强大支持。

(Circular Airgram A - 4339 From the Department of State to All Diplomatic Posts，*FRUS*，1969—1976，Volume E - 1，Documents on Global Issues，1969—1972，Document 427，p. 6 - 7)

---

① Source：National Archives, RG 59, Central Files 1970 - 73, POL 33 - 8. Limited Official Use. Repeated to USNATO, Geneva, OECD, and USUN, CINCPAC for POLAD, and CINCEUR for POLAD. Drafted by McIntyre and Otto Eskin (IO/UNP) on April 28; cleared in draft in IO, EUR/CAN, NEA/RA, AF, L/OA, S/FW, ARA, EA/RA, Defense, Commerce, NOAA, and Interior; and approved by Stevenson.

156. 谈话备忘录^①

北京,1972 年 6 月 22—23 日,晚上 11:03—上午 12:55

与会者:

周恩来总理

乔冠华,副外交部长

章文晋,副外交部长

唐闻生,翻译

冀朝铸,翻译

亨利·A. 基辛格,总统国家安全事务顾问

温斯顿·洛德(Winston Lord),国家安全委员会人员

乔纳森·T. 豪(Jonathan T. Howe),国家安全委员会人员

周恩来总理:正如我昨天谈到台湾时所说,他们有 1500 万人口,中国人有必要提出这一问题。但是对日本来说,在冲绳问题上,尽管是一个战败岛,他们也不能那样做。因为,即使是没有任何人口的尖阁诸岛,他们也仍在跟我们争论这一问题。

基辛格博士:但是,当首相读那句关于高瞻远瞩的诗句时,我相信,如果我们在东南亚高瞻远瞩,美国和中华人民共和国都希望该地区不受大国控制。如果我们高瞻远瞩,我们会看到,有一天,美国将会帮助河内而不是与河内作战。

周恩来总理:是这样。

(Memorandum of Conversation,*FRUS*,1969—1976,Volume E - 13,Documents on China,1969—1972,Document 146,p. 12)

---

① Source:National Archives,Nixon Presidential Materials,NSC Files,Kissinger Office Files,Box 97,Country Files,Far East,China,Dr. Kissinger's Visit,June 1972 Memcons(Originals). Top Secret;Sensitive;Exclusively Eyes Only. Brackets in the source text. The meeting was held at the Government Guest House #5.

157. 国务院执行秘书(艾略特) 致总统国家安全事务助理(基辛格)备忘录①

华盛顿,1972 年 6 月 1 日

......

二、实质性发展

A. 主委员会

1. 新成员声明

在其首次声明中,中国明确表示,中国会寻求领导所谓的"第三世界"对抗美苏两大超级大国。在一次争辩中,中国指控超级大国试图控制海洋并掠夺其资源。美国代表回绝了这些指控。中国还支持所有国家决定自己领海界限的权利,包括支持拉丁美洲国家要求的 200 海里领海权。中国还攻击日本对中国东海中的尖阁诸岛(钓鱼岛)的主权要求,挑起了与日本的领土争端。

芬兰支持 12 海里领海权、确定海底界限的深度和距离标准、科研自由和防止海洋污染的紧急措施。斐济要求承认其在远洋群岛的特殊地位,以便保留在封闭水域的国际"通信权"。作为内陆国家,赞比亚要求所有国家都须有权使用公海和国际海底的"共同遗产"。

(Memorandum From the Executive Secretary of the Department of State (Eliot) to the President's Assistant for National Security Affairs (Kissinger), *FRUS*, 1969—1976, Volume E‐1, Documents on Global Issues, 1969—1972, Document 431, p. 3.)

---

① Source: National Archives, RG 59, Central Files 1970—1973, POL 338. Confidential. Robert T. Curran signed for Eliot.

158. 国家安全委员会工作人员准备的文件①

华盛顿，无日期

《中日和平友好条约》谈判被搁置起来了。通过具体的谈判来实现长期贸易协定的条款是重大而艰辛的，并且最近的尖阁列岛事件②也破坏了中日关系的气氛。

（Paper Prepared by the National Security Council Staff, *FRUS*, 1977—1980, Volume XIII, China, Document 106, p. 384）

159. 国务卿工作人员会议记录③

华盛顿，1974年1月31日，下午3:08

因南沙群岛问题讨论：

国务卿基辛格：我们能把他们引导到尖阁诸岛吗？

赫梅尔（Hummel）先生：您说什么？

---

① Source: Carter Library, National Security Affairs, Brzezinski Material, Trip File, Box 38, Brzezinski, Asia, 5/18‑25/78, China, Volume Ⅰ［Ⅱ］. Secret. Oksenberg sent an earlier version of this paper to Brzezinski under a May 16 covering memorandum that noted, "I am circulating it to members of the delegation for their comments before casting it in final draft for your book. You may wish to show it to Secretary Vance and Secretary Brown for their comments." (Carter Library, National Security Affairs, Staff Material, Far East, Oksenberg Subject File, Box 29, Brzezinski 5/78 Trip to China: 5/13‑19/78)

② 4月份，大量中国渔船出现在有争议的尖阁列岛附近。（Telegram 6687 from Tokyo, April 17; National Archives, RG 59, Central Foreign Policy File, D780164‑0316）

③ Source: National Archives, RG 59, Transcripts of Secretary of State Kissinger's Staff Meetings, 1973—1977, E5177, Box 2. Secret. According to the summary of decisions that proceeds these minutes, Kissinger decided at this meeting "That we do not want to do anything re the Spratly Islands that would encourage the PRC to believe it has a free hand to take military action or lead our allies to believe we are needlessly alarmed at the prospect of such action."

国务卿基辛格:我们能把他们引导到尖阁诸岛吗?

赫梅尔:引导谁?

国务卿基辛格:中华人民共和国

赫梅尔(Hummel)先生:您确定我们想这么做吗?

国务卿基辛格:这会教会日本人敬畏。

赫梅尔(Hummel)先生:我知道我们得教会日本人敬畏,但是值得付出这样的代价吗?

国务卿基辛格:不,不。

(Minutes of the Secretary of State's Staff Meeting, *FRUS*, 1969—1976,Volume E-12, Documents On East and Southeast Asia, 1973—1976, Document 327, p. 3)

160. 国家安全委员会 W. R. 斯迈泽(W. R. Smyser) 致国务卿基辛格备忘录[①]

华盛顿,1974 年 7 月 18 日

海洋法:因为亚洲大部分是海洋,亚洲国家对海洋法的问题极为感兴趣。在很多我们的朋友关心的问题(比如群岛的概念)上,我们尽力与他们保持步调一致,但是在海峡运输及其他棘手的事情上,我们还有部分重大分歧。我们大部分的问题与印度尼西亚、菲律宾和日本相关。而且,正如我之前曾写过的,我们可能仍需要应对部分主权不确定的岛屿的危机,例如,南沙群岛、尖阁诸岛或几个韩国附近的岛屿群。

(Memorandum From W. R. Smyser of the National Security Council

---

① Source: National Archives, Nixon Presidential Materials, NSC Files, Box 1338, Unfiled Material, 1974, 5 of 9. Secret; Sensitive; Eyes Only. Sent for information. Near the top of the first page, Kissinger wrote, "Good job. HK". A handwritten addition, inserted before the last sentence on the final page, indicates that Smyser, in a telephone conversation, asked for the addition of the following sentence: "Our aid people also continually try to take money from Asian programs for other purposes elsewhere." The earlier message from Smyser to Kissinger, to which Smyser refers, was not found.

Staff to Secretary of State Kissinger，*FRUS*，1969—1976，Volume E‐12，
Documents On East and Southeast Asia，1973—1976，DOCUMENT 10，
p. 294）

161. 布热津斯基博士会见外交部长黄华概要①

北京,1978 年 5 月 21 日,上午 9:52—下午 1:20

……现在谈谈日本,我们在很多场合中提到,日本的对外关系,首先应放在日美关系上,其次才是中日关系。

日本的威胁来自苏联。苏联通过采取军事威胁和对日本经济诱惑的方式向日本施加压力。苏联试图挑拨中美关系以便为其在太平洋地区扩张利益服务。苏联同样努力破坏中日关系。在日本国内,有亲苏派,并且福田政府也惧怕苏联,面对苏联的威胁做出了让步和后退。和平条约的谈判,由于亲苏派的存在和福田政府惧怕苏联,至今在反霸权条款上毫无进展,其根源就在于日本当权者害怕苏联。

我们认为,缔结中日和平友好条约时把反对霸权主义条款写进和约是符合日本利益的。因为,首先它是对中国的一个限制。在条约下,中国将承诺永远不称霸,实际上这也是我们一贯的政策。其次,它对于提高日本形象有利,因为二战中,日本侵略了许多亚洲国家,至今这些国家对日本那个时期的暴行仍记忆犹新。该条约的缔结将会改变他们对日本的看法,并且可以提高日本在这些国家的形象。第三,这也有利于日本抵抗苏联的压力。因而,我们认为缔结该和约是符合日本利益的。

阁下曾表示,美方认可中日和平条约以及将反霸条款写进该和约。我们对你的态度表示感谢。福田首相似乎对这个问题还没有下定决心。因此,至

---

① Source：Carter Library，National Security Affairs，Staff Material，Far East，Oksenberg Subject File，Box 56，Policy Process：5/16‐31/78. Top Secret；Sensitive. The meeting took place in the Great Hall of the People. On May 21, Brzezinski cabled accounts of his initial two meetings with Huang to Carter. （Backchannel message 8 from Beijing to the White House Situation Room，May 21；Carter Library，National Security Affairs，Staff Material，Far East，Oksenberg Subject File，Box 56，Policy Process：5/16‐31/78. ）

于怎样以及何时签订和约要取决于日方。

最近,一些日本人正利用中国渔船去钓鱼台海域(尖阁列岛)捕鱼这个事件,鼓噪说中国人侵犯了日本的领土主权,并提出双方要先解决领土争端问题。他们的目的是阻碍两国友好和平条约的缔结。其背后我们仍能看到苏联的花招。

我想向你介绍一下钓鱼台事件的背景。1972 年,日本田中首相和大平外相访问中国,双方关系正常化,并发布了联合声明。在谈判中,田中首相提到了这些岛屿问题,周恩来告诉他们,双方在这个问题上有争端,我们不妨先避开讨论这个问题,留待日后解决。这并不意味着这个问题并不重要,他的意思是,讨论这个问题对两国的建交谈判不会有什么好处。在那时。双方同意搁置这个问题。他们也都同意,将来要通过谈判的途径来解决这个问题。

至于中国渔船在尖阁列岛附近的活动已经持续很多年了,并不是最近几年才开始这么做。

显然,在日本有某些人怀有霸权主义欲望,但是中方在坚持原则的同时,也十分重视中、日两国人民之间的友谊,因此,中方采取适当举措来处理这个问题。

中日友谊是稳固的,也是符合时代潮流的,日本少数亲苏和军国主义人士的捣乱是不能得逞的。

(Memorandum of Conversation,*FRUS*,1977—1980,Volume ⅩⅢ,China,Document 109.)

(文件 82 - 161 由张玲玲翻译)

索　引

图书在版编目(CIP)数据

美国外交关系文件 / 奚庆庆，张生编. — 南京：
南京大学出版社，2016.3
（钓鱼岛问题文献集 / 张生主编）
ISBN 978-7-305-16642-6

Ⅰ.①美… Ⅱ.①奚… ②张… Ⅲ.①钓鱼岛问题—
史料 Ⅳ.①D823

中国版本图书馆 CIP 数据核字(2016)第 057921 号

项目统筹	杨金荣　官欣欣
装帧设计	清　早
印制监督	郭　欣

出版发行　南京大学出版社
社　　址　南京市汉口路 22 号　　　　邮　编　210093
出 版 人　金鑫荣
丛 书 名　钓鱼岛问题文献集
主　　编　张　生
书　　名　美国外交关系文件
编　　者　奚庆庆　张　生
责任编辑　官欣欣　李鸿敏
照　　排　南京南琳图文制作有限公司
印　　刷　南京爱德印刷有限公司
开　　本　718×1000 1/16　印张 34.75　字数 569 千
版　　次　2016 年 3 月第 1 版　2016 年 3 月第 1 次印刷
ISBN 978-7-305-16642-6
定　　价　175.00 元

网址：http://www.njupco.com
官方微博：http://weibo.com/njupco
官方微信号：njupress
销售咨询热线：(025) 83594756

ISBN 978-7-305-16642-6

南京大学出版社
新　学　衡

9 787305 166426 >